Catherine Clément
Der unvollendete Walzer

Zu diesem Buch

»Ich habe keine Heimat und bin fortwährend auf der Reise.« So erklärt sich im Fasching 1874 auf einem Ball in der Wiener Redoute die geheimnisvolle, in einen gelben Domino gehüllte Frau dem jungen Franz Taschnik. Der Walzer reißt die beiden in seinen Wirbel, der Beamte aus dem Außenministerium verliebt sich in die elegante Unbekannte. Als sie nach einem Kuß flieht, bleiben Franz nur ihr schwarzer Fächer und eine Ahnung – wurde die geheimnisvolle Dame in einem unbedachten Moment doch mit »Eure Majestät« angesprochen! In diesem außergewöhnlichen Roman entwickelt Catherine Clément das faszinierende Porträt der Elisabeth von Österreich, zerrissen zwischen Hochmut und tiefer Trauer. Sie ist die unnahbare Kaiserin und möchte doch die Freuden der kleinen Leute genießen, sie will ihre Liebe allen Verrückten der Welt schenken und verwehrt sich ihrem eigenen Mann. »Vor uns liegt das lebendigste, wahrhaftigste und erschütterndste Porträt von Sisi, das die Historiker uns geliefert haben«, urteilte die Kritik in Frankreich, wo der Roman als Bestseller und literarische Sensation gefeiert wurde.

Catherine Clément, Historikerin, Philosophin und Schriftstellerin, ist in Frankreich eine von Presse und Publikum gleichermaßen gefeierte Bestsellerautorin. Seit 1991 lebt sie in Wien, wo ihr Mann französischer Botschafter ist. Auf deutsch erschienen u. a. »Die Frau in der Oper« (1992), »Die Senyora« (1993), »Eine Liebe in Indien« (1997).

Catherine Clément
Der unvollendete Walzer
Ein Sisi-Roman

Aus dem Französischen von
Barbara Scriba-Sethe

Piper München Zürich

Ungekürzte Taschenbuchausgabe
November 1997
© 1994 Calmann-Lévy
Titel der französischen Originalausgabe:
»La valse inachevée«
© der deutschsprachigen Ausgabe:
1996 Piper Verlag GmbH, München
Umschlag: Büro Hamburg
Simone Leitenberger, Susanne Schmitt, Annette Hartwig
Umschlagabbildung: Archiv für Kunst und Geschichte, Berlin
Gesamtherstellung: Clausen & Bosse, Leck
Printed in Germany   ISBN 3-492-22542-X

Für István Szabó

Für mich keine Liebe,
Für mich keinen Wein;
Die eine macht übel,
Der andere macht spei'n!
  Elisabeth von Österreich

Rudolph Sieczynski

Prolog

Wien, Februar 1874

»Das wollen Sie doch nicht im Ernst tun!«

Bewegt hatte Ida die Hände gefaltet wie zu einem nutzlosen Gebet. Das war eine verrückte, gefährliche Laune, ein Einfall, der ihrer beider Leben zerstören könnte... Das durfte sie nicht zulassen. Daran mußte man sie um jeden Preis hindern. Das war eine Pflicht.

Die Arme verschränkt, drehte die junge Frau verächtlich ihren kleinen, mit dunklen Zöpfen gekrönten Kopf und maß sie von oben bis unten mit herausforderndem Blick. Das Kleid, das sie gerade ausgezogen hatte, lag noch auf einem Sessel, auf den sie auch die Perlen, das Diadem und den Federfächer achtlos geworfen hatte; an ihrem Körper blieben nur noch das Gestell aus Weidengeflecht, die Strümpfe und das Hemd. Der Abend war lang, mühselig und feierlich gewesen; Ida war zum Umfallen müde – und sie! Unverbesserlich. Ida wußte auswendig, was dieser cholerische schwarze Bogen bedeutete, wenn sich die buschigen, eigenwilligen, wilden Augenbrauen zusammenzogen. Sinnlos, auf sie einzureden. Aber die Sache war zu ernst; Ida nahm all ihren Mut zusammen.

»Also, der Fiaker, der vor der Tür wartet, ist dazu da, uns zur Redoute zu bringen! Zu einem Maskenball! Einem schlecht beleumdeten Ort, wo die Männer das Recht haben... Mit allen Frauen! Haben Sie sich das wirklich gut überlegt? Es ist verrückt!«

»Und warum?« entgegnete sie, während sie anmutig ihre Krinoline sich drehen ließ. »Meinen Sie, ich kann anderen nichts vormachen? Halten Sie mich vielleicht für zu alt?«

»Nein, o nein!« protestierte die arme Ida. »Aber man wird Sie erkennen, man wird Sie nicht durchlassen, man wird Sie...«

»Was? Man würde mich der Polizei ausliefern? Das wäre ja höchst amüsant! Kommen Sie, genug der Ausflüchte. Die Dominos in der Kleiderkammer. Den roten und den gelben. Ah! Und ein schwarzes Kleid, das links, ganz am Ende. Mit der Schleife aus weißem Satin.«

»Ein einfaches schwarzes Kleid?« fragte Ida verwundert. »Aber...«

»Aber wir werden Bürgerinnen sein, meine Liebe!« erwiderte sie und brach in Lachen aus.

Ida zuckte mit den Schultern, löste die Hände und betrachtete sie wortlos. Nicht bewegen. So tun, als sei man tot.

»Kommen Sie!« wiederholte die junge Frau und stampfte mit dem Fuß auf. »Muß ich alleine gehen? Gräfin, Sie langweilen mich!«

Ida erhob sich widerwillig. Ihre Pflicht befahl ihr, auch jetzt zu gehorchen. *Es sei denn, ich reiche sofort meine Kündigung ein, hier, auf der Stelle,* überlegte sie, als sie die Kleiderkammer öffnete. *Aber nein, das würde sie nicht aufhalten. Sie würde allein gehen, das wäre alles. Ohne Anstandsdame! Sie wäre verloren. Man muß sie gegen ihren Willen beschützen. Sie weiß das, das Miststück, sie hält mich...*

Die junge Frau setzte sich aufs Bett und strich die Bettdecke glatt. Ida würde sich ihrem Willen fügen müssen... Ihr Pech! Nie wieder würde sich eine solch günstige Gelegenheit finden. Man dachte, sie schlafe schon, die Diener waren fort, ihr Gemahl weit weg in Rußland...

»Soll er doch bleiben, wo er ist, zum Teufel«, schimpfte sie und schnitt dem Bild an der Wand gegenüber eine Grimasse. Einmal. Nur ein winziges, bedeutungsloses Mal...

Sie streckte ihre langen Beine, sprang mit einem Satz auf, legte sich die Arme auf die Schultern, als wollte sie sich zärtlich umfassen, und begann, sich mit geneigtem Kopf um sich selbst zu drehen, tanzte mit einem unsichtbaren Kavalier einen Walzer. Die schweren Zöpfe wallten den Rücken entlang bis auf die Rundungen ihrer Hüften, dort, wo die Leinenröcke anlagen. Über die Schulter hinweg erblickte sie ihr Bildnis in einem Spiegel und erstarrte.

Die Hände glitten zur Taille, hakten die Krinoline auf... Die junge Frau hielt den Atem an, auf dem enggeschnürten Korsett berührten sich die Finger fast. Sie drehte sich, um ihr Haar zu betrachten, und warf sich ein trauriges Lächeln zu.

»Wozu das Ganze... Sechsunddreißig Jahre und nicht ein weißes Haar! Und für wen diese fünfzig Zentimeter Taillenumfang? Niemand hat etwas davon außer dir, meine Kleine. Ja, du schönes Kind, du bist die Vollkommenste, von erhabener Schönheit, ja...«

Und indem sie die Lippen rundete, drückte sie einen Kuß auf den Spiegel.

»Es ist gut«, murmelte sie und wischte den Abdruck mit den Fingerspitzen weg. »Mal sehen, ob all dies die gemeinen Sterblichen interessiert. Aber was macht Ida? Sie trödelt herum. Oh! Ich werde ärgerlich...«

Sie öffnete entschlossen die Tür der Kleiderkammer, als die unglückselige Ida auftauchte, die Arme voller schwerer, zusammengehefteter Seidenstoffe, das Gesicht verschlossen.

»Endlich! Ich fing schon an zu zweifeln!« rief die junge Frau. »Lassen Sie doch den Kopf nicht so hängen... Man möchte meinen, Sie trügen Trauer. Apropos Kopf... Holen Sie mir noch die Perücke, die ich in Buda gekauft habe. Die blonde, die mit dem rötlichen Schimmer.«

»Zu dem roten Domino?« meinte Ida. »Das sieht nicht gut aus.«

»Dann nehme ich eben den gelben, und ich werde wie ein Papagei aussehen. Legen Sie ihn aufs Bett. Vorsichtig! Sie werden noch alles kaputtmachen. Sie geben eine abscheuliche Kammerzofe ab, meine Liebe. Nein! Sagen Sie nichts, ich weiß sehr wohl, guter Gott, daß Sie von Ihren Funktionen als Vorleserin abweichen. Reichen Sie mir das Kleid... So. Und jetzt falten Sie mir diesen gelben Mantel auseinander...«

Mit zusammengekniffenen Lippen und widerstrebenden Händen, den Kopf abgewandt, hielt Ida ihr die geöffneten Ärmel des Brokatdominos hin. Der rüde Ausruf verhieß nichts Gutes.

»Hören Sie auf zu zittern, Gräfin«, ertönte plötzlich schneidend die Stimme der jungen Frau. »Sie wollen doch jetzt nicht zu flennen anfangen, nur weil wir zum Maskenball gehen. Also wirklich, seien Sie ein wenig vernünftig, wie soll ich denn mit dem Volk zusammenkommen, wenn ich nicht inkognito bleibe?«

»Das Volk!« warf die andere mit einem kleinen Lachen ein. »Glauben Sie denn wirklich, es dort zu finden? Das Volk? Es wird nicht dort sein.«

»Immerhin noch eher als hier«, antwortete die junge Frau trocken. »Ich bin es leid, von den Völkern des Kaiserreichs reden zu hören, ohne jemals herauszufinden, was sich in ihren Köpfen abspielt. In den Kanzleien der Ministerien heckt man ständig Krieg gegen Unglückliche und Schwache aus, die auf der Flucht sind, die man unterdrückt, und ich sollte nicht wissen, was das Volk denkt? Jedenfalls gebe ich nicht nach.«

»Glauben Sie, daß ich das nicht weiß?« murmelte Ida, wobei sie die Falten des Dominos zurechtzupfte. »Aber wenn man uns entdeckt, schickt man mich fort ins Exil. Mich wird man verurteilen. Und durch mich mein Land Ungarn!«

»Niemals!« trällerte sie, wobei sie sich im Spiegel betrachtete. »Ins Exil, Sie? Dem würde ich mich widersetzen. Suchen Sie mir Handschuhe. Dort, in der Kommode. Ja, da. Die Schubladen sind offen.«

Ida hielt ihr ein Paar Handschuhe aus weißem Ziegenleder hin, auf die eine Krone gestickt war.

»Weiße?« wunderte sich die junge Frau. »Das paßt nicht. In der dritten Schublade, aus schwarzer Spitze.«

»Man wird Ihre Hände sehen!« entrüstete sich Ida.

»Das hoffe ich. Man geht zu keinem Maskenball mit Handschuhen aus weißem Ziegenleder. Und dann die Krone, Ida, man würde mich auf den ersten Blick erkennen. Die Perücke ist oben in der Kleiderkammer, unter den Kapuzen.«

Sich auf einem Stuhl hochreckend, beförderte Ida eine Flut roter Locken hervor, die ihr entglitten und auf den Teppich fielen. Regungslos in ihrem Domino, zeigte die junge Frau ein boshaftes Lächeln.

»Sie haben nicht unbedingt eine glückliche Hand, Gräfin«,

sagte sie in spöttischem Ton. »Mein Gott, sind Sie heute unbeholfen...«

Mit Tränen in den Augen sammelte Ida die Perücke ein und reichte sie der jungen Frau wortlos.

»Jetzt geht es darum, mein Haar aufzurollen. Helfen Sie mir. Ich kümmere mich um die Locken vorn, und Sie drehen die Zöpfe so fest, wie Sie können. Die Haarnadeln. Auf dem Tisch. Reichen Sie sie mir.«

Mit flinker Geste setzte sie die Nadeln und machte die unechten Locken duftig-bauschig.

»Die Zöpfe unter die Perücke«, befahl sie. »Versuchen Sie jetzt, die Nadeln hineinzustecken... Vorsichtig! Sie haben mir ins Ohr gestochen! Sind Sie ungeschickt!«

Ida hörte unvermittelt auf und begann lautlos zu weinen. Die junge Frau sah die Tränen im Spiegel und drehte sich, die Nadel zwischen den Fingerspitzen, geschmeidig um sich selbst.

»Mein Gott!« rief sie aus und nahm Ida in die Arme. »Ida, mein Liebes, weinen Sie doch nicht... Ist es meinetwegen? Ich habe es nicht absichtlich getan, Sie wissen, wie es manchmal mit mir durchgeht... Man darf mir nicht böse sein. Meine Süße, meine Gute, Sie wissen doch, wie lieb ich Sie habe...«

Den Kopf gegen die junge Schulter gelehnt, die Arme herabhängend, schluchzte Ida hemmungslos.

»Aber, aber meine Schöne«, murmelte ihre Herrin und streichelte über ihr braunes Haar. »Ich werde Sie nicht mehr ärgern, das ist vorbei. Ich kümmere mich um alles. Geben Sie mir ganz brav Ihre Lippen.«

Ida hob den Kopf und kam ihr gehorsam mit dem Mund entgegen. Die junge Frau pflanzte einen schnellen Kuß darauf und entfernte sich, indem sie sich mit der Hand zufächelte.

»Gut!« meinte sie in spielerischem Ton. »Wir haben gar keine Zeit mehr zum Scherzen. Jetzt zu Ihnen, meine Liebe. Ich werde Ihre Kammerzofe sein, nein, protestieren Sie nicht, lassen Sie mich machen.«

Und sie hob mit erstaunlicher Kraft das purpurrote schwere Dominogewand auf und hielt ihrer Gefährtin die Ärmel hin.

»Stecken Sie die Hand hinein... Beugen Sie den Arm... Geben Sie mir die andere... Das hätten wir«, sagte die junge Frau zufrieden und ordnete um die errötende Ida herum die Falten. »Jetzt das Wichtigste.«

Mit großen Schritten eilte sie auf ihren Frisiertisch zu, nahm eine Quaste, tauchte sie in eine Puderschachtel und betupfte sorgfältig Idas Wangen.

»Das ist etwas zu weiß«, bemerkte sie, als sie einen Schritt zurückwich, um ihr Werk besser zu beurteilen. »Und man sieht noch die Tränenspuren. In fünf Minuten mache ich es noch einmal. Aber bitte nicht mehr weinen. Wo sind meine Haarnadeln? Die Perücke hält nicht richtig.«

Mit schwindelerregender Geschwindigkeit schob sie das Zopfbüschel unter die roten Locken und steckte zum Befestigen einen Wald von Nadeln hinein. Als alles gerichtet war, schüttelte sie den Kopf und betrachtete sich im Spiegel.

»Das zieht.« Sie zog eine Grimasse. »Diese Haare sind meine Strafe. Ist das Rot ausreichend häßlich? Was meinst du, Ida?«

»Selbst so sind Sie schön«, murmelte Ida.

»Ich weiß!« meinte die junge Frau und stampfte mit dem Fuß auf. »Aber bin ich auch genügend unkenntlich?«

»Nun ja...« Ida zögerte. »Mir scheint, ich würde Sie unter allen Verkleidungen erkennen.«

»Du bist nicht gerade beruhigend«, antwortete sie ärgerlich. »Hol mir die Halbmaske, und wir werden sehen.«

Als die schwarze Spitze auf das runde Kinn fiel, schloß die junge Frau mit einer abrupten Bewegung den Dominomantel und streifte langsam die Handschuhe über. Dann warf sie den Kopf zurück und begann zu lachen; es war ein schallendes, kehliges Lachen. Ida faltete voller Erstaunen die Hände.

»So habe ich Sie noch nie lachen hören!«

»Sag vielmehr, du hast mich niemals lachen hören, meine Liebe«, antwortete sie mit einem Seufzer. »Niemand hat mich lachen hören. Nicht einmal du.«

Niemand kennt mich, dachte sie mit Wut im Herzen. *Nicht einmal du, meine Vertraute, meine engste Freundin. Wild, verächtlich – ich? Wir werden sehen.*

»Was fehlt uns noch?« fragte sie plötzlich. »Ein Geldbeutel... Taschentuch... Ist da. Ein Fächer. Der einfachste, aus schwarzem Taft, ohne Verzierung. Aber trotzdem...«

Sie lief zu einer kleinen Kommode, öffnete eine Schublade und wühlte mit ihren behandschuhten Händen ausgiebig darin.

»Da!« rief sie triumphierend.

»Einer von Ihren Diamantsternen? Sie sind in der ganzen Welt berühmt.... Sind Sie sicher, daß...«

»Wenn es nur einer ist, wird ihn, so vereinzelt, niemand erkennen. Und sieh mal«, fügte sie hinzu, als sie den Stern anmutig zwischen die roten Locken steckte, »das mildert die Scheußlichkeit...«

»Das leugne ich nicht«, erkannte Ida steif an. »Aber es ist unvorsichtig.«

»Brechen wir auf, Ida«, erwiderte die junge Frau mit einem Achselzucken.

Ida hatte ihren Beutel genommen, sich vergewissert, daß ihr Taschentuch darin war, an ihrem behandschuhten Handgelenk hing ein Fächer. Aber Ida rührte sich nicht von der Stelle.

»Also! Du hast doch wohl den Fiaker nicht weggeschickt? Ich würde dich erwürgen.«

Mit furchtsamer Geste deutete Ida auf die Puderquaste auf dem Frisiertisch.

»Der Puder, auf den Spuren, meine Wangen«, stammelte sie. »Sie... Ich meine, Ihre...«

»Scht...«, entgegnete die junge Frau und legte einen Finger auf die Lippen ihrer Gefährtin. »Das hatte ich vergessen.«

Mit kleinen Schlägen puderte sie ihr Nase, Wangen, Kinn und streichelte ihre Stirn.

»Ich bin schlimm«, und sie klopfte ihren Spitzenhandschuh ab, wo der Puder eine blasse Wolke hinterlassen hatte. »Ein verwöhntes Kind. Ich verstehe nicht, wie man mich ertragen kann. Du bist ein Engel. Man sieht nichts mehr auf deinen Wangen, keine Träne.«

Und mit einer schnellen Geste zog sie ihre Kapuze über die rote Perücke.

»In der Redoute suchen wir uns auf der Galerie einen Tisch«, sagte sie ernst. »Du sprichst mit niemandem.«

»Nein«, antwortete Ida gehorsam.

»Vor Mitternacht sind wir zurück.«

»O ja, bitte.«

»Du läßt niemanden an mich heran, schwörst du mir das?«

»Niemanden.«

»Geld! Hast du Gulden?«

»In meinem Beutel«, erwiderte Ida mit einem Seufzer.

»Fast hätte ich's vergessen«, sagte die junge Frau aufgeschreckt und zog ihre Handschuhe aus. »Mein Ehering.«

»Sie werden doch nicht Ihren Ehering abziehen!« entsetzte sich ihre Gefährtin.

»Ist schon gemacht«, sagte sie und zeigte ihren Ringfinger. »Für heute abend bin ich Witwe.«

»Das ist eine frevelhafte Geste!«

»Wenn Gott existiert, wird er mir verzeihen. Im übrigen wird nichts passieren.«

»Möge der Himmel Sie erhören«, erwiderte Ida. »Die Terroristen in Rußland...«

»Aber schweig doch! Mit deinen schwarzen Gedanken wirst du uns noch Unglück bringen! Und du nennst mich Gabriele, wie die arme Schmidl, wenn sie wüßte... Wiederhole.«

»Gabriele«, sagte Ida mit erstickter Stimme.

»Du wirst die Duzform benutzen. Versuch's.«

»Du... Du bist die Gabriele«, wagte Ida furchtsam. »Der Vorname Ihrer Kammerfrau... Es ist schwierig.«

»Aber nein!« rief sie ungeduldig. »Duze ich dich etwa nicht?«

»Sie, das ist nicht dasselbe«, stammelte Ida verzweifelt.

»Ich habe gesagt, die Duzform!« Und ein kurzer Schlag ihres Fächers traf den Arm ihrer Gefährtin.

»Ich... Ich schwöre dir, es wird nicht noch mal passieren«, erwiderte Ida bestürzt.

»Ist gut. Möge Gott uns beschützen«, seufzte die junge Frau, indem sie sich schnell bekreuzigte. »Die Stunde der Wahrheit, meine Liebe. Man wird mich nicht erkennen. *Viva la libertà!*«

Zusammen eilten sie aus dem unordentlichen Zimmer.

»Ich werde endlich lachen, ich werde meine schlimmen Zähne zeigen, meine gelben Zähne, man wird dort nur Feuer sehen, trällerte sie, während sie die Stiege hinuntergingen.

Ihn hatte seine Mutter ausgerüstet. Nun ja, wenn man das so sagen kann, für einen großen Teufel von sechsundzwanzig Jahren; hätte er nur noch den Frack für einen gewöhnlichen Ball herausholen müssen, hätte sich die gute Frau Taschnik damit begnügt, sich um den Eckenkragen, die Westenknöpfe und den Glanz der Abendschuhe zu kümmern. Aber es handelte sich um den Redoutenball, auf den ihr Sprößling sich zum erstenmal begab.

Er hatte seinen besten Freund, Willibald Strummacher, einen Wiener der reinsten Prägung, um Rat gefragt. Dieser hatte ihm eine Kopfverkleidung empfohlen, und Mutter Taschnik hatte mit Hingabe eine Kappe genäht, die den Reiz der Maskierung ihres innig geliebten Franz ausmachte. In schwarzem Drillich, gut dem Schädel angepaßt, mit zwei auf den Seiten fest angenähten, von Eichhörnchenfell unterlegten Samtspitzen, war die Mütze dazu gedacht, den Kopf einer Fledermaus darzustellen. Diese Wahl war nicht der Liebe zu den kleinen Säugetieren zu verdanken, sondern gänzlich der Leidenschaft für die Musik.

Frau Taschnik widmete Johann Strauß Vater einen echten Kult. Er war seit mehr als zwanzig Jahren tot; aber durch einen Zufall, der an ein Wunder grenzte, hatte sich Johann Strauß Sohn ganz in der Nähe des Hauses Taschnik niedergelassen, in Hietzing am Rand des Wienerwaldes; wenn man im Garten Kirschen pflückte, konnte man den Komponisten am Klavier hören, während seine Frau Jette sich daran versuchte, die Melodien mitzusingen, die bald die Walzer im Prater werden würden. Aus Gründen, die nicht der Musik zu verdanken waren, sondern ausschließlich der Politik, mochte Mutter Taschnik den Sohn Strauß nicht, diesen Strolch, den man während der Revolution von 1848 mit einem Gewehr bewaffnet auf den Barrikaden gesehen hatte. Mutter Taschnik hielt es mit den Konservativen und also mit dem verstorbenen Johann Strauß Vater; sie hatte ihre Gründe.

Trotz des mütterlichen Protestes hatte die Leidenschaft für die Walzer von Strauß Sohn auch Franz mitgerissen. Der junge Mann hatte sich in die Melodien verliebt, die der Wind durch die Blätter der Bäume trieb; er hatte sogar den illustren Maestro kennengelernt, der für den Frühling die Premiere seiner Operette nach der französischen Komödie *Le Réveillon* vorbereitete. Der Zauberer der Musik hatte ihr lieber den Titel *Die Fledermaus* verliehen.

Franz war es gelungen, seine Mutter davon zu überzeugen, dieses gewaltige Ereignis im voraus zu feiern, das dem Unheil des Jahres 1873 ein Ende setzen würde. Dieses verfluchte Jahr der Weltausstellung hatte durch eine seltsame Laune der Vernunft zugleich die Cholera-Epidemie und den entsetzlichen Schwarzen Freitag hervorgebracht, der durch den Börsenkrach in einem Tag die Wiener Bürger ruiniert hatte.

Die Fledermaus von Johann Strauß würde die beiden Schandflecke auslöschen; dies las man jedenfalls in den Gazetten, und die Wiener waren auch alsbald davon überzeugt.

»Aber sehe ich nicht eher wie eine Katze aus?« fragte der junge Mann, der sich vor den großen Drehspiegel seiner Mutter gepflanzt hatte.

»Nimm den Abendumhang, mein Franzl«, beruhigte ihn Frau Taschnik. »Du brauchst nur mit deinen langen Armen zu wedeln, um einer Fledermaus zu gleichen. Außerdem haben die Katzen nicht soviel Fell an den Ohren. Jetzt den Schnurrbart.«

Franz ergriff den verbrannten Holzstab, den ihm seine Mutter hinhielt, und zog oberhalb seiner jugendlichen Lippen eine schwarze Linie. Das sei nicht gerade gelungen, räumte seine Mutter ein. Sie nahm den Holzstab zurück, zog sich auf die Zehenspitzen hoch und wollte versuchen, feine Schnurrbartlinien zu ziehen; aber Franz war fast zwei Meter groß, und Frau Taschnik war entschieden zu klein. Es wäre ein Hocker nötig gewesen, und so war das Ergebnis noch schlimmer; mit einem

Tuch wurde alles wieder weggewischt, sie erregten sich etwas und einigten sich dann darauf, daß – da das Beste der Feind des Guten sei – ein schwarzer Strich ausreichen würde. Schließlich beschlossen sie der Einfachheit halber, eine weiße Halbmaske hinzuzufügen. Der junge Mann hatte seinen Vater nicht gekannt. Gustav Taschnik wurde beim Aufstand von 1848 von einer verirrten Kugel tödlich getroffen, während er als junger, der Regierung Seiner Majestät getreuer Nationalgardist versuchte, den kaiserlichen Palast gegen den Ansturm der Arbeiter und Studenten zu schützen.

Das war einen Monat nach Beginn der Oktoberereignisse; Graf Latour, der Kriegsminister, war gelyncht worden. Man hatte ihn in seiner schönen rot-weißen Uniform an die Laterne gehängt, die Revolution hatte die Vororte erreicht, die Augustinerkirche und ein Teil des Palastes wurden in Brand gesetzt, das Reich hatte geschwankt und sich wieder gefangen. In dieser Zeit, im November, belagerte die kaiserliche Armee die Stadt, die sie schon in Teilen wieder eingenommen hatte. Die Aufständischen hofften noch auf Unterstützung durch die Magyaren; und die Barrikaden hielten gut; Franz' Vater, ein friedlicher, versöhnlicher Mann, wollte die Leute dazu überreden, sich zu ergeben. Er hatte sein Gewehr umgedreht und war ganz allein langsamen Schritts vorwärts gegangen; die Kugel hatte seinen Kopf getroffen, und von der Barrikade her wurde vor Freude gebrüllt. Zwei mährische Soldaten brachten seiner Frau, die ein Kind erwartete, den Leichnam.

Die Aufständischen hatten sich schließlich ergeben, Kaiser Ferdinand hatte abgedankt, und der junge Erzherzog Franz Joseph war ihm auf dem Thron gefolgt. Der kleine Taschnik wurde geboren, und seine Mutter nannte ihn zu Ehren des neuen Herrschers Franz. Der Vater Taschnik, sagte sie häufig, war für nichts und wieder nichts gestorben, und allein das Wort »proletarisch« ließ sie der Ohnmacht nahekommen. »Ordnung, Geschäfte und Walzer, das ist es, was wir brauchen«, sagte sie jedem, der es hören wollte. Mutter Taschnik war nicht enttäuscht worden.

Marschall Radetzky hatte mit Hinrichtungen ohne Gerichtsurteil, mit öffentlichen Geißelungen und Folterungen die Ordnung wiederhergestellt; indem der Kaiser in der Reichshauptstadt die riesigen Gebäude am Ring in Auftrag gab, hatte er die Geschäfte angekurbelt; der Krieg zwischen Preußen und Frankreich hatte zur Schließung der Pariser Börse geführt und die von Wien auf den Gipfel der Spekulation getrieben, zumindest bis zum Schwarzen Freitag; und was den Walzer anging, so hatte der nie aufgehört. Deshalb also bedachte Mutter Taschnik den verstorbenen Johann Strauß Vater mit einer solchen Bewunderung: 1848 war er den kaiserlichen Truppen treu geblieben. Noch besser, er hatte, um den alten Marschall zu ehren, sein Meisterwerk, den *Radetzkymarsch,* komponiert.

Aber Frau Taschnik sah sich gezwungen, die Niederlage ihres Lieblingskomponisten zuzugeben. Das war so; das vergeßliche Wien brachte Strauß Sohn eine grenzenlose Bewunderung entgegen, der sich allzulange zu widersetzen niemandem wohl anstand. Und wenn Frau Taschnik in der Öffentlichkeit brummelte, bloß um ihre konservativen Vorlieben hervorzuheben, verzieh sie Strauß Sohn im geheimen, den Aufrührern gefolgt zu sein, denn der Walzer war von einem beständigen Wert, und ein Straußsprößling, sei er selbst ein roter Aufrührer, verhieß immer noch Walzer.

Es verging jedoch nicht ein einziger Tag, an dem sie nicht ihrem Sohn das väterliche Opfer in Erinnerung rief.

»Wenn dein Vater dich sehen könnte«, seufzte sie und reichte ihm seinen Umhang. »Diese verfluchten Vorortarbeiter ... Und er hat nicht einmal gewußt, daß er einen Sohn bekommen würde ...«

Der junge Riese küßte sie auf die Stirn und ging. Er liebte seine Mutter, aber er fand sie ein wenig starr, manchmal sogar offen »reaktionär«, wie es in den fortschrittlichen Kreisen Wiens hieß. Er fragte sich, ob sich sein Vater wirklich auf die Seite der kaiserlichen Truppen gestellt hatte. Um es deutlich zu sagen, der frommen mütterlichen Version hing er nicht an.

Denn er spürte es: Sein Vater hatte vielleicht sein Gewehr umgedreht, ja. Aber er war nicht von den Leuten auf den Barrikaden niedergestreckt worden; er war bis zu den Aufständischen gelangt, die ihn mit einem Freudengebrüll empfangen hatten. Dann hatte ihn wohl, von einem unglücklichen Schicksal geleitet, eine Kugel getroffen, eine Kugel zwischen den beiden Lagern. Zur Stützung dieser Hypothese hatte der junge Franz nur einen dünnen Beweis, einen Brief, den er in den väterlichen Papieren gefunden hatte und der von einem gewissen Karl Marx, einem deutschen Agitator, unterzeichnet war. Dieser hatte sich im August 1848 an den Arbeiterverein gewandt. Franz' Vater, ein Schreiner, hatte an der Versammlung teilgenommen oder hatte auch geholfen, sie zu organisieren, und der Deutsche dankte ihm mit drei Worten. Das war nicht viel, genügte jedoch, um im Kopf des jungen Mannes, der die Epistel von Marx, ganz klein zusammengefaltet, wie einen Liebesbrief in einer Stahlkassette aufbewahrte, den Zweifel zu säen.

Er war sich sicher: Er selbst wäre bei den Studenten auf den Barrikaden gewesen. Wie Johann Strauß Sohn, Verfasser der *Freiheits-Lieder* und des *Revolutions-Marsches*. Aber es kam nicht in Frage, darüber auch nur ein einziges Wort gegenüber Mutter Taschnik zu äußern.

»Was für ein guter Junge«, meinte sie, als er leise die Tür schloß.

Erster Teil
Die Redoute

Der gelbe Domino

> *Ich wollt', die Leute liessen mich*
> *In Ruh' und ungeschoren,*
> *Ich bin ja doch nur sicherlich*
> *Ein Mensch, wie sie geboren.*
>
> Elisabeth von Österreich

Der Fiaker hatte vor den Stufen des Gebäudes angehalten; als die Türen sich öffneten, drang ein konfuser Schwall von Musik heraus, der alsbald verklang. Die junge Frau im gelben Domino stieg als erste aus und atmete tief die eisige Luft ein.

»Wie gut das tut, die Kälte«, murmelte sie. »Zum erstenmal kann ich in Wien Stadtluft schnuppern; ich fühle mich wie auf der Jagd. Die Luft ist frisch, der Himmel klar, es fehlen nur mein Pferd und meine Hunde. Ida!«

»Wirklich, diese Fiaker sind unbequem«, schimpfte Ida und zappelte in den Taftwogen ihres Dominos herum. »Ihr Einspänner ist mir lieber.«

»Dein Einspänner!«

»Aber es ist niemand da!«

»Ich habe Ihnen einen Befehl erteilt, Gräfin«, antwortete die junge Frau.

Sie packte ihre Gefährtin fest am Arm und ging auf das erleuchtete Gebäude zu. Am Fuß der Treppe hielt sie inne und drehte den Kopf herum, als ob sie zögerte.

»Wollen Sie zurück in die Hof ... nach Hause fahren, Hoheit?« beeilte sich Ida sogleich.

»Niemals! Nur ... All diese Lichter, dieser Lärm, diese Menschenmenge ...«

»Das ist zweifellos ein großer Ball«, gab Ida perfide zu verstehen. »Es werden viele Leute dasein. Aber das wollten Sie doch?«

Der gelbe Domino preßte, ohne zu antworten, die Lippen aufeinander und stieg in einer Wolke goldener Seide hinauf.

»Ich habe keine Angst. Gib's auf, Ida. Ah!«

Ein Mann, der herunterkam, hatte sie mit seinem Umhang achtlos gestreift. Versteinert legte sie die Hand auf ihre Wange, als hätte er sie geohrfeigt. Ida stürzte auf sie zu.

»Es ist nichts«, sagte die junge Frau unter Anstrengung. »Einfach ein Versehen. Der arme Mann weiß nicht... Wir müssen weiter.«

Aber die Tänzer gingen kreuz und quer ein und aus, wobei sie sich gegenseitig fröhlich anrempelten. Sie lachten, sie schwitzten, sie wischten sich mit der Hand über die Stirn, und sie kamen kurz heraus, um die Kälte einzuatmen und sich zu erfrischen. Die Frauen glucksten manchmal, die Männer zogen sie an sich, küßten sie auf den Hals und kitzelten sie, indem sie ihre Spitzen zusammenknäulten. Aus den Mündern strömten Nebelschwaden von Atem, und das schallende Gelächter hallte in der Kälte wie Gewehrschüsse wider.

Die junge Frau schauderte, erblickte ein engumschlungenes Liebespaar, hielt erneut inne, warf bestürzte Blicke um sich und ging vor Wut zitternd weiter.

»Ich schaffe es schon«, zischte sie.

»Sie sind es nicht gewohnt«, erbarmte sich Ida. »Notgedrungen, ohne Protokoll...«

»Willst du wohl den Mund halten! Du wirst uns noch verraten. Halt doch mal die Tür auf, damit ich durchkann. Und hör mit dem ›Sie‹ auf, zum letzten Mal.«

Sie drangen in die Halle mitten in das Getose und Stoffknistern. Überall glitten Frauen in Dominos vorbei, die Köpfe unter Kapuzen verborgen, die Gesichter von Spitzen umgeben und die Augen mit samtenen Halbmasken umrandet. Malvenfarbig, rosa, scharlachrot oder blau entfalteten sich die leichten Seidenstoffe der italienischen Capes, die ihre Trägerinnen gänzlich verbargen. Um sie herum drehten sich schwarzgekleidete Männer im Frack und mit weißer Fliege. Alle gleich, mit fest anliegender Pikeeweste und makellosen Handschuhen in der Hand. Wie eine Armee von Ameisen schwärmten sie um die flatternden Schmetterlingsflügel, die in Panik oder vor Freude zum Klang der betörenden Musik in einem Durcheinander davonflogen.

Der gelbe Domino blieb mit einemmal stehen und entfaltete vor seiner Maske den Fächer. »Gehen wir weiter«, meinte ihre Gefährtin. »Wenn wir hier stehenbleiben, wird man noch auf uns aufmerksam.«

»Warte einen Augenblick«, murmelte sie. »Ich habe Angst.«

»Was habe ich Ihnen gesagt? Jetzt sitzen Sie in der Falle. Wollen Sie zurück?«

»Niemals«, rief die junge Frau.

»Ah! Man darf niemals niemals sagen, schöne Frau«, rief ein Frack, der aus dem Schatten auftauchte. »Begleitung gefällig? Ich bin da.«

»Vielen Dank, mein Herr, das ist nicht nötig«, antwortete Ida. »Wir werden hinaufgehen.«

»Aber nicht allein«, meinte der Mann und ließ seine Hand auf den roten Taft gleiten. »Geben Sie mir Ihren Arm.«

»Mein Herr, Schluß damit«, erregte sich Ida. »Ich kenne Sie nicht.«

»Was? Habt ihr das alle gehört?« rief der Mann. »Da ist ein Domino, der ärgerlich wird, und wißt ihr, weshalb? Weil sie mich nicht kennt! Sie kommen vom Land, oder was?«

Als seien sie vom Himmel der gemalten Decke herabgetaucht, umgaben drei Fräcke sie plötzlich mit ausgebreiteten Armen, um ihnen den Weg zu versperren.

»Wir werden Ihnen die Bräuche erklären«, begann der größte bedächtig. »Die Redoute, meine Damen, da kennt niemand niemanden, und ebendeshalb...«

»Man macht Bekanntschaft mit Unbekannten, darin liegt der ganze Spaß!« fuhr der zweite fort.

»Und erst zum Schluß, wenn der Morgen graut, nimmt man die Maske ab...«

»Bis dahin sagt man gar nichts und läßt ganz lieb mit sich machen, meine Täubchen...«

»Täubchen?« rief Ida entsetzt. »Wie können Sie es wagen?«

»Entzückende Täubchen, ja«, jauchzte der größte der Fräcke, während der dritte, der gar nichts gesagt hatte, mit den Armen wedelte und mit geschlossenen Augen anfing, »Gru, gru, gru...« zu gurren.

»Auf, auf, ein bisserl lieb sein, meine Schöne«, spöttelte der kleinste mit betörender Miene. »Gustl! Die Große entspricht deiner Größe, die da, der gelbe Domino.«

»Einen Kuß bitte, Prinzessin...«, sagte der Mann und wirbelte herum. »Daran stirbt man nicht.«

Versteinert klammerte sich die Unbekannte an ihren Fächer, die Männer begannen sich zu drehen, zu kreischen – *wie große Vögel, Elstern oder Krähen*, ging es ihr durch den Kopf, mit *offenem Schnabel, krächzend* – sie bedrängten sie, eine Hand glitt vor ihre Augen, die sie brüsk schloß, andere waren hinzugekommen, Männer, das Gelächter kam näher, so laut, daß sie sich mit den schwarzbehandschuhten Handflächen die Ohren zuhielt, der Fächer fiel herunter.

»Lassen Sie sie in Ruhe!« schrie eine Stimme.

»Noch so ein Gigerl, der uns den Spaß verderben wird!« schimpfte der große Frack unzufrieden.

Der Kreis vergrößerte sich; die Blicke richteten sich auf den lästigen Neuankömmling. In einen Umhang gewickelt, zeigte der Mann, ein wahrer Riese, keinerlei Regung. Auf dem Kopf trug er ein merkwürdiges Gebilde mit kleinen pelzunterlegten Ohren und auf der Nase eine einfache weiße Halbmaske. Gemessenen Schrittes kam er näher. Man wich zurück: Er war zu gewaltig, zu mächtig.

»Es ist nicht gut, meine Herren, die Damen zu erschrecken«, sagte er und beugte seine riesige Gestalt, um den Fächer aufzuheben.

»Wer ist dieser Aufschneider?« murmelte der erste Frack. »Man möchte meinen, er hat sich verkleidet, wirklich.«

Aber er drängte sich durch die Gruppe, ohne auf das Gemurmel zu achten, und reichte der Dame im gelben Domino den Fächer.

»Gnädigste, Sie sind frei«, sagte er und verneigte sich.

Mit schnellem Griff nahm sie das Ding und faltete es auseinander. Der Fächer bewegte sich leicht und klappte dann zusammen wie ein Vogel, der sich niederläßt.

»Sie sind ein Kavalier, mein Herr«, sagte sie und hielt ihm ihre behandschuhte Hand hin.

Der Riese ergriff zart die ihm dargebotene Hand und drückte sie unglaublich behutsam. Der gelbe Domino stieß einen kleinen Überraschungsschrei aus, und der Fächer kehrte vor ihr Gesicht zurück.

»Möchten Sie, daß ich Sie begleite?« schlug er vor und bog leicht seine lächerlichen Ohren.

»Ist nicht nötig!«

»O ja! Begleiten Sie uns, Herr«, rief Ida im selben Atemzug aus.

Wütend schlug die junge Frau mit dem Fächer auf den Arm ihrer Gefährtin. Ida schwieg. Etwas aus der Fassung, zögerte der Riese und blieb mit schlenkernden Armen stehen. Im Nu zog die junge Frau den roten Domino mit sich, und sie flohen. Einer der Tänzer brach in Lachen aus.

»Das wird dich lehren, dich galant zu zeigen! Sie sind dir ausgekommen, alter Strizzi! Sag mir, wieso hast du dich verkleidet, obwohl die Regel des Redoutenballs das verbietet?«

»Verbietet? Wieso?« stammelte der Riese verwirrt. »Aber man hatte mir gesagt... Willibald hatte mir empfohlen...«

»Dein Willy hat sich einen Scherz erlaubt, ja!« sagte einer von ihnen mit breitem Lachen. »Schau dich um: du bist der einzige!«

Verlegen nahm der Riese mit einem Seufzer die Maske ab und löste seine Kappe, die er in eine Ecke warf. Es war ein ganz junger Mann, fast noch ein Knabe, mit einem hübschen, etwas geröteten Gesicht und erstaunten, großen blauen Augen.

»Meiner Treu, es stimmt, ich hab mich foppen lassen«, gab er zu und zerzauste seine dunklen Haare. »Das kommt mir sehr zupaß. Mir war sowieso zu warm. Sie sind verschwunden... Sie sind sie ja auch ganz schön angegangen!«

»Bah! Zwei verloren, zehn wiedergefunden... Auf, Freundl, komm mit uns. Wenigstens wirst du dich ein bisserl amüsieren.«

❖

Die beiden Dominos drangen in die engen Gänge vor, wo die Paare einander in die Quere kamen; die behandschuhten Hände waren ineinander verschlungen, um sich nicht zu verlieren, die seidenen Kapuzen glitten auf die nackten Schultern und entblößten halb aufgelöste Knoten, feuchte Augen, leichten Schweiß am Halsansatz. Das Gedränge war höllisch; Ida packte das Handgelenk des gelben Dominos und zerquetschte es fast. Die junge Frau ließ sich widerstandslos treiben. Die ungelenken Ellbogen der kleinen Tänzer stießen sie in die Hüften, und sie schrie leicht auf. Ein Zwerg drehte sich um und zerquetschte ihr die Zehen, ein dickes Mädchen stolperte, verknackste sich den Knöchel und fing sich im letzten Augenblick, indem sie sich an ihren Arm klammerte, ohne sich zu entschuldigen.

Es war zu spät, um den Rückzug anzutreten, eine Tür öffnete sich, man stieß sie in die Öffnung. Vom Licht geblendet, blieben sie auf der Schwelle zum Goldenen Saal stehen. Gerettet!

Das Orchester hatte begonnen, Walzer zu spielen, und die Tänzer drehten sich wie die Wahnsinnigen, wobei sie einander mit fröhlichen Ausrufen anrempelten. Manchmal verlor ein Paar das Gleichgewicht und fiel zu Boden, in einem Gewirr von Krinolinen und Unterröcken, aus dem kreuz und quer weiße Strümpfe und schwarze Hosen herausragten. Es war ein Wüten und Toben von zügelloser Gewalt, ein Kampf, um sich auf den Beinen zu halten; die Damen schlossen die Augen, die Herren warfen nach links und rechts verzweifelte Blicke, um Kollisionen zu vermeiden, der Atem ging ihnen aus. Der Walzer schien zum Schluß zu kommen, und als man meinte, er sei zu Ende, nahm er heimtückisch einen neuen Anlauf zu weiterem Herumwirbeln, immer wieder und immer wieder, bis schließlich alles innehielt. Da taumelten die Tänzerinnen und stießen tiefe Seufzer aus, und ihre Kavaliere tätschelten mit einem Ausdruck von Stolz und Erleichterung ihre Hände.

»Wie die tanzen...«, sagte die junge Frau erstaunt.

»Sie haben recht, es ist schrecklich«, stöhnte Ida. »Wenn ich an unsere Bälle denke...«

»Habe ich gesagt, daß ich das schrecklich finde? Sie amüsieren sich ...«

»Aber wie vulgär das alles ist«, fuhr Ida fort. »Schauen Sie nur, wie sie schwitzen! Sie verabscheuen das doch so! Sie wollen doch wohl nicht tanzen!«

»Mit wem denn, meine arme Ida?« antwortete sie traurig. »Hör mal, laß uns einen Tisch auf der Galerie suchen, dort haben wir mehr Ruhe zum Beobachten.«

Die enge Stiege hinaufzugehen war ein schwieriges Unterfangen; man hielt sich fest, man rempelte einander an oder streifte einander, und der gelbe Domino prallte zurück, als ob man sie jedesmal verletzte. Kühn ihre Röcke hebend, stürzten die Frauen vorwärts, und die Männer wandten sich nach ihren weißen Strümpfen um, wobei sie sich mit lauter Stimme Kommentare zuriefen, die der jungen Frau die Röte ins Gesicht trieben. In ihren Domino gehüllt, preßte sie mit der einen Hand ihre Maske aufs Gesicht, und mit der anderen hielt sie schützend den Fächer fest. Bei jeder Stufe drückte sie sich gegen die Rampe und wartete vergeblich auf einen ruhigeren Augenblick; alsbald stürzte sie sich dann mit gesenktem Kopf auf die nächste Stufe. Eine Gruppe junger Leute, die von oben kam, umringte sie; sie wehrte sich schweigend und konnte sich schließlich frei machen. In der Menge gab es plötzlich eine Lücke, die sie sofort nutzte, indem sie ihrerseits den gelben Domino und den schwarzen Rock ihres Kleides hochhob und die Stiege bis zum Ende hinaufrannte.

»Puh!« rief sie, als sie oben auf der Stiege angelangt waren. »Wirklich, das bin ich nicht gewohnt. Was für eine Gymnastik!«

»Wir müssen immer noch einen Tisch finden ...«, seufzte Ida und öffnete die Tür einer Loge, aus der Gelächter drang. Voll. Ebenso die zweite. Zufällig fanden sie schließlich einen winzigen Tisch in der am weitesten entfernten Loge. Sobald sie saßen, tauchte die junge Frau ihr Gesicht in die Mulde ihrer gefalteten Hände und seufzte zum Gotterbarmen.

Im geheimen entzückt, knöpfte Ida ihre Handschuhe auf. So

wie alles gegangen war, würde die junge Frau schnell die Lust verlieren, und das Abenteuer würde sich als kurz erweisen.

»Ihr Schuh... der rechte, er ist schon ganz staubig«, stellte sie fest. »Man ist Ihnen auf die Füße getreten. Wohl ein Schuh, der hinüber ist.«

»Macht nichts. Da man mich ja zwingt, jeden Tag welche den Armen zu geben.«

»Warum haben Sie das Angebot des jungen Mannes abgelehnt?« fuhr Ida mit einem Anflug von Bissigkeit fort. »Er hätte uns gegen diese Anrempelei beschützt.«

»Er hat die Hand nicht geküßt, die ich ihm hingehalten habe«, unterbrach die junge Frau in verächtlichem Ton. »Er hat sie gedrückt! Er ist ein Flegel.«

»Ein einfacher junger Mann, der die Bräuche nicht kennt. Und der uns aus der Affäre geholfen hat. Sie sind ziemlich ungerecht!«

»Ach! Sei still! Ich habe nicht nachgedacht. Und du vergißt das Duzen.«

Ida errötete verwirrt und wollte einen Versuch wagen. »Soll ich dir etwas zu trinken holen?« sagte sie mit Piepsstimme. »Es ist heiß...«

»Warum nicht?« antwortete die junge Frau nachlässig. »Bleib nicht zu lange. Und warte mal! Nein, such mir lieber diesen jungen Mann. Er ist so groß, daß du keine Mühe haben wirst, ihn wiederzufinden. Du hast recht, ich habe ihn sehr schlecht behandelt. Ich werde ihm ein paar Worte sagen, das wird mich zerstreuen. Lauf!«

Widerwillig begab sich Ida auf die Jagd. Der gelbe Domino entfaltete seinen Fächer und betrachtete die Tänzer, die sich wieder im Walzer zu drehen begannen. Sie zählte zehn karmesinrote, fündundzwanzig tintenschwarze Dominos, und – schon ganz verschmutzt – drei violette, zwei graue, davon einer perlgrau. Bald war sie es leid; beim neunten grünen Domino hörte sie auf. Einen gelben Domino hatte sie nicht entdeckt.

Sie hatte keine Lust mehr, den Hals zu recken, um die Tänzer zu beobachten, und zog es vor, den Plafond zu betrachten, wo rosenfarbene Nymphen um einen rundlichen Bacchus lagerten; mit Weinreben und Trauben gekrönt, einen Kelch in der Hand, betrachtete er mit unbestimmtem Blick einen Haufen praller Wolken und den Herbsthimmel, der am Horizont von unveränderlichem Blau war. Die verrückten Gefährtinnen des Weingottes waren wenig erheiternd. Um bei den offiziellen Zeremonien der Langeweile zu entkommen, widmete sie sich gewöhnlich einer genauen Bestandsaufnahme alles Dekorativen. Ihr Blick verweilte auf den goldenen Karyatiden – fünfzehn; auf den makellosen Marmorstatuen, die oberhalb der majestätischen Türen kraftlos darniederlagen, die einen mit Sicheln bewaffnet, die anderen mit Lorbeerkränzen, Paar für Paar, ewig einander gegenüber – zwölf; auf den gemeißelten weißen Medaillons, vielleicht sechzig, unzählbar, aber es gelang ihr nicht, die Melancholie zu vertreiben. Da sie nicht dazu paßten, störten die Schreie, das Gelächter und die Geigen die Heiterkeit der Götter und Göttinnen.

Dann nahm sie sich einen nach dem anderen die riesigen Kronleuchter vor. Sie zählte zehn; einer war dabei zu verlöschen.

Dann ging sie zu den weißen Aaronstab- und Liliensträußen, die in der ganzen Stadt berühmt waren und die man für teures Geld von der Riviera kommen ließ.

All dieses Weiß war ermüdend, fand die junge Frau, wobei sie hinter ihrem Fächer ein Gähnen unterdrückte.

Schließlich dachte sie, daß niemand kommen würde, um sie zum Tanzen aufzufordern, und eine dumpfe Angst begann ihr Herz zusammenzupressen.

»Vielleicht sitzen die falschen Haare nicht richtig... Oder es ist dieser Domino. Was für eine absurde Farbe! Dieses Gelb steht niemandem. Wenn ich doch nur diese Maske abnehmen könnte...«

Sie pustete auf den Spitzenbesatz, um sich abzukühlen, und brach in Lachen aus.

»Ich langweile mich«, sagte sie laut. »Wie ist das komisch!

Aber was suchen dann alle diese Leute, die sich so sehr zu amüsieren scheinen? Und was macht Ida...«

Mit einer lebhaften Geste beugte sie sich über die Balustrade. Der rote Domino irrte in der Menge herum. Plötzlich erblickte die junge Frau den Riesen, an eine Karyatide gelehnt. Er träumte.

»Da ist er! Und sie sieht ihn nicht... Er trägt allerdings seinen Umhang nicht mehr... Auch seine Maske nicht. Ah! So ist es besser, viel besser. Aber das ist ja noch ein Kind! Ich wette, er hat blaue Augen. Der Teint hat vielleicht etwas Farbe drauf... Ida!« schrie sie ungehemmt und winkte mit ihrem Fächer. »Ida!«

Ida sah sich schüchtern um. Der Riese näherte sich.

»Ich glaube, man ruft Sie da oben«, sagte er sanft und deutete mit dem Finger auf die Galerie.

»Sie?« rief Ida erleichtert. »Ich habe Sie gesucht, ja Sie, mein Herr. Sie werden erwartet. Man ist etwas lustlos und hätte gern Ihre Gesellschaft.«

»Der gelbe Domino? So etwas... Welche Ehre!« spottete der junge Mann. »Da ich ein netter Kerl bin, nehme ich die Einladung an.«

Von seinem Hochsitz aus sah der gelbe Domino sie näherkommen; hinter seinen steifen Wolken verbarrikadiert, sah Bacchus aus der Höhe des bemalten Plafonds prüfend auf sie herab. Der Riese führte seinen roten Domino, wie man es mit einem Pferd macht, er puffte und zog, um sich einen Weg zu bahnen; in drei Sekunden würden sie die Loge betreten, würden vor ihr stehen, sie würde reden, sich liebenswürdig zeigen, sich aufrecht halten, lächeln müssen... Die junge Frau wandte den Kopf ab.

»Schau, hier ist dein Gast, mein liebes Kind«, verkündete Ida in einem Ton falscher Ungezwungenheit.

Er sah nicht verärgert aus; befangen drehte er seine Handschuhe wie ein Bauer beim Sonntagsbesuch. Mit schnellem Blick erfaßte sie den makellosen Frack, die weiße, um einen festen Hals geknüpfte Fliege, die Pikeeweste, die goldene, an der

Westentasche befestigte Kette, und der Blick wanderte hinauf zu der Blume im Knopfloch und blieb auf dem Gesicht haften. An Stelle eines Schnurrbarts befleckte ein merkwürdiger dunkler Schatten die Oberlippe.

»Mein Herr«, begann die junge Frau und fächelte sich wild zu, »ich glaube, ich habe Ihnen nicht genügend gedankt. Möchten Sie einen Augenblick in unserer Gesellschaft verweilen?«

Der Riese verharrte stumpf und betrachtete das Spiel des Fächers.

»Nun? Sind Sie taub? Ich lade Sie an meinen Tisch ein«, sagte sie mit einer anmutigen Geste.

Er setzte sich linkisch hin und schwieg. Die Unbekannte sprach zu gewandt.

»Sie sind nicht mehr verkleidet?« fragte sie einleitend.

»Aber allem Anschein nach war es falsch, es zu sein, Gnädigste. Ein Freund hat sich einen Scherz mit mir erlaubt; ich habe mich auf einen echten Maskenball vorbereitet. Ich hab als Fledermaus kommen wollen...«

»Eine Fledermaus? Ah ja, diese kleinen Samtohren...«

»Genau«, meinte er vergnügt. »Dieses ganze Fell war mir viel zu warm.«

»Und... oben... auf der Lippe da...«, sagte sie und prustete mit der Hand auf dem Mund vor Lachen.

»Oh!« rief er und zog sein Taschentuch heraus. »Das ist ein falscher Schnurrbart – schwarze Kohle. Hab ich vergessen... Ich muß lächerlich aussehen. Und so, ist das besser?«

»Tatsache ist, daß Sie so gewinnen, mein Herr«, murmelte sie aufatmend.

»Ich habe noch keinen Bart. Meine Mutter sagte mir, man soll die Hoffnung nicht verlieren.«

»Jetzt stellen wir einander vor«, meinte sie und stützte sich ungezwungen ihm gegenüber auf. »Wer sind Sie?«

»Das entspricht nicht der Regel... schöne Maske«, antwortete er zögernd. »Bevor der Morgen dämmert, sagt man nicht, wer man ist, und es ist... ganz genau elf Uhr«, fügte er hinzu, während er seine Taschenuhr herauszog. »Ich sage es Ihnen später.«

»Wie ärgerlich! Ich hatte nun mal Lust, Sie kennenzulernen. Machen Sie eine Ausnahme, bitte. Für mich.«

»Lassen Sie wenigstens Ihren Fächer in Ruhe... Damit ich Ihre Augen sehe!«

»Meinen Fächer?« entgegnete sie und führte ihn langsam vor das Gesicht des jungen Mannes. »Mein Fächer, aber das bin ich, mein Herr. Daran müssen Sie sich gewöhnen.«

Er wich zurück, und blinzelnd machte er eine Geste, wie um sich zu schützen.

»Sie haben Angst?« sagte sie mit spöttischer Stimme. »Vor einem Fächer?«

»Es ist... Sie treiben es zu weit, Gnädigste«, antwortete er schüchtern. »Ich bin nicht so gewandt wie Sie, und wir gehören nicht derselben Welt an, ich sehe das genau. Dieser goldene Brokat, diese Spitzenhandschuhe, Ihre Art, so behende mit dem Fächer umzugehen...«

»Unsinn!« entgegnete sie voller Autorität. »Stellen Sie sich vor.«

Der Befehl knallte wie eine Peitsche, der junge Mann blinzelte erneut. Er atmete tief.

»Aber wenn ich Ihnen doch sage, daß dies nicht dem Brauch entspricht«, rief er schließlich aus. »Sie sind dickköpfig.«

»Sehr! Machen Sie schon...«

»Ich sage Ihnen meinen Namen, wenn Sie mit mir tanzen«, antwortete er ganz schnell.

»Gnädigste!« entfuhr es Ida, die sich sofort aufrichtete. »Nehmen Sie nicht an!«

»Gnädigste?« Die junge Frau unterdrückte ein Lächeln. Sich unter die taumelnde Menge zu mischen, die Trunkenheit dieser so fröhlichen Leute kennenzulernen, endlich anonym zu sein, frei!

»Ich bin die Ihre, mein Herr. Schenken Sie ihr keine Beachtung. Meine Freundin benimmt sich manchmal etwas merkwürdig.«

Und sie entfaltete ihre ganze Länge. Verblüfft betrachtete der junge Mann diese hochgewachsene Frau, deren kleiner Kopf wie der eines Vogels mit gerecktem Hals aufragte.

»Mein Gott, Sie sind ja fast so groß wie ich!«

»Perfekt zum Tanzen«, meinte sie und winkelte den Arm ab. »Gehen wir!«

Aber er faßte sie von unten am Ellbogen. Sie schreckte zusammen.

»Habe ich Ihnen weh getan?«

»Nicht von unten. Aber von oben«, antwortete sie und bog sanft seinen Arm. »Wenn Sie gestatten.«

Ida ließ sich schwer auf ihren Stuhl fallen. Mit einem Unbekannten Walzer zu tanzen!

Die anderen Ballbesucher mit sicherer Hand fernhaltend, ging der Riese die Treppe hinab. Von Zeit zu Zeit drehte er sich nach seiner Begleiterin um, deren Domino mit Eleganz die Stufen streifte. Von ihrem Zufallswächter beschützt, schritt sie eindrucksvoll hinunter. Auf jeder Stufe setzte der kleine Fuß, ohne zu zögern, auf, die Brokatfalten umgaben ihn mit einem leichten seidigen Knistern. Und sie! Hocherhobenen Hauptes, den Blick in die Ferne gerichtet, beherrschte sie die Tänzer, den Ball, die ganze Welt.

Wo hat sie das gelernt, dachte er bei sich. *Oh! ich spüre, da kommt ein ungewöhnliches Abenteuer auf mich zu. Eine Gräfin zumindest. Man geht nicht so ungezwungen eine Stiege hinunter, wenn man nicht die Übung hat. Muß sie schön sein, um sich so zu verbergen...*

Als sie auf dem Parkett ankamen, blieb die junge Frau mit einemmal stehen wie ein schlecht trainiertes Pferd, das sich sträubt. Franz faßte sie um die Taille; sie stieß einen Kinderschrei aus.

Er tanzte ziemlich gut.

»Verspannen Sie sich nicht«, sagte er zu ihr, als er sie herumwirbelte. »Ich habe einen Vorteil, wenn ich tanze. Da ich groß bin, vermeide ich die Hindernisse. Schauen Sie, dieser dicke Kerl, der, ohne uns zu sehen, auf uns zusteuert, hopp! Vorbei ist er...«

Sie biß die Zähne zusammen und blickte ängstlich nach allen Seiten.

»Halten Sie Ihre Augen ruhig, Ihnen wird noch schwindlig. Und Ihre Arme... Wenn Sie sie derart anspannen, garantiere ich für nichts. Wissen Sie, daß es beim Walzer auf den Mann ankommt? Die Dame braucht sich nur führen zu lassen...«

»Hören Sie auf, mich zu belehren«, rief sie wütend. »Ich kann Walzer tanzen.«

»Wirklich?« Er ließ sie sich noch schneller drehen.

Die Dominofalten begannen davonzufliegen und enthüllten das schwarze Kleid und die seidig beschuhten kleinen Füße. Die junge Frau schloß die Augen und überließ sich dem Tanz. Der Riese riß sie mit, in sein Tempo hinein, und lachte ausgelassen. Als der Walzer zu Ende war, schien es ihr, als hielten sich die Tänzer schief, der Fußboden kam ihr entgegen, die Gesichter verschwammen, ein schwarzer Schatten umarmte sie so fest, daß sie stolperte, fast gefallen wäre und sich hielt, indem sie sich gegen die große Schulter lehnte.

»Mein Herr, ich kann nicht mehr... Alles dreht sich...«

»Das ist der Walzer, Gnädigste«, rief ihr Kavalier und zog sie an sich. »Haben Sie keine Angst. Atmen Sie langsam... So.«

Die junge Frau kam wieder zu Atem und löste sich schroff.

»Sie sagen, daß Sie Walzer tanzen können, Gnädigste, aber ich sehe sehr wohl, daß Sie es nicht gewohnt sind.«

»Ich... So tanzt man nicht, mein Herr! So schnell!«

»Wo bliebe sonst der Spaß?« entgegnete er und faßte sie wieder um die Taille. »Weiter geht's.«

Sie schüttelte den Kopf, sagte mit schwacher Stimme: »Nein.« Aber es war zu spät.

»›Wiener Blut‹, von unserem großen Johann Strauß«, verkündete der Riese. »Das ist ein etwas langsamerer Walzer. Wir können uns unterhalten. Ich heiße Franz Taschnik. Sie wollten wissen, wer ich bin. Bitte sehr. Und Sie?«

Sie tat so, als verstünde sie nicht, und begann, ihn sich genau anzusehen. Seine Gesichtsfarbe war nicht mehr rot; seine Augen waren wirklich blau, von einem naiven zarten Blau, das durch erstaunlich schwarze, ungemein dichte Wimpern verdeckt wurde, Frauenwimpern. Wo hatte sie diesen Blick schon gesehen? Er hatte fleischige Lippen, volle Wangen, schwarzes und so lockiges Haar, daß es fast gekräuselt zu sein schien, eine klare Haut und ein Kinn voller kindlicher Grübchen; sein Lächeln war unschuldig entwaffnend. Von nahem war auf der bartlosen Haut noch ein Anflug von Kohle unter der Nase zu sehen.

»Sie sind Österreicher«, platzte sie triumphierend heraus.
»In der Tat! Sie etwa nicht?«
»Ich wette, Sie sind in Wien geboren...«
»Nicht weit davon, in Hietzing, auf der Anhöhe. Aber Sie, Sie sind keine Wienerin, das sehe ich sehr wohl...«
»Woher wissen Sie das?«
»Na ja! Ein Eindruck! Sie haben die Manieren einer Königin, die nicht von hier sein kann.«

Sie begann zu lachen, mit diesem dunklen Lachen, das Ida nicht kannte. Überrascht schob er sie etwas von sich und wollte ihre Augen sehen, die sie sogleich abwandte.

»Das ist nicht Ihr Lachen«, murmelte er. »Es sieht Ihnen nicht ähnlich.«

Er drückte sie etwas fester an sich.

»Sie riechen gut«, stellte er fest und drehte sich noch schneller.
»Ich habe nie Parfum an mir! Ich verabscheue das.«
»Dann ist das also Ihr Geruch«, sagte er und beugte sich zu ihrem Hals.
»Ich rieche sauber«, antwortete sie irritiert. »Die Frauen waschen sich nicht in diesem Land.«
»Kommen Sie! Was wollen Sie damit sagen? Stürzen Sie sich jeden Morgen in einen Zuber eiskalten Wassers wie die Kaiserin?«

Sie öffnete den Mund, wollte antworten und schwieg. Er glaubte, die Partie gewonnen zu haben.

»Sie sind bestimmt fast genauso groß wie ich«, meinte er gerührt.
»Ah! Und das mißfällt Ihnen?«
»Ich habe nicht häufig die Gelegenheit, mit einer Partnerin von meiner Größe zu tanzen. Wirklich. Vor allem nicht, wenn sie nicht lacht wie die anderen Frauen.«

Sie hob die Spitzen ihrer Maske und lächelte ihn ernst mit geschlossenen Lippen an.

»Mir ist, als hätte ich Sie schon gesehen«, brummelte der Riese. »Dieses Lächeln erinnert mich irgendwie... Ich kenne Sie, bestimmt... Sagen Sie mir Ihren Namen.«

»Nicht vor Morgengrauen...«

»Ah! So ist das«, entgegnete er und tat, als sei er wütend. »Nun ja, Sie sind mit dem Tanzen noch nicht fertig. Ich habe Sie gefunden, ich behalte Sie. Wir werden bis zur Stunde tanzen, wenn alle Masken fallen. Und ich werde sehen, wer Sie sind.«

»Sie tun mir weh, mein Herr«, sagte sie kalt. »Ich will aufhören.«

»Aber ich will nicht«, antwortete er und schenkte ihr ein betörendes Lächeln. »Tanzen wir nicht, wie es sich gehört? Sehen Sie, wie Ihre Arme sich auf die meinen eingestimmt haben...«

Sofort spürte er, wie sie sich verkrampfte.

»Sie können sich noch so anstrengen, wir passen gut zusammen«, murmelte er ihr ins Ohr.

Und er zog sie sanft, fast unmerklich, noch schneller mit. Sie widersetzte sich nicht mehr. Die Leuchter vervielfachten sich, die Lichter verwandelten sich in Sterne, sie spürte ihre Beine, auch ihren Körper nicht mehr, nur eine Kraft, die mit ihr dahinflog, eine Energie, die stärker war als ihr Wille und sie bog wie eine junge Haselrute im Wald... Von dem Orchester ging eine unbekannte Zärtlichkeit aus, die Musik perlte ihr in den Adern, der junge Riese verschwand in einem glücklichen Nebel, sie sah von ihm nur noch seine klaren glänzenden Augen, die im Licht verschwammen, sie war nur noch Tanz, sie tauchte in dem Walzer unter, sie wurde ohnmächtig...

Alles blieb stehen. Berauscht schloß sie die Augen und klammerte sich mit einer kindlichen Geste an den Anzug des jungen Mannes.

»Wunderbar«, murmelte er voller Stolz. »Das nennt man Walzer tanzen. Möchten Sie etwas trinken?«

»O ja! Eine Erfrischung... Ich habe Durst.«

Der Riese achtete darauf, seinen Arm gut abzurunden, und

sah zu, wie sich die kleine behandschuhte Hand leicht auf sein Handgelenk legte.

»Ich weiß nicht, ob der Himmel Sie schickt, meine Süße«, flüsterte er, »oder vielmehr der Teufel. Aber bis zum Morgengrauen werden Sie mich nicht mehr los.«

Sie seufzte. Sie würde verschwinden, bevor der Tag sich ankündigte. Morgengrauen? Es würde notwendig werden, sich von diesem jungen Mann zu befreien. Und für immer die Hoffnung zu verlieren, in seinen Armen Walzer zu tanzen.

Er plazierte sie vorsichtig am Tisch, vor dem Ida immer noch wartete.

»Da kommen Sie ja endlich!« rief sie. »Ich war schon beunruhigt...«

»Eines einfachen Walzers wegen«, meinte die junge Frau unbekümmert. »Du solltest dich hineinstürzen, meine Liebe. Such dir also einen Kavalier, bitte.«

Der Ton ließ keinen Widerspruch zu. Ida begriff, daß sie ans Werk gehen mußte. Sie warf dem jungen Mann einen Blick zu, aber eine Geste des gelben Dominos bedeutete ihr, daß er nicht in Frage kam. Ida seufzte.

»Ich kenne niemanden«, murmelte sie.

»Ich werde das für Sie arrangieren, Fräulein Ida«, versicherte ihr der Riese und verschwand in der Menge.

Die junge Frau fächelte sich mit langsamer Bewegung Luft zu.

»Ich hoffe, er hat Sie mit seinen großen Händen nicht zu sehr an sich gedrückt«, erkundigte Ida sich argwöhnisch.

»Überhaupt nicht!«

»Sie sind aber verträumt«, stellte Ida fest. »Der Junge ist schon Ihrem Charme erlegen, das ist klar.«

»Kennst du einen einzigen Mann, der mir widersteht? Ich fürchte nicht, daß er sich verliebt. Es ist schon geschehen, das ist alles.«

»Das ist alles«, wiederholte Ida fassungslos.

»Schau mal«, warf die junge Frau ein und deutete mit ihrem Fächer, »da kommt er zurück, mit deinem Kavalier. Ich wünsch dir viel Vergnügen.«

Der Riese zog an der Hand einen ganz wohlgestalten Mann mit sich, der die beiden Frauen neugierig betrachtete.

»Da ist er... Es ist... Ich stelle Ihnen... Also das ist mein Freund Willibald Strummacher, ich habe ihm von Ihnen erzählt, und er möchte Sie kennenlernen.«

»Sag besser, ich würde mich sehr geehrt fühlen, die Bekanntschaft dieser Damen zu machen«, entgegnete Willibald eilfertig. »Und ich wäre entzückt, der Kavalier eines so hüschen gelben Dominos zu sein«, fügte er hinzu und näherte sich der jungen Frau.

»Mein Herr, es ist meine Freundin Ida, die tanzen möchte. Der rote Domino.«

»Ah?« Willibald drehte ich verwundert auf den Absätzen um. »Na gut, Frau Ida...«

Ida schnitt eine Grimasse, nahm den Arm, den man ihr hinhielt, und folgte ihm widerwillig.

»Ihr Freund ist sehr gut erzogen«, sagte die Unbekannte.

»Nicht wahr?« rief Franz. »Oh! Er kommt aus guter Familie; sein Vater ist Notar in Tirol, sehr reich, und er weiß sich zu benehmen, sehr gut zu benehmen. Dieses Glück habe ich nicht«, fügte er beschämt hinzu.

»Aber ja«, seufzte sie.

»Wirklich? Sie finden mich nicht zu linkisch, zu wenig gewandt?« fragte der junge Mann besorgt. »Meine Mutter sagt mir immer...«

»Hören Sie doch mit Ihrer Frau Mutter auf. Hatten wir nicht von einer Erfrischung gesprochen?«

»So was Dummes! Das hab ich ganz vergessen. Orangeade? Zitronenlimonade?«

Sie schmollte.

»Dann Punsch! Schön heiß! Ich laufe. Bin gleich wieder da.«

Sie sah ihn davoneilen, wie er geschickt den Tänzern auswich, die sich um das Büfett drängten.

»Ein netter Bursche«, murmelte sie, »ein hübscher Jüngling aus Österreich mit einem einfachen Herzen... Wie er sich mit mir beim Walzer im Kreise gedreht hat. Ich bin immer noch ganz berauscht. Das ist nicht reglementiert wie bei unseren Bällen, das lebt!«

Sie zog nachlässig ihre Handschuhe aus und betrachtete ihre Hände. Auf dem Ringfinger hatte der Ehering eine breite, helle Spur hinterlassen.

Er kam zurück. Er hielt zwei Schalen, die mit einer dampfenden Flüssigkeit gefüllt waren. Sie streifte hastig ihre Handschuhe wieder über.

»Das ist heiß«, sagte er und setzte die Schalen vorsichtig hin. »Verbrennen Sie sich nicht.«

»Ich weiß Ihre Umsicht zu schätzen, mein Herr...«

»Wie gut Sie sich ausdrücken«, rief er aus und setzte sich auf den Rand seines Stuhls. »Trinken Sie schnell.«

Mit kleinen Schlucken ging sie ans Werk und biß sich auf die Lippen.

»Aber dieser Punsch ist glühend heiß! Er ist stark! Was ist da drin?«

»Mein Gott! Was man halt in den Punsch hineintut!« rief Franz. »Rum, Zitrone, Zimt, ein bißchen Gewürznelke und zweifellos etwas Schnaps, um dem Ganzen Geschmack zu geben...«

»Schnaps«, murmelte sie und stellte die Schale hin.

»Schmeckt es Ihnen nicht? Ich liebe das. Ich trinke auf unseren Abend. In einem Zug.«

Und er trank mit zurückgelegtem Kopf. Die junge Frau konnte den Blick nicht lösen von der Kehle, die im Rhythmus anschwoll. Sie hätte mit einem Finger den auf und ab springenden Adamsapfel streicheln, die Bewegung begleiten wollen...

»Jetzt Sie«, sagte er und zog ein Taschentuch heraus, um sich die Lippen abzuwischen. »Das macht einen ebenso taumelig wie der Walzer. Probieren Sie...«

Sie ergriff die Schale, holte tief Atem und trank entschlossen. Ihre Augen röteten sich, sie nieste.

»Uuh«, rief sie und öffnete ihren Beutel. »Ist das stark. Ich finde mein Taschentuch nicht.«

»Hier«, entgegnete er und reichte ihr das seine. »Sie haben Tränen in den Augen.«

»Ich weine nicht! Das ist der Alkohol. Es ist lange her, daß ich so getrunken habe.«

»Es ist also nicht das erste Mal?«

»O nein! Als ich ein Kind war, gab mir mein Vater während unserer Bergwanderungen die Feldflasche. Ich nahm Riesenschlucke, und er lachte, er lachte!«

»Und heute?«

»Heute ist es nicht mehr möglich«, sagte sie mit trauriger Stimme.

»So ist das also, wenn man in der großen Welt lebt«, seufzte er. »Ihr Vater ist ein Großgrundbesitzer, vermute ich.«

»Wenn man das so nennen will«, antwortete sie und entfaltete ihren Fächer, um ein Lächeln zu verbergen. »Er ist auch Musiker. Er spielt sehr gut Zither.«

»Ohne Musik kann man nicht leben. Für mich ist es die Geige. Oh! Ich bin kein Virtuose, aber ich spiele zumindest richtig.«

»Und was spielen Sie?« fragte sie höflich.

»Haydn, wenn ich ernsthaft arbeiten will, Mozart, wenn ich in Schwung bin... Ich möchte gern jemanden finden, der mir beibringt, die Beethoven-Sonaten zu spielen. Aber am liebsten sind mir die Walzer von unserem Johann Strauß!« rief er. »Ich bin ganz vernarrt in sie.«

»Ja?« warf die junge Frau gelangweilt ein. »Ich weiß nicht so genau, ob ich die Musik dieses Herrn Strauß liebe. Und wie er aussieht! Wenn er rabiat wird wie ein vom Teufel besessener Hahn, mit seinem krausen Haar und seiner merkwürdigen Haltung...«

»Aber in Wien ist er ein Gott!«

»Oh! Wien...«

»Die schönste Stadt der Welt, Gnädigste! Man lebt hier für die Musik und den Tanz wie nirgendwo sonst... Sehen Sie sich diese Redoute an!«

Er spürte ihre Zurückhaltung und schwieg.

»Sie sind nicht von hier...«, wiederholte er.

Unvermittelt schleuderte sie ihm eine Frage entgegen: »Steigen Sie...?«

»Auf die Berge?« unterbrach der junge Mann unsicher. »Ob ich auf die Berge steige?«
Der Fächer knallte auf sein Handgelenk.
»Ich frage Sie, ob Sie in den Sattel steigen, mein Herr.«
»Ah! Entschuldigen Sie, das hab ich nicht verstanden«, antwortete Franz verwirrt. »Nein, ich steige nicht, wie Sie es nennen. Na, gelegentlich reite ich bei meinem Onkel auf dem Land.«
»Das heißt, daß Sie auch nicht auf die Jagd gehen«, bekräftigte die Unbekannte in einem Ton, der keinen Widerspruch zuließ.
»Ich töte nicht gern Tiere, verstehen Sie. Ich höre den Vögeln zu, ich beobachte die Kaninchen beim Springen, ich gebe im Winter den Rotkehlchen zu fressen. Und...«
Er unterbrach sich. Sie hörte nicht mehr zu und sah anderswohin. Beunruhigt zupfte er sie am Ärmel.
»Ich rede zuviel. Meine Mutter sagt mir immer, ich sei zu geschwätzig. Das finden Sie auch, nicht wahr?«
»Überhaupt nicht... Haben Sie einen Beruf?«
»Ich bin Beamter, Gnädigste. Ich bin Redakteur am Hof und im Außenministerium. Ich habe gerade mein Examen bestanden. Es ist ein schöner Beruf.«
»Ja?« seufzte die Unbekannte. »Diplomat also?«
»Sie sehen sehr wohl, daß ich nicht von Adel bin«, errötete er. »Nein, ich bin in der Gestionsabteilung. Das soll fast ebensogut sein wie die diplomatische Abteilung – und jedenfalls besser als die konsularische. Man reist, ohne sich wegzubewegen.«
»Amüsant«, warf sie ein.
»Es ist sehr ordentlich. Ich liebe die Ordnung.«
»Sie werden ein ordentlicher Mensch. Und Sie werden heiraten«, meinte sie nach einigem Schweigen.

Er antwortete nicht. Sie trommelte mit berechneter Gleichgültigkeit auf das Tischtuch, und die Spitzen ihrer Maske hoben sich im Rhythmus ihres Atems. Sie erschien ihm entsetzlich traurig.
»So hämmern Sie mit Fragen auf mich ein«, sagte er emphatisch, »und Sie haben mir nicht einmal gesagt, woher Sie kommen. Warten Sie, ich will es zu erraten versuchen. Sie sind Bayerin.«

»Ich!« rief die Unbekannte.

»Sie riechen aber nach Land. Ihre Haare, man möchte meinen, ich weiß nicht, der Geruch von geschnittenem Heu. Das Seengebiet, Salzkammergut? Bad Ischl?«

»Bad Ischl«, lachte sie kurz auf. »Diese kleinbürgerliche, am Ufer ihres Flusses verschlafene Stadt mit den Musikpavillons, den Geranien an den Fenstern und den Biedermeiermöbeln in allen Häusern? Finden Sie wirklich, daß ich etwas Biedermeierliches an mir habe?«

»Mögen Sie das nicht?« fragte Franz verwundert. »Ich liebe Bad Ischl. Offenbar kennen Sie diesen Ort gut.«

»O ja«, seufzte die junge Frau. »Aber ich bin dort nicht geboren.«

»Sie haben dort gelebt. Und Sie waren unglücklich dort.«

»Seien Sie nicht indiskret!« rief sie und drohte ihm mit dem Fächer. »Ich bin dort gelegentlich, ich gestehe es. Und ich langweile mich entsetzlich. Stellen Sie sich vor, die Damen auf der Promenade und die Polkas und die blumengeschmückten Dampfer, die Salzminen, die man besuchen muß, und die Blumen an den Balkonen und die Kur, das Wasser, das man den lieben langen Tag trinken muß...«

»Nun ja! All das, was ich auf der Welt liebe. Meine Mutter ist einmal mit mir dorthin gereist. Dort hat sich unser Kaiser verlobt, wissen Sie das?«

»Da haben wir's«, murmelte sie vor sich hin.

»Ich habe das Hotel Goldene Krone gesehen«, fuhr der junge Mann fort, ohne auf sie zu achten, »die Fenster mit dem weißen Stuck, den Ort, wo er seine Leidenschaft gestanden hat. Können Sie sich das vorstellen? Oh! Was für ein schönes Haus! Und was das für ein schöner Augenblick gewesen sein muß!«

»Glauben Sie? Sie war erst fünfzehn Jahre alt, und schon war ihr Leben eingekerkert! Ich bedauere sie...«

»Sie haben ja komische Ideen«, entrüstete sich Franz und runzelte die Stirn. »Warum sagen Sie so was?«

»Weil... Ich finde Sie ziemlich übertrieben.«

»Und ich Sie ziemlich grausam! Wollen Sie mir meine Träume zerstören? In Bad Ischl war der Himmel leicht, so leicht, daß man – ich weiß nicht, was – ein wenig Zärtlichkeit eingeatmet hat, die Nebel auf den Bergen waren grau...«

»Blau«, korrigierte die junge Frau. »In Bad Ischl sind die Berge blau.«

»Sehen Sie!« kam es von ihm triumphierend.

»Also! Ich räume Ihnen die Berge ein. Nicht mehr.«

»Nicht einmal ihre Verlobung? Meine Mutter hat das Album gekauft, ich schaue es mir häufig an, mit den Porträts von ihnen beiden, er als Oberstleutnant und sie im weißen Kleid mit den schwarzen Bändern am Hals... Ich liebe sie. Lassen Sie sie mir.«

»Sprechen wir von etwas anderem, ja? Der Kaiser interessiert mich wenig.«

»Wenn man Sie hören würde, Gnädigste...«, sagte der junge Mann ehrerbietig.

Der Fächer schloß sich mit einem kurzen Schlag.

»Bah! Was ist schon ein Kaiser?« warf die Unbekannte ein und beugte sich zu ihm hin. »Ein kleiner Beamter, der, ohne nachzudenken, seine Untertanen verwaltet... Ein Tyrann, der seine Völker nicht kennt! Ich, ich wäre für die Republik.«

»Gnädigste, das verbiete ich Ihnen.«

»Sie wollen mir etwas verbieten? Wirklich? Na gut. Holen Sie die Polizei. Da, diese beiden ernst dreinblickenden Männer in Schwarz, die herumgehen und spionieren... Gehen Sie und holen Sie sie!«

»Aber«, meinte er verwirrt, »wer sind Sie denn, daß Sie den Kaiser herausfordern?«

Sie antwortete nicht, hakte ihren goldenen Mantel auf. Das schwarze Kleid kam zum Vorschein und die durchsichtige Haut, die nur leicht von Schweiß glänzte.

»Ihre Haut...«, stotterte der junge Mann verwirrt.

»Was ist damit?« entgegnete sie und fixierte ihn durch ihre Maske.

»Sie ist so weiß... Nehmen Sie Ihre Maske ab. Nur für einen Augenblick.«

Mit heftiger Geste zog sie den Dominokragen wieder hoch. Franz gab einen tiefen Seufzer von sich.

»Alles, was ich weiß, ist, daß Sie keine gewöhnliche Frau sind«, schimpfte er.

»Aber ja, ich schwöre es Ihnen. Trage ich nicht ein ganz schlichtes schwarzes Kleid?«

»O nein! Ich hab es genau gesehen. Die Knöpfe sind aus Gagat. So dumm bin ich nicht. Sie sind also nicht aus Bad Ischl. Sind Sie wenigstens nicht Französin?«

»Und wenn es so wäre?«

»Ich mag sie nicht«, antwortete der junge Mann mit düsterer Miene. »Sie sind unsere schlimmsten Feinde, schlimmer als die Preußen.«

»Der Krieg ist zu Ende, mein Herr. Und Sie sind zu jung, um dort als Soldat mitgemacht zu haben.«

»Ich hätte wie ein Löwe gekämpft.«

»Wissen Sie, was es bedeutet, verwundet zu sein?« fragte sie leidenschaftlich. »Man liegt als großer schlaffer Körper auf einer Bahre, da sind durchsickernde eitergelbe Verbände, entsetzliches Stöhnen, schmerzverzerrte Münder, ein unerträglicher Gestank, junge Menschen wie Sie, die nach ihrer Mutter rufen...«

»Wie Sie das sagen...«

»... von Wundbrand befallene Beine oder ein paar Beine weniger, blutende, mit rauhem Leinen umwickelte Stümpfe«, fuhr sie fieberhaft fort, »und Sie wollen kämpfen, Sie?«

»Man möchte meinen... Sie... Sie sind auf dem Schlachtfeld gewesen«, brachte er unter Anstrengung hervor.

»Ich war im Spital, wohin man die Verwundeten brachte, nach den Schrecken von Solferino«, schrie sie ungehemmt. »Und ich möchte Sie nicht eines Tages in diesem Zustand sehen...«

»Sie haben unsere Soldaten gepflegt? Ah, das ist gut!« rief der junge Mann und nahm ihre Hände.

Sie keuchte; ihre beiden Hände waren gefangen. Er näherte sich ihr mit seinen Lippen und berührte leicht die Spitzen der Maske.

»Seien Sie brav«, sagte sie und wich sogleich zurück. »Ziehen Sie keinen Nutzen aus meinen Verwundeten.«

»Verzeihen Sie«, antwortete er scheu. »Ich werde Sie nicht mehr belästigen. Aber es ist alles so berauschend...«

»Das Blut, der Eiter – berauschend? Sagen Sie das den Unglücklichen, die sich heute gegenseitig auf dem Balkan massakrieren ... Sie sind ein Kind!«

»Ja! Und ich schreie wie ein Amputierter auf dem Bahnsteig, so ist das! Mir sind die Leute auf dem Balkan ziemlich egal, verstehen Sie! Haben Sie nicht ein wenig Mitleid?«

Sie begann zu lachen, auf sanfte, zurückhaltende Weise, wobei sie ihren Fächer entfaltete.

»Da ist ein charmanter junger Mann, hübsch anzusehen, mit einer schönen Zukunft vor sich, wir sind auf der Redoute, er tanzt hinreißend, und er will, daß man ihn bedauert!«

»Er möchte das Gesicht seiner Freundin ansehen«, stöhnte er in einem kindlichen Ton. »Ich darf Sie meine Freundin nennen?«

»Warum nicht?«

»Wir werden uns also wiedersehen?« bat er und rückte mit seinem Stuhl näher. »Sagen Sie mir Ihren Vornamen ...«

»Gehen wir tanzen«, warf sie ein und erhob sich mit einem seidig raschelnden Schwung. »Sie sagen am Ende zu viele Dummheiten.«

»Gut«, murmelte Franz zwischen den Zähnen. »Der Walzer wird Sie betäuben, und ich werde Ihnen den Vornamen entreißen.«

Und er zog sie am Arm mit durch die Menge. Sie widersetzte sich, raffte wortlos die Dominofalten, und er lachte schallend. Besiegt ließ sie es mit sich geschehen. Da faßte er sie um die Taille und stürmte die große Treppe hinunter, wobei er seine schöne seidige Beute an sich drückte.

»Ich bin immerhin stärker als Sie«, rief er aus und blieb mit einemmal am Fuß der Treppe stehen.

Sie antwortete nicht.

»Aber Sie haben wunderbare Arme, überraschend muskulös. Legen Sie sie sanft um meinen Hals, lassen Sie sich nicht bitten.«

»Um den Hals?« Sie schreckte zurück. »Das ist sehr ungehörig.«

»Und wenn schon, auf dem Wäscherinnenball tanzt man eben so. Da gehen Sie nie hin? Ich gelegentlich schon. Sind Sie bereit?«

»Wie eine Waschfrau? Ja!« antwortete sie entschlossen.

Als er die Hände auf ihre Hüften legte, spürte er, wie sie erbebte. Der Walzer begann langsam.

»Es ist nicht schwer«, meinte sie mit einem etwas erzwungenen Lachen. »Aber Sie drücken mich zu fest, mein Herr.«

»Was soll ich denn anderes machen?« schimpfte er. »Dieser verfluchte Domino...«

»Das ist es nur?«

Und sie stieß ihn schroff weg und ließ plötzlich den Domino fallen. Das schwere Seidengebilde fiel auf dem Boden auseinander. Sie erschien in ihrem schwarzen Kleid so lang, so schmal, daß er die Arme ausbreitete.

»Sie sind... Sie.«

»Heben Sie doch den Domino auf«, unterbrach sie ihn. »Und legen Sie ihn irgendwohin. Kommen Sie!«

Die Tänzer um sie herum verfingen sich mit den Füßen in den Seidenfalten und begannen, darauf herumzutreten. Ungeduldig gab sie ihm einen Klaps auf die Schulter. Er gehorchte, ohne das Gesicht zu verziehen, packte den Domino, legte ihn auf die Balustrade einer Loge und blieb unbeholfen vor ihr stehen.

»Kommen Sie!« wiederholte sie. »Wo sind Ihre so kräftigen Arme?«

»Es ist... Sie sehen so zerbrechlich aus«, stammelte er.

»Papperlapapp! Ich warte.«

Da stürzte er sich auf sie und umschlang sie fest. Der Walzer wurde schneller, sie schloß die Augen. Er drückte sie noch fester an sich, sein Kopf kam näher, sie ließ sich fallen, sie spürte den Atem auf ihrem Hals, sie seufzte vor Behagen. Der junge Mann drehte sie so leicht, daß sie den Boden unter den Füßen nicht mehr spürte. Die Musik wurde heftig, mitreißend, die Tänzer begannen wilde Schreie auszustoßen, der Ball wurde fiebrig; der junge Mann beugte den Kopf und murmelte in das kleine Ohr.

»Sag mir deinen Namen...«

Sie schüttelte den Kopf.

»Emma?«

»Ich werde nichts sagen«, antwortete sie mit geschlossenen Augen.
»Fanny? Ich möchte so gern...«, flüsterte er zärtlich.
»Lassen Sie mich...«
Er glitt mit seinem Mund etwas tiefer und küßte die Spitzen.
»Ich sehe deine Lippen«, hauchte er und wich leicht zurück. »Schenk mir wenigstens ein Lächeln!«
»Nicht jetzt! Ich habe Kopfweh...«
»Du bist zu schön«, grollte er. »Das solltest du nicht.«
Und er ließ eine ihrer Hände los, lüftete mit entschlossener Geste die Spitzen und küßte die Unbekannte. Sie wollte sich losmachen, schrie unter dem Kuß, wehrte sich heftig mit zusammengepreßten Lippen... Er zog den Kopf zurück, es war ihm nicht gelungen, ihren Mund zu öffnen.
»Sachte... Nicht weglaufen. Das war nur ein kleines Busserl...«
»Mein Herr, das ist unwürdig!«
»Der Walzer ist fast zu Ende«, sagte er und wurde langsamer.
Er brachte sie feinfühlig zum Stillstand. Sie behielt die Hände um seinen Hals.
»Ich liebe Sie«, flüsterte er.
»Nicht jetzt...«, stöhnte sie. »Ich falle...«

Ihr Atem ging schnell. Er beugte sich zu ihr und zupfte den Kragen des schwarzen Kleides zurecht.
»Sie sind doch nicht verärgert?« fragte er mit rauher Stimme.
»Doch!«
»Fanny, bitte...«
»Aber ich heiße nicht Fanny!« rief sie wütend. »Jetzt gehen Sie mir auf die Nerven!«
»Ich sehe, man kommt wieder zu sich. Es dreht sich Ihnen nicht mehr der Kopf, Sie werden wieder unangenehm...«
»Bitte, gehen wir wieder nach oben. Und holen Sie den Domino.«
»Aber Sie verzeihen mir?« murmelte er ihr ins Ohr.
»Das werden wir sehen; begleiten Sie mich bis zur Galerie.«
»Wo ist das?« fragte er bestürzt. »Was haben Sie gesagt?«

»Die Galerie!« rief sie und stampfte mit dem Fuß auf. »Da oben!«

»Ah!« entgegnete er und schlug sich an die Stirn. »Das erste Stockwerk! Sie haben solche Worte...«

Sie kehrten schweigend in ihre Loge zurück. Er wagte nicht mehr, sie anzurühren.

»Ich sehe Ida nicht«, murmelte sie jäh.

»Ich habe sie gesehen, sie tanzt. Es ist ihr gutes Recht.«

»Aber es wird spät«, drängte sie. »Ich muß aufbrechen...«

»So früh? Fanny!«

»Schon wieder! Können Sie mir sagen, warum Ihnen so an diesem Vornamen liegt?« rief sie gereizt.

»Wegen einer Tänzerin von früher«, sagte er und lächelte den Engeln zu. »Wir haben ihr Porträt bei uns daheim. Sie hieß Fanny Isler, war sehr hübsch mit ihrem weißen Röckchen und den Rosen vorne drauf...«

»Elssler«, erwiderte die junge Frau. »Fanny Elssler.«

»Genau, ich habe nach ihrem Namen gesucht, offenbar kennen Sie sie.«

»Aber ich ähnle ihr doch überhaupt nicht!«

»Sie haben die gleiche Gestalt, die gleichen Arme und das gleiche Lächeln wie sie auf dem Bild. Für mich werden Sie Fanny sein. Oder Sie sagen mir Ihren wirklichen Namen...«

»Fanny ist schon recht. Setzen wir uns, ja?«

Der Fächer bewegte sich wieder langsam vor ihrem Gesicht. Franz wußte nicht mehr, was er sagen sollte. Eine zerbrechliche Glocke des Schweigens umgab sie. Die Unbekannte blieb regungslos, und der Fächer hielt inne.

Endlich.

»*Das Glück ist eine leichte Dirne und weilt nicht gern am selben Ort*«, sagte plötzlich der junge Mann halblaut.

»*Sie streicht das Haar dir von der Stirne und küßt dich rasch und flattert fort*«, setzte die Unbekannte im gleichen Rhythmus fort. »Heinrich Heine.«

»Was, Sie kennen Heine?«

»Das ist mein Gott! Ich bewundere ihn. Aber Sie tun es auch! Damit habe ich nicht gerechnet«, fügte sie naiv hinzu.

»Und doch liebe ich ihn, genauso wie Sie es tun«, meinte der junge Mann und faltete inbrünstig die Hände. »Das ist ein guter Dichter.«

»Der nach Paris ins Exil gegangen ist... Ein Revolutionär! Ein genialer Jude!«

»Ah! Jetzt weiß ich es. Sie sind Jüdin!«

»Ich wäre es gern«, sagte sie, wobei ihre Augen aufblitzten. »Aber dieses Glück habe ich nicht.«

»Sie verteidigen die Juden...«, murmelte er. »Meine Mutter sagt immer, daß diese Händler und Schieber Wien ruiniert haben, seit...«

Der Fächer öffnete sich schlagartig.

»Oh! Sie sind wirklich zu blöd!« rief sie. »Ihre Frau Mutter redet mit Ihnen vom Krach des letzten Jahres, nehme ich an? Dem Schwarzen Freitag, dem Zusammenbruch der Börse, der Flucht der Rothschilds? Blödsinn, mein Herr. Wir haben keine besseren Verbündeten als die Juden. Man verleumdet sie!«

»Na, na! Beruhigen Sie sich!«

»Ihrer Frau Mutter sind die Deutschen sicherlich lieber, nicht wahr?« fuhr sie wutentbrannt fort. »Damit läge sie ganz schön falsch.«

»Das habe ich nicht gesagt. Ich bin liberal, müssen Sie wissen.«

»Ich auch!« rief sie, und der Fächer klappte wieder zusammen.

Sie fixierten einander, sie atmete schwer, er betrachtete diese aufgebrachte Frau, bei der er nichts als einen vor Entrüstung lodernden Blick sah und die sich von allen anderen Frauen unterschied.

»Wieso wir?« murmelte er plötzlich.

»Was weiß ich?« antwortete sie und klimperte mit den Augenlidern. »*Das Glück ist eine leichte Dirne, sie streicht das Haar...*«

Und mit einer unerwarteten Geste strich sie ihm über die Haare. Er fing ihre Hand ab.

»Erzählen Sie mir von Ihrer kleinen Freundin«, murmelte sie und löste ihre Hand.
»Ich habe keine.«
»Aber Sie haben eine kleine Freundin gehabt«, ließ sie nicht locker. »Und Sie haben sie verloren.«
»Abenteuer, ich sage nicht...«
»Erzählen Sie«, bat sie leidenschaftlich.
»Aber... Och, nichts«, stammelte er errötend. »Das sind Dinge, über die man nicht spricht...«
»Stimmt! Es ist aber interessant!«
»Eigentlich sind Sie viel zu neugierig. Wenn ich es genauso machen würde? Sind Sie verheiratet?«
»Schau auf meine Hände«, sagte sie und zog ihre Handschuhe aus. »Ich bin Witwe.«
»Und Sie tragen nicht den Ring Ihres Verstorbenen?«
»Ich... Man hat mich sehr jung verheiratet«, entgegnete sie verwirrt.
»Ah!« ließ der junge Mann ernst verlauten. »Wie unsere Kaiserin. Deshalb waren Sie vorhin so verärgert.«
»Da haben Sie's«, seufzte sie erleichtert.
»Und Sie haben ihn nicht geliebt, da bin ich sicher. Ich zum Beispiel habe im ersten Augenblick gewußt, daß ich Sie...«
»Hören Sie auf mit Ihren Kindereien«, unterbrach sie ihn.
»Doch«, meinte er hartnäckig, »ich weiß, ich könnte Sie wirklich lieben. Sogar ohne Ihr Gesicht gesehen zu haben. Da gibt es gar keine Diskussion.«
»Wie alt sind Sie denn?«
»Dreiundzwanzig Jahre.«
Er hatte dreist gelogen. Sie warf den Kopf zurück und begann zu lachen.
»Lachen Sie nicht. So alt war unser Kaiser, als er sich verliebte.«
»Schon wieder!« rief sie gereizt.
»Es heißt, ich hätte Ähnlichkeit mit ihm.«
Sie brach in dieses schallende Lachen aus, das ihm nicht gefiel.
»Lachen Sie nicht so«, murmelte er. »Seien Sie ein bisserl nett. Tue ich Ihnen denn weh?«

»Nein, überhaupt nicht«, antwortete sie und wurde wieder ernst. »Ich wollte Sie nicht beleidigen. Was den Kaiser angeht... Es stimmt schon, von etwas weiter weg haben Ihre Augen das Blau wie die seinen...«
»Sehen Sie!«
»Und vielleicht haben Sie auch seinen Mund...«
»Nenn mich Franzl«, bat er heftig.

Sie zitterte. Franzl! Und er näherte sich, das Auge noch blauer, die schönen Lippen leicht geöffnet.
»Nur meinen Vornamen«, flehte er sie an. »Ist das zuviel verlangt? Ein kleiner Ruck... Franzl! Ist das so schwer?«
Er hatte ihre Hand genommen und ließ sie nicht mehr los. Sie stieß einen leichten Schrei aus.
»Ich halte dich«, sagte er sanft. »Nenne mich Franzl. Das ist ein kaiserlicher Vorname. Es reizt mich, ihn aus diesem unsichtbaren Mund zu hören. Komm schon...«
»Ich kann nicht«, sagte sie mit schneidender Stimme.
Wie sie das sagt! dachte der junge Mann. *Man möchte meinen, sie schleudert einem Stallknecht einen Befehl entgegen. Eine Aristokratin, das ist sicher. Ich muß wissen, woran ich bin.* Und er drückte wieder fester zu.
Sie wollte ihre Hand frei machen, drehte ohne Erfolg den Arm und schnitt vor Schmerz eine Grimasse. Er ließ nicht locker. Plötzlich nahm sie die andere Hand und schlug ihm mit dem Fächer mitten ins Gesicht. Er hörte auf zu lachen.
»Also! Du gehst zu weit!« rief er und erhob sich. »Du läßt mich in der Menge suchen, du schickst mir deine Begleiterin, du nimmst mich wie einen Fisch an die Angel, ich folge deinen Anordnungen, du willst tanzen, du willst trinken, ich lauf und hol dir einen Punsch, du stellst mir Fragen, ich antworte, und das ist meine Belohnung! Für wen hältst du dich eigentlich? Für die Kaiserin vielleicht?«
Sie wandte sich mit einer solch brüsken und verzweifelten Bewegung ab, daß der junge Mann verwirrt innehielt. Die Unbekannte hatte ihr Gesicht in die Mulde ihrer nackten Hände getaucht.

»Verzeihen Sie mir«, sagte sie mit erstickter Stimme und hob demütig den Kopf. »Sie heißen also... Franzl?«

»Ah! Das ist besser«, rief er und setzte sich wieder. »Wenn Sie wollen, es ist wie mit dem Walzer, Sie sind so... Mir fehlen die Worte, um es zu sagen.«

»Dann sagen Sie nichts. Und gehen wir wieder tanzen.«

»Noch einen Augenblick«, flehte er. »Wenn Fanny nicht richtig ist, dann Wilma? Nein?«

Keine Antwort. Aber der Fächer entfaltete sich langsam und sanft.

»Frieda?« drängte er.

Der Fächer flatterte wie ein Flügel.

»Katinka? Auch nicht? Sisi?«

Der Fächer klappte jäh zusammen.

»Ich heiße Gabriele«, hauchte die Unbekannte.

»Wie vornehm!« meinte der junge Mann ironisch. »Ich glaube kein Wort. Nein, Ihr richtiger Name ist bestimmt Sisi.«

»Warum?« warf sie ein.

»Ah! Weil ich ins Schwarze getroffen habe«, sagte er. »Sie haben Ihren Fächer zusammengeklappt, als ich ›Sisi‹ sagte. Und im übrigen ähneln Sie ihr sehr.«

»Woher wollen Sie das wissen? Sie haben mein Gesicht nicht gesehen. Und außerdem habe ich ganz anderes Haar. Ist meins etwa braun?«

»Ich sehe nahe am Ohr eine hübsche kleine Strähne, die nichts Blondes an sich hat. Ich wette, Sie tragen eine Perücke.«

»Keineswegs!« entgegnete die junge Frau und betastete ihre Haare.

»Sie haben einen kerzengeraden Rücken, eine Taille, die in meine beiden zusammengefalteten Hände paßt, und die gleiche Augenfarbe wie unsere Kaiserin. Sie haben sogar ihre Sterne im Haar kopiert, aber da Sie nicht so reich sind wie Sie, haben Sie nur einen, der Ihnen aber sehr gut steht... Oh, ja, Sie ähneln ihr...«

Langsam nahm der Fächer wieder seinen Platz vor der Maske ein.

»Da kommt Ihre Freundin zurück. Sie sieht wenigstens nicht aus, als habe sie sich gelangweilt. Schauen Sie.«

Willibald Strummacher hielt Ida am Arm, und sie lachten fröhlich.

Willys Blick wanderte verblüfft von einem zum anderen. Ida setzte sich langsam hin und hörte auf zu lachen.

»Ich sehe, daß du dich amüsierst, Ida«, sagte die junge Frau streng.

»Das ist nicht verboten«, murmelte Ida. »Mein Kavalier tanzt gut, wir haben alles ausprobiert. Walzer, Polka... Und du?«

»Ich? Mir hat der Walzer gereicht.«

Franz lief vor Wut rot an und wandte den Kopf ab.

»Wissen Sie, daß es jetzt Zeit für die Quadrille ist?« fuhr Willibald dazwischen. »Die Tänzer versammeln sich...«

»Quadrille?« fragte die junge Frau interessiert.

»Geben Sie mir die Ehre und tanzen Sie sie mit mir, Gnädigste?« fragte Willibald reumütig.

»Ich bin ein wenig müde, mein Herr. Aber meine Freundin Ida kann es kaum aushalten... Herr Franz, seien Sie doch der Kavalier meiner Freundin für die Quadrille. Bitte.«

»Meinst du?« warf Ida beunruhigt ein.

»Ich möchte dich das tanzen sehen. Herr... Willibald, richtig? Er wird mir Gesellschaft leisten.«

»Mit Vergnügen, Gnädigste«, beeilte sich Willibald. »Mein lieber Franz... Auf geht's!«

Mit einem Seufzer hakte der junge Mann Ida unter.

»Wie kommt es, daß man dir gehorcht, Sisi? Du entscheidest alles, und man folgt dir...«

»Sisi?« murmelte Ida etwas atemlos.

»Der Herr hat beschlossen, mich heute abend Sisi zu nennen«, ergriff der gelbe Domino eiligst wieder das Wort. »Er behauptet, daß ich Ähnlichkeit mit der Kaiserin habe. Ist das nicht zum Totlachen?«

»Ich warne Sie, ich bin nicht besonders gut bei der Quadrille, Fräulein Ida«, sagte der Riese und zog den roten Domino mit sich, »aber schließlich...«

Der *Maître de Danse*, perfekt gewandet, hatte sich vor den langen Tänzerreihen aufgestellt.

»Achtung...«, rief er, »es geht los. Erste Tour! Für die Damen... *Compliment. Chaîne anglaise. Balancé*... Rechts. *Tour de main! Promenade.* Links... *Balancé. Tournez. Chaîne des dames!*«

Das Orchester spielte langsam, und die Tänzer folgten den Befehlen mit gerunzelter Stirn, darauf bedacht, sich bei den Figuren nicht zu vertun. Von zwei Tänzern gleichzeitig gehalten, senkten sich die Damen in einer tiefen Verbeugung, bei der sich ihr Kleid wie eine Blütenkrone wölbte, bis zum Boden... Franz, mit der Faust auf der Hüfte, ließ Ida sich linkisch um sich selbst drehen, und der schwere rote Domino kam den jungen Mädchen neben ihr ins Gehege.

»Ida hätte ihren Domino hierlassen sollen«, murmelte die junge Frau. »Er stört.«

»Ach! Diese Dominos«, seufzte Willibald und rückte mit seinem Stuhl näher. »Sie sind lästig...«

»Aber sehr schön, oder?«

»So großer Damen, wie Sie es sind, würdig. Damen, die wissen möchten, wie das Volk sich amüsiert, nicht wahr? Ist ja nichts Schlimmes dabei, seine Welt für einen Abend zu vertauschen. Und man kann verstehen, daß...«

»Man versteht überhaupt nichts«, schnitt sie ihm das Wort ab. »Wir sind Ungarinnen auf der Durchreise in Wien. Das ist alles.«

»Ungarinnen... Deine Freundin hat mir das in etwa angedeutet, ja, in der Tat«, sagte er nachdenklich. »Darf ich dir etwas sagen?«

»Ich glaube nicht, mein Herr«, antwortete die junge Frau. »Ich bin nicht in der Stimmung, mir Predigten anzuhören.«

»Du wirst mich dennoch anhören, bitte«, drängte Willibald. »Ich habe dich vorhin mit meinem jungen Freund tanzen sehen...«

»Zweite Tour. *Vis-à-vis*... Damenwechsel... Zurück! *Chaîne anglaise*... Vergessen Sie nicht das *Balancé*... Rechts! *Promenade*... Links! Und *Tour de main!*« rief der *Maître de Danse*, und die lange Reihe der Tänzer schlängelte sich unter seinen Anweisungen dahin und zeichnete auf dem Parkett eine sich bewegende Arabeske. Die Unbekannte ergriff ihren Fächer und entfaltete ihn weit.

»Er hat dich wie eine Madonna betrachtet, ich habe es wohl gesehen«, fuhr Willibald fort. »Er hat eine zarte Seele... Paß auf.«

»Auf was, bitte schön?«

»Auf ihn, Gnädigste. Nicht auf Sie«, entgegnete er, den Ton wechselnd.

Sie beugte sich ostentativ über die Balustrade und sah konzentriert der Quadrille zu. Das Orchester wurde schneller, und die Tänzer verhedderten sich fröhlich in den Figuren.

»Sie sind bei der fünften Tour«, warf sie locker ein. »Und... Oh! Ich sehe Ida! Aber sie macht das sehr gut.«

»Lenken Sie nicht ab«, grollte Willibald. »Mir liegt sehr an meinem Freund Franz.«

»Sechste Tour«, kündigte der *Maître de Danse* an. »Schneller! *Vis-à-vis*, *Promenade*, rechts, *Balancé*, *Tour de main*, schneller, Kolonne, links, *Compliment*... Achtung!«

Die jungen Leute begannen im Chor zum Rhythmus der Absätze zu singen, die wie Peitschen knallten.

»Sie fliegen wie der Wind! Es ist wunderbar!« rief die junge Frau aus und klatschte in die Hände.

»... Und ich möchte nicht, daß Sie ihm das Herz brechen«, fuhr Willibald ungerührt fort. »Ich bin direkt hinter Ihnen gestanden, als er Ihnen gesagt hat, daß er Sie liebt.«

Sie wandte sich mit einemmal um.

»Ida auch? Hat sie es auch gehört?«

»Ah! Man möchte das für sich behalten!« höhnte Willibald. »Ob sie es gehört hat? Das weiß ich nicht, Gnädigste. Aber ich habe gute Ohren. Lassen Sie Franz in Ruhe.«

»Man möchte meinen, ich wolle ihn fressen!« entgegnete die junge Frau. »Ich habe nichts Schlimmes getan.«

»Das stimmt... Aber wenn man Ihre Stellung hat, Gnädigste...«

Sie fuhr zusammen.

»Verstehen Sie«, sagte er friedlich. »Franz ist ein ehrlicher junger Mann, dem alles offensteht. Verderben Sie ihm nicht seine Zukunft mit einem aussichtslosen Abenteuer.«

»Sie gehen zu weit, mein Herr«, sagte sie kalt. »Nichts berechtigt Sie...«

»Nichts, in der Tat, Gnädigste. Außer daß ich älter bin als mein Freund und das Leben ein wenig kenne. Wir haben am Hof von Wien zu viele Damen, die...«

»Ich erlaube Ihnen nicht...«

»Tun wir, als hätte ich nichts gesagt, Gnädigste.«

»Das ist mir lieber«, schleuderte sie ihm entgegen und fächelte sich zu.

Die Quadrille wurde immer wilder. Das Orchester spielte so schnell, daß die Tänzer außer Atem gerieten. Die jungen Männer rempelten einander an, und plötzlich ertönten heftige Schreie. Die Tänzer stürmten in wirren Horden im Saal voran und brüllten aus vollem Halse.

»Was für eine Glut!« rief die junge Frau und vergaß, daß sie schmollte.

»Das ist der Galopp«, stellte Willibald fest. »Sie tanzen ihn sicher hinreißend. Aber mit einer Perücke offensichtlich...«

»Einer Perücke?« murmelte sie, aus der Fassung gebracht.

»Die ist so offensichtlich wie die Nase mitten in Ihrem Gesicht.«

»Sie kränken mich, mein Herr.«

»Aber ich versuche nicht, herauszufinden, wer Sie sind«, gab er behutsam zu bedenken. »Ich bin nicht verrückt wie mein Freund Franz. Er vergeht schon vor Liebe, ohne Sie am hellichten Tage gesehen zu haben, und er wird sich davon nicht erholen.«

»Man erholt sich von diesen kleinen Kümmernissen, mein Herr«, sagte sie, schon weicher gestimmt. »Man schreibt darüber Gedichte und bewahrt eine wunderbare Erinnerung...«

Der Galopp wurde zum Gedränge. Die Tänzer vollführten die letzte Figur der Quadrille, die schwierigste: Ein Paar nach dem anderen mußte stehenbleiben, um unter den erhobenen Armen den Rest der Reihe durchzulassen, die bis zum Endpunkt galoppierte, wo es gewöhnlich ein großes Durcheinander gab. Der *Maître de Danse* trieb den Galopp erneut an, dann gab er unvermutet den Befehl aus, der für ein Durcheinander sorgte: »*Retour!*« und man brach brüllend in die andere Richtung auf. Die aufgeblühten jungen Frauen zerrissen ihre Spitzenunterröcke, und die tolpatschigen jungen Männer, denen ihre glatten Schuhe einen Streich spielten, fielen auf den Rücken.

Als schließlich alle Tänzer übereinander am Boden lagen, als die Beine sich miteinander verhakten und die Röcke hochrutschten, folgten entzückte Seufzer auf das allgemeine Gebrüll, und die Quadrille kam notgedrungen zum Ende. Mit einemmal hörte das Orchester auf zu spielen, und die Tänzer erhoben sich zu einem letzten donnernden »Ho!« und beklatschten ihre Leistung.

Die Tänzerinnen ließen sich auf die Stühle fallen, die Tänzer wischten sich die Stirn, das Orchester legte seine Instrumente hin, die Musiker schienen ermattet, und der *Maître de Danse* schrie sich erneut die Lunge aus dem Hals, als er versuchte, das, was von einer zersprengten Reihe übrig war, zu sammeln.

»Sie kommen zurück«, sagte Willibald unvermittelt. »Reden wir von etwas anderem, von Ihren Pferden zum Beispiel.«

»Meinen Pferden?« entgegnete sie überrascht. »Woher wissen Sie?«

»Also doch!« rief er. »Ich hatte mich nicht geirrt. Ihnen sieht man die vollendete Reiterin an. Man ist nicht so geschmeidig wie Sie...«

»Meine Pferde gehorchen mir wenigstens«, warf sie ein.

»Die ganze Welt würde Ihnen gehorchen, wenn Sie die Macht über sie hätten... Aber pst, da sind sie.«

Ida kam ganz rot und mit jenem erschöpften und fröhlichen Gesichtsausdruck wieder, den das Gefühl geleisteter Arbeit verleiht. Der junge Mann folgte ihr, wobei er seine Weste unter dem Anzug zurechtzog.

»Na, meine Liebe!« meinte die Unbekannte spitz. »Ich sehe, daß sich unser Freund Franz deiner gut angenommen hat.«

Franz setzte sich auf den Rand eines Stuhles und bettelte um einen Blick. Die Unbekannte wandte mit schmollender Miene den Kopf ab. Er gab einen tiefen Seufzer von sich.

Es entstand ein verlegenes Schweigen.

»Ida«, sagte die junge Frau. »Ich möchte mich gern für einen Augenblick zurückziehen. Komm mit!«

Franz erhob sich mit einem Ruck; Willibald hielt ihn am Arm zurück.

»Es ist auf der rechten Seite unten bei der Stiege, nach dem Orchester, ein kleiner Raum ganz hinten«, murmelte Willibald. »Möchten Sie, daß wir Sie begleiten?«

»Nicht nötig«, antwortete Ida errötend. »Das finden wir schon.«

Sie entfernten sich beide, indem sie über das Parkett glitten.

»Was für ein Trottel«, seufzte Willibald.

»Es ist, weil sie nicht wie die anderen reden«, stammelte Franz. »*Sich zurückziehen,* so was verstehe ich nicht.«

»Sei vorsichtig. Du Auerochs, du. Laß dich nicht über den Tisch ziehen.«

»Oh! Was das angeht, hab ich's begriffen! Zwei Aristokratinnen!«

»Offensichtlich. Was hast du herausgebracht?«

»Na ja...«, überlegte der junge Mann. »Sie stammt nicht aus Wien; sie hat in Bad Ischl gelebt, das sie verabscheut... Nach der Niederlage bei Königgrätz hat sie die Verwundeten gepflegt...«

»Wirklich! Eine Spitalsschwester?«

»Bestimmt nicht!« antwortete Franz leidenschaftlich. »Eine Spitalsschwester hätte ich sofort geduzt! Und das schaffe ich nicht... Diese Frau kann man nicht duzen.«

»Das habe ich bemerkt«, sagte Willibald lebhaft. »Mir gelingt es auf Dauer auch nicht. Was noch?«

»Sie mag Pferde, sie reitet... Und... ich bringe alles durcheinander. Ah, ja. Sie zitiert Heine wie ich. Was noch? Weiß ich nicht mehr. Ist ja auch nicht so wichtig!«

»Mehr, als du glaubst«, meinte Willy nachdenklich. »Eine Hofdame?«

»Nein, sie ist Republikanerin.«

»Wer hätte das gedacht. Dann bestimmt Ungarin. Die Ungarn fühlen sich gern als Republikaner. Sei trotzdem auf der Hut.«

»Ich sehe nicht, warum«, erwiderte der junge Mann ungestüm. »Sie ist einfach eine hinreißende Frau...«

»Die dich schlecht behandelt«, unterbrach ihn Willibald.

»Von einer Schönheit, die einem den Atem nimmt...«

»Die sie sich weigert, dir zu zeigen...«

»Die zum Niederknien tanzt...«

»Die aber Befehle erteilt wie eine Prinzessin«, schleuderte Willibald ihm entgegen.

»Sie ist eine Prinzessin!« meinte der junge Mann. »Eine Prinzessin mit einem gequälten Herzen...«

»... die du trösten willst«, schloß Willibald. »Na gut. Sie läßt auf dich warten, deine Prinzessin. Ich hoffe für dich, daß es keine echte ist. Vielleicht eine Schauspielerin?«

Die beiden Frauen hatten sich in dem Gewirr der Gänge verirrt, wo die Türen zu kleinen Sälen voller Tänzer führten, die sich um die Büfetts drängten. Nur mit Mühe hatten sie die Garderobe gefunden, und sie sahen sich gezwungen, sich mit den anderen in die Schlange zu stellen. Die Frauen beobachteten einander, beäugten die zerknitterten Stoffe, die Schminke, die zu zerlaufen begann, die aufgelösten Locken, die Flecken auf den Oberteilen. Sie warfen einander ein verlegenes Lächeln zu und hielten sich mit ihren Taschentüchern die Nase zu.

»Auf, auf, meine Damen, ein wenig schneller!« rief die Garderobenfrau. »Oder kommen Sie später wieder.«

Man erregte sich. Ida, die sich nicht wohl in ihrer Haut fühlte, wirbelte in alle Richtungen herum.

»Hör auf damit«, stieß die junge Frau hervor. »Da kriegt man ja die Drehkrankheit.«

»Es ist unerträglich«, murmelte Ida. »Und dieser Gestank... Sollen wir nicht gehen?«

»Nein.«

»Mit all den Nachttöpfen, die überall herumstehen? Ich erkenne Sie nicht wieder.«

»Duzen, Ida«, zischte die junge Frau zwischen den Zähnen. »Im Krieg gilt Kriegsbrauch. Es ist nicht schlimmer als ein Spital.«

Ruhig fächelte sie sich zu, hielt sich von Zeit zu Zeit die Nase zu und blickte sich mit lachenden Augen um.

»Jetzt sind wir wohl dran«, sagte sie. »Immer der Reihe nach.«

»Wie entsetzlich«, stöhnte Ida. »Wo wir es drüben so gut hätten, mit all dem Komfort... Was für ein Einfall!«

»Bist du fertig? Drüben, wie du sagst, verwendet man noch die für den Anlaß durchbohrten Stühle.«

Und sie stürmte durch die Tür, die die Garderobenfrau ihr aufhielt. Als sie wieder auftauchte, zeigte sie ein strahlendes Lächeln.

»Also. Man stirbt nicht daran«, sagte sie mit einem kurzen Lachen. »Nun du...«

»Nein, danke«, murmelte Ida mit bleichen Lippen. »Gehen wir schnell wieder hinauf, ich ersticke.«

»Ah! Du bist nicht gerade neugierig!« meinte die junge Frau. »Und was meinst du, was die normalen Leute machen sollen, eh? Und was machst du mit der Natur? Sie ist allmächtig, Ida!«

»Ist das der passende Ort, um Ihre Sozialphilosophie darzulegen!« entrüstete sich Ida und zog die junge Frau mit.

Als die beiden Männer sie kommen sahen, erhoben sie sich. Willibald glaubte sich verpflichtet, Fräulein Ida eine Walzerrunde vorzuschlagen, und sie nahm auf einen Blick der Unbekannten im gelben Domino hin an. »Der Herr und ich haben miteinander zu reden«, präzisierte sie.

Franz wartete, bis die beiden verschwunden waren, und rückte mit seinem Stuhl näher heran.

»Sie wollen also plötzlich reden.«

»Aber ja«, meinte sie anmutig. »Wo waren wir stehengeblieben?«

»Bei Ihrer Ähnlichkeit mit der Kai...«

»Mir scheint, das Kapitel war abgeschlossen«, unterbrach die junge Frau.

»Wenn meine Mutter Sie sähe, würde sie das gleiche sagen«, fuhr Franz hartnäckig fort.

»Hören Sie«, sagte sie und drohte ihm mit dem Fächer. »Ich habe den größten Respekt vor Ihrer Mutter, aber ich wäre Ihnen sehr verbunden, wenn Sie mich da herauslassen würden. Sehe ich aus wie ein junges Mädchen, das es zu verheiraten gilt, damit Sie mir unentwegt von den Ansichten Ihrer Mutter erzählen?«

»Sie sind halt wie ein junges Mädchen«, murmelte er verwirrt.

»Ein junges Mädchen, ich? Kommen Sie, das meinen Sie nicht ernsthaft.«

»Doch. Oh! Sie haben zweifellos gelebt. Vielleicht haben Sie sogar Kinder, gut möglich. Ich weiß nicht, was es ist, aber Sie haben so etwas Junges, Frisches an sich, etwas Unversehrtes... Und wenn ich es wagen darf...«

»Gut! Wagen Sie...«

»Als wären Sie noch Jungfrau, entschuldigen Sie, Gnädigste. Es ist heraus!« rief er und breitete mit ohnmächtiger Geste die Arme aus.

Sie verharrte in Schweigen und regte sich nicht.

»Ich habe Sie schockiert«, sagte der junge Mann verlegen.

Er rutschte auf dem Stuhl herum und wollte ihre Hände nehmen.

»Hüllen Sie sich nicht in Schweigen! Sagen Sie etwas! Seien Sie ein wenig bösartig, wenn Sie wollen. Lassen Sie mich nicht allein im Dunkeln... Ich weiß nicht, wie man mit Damen spricht.«

»Im Gegenteil, Sie sprechen zu gut«, antwortete sie nachdenklich.

»Übrigens habe ich Ihnen mein Alter gesagt. Sagen Sie mir das Ihre.«

»Stellt man einer Dame eine solche Frage?«

»Verflixt!« rief Franz.

»Fluche nicht«, seufzte die Stimme. »Sag mir, wie viele Jahre du mir gibst.«

Der junge Mann zögerte. *Zwanzig Jahre, dreißig oder mehr?* Unter einem Domino waren die Frauen alterslos.

»Sechsunddreißig Jahre«, stieß er triumphierend hervor. »Wie die Kaiserin. Die erst gestern Großmutter geworden ist.«

Der Fächer schoß wie ein Pfeil davon und glitt auf den Tisch. Die Unbekannte erhob sich mit einem Ruck.

»Das geht zu weit«, rief sie. »Ich bin in Ungarn geboren. Mein Name ist Gabriele, und ich bin Ihre Vergleiche leid.«

»Hier, nehmen Sie Ihr Spielzeug wieder«, sagte er und hielt ihr den Fächer hin. »Gabriele? Mir hat Fanny besser gefallen. Ungarin? Sie lügen.«

»Soll ich Ihnen einen Csárdás singen, damit Sie mir glauben?« stieß sie hervor und setzte sich wieder.

»Hören Sie«, murmelte er bewegt. »Wir sind keine Operettenfiguren. Ich bin nur ein kleiner Redakteur am Hofe, Gnädigste, aber ich kann sehen und hören. Was tut eine große Dame wie Sie mit einem bescheidenen Angestellten wie mir? Ich habe keine Ahnung. Sie haben Ihre Gründe, die Gräfinnen haben ihre Launen, und vielleicht haben Sie beschlossen, mit mir zu spielen wie mit Ihrem Fächer, den Sie so elegant von sich werfen, wenn er seinen Zweck erfüllt hat. Aber ich, ich spiele nicht, und ich habe meine Würde. Sie können sich noch so verstecken, ich errate, daß Sie von einer Schönheit sind, die einen Heiligen in die Verdammnis führen könnte. Sie denken wohl: ein junger Mann! Das ist zu leicht, Gnädigste...«

Der Fächer hatte wieder sein nervöses Flattern aufgenommen.

»Was für eine Tirade«, fuhr die Unbekannte mit angespannter Stimme fort. »Sie verfügen über einige Eloquenz, mein Herr, das ist nicht zu leugnen. Sie wären sogar... bewegend – ja, ich glaube, das ist das Wort, bewegend. Und was glauben Sie, mit Ihrer Moralpredigt zu erreichen? Was wollen Sie von mir?«

»Ihr Gesicht sehen«, murmelte er. »Nichts anderes.«

»Das ist unmöglich, unmöglich...«, antwortete die Stimme schwach. »Bitten Sie mich um etwas anderes. Warten Sie, reden wir lieber über Ihre Kaiserin, der ich Ihrer Meinung nach ähnle. Sie lieben Sie also ein wenig?«

»Ob ich sie liebe!« rief der junge Mann und brach in Gelächter aus. »So wie man ein Phantom lieben kann. Wissen Sie nicht, daß sie in Buda in Ungarn lebt?«

»Man merkt, daß du diese Stadt nicht kennst. Die Hügel beherrschen die Donau, die Luft dort ist frisch und beflügelnd, die Brücken überspannen fröhlich den Fluß, und dann sind da die Zigeunerinnen... Man ist frei, man lebt, man umarmt die Welt!«

»Aber in Wien haben wir auch unsere Hügel! Den Kahlenberg, die Heurigen – den neuen Wein im Herbst und die Geigen in den Weinbergen... Nicht wahr?«

»In Wien ist der Wind schlimm, er zerstört die Seele«, meinte die junge Frau düster. »Die Paläste sind riesig und traurig, schreckliche, vom ewigen Durchzug modrige Gebäude. In Wien verschlägt es einem den Atem, und man erstickt... Dagegen in Ungarn! Stell dir die Pferde vor, die mit wehender Mähne in der Pußta galoppieren, die rasenden Csárdástänze, das ist Leben! Kennen Sie wenigstens den Délibáb?«

»Nein«, entgegnete er, von neuem errötend. »Eine Baumart?«

Sie lachte. Der junge Mann war köstlich. Ihr war gerade eingefallen, wem er mit den langen Wimpern und dem blauen Blick ähnelte. Ihrem jungen Vetter Ludwig von Bayern.

»Der Délibáb ist eine Fata Morgana, man muß sie sehen können«, sagte sie. »Es ist die ungarische Seele.«

»Und Sie glauben, daß unsere Kaiserin Ungarn wegen der Zigeunerinnen, der Pferde und dieses Baobab, den man nicht beschreiben kann, vorzieht?«

»Vielleicht fühlt sie sich dort auch mehr geliebt«, seufzte die Stimme hinter dem Fächer. »Sie sind sehr grausam gegenüber dieser armen Frau.«

»Eine arme Frau, Elisabeth von Österreich? Wenn einem das Reich und der Kaiser zu Füßen liegen? Und was macht sie aus unserem Kaiser? Einen verlassenen Ehemann, vielleicht auch noch einen betrogenen...«

»Betrogen? Nie!«

»Sie kennen Sie also«, fuhr Franz ruhig fort. »Ich hatte recht. Sie gehören zum Hof.«

»Ich bin Ungarin, mein Herr, reicht das nicht, um die Ehre meiner Königin zu verteidigen, die Sie so hart angehen? Haben Sie sie überhaupt einmal gesehen?«

Franz näherte sein Gesicht und ergriff die mit einem Handschuh bedeckte Hand, die den Fächer hielt.

»Ich war ein Kind, als sie aus Bayern angekommen ist, und meine Eltern haben mich mitgenommen, um sie am Landungsplatz zu begrüßen. Meine Mutter hat alles über ihre Kleidung gewußt und mir die Ohren voll geredet von dem weißen Papagei, den ihr unser junger Kaiser geschenkt hatte. Ich erinnere mich, wie sie mit einer solchen Bewunderung ihren Vornamen Sisi ausgesprochen hat, daß man an den Geschmack von Schokolade hat denken müssen...«

»Entzückend«, räumte die junge Unbekannte ein. »Nur war der Papagei nicht weiß, sondern rosa, mit einem roten Schnabel.«

»Ah so?« Franz wunderte sich. »Meine Mutter jedoch... Na ja. Mein Vater hat mich auf seine Schultern gehoben, damit ich unsere Prinzessin besser sehen konnte, aber die Menge war so dicht, daß ich sie an jenem Tag nicht gesehen habe. Offenbar ist sie so müde gewesen, daß sie ganz bleich war. Man hat sie ›die bayerische Rose‹ genannt. Meine Mutter hat sich große Sorgen ihretwegen gemacht. Zu jener Zeit hat man sie in Wien vergöttert!«

»Wogegen man sie heute verabscheut, nicht wahr«, murmelte die junge Frau.

»Wenn sie sich mehr zeigt, wird man sie lieben wie am ersten Tag«, bekräftigte der junge Mann. »Schauen Sie, diese Kindheitserinnerung hat mich nimmer losgelassen. Am nächsten Tag, ihrem Hochzeitstag, sind wir ganz vorne gestanden, um die kaiserliche Karosse vorbeifahren zu sehen, und da hab ich sie gesehen!«

»Von nahem?«

»Von ganz nahem!« erwiderte er überschwenglich. Wir sind am Rand des Gehsteigs gestanden, zwei Schritte von der Augustinerkirche entfernt. Sie ist langsam ausgestiegen, hat zögernd ein Füßchen vor das andere gesetzt, und plötzlich hab ich ihre Hand gesehen, genauso zart wie die Ihre, mit einem weißen Handschuh angetan, und diese ist wie ein Vogel zu der Diamantentiara geflogen... Die hatte sich am Türrahmen der Karosse verhakt!«

»Ich erinnere mich«, murmelte die Unbekannte kaum hörbar. »Es war schrecklich...«

»Aber ich war klein, ich hab sie von unten erblickt... Und ich habe ihre Tränen gesehen.«

»Wie kannst du dich erinnern?« fiel sie ihm ins Wort. »Du hast ja fast noch in den Windeln gelegen.«

»Ich war sechs Jahre alt... Nein, drei!« verbesserte er sich. »Und mir hat man's auch erzählt wie Ihnen! Sie hat so geweint, daß ich angefangen hab zu brüllen. Meine Mutter hat Angst vor einem Skandal gehabt, die Polizisten haben sie schief angeschaut, sie hat mich schnell weggetragen, und ich hab unsere Kaiserin nimmermehr gesehen.«

»Das Leben ist sehr seltsam, mein lieber Franzl...«

»Ah, Sie nennen mich bei meinem Namen, danke«, meinte er und küßte ihr die Finger. »Aber wenn Sie die Kaiserin kennen, sagen Sie mir, ist sie so schön, wie man sagt?«

Die Unbekannte begann zu lachen, und der Fächer kam zur Ruhe.

»Sie sieht schon ganz gut aus. Es ist vor allem ihr langes Haar.«

»Es heißt, daß es ihr bis auf die Hüften fällt... Stimmt das?«

»Bis zu den Füßen! Ein Tierpelz. Eine Folter!«

»Es heißt, daß sie am frühen Morgen in eiskaltes Wasser taucht...«

»Jeden Tag um fünf Uhr.«

»Offenbar dressiert sie die Pferde wie im Zirkus!«

»Das hat sie von ihrem Vater, dem Herzog Max«, erklärte die Unbekannte ernst. »Sie sind beide erfahrene Kunstreiter.«

»Und es heißt auch, daß sie Gymnastik macht.«

»Ich verstehe nicht, warum Sie sich darüber mokieren. Das ist ausgezeichnet für die Gesundheit.«

»Aber trotzdem ganz schön unanständig. Nein, sagen Sie mir nicht, daß sie ganz recht damit hat. Turnt man am Barren, wenn man Kaiserin ist?«

»Stellt man so viele Fragen, wenn man höflich ist?« erwiderte die Unbekannte und fächelte sich erneut zu. »Hören Sie, ich habe noch Durst. Holen Sie mir doch bitte ein Bier.«

»Jetzt hab ich's«, sagte der junge Mann und schlug sich an die

Stirn. »Um sie so gut zu kennen, müssen Sie ihre Gesellschaftsdame sein. Was bin ich dumm, daß ich nicht schon früher darauf gekommen bin. Ich laufe und hole Ihr Getränk...«

Er entfernte sich, besann sich dann und lief zurück, um sich eiligst des Fächers zu bemächtigen.

»Ich nehme ein Pfand mit. So machen Sie sich nicht davon.«

»Ihre Gesellschaftsdame«, dachte die junge Frau verträumt. »Was für ein hinreißender Bub... Er erinnert mich an meinen Schäferhund, mit seinem warmen Blick und seiner feuchten Schnauze, die Liebkosung sucht. Man darf ihn nicht demütigen. Mein Gott! Wie kann ich den Ball verlassen, ohne ihn zu verletzen? Ich muß verschwinden. Jetzt. Es wird ihm der Fächer bleiben.«

Sie raffte schon die Stoffbahnen des gelben Dominos zusammen, als sie sich plötzlich an Ida erinnerte, die noch nicht zurückgekehrt war. Sie setzte sich wieder. »Ich kann sie so nicht zurücklassen. Sie wäre fähig, sich aufzuregen, Alarm zu schlagen... Nein! Ich sitze fest. Du wolltest frei sein, meine Gute... Jetzt bist du die Gefangene deiner Freiheit. Eingeschlossen von einem hübschen Jungen, der dir wie einem Milchmädchen aus der Vorstadt den Hof macht! In einem Ballsaal, wo man vor Hitze umkommt! Wenn ich doch nur diese Maske abnehmen könnte, diesen dicken Brokat!«

Und mit schlaffer Geste schob sie den Kragen des Dominos zurück, um sich Luft zu verschaffen. Zwei Männer, die schwankend vorüberkamen, blieben stehen.

»Hast du diesen Hals gesehen? Von einem Weiß zum Träumen!« flüsterte der erste.

»Ich weiß nicht, wer die Reizende ist, aber wenn das Gesicht den Erwartungen entspricht, die das Dekolleté weckt...«, erwiderte der zweite und stieß den anderen mit dem Ellbogen an.

Sie näherten sich ihr leise von hinten. Die Unbekannte hörte sie nicht.

»Ein Kuß, meine Schöne!« meinte der erste und packte sie an den Schultern.

»So ganz allein zu dieser Stunde?« Der zweite schlich sich heran und drückte seine Lippen auf die nackte Schulter.

»Rühren Sie mich nicht an!« rief sie und wehrte sich. »Das ist unwürdig! Sie haben nicht das Recht!«

»Spiel hier nicht die Zierpuppe, mein Täubchen«, schimpfte der erste und griff fester zu. »Eine Frau, die allein zum Redoutenball geht, weiß immerhin, worauf sie sich einläßt.«

»Hilfe!« sagte sie schwach und hielt ihre Maske fest.

»Wachen, zu mir! Ida, zu Hilfe!«

»Fein, ruf die Ida«, brummte der erste.

»Und die Wachen! Für wen hält die sich?« meinte der andere und streichelte ihr mit einem Finger nachlässig den Hals.

»Die Dame gehört zu mir!« rief eine Stimme hinter ihnen. »Und ich bitte Sie, sie in Ruhe zu lassen.«

Franz, mit vor Wut rotem Gesicht und einem Glas Champagner in jeder Hand, richtete sich in seiner ganzen Größe auf. Die Männer betrachteten den jungen Riesen und ließen ihre Beute los. Die Unbekannte rückte nervös ihre Maske zurecht. Franz stellte ruhig die Gläser auf den Tisch.

»Entschuldigen Sie, mein Herr, wir konnten nicht ahnen«, brummelte einer der Männer. »Sie sollten Ihre Freundin nicht auf einem Ball allein lassen, sie hat eine zu weiße Haut...«

»Es hat kein Bier mehr gegeben. Ich hab Champagner genommen... Wollen Sie mit mir anstoßen?« murmelte Franz sanft.

»Ja«, sagte sie bebend. »Ich danke Ihnen. Ich hatte große Angst.«

»Es ist nichts«, entgegnete er und hob sein Glas. »Auf Sie, Gnädigste.«

»Ich bin es halt nicht gewohnt, wissen Sie«, fügte sie verwirrt hinzu.

»Ich weiß. Auf dich. Auf uns, Gabriele.«

Zum erstenmal beugte sie sich mit einem Lächeln zu ihm hinüber und schenkte ihm von ganz nahem ihren goldbraunen Blick. Geblendet schloß er die Augen.

»Das ist, als ob der Himmel mit seinem ersten Stern...«

»Sie sind ein Kind. Sie werden mich im nächsten Augenblick vergessen haben«, schleuderte sie ihm mit gezwungener Fröhlichkeit entgegen.

»Niemals, Gnädigste«, sagte er ungestüm.

»Ein einziger Abend, mein Herr, ein Redoutenabend! Wir werden uns niemals wiedersehen.«

»Ich werde Sie finden!«

»Das wird Ihnen nicht gelingen! Ich habe keine Heimat und bin fortwährend auf Reisen.«

»Wenn es sein muß, werde ich Diener an der Hofburg!«

»Sagen Sie so etwas nicht!«

»Stoßen wir an«, flehte er. »Ich möchte Sie im selben Augenblick trinken sehen, wenn auch ich trinke.«

Sie hielt seinem Blick stand und trank mit Anmut. Er verschlang sie mit den Augen.

»Also. Worauf wartest du? Ich habe schon ausgetrunken!« rief sie.

»Ohne es Ihnen zu sagen, habe ich eine Arznei in den Champagner getan. Es ist ein Liebestrank. Ich trinke wie Tristan auf dem Schiff...«

Und er trank mit geschlossenen Augen und großem Ernst.

»Franz, hören Sie mich an. Sie sind dreiundzwanzig Jahre alt, und mein Alter haben sie erraten. Wir sind fast fünfzehn Jahre auseinander.«

»Das ist mir völlig gleichgültig!« rief er. »Ich habe Sie angelogen, stellen Sie sich vor. Ich bin nicht dreiundzwanzig, sondern sechsundzwanzig.«

»Und wenn ich Ihnen sagen würde, daß auch ich gelogen habe und verheiratet bin«, warf sie ihm fieberhaft zu.

»Dann kann ich's auch nicht ändern«, murmelte er mit Tränen in den Augen. »Isolde war auch verheiratet. Verheiratet! Glauben Sie, ich hätte das nicht vermutet? Ihr Zögern, Ihre schuldbewußte Miene – bleiben Sie ganz ruhig! Ihr Drang, jeden Augenblick zu entfliehen, und diese Angst, die ich in Ihnen spüre, diese Tränen... Und auf Ihrem Ringfinger der weiße Streifen Ihres Eheringes, den Sie bestimmt für heute abend abgezogen haben, nicht wahr? Verheiratet? Das versteht sich von selbst. Ja und?«

»Sie sind ein Kind«, seufzte sie.

»Das haben Sie schon gesagt. Wissen Sie was? Ein Kind sucht überall seine Mutter, und ich werde Sie überall suchen. Von morgen an.«

»Franz, ich muß Sie verlassen«, erklärte sie mit fester Stimme.

»Ihre Freundin ist noch nicht da. Und Sie wollen gehen? Na gut! Gehen wir zusammen. Hat der rote Domino halt Pech gehabt.«

»Bitte, mein Herr«, flehte sie eindringlich. »Warten wir zusammen, ganz brav. Dann lassen Sie uns allein. Ohne uns zu folgen. Verderben Sie nicht die Erinnerung an einen heiteren Augenblick. Sie sind ein netter Junge, sehr betörend...«

»Ah!« triumphierte er. »Der Zaubertrank wirkt!«

»Wenn Sie versuchen, mich wiederzusehen, werden entsetzliche Dinge passieren«, sagte sie leise.

»Sie wären nicht die erste Wienerin, die einen Liebhaber hätte«, stieß er hervor und verstärkte den Druck seiner Hände.

»Seien Sie nicht vulgär! Sie riskieren...«

»Was riskiere ich? Man würde mich ins Gefängnis werfen?«

»Ja«, antwortete sie leichtsinnig.

Ernüchtert ließ der junge Mann die Hände der Unbekannten los.

»Sie sind nicht nur eine Gräfin, Gnädigste. Sie stehen viel höher«, sagte er langsam. »Gefängnis! Aber wer sind Sie denn?«

Sie hatte den Kopf abgewandt und spähte verzweifelt in die Menge, ohne ihm zu antworten. Ein Blitz von rotem Taft tauchte immer wieder zwischen den Tänzern auf.

»Ida kommt zurück«, meinte sie erleichtert. »Dieses Mal werde ich Sie verlassen, mein Herr.«

»Um mich ins Gefängnis zu werfen, müssen Sie schon eine ziemliche Hoheit sein«, sagte er und spann seinen Gedanken weiter. »Sie haben bestimmt nicht gespaßt...«

»Denken Sie nicht mehr daran! Und halten Sie den Mund, ich möchte nicht, daß Ida weiß...«

»Aha! Man hat Geheimnisse vor der Freundin?«

Durch die Löcher der Maske sah Franz, wie aus den Augen der Unbekannten die Blicke eines gehetzten Tieres schossen; sie drehte fiebrig den Griff ihres Fächers und preßte die schweren Falten des goldbraunen Brokats gegen ihren Körper. Der rote Domino erschien.

»Herr Willibald wollte mich nicht loslassen, wir haben mehrere sehr lange Walzer getanzt«, gestand Ida atemlos. »Unterwegs ist ihm jemand begegnet, ein Freund, und ich bin abgehauen, um zu euch zu kommen. Gott sei Dank hat der Herr dir Gesellschaft geleistet...«

»Gott sei Dank, in der Tat«, sagte die Unbekannte. »Der Herr hat mich vor aufdringlichen Kerlen beschützt. Gehen wir, Ida.«

Franz hatte sich nicht gerührt. Er starrte auf den Fächer in der behandschuhten Hand.

»Na, mein Herr?« rief sie mit fröhlicher Stimme. »Sagen Sie uns auf Wiedersehen? Er hört nicht«, fügte sie hinzu, an ihre Gefährtin gewandt. »Hallo!«

Ein leichter Schlag mit dem Fächer traf den jungen regungslosen Mann auf die Schulter.

»Lassen Sie ihn, Gnädigste«, flüsterte Ida. »Vielleicht hat er zuviel getrunken.«

»Aber nein! Du verstehst überhaupt nichts. Ich kann ihn nicht so verlassen. Franz! Franzl...«, murmelte sie mit veränderter Stimme. »Möchtest du dich nicht von deiner Gabriele verabschieden? Antworte mir, Schatzi...«

»Eure Majestät haben den Kopf verloren!« entsetzte sich der rote Domino.

Mit einem Satz schoß Franz hoch. Der Fächer hatte Ida mit einem heftigen Schlag getroffen.

»Eure Majestät!« rief er fassungslos.

»Hör nicht auf sie, Franzl«, warf ihm die Unbekannte rasch zu. »Sie ist betrunken... Nicht war, Ida?«

»Elisabeth«, stammelte der junge Mann. »Sie sind Elisabeth. Was wird mit mir geschehen?«

»Aber nichts«, flüsterte sie. »Nichts! Ich bin nicht Elisabeth!«

»Sie sind die Kaiserin«, schluchzte er. »Was habe ich getan?«

»Mein Name ist Gabriele, Gabriele, verstehst du, Kleiner? Aber wenn ich die Kaiserin wäre, glaubst du wirklich, ich hätte mich hier unter dieses Volk gemischt? Komm schon...«

»Ich halte Sie für zu allem fähig!«

»Sogar dazu, der Kaiserin ähnlich zu sehen«, meinte sie mit einem gezwungenen Lachen. »Ich gestehe, daß ich dich an der Nase herumführen wollte, Franzl. Ida hat ihre Rolle gut gespielt. Aber jetzt laß uns ziehen, ich bitte dich.«

»Sie sind keine Gefangene, Gnädigste«, murmelte Franz in bitterem Ton. »Wer hält Sie zurück? Niemand.«

»Ich möchte halt nicht, daß du dir etwas vormachst«, rief sie und stampfte mit dem Fuß auf. »Ida... Erkläre diesem jungen Dickkopf...«

»Das heißt...«, begann Ida verlegen. »Es stimmt, wir wollten uns einen Spaß machen. Die Gnädigste – na ja, meine Freundin Gabriele –, ich nenne sie oft zum Spaß Majestät, um uns zu amüsieren... Denn bei uns in Ungarn wollen alle Damen der Kaiserin ähneln, und Gabriele... Schließlich hat sie wirklich einige Züge mit ihr gemeinsam... Und es stimmt, ich habe zuviel von dem Punsch getrunken. Das müssen Sie mir glauben.«

»Aber ich glaube Ihnen, Gnädigste«, antwortete der junge Mann schmerzlich. »Es bleibt mir gar nichts anderes übrig.«

Sie umringten ihn voller Eifer, und er, ganz blaß, senkte die Augen.

»Nenn mich Gabriele«, flehte die junge Frau. »Franzl... Ein letztes Mal.«

Er hatte wie ein weinendes Kind die Hände vors Gesicht geschlagen.

»Du bist verärgert«, seufzte die Unbekannte.

Er hob den Kopf, heftete einen Blick auf sie, der schon von Tränen schimmerte, und breitete als Zeichen der Ohnmacht die Arme aus.

»Ich werde dir schreiben«, sagte sie mit einemmal. »Gib mir deine Adresse.«

Mit einer mechanischen Geste holte er eine Karte aus seiner Weste und hielt sie ihr schweigend hin.

»Franz Taschnik«, murmelte sie, während sie mit konzentrierter Miene las. »Ich werde es nicht vergessen, ich schwöre es dir. Sag mir auf Wiedersehen...«

Er öffnete den Mund, wollte etwas sagen, doch die Stimme versagte ihm.

»Adieu, Franzl«, sagte die junge Frau und streichelte ihm die Wange.

Und sie nahm den roten Domino am Arm und glitt anmutig durch die Menge.

Am Boden zerstört, sah Franz sie die große Stiege hinuntergehen.

Und ich hätte sie geküßt, ich? Sie hätte es geschehen lassen? Sie, die sich sogar weigert, sich in der Öffentlichkeit sehen zu lassen! Und der Kaiser? O nein! Wer bin ich, daß sie sich so hat gehenlassen? Dieser Ring, der an ihrem Finger fehlte ... Nein, ich täusche mich. Ganz einfach unmöglich. Dennoch, diese Anmut ... Ihre Taille ... Die ist einzig auf der Welt! Und dieser Ausdruck von Autorität ... Und dieses ständige Durcheinander von »Sie« und »du«. Und sie bricht auf! Und ich habe ihr gesagt, daß ich sie liebe.

Franz lehnte den Kopf gegen den Tisch und weinte still. Die Tänzer drehten sich nach dem gutgekleideten jungen Riesen um, der so traurig schien; einige blieben kopfschüttelnd stehen. Die Nacht begann dem frühen Morgen zu weichen, und der Ball brütete im geheimen Verrücktheiten, Sinnestaumel und Unglück aus – im ganzen banal. Niemand kam, um ihn zu trösten.

Komm schon, dachte er und wischte sich die Tränen ab. *Nichts ist wirklich gesagt. Ich muß wissen, wer sie ist, woran ich bin. Und man wird ein gewöhnliches Frauenzimmer entdecken, das sich als Kaiserin ausgibt, eine Schelmin, die ihr Spielchen mit den jungen Leuten treibt!*

Er erhob sich mit einem Satz. *Sie einholen, schnell!*

Er stürzte wie ein Verrückter durch den Ballsaal, drängte mit zusammengepreßten Lippen, zerfurchter Stirn und solch wütendem Gesichtsausdruck brutal die Tänzer beseite, daß die Frauen sich nach ihm umwandten.

»Einer, der zuviel getrunken hat!« meinte die eine.

»Ich glaube, daß er unglücklich ist«, seufzte ein junges Mädchen mitleidig. »Bestimmt Liebeskummer!«

»Jedenfalls ist er schlecht erzogen«, rief eine dritte und zog ihr zerdrücktes Gewand zurecht. »Außer für den Galoppp rennt man nicht wie ein Verrückter auf einem Ball, das weiß jeder.«

Ihre Kavaliere zuckten mit den Schultern und drehten sich von neuem; es war ihm nur eine Eroberung entwischt. Er würde sie schon an einem galanten Ort im *chambre séparée* wiederfinden.

Durch einen Nebel hindurch erblickte Franz plötzlich den gelben Brokat und den scharlachroten Taft, wie sie das Gold der Geländer streiften, Gabriele und Ida. Die beiden Dominos waren den Saal entlanggelaufen und auf dem Weg, durch die große Halle zu entschwinden. Verstohlen glitt er hinter eine Säule; sie hatten ihn nicht gesehen.

Die junge Frau lief mit gesenktem Kopf, den wie ein Schild auseinandergefalteten Fächer in der Hand; Ida folgte ihr mit erhobenen Händen, wie um sich vor einer unsichtbaren Gefahr zu schützen.

Sie haben Angst, dachte er. *Sie haben manchmal so verschreckt gewirkt... Aber wenn ein Ehemann dahintersteckt, ist das erklärlich... Ich muß ihr die Maske herunterreißen. Ja!*

Er kam ihnen durch eine Seitentür zuvor, und seine Augen suchten eine Karosse, einen Zweispänner, einen kaiserlichen Wagen... Die Kälte nahm ihm den Atem.

Eine Reihe von Fiakern wartete unter dem eisigen Himmel; die Kutscher trösteten sich, indem sie heißen Wein tranken; die Pferde atmeten unter ihren karierten Decken Nebelschwaden aus, wenn sie den Kopf hoben. Kein kaiserlicher Zweispänner. Plötzlich kamen die beiden Dominos heraus und zogen ihre Kapuzen herunter. Franz folgte ihnen auf leisen Sohlen. Eine Hand hielt ihn an; sie streckte ihm Veilchensträußchen entgegen. Eine kleine nackte, von Kälte blaue Hand.

»Veilchen für die Damen!« erklang eine Kinderstimme.

»Kaufe meine Blumen, lieber Herr. Ich habe solchen Hunger! Nur für eine Knödelsuppe. Bitte.«

Das Mädchen, in einen abgeschabten Mantel gehüllt, schien nicht mehr als zehn Jahre alt zu sein. Betroffen schnappte sich Franz die Sträußchen, sechs im ganzen, und holte einen Geldschein heraus, den die Hand ergriff. Die Frauen, weiter weg auf der obersten Stufe, hatten nichts gesehen.

»Hier«, hauchte er und gab dem Mädchen fünf Sträußchen zurück, »ich will nur einen. Behalte die anderen, Kleine.«

»Wo ist unser Fiaker«, rief der gelbe Domino ungeduldig. »Er sollte auf der linken Seite auf uns warten. Wenn uns bloß dieser Franzl nicht gefolgt ist.«

»Da!« sagte Ida. »Ich sehe unseren Kutscher, da, ein kleines Stück entfernt, bei der Karlskirche. Wir werden ganz verschneite Füße kriegen, wir müssen schnell laufen.«

Die Unbekannte hob die Falten ihres Dominos und rannte los; Ida folgte ihr keuchend. Mit drei langen Schritten erreichte Franz vor ihnen den Fiaker. Als sie bei dem Wagen ankamen, hielt er, das Sträußchen in der Hand, entschlossen die Tür auf.

»Sie!« rief die junge Frau. »Gehen Sie!«

»Niemals! Was denken Sie sich? Daß ich Sie wortlos laufen lassen werde? Wenn Sie wollen, werfen Sie mich ins Gefängnis. Jetzt, verzeihen Sie...«

Mit entschlossener Geste zog er am Spitzenbart, um ihr die Maske herunterzureißen. Ida begann zu schreien, die Unbekannte hob den Fächer, den Franz abfing.

»Dieses Mal nicht«, meinte er und drehte ihr das Handgelenk um. »Genug Schläge. Ich bin nicht Ihr Pferd. Ich muß wissen... Und wenn Sie die Kaiserin sind, möge der Himmel mir beistehen!«

Sie keuchte, die andere Hand schützte die Maske. Er bezwang sie langsam, schweigend, die Maske rutschte... Mit einemmal ließ sie den Fächer los und entwand sich wie eine Schlange. Überrascht wich der junge Mann zurück. Da stieß sie ihn mit einer erstaunlichen Kraft heftig nach hinten und warf sich in den Fiaker.

»Schnell, Ida«, befahl sie. »Und Sie, fahren Sie los«, rief sie dem Kutscher zu. »Durch die Vororte!«

2

Eröffnung der Jagd

Die Stunde der Versuchung ist gewichen
Ein feiger Hund bin ich nach Haus geschlichen.
Elisabeth von Österreich

Während er ganz außer Atem rücklings im Schnee lag, hörte Franz den kurzen Befehl des Kutschers und die Pferdehufe auf dem mit Salz bestreuten Boden; der Fiaker entfloh wie ein Phantom. Der junge Mann hob den Kopf gen Himmel, wo die kalten Wintersterne glänzten, und merkte, daß er noch immer den Fächer in der Hand hielt. Die Veilchen lagen weiter weg im Matsch. Die kleine Verkäuferin tauchte aus der Dunkelheit auf und sammelte sie ein.

»Der Fächer – mein goldener Schuh«, wetterte er. »Ich werde sie wiedersehen, ich schwöre es. Sie wird ihre Veilchen bekommen.«

»Hier, dein Sträußchen«, murmelte das Kind. »Es ist nicht zerdrückt.«

»Behalte es, wenn du willst«, sagte er und erhob sich mühsam. »Ich brauche es nicht mehr.«

»Eine Zicke, diese Frau in Gelb«, sagte das kleine Mädchen. »Ich habe alles gesehen. Danke für die Blumen. Sie verdient sie nicht.«

Von innen hallten aus dem Musiksaal die Echos der Nachtwalzer und des Gelächters wider. Es war nicht mehr lang bis zur Morgendämmerung, der Ball war dabei zu ermatten. Franz ging auf die Lichter zu.

»Naa! Da hinein zurückkehren? Um heiratsfähige Mädchen zu finden? Sich wieder dem Gewöhnlichen zuwenden? Und was mit dem Fächer machen? Ihn unter meinem Gewand verstecken? Er würde mir das Herz verbrennen...«

Er blieb unter einer Laterne stehen, faltete ungelenk den Fächer auseinander und untersuchte ihn.

»Kein Wappen, kein Zeichen. Sie ist es. Jede andere hätte ihre Krone behalten.«

Er fächelte sich ungeschickt zu, fluchte und schloß das Taftding mit einem Knall.

»Verlier nicht den Kopf, Franzl, bitte«, murmelte er. »Das ist eine Verrückte... Die Kaiserin auf der Redoute? Im gelben Domino und mit roter Perücke? Das ergibt keinen Sinn. Also. Dir bleibt der Fächer. Meine Mutter wird ganz schön lachen... Was für ein Abenteuer!«

Er wischte sich die Augen, machte drei Schritte in dem Halbschatten und stieß an eine Mauer, die er nicht gesehen hatte; der Fächer zerbrach mit einem Knacken.

»Ich werde sie wiederfinden!« rief er und schwenkte ihn gen Himmel.

Die Kutscher der Fiaker wandten erstaunt den Kopf und sahen, wie ein junger Mann ohne pelzgefütterten Mantel in das Blau der Nacht entschwand und dabei einen zerbrochenen schwarzen Fächer wie eine Jagdtrophäe hoch in die Luft hielt.

»Sieh mal an«, brummelte ein Alter. »Ein Liebestoller, den seine Freundin dort hat stehenlassen. Dabei hat er seinen Mantel vergessen. Oh, die Jugend...«

»Aber nein«, meinte ein anderer. »Sie hat sich nicht zeigen wollen, sie haben sich geprügelt, und sie hat ihn zu Boden geworfen. Die ist stark.«

»Nun ja... Das Weibsbild wird ihm für morgen im Café Sacher ein Stelldichein versprochen haben, und der Trottel wird auch noch hingehen!«

Der Fiaker fuhr im Schrittempo; die Pferde wollten nicht so recht auf dem eisigen Schnee. Auf den verlassenen Straßen trippelten vereinzelte Paare, die vom Ball kamen, Arm in Arm ohne Eile dahin... Sicherlich schon älter, zu müde, um bis zum Morgen durchzuhalten. Der Kutscher hatte die Anordnungen befolgt; ohne Fragen zu stellen, war er durch die Vororte gefahren, was die Fahrt um eine gute Stunde verlängerte, ein unerwarteter Vorteil. Die beiden Frauen schwiegen; Ida zog ein Taschentuch hervor und betupfte sich diskret die Augenlider. Das Schweigen ihrer Gefährtin verhieß nichts Gutes.

»Das ist ein Desaster«, murmelte Ida schließlich mit zusammengepreßten Zähnen.

»Wer ist schuld?« stieß die junge Frau hervor.

»Ich habe keine Entschuldigung, Eure Majestät...«, stöhnte Ida.

»Ja! Sie haben alles verdorben.«

»Aber diese Menschenmenge, die Hitze, diese Raserei... Ich habe den Verstand verloren...«

»Sie, Gräfin, in die ich mein ganzes Vertrauen gesetzt habe!« brach es aus der jungen Frau hervor. »Und was soll ich jetzt machen?«

»Oh! Vor allem nichts, Eure Majestät«, flehte Ida.

»Wir haben viel miteinander geredet, dieser junge Mann und ich.«

»Was haben Sie ihm gesagt?«

»Weiß ich nicht mehr... Nichtssagendes Zeug... Solche Dinge, wonach die jungen Leute fragen, weiß ich's?« antwortete die junge Frau gereizt.

»Nun ja! Er wird sich etwas aufregen, Sie bei den Paraden suchen und Sie nicht erkennen.«

»Aber da ist nun ein junger Mann verzweifelt«, murmelte die junge Frau.

»Eine schöne Geschichte!«

»Mir gefällt das nicht! Hast du die Veilchen bemerkt? Ich hätte sie wenigstens nehmen können... Er wird unglücklich sein!«

»Sie können nichts dafür«, sagte Ida verdrießlich. »Lassen Sie das Kind dort, und denken Sie nicht mehr daran. Wer ist das übrigens, wissen Sie das überhaupt?«

»Er ist Redakteur am Hof«, antwortete sie sogleich. »Im Außenministerium, Gestionsabteilung.«

»Ein Federfuchser!« rief Ida fassungslos. »Nicht einmal ein Diplomat! Sie hätten eine bessere Wahl treffen können.«

»Nein! Er ist mehr wert als ein Prinz. Von solchen Dingen verstehst du nichts.«

»Mag ja sein«, sagte Ida vorsichtig, den Rückzug antretend. »Aber mit diesem Beruf hat er keinerlei Chance, Ihnen über den Weg zu laufen.«

»Keine«, seufzte die junge Frau.

Der Kutscher hielt vor den Wachen der Hofburg an. Ida zog die Kapuze ihres Dominos herunter und preßte die Nase an die Tür.

»Gräfin Ferenczi, im Dienste der Kaiserin. Sie erkennen mich sicherlich. Lassen Sie uns durch.«

Die Soldaten öffneten die Schranke. Der Kutscher ließ sich stillschweigend bezahlen, und die beiden Frauen verschwanden unter einem schwach beleuchteten Gewölbe. Einige Schritte vom Heldenplatz entfernt verbarg sich auf der linken Seite die kaum erkennbare Tür, die zu einem engen Gang direkt in die Hofburg führte, in den riesigen kaiserlichen Palast.

Die dunklen Gänge waren endlos; unter den niedrigen Dekken war der Fußboden glitschig, und die beiden Frauen bewegten sich mit zögernden Schritten vorwärts.

»Ich hätte den Wachposten um eine Laterne bitten sollen«, rief Ida Ferenczi. »Man sieht nichts...«

Die junge Frau antwortete nicht, raffte ihren Domino mit den Händen und begann plötzlich, leichtfüßig zu laufen.

»Kommen Sie doch, Gräfin«, rief sie unter Lachen. »Hier entlang!«

»Eure Majestät hat Katzenaugen!« beklagte sich Ida Ferenczi und verheddert sich in den roten Falten. »Ich kann nicht rennen.«

»Also gut! Ich warte«, ertönte die gebieterische Stimme. »Beeilen wir uns...«

Ida hob wie eine Bäuerin die Röcke hoch und rannte keuchend. Lässig an die Mauer gelehnt, hatte die Kaiserin die Hand auf den Knauf einer kleinen verborgenen Tür gelegt.

»Wir sind da. Helfen Sie mir«, sagte sie und ließ ihren Domino fallen. »Sie ziehen den Ihren ebenfalls aus. Ah! Aber das wird zu schwer für Sie sein. Ich trage beide.«

Im Nu hatte sie ihr Kleidungsstück zusammengerollt, den knallroten Brokat von den Schultern ihrer Begleiterin gerissen und preßte das Ganze an ihren Leib.

»Eure Majestät hat wirklich eine unglaubliche Kraft«, meinte Ida voller Bewunderung.

»Lassen Sie meine Majestät in Ruhe, sie hat heute abend nur zu gute Dienste geleistet«, fiel sie ihr gereizt ins Wort. »Und machen Sie mir diese Tür auf!«

Einige Stufen, ein Vorzimmer, drei Salons... Die junge Frau flog dahin wie der Wind.

»Da sind wir«, sagte sie und blieb unvermittelt stehen.

»Hier. Nehmen Sie das, und sagen Sie mir lieb gute Nacht.«

»Eure Majestät... Ich weiß nicht...«, antwortete Ida und ergriff mühsam das schwere Seidenpaket. »Lassen Sie mich Ihnen wenigstens bei der Abendtoilette helfen...«

»Nein! Ich komme allein zurecht«, unterbrach sie sie. »Auf!«

Und sie entließ sie mit einer heftigen Geste.

Und jetzt, was macht er jetzt? Er untersucht den Fächer – da besteht keine Gefahr, er wird nichts finden. Er wird beobachtet haben, in welche Richtung der Fiaker fuhr, aber wir haben einen langen Umweg gemacht, um hierher zu gelangen. Ist er zum Tanzen zurückgegangen? Nein; er ist zu unglücklich, zu aufgewühlt. Dann fährt er also nach Hause. Vielleicht ohne seinen Umhang, den er vergessen haben wird. Was macht ein junger verliebter Mann, wenn er nicht der Kaiser ist?

Sorgfältig auf dem Bett ausgebreitet, warteten das lange Spitzennachthemd, das Bettjäckchen mit seinen weißen Bändern und die leichte Nachthaube. Sie betrachtete sie haßerfüllt.

»Ich ersticke«, murmelte sie und richtete sich in ihrer ganzen Größe auf. »Dieses Kleid ist zerknittert, verschmutzt... Und diese schreckliche rote Perücke!«

Anmutig hob sie die Arme, umfaßte die Perücke und zog die Nadeln eine nach der anderen heraus, mit denen sie befestigt war.

»Das nimmt nie ein Ende«, nörgelte sie und zog an den miteinander verhedderten Hängelocken. »Sie stecken in meinen Haaren... Diese roten Locken wollen nicht von mir weichen, sie lieben mich – und ich! Ich hasse sie!«

Sie lief vor ihren Spiegel und riß das Ganze aufstöhnend herunter. Verstört, mit Ringen unter den Augen und die Haare noch voller Nadeln, sah sie so aufgelöst aus, daß sie einen Schmerzensschrei nicht unterdrücken konnte.

»Und es heißt, du seist die schönste Frau von Europa! Ha! Wenn sie mich so sähen, diese neidischen Höflinge, wie würden sie sich freuen... Schauen Sie nur her, die Haut ist ledern, voller Falten an den Augenlidern, der Mund trägt Züge von Bitterkeit, und diese Zöpfe«, fügte sie hinzu und hob ihr schlaffes Haar, »diese schönen Zöpfe mit dem fahlroten Schimmer – dein ganzer Stolz –, sehen Sie nur, wie staubig sie sind... Ah! Du wolltest zum Maskenball gehen, meine Kleine! Siehst du nun, was dabei herauskommt? Du wolltest ihm nicht sagen, daß du Großmutter bist, was? Hast es nicht gewagt? Ein altes Weib, das bist du...«

Sie knöpfte ihr Mieder auf, öffnete das Hemd und nahm ihre Brüste in beide Hände.

»Das beginnt zu hängen... Und da in der Ritze fängt es an faltig zu werden«, sagte sie und hob mit einem Ruck das Kleid hoch. »Der Rücken wird krumm, die Taille...«

Sie umfaßte ihre Taille und drückte sie zwischen ihren beiden Händen.

»Nein«, murmelte sie, »da kann man nichts sagen. Die hält sich. Aber der Rest...«

Sie ließ den Unterrock fallen, löste mit einer Handbewegung die Strümpfe, die seidenen Strumpfbänder, das Hemd und stand nackt da. Die Kleidungsstücke lagen durcheinander am Boden, und sie blieb regungslos stehen, ohne irgendwelche Anstalten zu machen, sie aufzulesen.

»So ist das«, sagte sie in sachlichem Ton. »Wenn ich tot bin, wird man mich in der Mitte durchschneiden, das Herz herausnehmen und es in eine Urne stecken und die Eingeweide in eine andere. Man wird mich nicht in Ruhe lassen. Die Chirurgen werden die Haut mit großen Stichen wieder zusammennähen, und mein leeres Gerippe wird in die Kapuzinergruft gehen. Ist es das, was auf dies unnütze Fleisch wartet? Wofür ist das Kaiserreich gut? Für die Fleischhauerei, die mich nach meinem Tod erwartet?«

Ihr Zeigefinger glitt an einer unsichtbaren Linie herunter, vom Ansatz der Brüste bis zur Wölbung des Schambeins, das sie jäh mit der Hand bedeckte.

»So wird mich dieser Mann niemals sehen. Niemals wird er diesen Haufen schmutzigen Stoffs zu meinen Füßen erblicken, niemals die Druckstellen der Strumpfbänder auf meinen Oberschenkeln und die Röte auf meiner Brust ... Ist es nicht besser so? Hättest du es gern, wenn dieser große weiße Körper sich gegen deinen pressen würde? Antworte!«

Die junge Frau schnitt eine Grimasse und pflanzte sich vor dem Spiegel auf.

»Aber antworte doch endlich!« rief sie und legte eine Hand auf den Spiegel. »Warum wolltest du diesen jungen Mann? Was hast du gesucht, als du ihn hast schnattern lassen wie eine Elster, von seiner Mutter und seinen Erinnerungen und Bad Ischl und dir, von der er ein Bild bewahrt hatte, dir, von der er träumte, ohne es zu wissen? Von dir, die er auch verachtete und die er eine Nacht lang geliebt haben wird, eine einzige nutzlose Nacht?«

Ein Heulen durchdrang die Dunkelheit, vielleicht ein Hund oder weit weg ein Kind ... Sie zitterte.

»Ich bin verrückt«, flüsterte sie und fuhr sich mit der Hand über die Stirn. »Wasser!«

Sie lief zu einer Karaffe und benetzte sich von Kopf bis Fuß. Mit leisem wütendem Grummeln löste sie ungestüm ihre Zöpfe, die ihr bis auf die Hüften fielen, befreit und von Wassertropfen und rötlichen Glanzlichtern rieselnd. Und sie wickelte sich in diesen nassen Mantel ein, mit dem sie sich ganz bedeckte.

»Ein Tier, das bin ich«, sagte sie und lüftete ihre Locken. »Ihr habt mir weh getan«, fügte sie hinzu, wobei sie sie über die Finger rollte. »Ihr habt an meinem Kopf gezerrt, ich habe euch als Gefangene empfunden, ihr habt euch gerächt, ihr habt mich bestraft... Ihr bestraft mich jeden Tag. Ich werde euch schließlich noch abschneiden, wißt ihr? Was für ein Einfall auch, euch unter den falschen roten Haaren zu verstecken, nicht wahr? Aber das kam daher, daß ich genug von euch hatte«, meinte sie, indem sie sie nach hinten warf, »und weil ich euer Gewicht nicht mehr auf meinen Schultern ertrage!«

Sie drehte diese wilden Schlangenlocken, murmelte ohne Unterlaß: »Ihn nur zu sehen, diesen österreichischen Knaben, die Muskeln, die sich unter seiner weißen Haut bewegen wie bei einem Lipizzaner, riesig, so sanft, das Auge feucht, ein liebes bäurisches Pferd, das mich niemals besteigen wird, niemals...«

»Nicht wie der *Andere*«, sagte sie laut mit einem Blick zu dem Porträt an der Wand. »Er ist das Gegenteil: von großer Eleganz, aber schwerfälligem Geist, mit einem plumpen Körper, zu hastig, fieberhafte Hände mit Fingernägeln wie Krallen eines wilden Tiers...«

Ihre Schultern fielen wieder nach vorne, sie verschränkte die Hände über der Brust und stellte sich dem Porträt. Kaiser Franz Joseph, der als Oberstleutnant seine weiße Uniform trug, die Brust von diamantenen Ordenssternen glitzernd, eine Hand auf einem Buch, die Augen blau, betrachtete ewig jung mit der Heiterkeit eines gewöhnlichen Gottes den Horizont.

»Ich habe Sie nicht betrogen, mein Herr«, sagte sie und zuckte mit den Schultern. »Stellen Sie sich das vor. Sie haben Ihre Mätressen, und ich habe keinen Liebhaber. Sie haben mir vier Kinder gemacht, Sie haben mir meine Jugend gestohlen... Nun ja! Heute abend habe ich sie mir zurückgeholt, bei zwei oder drei Walzern und einem Becher glühendheißem Punsch, das ist alles. Sehen Sie mich nicht mit Ihrem offiziellen Gesichtsausdruck an... Ich habe keine Angst mehr vor Ihnen. Als er mich geküßt hat, habe ich schön die Lippen zusammengepreßt. Ich war Ihnen treu. Ich werde es immer bleiben, dafür können Sie nichts. Da ist nur einfach dieser junge Mann, der nie erfahren wird, wer ich bin, und der mich auch gegen Ihren Willen lieben wird. Und Sie«, stieß sie aus und hob die Faust, »Sie werden ebenfalls nichts davon erfahren. Wenn Sie aus Rußland zurückkehren, wo man Sie natürlich nicht umbringen wird, werde ich außer Ihrer

Reichweite sein, in Buda. Bei mir zu Hause, verstehen Sie? Weit weg von hier!«

Mir ist kalt, dachte sie und schauderte, *ich bin betrunken, durstig – er ist nicht mehr da, um mir zu trinken zu geben – und rede wie eine Schwachsinnige... Ins Bett!*

Und ohne sich abzutrocknen und ihr Nachtgewand überzustreifen, glitt die Kaiserin zitternd zwischen ihre Laken.

»Morgen wird er mich suchen. Ich habe seine Karte, ich könnte ihn besuchen, ihn überraschen... Nein! Lächerlich. Von nahem wäre er obszön, wie sie es alle sind. Nein, ich werde mir diesen Traum bewahren, ich...«

Sie drehte sich jäh im Bett um, drückte den Mund aufs Kopfkissen, auf die nassen Locken.

Ich werde in den Prater reiten. Er wird dort sein. Oder vielmehr – nein, ich werde meinen Wagen nehmen, er wird sich nähern, ich werde ihn einsteigen lassen, wir werden uns schweigend aneinanderkuscheln, er wird meine Hand nehmen, ich werde wieder sechzehn Jahre alt sein, er wird mich lieben... Vergessen, Eure Majestät, zu Ende, Ihre kaiserliche Hoheit... Wie angenehm die Trunkenheit ist... Mein unschuldiges, geliebtes kleines Kind... Ich werde dich zu besteigen wissen, ja, ich, mit der Peitsche! Die Peitsche...

Sie lallte noch etwas, seufzte auf, die Hände wanderten über ihre Haut, bis sie plötzlich vom Schlaf übermannt wurde.

Franz marschierte durch die weißen Straßen und sprang über die Gehsteige, um die harten Moränen von aufgehäuftem Schnee zu vermeiden. Es fror Stein und Bein, und der junge Mann rannte, um sich zu erwärmen. Dann wurde er müde, stolperte und suchte ein zu dieser Stunde noch offenes Beisl. Er fand ein verräuchertes Lokal, wo er einen Slibowitz bestellte. Er kippte ihn in einem Zug herunter. Der Schnaps brannte heiß in seinen Adern.

»Das ist aber ein schöner Fächer«, ertönte eine Piepsstimme neben ihm. »Zeig mal...«

»Nein!« brummte er, ohne sich zu rühren. »Der gehört mir nicht...«

»Du erstaunst mich«, sagte die spöttische Stimme. »Komm, gib mal her, ich gebe ihn dir zurück... Du willst nicht? Macht auch nichts, ich nehme...«

Eine Hand mit abgekauten Nägeln schlüpfte unter seinem Arm durch und bemächtigte sich des Fächers. Er wandte sich mit einem Ruck um: Es war ein ganz junges Mädchen in einem roten Rock und mit gestreiften Strümpfen, das entzückt seine Beute betrachtete.

»Donnerwetter... Taft! Ganz in Schwarz!« pfiff sie, als sie vorsichtig mit beiden Händen den Fächer auseinanderfaltete.

«Laß das Ding in Ruhe, Kleine«, sagte der junge Mann sanft. »Das ist nichts für dich.«

»Meinst du?« entgegnete sie und fächelte sich zu. »Sehe ich nicht wie eine Dame aus?«

Sie handhabte den Fächer linkisch, lachte, und der beschädigte Teil hing wie ein zerbrochener Flügel jämmerlich herunter. Das Kind zeigte so freundlich alle seine Zähne, daß Franz nicht das Herz hatte, ihm sein Spielzeug abzunehmen.

»Wie alt bist du, Kleine?« fragte er mit einem Lächeln.

»Dreizehn!« antwortete sie stolz. »Das Alter, das die Herren lieben. Der Beweis ist, daß ich da bin«, fügte sie hinzu und wirbelte auf ihren schwarzen Absätzen herum. An den Tischen im hinteren Teil des Saals begannen einige Männer, die Franz nicht gesehen hatte, zu lachen.

»Gib mir meinen Fächer zurück«, flehte er, vor Verwirrung ganz rot im Gesicht. »Schämst du dich nicht?«

»Kann ich mir nicht leisten, mein Prinz«, entgegnete das Mädchen. »Schenk ihn mir, und ich gehe mit dir hinauf, wenn du willst. Ich hab noch keine Syphilis, weißt du!«

Wütend stürzte er sich auf sie und wollte ihr das Ding entreißen. Sie wehrte sich, fiel gegen ihn, er hob die Hand, sie schützte ihr Gesicht mit dem Arm, ohne einen Laut von sich zu geben. Ernüchtert hielt er inne.

»Ich werde dich nicht schlagen«, sagte er beschämt. »Sei lieb...«

»Aber ich bin immer lieb«, meinte sie zurückweichend. »Hier, da hast du dein Ding, ich will es nicht mehr, es ist ganz kaputt. Ich geb es dir zurück!« fügte sie hinzu und warf ihm den Fächer an den Kopf.

Schmollend und sich in den Hüften wiegend, ging sie davon. Franz wühlte in seinen Taschen und zog einen Schein hervor. Den warf er auf den Tisch, auf den sie sich mit den Armen stützte.

»Für mich?«

»Wenn du schlafen gehst.«

»Gut, gehen wir also nach oben. Und du gibst mir den Fächer.«

»Nein...«, murmelte der junge Mann verlegen, »nein! Du gehst allein hinauf, und ich, ich verschwinde, das ist alles!«

Das Mädchen zuckte mit den Schultern, stopfte den Schein in ihren Strumpf und musterte Franz von oben bis unten.

»Du willst ihn zurückbringen, den Fächer, was? Sie muß sehr vornehm sein, um so etwas zu besitzen.«

»Ja!« antwortete Franz mechanisch.

»Eine wirkliche Dame?« drängte das Mädchen. »Gut riechend und mit Blumen im Haar?«

»Nein«, fuhr Franz, ohne nachzudenken, fort. »Nur einen Stern.«

»Einen Stern?« meinte das Mädchen und riß die Augen auf. »Aus Perlen?«

»Aus Diamanten«, seufzte er.

»Oh! Dann ist es die Kaiserin«, bestätigte sie ganz ernsthaft. »Wie auf ihrem Porträt, mit vielen Sternen die Haare entlang.«

»So ist es«, schloß Franz düster. »Du verstehst, daß man ihn ihr wiedergeben muß, ihren schwarzen Fächer.«

»Allerdings!« meinte sie mit einem Gähnen. »Aber sie wird nicht erfreut darüber sein, daß du ihn zerbrochen hast.«

Bedrückt ging er von dannen. Das Kind war auf den Tisch gesunken.

»So ist diese Stadt«, schimpfte er, als er hinausging. »Man tanzt Walzer und läßt Kinder sich prostituieren. Dann ist man erstaunt, wenn man sieht, wie die Syphilis schleichend und in aller Stille ihr Opfer zerfrißt, bis zu dem Augenblick, wo sie es – schwupp! – durch einen Tumor im Kopf in drei Tagen umlegt! Man geht zum Ball, und am Sonntag serviert man, sich die Nase zuhaltend, aus Barmherzigkeit die Volksküche... Ah! Was für gute Christen wir sind! Man kauft ein Sträußchen am Ausgang der Redoute, man leert seine Taschen, man ist zufrieden und bricht leichten Herzens auf! Und die andere, die sich über mich lustig gemacht hat, die mit den Spitzen an den Händen und ihrem goldenen Brokat! Ich bin müde. An einem einzigen Abend die andere und dieses Mädchen! Nur für mich! Das ist zuviel...«

Ein Fiaker fuhr vorüber, er hielt ihn an und warf sich in den Wagen.

In Ida Ferenczis Zimmer lagen die beiden Dominos verknittert und verdreckt auf einem Sessel; und sie, die tief bekümmert auf ihrem Bett saß, betrachtete sie, ohne sie zu sehen, und knüllte ein Taschentuch zusammen.

Sie kannte sie gut: Ihre Königin hatte ein gutes Herz. Morgen in aller Frühe um fünf Uhr würde sie ihre Übungen machen, ihr eiskaltes Bad nehmen und ihr mit ihrer gewohnten Anmut zulächeln. Während man sie frisierte, würde Ida ihr die Post vorlesen, das Leben wäre wieder wie gewöhnlich, und man würde vergessen. Sie würde verzeihen. Aber er? Und wenn er ihr auflauern würde?

Sie erhob sich beunruhigt, nahm ein Stück Papier und eine Feder zur Hand. Die Polizei benachrichtigen? Franz... Wie hat er gesagt? Bascher? Taschler? Taschnik! Der Name war ihr wieder eingefallen. War das ausreichend? Bah! Das war Polizistenarbeit. Die ihre war, zu warnen.

Sie setzte sich vor einen Sekretär und verharrte so mit der Feder in der Luft.

»Aber das wäre doch feige«, murmelte sie. »Er hat nichts Schlimmes gemacht. Und wenn sie es erfährt! Nein! Unmöglich.«

Sie knöpfte ihr Kleid auf und begann zu weinen. Er hatte sie geküßt... Ihre Kaiserin, ihre reine Elisabeth, dieses Nichts hatte sie ins Herz getroffen! Sie, die nie jemanden an sich herankommen ließ! Wenn es wenigstens noch ein ungarischer Aristokrat wäre, wie man so vielen begegnet, der ihr den Hof machte, aber nein! Ein kleiner Redakteur! Ein Amtskappel! Welch eine Schmach! Und mit einem Wort hatte sie alles enthüllt... Sie putzte sich die Nase, trocknete sich die Augen, knöpfte sich dann ihr Korsett so heftig auf, daß sie eine Schnur zerriß.

»Hier«, stieß sie hervor und warf es auf den Boden. »Und hier«, fuhr sie fort und zerrte brutal an ihrem Strumpfband, »und hier!«

Die Wäschestücke fielen eines nach dem anderen auf den Teppich. Als nur noch das Hemd übrig war, zerriß sie es mit einer einzigen Geste von oben bis unten.

»Ins Feuer damit«, murmelte sie. »Von diesen verfluchten Kleidungsstücken will ich nichts mehr tragen. Nichts mehr, das mich an diesen unglückseligen Ball erinnert. Und an diesen Willibald, der mich beim Tanzen an sich drückte.«

Sie beruhigte sich und betrachtete beschämt das zerfetzte Leinen.

Sie war allein. Der Ehelosigkeit ergeben – sie hatte es im voraus gewußt, da die Kaiserin von ihren Gesellschafterinnen forderte, für immer ledig und absolut keusch zu bleiben. Keinen Mann. Wenn eine von ihnen heiratete, würde sie davongejagt werden. Ida lebte zu Füßen dieser Frau wie eine Nonne, sie gab ihr in allem nach, sie gingen inkognito zum Ball, und da ließ sich die Kaiserin vom ersten besten küssen.

»Der andere, dieser Willibald, der hat mich nicht geküßt!« schimpfte sie.

Mit einer mechanischen Geste streifte sie ihr Nachthemd über, löste ihre Haare, flocht sie sorgfältig und tauchte ein Stück Stoff in ihren Wasserkrug. Sie würde die Kaiserin schützen...

»... Denn sie wird es dabei nicht bewenden lassen«, meinte sie und wusch sich das Gesicht. Wie hat er sich ausgedrückt? ›Ich halte Sie für zu allem fähig!‹ Er hatte recht, dieser junge Mann. Sie wäre bestimmt fähig, alles zu tun, um ihn zu treffen.

Oh! Ich werde aufpassen. Sie hat nur mich auf der Welt, sie sagt es mir jeden Tag. Ich werde es nicht zulassen, daß sie sich mit diesem kleinen...«

Sie schlug die Decken zurück, klopfte ihr Kopfkissen und legte sich auf die Seite.

Morgen in aller Frühe würde sie mit ihr reden. Sie würden eine Auseinandersetzung haben. Die Kaiserin schlief bestimmt schon. Sie hatte schon immer einen Kinderschlaf gehabt. Und wenn sie wollte, so zärtlich indessen... Zu hart manchmal, aber so sanft...

Frau Taschnik bereitete den Morgenkaffee. Die Milch stand zum Heißwerden auf einer Ecke des Herdes. Der Himmel wurde hell, türkisfarben. Der Tag würde kalt und schön werden. Franz würde sicherlich bald herunterkommen. Zumindest, wenn er es schaffte, aufzuwachen.

Gott allein wußte, wann er von der Redoute zurückgekehrt war... Um Mitternacht war sie aus dem Schlaf hochgeschnellt, hatte auf die Standuhr gesehen und einen dumpfen Lärm gehört, danach nichts mehr. Sie hatte in die Stille hineingelauscht – auf der anderen Seite der Tür kreischte die Katze, ihr Sohn war noch nicht zurückgekommen. Schimpfend hatte sie sich unter dem Federbett umgedreht; Mitternacht war übrigens die Stunde der Quadrille, zu früh für einen jungen Mann. Aber sie war nicht mehr eingeschlafen.

Auch sie hatte in ihrer Jugend den Walzer geliebt. Das war vor der fatalen Revolution, als die beiden Könige der damaligen Epoche sich um die Gunst der Stadt stritten, Lanner und Strauß, Strauß und Lanner. Die beiden fochten in der Musik einen solchen Kampf miteinander aus, daß niemand wußte, wem er den Vorzug geben sollte. Schon als sie ein kleines Mädchen war, nahmen die Eltern sie mit, um im Café Zum Sperl die zweihundert Musiker des inzwischen verstorbenen Johann Strauß zu hören; Lanner hatte die Redoute, Strauß hatte den Sperl, sie waren zugleich Rivalen und Freunde, und dann hatten sie sich verkracht, Lanner war tot, Strauß hatte triumphiert. Ihr verstorbener Mann hatte immer die langsamen, anmutigen Rhythmen Lanners geliebt. Sie erinnerte sich genau daran, wie er sagte: »Das riecht noch nach seiner Landschaft, es sind die Ländler der guten alten Zeit...« Aber sie zog schon Strauß vor.

Den ersten – selbstverständlich. Wie die ganze Stadt hatte sie davon erfahren, wie maßlos Strauß Sohn, dieser Teufel, seinen Vater an einem Herbstabend vier Jahre vor der Revolution herausgefordert hatte. Das war in Schönbrunn, fern von Wien, aber nahe genug bei Hietzing, daß sie den Widerhall des Konzerts im Dommayer-Kasino fast gehört hätte. Gegen den Widerstand des großen Strauß hatte der junge Strauß aus allen möglichen Nichtsnutzen ein Orchester zusammengestückelt und seine eigenen Walzer komponiert. Der Konzertsaal war bis auf den letzten Platz besetzt, Wien hatte sich seinem neuen Eroberer ergeben, und Strauß Vater selbst, der losgezogen war, um an dem Ereignis teilzunehmen, hatte sich beugen müssen; sein Sohn hatte gewonnen.

Mutter Taschnik mußte immer wieder auf ihren Groll zurückkommen. War es nicht eine Schande? Der arme Johann Vater war am Scharlachfieber gestorben, wie eine Kerze erloschen. Schließlich...

»Geh du zu den Bällen«, brummelte Mutter Taschnik und drehte sich auf ihrem Kissen um, »aber für die kaiserliche Parade spielt man immerhin weiter den Vater!« Denn dessen war sie sicher: Der *Radetzkymarsch* war wie das Kaiserreich unsterblich.

Ihr Franzl liebte die Musik von Johann Strauß Sohn. Sie konnte sich immer noch nicht daran gewöhnen. Der illustre Nachbar strafte sie mit Verachtung und komponierte am Klavier; wenn sie ihre Wäsche ausbreitete, bekam sie Polkafetzen und Dreivierteltakte mit... Der Walzer, langsam oder schnell, entstand in Nachbars Garten. Und Mutter Taschnik spürte bei all dem Charme, der von den unfertigen Musiksplittern ausging, deutlich den diabolischen Geist des unverbesserlichen Taugenichts, des Roten, der alle Kräfte des Bösen verkörperte. Sie brachte ihre Wäsche hinein und schimpfte im stillen. Einmal, ein einziges Mal, hatte sie gewagt, eine Szene zu machen, Franz hatte sie rauh zurechtgewiesen. »Der alte Strauß war nur ein mieser Reaktionär!« hatte Franz gebrüllt. »Möge er zum Teufel gehen!«

Frau Taschnik wäre fast in Ohnmacht gefallen. »Du verrätst das Andenken deines Vaters!« hatte sie geschrien, bevor sie ganz außer Atem auf einem Stuhl zusammenbrach. Franz hatte sich geschlagen gegeben und geschwiegen.

Seit diesem Zwischenfall war Frau Taschnik zurückgewichen. Sie hatte mit spitzen Lippen den Erfolg des berühmtesten Walzers von Strauß Sohn, *An der schönen blauen Donau,* eingeräumt. Und Franz ging aus reinem Respekt eines Sohnes so weit, dem *Radetzkymarsch* einige anmutige Passagen zuzugestehen: es steckte schon etwas Mitreißendes darin, kurz das, was eine Armee im Schritt marschieren lassen würde. Wenn man übrigens inzwischen bei den Taschniks über die Walzer redete, sprach man von »den Strauß«, ohne ins Detail zu gehen; es wurde nicht mehr diskutiert. Frau Taschnik hatte trotzdem weiterhin ihre eigenen Vorstellungen.

Wieder einmal waren die Walzer von Strauß Sohn der Grund für Franzls spätes Heimkommen. Seit neuestem tanzte man unter den Reichen in der Redoute bei den augenblicklich Mächtigen. *Mein Gott, was wird noch alles passieren?* dachte sie und sah auf die Uhr. *Bei diesen Frauen von schlechtem Lebenswandel, die ihre Laster unter ihren großen Dominos verbergen... Zwei Uhr. Es hat ihn erwischt, bestimmt; er hat eine Liebelei begonnen.* Sie verfluchte den Walzer, den sie nicht mehr würde tanzen können. *Ein kleines Bäuchlein schadet nicht,* dachte sie, *der Kavalier muß nur noch um die Taille herumkommen.* Aber eine Taille hatte sie nun nicht mehr...

Um vier Uhr hatte sie ihn endlich schweren Schrittes die Stiege hochkommen hören und war in einen unruhigen Schlummer gesunken. Um sechs war sie aufgestanden und mechanisch hinuntergegangen, um Kaffee zu kochen. Franz würde aufwachen. Sie setzte sich gähnend in den Sessel.

Ein gleichmäßiger Klang hämmerte in seinen Ohren; in der Ferne setzten Glocken zum Sturm auf den Himmel an; Franz öffnete die Augen und erkannte die Tapete in seinem Zimmer. Er hatte sich völlig angezogen niedergelegt, eine Hand auf dem Fächer.

»Die Glocken...«, nörgelte er. »Und dieser Lärm! Ein Kupferschmied? Die Mutter hat mich nicht geweckt? Wieviel Uhr ist es denn?«

Er erhob sich mühsam und ging zum Fenster. Auf ihren von Hunden gezogenen kleinen Karren brachten die eingemummelten Milchmädchen schon ihre leeren Kannen zurück. Die Brotverkäuferinnen hatten keinen einzigen Laib mehr in ihren Körben. Die Frauen im Pelz schleppten Körbe voller Lebensmittel, einige Juden im schwarzen Kaftan diskutierten, während sie sich die Füße vertraten, es war heller Tag, und der Himmel war von einem unverschämten Blau.

»Acht Uhr«, seufzte der junge Mann und strich sich über das Kinn. »Für die Kanzlei ist es schon zu spät, ich werde nicht die Zeit haben, mich zu rasieren. In was für einem Zustand ich bin! Das Sakko ganz verknittert, die Weste... Und die Schuhe! Die sind hin! Völlig brüchig! Das ist der Schnee von dieser Nacht... Und meine Füße sind geschwollen. Franz Taschnik, du bist ein Trottel!«

Er zog sich in aller Eile aus, ergriff seine Porzellanschüssel und schüttete sie mit einem Schwung über seinem riesigen Körper aus. Er schauderte.

»So etwas ist mir noch nie passiert«, sagte er und rieb sich heftig ab, »mich angekleidet schlafen zu legen! Nun ja...«

Er summte fröhlich vor sich hin und begann dann zu pfeifen – *Das Glück ist eine leichte Dirne...*, als plötzlich sein Blick auf den schwarzen Taftfächer fiel. Mit dem Handtuch in der Hand hörte er brüsk auf.

»Das Wetter ist schön, sie wird zum Prater gehen«, murmelte er. »Sie wird ihren Fuchs nehmen und dort sein... Und ich auch. Da ich die Kanzlei heute morgen sowieso nicht schaffe...«

Er öffnete seinen Schrank, träumte einen Augenblick vor

seiner Garderobe, wählte eine cremefarbene Hose, eine braune Jacke... Schnell! Sie hatte den Ruf, eine Frühaufsteherin zu sein.

Im Nu war Franz angezogen. Er band sich die Krawatte und merkte, daß er vergessen hatte, sich zu rasieren. Er schnappte sich in aller Eile das Rasiermesser und schnitt sich beim ersten Streich der langen Klinge.

»Guter Gott!« Er betupfte sich die Wange. »Hab ich ein Glück. Ausgerechnet heute ein Kratzer. Meinen Mantel...«

Bevor er das Zimmer verließ, blieb er vor dem Spiegel stehen. Ein junger Mann mit Ringen unter den Augen sah ihn streng an, ein Riese mit einem Gesicht, über das ein dünner, noch blutender Schmiß lief.

»Das ist nicht die Ausstattung für eine Kaiserin, mein Herr«, meinte er geziert und imitierte eine Frauenstimme.

»... Nicht? Also gut, macht auch nichts. Die Jagd ist eröffnet!« fuhr er mit seiner üblichen ernsten Stimme fort und stolperte die Stiege hinunter.

Frau Taschnik war in ihrem Sessel eingenickt. Franz schlich leise an ihr vorüber, stieß die Tür mit der Geschmeidigkeit einer Katze auf und ging ohne jeglichen Lärm hinaus in die Kälte des hellen Tages.

Die junge Frau saß in einem weißen Bettjäckchen vor ihrem Toilettentisch und überließ ihren Kopf den Händen der offiziellen Friseuse, die die gelockten Strähnen vorsichtig eine nach der anderen glättete. Die Kammerzofe, deren Arme mit Kleidungsstücken beladen waren, wartete in der Nähe des Bettes, und Ida, die mit gesenkten Augen auf dem Rand eines Sessels saß, öffnete schweigend die Post.

»Ich möchte mit Ihnen reden, Hoheit«, sagte sie plötzlich mit einem Hüsteln.

»Bitte schön«, antwortete die Kaiserin.

»Es ist wegen ... wegen unseres gestrigen Abends«, murmelte Ida verlegen.

»Der Hofball?« meinte die junge Frau in gleichmütigem Ton. »Ich höre. Es war ganz schön langweilig.«

Die Friseuse beugte sich nach vorn, um einen ersten Zopf zu flechten.

»Au!« rief die Kaiserin und hielt ihre Haare fest. »Sie ziehen an meinen Haaren, meine Liebe!«

»Eure Majestät haben sich bewegt«, entschuldigte sich die Friseuse. »Ich war überrascht...«

»Sehen Sie, Gräfin!« säuselte die junge Frau. »Bei der kleinsten Bewegung verwirren sich meine Haare, und das tut weh. Ich darf nicht gestört werden, wenn man mir die Zöpfe flicht. Drehen Sie schön fest«, sagte sie zu der Friseuse, »ich werde galoppieren.«

Die Finger der Friseuse zerteilten die Haare mit einer erstaunlichen Geschicklichkeit; der zweite Zopf erschien.

»Eure Majestät fürchten nicht irgendwelche Begegnungen im Prater?« erkühnte sich die Vorleserin mit aller Vorsicht.

»Was für Begegnungen?« entgegnete die junge Frau mit unschuldiger Miene. »Wenn ich reite, halte ich nicht an.«

»Das stimmt«, murmelte Ida. »Aber es wäre mir lieber, wenn ich Ihnen im Wagen folgen könnte. Wenigstens heute, Hoheit.«

Die Kaiserin zog die Stirn kraus; aber vielleicht nur wegen der Nadeln, mit denen die Zopfkrone im Nacken befestigt wurde. Ida wich einen Schritt zurück.

»Eure Majestät sind befreit«, verkündete die Friseuse und versank in einen Knicks. »Wir sind fertig.«

Sie erhob sich mit einem Satz und betastete das Haargebäude.

»Schön fest, perfekt. Die roten Stiefel, Gabriele«, wandte sie sich an die Kammerzofe. »Seien Sie so nett und reichen Sie sie mir.«

Die Beine ausgestreckt, schlüpfte sie unter Mithilfe der Kammerzofe in die Stiefel, zog eine schwarze Jacke über und ließ sich in einen langen dunkelfarbigen Amazonenrock zwängen.

»Bei mir in Ungarn würde man mir nicht beim Galoppieren zusehen«, seufzte sie. »Aber in Wien verschlingt man mich mit den Blicken... Ich verabscheue diese Stadt! Den schwarzen Hut. Der Schal ist dort. Die Handschuhe. Fehlt etwas?«

»Die Peitsche«, sagte Ida.

Die junge Frau lief zu einem Tisch, auf dem eine Reihe von Peitschen lag, und wählte eine mit einem Perlmuttknopf.

»Sie können meinen Zweispänner nehmen, Gräfin, und mir folgen, wenn Sie wollen«, warf sie ihr zu. »Und wenn mein Pferd müde ist, schwatzen wir miteinander.«

❖

Der junge Mann hatte auf dem Weg zum Prater eilig einen heißen Kaffee hinuntergestürzt, war zwischen den noch schlafenden Läden vor den Zäunen hindurchgegangen und dann über die Rasenflächen bis zum Gehölz gelaufen. Die Wiesen waren fast völlig verlassen; wenige Spaziergänger, die Nase in ihre pelzgefütterten Mäntel gesteckt, bewegten sich schnellen Schritts, und einige Reiter trabten zwischen den schneebedeckten Bäumen vorbei. Franz war auf den Wegen, vor Kälte zitternd, hin und her gegangen. Während einer Stunde hatte er nicht den Schatten einer Frau gesehen.

»Sie wird kommen«, sagte er und rieb seine Handschuhe aneinander. »Aber sie läßt sich Zeit... Und mir hängt der Magen in den Kniekehlen. Wenn ich etwas essen würde?«

Er spähte zu einer etwas entfernteren Kreuzung hinüber; unter einem Schutzdach wurden gegrillte Würste und Glühwein verkauft. Der Grillgeruch und der Duft nach Zimt ließen seine Nasenflügel zittern. Direkt neben ihm stocherte ein Maroniverkäufer philosophisch gelassen in einem Kessel herum.

Aber dann müßte ich mich von den Reitwegen entfernen, dachte der junge Mann zögernd. *Nein! Ich warte hier auf sie. Dann also Maroni?*

Er widerstand nicht mehr und holte sich ein Tütchen voll heißer Maroni. Die erste, die er knackte, verbrannte ihm den Gaumen.

»Es lebe der Winter! Nichts gleicht dem Vergnügen, sich am frühen Morgen mit goldbraun gebackenen Maroni vollzustopfen.«

Der Verkäufer nickte zustimmend.

Franz öffnete den Mund für die nächste Marone, als er von weitem die Amazone auf einem braunen Pferd erblickte. Sie kam langsam trabend daher, ihr weißer Seidenschal flatterte auf ihrem schwarzen Kostüm.

»So was! Unsere Kaiserin«, stellte der Maronenverkäufer phlegmatisch fest. »Man hat sie hier lange nicht gesehen... Ist auch kein Unglück!«

Franz stand verblüfft mit offenem Mund und der Marone in der Hand da. Die Amazone setzte ihren Weg fort, ohne ihn zu sehen, und er konnte ihre Züge nicht erkennen. Sie würde vorbeikommen, sie kam vorbei... Schnell warf er die Tüte weg, wischte sich das Kinn ab und stürzte los.

»Schmecken Ihnen meine Maroni nicht mehr?« rief ihm der Verkäufer wutentbrannt hinterher.

Entschlossen postierte Franz sich auf dem Pfad. Er keuchte. Es war ihm gelungen, ihr zuvorzukommen.

»Entweder sie hält an, oder sie bringt mich um!« rief er erregt. »Komm, meine Schöne, komm schnell! Im Galopp! Ich warte auf dich!«

Die Amazone kam in lebhaftem Tempo auf ihn zu, und bei dem Anblick des jungen Mannes scheute das Pferd. Franz bohrte seine Stiefel fest in den Schnee und wartete ohne Zagen. Das Pferd begann zu wiehern; die junge Frau beugte sich über die Mähne.

»Komm schon!« rief sie und hob die Peitsche. »Vorwärts, Rosi!«

Das Pferd bäumte sich auf; die Amazone ließ die Zügel locker, Franz erblickte das Rot ihrer Stiefel und schloß die Augen. Es gab einen kurzen Aufschrei, ein schreckliches Geräusch, ein lautes Schnaufen, eine Schneewolke... Als er aufzublicken wagte, war die Amazone vorbei. In schnellem Galopp verschwand sie im sonnigen Dunst.

»Keinen Blick für mich«, stöhnte er, »und ich habe sie nicht gesehen.«

Der Pfad war verlassen. Von der verschwundenen Reiterin und ihrem braunen Pferd blieben nur der zertrampelte Boden, schwarze Löcher im Schnee und das vertrocknete Wintergras.

Einen verschämten Augenblick lang dachte der junge Mann an die Kriege, die im fernen Bosnien die Berge verwüsteten und die auch Spuren auf dem winterlichen Weiß hinterließen, rote Flekken wie die Stiefel der Kaiserin.

Ida hatte sich an die Biegung der Kreuzung mitten ins Gehölz gestellt. Als die Amazone den schwarzlackierten Zweispänner erblickte, hielt sie ihr Pferd an und beugte sich zu dem offenen Fenster hin.

«Hast du gesehen?« rief sie. »Er war da.«
»Sie hätten ihn sogar fast getötet«, murmelte Ida ganz bleich.
»Ich hatte recht«, sagte die junge Frau halblaut. »Er ist gekommen...«
»Sie haben ihn also erwartet?« rief Ida.
»Er ist tapfer«, antwortete die junge Frau und schwang die Peitsche. »Mir gefällt das!«
Und mit einem wütenden Ruck galoppierte sie davon. Ida meinte zu hören, daß sie ihr von weitem zurief: »Bis gleich!« Aber bei ihr wußte man nie.

Am nächsten Morgen erhob sich Franz mit der Sonne, und lange bevor die Ministerien geöffnet wurden, streifte er um die Hofburg mit den tausend Toren. Der große düstere Block lag noch immer in tiefem Schlummer trotz all der Lieferanten und Soldaten, die kamen und gingen, wobei sie sich die Hände rieben, um sich zu wärmen. Der erste Tagesschimmer beleuchtete das Gold der kaiserlichen Wappen, aber selbst wenn man wußte, daß Ihre Majestäten sich mit der Morgenröte erhoben hatten, war das Reich noch nicht wach. Franz auch nicht; er war es nicht gewohnt.

Am ersten Tag wartete er eine Stunde lang vor einem Wachhäuschen; er sah mehrere Wagen herausfahren, davon zwei sehr düster mit ihren Wappen. Das Herz klopfte ihm bis zum Hals, jedoch vergeblich: In keiner der Kutschen saß eine Frau. Am zweiten Tag wechselte er das Tor, es war noch immer gleich kalt, und zahlreiche mit Fässern beladene Wagen und andere Planwagen fuhren in den Palast. Kein offizielles Gefährt kam heraus. Am dritten Tag beim dritten Tor pfiff der Wind durch die Schneeverwehungen, und der Himmel hing tief über der Stadt; Franz erblickte vage Gestalten dicker Herren in Pelzen, aber noch immer keine Frau. An jenem Tag beschloß er, sich mit unschuldiger Miene zu erkundigen; der erste Wachsoldat schickte ihn zum Teufel, der zweite nahm Tabak an und redete: Die Kaiserin fuhr immer in einem pechschwarzen Zweispänner ohne Wappen hinaus, und zwar durch das am wenigsten majestätische Tor.

»Sie will vor allem nicht belästigt werden«, grinste der Soldat und stopfte sich die Pfeife. »Aber wenn du sie unbedingt sehen willst, Kamerad, tätest du besser daran, dich etwas weiter weg zu stellen, vor die Konditorei Demel. Da kannst du Glück haben. Servus, mein Freund! Und danke für den Tabak!«

Das Demel war zwei Schritte von der Hofburg entfernt. Es öffnete spät, und Franz war drei Tage lang für nichts und wieder nichts so früh aufgestanden.

Er ging dann wie gewöhnlich arbeiten und wartete auf das Ende des Nachmittags.

❖

Im Außenministerium, allgemein ob seiner Lage Ballhausplatz genannt, machte man sich wegen der Ergebnisse des kaiserlichen Besuchs in Sankt Petersburg Sorgen. Minister Andrássy, ein Ungar, hatte die Idee gehabt. Er wollte um jeden Preis die Bande zwischen dem Zaren und dem Kaiser enger knüpfen. Offiziell sollten die Herrscher die »orientalische Frage« behandeln, das heißt über die Teilung der Beute der Hohen Pforte diskutieren, jenes Osmanischen Reiches, das in der Diplomatensprache zum »kranken Mann« von Europa geworden war.

Dem Vernehmen nach – das war in den Kanzleien ein offenes Geheimnis – wollte sich der Kaiser vor allem der Neutralität Rußlands versichern. Denn die österreichischen Generäle, zumindest die härtesten unter ihnen, zogen ernsthaft eine militärische Intervention in den Balkanländern in Betracht, in Bosnien und der Herzegowina. Minister Andrássy war dagegen, der Hof dafür, und der Kaiser zögerte.

Die christlichen Südslawen begannen sich gegen die moslemischen Aristokraten aufzulehnen, deren harte Vormundschaft sich offenbar überlebt hatte. Auf den Gängen sprachen bestimmte allzu eifrige junge Diplomaten zerknirscht von den »Raias« – den Christen –, der »Robote« – der neuen Grund- und Bodensteuer –, der »Tretina« – der Frucht- und Gemüsesteuer –, ohne dabei die alten Steuern zu vergessen, die auf den Glanz der Hohen Pforte zurückgingen, den »Harac« für die Befreiung vom Militärdienst, den »Vergui«, die Immobiliensteuer, den »Zehnten«, die Getreidesteuer... Die armen Christen aus Bosnien und der Herzegowina bedurften dringend der Unterstützung.

Aber während gutinformierte Leute sich die osmanischen Begriffe auf der Zunge zergehen ließen, brachten die meisten Diplomaten des Ministeriums sie kaum über die Lippen; in Wien waren die alten Bedrohungen durch die türkischen Invasionen nicht vergessen, und die Hohe Pforte rief noch immer die alten Emotionen hervor, Erinnerungen an Belagerungen und Schlachten.

Den unterdrückten Christen zu Hilfe zu eilen wurde zu einer europäischen Pflicht. Minister Andrássy wiederholte es häufig, nicht ohne jedoch jedesmal daran zu erinnern, daß die größte Gefahr dann bestehe, wenn sie an den Grenzen des kaiserlichen Reiches einen autonomen slawischen Staat errichteten: Es mußte alles getan werden, um die Friedensverhandlungen zu fördern. Nichtsdestoweniger bereitete man seit dem vergangenen Jahr die öffentliche Meinung auf größere Truppenbewegungen vor.

Die jungen Diplomaten versuchten dann auf serbisch ein Sprichwort zu wiederholen, das ihnen zufolge den Grund für die Situation umschrieb: »*Krscaninu suda nema*«, keine Gerechtigkeit für die Christen. Mitleid mit den unglücklichen Slawen des Südens, die unendliche Achtung, die man plötzlich dem Mut der Serben entgegenbrachte, die Bewunderung gegenüber der »Zadruga«, der patriarchalischen Vereinigung der

Landwirte, kurz, diese plötzliche serbophile Flamme erfüllte die diplomatischen Herzen mit solcher Inbrunst, daß man in der Gestionsabteilung, wo die Redakteure Taschnik und Strummacher arbeiteten, keinerlei Zweifel an der Realität hegte.

Minister Andrássy war vielleicht nicht der Urheber des Plans, in Bosnien zu intervenieren; vielleicht kam die Idee sehr wohl vom Hof. Aber der Minister könnte sich dem noch so sehr widersetzen, er würde nicht lange standhalten. Bald würde man einen weiteren Krieg haben. Zumal wichtige Investitionen bei den neuen Eisenbahnlinien quer durch die Balkanländer die Intervention unvermeidlich machten.

»Ich habe den Abteilungsleiter von einer geheimen Organisation für slawische Propaganda reden hören«, flüsterte Willy mit düsterer Stimme. »Und immer neue Flüchtlinge aus Bosnien sind in der Hauptstadt angekommen. Siehst du, dagegen ist nichts zu machen.«

Franz hörte mit zerstreuter Aufmerksamkeit zu und pinselte Papier über die Personalausgaben voll, dabei fiel ihm ein, daß es schon spät war und daß er sein geheimes Stelldichein mit der Kaiserin vor der Konditorei Demel verpassen würde.

»Der Kaiser will seinen Krieg, und er wird ihn kriegen...«, fuhr Willy ganz leise fort. »Du hörst mir nicht zu, Franzl!«

❖

Es war kein günstiger Tag für politische Gespräche. Franz wartete fieberhaft, daß die Kanzleien geschlossen wurden.

Er hatte sich entschieden, vor den flaschengrünen Schaufenstern des berühmten Konditors Wache zu stehen. Es schneite noch immer; die Kunden kamen und gingen eilig mit gesenktem Kopf, der Zweispänner ließ sich nicht blicken, und es war der vierte Tag. Der Abend war längst hereingebrochen, und die Laternen warfen ein schwaches Licht auf den schlammigen Boden. Man ließ schon den schweren Eisenvorhang herunter, als er das gedämpfte Klappern der Hufe hörte.

Der Zweispänner hatte gerade etwas entfernt angehalten.

Franz stürzte zu dem Wagen und sah sie durch das Fenster. Den Kopf mit einer mausgrauen Kappe bedeckt, das Kinn in einem makellosen Pelz verborgen, das Gesicht ernst und die Lippen unsichtbar – das war Elisabeth, fast wie auf ihren Porträts, nur noch blasser, noch durchsichtiger. Als er sie so nahe sah, so einfach und so verletzlich, begann Franz an allen Gliedern zu zittern, und mit einer furchtsamen Geste zog er den Hut.

Sie sah ihn an, als existierte er nicht, hob ihre mit einem Handschuh bedeckte Hand und gab ihm ein Zeichen, ein kleines routinemäßiges Zeichen wie immer in der Öffentlichkeit. Dann zog sie den Vorhang vor dem Fenster herunter und verschwand. Der Zweispänner brach sogleich wieder auf, und Franz meinte, den hinteren Vorhang sich heben und eine Hand den Rauhreif von dem Glas wischen zu sehen.

Sie hatte nichts gezeigt, nichts verraten. Das war die Kaiserin an einem ihrer guten Tage, es reichte gerade für eine offizielle Geste und einen distanzierten Blick. Wutentbrannt warf Franz seinen Hut auf den Bürgersteig. Das war nicht, das konnte nicht die Gabriele der Redoute sein.

»Du machst vielleicht ein Gesicht«, rief Willibald, als er seinen Freund ins Café Landtmann eintreten sah. »Komm doch mal hierher... Seit diesem berühmten Ball haben wir nicht mehr miteinander geredet. Du kommst spät ins Ministerium, die Reise des Kaisers nach Rußland ist dir so egal wie dein erstes Hemd... Bei Gott«, fügte er hinzu und starrte ihn an, »du siehst erschöpft aus.«

»Ich bin erschöpft«, schimpfte Franz. »Es ist dieser Winter, der nicht aufhört.«

»Bah«, knurrte Willibald. »Und der gelbe Domino. Wenn ich daran denke, daß die Türken die armen ›Raias‹ von Bosnien abmurksen. Und in einer solchen Zeit vergaffst du dich als guter Österreicher in ein schmuckes Weibsbild, mit dem du nicht einmal geschlafen hast.«

Franz zog sich wortlos in eine Ecke der Bank zurück.

»Du weißt immer noch nicht, wer sie ist, nicht wahr? Sie hat nichts gesagt, das ist offensichtlich...«

»Nein! Schließlich, wenn...«, rief Franz verärgert.

»Warte mal... Was soll das heißen ›Schließlich, wenn‹? Hat sie's ausgespuckt, ja oder nein?«

»Ich kann nichts sagen«, murmelte Franz. »Es ist ein Geheimnis.«

»Ah!« meinte Willibald ernst. »Sie hat also geredet.«

»Sie, nein! Aber Ida... Du wirst mir nicht glauben«, sagte der junge Mann entmutigt.

»Herr Ober, einen Mokka gespritzt für Herrn Taschnik und ein Glaserl Weißwein!« Willibald rief lebhaft einen Kellner herbei. »Und knausern Sie nicht beim Cognac!«

»Sofort, Herr Strummacher.«

Der Kellner trottete ohne Eile an die Theke. Als der Kaffee kam, klopfte der dicke Strummacher seinem Gefährten auf die Schulter und begann, an seinem Wein zu nippen.

»Du wirst mir das brav trinken, Kleiner. Also, was hat sie rausgelassen, die schöne Ida?«

»Sie hat sie bei ihrem Titel genannt...«, seufzte Franz.

»Laß mich raten. Gräfin? Zu banal. Baronin? Herzogin? Nein? Erzherzogin? Auch nicht? Ja, was denn dann? Gestehe!«

»Eure Majestät«, flüsterte Franz und senkte den Kopf.

Vor Schreck warf Willibald sein Weinglas um.

»Bist du fertig mit deinen Späßen?« schimpfte er leise. »Die Kaiserin? Komm schon. Du spinnst!«

»Das habe ich selber gerade festgestellt«, sagte der junge Mann beschämt. »Erst war ich im Prater, da habe ich sie auf ihrem Pferd erblickt, sie hätte mich fast über den Haufen geritten. Ich habe sie kaum gesehen, ich habe die Augen zugemacht. Ihre Stiefel habe ich erkannt! Scharlachrot!«

»Das ist ein Anfang«, frotzelte Willibald. »Ich wette, daß du es dir danach so eingerichtet hast, um ihr in ihrem Zweispänner über den Weg zu laufen...«

»Genau. Und ich habe sie von ganz nahem gesehen. Sie ist schön wie Marmor. Aber es ist nicht die Frau im gelben Domino. Die Kaiserin hat dunkle, fast schwarze Augen und die andere einen goldenen Blick, ein bißchen wie ein Raubvogel... Und außerdem hätte sie mich angelächelt!«

»Weil du dir vorgestellt hast... Das ist zuviel!« rief Willibald und lachte laut auf. »Denk dir, auch ich habe das drei Minuten lang gedacht. Aber das reimt sich nicht zusammen. Sie ist zu vertrauensselig. Und zu nett. Zu redselig. Zu... nun ja!«

»Doch diese Taille«, stammelte Franz, »diese Vornehmheit...«

»Die Taille? Ich habe nicht mit ihr getanzt. Aber ich finde dir drei Dutzend von meinen Freundinnen, die eine Taille haben, die ich in meinen beiden Händen halten kann!«

»Aber der Fächer. Der Fächer ohne Wappen... Und Bad Ischl«, flehte Franz, den Tränen nahe. »Hat mir der gelbe Domino nicht von Bad Ischl erzählt?«

»Der weltläufigste Ort des Kaiserreiches! Ein schöner Beweis!« führte Willibald ironisch an. »Wirklich, du bist verliebt!«

»Ja«, murmelte Franz. »In ein Phantom.«

»Trink deinen Kaffee, solange er heiß ist. Soll ich dir's sagen? Du liebst eine Simulantin.«

»Glaubst du?« flehte Franz. »Aber... die Kopfhaltung, da war schon...«

»Junger Trottel!« donnerte Willibald. »Stell dir nur einen Augenblick vor – rein hypothetisch, ja? – daß dein Domino die Kaiserin wäre. Du säßest ganz schön in der Klemme!«

Der junge Mann sank leicht in sich zusammen und schloß die Augen. Willibald klopfte ihm freundschaftlich auf die Schulter und bestellte ein Bier. Franz knabberte an den Nägeln.

»Und wieso hätte die andere sie ›Eure Majestät‹ genannt?« rief er plötzlich. »Siehst du! Du bist auch verwirrt.«

»Aber zweifellos, um sich über dich lustig zu machen«, antwortete Willibald nach langem Schweigen. »Sie haben sich abgesprochen. Mit solchen Späßchen!«

»Das haben sie auch gesagt«, seufzte Franz. »Ich habe mich wie ein kleiner Student foppen lassen.«

»Jetzt nimmst du Vernunft an«, meinte Willibald. »Glaub mir, das Beste ist, zu vergessen. Du verdienst Besseres, selbst für eine kurze Liebschaft. Diese kleinen Mädchen sind doch anrüchig.«

»Aber nein!« rief Franz. »Sie zitiert Heine.«

»Ja und?«

»Die Kaiserin begeistert sich auch für diesen Dichter«, murmelte Franz und zerknäulte seine Weste. »Und die leichten Mädchen würden ihn nicht zitieren.«

»Was für ein Gedanke«, schloß Willibald. »Der schwachsinnigste Gedanke, den ich jemals gehört habe. Ein Dichter, zu allem Übel auch noch ein Jude, als Identitätsnachweis für eine Nutte! Du tätest besser daran, dich weniger um diese Zicke und etwas mehr um das Schicksal der Christen in den Balkanstaaten zu kümmern...«

Die Kaiserin ließ sich mit der Hand auf dem Herzen gegen die Rückenlehne des Zweispänners fallen.

Ich hätte fast gelächelt, dachte sie und betrachtete ihre zitternden Finger. *Noch eine weitere Sekunde, und ich hätte ihm zugelächelt! Was für eine Anstrengung... Vor allem der Blick...*

Sie setzte sich wieder auf, zog ihre weißen Handschuhe aus und drehte nervös ihren Ehering. Jedesmal, wenn sie spazierengehen wollte, scharte sich die Menge um sie. Von allen Seiten liefen Passanten herbei, Damen mit kurzen Schreien des Entzückens, Kinder, die man nach vorne stieß, damit sie in der ersten Reihe stünden, um vielleicht ein Bonbon, einen Kuß, ein Andenken für später abzubekommen, und im Nu war das Übel geschehen. Sie kamen ihr vor wie ein Schwarm scharfäugiger Raubvögel mit spitzen Schreien oder wie ein Rudel Hunde, das bellend den Teich umkreist, wohin sich der Hirsch zum Sterben geflüchtet hatte – sie, die Beute, die Besiegte.

Beim letzten Mal auf dem Graben wäre ihre Hofdame, die Gräfin Marie, fast gefallen, und sie bemühte sich, stumm und bleich, ohne die Zähne auseinanderzukriegen, zu lächeln, streckte ihre behandschuhte Hand aus und murmelte: »Entschuldigung, lassen Sie mich vorbei, Entschuldigung...« Gräfin Marie rief: »Sie ersticken die Kaiserin! Platz!« Aber nichts geschah, es kamen immer noch mehr, sie jubelten ihr zu, es waren Tausende. »Zu Hilfe!« hatte die Gräfin vergebens gerufen.

Es war der Polizei nicht gelungen, zu ihr durchzudringen. Wie durch ein Wunder waren sie entronnen. Und von diesem Alptraum blieb ihr die Erinnerung an Tausende lebendiger Pupillen, die es darauf abgesehen hatten, ihr ihr Bild zu stehlen. Wie die Augen des jungen Mannes auf der Redoute. Als wenn er den Blick auf die Fensterscheibe geheftet hätte...

Das Krankenhaus in München. Das war auch im vorhergehenden Jahr. Die Cholera hatte die bayerische Hauptstadt erreicht, jäh hatte die Kaiserin den vertrauten Drang in sich hochsteigen gespürt, sie würde die Kranken besuchen, sie mußte es tun. Ihre Leidenschaft für Gefahr, ihr Sinn für menschliches Leiden waren immer stärker als alle Vernunft; nichts konnte sie davon abbringen. Ein Sterbender hatte ihr die Hand hingestreckt, sie hatte sie unter dem beunruhigten Blick der Ärzte genommen. Sie hatte sich zu ihm aufs Bett gesetzt und ihm schöne und leere Worte gesagt. »Ich werde bald sterben«, hatte er mit angstvoller Bewunderung geantwortet. Er hatte gelächelt, mit einem widerlichen trockenen Lächeln, die Zähne entblößt, und er hatte sie wie die Jungfrau Maria oder den Tod angesehen. Und es war dieser Blick, den sie fürchtete. Auf die Fensterscheibe geheftet.

Auf dem Rückweg hatte sie ihre Handschuhe ausgezogen, die verbrannt wurden. Der Kranke war am selben Abend gestorben. Ganz Bayern war von ihrer christlichen Selbstlosigkeit hingerissen; aber Wien hatte nichts bemerkt. Und sie zitterte vor Angst und vor Freude bei der Erinnerung an die Todesqual, noch einen kleinen Augenblick, und sie hätte den letzten Seufzer gehört...

Mein Herz klopft zu stark, dachte sie und legte die Hand auf ihre Brust. *Wie lange habe ich es nicht so lebendig gespürt? Es ist lange her... Dieser kleine Niemand von einem Franz erregt mich ebenso wie mein Pferd.*

»Ich muß darüber mit Ida reden«, murmelte sie. »Wenn mir nicht etwas einfällt, wird mich dieser junge Verrückte noch dazu bringen, aus dem Gehölz herauszutreten.«

3

GABRIELES BRIEFE

Es schluchzt meine Seele, sie jauchzt und sie weint
Sie war heute nacht mit der Deinen vereint; [...]
Sie schauert und bebt noch, doch ist sie erquickt.
Elisabeth von Österreich

»Nein, Gnädigste, nein!« rief Ida. »Bitten Sie mich nicht, diese Idee gutzuheißen. Ein Brief von Ihnen an diesen kleinen Beamten!«

»Ich werde meine Schrift verstellen«, murmelte die junge Frau verlegen. »Versuch zu verstehen... Es ist der einzige Weg. Ich unterschreibe mit ›Gabriele‹, der Brief wird von weit her kommen, ich werde die Spuren verwischen, und er wird gar nicht anders können, als zuzugeben, daß der gelbe Domino nicht... So geht das, siehst du.«

»Ich sehe vor allem, daß Sie den brennenden Wunsch haben, ihm zu schreiben!« rief Ida. »Sie, die Sie vorgeben, alle Männer zu verachten! Ich erkenne Sie nicht wieder.«

»Er ist ein Kind. Er ist nicht verdorben...«

»Was wissen Sie davon?« warf die Gräfin trocken ein. »Weil er Sie im Prater abpaßt, Sie in den Wiener Straßen verfolgt, halten Sie ihn schon für treu? Da sind Sie etwas voreilig.«

»Eben, ich will ihn prüfen.«

»Lächerlich! Mitten im neunzehnten Jahrhundert. In der Epoche von Zügen und Dampfmaschinen. Sie haben die Gefühlsduseleien einer kleinen Näherin!«

Ida ging mit langen Schritten im Zimmer hin und her. Ihre Gereiztheit war offensichtlich.

»Hör mit deiner Herumlauferei auf«, murmelte die Kaiserin. »Du bist eifersüchtig.«

»Eifersüchtig, ich?« entgegnete Ida und lachte leicht auf. »Also!«

»Also, ich werde ihm schreiben. Ich habe es ihm im übrigen versprochen.«

»Er hatte um nichts gebeten.«

»Aber ich halte immer meine Versprechen, das weißt du«, antwortete sie und lächelte ihr zu.

»Eure Majestät denken, daß sie endlich eine verwandte Seele getroffen haben. Ihren Troubadour...«

»Aber nein! Es ist nur ein Spiel...«

»Das sag ich ja«, schloß Ida in einem Ton, der keine Widerrede zuließ. »Und wo wird dieser Brief abgeschickt? Nicht in Wien?«

»Meine Schwester fährt morgen nach München. Das ist genau das richtige für einen ersten Brief.«

Ida hob die Augen zum Himmel und faltete die Hände.

»Nun bist du wieder beim Beten«, bemerkte die junge Frau ironisch.

Sie hatte noch nie einen Liebesbrief geschrieben. Als der *Andere* so schnell – in wenigen Stunden – für sie entflammt war, war sie noch keine sechzehn Jahre alt. Sie hatte völlig unvorbereitet antworten müssen, die Mutter und die Tante waren um sie herum – »Nimm an, sag ja« – und ließen sie nicht mehr aus den Klauen, sie suchten ihr gut zuzureden, kamen mit dem höchsten Argument: »Dem Kaiser von Österreich gibt man keinen Korb.« Wieviel Zeit, um Franz Joseph als Gatten zu akzeptieren? Die beiden Schwestern, die Erzherzogin und die Herzogin, hatten es eilig, die eine mit ihrem schneidenden Ton und ihrer hochnäsigen Miene, die andere mit ihren flehenden Blicken. Sie hatte sich mit angezogenen Beinen in eine Ecke des Sofas verkrochen und sich die Ohren zugehalten, um nichts mehr zu hören, das war im August, es war heiß, eine Hummel stieß an eine Fensterscheibe, und ihr lauschte das Mädchen, hörte diesem samtenen Insekt zu, das verzweifelt im Zickzack flog und ihr sagen zu wollen schien: »Sisi, Sie müssen es sagen, Sie müssen es sagen, Sisi...« Sie hatte »Nein!« geschrien und sich das Gesicht mit den Händen bedeckt. Dann, als es still war, hatte sie die

Finger gespreizt und den wütenden Blick ihrer Mutter gesehen, einen schrecklichen, ihr unbekannten Blick, und das Urteil fiel: »Dem Kaiser von Österreich gibt man keinen Korb.« Kaum zehn Minuten, um einen Unbekannten in ihrem Bett zu akzeptieren.

All das hatte sich am Vorabend in Bad Ischl abgespielt, als man schon dabei war, ihre Schwester Helene mit diesem allmächtigen jungen Mann zu verloben, der sich mit einemmal anders entschieden hatte. Der Kaiser konnte es selbst nicht fassen, er war verliebt. Es war plötzlich über ihn gekommen, mit solcher Macht, daß er selbst seiner Mutter, der Erzherzogin, die Stirn bot; und das konnte er auch nicht fassen. Für ihn war die Sache klar, beschlossen, nicht zu diskutieren. Keine Minute hatte er sich gefragt, was in ihrem Kopf vorging, was sie wollte, die es anging. Und jedesmal, wenn sie daran dachte, kam ihr die absurde Erinnerung an die Geranien am Fenster, die im Zickzack fliegende Hummel und die Walzer, die sie vom Ufer der Ischl hörte. Sie hatte »Ja!« gesagt. Es anders zu machen... Einen Augenblick darauf war es zu spät, der Augenblick eines Eisvogels auf dem See, eines blauen Blitzes. Hatte sie dieses »Ja« gesagt, das ihr Leben zerstört hatte? In Wirklichkeit erinnerte sie sich nicht. Sie hatte den Kopf geschüttelt, um Atem gerungen, drei Tränen der Rührung vergossen, die Augen niedergeschlagen, und ihre Mutter hatte sie umarmt, es war abgemacht. In dem Augenblick hatte sie die Worte gestammelt, die ganz Österreich bewegt hatten: »Wenn er nur kein Kaiser wäre!«

Und in dem Augenblick hatte sie auch ihre Geistesgegenwart wiedergefunden. Erst da. In ihrem Kopf wimmelte es von tausend Ängsten, die sie nie verlassen hatten – *Wie lebt eine Kaiserin? Werde ich etwas Freiheit haben?* –, und die unbestimmte entsetzliche Furcht, ihn nicht zu lieben. »Man zwingt sich«, sagte ihre Mutter. »Im übrigen gehört sich das nicht. Habe ich deinen Vater geliebt? Ich? Nein. In unseren Familien stellt man die Frage nach der Liebe nicht. Worauf man achtet, meine Tochter, das ist die Allianz. Wenn es um die Allianz zwischen einer einfachen, nicht einmal sehr authentischen Herzogin und einem Habsburger geht, diskutiert man nicht. Das ist mehr als Glück, mein Kind, das ist Schicksal, ein Auserwählt-Werden. Es ist, wie zum Himmel aufzufahren.«

Aber sein Mund auf dem meinen, hatte die Kleine voller Verzweiflung gedacht, *seine Haut und vor allem die Nacht, die entblößte Nacht...* Nichts zu machen. Vom nächsten Morgen an war es offiziell: Sisi liebte Franzl. Er hatte sie an die Hand genommen, sie vor den Priester in der großen Pfarrkirche von Bad Ischl geführt, und als sie durch das Barockportal aus roten Ziegelsteinen und weißem Marmor unter dem Wappenschild mit dem schwarzen Doppeladler der Habsburger herauskamen, hatte er die Verlobte seinem Volk vorgestellt.

Zum ersten Mal hatte sie das tierische Geschrei gehört, das man als Freudengebrüll bezeichnet. Sie war eine Gefangene.

Der verliebte junge Kaiser war wieder abgereist, dann gerührt wie ein Leutnant zurückgekehrt. In der Zwischenzeit hatte sie artige Briefe schreiben müssen, die man hinter ihrem Rücken noch einmal las, bevor sie abgeschickt wurden. Später natürlich, während des Krieges, war er an der italienischen Front, die Niederlage von Solferino war im Anzug, sie hatte geschrieben. Aber sie hatte als Ausdruck ihrer Ängste nur ein einziges Wort der Liebe gefunden, immer dasselbe, das Schein war: »Liebst du mich?«

»Mitten im Krieg! Einem kämpfenden Soldaten! Du bist ein Ungeheuer!« rief sie sich im Spiegel zu. »Und er hat mir geantwortet: ›Ja‹, dein lieber kleiner Mann! Ha! Armer lieber Franzl!«

Und seitdem? Zu gefährlich. Niemand. Zum ersten Mal in ihrem Leben hatte sie die Freiheit, einen Liebesbrief zu schreiben. Eine solche Freiheit, daß sie nicht wußte, was sie schreiben sollte.

»Mit sechsunddreißig Jahren!« rief sie verzweifelt. »Ich schaffe es nie.«

Doch hatte sie schon einmal geliebt, mit vierzehn Jahren. Sie wußte, was es hieß, von einem Vornamen besessen zu sein, sie kannte die Suche nach einem Duft auf einem Schal, den sie – fast durch Zufall – gestohlen hatte, und die Tage, die an einen Zeitablauf gebunden waren, an den Zufall der Begegnungen, sei es im geheimen, sei es in der Öffentlichkeit. Jede Minute war wichtig.

Er nannte sich Richard, er war ein Graf, und dann starb er an Schwindsucht. Ihre Mutter hatte schon vor ihr die Idylle zwischen dem Stallmeister und ihrer Tochter erkannt. Er war nicht von ihrem Rang. Des Landes verwiesen, siechte er schnell dahin. Er hatte fast genau das Alter dieses jungen Mannes.

Sie hatte zu seinem Andenken ein etwas linkisches Gedicht geschrieben. Aber zu seinen Lebzeiten nicht einen Brief. *Also,* überlegte sie bedächtig. *Man muß zuallererst seine Gefühle verstehen. Bis jetzt habe ich mich nicht getäuscht: Ohne daß wir uns irgend etwas gesagt hätten, haben wir uns im Prater getroffen. Er liebt mich. Und wie liebt er mich? Das ist kein vulgäres Begehren, o nein! Dieses Kind ist ein Dichter. Was bin ich für ihn? Eine ideale Frau. Eine Stimme hinter einem Fächer, eine Seele... Das ist es. Vor allem eine Seele. Ich glaub, ich hab's.*

Sie setzte sich vor einen Sekretär und begann zu schreiben, mit großen blauen, etwas hastigen Schriftzügen. Hintereinander weg.

Mein lieber Junge, mit Ihnen habe ich in meinem armseligen Exilleben nicht gerechnet – und Sie zweifellos auch nicht mit mir. Wir sind plötzlich in einen unvorhergesehenen Strudel geraten, und unsere Seelen haben sich getroffen. Ihre Abenteuer haben Sie amüsiert, das haben Sie mir erzählt, aber Sie haben nie jemanden gefunden, mit dem Sie von Herz zu Herz sprechen konnten. Was mich angeht, hatten Sie recht; das Leben ist durch mich hindurchgegangen, ohne mich zu erreichen, trotz aller Schicksalsschläge, trotz aller wahnwitzigen Fluchten, doch Sie haben mich getroffen. Aber wir sind dazu verdammt, einander zu verlieren... Und jener bunte Traum wird unerreichbar bleiben. Ich schreibe Ihnen aus München, da ich es Ihnen versprochen hatte. Ich kann Sie nicht wiedersehen, aber Sie können mir postlagernd schreiben, in diese Stadt, in der ich für einige Zeit bleiben werde.

Und in einem Zug unterzeichnete sie mit Gabriele.

Nach dem gespritzten Mokka hatte Franz ein Bier bestellt. Ausnahmsweise. Dann noch eines. Dann ein drittes, ein Gerstenbier aus Bayern. Das Landtmann hatte sich geleert. Willibald, der es eilig hatte, nach Hause zurückzukehren oder seinen Gewohnheiten gemäß die nächtlichen Vergnügungen zu suchen, hatte ihn verlassen, und die Kellner hatten eine Lampe nach der anderen gelöscht; schließlich hatte der Oberkellner sich dem jungen Mann genähert und ihm auf die Schulter geklopft. »Wir schließen«, hatte er höflich gesagt. Franz hatte sich ein wenig schwankend erhoben und beschwipst ein »Servus« gegrölt.

Vom Kaffeehaus erblickte man in der Ferne den düsteren Klotz der Hofburg. Drei fahlrote Fenster in der Dunkelheit. Und Stille. Wo schlief sie? Und wenn sie plötzlich mit ihrem langen Hals und der berühmten Zopfkrone als Schattenbild vorüberginge? Oder mit offenem Haar und nackten Armen? Sie würde die Spitzenstores wegziehen, den Kopf zur Seite neigen und den Schnee auf der Straße betrachten, sie würde ihn sehen, auf den Knien und vor Kälte erstarrt, das Fenster öffnen und ihm zurufen: »Sie sind ein Kind! Kommen Sie hoch!«

Er ging im Zickzack zum Palast und stellte sich unter die Fenster. Ein einziges blieb erleuchtet.

Er pfiff durch die Finger, nichts regte sich. Er hob die Stimme und sang: »Gabriele!« Sie erschien nicht. Er wollte gerade einen »Sisi«-Schrei riskieren, als eine Wache mit einer Laterne auftauchte.

»Sich hier aufzuhalten ist verboten! Geh!«

»Verstanden! Ich gehe!« sagte er und wedelte mit der Hand.

»Spitzbube«, brummte die Wache und trat zurück ins Wachhaus.

»Rede du nur«, rülpste Franz, »ich bleibe.«

Mit einer ekstatischen Bewegung warf er sich in den Matsch auf die Knie. *Das sollte genügen*, dachte er. *Zeige dich doch! Mach auf! Spürst du nicht, daß ich da bin? Scheinbar bist du also nicht du selbst, was? Aber ich bin mir doch sicher. Ich hab natürlich getrunken. Und wenn schon? Als du den Kaiser geheiratet hast, hat man gesagt, du würdest gern Bier trinken. Du bist nicht Gabriele? Beweis es! Du hast so getan, als hättest du mich nicht gesehen, du bist schlau... Aber ich bin zäh. Öffne! Ich zähle, eins, zwei... Ich weiß, daß du mich siehst.*

Bei drei erhob er sich mühsam. *Mein Kopf dreht sich. Noch eine Hose, die hin ist. Und ich werde mich erkälten.*

»Nein«, sagte die junge Frau und zerriß den Brief, den sie eben geschrieben hatte. »Nein, das geht nicht. *Mein lieber Junge...* Er wird glauben, er könne sich alles erlauben. Ich liefere mich zu sehr aus – ich bin unvorsichtig. Und ich muß immerhin etwas von ihm sprechen.« Sie nahm ein neues Blatt Papier und schrieb bedächtig.

Lieber Freund...

»So ist es besser. Verwischen wir die Spuren... *Sie werden erstaunt sein, meine ersten Zeilen aus München zu erhalten.* Gut. *Ich benütze die kurzen Augenblicke meines Aufenthaltes, Ihnen das versprochene Lebenszeichen zu geben.* Perfekt!«

Die Feder in der Hand, hielt sie zögernd inne.

»Etwas kalt... Mit klopfendem Herzen wird er jeden Morgen auf den Postboten gelauert haben. *Und wie sehnsüchtig haben Sie es erwartet. Leugnen Sie nicht! Ich weiß so gut wie Sie, was seit unserer berühmten Nacht in Ihnen vorgeht.* Nein. *unserer...* Zu vertraut.«

Sie strich das Wort *unserer* aus, ersetzte es durch *jener* und blinzelte mit den Augen, um die Wirkung der Streichung einzuschätzen.

»*Jener berühmten Nacht...* Entschieden, nein. Ich muß noch einmal anfangen«, seufzte sie und zerknüllte den zweiten Entwurf.

Mein lieber Junge, Sie werden erstaunt sein, meine ersten Zeilen aus München zu bekommen. Ich bin seit wenigen Stunden hier auf der Durchreise und benütze die kurzen Augenblicke meines Aufenthaltes, Ihnen das versprochene Lebenszeichen zu geben. Ich habe in meinem armseligen Exilleben nicht mit Ihnen gerechnet – und Sie auch nicht mit mir, ich habe das wohl bemerkt. Haben Sie auf diesen Brief gehofft? Ich weiß es nicht.

Als ich Ihre Visitenkarte nahm, war Ihre Verzweiflung groß. Ich stelle mir Ihre Gefühle vor. Tage und Nächte sind vergangen, so viele endlose Stunden ohne Hoffnung, ohne Antwort, bis auf diesen Brief, der vielleicht nie kommen würde ... Und wie sehnsüchtig haben Sie ihn erwartet! Leugnen Sie nicht! Seien Sie ohne Furcht ... Uns ist die Erinnerung an einen Ball gemeinsam; ich weiß nur zu gut, was seit jener Nacht in Ihnen vorgeht.

Befriedigt las sie das Geschriebene noch einmal. »Leicht, elegant, zärtlich, aber nicht zu sehr...«, murmelte sie. »Er wird sich freuen. Aber es ist nicht sein erstes Abenteuer... Er hat Erfahrung, und ich habe keine!«

Ihre Hände waren feucht, ihr Kopf verwirrt. Sie fühlte sich durch einen herrlichen Verrat bedroht, da sie sich ihren Empfindungen überließ, was ihr keinesfalls ähnlich sah. Die Erregung ging mit ihr durch. Sie schrieb, ohne nachzudenken.

Mit tausend Frauen und Mädchen haben Sie schon gesprochen, sich auch zu unterhalten geglaubt, aber Ihr Geist traf nie auf die verwandte Seele. Wir können einander nicht täuschen, mein lieber Kleiner. Endlich haben Sie im bunten Traum das gefunden, was Sie jahrelang suchten ...

»Ah! Wirklich gut!« meinte sie. »Der *bunte Traum* ist phantastisch. Vielleicht hat er sogar einen Ungarn nach dem Sinn von Délibáb gefragt, dann wird er verstehen.«

... aber in dem Maße, wie man sich ihm nähert, schwindet der Traum auf Nimmerwiedersehen dahin, und wenn man das Gefundene zu berühren glaubt, ist es nur, um es vielleicht für ewig wieder zu verlieren, schrieb sie eifrig. »Keine Illusionen, Gabriele. Genug! Unterschreib und kleb den Brief zu! Sonst schickst du ihn nie weg.«

Und auf die Rückseite des Umschlags schrieb sie:

Gabriele, postlagernd München

Kein Nachname. Dann küßte sie in einer Aufwallung von Leidenschaft das Papier, um den Aufdruck ihrer Lippen zu hinterlassen.

Das geschah genau in dem Augenblick, als Franz Taschnik

sich mit belegter Zunge und seine Dummheit verfluchend auf sein Bett fallen ließ.

❖

»So etwas!« wiederholte der junge Mann und setzte sich auf sein Bett.

Seine Mutter hatte ihm mit einem bösen Blick den Briefumschlag gereicht: »Ein Brief für dich, Franzl«, und dann hatte sie getan, als wenn nichts wäre, und neuen Kaffee aufgesetzt. Und er betrachtete dümmlich das Stück Papier mit der unbekannten Schrift, die anmaßenden großen, von einer gewissen Noblesse zeugenden Züge in blauer Tinte und den Münchener Stempel.

Er hatte töricht »So etwas« gerufen, seine Mutter hatte den Blick gehoben: »Ich frage dich nicht, wer dir aus München schreibt«, brummte sie. Er war ihr um den Hals gefallen, sie hatte sich wütend gewehrt, die Kaffeekanne war umgefallen. »Wie ungeschickt!« hatte die würdige Frau Taschnik gerufen. Franz war schon mit seinem Brief in der Hand auf der Stiege verschwunden.

Er zerriß ungestüm den Umschlag, suchte die Unterschrift, *Gabriele*. Er überflog den Text auf der Jagd nach dem Wort »Liebe« und warf sich, das Papier zerknüllend, auf sein Kopfkissen.

»Nichts! Sie liebt mich nicht!« murmelte er. »Kalt wie Desdemona. Ich habe diese Frau geträumt.«

Dann strich er, auf dem Bauch liegend, den Brief wieder glatt.

»Also. Wissenschaftlich. *Mein lieber Junge* ... zu mütterlich. Aber dann! Zu denken, daß ich voller Sehnsucht bin! Was glaubt sie? Daß man auf sie wartet? Man hofft? *Leugnen Sie nicht* ... Natürlich werde ich leugnen! Ich leugne, Gnädigste ... Und Sie glauben zu wissen, was in mir vorgeht? Ich sage es Ihnen gleich: Ich bin entschlossen, Sie zu vergessen, da haben Sie's! *Mit tausend Frauen und Mädchen* – sie übertreibt ganz schön. Drei oder vier vielleicht ...«

Träumerisch begann er an den Fingern abzuzählen: »Margrit, Else, Amelie, Margot, Greta... Sechs, von den anderen habe ich den Namen vergessen.«

»Gut!« meinte er und erhob sich. »Was sagt diese Verrückte noch? *Verwandte Seele*...«

Plötzlich füllten sich seine Augen mit Tränen. *Verwandte Seele*... Das war schön. Seine Wut war mit einemmal verflogen.

Kurze Zeit später, nachdem er seine Tür abgeschlossen hatte, schrieb er wild drauflos:

Lieber gelber Domino, es stimmt, daß ich ohne allzu große Hoffnung auf Deinen Brief gewartet habe. Bedenke, daß ich Dein Gesicht nicht kenne... Du bist schön, das bezweifle ich nicht, aber wie Deinem Versprechen glauben? Du sahst so erschrocken aus... Ich stelle mir Deine Ängste vor, Du schreibst im geheimen, Du bist nicht frei, und schon findest Du den Mut, meinetwegen dieses Risiko einzugehen. Ich schreibe dir nicht, wie süß meine Erinnerungen sind, ich weiß, daß Du sie kennst, vielleicht bist Du sogar nahe dran, sie mit mir zu teilen... Erinnere Dich an den Zaubertrunk, er wirkt! Aber, schöne unbekannte Dame, liebe Gabriele, kannst Du wenigstens auf die Fragen Deines Anbeters antworten?

»Das ist zuviel«, murmelte er. »Bewunderer ist besser.«

Er strich sorgfältig *Anbeter* durch und fügte darüber *Bewunderer* hinzu, so daß man noch das erste Wort unter dem zweiten lesen konnte.

Sag mir vor allem, ob Du noch an mich denkst. Wenn die Antwort »Ja« lautet, möchte ich wissen, wann; am Morgen beim Aufstehen, wenn an Deinem bezaubernden Kopf Deine braunen Locken zu sehen sind, oder am Abend, wenn Du einschläfst... Und was treibst Du den ganzen Tag? Wie sind Deine Pferde, welche Farbe haben ihre Decken? Bist Du als Frau eifersüchtig? Ich muß Dich warnen, ich bin eine Art Othello. Und schließlich, wann sehe ich Dich wieder? Du hast mir gesagt, Du wolltest Wien verlassen, und ich habe Dir nicht geglaubt. Ich habe Dich überall gesucht, unter den Eichen, im Prater, auf den Straßen, und manchmal glaubte ich Dich zu sehen, denn weißt Du, wem Du ähnelst? Ich sage es Dir nicht, denn es würde Dich ärgern. Aber wenn Du dieses Mal nicht antwortest, dann werde ich wirklich die Qual der Sehnsucht kennen. Erst dann. Dein leidenschaftlicher Diener.

Er unterzeichnete langsam. Unterstrich *Erst dann* und betrachtete mit einem großen Seufzer seine Arbeit. Suchte einen Umschlag und fand keinen.

»Einen Umschlag! Schnell!« rief er seiner Mutter zu und zog sich seine pelzgefütterte Jacke an.

»Dort, in der Schublade vom Büfett«, sagte Frau Taschnik. »Du machst einen äußerst eiligen Eindruck, trink doch deinen Kaffee...«

»Halt ihn warm! Ich komme zurück! Ich gehe nur zur Hauptpost.«

Tsch..., dachte die Mutter und schüttelte den Kopf. *Das ist keine Frau für uns, das. Dumme Angelegenheit.*

Die junge Frau saß in ihrem weißen Satinmorgenrock da und lauschte ihrer Vorleserin, die ihr die Post vortrug, während man ihr die Haare entwirrte.

»Hier ist noch dieser, Eure Majestät«, fügte Ida hinzu und hielt ihr den letzten Umschlag hin. »Vielleicht ein anonymer Brief.«

»Wieso, Gräfin?«

»Ein postlagernder Brief aus München«, antwortete Ida. »Das ist nicht normal. Soll ich ihn öffnen?«

»Nein!« rief sie und drehte heftig den Kopf.

Die Friseuse biß sich auf die Lippen und brachte ihre Entschuldigungen vor. Sie konnte nichts dafür: »Ihre Majestät haben sich etwas bewegt, und die Haare waren so schwer...«

»Das sagen Sie immer«, meinte sie mit einem kindlichen Schmollmund.

»Aber Eure Majestät hören nicht auf, sich zu bewegen«, fiel Ida ein.

»Lassen Sie mich allein, alle beide!« rief sie ungeduldig.

Und sie schnappte sich den Brief. Die beiden Frauen gingen langsam rückwärts hinaus, wie die Etikette es verlangte.

Was für ein Kind, dachte sie und ließ ihren Blick über das Papier schweifen. *Er antwortet sogleich!*

Ida kam auf Zehenspitzen zurück, öffnete die Tür einen Spaltbreit und sah, wie sie den Brief an die Stirn preßte.

»Das ist wieder dieser junge Mann«, rief sie aus und kam entschlossen näher. »Und Sie haben Ihren Rustimo, diesen armen Mohren, beauftragt, die Briefe für Gabriele in München zu holen?«

Die Kaiserin wandte sich erschrocken um und ließ den Brief fallen.

»Es ist dieser Franzl von der Redoute!« meinte Ida und hob das Papier auf.

»Und wenn schon! Hier. Lies doch! Neugierig, wie du bist.«

»Nein. O nein! Ich will es nicht wissen«, rief Ida. »Sie wissen, wie ich über dieses Abenteuer denke.«

»Ida, er ist so nett! Lies, es ist ohne Folgen, schau, postlagernd München, und sieh mal: *Lieber gelber Domino...* Er ahnt nichts! Es ist herrlich!«

»Werden Sie ihm antworten?« fragte die Vorleserin, die weich wurde. »Ich hoffe doch nicht!«

»Du willst nicht lesen? Bitte. Ich werde mich weniger schuldig fühlen.«

»Da sehen Sie's«, seufzte Ida. »Also gut, ich gehorche Ihnen.«

Ida überflog den Brief und gab ihn ihr ohne ein Lächeln zurück.

»Wieviel Zeit gedenken Sie diesem Spiel noch zu widmen?«

»Ist das nicht ein wunderbares Geschöpf?« fragte sie scheu.

»Es ist nur ein junger Mann«, murmelte Ida zwischen den Zähnen. »Gewöhnlich fliehen Sie vor ihnen. Und Sie verabscheuen Gefühle.«

Nein, sie mochte keine Gefühle.

Während der Verlobungszeit in Bad Ischl floß der *Andere* über vor schönsten Gefühlen. Sie hatte es ohne Mißtrauen akzeptiert. Als sie intim miteinander waren, hatte er sich sanft und liebevoll gezeigt, mit aufmerksamen Gesten und rührenden Worten. Nicht zu viele Worte; damit geizte er und war es zufrieden, ihr etwas dümmlich immer wieder von seinem Glück, seiner Liebe zu erzählen. Sie hatte sich sogar selbst davon überzeugt, daß er sie trotz seines Kaisertitels glücklich machen würde. Bis zu genau dem Augenblick, da er sich ohne Vorwarnung mit seinem ganzen Gewicht auf sie gelegt hatte und dabei andere, rauhe, vulgäre Worte murmelte, Wörter, die von weit her kamen, die sie auswendig kannte, die sie im Sommer auf den Feldern gehört hatte, die sie vor Angst und Vorfreude zittern ließen – Wörter, die sie wie ein Tier vor Schmerz brüllen ließen.

Bis zu dem Augenblick, da er mit einem entsetzlichen, zufriedenen Seufzer auf die Seite gerollt war. Er hatte sich entladen. Nur dazu dienten die Gefühle. Die von ihrer Mutter und ihrer Tante. Die von ihrem Mann, die seiner Geliebten. Die ganze Feierlichkeit des Herzens, nur um die Vergewaltigung zu verschleiern. Das Gurren der edlen Herren, die zarten Regungen der Damen und die Liebeslieder, ah, das Kapital von Wien, die Beschwörungen – »Liebst du mich wirklich?«, »Ich bin dein«, »Sag es mir noch einmal« – diesen Köder von verlogenen Worten hatte sie auf den Lippen von jungen Mädchen und im Blick der Männer entziffert. Seitdem wußte sie Bescheid. Die Komödie der Gefühle zerstörte das Begehren und das Leben. Ida hatte recht: Warum bei einem jungen Unbekannten eine Ausnahme machen?

War er nicht in die Falle der schönen Liebe gegangen? Hatte er sich nicht zum Schluß in Widersprüche verstrickt wie die anderen? Was hatte er so Besonderes, das ihn vor ihrem geheimen Ekel schützte? Seine Schönheit? Nein! Der *Andere* sah auch gut aus, war der schönste Mann des Reiches, die Verkörperung der Jugend. Dieser Franzl vom Ball war etwas anderes. Naiv, frisch, unschuldig, direkt... Das war genau das Wort: direkt, ohne Brimborium. Vor allem war er aus ihrem Blickfeld verschwunden, der Naturbursche; er akzeptierte zwischen ihr und ihm dieses Band der Abwesenheit, diese Briefe aus München, diese Worte von nirgendwo, diesen Mangel. Er war einverstanden.

Für einen Wiener war das extravagant; die Österreicher waren nicht versessen auf solche Feinheiten. Die Wiener liebten den Samt fürs Herz und frönten der Brutalität. Sie wußte von dem Leben der Huren auf den Wiener Straßen, wußte, daß die kleinen Mädchen in den Elendsquartieren verkauft wurden. Indem sie die Ohren spitzte, hatte sie von den Adressen, dem Gelächter und dem Handel gehört, bei dem die edle Venus sich über die Gehsteige der Stadt gewälzt hatte, bis der Begriff »venerische Krankheit« unerbittlich mit ihr verbunden war.

Venerisch, die tödliche Geschlechtskrankheit, die sich im Galopp verbreitete, vom Soldaten zur Prostituierten, vom Bürger zum Dienstmädchen, auf den Bällen, in den Hotels, den Palästen, auf den Gehsteigen, von den Wäscherinnen zu den Blumenmädchen, den Sängerinnen und schließlich bis zu den Gräfinnen, die der Hof die »hygienischen« nannte und die ihm auf Befehl der Mutter die Unschuld genommen und ihn infiziert hatten – ihn, den Kaiser. Die Geschlechtskranken, die Hätschelung der Gefühle – bis zu dem Morgen, da man eine Wunde auf den Schamlippen entdeckt, der Eiter sickert durch, man ist sechzehn Jahre alt, man hat keine Ahnung, man hat die Fäulnis im Körper, die sich Wahnsinnsliebe nannte, bis man ihren echten Namen entdeckt hat... den Schanker, die Syphilis.

Behandlung mit Quecksilber. Salben, von denen die Haut schwarz wird. Einwickeln in heiße Tücher, um gut zu schwitzen. Ekelhafte Kräutertees, Heilmittel von alten Mütterchen, Pimpernell, Gamander, Stechwinde zum Absondern von Speichel, mehrere Liter am Tag, es hieß, das Übel verschwinde mit der Spucke aus dem Mund... Migränen, Schwindel, Übelkeit. Eine Welt von fauligen Ausdünstungen und medizinischen Gerüchen. Geheim die Pflege; geheim die kaiserliche Krankheit. Sie existiert nicht. Niemand weiß, woher sie kommt; sie hat sich in Wien getummelt, ist hier vorbeigekommen, durchs Fenster hereingeschneit, in das unschuldige schamhafte Loch hinein, sie ist von nirgendwo aufgetaucht, um die Liebe zu töten. Und der Hof, der lauert, der klatscht, der aufpaßt... Der Kopf schwindelt, der Schritt ist schwer, das Geschlecht eitrig, man ist sechzehn Jahre alt, man verzeiht nicht. Der Kaiser kann nichts dafür; der Körper des Kaisers ist heilig. Der Kaiser muß sich nicht für seine Jugendsünden verantworten.

Die Ärzte waren sehr hygienisch vorgegangen; übrigens würde sie schnell genesen, ohne jegliche Folgen, dessen waren sie sicher. Außer daß die schreckliche Krankheit einige Jahre später wiederkäme, weiß man's? Denn die sekundäre Syphilis zeigte sich erst zwei oder drei Jahre später mit Röteln und dem entsetzlichen Kaposi-Sarkom, den schwarzen Flecken auf der Haut; und die tertiäre Syphilis verbarg sich zwölf Jahre lang und schlug dann innerhalb weniger Tage zu. Ein Tumor, der das Gesicht überzog, ins Gehirn drang – und dann der Tod. Sie hatte sich verdammt gefühlt.

Wie auch immer, sie hatte sich an ihnen gerächt, sie hatte sich noch kränker gemacht. Sie hatte zu husten gelernt. Nichts würde mehr in sie eindringen; sie aß nicht mehr. Sie entdeckte den Reiz, in Ohnmacht zu fallen, und das Entzücken des letzten Augenblicks vor dem dunklen Abgrund. Sie genoß die Besorgnis und die Gerüchte, die Angst der Ihren, den Schatten des Todes, der so nahe war. Zweimal hatte man sie als tuberkulosekrank bezeichnet; ihre Tage waren offiziell gezählt. Verweigert man einer Frau, die sterben wird, die Freiheit?

Zweimal hintereinander hatte man ihr Ferien in Madeira gewährt. Alsbald war sie ins Leben zurückgekehrt; doch als man sie gezwungen hatte, nach Wien zurückzukehren, hatte sie wieder zu husten angefangen, sobald der *Andere* in ihr Zimmer getreten war. Zehn Jahre Kampf zwischen ihrem Körper, Wien und ihm.

»Sie antworten nicht«, sagte Ida. »An was denken Sie denn?«

»Es stimmt, ich mag keine Gefühle«, antwortete sie. »Aber dieser junge Mann ist nicht wie andere.«

»Ein Wiener! All das, was Sie auf der Welt ablehnen! Haben Sie die Vergangenheit vergessen?«

Mit genau sechsundzwanzig Jahren hatte sie ihren Krieg gewonnen. Der Feind hatte Boten nach Madeira geschickt, vergebens; schließlich war er selbst gekommen und hatte alles zugestanden, die Entlassung der österreichischen Hofdamen, das Recht, ihre Kinder zu sehen, die Unabhängigkeit. Die Tür zum ehelichen Schlafzimmer blieb doppelt verschlossen. Nur zu diesem Preis hatte sie sich einverstanden erklärt, ihren Platz an der Seite des besiegten Gatten wieder einzunehmen und am Leben zu bleiben. Der Sieg hatte sie schöner gemacht. Der Feind mußte sich damit zufriedengeben, Schritt für Schritt über das Betreten eines Zimmers zu verhandeln, das von nun an nicht mehr das seine war, sondern das ihre. Ohne etwas über diese Kämpfe zu wissen, hatte Wien die Niederlage seines Kaisers gerochen; die Stadt, die die kleine bayerische Verlobte geliebt und die für die junge Kaiserin in Todesqual gebetet hatte, diese Stadt begann sie zurückzuweisen, als sie eine erwachsene Frau wurde.

Die Straßen Wiens rochen die Liebe mit aller Macht; sie war erst im nachhinein richtig genesen, als in ihrem Leben, unversehrt und wild wie sie, ihr geliebtes Ungarn aufgetaucht war. Diese Liebe schützte sie vor allen anderen.

Sie hatte am ersten Tag begonnen, sobald sie die freien Pferde und die Steppen gesehen hatte; Österreich fürchtete die zu rebellischen Ungarn; Österreich bedeutete die pompöse Macht. Ungarn bedeutete Schneid, Verrücktheit, auch Einfachheit, Lächeln, etwas Naives und Frisches, ganz wie der junge Mann vom Ball. Überall hatten die Ungarn sie mit einem Fest begrüßt; seltsamerweise hatten sie sie nicht erstickt. Die kühnen Blicke, die gebeugten Knie, das warmherzige Gebrüll hatten sie nicht erschreckt – im Gegenteil, sie hatte sich zu Hause gefühlt. Österreich bedeutete Ordnung und Etikette, die Armee, den gräßlichen Radetzky, den Triumph der politischen Unterdrückung; es war der Mittelpunkt blutiger Kriege und unnützer Niederlagen, Solferino, Königgrätz, diese Leichenhaufen. Österreich hatte Ungarn vernichtet; brauchte es noch mehr, damit die junge Frau sich, ohne zu zögern, mit diesem Land verbündete?

Ungarn lebte in einer charmanten Unordnung, die sie an ihre Kindheit mit nackten Füßen erinnerte. In Ungarn hatte sie zwanglos getanzt; die edlen Magyaren hatten sie wie eine Cousine behandelt. Und als sie dutzendweise vom Gefühl überschwemmt wurden, hatten sie daraus ein kostbares Gut gemacht, eine Art höfische Liebe wie im Mittelalter; sie war ihre Dame geworden, sie hatten sich zu Troubadouren entwickelt, ohne jemals den tiefen See, den zauberhaften Charme der Distanz zu trüben.

Sie hatten da unten ein merkwürdiges Wort, das soviel Lärm wie eine am Boden rollende Kugel machte: *Délibáb;* sie hatten dort auch extravagante Erscheinungen, wie sie den Wüsten eigen sind und dem Orient entstammen, erstaunliche Bilder am Horizont der Pußta, und diese wurden mit Délibáb bezeichnet. Die Luft zitterte, war gekräuselt wie die Oberfläche eines Teichs, wenn man einen Stein hineinwarf, die Luft vibrierte. Und dort konnte man ein Dorf, ein Schloß, Träume auftauchen sehen. Dort unten war sie im Zentrum des Délibáb.

Sie hatte Buda so sehr geliebt, daß sie während ihrer zweiten Reise dorthin innerhalb weniger Stunden ein Kind verloren hatte. Die kleine Sophie, ihre älteste Tochter, war erstickt, als ob der Preis für diese wahnwitzige Leidenschaft mit einem Leben hätte gezahlt werden müssen. In Buda hatte sie den Schmerz kennengelernt und sich mit einemmal in eine frühreife Erwachsene verwandelt, voller Argwohn, für immer distanziert. Und wenn sie wieder an die Orte des Leidens kam, wurde sie sich einer Neigung bewußt, die sie nicht mehr verließ, des Hangs, schnell zu sterben, des Hangs zum absoluten Risiko, der Lust an der Gefahr – an der Abwesenheit.

Sie war selbst verwundert, daß sie die ungarische Sprache so leicht gelernt hatte, obwohl sie es nicht geschafft hatte, italienisch, französisch oder tschechisch zu sprechen. Aber ungarisch! Da die Sprache so undurchsichtig war, hatte sie sich mit Herz und Seele darauf geworfen; sie sprach nur noch diese Sprache, wie einen Geheimkode, der den Wienern untersagt war und den der *Andere* nur mühsam aussprechen konnte. Am Anfang ihrer kaiserlichen Erziehung hatte man ihr – wohl aus Versehen – einen ungarischen Lehrer gegeben, einen sehr würdigen alten Mann, der ihr Tag für Tag heimlich die Ideen des magyarischen Liberalismus auseinandergesetzt hatte. Die Rebellin in ihr hatte gezittert; der alte Lehrer erkannte es richtig. Später, als sie erwachsen wurde, benutzte sie sein Wissen. Das ging so weit, daß sie ihre Anwesenheit an Wien verkaufte, ja sogar, daß sie sich dem ganzen Kaiserreich verkaufte – für die Würde der Ungarn. Ohne sie wäre der Kaiser nicht König von Ungarn geworden; ohne sie wäre er ein einfacher österreichischer Kaiser geblieben, eine Art ferner Tyrann, der sich pompös an »seine Völker« gewandt hätte. Preußen hatte die erträumte Gelegenheit geboten: einen Krieg mit Österreich.

Nach der katastrophalen Niederlage von Königgrätz, wo Preußen Österreich besiegt hatte, zog sie sich nach Buda zurück, in ihre Stadt; von da aus hatte sie monatelang für Ungarn verhandelt. Der *Andere* hatte nachgegeben. Das Reich war österreichisch-ungarisch geworden, zu gleichen oder fast gleichen Teilen. Der Kaiser hatte endlich die Krone des ungarischen Königs angenommen; die österreichische Monarchie war nicht mehr einzig, sie war doppelt.

»Haben Sie vergessen, wie man Sie am Hof behandelte, als Sie aus Bayern kamen?« fuhr Ida fort. »Wie viele Beleidigungen, wie viele Beschimpfungen hatten Sie zu erdulden! Ich erfinde nichts, Sie haben mir selbst davon erzählt! Sie haben mir immer gesagt, daß Sie Wien nicht mögen. Und da kommt nun dieser junge Mann, ein Wiener...«

Aber sie hörte nicht. Sie dachte noch an Ungarn.

Der Tag der Krönung in Buda blieb der schönste ihres Lebens. Denn es war die Königin, die man bejubelte; und König Franz Joseph erklomm auf einem Schimmel den Hügel von frischer Erde, die man aus ganz Ungarn zusammengetragen hatte, um dort das Schwert in alle vier Himmelsrichtungen zu strecken. Aber es war sie – *Erzsébet* –, die man dort anbetete. Sie hatte zwei Titel und zwei Herzen: die Kaiserin, die Österreich haßte, die Königin, die Ungarn liebte. Konnte sie einen größeren Liebesbeweis geben als das Kind, das in der Nacht von Buda gezeugt worden war? Nach der Krönung hatte sie beschlossen, ihre Zimmertür zu öffnen.

Nicht für ihren Gatten, nicht für den Kaiser. Sondern dem neuen König von Ungarn, seinerseits von Müdigkeit und von Rührung überwältigt. Eigentlich hatte er nichts Böses an sich. Sie hatte die Kerzen ausgeblasen, die Lampen gelöscht. Die Worte waren von allein gekommen: »Ich will ein Kind!« Er hatte gestammelt: »Aber wir haben schon...« Sie hatte ihn nicht ausreden lassen. »Ich will ein letztes Kind, hier auf der Stelle!«

Und wie ein folgsamer Hund hatte er sich sogleich hingelegt, vertrauensvoll, glücklich, naiv. Es war nicht zu unangenehm gewesen. Sie hatte den Kaiser vergessen; während sie die Augen schloß, dachte sie an das ungarische Volk, das ihr wie verrückt zugejubelt hatte. Der Gemahl würde niemals wissen, daß sie ihn genau in diesem Augenblick mit Ungarn betrogen hatte, diesem Phantom eines Erzengels, von dem ihr eine Tochter geboren worden war: »Kedvesem«, ihr Liebling, den sie auf deutsch »die Einzige« nannte.

Natürlich hatte das Kind einen kaiserlichen Vornamen erhalten, Marie Valerie, zweite Erzherzogin nach ihrer Schwester Gisela. Natürlich hatte man sofort das Andenken an die kleine tote Sophie beschworen, die »die Einzige« ersetzt hatte. Elisabeth hatte »die Einzige« dem Schicksal der Kaiserkinder entrissen: Nein, man würde das Kind nicht unter medizinischen Vorwänden von seiner Mutter trennen, man würde es nicht durch Gräfinnen von draußen erziehen lassen, nein, man würde es ihr nicht stehlen, wie man es mit den drei anderen gemacht hatte. »Die Einzige« gehörte ihr. Ihr und Ungarn.

Manchmal überraschte sie sich selbst bei dem Gedanken, daß Kedvesem ihre einzige Tochter sei; sie brauchte einige Zeit, um sich daran zu erinnern, daß sie drei weitere Kinder in die Welt gesetzt hatte, Sophie, die gestorben war, ihre Tochter Gisela und ihren Sohn Rudolf. Aber Gisela hatte ihre Mutter nie geliebt und sich schnell in einer kalten Distanz entfernt; Gisela, die man ihr am Tag der Geburt für lange Jahre entrissen hatte, war von vornherein verloren. Übrigens hatte sich Gisela im vergangenen Jahr mit einem Prinzen von Bayern verheiratet; sie war entwischt, sie würde viele Kinder kriegen, das erste war schon geboren, viel Glück!

Um Rudolf zurückzubekommen, hatte sie zu lange gewartet. Als sie ihn nach ihrem ehelichen Sieg endlich wiedergefunden hatte, war er schon ein richtiger kleiner Mann, ein reizbares, verspanntes Kind von einer bedrängenden Zärtlichkeit. Ein junger Erbprinz, den man hart erzogen hatte und der seinen Körper versteifte, um die eiskalten Duschen im Morgengrauen, die Schikanen und die ganze Disziplin auszuhalten. Der Kaiser hatte beschlossen, aus seinem Sohn den besten Schützen des Reiches zu machen; um des Trainings willen schoß sein Erzieher nahe am kindlichen Ohr aus der Pistole, und nach unendlichen Schreckensängsten hatte Rudolf eine wahre Leidenschaft für Schüsse entwickelt. Ein richtiger kleiner Jäger; mit neun Jahren hatte er seinen ersten Hirsch geschossen. Für den *Anderen* war so alles in Ordnung.

Es war nicht ihr Fehler; wer hatte entschieden, sie mit siebzehn Jahren zur Mutter zu machen? Wer hatte ihr das Fleisch von ihrem Fleisch geraubt, wer hatte sie um Zärtlichkeiten, Küsse und rundliche Wangen gebracht, wer hatte ihr zwei Babys gestohlen?

Wenn dann die Wut überschäumte, kam ihr die Erinnerung an das tote Kind in Buda, die winzigen bläulichen Lippen, den zu starken Geruch der Blumen auf dem kalten Körper und die Gewissensbisse.

Warum in Wien bleiben? Seit einigen Tagen war der *Andere* aus Rußland wieder da; sie hatte ihn still mit der hübschen Kopfbewegung empfangen, die ihn immer beruhigte: »Ich bin da, sehen Sie, ich habe auf Sie gewartet.« Dann hatte er sich gleich an die Arbeit begeben. Sie hatten wie Mann und Frau miteinander geschwatzt, sie war nicht aufgebraust, er hatte harmlose Fragen gestellt, sie hatte ihre Pflicht der täglichen Konversation erfüllt, kurz: Nichts hinderte sie nun daran, nach Buda abzureisen. Ihre Pferde warteten auf sie.

»Sie sind ja schön verträumt«, fuhr Ida dazwischen. »Sie haben mir überhaupt nicht mehr zugehört.«

»Ich habe mir gesagt, daß es Zeit zum Aufbruch ist, verstehst du«, antwortete sie sanft. »Fort von hier.«

»Und Sie werden diesem jungen Mann nicht antworten, nicht wahr?«

»Oh! Daran habe ich gar nicht mehr gedacht«, rief sie. »Vielleicht noch einmal, ein letztes Mal. In Ungarn dann, du weißt es wohl, werde ich vergessen.«

❖

Einen Monat später kam mit den ersten Krokussen der zweite Brief. Er war in London abgestempelt und rief bei Franz einen Rausch des Entzückens hervor. London...

Die Unbekannte hatte nicht gelogen; ihr Leben spielte sich auf Reisen ab, alles, was sie gesagt hatte, stimmte. Sie langweilte sich entsetzlich; für Franz ein Geschenk des Himmels.

Warum genießt London den Ruf einer wunderbaren Stadt? schrieb der gelbe Domino. *Ich habe keine Ahnung. Das Prestige der Krone? Noch eine Königin, die sich für den Mittelpunkt der Welt hält... Ich verabscheue London. Ich werde mir nicht die Mühe geben, Dir irgendeinen Garten oder ein Gebäude zu beschreiben: Nimm einen guten Führer, einen Baedeker, und das genügt. Mein Leben verläuft hier wie anderswo ohne Aufregung, ohne Leidenschaft. Die Engländer sind nonchalant und steif, ihre Gemahlinnen erstarrt in Vornehmheit, man spricht mit Eleganz und sagt niemals etwas Interessantes. Mein Leben? Ein paar alte Tanten, ein bissiger Mops, ein Spaziergang im Hyde Park mit meinem munter sabbernden vierbeinigen Gefährten, abends eine Gesellschaft, kurz, ein Denkmal an Langeweile wie Wien.*

»Ich fehle ihr also«, wiederholte der junge Mann.

Übrigens schrieb sie ihm provozierend: *Ja, Franz, selbst Du würdest mich hier ablenken.*

Beim ersten Lesen hatte ihm das *selbst Du* weh getan. Aber als er Gabrieles Brief noch einmal las, hatte Franz entdeckt, daß diese beiden kleinen Wörter mit zittriger Hand geschrieben waren. Das war das Geständnis, auf das er gewartet hatte. Und sie sprach über Wien mit solcher Zärtlichkeit: *Ich verabscheue London so, daß ich mich fast nach Wien sehne. Und Du weißt, daß ich für diese Stadt, wo ich Dir begegnet bin, wenig übrig habe... Also gut! Ich habe Heimweh nach Art der Katzen, Heimweh nach dem Ort, nicht nach den Menschen... Ich denke daran wie an ein vertrautes Gelände, wo ich daran gewöhnt bin, mich auf ein Kanapee zu kuscheln.*

Der Ort war er. Das Kanapee war er. Sie hatte sich dort einen Abend lang gekuschelt, seine Schultern mit den Samtkissen unter den Pfoten gestreift, und die Krallen waren der Fächer. Sie war die Katze und er der Bereich der Loge auf einem Ball, ein Bereich so unermeßlich wie das Universum, jedoch streng abgegrenzt. Sie waren ein paar Schritte auf der Tanzfläche, diesem unbegrenzten Ort, miteinander gegangen und hatten Liebkosungen ausgetauscht. Er gehörte nicht zu der Welt dieser Männer, die ihr so weh getan hatten. Er war nichts als eine Stätte zum Ausruhen, ein Paradies, aus dem sie zur gleichen Zeit vertrieben worden waren.

Und vor allem der liebevolle Schluß: *Und jetzt wünsche ich Dir eine gute Nacht, auf meiner Uhr ist Mitternacht vorbei. Träumst Du in diesem Moment von mir, oder sendest Du sehnsuchtsvolle Lieder in die stille Nacht hinaus?*

Als er das erste Mal diese bezaubernden Worte gelesen hatte, war er ganz bewegt gewesen; er war zu seinem Tisch gelaufen, um ihr gleich zu antworten. Aber die Sätze waren nicht gekommen; er hatte noch einmal gelesen, und er hatte begriffen, warum ihm die Inspiration fehlte. Wem Worte der Liebe schreiben? Gabriele oder Elisabeth?

Die Kaiserin war nicht in London; die ganze Verwechslung zwischen dem gelben Domino und der Herrscherin wurde unmöglich.

Gabriele war eine Frau wie alle anderen, die sich zu zerstreuen suchte. Eine Frustrierte, die Avancen machte. Der junge Mann las den Brief noch einmal und faltete ihn ein wenig traurig zusammen. Da sie ja nun nicht die Kaiserin war, würde Gabriele dieses Mal warten müssen.

So lange, bis die letzten Zweifel vertrieben waren, die Amazone vergessen oder die schöne Illusion bis zu den ersten Frühlingstagen verlängert.

❖

Das strahlende Bild der gleichgültigen Kaiserin hatte sich mit dem Winter verflüchtigt; Franz hatte sie nie wiedergesehen. Auf dem Rasen des Praters lagen noch einige Flecken verharschten Schnees; die Tage wurden länger, der Himmel weicher, bald würden die gelben Narzissen blühen.

Die Flüchtlinge aus Bosnien kamen in immer größeren Scharen; einige kamen mit ihren Herden. Man gab ihnen braches Land, und das Parlament hatte gerade für Kredite gestimmt, um ihnen zu Hilfe zu kommen. Offiziell befürwortete Minister Andrássy den Status quo; den Gerüchten nach war es eine andere Geschichte. Willy, der überall herumschnüffelte, versicherte, daß man bald die Soldaten mobil machen würde. Aber da er schon seit einem Jahr immer wieder mit dieser Voraussage kam, zuckte Franz mit den Schultern und glaubte ihm nicht.

Am 5. April hatte Johann Strauß Sohn endlich im Theater an der Wien, wo Beethoven seinen *Fidelio* gegeben hatte, die lang erwartete *Fledermaus* zur Aufführung gebracht; Franz war mit seiner Mutter hingegangen. Das Publikum schätzte die leichtfertigen Ehebrüche der Wiener Parvenus und den Champagner nicht, der in Strömen in einem Phantasiegefängnis floß. Es wurde gemurmelt, daß Strauß Sohn wohl keine Zeitung lese. Er hatte nichts über den Börsenkrach des vergangenen Jahres gehört und wußte nichts über den Ruin seiner Mitbürger. Diese schwungvoll in Szene gesetzte Farce mißfiel; *Die Fledermaus* wurde ein Mißerfolg. Frau Taschnik brummte, daß sie es immer gewußt und es auch ausgesprochen habe; Franz wagte ihr nicht zu sagen, daß er den zweiten Akt, der auf einem Fest bei einem russischen Fürsten, einem Transvestiten, spielte, wunderbar fand. Zu einer wilden Musik verkleidete sich eine etwas oberflächliche Österreicherin in eine ungarische Gräfin mit einem Fächer in der Hand; hinter den Masken eines entfesselten Balles verbargen sich eine trunkene Zärtlichkeit und Verwechslungen unter Verliebten.

Als er auf den Reitwegen spazierenging, suchte Franz nicht mehr nach der Amazone auf ihrem Pferd; er dachte an die andere

Spaziergängerin, die im Hyde Park von ihrem keuchenden sabbernden Mops gezogen wurde, an jene Unbekannte, die sich im Regen an den Baumstamm einer Pappel lehnte, um ihm das beim Ball gesehene Lächeln zu schenken.

Franz trug den zweiten Brief in seiner Westentasche. Von nun an zweifelte er nicht mehr: Er würde seinen gelben Domino wiedersehen. Da es ja Gabriele war.

Aber als die gelben Spitzen der ersten Narzissen hervorlugten, erschien in einer Wiener Zeitung eine Photographie der Kaiserin mit ihrem Lieblingsmops, einer ihrer neuesten Launen. Die Lippen ernst aufeinandergepreßt, hielt sie anmutig, als große Amazone ganz in Samt, die Leine. Wie immer auf den Photographien war in ihrem Blick Traurigkeit.

Ein Mops! Franz glaubte seinen Augen nicht zu trauen. Das war kein Zufall, dieser Mops, das war ein Zeichen, das sie bewußt auf seinen Weg gesetzt hatte. Mit einer nun nicht mehr zu erschütternden Sicherheit begann Franz von neuem seine Jagd auf die Unbekannte. Klopfenden Herzens kehrte er in den Prater zurück.

Aber in dem Augenblick, als die Presse das Photo veröffentlichte, als man sie noch in Wien wähnte, war die Kaiserin schon nach Ungarn aufgebrochen, um endlich bei einer Zirkusreiterin, der Französin Élise Renz, Stunden der Hohen Schule zu nehmen. In ihrem Schloß, einem Geschenk der Ungarn, nicht weit von Buda, in Gödöllö.

4

Die Hohe Schule

Doch Liebe, die muss frei sein,
Darf kommen und darf geh'n;
Ein Schloss wär' wie ein Eh'ring,
Die Lieb hätt' kein Besteh'n.

Elisabeth von Österreich

»Nein! Er trampelt auf der Stelle, er trabt nicht! So geht das nicht, Eure Majestät! Noch einmal.«

Die französische Reitlehrerin ließ nichts durchgehen. Sie stand mitten auf der Bahn, knallte mit der Peitsche an ihre langen Röcke und bemerkte den geringsten Fehler ihrer kaiserlichen Schülerin. In der kleinen Holzmanege, die der Kaiser für seine Gattin hatte bauen lassen, befanden sich nur die beiden Frauen. Elisabeth saß als düstere Amazone mit unter der Kappe gebändigtem Haar auf dem goldenen Fuchs, und in der Mitte stand Élise Renz. Das Pferd blieb stehen.

»Hören Sie«, rief die Reitlehrerin. »Er versteht nichts mehr. Sie sind nicht bei ihm. Sie denken an etwas anderes, und das verzeiht er Ihnen nicht. Bleiben Sie näher an der Mauer. Streicheln Sie ihn! Gut... Ruhig. Ganz ruhig. Fordern Sie nichts von ihm. Bewegen Sie sich nicht mehr...«

Die Reitlehrerin näherte sich dem Kopf des Tieres, und während sie mit der linken Hand nahe am Zaum die Zügel nahm, berührte sie die Schulter mit der Peitschenspitze. Das Pferd begann augenblicklich zu piaffieren, etwas hastig, ohne Harmonie.

»Sehen Sie!« stellte die Reitlehrerin fest. »Er erinnert sich daran, was ich ihm in der Handarbeit beigebracht habe. Denken Sie an die Bewegung, hören Sie Ihr Pferd tanzen... Der Takt, Eure Majestät, der Takt ist wie der Rhythmus eines Walzers. Ihr Gleichgewichtspunkt muß leicht hinter dem seinen sein, so daß er seine Hüften beugen und zugleich vor Ihnen bleiben kann. Gehen Sie jetzt im Tanzschritt... Linke Hüfte... Rechte Hüfte... Lockerer, Eure Majestät! Bedrängen Sie ihn nicht. Ganz sanft, mein Lieber, ganz sanft... Suchen Sie den vollkommenen Augenblick der Anmut... Haben Sie etwas gespürt? Haben Sie begriffen?«

»Nichts«, meinte die junge Frau und runzelte die Stirn. »Außer daß man ihn dazu zwingen muß, die Hüften durch andere Übungen zu beugen wie... Wie nennen Sie das doch gleich? *Reculer?*«

»Genau, Eure Majestät... Man sagt tatsächlich bei uns *reculer*, rückwärts richten. Schauen wir uns das einmal an. Bringen Sie das Pferd nahe an die Mauer, mit der linken Hand... Machen Sie eine Volte im Schritt. Links, Schulter herein. Langsamer! Eins, zwei, drei, vier, so ist es gut, die Hände im Takt mit den Gliedmaßen. Linke Hand, linke Vorderhand, rechte Hand, rechte Vorderhand. Aufpassen! Langsam, passen Sie auf die Beine auf, bitte. Die Hand locker, Eure Majestät. Entspannen Sie sein Maul, und nehmen Sie nach und nach die Zügel fester auf. Sie leiten das Rückwärtstreten ein. Richten Sie sich auf... Ein Schritt nach hinten, zwei, drei... Stop! Traben. Und jetzt belohnen Sie ihn. Haben Sie am Anfang die Schwäche in seiner rechten Fessel gespürt?«

Die Reiterin beugte sich zum Ohr des Pferdes und streichelte den Hals, wobei sie ihm auf ungarisch etwas zuflüsterte. Élise näherte sich.

»Beginnen Sie noch einmal von vorne, mehrere Male, und Sie werden merken, wie er von allein zu traben anfängt. Sie nehmen erneut die Zügel fester auf, und er wird ganz von selbst auf der Stelle treten. Wenn nicht, hat er zu große Beschwerden in seiner rechten Fessel, und er ist noch nicht soweit. Dann muß man das Tier wechseln.«

»Aber das ist mein Lieblingspferd!« entrüstete sich die junge Frau. »Das ist mein Red Rose.«

»Was noch lange nicht heißt, daß er in der Lage ist, korrekt zu piaffieren, Eure Majestät. Und wir stehen erst am Anfang! Bestimmte Pferde...«

»Ich werde es schaffen«, sagte sie gereizt.

Die Reitlehrerin lächelte leicht und verschränkte die Arme. Die junge Frau begann von neuem, ein-, zwei-, dreimal, und der Fuchs schien zu leiden, wenn er die Füße hob. Mit einem bösartigen Lächeln drängte die junge Frau weiter. Plötzlich wich Red Rose zurück, die Hinterhand rutschte auf dem Boden aus, und das Pferd wehrte sich heftig.

Die Reiterin erblaßte, die Lehrerin stürzte herbei und nahm das Pferd am Zügel.

»Steigen Sie ab ... Er ist noch nicht soweit. Sie haben meine Warnung nicht beachtet. Ich suche Ihnen ein besseres Pferd, wir sind in Ungarn, und das ist nicht schwer.«

Aber sie, ganz rot im Gesicht, schüttelte den Kopf und rührte sich nicht. Die Reitlehrerin warf ihr einen wütenden Blick zu und zog an dem Pferd, damit es vorwärtsging. Zu den Ställen. Die junge Frau begann zu schreien, nein, sie wollte nicht, sie würde weitermachen, sie war entschlossen. Élise Renz war dagegen; der stumme Kampf zwischen den beiden Frauen erschreckte den Fuchs; unruhig hoben und senkten sich seine Ohren.

»Sie wollen alles immer sofort«, schimpfte die Reitlehrerin. »Und ohne genau zu wissen, was! Fordern Sie wenig, Eure Majestät, aber häufig. Keine Undiszipliniertheiten in der Hohen Schule! Wissen Sie, daß Sie ihn haben leiden lassen? Sie sind verrückt!«

»Und Sie unverschämt!« rief die junge Frau. »Sie sind eine typische Französin! Lassen Sie mich! Ich brauche Sie nicht mehr!«

»Wirklich?« meinte die Reitlehrerin und ließ das Pferd los.

Verunsichert machte Red Rose einen Sprung zur Seite. Die junge Frau stieß einen Schrei aus, wäre fast gefallen und beugte sich über die seidige Mähne, indem sie den Hals ihres Pferdes umklammerte.

»Perfekt!« kommentierte Élise. »Sie haben gut reagiert. Lassen Sie ihn wieder rückwärts treten, aber ich warne Sie, er wird nicht piaffieren. Er ist nicht genügend vorbereitet. Er leidet.«

»Und ich auch«, sagte die junge Frau plötzlich und sprang

leichtfüßig auf den Boden. »Hier, nehmen Sie die Zügel. Wir machen morgen weiter mit ihm.«

Schweigend brachten sie Red Rose zum Stall. Élise ließ den Stallburschen den Sattelgurt lösen, die Steigbügel hochziehen und dem Fuchs den Sattel abnehmen. Aber abreiben wollte Élise das Pferd selbst. Red Rose hatte sehr geschwitzt. Gegen das Holz der Box gelehnt, sah die junge Frau ihr traurig zu.

»Ich liebe dieses Pferd, verstehst du, Élise? Ich liebe es!«

Élise antwortete nicht. Es ging einem mit den Pferden wie mit den Menschen; einige konnten es, andere nicht, so war es nun einmal. Aber die Kaiserin lehnte selbst den Gedanken an einen Mißerfolg ab. Eher hätte sie den Fuchs, den sie liebte, verletzt, als aufzugeben. Am Nasenriemen hatte das Metall gerieben, er blutete. Die Kaiserin hatte nichts gesehen.

»Ich liebe auch diesen Tiger- und Schaumgeruch nach der Anstrengung«, murmelte die junge Frau. »Er ist anders als Männerschweiß ... Erzähl mir von deinen Liebschaften, Élise. Es gibt nicht nur Pferde in deinem Leben, nehme ich an ...«

Élise schnellte wie ein Pfeil herum und blickte der Kaiserin herausfordernd in die Augen. Die junge Frau schlug die Lider nieder und machte drei Schritte nach vorne.

»Es interessiert mich«, fuhr sie fort und trat zum Greifen nahe an sie heran. »Es interessiert mich wirklich sehr.«

Die Reitlehrerin sah sie lange an und machte einen Ansatz, die kaiserliche Wange zu streicheln, seufzte kurz auf und schob die Amazone aus dem Weg.

»Sie müssen erst einmal rittlings auf einem Pferd sitzen«, meinte sie. »Wie ein Mann.«

Sie hatte versucht, den Reitrock zu kürzen, aber nichts fruchtete. Unmöglich, wie ein Mann aufs Pferd zu steigen. Sie hatte lange nachgedacht, dann hatte sie Élise gerufen, die nun mit verschränkten Armen und ironischem Gesichtsausdruck vor ihr stand.

»Aber wie machst du das eigentlich?« fragte die junge Frau ungeduldig.

»Eure Majestät sollten Ihren Gedanken präzisieren«, erwiderte die Reitlehrerin. »Was genau machen?«

»Du weißt es sehr wohl«, murmelte sie kaum hörbar. »Wie ein Mann aufsteigen.«

Élise begann zu lachen, hob mit einem Ruck ihre Röcke hoch und entblößte Beine, die in langen, enganliegenden schwarzen Lederhosen steckten.

»Hier«, sagte sie ruhig. »Das sind Hosen, Eure Majestät, nichts anderes.«

Fasziniert streckte die junge Frau die Hand aus, berührte leicht einen Oberschenkel und zog schnell die Hand zurück.

»Kommen Sie schon!« befahl die Reitlehrerin, ohne sich zu bewegen. »Überzeugen Sie sich selbst, Sie möchten doch brennend gern...«

Die junge Frau glitt mit der Handfläche die muskulösen Waden entlang bis zu der Stelle, wo die Stiefel begannen, dann kniete sie nieder, senkte den Kopf und betastete sanft die Beine. Das Leder lebte unter ihren Liebkosungen, Élise schloß die Augen.

»Sie können weiter hinaufgehen«, murmelte die Reitlehrerin, »wenn Sie wollen. Um zu prüfen, ob am Schritt nichts stört.«

Mit einem Satz erhob sich die junge Frau etwas atemlos und verbarg ihre Hände hinter dem Rücken.

»Das Leder ist hervorragend«, säuselte sie mit einem kurzen Lachen. »Und du glaubst, ich könnte...«

»Oh! Ich, ich glaube überhaupt nichts«, meinte die Reitlehrerin und ließ ihre Röcke wieder herunter. »Eure Majestät hat das allein zu beurteilen.«

»In Ordnung. Ich werde sehen. Vielleicht wäre es in Wildleder besser?«

»Vorausgesetzt, man kann die Beine spreizen und das Pferd an der richtigen Stelle spüren, geht alles, Eure Majestät«, sagte die Reitlehrerin mit einem Lächeln.

Früh am nächsten Morgen rief die Kaiserin Kammerzofen und Näherinnen zusammen. Weiche Wildlederflecken warteten auf einem Sessel. »Sie werden sie mir direkt aufnähen«, befahl sie. Es dauerte ewig und war schwierig; die Nadeln rutschten manchmal ab, zerlöcherten das Leder, ritzten die Haut; die junge Frau wankte nicht. Unter dem Spitzenkorsett tauchte nach und nach das seltsame Bild eines Wesens auf, das halb Frau, halb Zentaur war, mit einem eleganten Oberkörper und muskulösen, von Wildleder umschlossenen Oberschenkeln. Auf den nackten Füßen hingen unnütze Lederfetzen. Die verwirrten Näherinnen sahen zu, wie sie weit ausschritt und ihre neue Haut ausprobierte, um die Haltbarkeit zu prüfen. Die Kammerzofe hielt ihr mechanisch das weit geöffnete Reitkleid hin.

»Das brauche ich nicht. Meine Stiefel, meine Handschuhe, meine Peitsche und meine Jacke. Das reicht.«

»Aber Eure Majestät können nicht...!« rief die Kammerzofe entsetzt.

Sie war schon weg und lief zum Stall. Sie legte Red Rose selbst einen Männersattel auf, steckte ihr zu Zöpfen geflochtenes Haar fest und schwang sich hinauf. Red Rose strauchelte leicht; die Hosen dehnten sich, rissen an einer Stelle, die junge Frau fluchte zwischen den Zähnen und beugte sich zum Hals des Pferdes.

»Ich bin es, Red Rose, geh jetzt, im Schritt...«

Im Schritt ging alles gut, die Beine litten kaum; beim Traben war der Sitz etwas verändert. Beim Galopp erhitzte sie sich; mit angespannten Oberschenkeln ritt sie so schnell, daß sie nicht merkte, wie ihre Haare sich lösten, so schnell, daß sie alles vergaß bis auf die ungemeine Wonne, bei der sich ihre Lippen verzerrten, während sie sich auf dem goldenen Fuchs krümmte.

Als sie zum Stall zurückkam, wartete Élise mit dem Unterricht auf sie.

»Ich sehe, daß Eure Majestät sich ein Herz gefaßt haben«, sagte die Reitlehrerin. »Nicht wahr, das ist etwas völlig anderes?«

Die junge Frau sprang herunter, umarmte das Tier und antwortete nicht.

»Ihre Zöpfe haben sich unterwegs gelöst«, meinte Élise und ging auf sie zu. »Und Sie haben ganz glänzende Augen. Lassen Sie mich Ihnen helfen, Sie neu zu frisieren.«

»Nein«, stöhnte sie. »Ich brauche etwas Ruhe.«

Aber Élise hatte die rötlichen Zöpfe gepackt, schlug sie um

und steckte sie linkisch mit den Nadeln fest. »Was würde man sagen«, murmelte sie, »wenn man Sie so fände, man muß ordentlich aussehen, kleines Mädchen.« Und die Haare rutschten ihr aus den Händen und ließen sich nicht zu ihrer Krone aufstecken. Élise wurde ungeduldig, zog leicht an den Zöpfen und kam mit ihren Lippen nahe an das kleine Gesicht mit dem erschrockenen Blick heran.

»Und wenn jemand kommt«, murmelte die kindliche Stimme.
»Es kommt aber niemand«, meinte Élise.

Im Ministerium erzeugte das merkwürdige Verhalten des Redakteurs Taschnik einige Beunruhigung. Er war wohl immer etwas zerstreut gewesen; er vergaß gern seinen Hut, wenn er ging, oder er kam ohne Mantel und mit unordentlich gebundener Krawatte an. Aber niemand konnte bestreiten, daß er gut arbeitete. Er gehörte mit zu den Besten in der Gestionsabteilung, zu denen, deren Akten am besten geordnet waren, er war von einer gewissenhaften Genauigkeit, so daß seine Vorgesetzten daran dachten, ihn in die für den allgemeinen Haushalt zuständige Abteilung des Ministeriums zu befördern. Sie hatten ihm schon nach und nach den Etat für die Angestellten und die Gebäudeverwaltung anvertraut. Zum großen Erstaunen seiner Kollegen nun unterlief dem Redakteur Taschnik seit einiger Zeit ein Fehler nach dem anderen.

»Mir gelingt nichts mehr... Wenn sie doch wegführe! Wenn sie doch wenigstens Wien verließe!« murmelte er, sobald er einen Augenblick allein war. »Diese Frau, die nichts an einem Ort hält, jetzt sitzt sie schon einen ganzen Monat hier fest! Und ich seh sie nicht mehr! Sie flieht vor mir!«

»Sie« war niemand mehr. Als ein Schatten der Kaiserin, ein gesichtsloses Phantom hatte sie den traurigen Blick der Elisabeth auf dem Photo mit Mops und das maliziöse Lächeln der Unbekannten im gelben Domino. »Sie« existierte doppelt und vergällte ihm das Leben.

»Du hast wieder das Begleitverzeichnis auf der Moskau-Akte

vergessen, Franzl«, seufzte Willibald. »Wie gestern auf dem für die Botschaft in Paris... Er ist außer sich vor Wut.«

»Wer?« sagte Franz und sprang hoch. »Wovon sprichst du überhaupt?«

»Vom Grafen Schönburg-Hartenberg, unserem Abteilungschef, Taschnik! Deinem und meinem Vorgesetzten! Wo bist du nur mit deinen Gedanken? Immer noch bei dem gelben Domino, vermute ich! Geh doch ins Bordell, und laß uns mit deinem mysteriösen Weibsbild in Ruhe!«

»Ich will es wissen!« beharrte Franz. »Und ich werde es wissen!«

»Wenn du immer noch an deiner törichten Vorstellung festhältst«, schimpfte Willy sanft, »dann mußt du dich in Geduld fassen, mein Lieber. Die Dame ist nicht mehr in Wien. Sie ist in Gödöllö, wo sie sich mit einer Zirkusreiterin amüsiert... Ich würde mir gelbe Dominos aus dem Kopf schlagen!«

Der junge Riese erhob sich, ganz blaß geworden, zu seiner vollen Größe und warf dabei seinen Stuhl um. Eingeschüchtert ließ Willy sich auf seinen Stuhl fallen, und auch Franz, der sich seines Ausbruchs schämte, setzte sich schweigend und mit Tränen in den Augen wieder hin. Sie war also nach Ungarn abgereist.

»Arbeite doch wenigstens, Junge«, flehte Willibald. »Du verspielst deine Zukunft als Beamter, und man treibt mit diesen Dingen nicht sein Spiel...«

Die Gödöllöer Reitstunden waren allgemein bekannt geworden, die Presse berichtete häufig mit zweideutiger Bewunderung darüber. Die Kaiserin hatte in der Dressur große Fortschritte gemacht. Sie hatte die Passage gelernt und verstand es sogar, die Pferde dazu zu bringen, daß sie den Fuß hoben und ihn dabei anmutig hängen ließen – diese schwierige Bewegung, die die französische Schule die Piaffe nennt und die nur vollkommene Reiter beherrschen.

»Ja, Zirkus«, lautete der Kommentar der Lakaien. »Amüsiert

man sich mit solchen Spielchen, wenn man Kaiserin ist? Es ist obendrein die Akrobatin, die Französin, die sie verhext...«

Jeden Morgen ließ sich die junge Frau die Wildlederhosen auf die Haut nähen. Jeden Morgen saß sie rittlings auf ihrem Pferd und galoppierte in der Gesellschaft Élises durch die Landschaft. Und jeden Tag kam sie entzückt von ihren endlosen Ausritten zurück. Die Nachricht verbreitete sich bis nach Wien, wo man zu tuscheln begann.

Élise war manchmal beunruhigt, aber die junge Frau duldete keinerlei Ermahnung.

»Ich erlaube mir nichts!« rief sie. »Ich kann tun und lassen, was ich will, und niemand, verstehst du, niemand hat das Recht, mir Anweisungen zu geben!«

»Und der Kaiser?« seufzte Élise.

»Er weiß, woran er sich zu halten hat. Seit fast zehn Jahren nun geht es ihn nichts mehr an, wie ich meine Zeit verbringe. In Wien gehorche ich. Aber hier nicht! Und außerdem, was ist denn dabei? Ich trete nicht in den hautengen Hosen auf die Straßen von Buda!«

»Sie sind verrückt«, wiederholte die Reitlehrerin. »Eines Tages werde ich wohl gehen müssen.«

Aber die junge Frau wollte davon nichts hören. Sie kenne sich selbst einfach zu gut, hatte sie eines Abends etwas melancholisch hinzugefügt; ihre Leidenschaften waren von kurzer Dauer. Wenn es, zum Beispiel, um ihre Pferde ging, liebte sie sie sechs Monate lang, und wenn dann das Pferd alt wurde und stolperte, schmolz ihre Liebe wie Schnee in der Sonne.

»Untreuer kann man kaum sein«, meinte sie vertrauensselig. »Manchmal erfaßt mich ein unbegreiflicher Überdruß. Ich ertrage es nicht mehr, ich wechsle das Pferd, und das vorige, nun ja...«

Als sie eines Tages auf einer kleinen Lichtung Rast machten, erzählte ihr die Kaiserin nebenbei und etwas verträumt von der Redoute; sie redete von dem jungen Mann, den Briefen, die sie pikant fand. »Ist das nicht alles sterbenskomisch? Ich glaube, ich bin verliebt«, schloß sie unschuldig.

Plötzlich drehte sich Élise mit der Peitsche in der Hand um.

Keuchend wich die junge Frau rechtzeitig zurück; sie lief zu Red Rose und schmiegte sich an seinen Hals. Élise bemerkte plötzlich das breite, maliziöse Lächeln, den hinterhältigen Gesichtsausdruck und den Trotz in den Augen ihrer Gefährtin.

»Ich werde mich bald entschließen, die spanische Reitkunst zu lernen«, sagte sie in harschem Ton. »Denn was die französische Reitkunst angeht, habe ich ja wohl meine Lektion gelernt. Oder?«

Am nächsten Morgen war Élise abgereist. Red Rose wurde durch Sarah ersetzt, eine graugescheckte irische Stute mit einer rosigen Nase, ein edles, sanftes Tier. In Wien nahm man es mit Erleichterung auf, daß die Kaiserin von nun an ihre Reitstunden bei Wiener Lehrern nach der vom fernen Spanien ererbten Tradition nehmen würde, einer Tradition der Zeit, als die Sonne über dem Kaiserreich nie unterging. Sie würde die feierlichen weißen Lipizzaner reiten – der ganze Stolz der Habsburger. Sobald sie aus Ungarn zurückgekehrt wäre.

Während sie auf dieses unwahrscheinliche Datum wartete, verzichtete sie nie auf ihre enganliegenden Lederhosen oder auf den Galopp rittlings im Männersattel. Bei ihren Jagden durch die Ebenen hatte sie sich von Élise befreit. Der junge Mann von der Redoute kehrte in ihre einsamen Träume zurück; für ihr Vergnügen würde die Stute Sarah bis zum Beginn des Frühlings ausreichen.

Nach dem Zwischenfall mit seinem Freund Willi fing Franz an nachzudenken. Der junge Mann kümmerte sich in keiner Weise um das Geschwätz, das in den Wiener Kaffeehäusern zur höchsten Freude der Klatschjournalisten die Runde machte. Die Sache mit der französischen Reitlehrerin war nicht glaubwürdig; es gab keinerlei Bezug zwischen seiner Gabriele und dieser anrüchigen Geschichte. Gabriele war scheu, schamhaft wie ein sechzehnjähriges Mädchen, wie die Kaiserin, eine makellose reine Frau, die in Wien täglich aufs neue verleumdet wurde. Manchmal hatte Franz ein unangenehmes Gefühl, wenn er daran dachte, wie die Unbekannte auf dem Ball von ihrer Pferdeleidenschaft gesprochen hatte. Aber sei's drum! Man hatte ja wohl das Recht zu reiten, ohne zu sündigen...

Nein, mehr beschäftigte ihn die Sache mit dem Hund. Das offizielle Photo der Kaiserin mit dem Mops ging dem jungen Beamten nicht aus dem Sinn: Gabriele oder Elisabeth? Das Banale oder das Unmögliche? Denn wenn es die Kaiserin wäre... Jeden Abend erschauerte er bei dem Gedanken.

Wie sie es selbst in ihrem Brief vorgeschlagen hatte, kaufte er einen Baedeker-Führer, und nachdem er ihn gelesen hatte, sagte er sich, daß die Unbekannte mit diesem Buch in der Hand ihren Brief überall hätte schreiben können. Über London sagte sie fast nichts; einige hübsche Wendungen, ja, so etwas konnte sie. Er forschte weiter. Befragte seine Freunde im Kaffeehaus, fand den Wachposten wieder, dem er Tabak geschenkt hatte, brachte ihn zum Sprechen und entdeckte schließlich einen Hinweis.

Die Königin beider Sizilien, die Schwester der Kaiserin, war vor drei Wochen in München gewesen und dann vierzehn Tage später über den Kanal nach London gefahren. Es gab nichts Einfacheres unter zwei Schwestern, als sich einen solchen Gefallen zu erweisen: Die Königin beider Sizilien hatte den ersten Brief in München und den zweiten in London abschicken können. Von der Hypothese jagte der junge Mann zu Schlußfolgerungen.

Man hatte ihn also nicht nur eine ganze Nacht lang ausgenutzt, man trieb auch weiterhin sein Spielchen mit ihm. Man schrieb ihm im geheimen, und wenn man ihm im Prater begegnete, hielt man nicht sein Pferd an.

Er stellte sich alles vor. Die Kaiserin schrieb ihre Briefe im Kreis ihrer Hofdamen; jede machte ihre Vorschläge, dabei lachten sie schallend, die Kaiserin ließ das Blatt herumgehen, bevor sie es zusammenfaltete, sie gab den Redoutenball zum besten...

»Wissen Sie, daß er mir beim Walzer seine Liebe gestanden hat!« prustete sie los. »Und daß er mich weiterhin für eine andere hält, ist das nicht sterbenskomisch? Ein eingebildetes kleines Amtskappel...«

Als er an diesem Punkt ankam, meistens mitten auf der Straße, wurde ihm so heiß, daß er nach einem Taschentuch suchte, um sich die Stirn abzuwischen, und er schielte nach seinem Spiegelbild in den Schaufenstern der Geschäfte. Er stellte sich auch vor, daß sie dem Kaiser nach seiner Rückkehr aus Petersburg alles erzählt hatte... Wahrscheinlich hatten sie zusammen ihre Witze darüber gemacht, dieser Taschnik verdiente eine Belohnung, eines Tages würde er unerwartet befördert werden, er würde zum Ersten Sekretär ernannt werden, noch besser vielleicht: in eine andere Klasse überwechseln, als Konsul nach Rom oder Mailand... Der Kaiser würde brummeln: »Ist gut, ist gut«, ihm auf die Schultern klopfen, er würde sich ihm zu Füßen werfen...

Oder er würde ohne Erklärung aus dem Ministerium gejagt werden. Bei diesem Gedanken sackten ihm die Beine weg. Eilends ging er, ohne nachzudenken, in das nächste Kaffeehaus und bestellte sich eine große heiße Tasse Schokolade mit viel Obers. Probates Mittel gegen schwarze Gedanken.

Dann erinnerte er sich daran, daß der gelbe Domino den Kaiser haßte, daß sie schreckliche Dinge über ihn gesagt hatte. Das Ganze stimmte nicht. Er zweifelte nicht mehr daran. Gabriele war nichts als Gabriele. Gleich darauf dachte er an den Fächer, an den Mops, und schon befielen ihn die Zweifel erneut.

Mir bleibt eine Möglichkeit, überlegte er. *Ich schreibe ihr und lasse sie in eine Falle laufen. Sie wird antworten und sich schließlich verraten. Dann...*

Dann – er hatte keine Ahnung, was dann. Dann nichts. Wenn es nur Gabriele war... Er würde sie vielleicht nicht mehr so lieben. Aber wenn es die Kaiserin war! Das war schlimmer. Oder das größte Glück, er wußte es nicht mehr.

An einem schönen klaren Tag entschloß sich Franz, angeregt von den Primeln, den Brief aus London zu beantworten. Aber wegen des Photos mit dem Mops komplizierte er die Dinge. Er dachte sich einen Hund einer bestimmten Rasse aus – es sollte ein irischer Setter sein –, beschrieb ihn kaum und bat die Unbekannte, die Rasse seines Tieres zu raten, um sie so in die Falle zu locken. Er stellte alle möglichen Fragen, gab Rätsel auf, wollte wissen, was sie las, und begab sich dann in gefährlichere Gefilde.

Er erdichtete in allen Einzelheiten eine Reise zu den italienischen Seen mit seiner Mutter und trat so in einen Wettkampf mit der Unbekannten ein; auf seine Beschreibungen vom Comer See, an dessen grüne Tiefen er sich von seiner Lektüre italienischer Führer erinnerte, war er besonders stolz. Bei den Kähnen, über die sich Blumenbögen spannten, war er unerschöpflich. Die Aquarellgemälde von den Booten auf den italienischen Seen waren in Wien sehr beliebt; er hatte einige im Laden nicht weit vom Demel gesehen. Dann gab er unmerklich zu verstehen, daß sie vielleicht gar nicht aus London geschrieben hatte. Und wie lautete übrigens ihr wirklicher Name? Gabriele? Er war sich dessen keinesfalls sicher.

Man mußte sie etwas provozieren. Die Fallen schienen kindlich, die Worte künstlich. Der Brief war ein Entwurf; Franz war nicht sehr zufrieden damit. Jedenfalls drückte er genügend die Verärgerung aus, die ihn nicht mehr verließ, er schickte ihn ab, als handle es sich um eine Flaschenpost.

Auch in Gödöllö öffneten sich die Narzissen. Der Park hatte zwar noch ein winterliches Gepräge, hier und dort widerstanden ein paar letzte Schneeflecken, aber die Weidenknospen waren schon zu flauschigen Blüten aufgesprungen, und die Pappeln röteten sich; das war das Zeichen. Die Kaiserin beschloß, die Ankunft des Frühlings zu feiern.

Außer dem Kind, der »Einzigen«, und den Lakaien war niemand im Schloß Österreicher. Die junge Frau hatte das englische Kindermädchen und die treue Ida mitgenommen. Es mußte noch ein Wesen hinzukommen, das das entrüstete Entsetzen des Personals hervorrief, der Mohr Rustimo, den die Kaiserin vergötterte. Rustimo liebte wie sie die Tiere, ging mit den Hunden spazieren, gab dem Esel Karotten und verstand es, mit dem berühmten rosa Papagei zu reden, der allmählich alt wurde. Und als wäre das noch nicht genug, hatte sie auch noch Zigeuner eingeladen!

»Dieser Abschaum wird uns die Salons verwüsten«, seufzte

der Haushofmeister, die Lakaien stimmten dem bei und bereiteten die silbernen Tabletts nur unwillig. »Legen Sie nicht das große Besteck hin, ein Messer reicht für diese Leute. Ach ja, und zählen Sie die kleinen Löffel, ich flehe Sie an. Nicht vergessen.«

Und da das Fest im Park stattfinden sollte, sobald das Wetter es erlaubte, hielt der Haushofmeister nach Wolken Ausschau; er hoffte auf Regen. Vergeblich.

Die Zigeuner kamen auf ihrem Karren, die Frauen saßen, die Männer mit ihren Geigen unter dem Arm standen. Als die Lakaien sahen, wie sie fröhlich mit den Händen winkten, verdüsterten sich ihre Blicke. Es fehlten nur noch Juden, und die Mischpoche wäre komplett.

Auf einer Decke sitzend, erwartete die junge Frau ihre Gäste auf einer noch gelben Wiese. Man hatte Tischtücher auf dem Boden ausgebreitet, Teller gestapelt, Gläser hingestellt. Dieses eine Mal hatte sie auf das Reitkleid verzichtet und trug einen pelzgefütterten Mantel über einem einfachen weißen Baumwollkleid und um den Hals ein schwarzes Samtband. In ihre Zöpfe hatte sie die ersten Primeln von einem leuchtenden Gelb gesteckt. Neben ihr thronte auf einem Spitzenkissen die kleine Erzherzogin Marie Valerie und betrachtete ernst den Mohren ihrer Mutter. Für die Gelegenheit hatte Rustimo sein Festtagsgewand angezogen, einen goldenen Turban, Pluderhosen und der Tradition der Mamelucken gemäß eine bestickte ärmellose Tunika.

Mit den Händen hinter dem Rücken standen die Lakaien etwas weiter weg – aufgereiht wie bei der Parade.

»Man muß schon sagen«, seufzte ein junger Lakai, »unsere Kaiserin sieht aus wie aus Tausendundeiner Nacht. Schaut nur, wie hübsch sie ist.«

»Eine Verrückte, ja!« schimpfte ein älterer. »Warten wir, was noch kommen wird. Außerdem geht man ein vor Kälte.«

Der Wagen der Zigeuner, der von einem schweren Pferd mit roter Mähne gezogen wurde, fuhr bis auf Armeslänge an die Lakaien heran. Sie holten das Hackbrett heraus und stellten es auf. Die junge Frau erhob sich mit einem Satz. Zu ihr hingeneigt, entlockte ein Geiger dem Instrument mit seinem Bogen wunderbare Liebesklagen; die Frauen streckten sich, schüttelten die Volants ihrer riesigen roten Röcke und setzten sich auf das Gras, wobei sie ihre silbernen Armreifen rasseln ließen. Rustimo gab den Lakaien ein Zeichen, sie zogen ihre weißen Handschuhe an und brachten auf den Silbertabletts Blätterteig und Lachs. »Essen Sie, greifen Sie zu!« rief die Kaiserin. »Es ist noch mehr da, auch Kuchen, Sie werden sehen...«

Anmutig herumwirbelnd ging sie von einem zum anderen, rief einen Lakaien, damit er Weißwein einschenkte, prüfte, ob jeder sein Brötchen hatte, gab ihrer Tochter ein Stück Kuchen, wischte ihr zärtlich die Krumen von den Lippen, schimpfte einen anderen Lakaien aus, weil ein Teller leer war, und das alles mit Rustimo im Gefolge, der beim Lachen all seine Zähne zeigte und ihr half, so gut er konnte.

»Wenn sie sich nur halb soviel Mühe in der Hofburg gäbe«, wetterte der alte Lakai. »Aber nein, alles für die Diebe und die Armen!«

»Sie hat nichts gegessen«, bemerkte der junge.

»Doch, eine Nuß.«

Zum Schluß hatte sie sich doch hingesetzt. Eine alte Zigeunerin hockte sich neben sie und ergriff ihr Handgelenk.

»Schau mal«, schimpfte der alte Lakai. »Da läßt sie sich doch tatsächlich aus der Hand lesen.«

Aber gerade als er seinen Satz beendete, hatte sich die Situation gewendet. Die junge Frau hatte sich der sonnenverbrannten Hand der Zigeunerin bemächtigt, und sie folgte nun mit sicherem Zeigefinger und gerunzelter Stirn den Linien der Handfläche. Mit einemmal machte die Zigeunerin eine Faust und zog sie weg.

»Ah! Die Kaiserin hat bestimmt richtig gesehen«, bemerkte der alte Lakai ironisch. »Die Zigeuner verabscheuen das.«

»Sie ist also auch noch hellsichtig...«, murmelte der junge Lakai beeindruckt.

Und als das Picknick dem Ende zuging, fiel der jungen Frau auf, daß die Tiere beim Fest fehlten. Rustimo ging den Papagei holen, die Zigeunerin nahm sich des Esels an. Der Vogel schlug mit den Flügeln und kreischte schrill, und der Esel schlug wütend mit den Beinen aus. Er blieb unter der großen Tanne stehen. Sie lief zu ihm, faßte ihn am Hals, küßte ihn, lehnte den Kopf gegen das rauhe Fell, der Esel schloß die Augen und rührte sich nicht mehr.

»Siehst du«, sagte sie zu der Zigeunerin. »Ich mache mit ihm, was ich will.«

Dann packte sie ihn mit beiden Händen an den Nüstern und tauchte ihren Blick in die gelben Augen. Die langen Wimpern des Esels klappten nach unten.

»Weißt du, wem du ähnelst, mein Kleiner?« flüsterte sie ihm ins Ohr. »Dem Kaiser. Sag es niemandem, es ist mein Geheimnis.«

»Was erzählen Sie ihm da?« rief Ida. »Schmeicheleien?«

Aber sie hörte nicht. In ihre Träume vertieft, streichelte sie den Kopf des regungslosen Esels. Auch der *Andere* hatte einen sanften Blick, lange Wimpern, sein Backenbart fühlte sich genauso gekräuselt an, der *Andere* hatte auch, tief verborgen, diese halsstarrige Trägheit und die gleiche Art, der jungen Frau nachzugeben, ohne jemals offen zurückzuweichen – denn er war ja der Kaiser.

Das Fest ging früh zu Ende, als am späten Nachmittag die Sonne sank. Die Zigeuner hatten unermüdlich gespielt. Es war ihnen gelungen, das Kind auf den Rücken des Esels zu setzen, das Tier zeigte sich einverstanden, drei Schritte zu gehen, bis es gefährlich den Kopf schüttelte. Das kleine Mädchen brüllte, die junge Frau stürzte herbei und schrie: »Kedvesem, meine Einzige«, und trug es, an ihr Herz gedrückt, wie eine Fee tänzelnd weg. Dann verblaßte die Sonne. In der Ferne sammelten sich große schwarze Wolken und vereinten sich zu einem heftigen Frühlingsgewitter; die Hagelschauer würden nicht auf sich warten lassen. Wind kam auf, das Kind fröstelte. Die Lakaien waren mit dem Zusammenräumen der Teller fertig und zählten heimlich das Silber, als die Kaiserin kurz vor dem Einsetzen der ersten Regentropfen beschloß zurückzugehen.

Es regnete schon etwas, als sie auf ihrem Weg eine Elster entdeckte, die im Gras herumhüpfte.

»Mein Gott!« seufzte sie. »Was wird geschehen?«

Und schnell machte die Kaiserin unter den erstaunten Blicken der Lakaien drei kleine Verbeugungen. Der Vogel war stehengeblieben, regungslos.

»Es ist nichts«, meinte der älteste Lakai. »Ihre Majestät ist sehr abergläubisch. Elstern bringen Unglück, wenn man ihnen nicht einen dreimaligen Gruß entbietet. Als ich Ihnen sagte, daß sie verrückt ist...«

In dem Augenblick, als die Elster davonflog, ging das Gewitter los. Sie mußten bis zum Schloß rennen.

Ida fand im Privatsalon den Brief auf einem Tablett. Der Postoffizier kam aus Wien, der Brief wie üblich aus München.

»Es ist Post da für Eure Majestät«, sagte sie.

»Laß, ich schau's mir morgen an«, antwortete die junge Frau und schüttelte ihre nassen Haare. »Ich bin müde.«

»Aus München, Gnädigste...«, murmelte Ida. »Und dieses Mal war es nicht Rustimo, der ihn von der Post geholt hat.«

»Postlagernd?«

Sie lief in ihr Zimmer, das Kind hinterher.

Lieber gelber Domino, London genügt mir nicht. Ich habe mir einen Baedeker gekauft, wie Du mir geraten hast, und ich habe es wohl erkannt: Mit diesem Führer in der Hand kannst Du von überallher schreiben, ohne in London zu sein. Eine schöne Übung! Ohne so begabt für die Literatur zu sein wie Du, könnte ich das ebensogut. Denn es stimmt, ich habe weder Deine Erziehung, noch gehöre ich Deinem Stand an, und es ist ganz schön leicht, mich an der Nase herumzuführen...

»Oho! Mein junger Mann ist verärgert«, murmelte sie. »Intelligenter, als ich glaubte.«

Das Kind zog am Kleid seiner Mutter: »Schmusen, ein bißchen schmusen«, jammerte die Kleine, »auf den Schoß, ich habe Angst vor Blitzen, mir ist kalt...«

»Komm. Aber sei lieb.«

... Und so werde ich Dir etliche Fragen stellen. Wo genau

lebst du? Wirklich in London? Weshalb nicht in Deinem Schloß in Ungarn? Da Du doch dort geboren bist. Außerdem glaube ich nicht, daß Du Gabriele heißt. Sag mir Deinen wirklichen Namen.

»Warum bist du so unruhig, Mama? Was liest du da, Mama?« fragte die Kleine und schnappte sich den Brief. »Sag's mir!«

»Du wirst mir das sofort zurückgeben!« rief sie. »Sonst werde ich anordnen, daß man dich ins Bett bringt.«

Die Kleine legte greinend den Kopf auf die Schulter ihrer Mutter: »Ich bin müde, Mama!« Die junge Frau drückte sie fester an sich und fuhr mit ihrer Lektüre fort. Draußen grollte der Donner weiter.

Schließlich lieben wir beide Hunde, da Du mir ja von Deinem Mops erzählst. Ach ja, ich habe in einem Schaufenster ein schönes Photo von unserer Kaiserin mit einem Mops gesehen.

»Er hat einen Verdacht!« rief sie. »Phantastisch!«

... Ich möchte Dir ein Rätsel aufgeben: Sag mir die Rasse meines Hundes. Er ist mittelgroß, hat lange, honigfarbene Haare. Und zum Schluß möchte ich wissen, was Du liest. Denn Du kennst Heine, und ich kenne nichts anderes. Du bist gebildet, Du reist, und stell Dir vor, ich auch. Ich komme gerade vom Gardasee, wo ich mit meiner Mutter hingefahren bin. Das Wasser dort ist von einem unglaublichen Blau, von einer Tiefe, daß man nach Feen tauchen möchte. Man fährt auf hübschen blumengeschmückten Kähnen herum, während irgendwelche zusammengewürfelten Musiker auf ihren Mandolinen kratzen ... Du kennst das sicherlich alles viel besser als ich. Ich möchte Deine Rundfahrten kennen, o große Reisende ... Darauf warte ich nun. Verzeih mir diese ungeschickten Zeilen, ich habe nicht die Gabe des Schreibens, aber wenn Du geruhst, Dich daran zu erinnern, ich kann wenigstens Walzer tanzen. Nicht wahr, Kedvesem?

»Jetzt versucht er sich im Ungarischen«, flüsterte sie. »Mein Gott ...«

Bald würde in der Pußta inmitten der flimmernden Hitze der mysteriöse Délibáb erscheinen; bald würde sie die frei umherstreifenden wilden Pferde mit wehender Mähne wiedersehen, die Gänse, die auf den Pfaden herumwatscheln, und die Schwäne, schwarze und weiße, freie Vögel. Bald, in zwei oder drei Monaten. Im Sommer.

Das Gewitter hatte sich gelegt, das Kind war eingeschlafen. Die junge Frau drückte einen Kuß auf die feuchten Locken, steckte den zusammengefalteten Brief in ihre Korsage und erhob sich leise, um ihr Lieblingskind nicht aufzuwecken.

Die Nacht war hereingebrochen, und der Regen hatte nicht aufgehört; ein Diener hatte den abendlichen Kräutertee gebracht. Draußen schlug der Wind die Böen an die Fensterläden.

»Sie haben fast den ganzen Tag nichts gegessen«, bemerkte Ida mit einem Seufzer. »So werden Sie wieder krank werden.«

»Du fragst mich nicht, was mein junger Mann geschrieben hat? Das wundert mich.«

»Oh! Fragen und Seufzer vermutlich. Ich rede nicht mehr darüber. Sie befolgen meine Ratschläge ja doch nicht. Im Gegenteil.«

»Nun. Dieses Mal fordere ich sie«, rief sie. »Stell dir vor, der ist gar nicht so dumm, dieser kleine Österreicher. Er hat erraten, daß ich nicht aus London geschrieben habe. Und du hast recht, er stellt Fragen.«

»Was für welche? Ich habe es Ihnen gesagt, Hoheit...«

»Was ich lese, wie mein Leben aussieht, wie mein wirklicher Vorname lautet – erschrick doch nicht –, meine Reisen, ah, und dann will er, daß ich die Rasse seines Hundes rate. Ist das nicht lachhaft?«

Sie hatte mit zusammengepreßten Lippen so schnell gesprochen, daß Ida ihre Tasse absetzte. Ihr Gesicht hatte sich vor lauter Erregung gerötet. *Verliebt*, schoß es Ida blitzschnell durch den Kopf. *Weiß sie es überhaupt selbst?*

»Sein Hund? Das ist grotesk!« bemerkte Ida.

Mit glänzenden Augen und leicht geöffneten Lippen sah die junge Frau sie mit einer Art Hoffnung an. Ida begann intensiv nachzudenken.

»Ich glaube, Sie sollten antworten«, sagte sie schließlich.

»Siehst du?« triumphierte die Kaiserin. »Ich glaube das auch. Um den Verdacht abzulenken.«

»Natürlich. Aber ich glaube, daß Sie mir dieses Mal Ihren Brief zeigen sollten. Nein! Halten Sie mich nicht für indiskret, aber es könnte Ihnen ein falsches Wort entschlüpfen, eine Unvorsichtigkeit... Wenn ich es aber lese...«

»Werde ich anders schreiben«, beendete die junge Frau den Satz bitter.

Ein feindseliges Schweigen baute sich auf wie eine Mauer. Die Kaiserin klopfte den Takt eines imaginären Walzers, wobei sie die Spitzen am rechten Handgelenk zerdrückte.

»Ach, zum Teufel! Du hast gewonnen, du gehst mir auf die Nerven«, sagte sie jäh und erhob sich. »Ins Bett!«

»In Ordnung, fluchen Sie nicht, man könnte Sie hören, das ist der bevorzugte Fluch Seiner Hoheit, Ihres Vaters, ich weiß, aber eine Kaiserin flucht nicht«, brummelte Ida, während sie sie in ihr Zimmer begleitete.

»Eine Kaiserin schreibt auch keine Briefe an einen Unbekannten«, sagte die junge Frau und reichte ihr die Hand zum Kuß. »Und genau das werde ich tun, und zwar auf Ihren Rat hin, meine Liebe.«

Der nächste Brief kam ebenfalls aus London.

Frau Taschnik brachte ihn ihrem Sohn, als er sich noch im Bett rekelte. Er war nachts spät nach Hause gekommen.

»Das kommt wieder aus dem Ausland«, verkündete sie kalt und roch am Umschlag, bevor sie ihn aufs Kopfkissen warf.

Er gähnte ostentativ und tat so, als strecke er sich behaglich, wobei er den Brief unter seinen Ellenbogen gleiten ließ, aber Frau Taschnik setzte sich mit unmißverständlicher Entschlossenheit auf den Bettrand.

»Ich frage dich nicht, wer diese Frau ist, Franzl«, begann sie honigsüß, während sie ihre Brille aufsetzte.

»Das ist auch gut so, Mutter. Denn es ist keine. Es ist ein Freund von mir aus der Botschaft in London.«

»Ich dachte, ihr hättet ein System, wie sagst du immer, eine Art Gepäck für Diplomaten...«

»Diplomatengepäck, ja, aber... Eben, er versucht es zu meiden«, antwortete der junge Mann verlegen. »Es ist Absicht.«

»Ah«, sagte sie ohne Überzeugung. »Wo warst du denn diese Nacht?«

»Im Kaffeehaus, Mutter«, sagte er artig.

Was nicht ganz stimmte. Im Frühling tanzten die Wäscherinnen auf den kleinen Vorstadtbällen. Nicht daß sie während des Karnevals vom Tanzen abgehalten würden, aber im Februar war es zu kalt, um auf den Straßen zu tanzen. Beim ersten Sonnenstrahl erschienen die Musiker, die Gastwirte stellten die runden Tische nach draußen, und man tanzte unter sich, fern von dem Prunk der gehobenen Bälle. Franz setzte sich ruhig hin, bestellte einen Gespritzten und äugte nach den Mädchen, die miteinander tanzten. Frau Taschnik wäre entsetzt gewesen. Die Wäscherinnen waren leicht zu haben, ihre Liebschaften gefährlich, die Krankheit machte in der Stadt die Runde, und selbst wenn es für einen jungen Mann zum guten Ton gehörte, sich beim Wäscherinnenball die Unschuld nehmen zu lassen, wurde darüber nicht gesprochen, das war alles.

So verhielt sich Franz Taschnik als respektvoller Sohn und log, wie es seine Pflicht war. Er hatte es nicht eilig, seinen Brief zu öffnen. Nach und nach fiel ihm seine Nacht wieder ein.

Er hatte eine magere kleine Blonde aufgetan, ein anspruchsloses Mädchen, das eine große, ziemlich breite Frau etwas zu sehr an sich preßte und das ihm auffordernd, wie um Hilfe flehend, zugeblinzelt hatte. Er hatte nicht widerstanden, hatte das Mädchen um die Taille gefaßt und war mit ihr für einen dieser Schaukelwalzer davongeeilt, wie man sie bei den Großbürgern nicht tanzte. Etwas später schlug er in einem Spezialhotel ein *chambre séparée* vor, und das Mädchen hatte verblüfft einen Pfiff von sich gegeben.

»Ein *chambre séparée*? Für mich? Mein Zimmer, das ich mit einer Freundin teile, ist nicht weit von hier, ich brauche ihr nur zu sagen, sie soll nicht hereinkommen...«

»Du verdienst es«, hatte er aufrichtig gesagt. »Wirklich. Ist es das erste Mal?«

Sie hatte verlegen gelacht. Er hatte darauf bestanden, er hatte eine Adresse, immer dieselbe, ein Hotel mit besonderen, nicht zu teuren Salons. Ein etwas zwielichtiger *Maître d'hôtel* im Frack hatte unterwürfig die Flügeltür geöffnet, und das Mädchen hatte das weiße Tuch auf dem Tisch betrachtet, die Gläser mit Stiel, den Champagner im Kübel und das malvenfarbene Sofa. Sie schaute das alles an wie ein Kind den Weihnachtsbaum, wobei sie mit den Fingerspitzen das Tischtuch glättete. Franz liebte es, bei den Mädchen staunende Bewunderung auszulösen, vor allem, wenn sie arm waren; es machte ihn glücklich.

Sie hieß Friedl, sie war Büglerin, sie war Jungfrau. Sie hatte sich verspannt, vor Schmerz geschrien und gesagt: »Es ist nichts, eines Tages muß man ja mal anfangen.« Dann hatte sie ihn durch ihre Kühnheiten überrascht, obwohl Jungfrau. Von wem hatte sie das gelernt? Er hatte wieder an die etwas männliche Frau denken müssen, mit der Friedl auf dem Wäscherinnenball getanzt hatte, er hatte sie noch einmal genommen, und er empfand eine ungewöhnlich heftige und unerwartete Lust. Den Champagner hatten sie gar nicht angerührt. Sie war völlig nackt aufgestanden, hatte die Flasche wie ein Nichts entkorkt. *Starke Hände,* war ihm durch den Kopf gegangen, *starke Hände und runde Hüften, eine traumhafte Taille, was für eine Ehefrau sie abgeben würde, wie schade das doch ist.* Und sie tauchte, das Glas in der Hand, ihren Zeigefinger in das Naß und benetzte ihm damit die Lippen. Welche Anmut.

Sie hatten sich beide ganz schnell betrunken und waren wie Kinder eingeschlafen. Um zwei Uhr hatte der *Maître d'hôtel* hinter der Tür gehustet.

Sie hatte sich angezogen und dabei eine Träne weggewischt, die er nicht deuten konnte. Und dann hatte sie gelacht und war ihm um den Hals gefallen: »Mein großer Hase, sag, sehen wir uns wieder?« Und er hatte sich schuldig gefühlt.

»Das nächste Mal...«, sagte sie und knöpfte ihre Stiefel zu. Es würde kein nächstes Mal geben, und allein dieser Gedanke ließ schon Bedauern in ihm aufkommen. Er begleitete sie nach

Hause, sie hatte ihren Arm unter den seinen geschoben und schwieg. Er wagte nicht, sie zu bezahlen, aber sie murmelte sanft bei einem letzten Kuß: »Gib mir irgendeine Kleinigkeit, ohne das wird man mich schimpfen, es ist nicht so sehr für mich, sondern...« Da hatte er seine Brieftasche herausgezogen.

Er war wie zerschunden, als er aufwachte, noch benommen von dem Lustgefühl, mit einem Unbehagen im Herzen.

»Es wird Zeit, daß ich heirate«, sagte er und riß den Briefumschlag auf.

Der Brief nahm kein Ende; Franz verschlang ihn mit einem Blick und suchte mechanisch nach dem zärtlichen Wort, das sich dort nicht fand. Er beurteilte die verschlungenen Sätze, den wirren Stil, das Ganze war von keinerlei Interesse. Gerade gut genug, um es ins Klosett zu werfen. Wütend zerknüllte er den Brief und legte sich wieder hin.

Was gab es bei diesem aussichtslosen Abenteuer zu gewinnen? Die Frauen waren leichtfertig; warum sich mit einem hochnäsigen Frauenzimmer abgeben, das ihn an der Nase herumführte? Sie war zweifellos schön; aber eigentlich hatte er sie ja gar nicht gesehen. Sicherlich, sie war groß und feingliedrig; aber ihre geschlossenen Lippen schienen dazu gemacht, der Begierde zu widerstehen. Vornehm, aber von oben herab; ungestüm, verächtlich. Los! Er mußte Gabriele aufgeben.

Heiraten... Mußte man sich der Wahl seiner Mutter unterwerfen, irgendeine kleine, ständig rot werdende Person mit ordentlich frisiertem Haar, blond und pummelig, ein richtiges junges Mädchen akzeptieren? Ein dümmliches Wesen, das nicht lesen und gerade mal so eben ein paar konventionelle Melodien auf dem Klavier spielen könnte? Sie würden sonntags zur Messe gehen, sie würde liebevoll die Knödel für die Brühe bereiten; mit von Teig klebrigen Händen würde sie die Marillenmarmelade in die traditionellen Krapfen stopfen, morgens Kaffee kochen, ihn abends mit einem Kuß auf die Wange erwarten und im Bett das Licht ausmachen, unter dem Plumeau...

Nein! Es müßte vor allem eine mit braunem Haar sein. Sehr groß. Sie müßte dunkle Augen haben, mit rötlichen Glanzlichtern in der Sonne; einen goldbraunen Blick. Eine Haut wie Perlmutt, nicht dunkel, nicht blaß, mit einem rassigen Schimmer, ein bißchen wie ein Fuchs. Sie sollte nicht zu sanft, nicht zu gehorsam sein, etwas Trauriges ausstrahlen, mit einem rätselhaften Lächeln... Wie die Unbekannte auf dem Ball.

Er sprang hoch. Er glättete das Papier. Er las den Londoner Brief noch einmal, ganz langsam. Das *Lieber Freund* der ersten Zeile hatte keinerlei Bedeutung. Er hatte sie, wie sie schrieb, *abgelenkt!* Er raste. Dann fiel ihm auf, daß sie angebissen hatte. *Warum lehnst Du den Vornamen ab, den ich Dir genannt habe. Gefällt Dir Gabriele nicht? So nennt man mich seit meiner Geburt. Ein Geschenk des Himmels indessen. Gabriele! Bring den Namen ins Maskulinum. Gabriel... Ist das nicht der Gefährte Gottes, der normalen Sterblichen wie Dir den Himmel verbietet? Gabriele paßt sehr gut zu mir. Die Verbotene, mein Junge, das bin ich in Deinen Augen. Hast Du etwas gegen den hübschen Namen des Erzengels?*

»Getroffen«, murmelte er. *Und dann*, schrieb sie, *man möchte meinen, Du denkst, daß ich nicht in England weile. Was für eine Vorstellung! Ich bin in London. Und ich langweile mich hier. Kannst Du mir sagen, warum ich eine solche Lüge erfinden sollte? Du hast keine Antwort, mein Junge. Alles übrige versteht sich von selbst.*

Es folgten ein paar nostalgische Litaneien über den Zauber Wiens, die falsch klangen. Sie verabscheute Wien, sie hatte es nicht verhehlt, und heute gab sie vor, sich nach den *Vergnügungen* zu sehnen. Sie und sich vergnügen? Die dafür am wenigsten Begabte auf der Welt. Er frohlockte. »Ich habe sie.« Danach kam sie wieder auf England zurück, lud ihn dorthin ein – das war ohne Risiko – und kehrte auf komische Weise das Rätsel über die Hunde um.

Denn ich muß Dir gestehen, schrieb sie, *ich mag Hunde nicht besonders. So brauche ich Dir nicht zu sagen, daß ich überhaupt keine Kenntnisse habe, um die Rasse des Deinigen zu erraten, es ist mir auch im übrigen ziemlich egal. Wenn Du mich über dieses*

Thema aufklären willst, und wenn Dir wirklich daran liegt, kannst Du mir ja ein Photo Deines treuen Dieners schicken...

Treuer Diener! Nur Hundeliebhaber benutzten solche Ausdrücke. Die Hundeleidenschaft der Kaiserin füllte die Zeitungsspalten.

Kurz, sie log. Sie war nicht in London, sie war niemals gereist, sie liebte Hunde, und sie hieß also nicht Gabriele. Lügnerin.

Als er bei den letzten drei Zeilen anlangte, glaubte er zu träumen. Drei etwas zittrige Zeilen, die er nicht bemerkt hatte. Worte, die sie mit halblauter Stimme hätte sagen können, mit diesem merkwürdig säuselnden Gemurmel, das ihr etwas von einer Lorelei gab. *Ich habe mich*, schrieb sie, *ohne es zu wollen, ohne es zu wissen, in Dein Leben hineingedrängt. Es ist nicht meine Schuld. Sag mir, willst Du diese Bande lösen, willst Du das? Jetzt ist es noch möglich. Aber später, wer weiß?* Ah! Das war ganz und gar sie! Flehend, sich entziehend, eine geniale Circe, Aal oder Krake, Sirene oder Nymphe, aber natürlich aus dem Meer, mit Schuppen bedeckt, nach Salz und Muscheln riechend, von ihrem langen Haar umhüllt, eine Tochter des Meeres

Sag mir, willst Du diese Bande lösen?

»Die Schnepfe«, stöhnte Franz. »Wie gern würde ich das. Mich von diesem verführerischen Aas lösen. Es muß sein.«

Ich habe mich, ohne es zu wollen, ohne es zu wissen, in Dein Leben hineingedrängt. Es ist nicht meine Schuld. Sag mir, willst Du...

»Wäre sie wenigstens doch aufrichtig? Es stimmt, wir beide waren Unschuldige«, murmelte er und küßte das Blatt Papier.

Sag mir, willst Du diese Bande lösen, willst Du das?

»Noch nicht«, rief er und sprang aus dem Bett. »Die Jagd ist noch nicht zu Ende. Zuallererst werde ich herausfinden, wer du bist. Dann werden wir weitersehen.«

Als er endlich fertig war und seinen Kaffee getrunken hatte, dachte er an das Photo, um das sie ihn bat, das mit dem irischen Setter. Man würde ja wohl jemanden finden, der ihm einen leihen würde, sonst...

Sonst würde er eben sein Porträt nicht schicken. Gott weiß, was sie im Kreis ihrer Hofdamen damit anstellen würde.

5

DIE VERPASSTEN RENDEZVOUS

Und du bist fort, bist wirklich mir entschwunden
Was riss urplötzlich dich aus meiner Näh'?
Willst du vom wilden Fieberwahn gesunden?
Flieh'st du den Boden jetzo, wo ich steh'?

Elisabeth von Österreich

Die Tage blieben grau; Regen fiel auf Wien. Willibald hatte sich den Fuß verknackst und war schlecht gelaunt. Am Ballhausplatz hatte gerade ein Ungar seinen Dienst angetreten, ein kleiner kränklicher Mann mit lebhaftem Blick und krausem Haar, der sich, die Hacken zusammenschlagend, vorgestellt hatte: »Erdos Attila!« verkündete er stolz.

Willy hatte ihn von oben bis unten schweigend gemustert, und Franz, in seine Träume versunken, hatte kaum das Wort an ihn gerichtet. Der Ungar hatte vergeblich versucht, sich bekannt zu machen und sich schließlich an seinen Tisch gesetzt. Es war niemals leicht, in den Büros am Ballhausplatz zu landen, vor allem für einen kleinen Ungarn.

»Attila«, knurrte Willy, nachdem sie das Ministerium verlassen hatten, »noch ein Vorname eines Wilden... Aus Ungarn kommt nichts Gutes, außer dem Gulasch und dem Balaton-Wein. Hast du seine Stiefel gesehen? Stiefel in der Stadt – und spiegelblank!«

»Aber er hat etwas Einnehmendes«, antwortete Franz. »Und ist ausgesprochen höflich.«

»Du und deine blödsinnige Mildtätigkeit!« rief Willy. »Mir wäre ein richtiger Österreicher lieber gewesen. Du wirst mir sagen, daß unser Minister, Graf Andrássy, ein Magyar ist, daß die Leute aus Transleithanien unsere Brüder sind, daß wir ein einziges unter zwei Kronen vereintes Volk sind, daß...«

»Ich werde dir nichts sagen. Du wirst unmöglich, Willy!«

»Mir ist weh ums Herz, mein Alter«, murmelte der dicke Mann. »Meine Mutter hatte für mich im Dorf eine Verlobte ausfindig gemacht, ein junges Mädchen von zwanzig Jahren, mit einer Mitgift, hübsch, auch etwas spitzbübisch. Jedenfalls hatte ich mich verliebt, was willst du. Der Vater hat schließlich befunden, daß ich nicht der Richtige war. Sie war zweifellos zu attraktiv. Ich hatte geglaubt... Und dann – nein. Außerdem wird man ja nicht gerade jünger; bedenke doch, fünfunddreißig Jahre.«

Von Willys Liebesaffären wußte Franz fast nichts. Der Dicke stellte sich häufig als einen Mann von Erfahrung dar; es hieß, seine Abenteuer seien nicht mehr zu zählen. Er erschien regelmäßig im Ministerium mit einem neuen Gehrock, einer Blume im Knopfloch, setzte eine geheimnisvolle Miene auf und rieb sich die Hände: »Ich glaube, dieses Mal haben wir es geschafft«, gab er ohne nähere Angaben kund.

Einige Wochen später erschien er schlecht rasiert und miesepetrig, genau wie heute. Das berühmte »Ich glaube, wir haben es geschafft« war etwa einen Monat her. Franz packte ihn an den Schultern und führte ihn ins Kaffeehaus, wo Willy sich mit Weißwein vollaufen ließ, der, wie er meinte, der Trunkenheit etwas Leichteres gab.

Jedenfalls ein trauriger Tag. Es hatte nicht aufgehört zu regnen, und der Wind trieb sein Spiel damit, die Zweige der vor dem Rathaus frisch gepflanzten Bäume zu knicken. Franz stieg wieder in seine Tram und dachte an den Brief aus London, den er zusammengefaltet in die Tasche seines Gehrocks gesteckt hatte.

Frau Taschnik versuchte alles, um ihren Sprößling zum Reden zu bringen, aber er gab vor, Migräne zu haben und zog sich in sein Zimmer zurück. Er fröstelte.

Frierend wickelte Franz sich in seinen pelzgefütterten Mantel, öffnete die Tür des Kachelofens und zog den Brief hervor. Die Hitze wurde stickig; der junge Mann warf den Mantel in eine Ecke, zog Weste und Hemd aus und setzte sich mit nacktem Oberkörper an den Tisch. Die durch das zerknitterte Papier deformierten Buchstaben tanzten vor seinen Augen; er erkannte sie nicht mehr. Sich unter den Achseln kratzend, bekam er Haarbüschel zu fassen, widerspenstig und gekräuselt wie weibliches Schamhaar. Was wußte er eigentlich über die Haut der Unbekannten? Es war ihm so eine Art Waldgeruch haftengeblieben, etwas zwischen Humus und Jasmin...

Er betrachtete die blonden Haare auf seinen Unterarmen, streckte seine riesigen Hände und fand sie wie für einen weiblichen Körper gemacht. Das Unglück war nur, daß er nicht wußte, für welchen; das Unglück war die Unbekannte, die seinen Weg gekreuzt hatte, das Rätsel, von dem er besessen war.

Er schrieb in einem Zug, wie in Rage.

Lieber gelber Domino, Du hältst mich für einen Esel. Wozu einen unschuldigen jungen Mann hinters Licht führen, der Dir nichts getan hat? Ich habe Dir eine Nacht lang gefallen; Du hast mich verhext. Ich glaube nicht ein Wort von dem, was Du mir schreibst. Wieso solltest Du in London sein? Du bist Österreicherin, meine Liebe; Du heißt nicht Gabriele, denn Deinen wirklichen Namen kenne ich. Aus Respekt schreibe ich ihn nicht nieder. Welcher Österreicher würde in Dir nicht das Idol eines ganzen Volkes erkennen? Welche andere Frau wirkt so majestätisch? Du mußtest mich belügen, Du hast es sehr gut gemacht. Du fragst mich, ob ich diese Bande lösen möchte? Ich werde nicht darauf antworten. Diese Bande zwischen uns hast Du gewollt; ohne Dich kann ich sie nicht zerschneiden. Wenn Du noch etwas übrig hast für den Unglücklichen, aus dem Du einen Gefangenen gemacht hast, befreie ihn, meine Liebe, befreie mich.

Und um ganz sicher zu sein, daß er sich nicht noch einmal daranmachte, versiegelte er den Briefumschlag sofort.

Der Brief nahm seinen Weg nach München, postlagernd; dort blieb er einen ganzen Monat liegen.

Die Kaiserin hatte sich schließlich einverstanden erklärt, Ungarn zu verlassen; als es schön zu werden begann, kehrte sie nach Wien zurück, wo die üblichen Zeremonien sie erwarteten, die Fronleichnamsprozession, einige Empfänge für die Delegationen, die aus den fernsten Winkeln des Reiches gekommen waren, das Ganze im Beisein des Kaisers, des armen Kaisers. Der

Hof hatte das Gerücht genau verfolgt; es wurde viel darüber geredet, daß die Kaiserin sich in Gödöllö allzu vertraut mit ihrer Reitlehrerin gezeigt habe, einem Zirkusmädchen namens Renz, einer Französin selbstverständlich. Das habe den Kaiser sehr aufgeregt, aber die Kaiserin habe ihren Gemahl davon überzeugt, daß es sich um eine absolut anständige Dame handle.

»Es ist jedoch nicht zu leugnen, daß die Renz sich aus dem Staub gemacht hat«, höhnte Willibald. »Unsere Kaiserin übertreibt es aber auch. Sich mit einer Akrobatin zu kompromittieren. Sie hätte ebensogut durch einen Feuerreifen springen können!«

»Bitte!« fuhr der kleine Ungar hoch. »Über wen sprechen Sie, ich bitte Sie?«

»Über die Kaiserin natürlich! Über wen denn sonst? Jetzt schaut euch nur diesen Bauern von der Donau an!«

Der Ungar hatte sich, ganz blaß geworden, aufgerichtet.

»Beruhige dich, Willy, du redest dummes Zeug«, flüsterte Franz besorgt. Zu spät. Attila hatte den Tisch umgeworfen und packte Willibald am Kragen.

»In meiner Gegenwart beleidigt man niemals die Königin!« schimpfte er. »Machen Sie das nicht noch einmal! Oder ich mache Faschiertes aus Ihnen! Ihr Österreicher haßt sie, ich weiß, aber nur weil sie uns gehört. Stellen Sie sich vor: uns!«

Er ließ ihn mit einemmal los, und der Dicke rollte auf den Boden. Der Ungar klopfte sich den Staub ab, rückte seine Manschetten zurecht und versetzte ihm noch einen Tritt in die Nieren. Willy erhob sich stöhnend.

»So sind wir, wir Ungarn«, sagte Attila und kam wieder zu Atem.

»Das ist egal, Sie haben eine unglaubliche Kraft«, sagte Franz ruhig. »Wie haben Sie das gemacht, ihn hochzuheben?«

»Aber ich hatte doch recht, nicht wahr?« rief der Ungar. »Ich bin sicher, daß Sie mir beistimmen. Im übrigen haben Sie nicht mal den kleinen Finger gerührt. Sie sind anders, das sieht man gleich.«

»Oh, er«, rief Willy von weitem, »bei dem ist das was anderes. Er ist in die Kaiserin verliebt. Seit er glaubt, sie verfüh...«

Bevor er noch seinen Satz beenden konnte, fand er sich gegen die Wand gepreßt. Franz hatte sich wie ein Meteor auf ihn gestürzt und verschloß ihm den Mund.

»Interessant«, befand der Ungar. »Wie ich sehe, findet der Herr endlich jemanden, mit dem er reden kann. Für heute hat er seinen Teil abgekriegt. Sie kennen also meine Königin?«

»Wollen wir du zueinander sagen?« fragte Franz. »Ich bin der Franz; nenn mich Franzl...«

Willy schmollte.

Franz und Attila lernten einander kennen; der Ungar folgte ihm freudig auf Schritt und Tritt. Sie waren gleichaltrig; während der Revolution hatte Attilas Vater im Gefängnis gesessen, war ohne Zweifel gefoltert worden, und kaum war er in Freiheit, starb er vor Erschöpfung. Sie waren beide Einzelkinder, und ihre Mütter hatten viel Ähnlichkeit miteinander, waren besitzergreifend und konservativ. Die beiden Männer teilten dieselben liberalen Überzeugungen; die Zukunft gehörte den modernen Geistern, dem technischen Fortschritt und der Toleranz. Das Kaiserreich war in ein Korsett gepreßt und schnürte seinerseits die Völker in ein Korsett.

An diesem Punkt dachten die beiden jungen Leute etwas unterschiedlich. Für Attila garantierte die ungarische Autonomie die Freiheit aller zum Kaiserreich gehörenden Völker. Franz war nicht ganz überzeugt; die böhmischen und mährischen Landtage, die man 1867, als die Doppelmonarchie eingesetzt wurde, geschlossen hatte, waren wegen des anmaßenden ungarischen Stolzes immer noch nicht wiedereröffnet worden. Die Slawen im Norden – Böhmen, Mähren und Slowaken, durch dieselbe Demütigung miteinander verbunden – fühlten sich vom Kaiser verraten. Dieser hatte auch noch auf Vorschlag von Minister Andrássy seine Polen verscherbelt, indem er sie Bismarck überließ. Und die Slawen im Süden riefen immer heftiger um Hilfe, die Aufstände wurden immer blutiger. Mit Mistgabeln und Stöcken bewaffnet, plünderten die aufgebrachten Bauern die moslemischen Burgen und legten Hinterhalte in ganz Bosnien. Ein Massaker nach dem anderen, aber ein Eingreifen war noch immer nicht in Sicht.

Der kleine Ungar schüttelte verlegen den Kopf und räumte ein, daß man irgendwann den Zustand des Reiches ändern und die Doppelmonarchie auch für die anderen Völker zugänglich machen müsse. Irgendwann vielleicht.

Als sie schließlich bei ihren Liebesabenteuern anlangten, geizte Franz nicht mit Ratschlägen und empfahl Vorsicht wegen der Krankheit.

»Und diese Geschichte mit der Königin, da du sie zu kennen scheinst...«, fragte Attila nach einer Woche zögernd.

Am ersten Tag antwortete Franz, es sei reine Erfindung; am zweiten gab er zu, daß der Dicke nicht gelogen habe, jedenfalls nicht ganz; am dritten Tag erzählte er vom Ball, ohne näher darauf einzugehen. Als er schließlich alles gestanden hatte, war der Ungar verwirrt.

»Vorausgesetzt, es stimmt«, wiederholte er. »Mit ein wenig Glück...«

Aber Franz' letzter Brief blieb ohne Antwort. Attila begann seinerseits zu träumen. Er hatte die Königin am Krönungstag gesehen, er war gerade neunzehn Jahre alt. Hinter den Karossenscheiben hatte er die Diamantentiara erkannt, das Mieder aus schwarzem Samt und die berühmten ungarisch verschlungenen Perlenreihen auf den Spitzen gesehen. Die traditionelle Tracht war von Worms, dem großen französischen Couturier, nachgearbeitet worden; das Kleid war einfach hinreißend. Eine klein wirkende Hand hatte sich gehoben, hatte gegrüßt und sich dann wieder scheu geschlossen.

»Habe ich sie wirklich gesehen? Ich war weit weg... Außerdem bin ich nicht groß... Vielleicht der Délibáb?« schloß er.

»Der was?« meinte Franz verblüfft. »Sie sprach auch von diesem Zeug.«

»Ah! Ich werde es dir erklären, oder zumindest werde ich es versuchen«, sagte Attila geheimnisvoll. »Den Délibáb muß man sehen. Bei uns in Ungarn. Eine Besonderheit.«

Willy wurde krank, seine Lymphknoten waren geschwollen, und er hatte Fieber; die beiden anderen dachten, es stecke Liebeskummer dahinter. Aber als er einen Monat später wieder ins Büro kam, hatte er alle Haare verloren. Er wollte sich zu seinem

Zustand nicht äußern, eine Kinderkrankheit, mit der er schon lange herumzog, wenn man ihn recht verstand. Aber er war abgemagert, so mitgenommen, daß Franz und Attila von schlechtem Gewissen gepackt wurden und ihm verziehen.

❖

Die Kastanienbäume blühten, die weißen zuerst; auf die rosafarbenen mußte man noch warten. Im Prater waren die Wiesen grün, und die Kutschen drängten sich auf den Reitwegen. Die Marktschreier kamen mit ihren lauten Stimmen zurück, die Mädchen trugen helle Hüte und Veilchen am Dekolleté. Auf den Hügeln hatten die Gastwirte ihre Gartenstühle herausgestellt, und die kleinen Orchester gaben jeden Abend fröhlich ihr Bestes. Die Fenster der Straußvilla öffneten sich wieder, und Frau Taschnik konnte erneut gegen den unheilvollen Zauberer wettern, dessen Melodien unter den Kirschbäumen zerstoben.

Eines Morgens hielt Franz es nicht mehr aus, stand früh auf und eilte zur Rennbahn von Freudenau. Sein Brief war vor fast einem Monat abgeschickt worden; die Kaiserin, die es aus unerfindlichen Gründen immer noch in der Hauptstadt festhielt, war nicht zur Hochzeit ihres Bruders mit der Infantin von Portugal gefahren; das stand in den Zeitungen. Also weilte sie in Wien. Aber Franz fand sie nicht auf der Rennbahn.

Auch nicht auf den Reitwegen des Praters. Er strich um die Konditorei Demel herum, befragte die Serviererinnen, die sie seit dem Winter nicht gesehen hatten. »Man möchte meinen, sie versteckt sich«, sagte eine von ihnen.

»Bestimmt versteckt sie sich«, lautete der Kommentar des Ungarn. »Aber ich habe zwei Einladungen für die Eröffnung der Blumenschau. Sieh auf die Karte: *Unter der Schirmherrschaft Ihrer Majestät der Kaiserin.* Versuchen wir es.«

Sie erschien in rosa-schwarzem Satin. Franz erkannte das berühmte Gesicht, den geschlossenen Mund, das rätselhafte Lächeln und den von den Schatten der Palmen verschleierten Blick, die auf der hellen Haut seltsame Fenstermuster zeichneten.

Attila nahm Haltung an. Von bewunderndem Geflüster umgeben, schritt sie, einen Fächer in den Fingerspitzen, mit unmerklich wiegendem Gang voran; sie wirkte wie ein anmutiger Nachen, der auf unsichtbaren Gewässern dahingleitet.

Franz stellte sich vor einen Azaleenbusch an eine Biegung, die sie nicht verfehlen konnte. Sie verfehlte sie auch nicht. Ihre Blicke kreuzten sich. Franz streckte unsicher eine Hand aus und verbeugte sich tief.

Fast wäre sie stehengeblieben, endlose Zeit schien zu verstreichen, dann beschleunigte sie den Schritt. Aber als sie im Begriff war zu verschwinden, drehte sie sich mit einemmal um.

»Mein Gott! Sie ist noch schöner als auf den Bildern!« murmelte Attila ganz außer sich. »Und nun?«

»Nun weiß ich nicht«, zögerte Franz. »Vergiß nicht, daß ich sie nie gesehen habe...«

»Aber sie hat sich umgedreht.«

Das Ereignis wurde Gegenstand langer Diskussionen. Die Tatsachen waren nicht zu leugnen: Sie hatte ihn gesehen, war erstarrt und hatte sich umgedreht. Hatte sie eine Geste des Erkennens gezeigt? Nein. Was hatte er in ihren Augen gelesen? Schwer zu sagen. Er glaubte sich zu erinnern, daß sie die Augen wie kurzsichtig zusammgeknieffen hatte. Was diesem Blick zu entnehmen war, konnte er nicht entscheiden. Ein Aufblitzen, eine unmerkliche cholerische Bosheit? Aber er fand nichts von der Zerbrechlichkeit wieder, die ihn so bezaubert hatte. Nichts außer vielleicht einem leichten Sich-in-den-Hüften-Wiegen. Nichts außer diesem Gesicht eines Erzengels, das er in jener berühmten Nacht erraten hatte. Und das Flattern des Fächers.

Er sah sie noch einmal im Prater, eines Abends, als er sie nicht suchte. Genau zu der Zeit, als er beschlossen hatte, reiten zu lernen. In Franz' Beinen steckten fünfzehn Unterrichtsstunden; sein Pferd war ein alter Gaul für Anfänger, ein eher sanfter Brauner, auf dem er sattelfest zu werden versuchte.

Die Junisonne schien endlos, der Himmel wurde heller, ein weißer Mond zeichnete sich undeutlich ab, die Spatzen versammelten sich in den Spitzen des Laubwerks und veranstalteten ihr Piepkonzert. Zu dieser Stunde lief er keine Gefahr, ihr zu begegnen. Er genoß also den sich hinziehenden Tag und dehnte die Freuden des Lebens aus. Der Prater war ein Ort der Vergnügungen wie kein anderer auf der Welt.

Auf der kleinen Bühne des Kasperletheaters machte sich ein dickbäuchiger Kasperl über einen langnasigen Seppel lustig; etwas weiter weg rühmte ein kehlig sprechender Marktschreier die Wunder einer Zauberflasche; der Flieder erdrückte fast die Gartenwirtschaften, wo die Kunden ihren Gespritzten tranken und die Passanten beobachteten, die einander in die Seite stießen und vor Lachen röhrten. Die süßen Mädel, die den Charme Wiens ausmachten, schienen sich absichtlich zusammengetan zu haben, um davon zu profitieren; sie waren Büglerinnen oder Näherinnen; bis zum Johannistag war es nicht mehr lang, und unter den Röcken konnte man die Stiefeletten und Ringelstrümpfe sehen. Der junge Mann gab seinem Pferd die Sporen und tauchte in den Wald ein. Er begann sich auf dem Pferd wohl zu fühlen; ausnahmsweise dachte er einmal nicht an die Unbekannte.

In schwarzen Musselin gekleidet und mit einem weißen Schirm in der Hand, kreuzte sie in ihrem Zweispänner seinen Weg. Betroffen hob er einen Arm, wollte sie bei ihrem Namen rufen – »Gabriele« –, und da drehte sie sich wieder um...

Dasselbe Aufleuchten. Erschrocken schlug sie die Lider nieder und hob sie dann wieder; ernst neigte sie den Kopf, als ob sie sich entschuldigen wollte. Dann senkte sie den Sonnenschirm, um sich zu verbergen; der Zweispänner fuhr weiter, die Pferde streiften das von Franz, der linkisch an den Zügeln zog...

Die Kaiserin war vorbeigefahren. Franz' Herz klopfte so laut, daß er nun nicht mehr zweifelte: Sie war es. Verängstigter denn je.

Der postlagernde Brief aus München war direkt vor der Eröffnung der Blumenschau in die Hände seiner Empfängerin gelangt.

Als man ihn der Kaiserin brachte, fuhr sie hoch und riß zitternd den Umschlag auf. Die Antwort hatte gewiß auf sich warten lassen, aber am Ende hatte der junge Mann nicht gegen seinen Auftrag verstoßen. Als sie mit ihrer Lektüre fertig war, ließ sie das Papier fallen. Franzls Brief war eine regelrechte Ohrfeige.

An den Londoner Brief – im Fieber eines perversen Frühlings in Gödöllö verfaßt – hatte sie nur noch eine undeutliche Erinnerung; sie hatte vom Orient gesprochen, den Hunden, einigen Buchtiteln, es war im ganzen recht lustig, ein paar kleine Sticheleien, aber was schon! Sie hatte sich vertrauensselig gehenlassen ... Was für einen Fehler hatte sie begangen? Wo hatte sie ihn getroffen? Das war die Reaktion eines Menschen, der verletzt war, die eines Tieres, das am Ende einer Jagd bezwungen war ...

Sag mir, willst Du diese Bande lösen? Ja, sie hatte diese zerstörerischen Worte geschrieben ... Aber mit seiner so heftigen Antwort hatte der junge Mann den Zauber gebrochen; die Bande waren gelöst, das war endgültig. Sie zerknüllte wütend den Brief.

»Du möchtest, daß man dich befreit, mein Lieber, nun denn, geh!« rief sie und trampelte auf dem Papier herum. »Ich habe dich zum Gefangenen gemacht, ich? Ich habe dich verhext? Zum Teufel!«

Als sie sich beruhigt hatte, hob sie den Brief auf, faltete ihn zusammen und steckte ihn in ihre Korsage, wo niemand ihn finden würde. Eigentlich war er nicht bösartig; es war ein netter junger Mann, nur ein wenig zu schlau. Sie würde nicht mehr schreiben; zumindest nicht sofort. Man mußte das Gewitter abziehen lassen, bis er um Verzeihung bitten würde, auf den Knien, und dann – oh, dann – würde sie sanft und großzügig sein und sich sogar einverstanden erklären, wenn er es wollte, ihn noch einmal wiederzusehen ...

Sie trocknete sich die Tränen vor dem großen Drehspiegel ihres Zimmers. Wie viele Jahre hatte sie noch, um einem jungen Mann zu gefallen? Zwei, drei Jahre vielleicht? Da wurde er nun zum Bürgen für ihre Schönheit. Wer sonst sah sie an, wenn nicht dieser Franzl, dieser kleine Redakteur aus dem Außenministerium mit diesem glühendheißen und aufrichtigen Herzen? Die anderen – ach! Die anderen logen alle.

Unterdessen vor allem Abstand und Schweigen. Sie würde ihn bestimmt eines Tages wiedersehen. Vielleicht am nächsten Tag inmitten der Hortensien und Orchideen. Übrigens...

Als die Kaiserin die Einladung annahm, die Blumenschau zu eröffnen, hatte sie sich vorgestellt, daß ihr junger Mann dasein würde; sie hatte das Innehalten, das Zögern und die bewußte Gleichgültigkeit vorausbedacht. Sie gestattete sich den Blickwechsel, um noch etwas von dieser hartnäckigen Bewunderung zu haben; er wüßte nichts davon, es wäre wunderbar. Aber zu ihrem großen Erstaunen hatte sie nicht umhingekonnt, sich umzudrehen. Und das hatte sie nicht geplant. Seit dieser unkontrollierten Regung wartete sie auf ein Zeichen von ihm.

Sie hatte auch nicht sein Auftauchen am Wegesrand im Prater vorausgesehen; es hatte sie übermäßig erschreckt, und sie fühlte sich verfolgt. Zum erstenmal hinterließ die Begegnung einen bitteren Nachgeschmack bei ihr. Sie hatte ihn besser aussehend gefunden als im Winter; er war sehr groß, sehr stark, eleganter als vorher, und sie hatte sich damit begnügt, mit einer Kopfneigung vorbeizufahren...

Es war zu blöde und zu grausam. Er begann ihr zu fehlen. Nun wurde er unzugänglich. Die Rollen kehrten sich um. Sie würde ihrem jungen Mann nicht mehr schreiben; gewiß sahen ihr diese Gefühle nicht ähnlich.

Nach Willibalds Ansicht würde der gelbe Domino auf Franz' letzten Brief antworten, daran bestand kein Zweifel. Sie würde endlich ein Rendezvous gewähren, ein richtiges, in einem *chambre séparée*. Sie würde verschleiert erscheinen; aber nach den ersten Sätzen würde sie ihren Schleier wegziehen, und Franz könnte sich endlich überzeugen, daß es sich um Gabriele und niemand anderen handelte. Und nachdem er sie endlich auf dem Sofa flachgelegt hätte, wäre er erleichtert. »Du wirst es sehen! Ich bin es gewohnt, mit solchen Frauen umzugehen«, wiederholte er. »Auf dem Sofa.«

Aber Attila, der Franz' Überzeugungen teilte, war der Meinung, wenn Gabriele Elisabeth wäre, würde sie erbittert schweigen. Die drei Gefährten waren sich in einem Punkt einig: Auf keinen Fall durfte der Junge den ersten Schritt machen.

Franz hielt den Bruch für irreparabel. Er forderte von seinen Freunden, diese Geschichte mit Schweigen zu übergehen; daß man bloß nicht mehr darüber rede und ihn in Ruhe lasse! Im übrigen war es zu heiß. Die Kaiserin hatte sich wieder auf Reisen begeben. Die Zäsur des Sommers tat ihre Wirkung. Vielleicht würde man später darauf zurückkommen oder gar nicht.

Im Herbst besuchten die drei Freunde die verwinkelten Heurigen auf den Hügeln; Willys Gesundheit war wiederhergestellt, er war besserer Laune und hatte endlich die Gegenwart des kleinen Ungarn akzeptiert. Über die Intervention in Bosnien war immer noch nicht entschieden, trotz der mörderischen Kämpfe zwischen Moslems und Christen. Laut Willy, dem es unzweifelhaft besserging, da er Tratsch verbreitete, hatte der Kaiser eine Affäre mit einem Blumenmädchen, einer gewissen Nahowski, die er im Park von Schönbrunn kennengelernt hatte.

»Und der Vorname?« ließ Franz interessiert einfließen.

»Ganz einfach Anna«, antwortete Willibald. »Ein typischer Vorname von hier.«

»Das ist hübsch, Anna«, meinte Franz verträumt.

»Ja! Und außerdem macht es dein Gewissen leichter, nicht wahr? Denn wenn der Kaiser untreu ist ...«, schlug Attila vor, der an seine Königin dachte.

Der kleine Ungar verliebte sich in eine Sängerin, die er in dem Kaffeehaus gehört hatte, wo Johann Strauß dirigierte; eine Sopranistin, deren blondes Haar einen Stich ins Rötliche hatte und die man sofort »die Rote« taufte. Seine Freunde fanden sie nett, aber nichtssagend; es war nur eine kleine Stimme ohne Schwung.

Um nicht auf der Strecke zu bleiben, bestätigte Willibald, es dieses Mal geschafft zu haben. Die Verlobte war nicht mehr sehr jung, aber liebenswürdig, wenn man seiner Mutter glauben wollte; und es war kaum zu fassen, aber drei Monate vergingen ohne Enttäuschung.

Die Kaiserin war in England auf Reisen; sie fuhr nach London, und Franz hatte eine unbestimmte Sehnsucht. Den Zeitungen zufolge hatte sie das größte Irrenhaus der Welt in Bedlam besucht, worin niemand in Wien einen Sinn sah; und zum erstenmal hatte sie an einer Hetzjagd teilgenommen, was etwas angemessener erschien. Aber da Franz jegliche Diskussion über dieses Thema untersagt hatte, hielten Willibald und Attila sich zurück.

»Warten wir auf die Ballsaison«, flüsterte Willy dem Ungarn ins Ohr. »Ich wette, daß er auf seine fixe Idee zurückkommt.«

Die Bäume verloren ihre Blätter, der Wind verteilte wieder seine eisigen Hiebe. Der erste Schnee fiel im November, als man kaum mit der Weinlese auf den Hügeln fertig war. Die Wiener holten ihre pelzgefütterten Mäntel hervor, und die Armen begannen vor Kälte zu zittern. Bis zum Karneval waren es nur noch zwei Monate, und schon begannen die Herzen der jungen Leute vor Erregung höher zu schlagen. Mit ausdrucksloser Miene schnitt Willy die Ballfrage an: Wo würde man hingehen? Die Redoute würde im selben Saal wie letztes Jahr stattfinden; das Datum war schon bekannt, 22. Februar. Franz tat, als ob er auf diesem Ohr taub sei.

Er weigerte sich sogar hartnäckig hinzugehen. Die beiden anderen trafen ihre Vorbereitungen; Attila behauptete, seine Freundin werde einen schwarzweißen Domino tragen, schwarzweiß wie die Fräcke der Herren. Am Vorabend des Redoutenballs ließ Franz sie etwas früher gehen und tat so, als vertiefe er sich in eine komplizierte Akte, eine Sache über Haushaltskredite, die dem Abteilungschef Kopfzerbrechen bereiteten.

Am Morgen des Balltags mied Franz den Prater und beschloß, in den Stadtpark zu gehen, den neuesten der öffentlichen Parks. Der Boden war so gefroren, daß die Spaziergänger sich rar machten. Auf dem gefrorenen Teich watschelten die Enten ungelenk einher; die Schwäne, die sich wie Hennen niedergelassen hatten, schienen ein riesiges geheimnisvolles Ei auszubrüten. Franz betrachtete die gewaltigen unbeweglichen Vögel, deren Hälse sich manchmal zitternd neigten. Gefangene.

Franz eilte ins Ministerium zurück; er hatte seine Meinung geändert. Seine Freunde waren keineswegs überrascht.

Als sie in die Halle des Ballsaals eindrangen, hatte Franz eine Art Halluzination; das Gelächter und die Walzer hatten sich nicht geändert, die flatternden Seidengewänder auch nicht. Die Jagd auf den gelben Domino war wieder eröffnet; zur Erinnerung war Willy hinter den roten her.

Er fand einen nach seinem Geschmack und trennte sich nicht mehr davon. Es war nicht Ida. Als Franz sich die Eroberung Willibalds von nahem ansah, glaubte er die Büglerin zu erkennen, die Friedl, die er im vergangenen Jahr in den gewissen Salon geführt hatte. Er hatte sich nicht getäuscht: das Mädchen nutzte die Anrempelei, um ihm ein Zeichen der Komplizenschaft zu geben, und hob ihre Maske an. Dann legte sie einen Finger auf ihre Lippen; Franz verstand, daß er Schweigen bewahren sollte. Sie wirkte etwas zu fröhlich, und ihre Augen glänzten etwas zu sehr. Der Champagner oder die Syphilis?

Attila stürzte sich mit seiner Sängerin im schwarzweißen Domino in das Ballgetriebe. Franz irrte die ganze Nacht umher; er hatte mindestens sechs gelbe Dominos gezählt, unter deren Falten sich eher kleine Frauen verbargen. Er verfolgte die großen Gestalten, machte eine ausfindig, die er am Ärmel packte, aber als sie sich umdrehte, sahen ihn helle Augen an. Willy hatte Friedl abgeschleppt, die Würfel waren gefallen; Attila wirbelte unermüdlich auf dem Tanzboden herum. Franz verließ den Ball mit leerem Herzen und schimpfte sich selbst einen Trottel.

Er rächte sich, indem er einen heftigen Brief schrieb, den er gleich wieder zerriß. Die Unbekannte war aus seinem Leben verschwunden. Er hatte sie wahrlich gesucht; sie hatte ihm seinen Wunsch gewährt. Um wirklich zu einem Ende zu kommen, mußte er jetzt der anderen Frau begegnen, deren Platz sich in dem Maße abzuzeichnen begann, wie Gabriele sich entfernte.

Er holte den zerbrochenen Fächer heraus, faltete ihn auseinander... Der Fächer ließ müde den Flügel hängen. Franzl las die Briefe ohne allzu große Gefühlsaufwallungen noch einmal und verschloß sie in einer leeren, vom Bonbonzucker klebrigen Dose. Zu den Akten gelegt.

Von der berühmten Redoutennacht blieben nur noch die kalten Sterne eines Winterhimmels, von denen sich einer gelöst hatte, um sich auf die rote Perücke einer Frau zu setzen, die durch ein Wunder erschienen war und die beschlossen hatte zu verschwinden.

ZWEITER TEIL

Der Hase und der Eber

6

Anna oder Die Musik

> *Die Prinzessin Sabbath, welche*
> *Ja die personifizierte*
> *Ruhe ist, verabscheut alle*
> *Geisteskämpfe und Debatten.*
>
> *Gleich fatal ist ihr die trampelnd*
> *Deklamierende Passion,*
> *Jenes Pathos, das mit flatternd*
> *Aufgelöstem Haar einherstürmt.*
>
> Heinrich Heine, *Hebräische Melodien*

Es war an einem Sonntag, als Franz am Rand des Zentralmarktes entlangspazierte. Seine Mutter hatte ihn beauftragt, Mohn zu besorgen. Da hörte er etwas entfernt merkwürdige Töne.

Es war eines dieser kleinen Orchester, die manchmal im Winter aus dem fernen Galizien oder vielleicht auch aus der Bukowina durch Wien kamen und sich an der Ecke eines Platzes postierten. Die einzigen Instrumente waren ein Kontrabaß, eine Geige und ein Akkordeon, das war alles; die Mütze tief ins Gesicht gezogen und in zu enge Westen gezwängt, beugten die Musiker ihre Köpfe über die Saiten und die Tasten, ohne auf die Passanten zu achten, die nach und nach stehenblieben, so sehr gefiel ihnen die Musik.

Es war jedoch kaum eine Musik. Der Kontrabaß spielte immer dieselben drei Töne, das Akkordeon und die Geige ganz zurückhaltend, kaum hörbar, gerade so viel, wie für ein trauriges Lied nötig war. Sie spielten zögernd, als ob sie aus einem langen Schlaf auftauchten; ihre erstarrten Gesten wirkten verlangsamt, die geschlossenen Augen versenkten sich ins Innere der Seele, und die Fußgänger drängten sich um die Musiker, ihrerseits durch eine langsame Trägheit erstarrt.

Und aus diesem Embryo von einem Orchester, aus dieser rudimentären Musik entwickelte sich eine Melodie, die einem das Herz brach und sich in vielen Tränen über der Stadt ergoß. Konnte man sagen, man habe ein gebrochenes Herz? Nein, man war glücklich. Der Geist begann unter einer blassen Sonne zu schmelzen wie Schnee, den ein Engel erwärmt hatte. Manchmal warf einer der vermummten Passanten den Musikern eine Münze hin, die mit einem mißtönenden Geräusch auf das Pflaster fiel; andere sagten: »Pst!«, damit die Musik nicht gestört wurde.

Als die Welt am Ende erwärmt zu sein schien, gab der Geiger ein Zeichen, der Akkordeonspieler öffnete die Augen, und der Bassist begann sich beim Spielen zu bewegen. Im nächsten Augenblick war es ein entfesselter Tanz, die Passanten begannen zu pfeifen, die Kinder klatschten im Takt in die Hände, und ein Lächeln machte sich auf den Gesichtern der kleinen Menge breit. Auch Franz lächelte entzückt. Das war der Walzer vor dem Walzer, das Land in der Stadt, und dennoch war es nicht das Land. Es war die Stadt auf einem Bummel, ein Nomadenwalzer, der vom Ende der Welt kam und Wien seit jeher lebendig machte. Es war die Bewegung des Walzers, und doch war es zum Weinen, zum Sterben...

Gerade in dem Augenblick, als er zu sterben meinte, erblickte er sie.

In Wirklichkeit sah er als erstes eine weiße Stiefelette. Eine schon etwas brüchige Stiefelette, die unentwegt den Takt schlug, eine Teufelin, die die Musik zu dirigieren schien. Über das Stiefelchen fiel ein blauer, etwas abgewetzter Mantel, und aus dem Mantel kam ein Persianermuff, der schwarz war wie der hochgestellte Kragen. Und über dem Kragen schwebte eine Erscheinung. Ein in den Pelz gehülltes junges Mädchen, dem Tränen in den Augen standen. Ein großes braunäugiges Geschöpf mit langen dunklen Haaren, die über ihre Schultern flossen; ein rötlicher Glanz lag auf den Locken.

Er glaubte, es sei Gabriele inkognito, die Göttin mit dem Stern. Ja, er glaubte es wirklich. Sie spürte, daß er sie ein wenig zu intensiv betrachtete, runzelte die Stirn und lächelte ihn mit gleichmäßigen schönen Zähnen an. Bei diesem Zeichen, diesen strahlenden Zähnen, diesem Mund, der sich bereitwillig öffnete, erkannte er, daß es nicht sie war, sondern eine andere, die andere von der anderen schließlich. Eigentlich wußte er gar nichts mehr, außer daß er sie am Arm nahm, als kenne er sie seit langem. So begann ihre Geschichte. In genau demselben Augenblick, als ein dicker arroganter Mann vor den Musikern ausspuckte und laut sagte: »Schon wieder jüdische Musiker! Diese schmutzigen Schacherer! Wer wird uns von dieser Sippschaft befreien...?«

Da tauchte das Orchester aus seinem Traum auf und hielt inne. Die Musiker wurden wieder zu Männern mit Schnurrbärten, Falten und den Händen von armen Leuten, die man unterwegs vergessen hatte. Da waren sie nur noch jüdische Künstler, die in den Wiener Straßen spielten und von denen einer eine Mütze zum Geldsammeln hinhielt. Das Mädchen holte aus dem Muff einen Schein heraus, den es auf die Geige legte. Es weinte.

Später sagte sie ihm in dem Beisl, in das Franz sie, um sie zu trösten, geführt hatte, daß sie Anna Baumann heiße. Sie war in Mähren geboren, aber von ihrem Großvater in der Bukowina erzogen worden. Sie war Jüdin.

»Dieses Orchester spielt meine Musik«, sagte sie zu ihm, »das ist das Schtetl, die Häuser mit weißen Mauern und die schlammigen Straßen, die Kaftane der Alten und der gefüllte Gänsehals, die barfüßigen Kinder, die Frauen mit den Kopftüchern; Sie sind von hier, Sie können das nicht verstehen.«

Die Bukowina war unter allen Gebieten des Kaiserreiches das am weitesten entfernte; lange Zeit hatte sie zur Türkei gehört. Für Franz beschwor die Bukowina diese merkwürdigen, geheimnisvollen Gegenden, die man im Außenministerium die »Randgebiete« des Reiches nannte, als handelte es sich um das Ende der Welt. Ein schlechter Beamter wurde in die Bukowina wie ins Exil geschickt. Dort waren die Bewohner – ein Drittel Soldaten, zwei Drittel Bauern – nicht die bequemsten; als Ausgleich für eine Woche Militärdienst im Monat kamen ihnen

Privilegien zugute, die sie mit Klauen und Zähnen verteidigten. Man nannte sie die »Randgebietler«, als handelte es sich um eine ferne Gattung, dazu ausersehen, die kaiserlichen Grenzen mit Waffen und Pflügen gleichermaßen zu stärken.

Es war dort hinten ein schlammiges, düsteres Leben, von Streitigkeiten zwischen Glockenturm und Synagoge geprägt; die »alten« Juden, seit der Zerstörung des Tempels hier miteinander vereint, widersetzten sich den »neuen«, die aus Polen und Rußland gekommen waren. Die alten hielten die Traditionen aufrecht, die die neuen zugunsten des Modernismus ablehnten. Es war ein Kampf am Ende der Welt. Bei der Vorstellung, daß das Mädchen aus dieser verlorenen Region kam, fühlte Franz eine Zärtlichkeit in sich aufsteigen, die mit einem geheimnisvollen Respekt verbunden war.

Von den jüdischen Dörfern, die Anna Schtetl nannte, sprachen die Wiener abfällig: der Schmutz, das Ungeziefer, die Enge, die langen Bärte und Schläfenlocken der Männer, ein rückständiges Leben, überall Tiere, Hühner in den Häusern, kurz: Unsauberkeit. Und er entdeckte plötzlich das tiefe schwarze Strahlen in dem Glanz von Annas Augen, das sanft geschwungene Kinn, die Weite einer inneren Klarheit und die Mutter der Musik. Weiträumig wie sie – und wie sie unfaßbar.

Anna Baumann lebte von Klavierstunden, für die sie zu den Familien ins Haus ging. Im Nu wurde ihm klar, daß sie seine Frau werden würde und daß sie bis zum Ende ihrer Tage zusammen Sonaten spielen würden. Er begleitete sie zu Fuß bis zur Leopoldstadt, dem Viertel, wo die Juden aus Galizien sich niedergelassen hatten. Dort wohnte Anna in einem kleinen Zimmer im zweiten Stockwerk eines grauen Hauses. Der Weg war lang, langsam schritten sie nebeneinander her. Er wollte ihr die Hand küssen, die sie in ihrem Muff behielt; scheu lüpfte er den Hut, sie war im Treppenhaus verschwunden.

Erst später dachte er an seine Mutter, die für die Juden nichts übrig hatte. Und noch später, es war schon Nacht, dachte er an die namenlose Unbekannte, die Heine zitierte und die Juden liebte. Zum erstenmal erschien ihm die mysteriöse Frau des Redoutenballs wie eine gute Fee, die ihn einfach auf langes dunkles Haar, den düsteren scheuen Blick eines Vogels und eine ihm unbekannte Musik hatte vorbereiten wollen. Er schlief ein, indem er sie segnete, und wie das Echo in einem Traum sagte sie ihm immer wieder: »Sie sind ein Kind, was für ein Kind...«

❖

Einen Monat später, als der April die Schneeglöckchenbüschel vom Eis befreite, verkündete Franz seiner Mutter, daß er sich eine Frau nehmen wolle und daß er keinerlei Widerspruch gegen seine Wahl dulde. Seine Auserwählte sei nicht reich; sie sei auch keine Österreicherin, sie würde keine Mitgift haben, sie heiße Anna Baumann. Frau Taschnik bedurfte keinerlei genauerer Angaben, um zu erraten, daß die Verlobte ihres Sohnes der verfluchten Rasse angehörte. In dem Augenblick, als sie sie sah, wußte sie es. Mit ihrer Zähigkeit erfuhr sie den Rest.

Simon, Annas Großvater, stammte aus einem Schtetl in der Bukowina, wo er ein Gasthaus betrieb; das Dorf hieß Sadagora, nicht weit von Czernowitz, und der Name bedeutete: »der Berg der Reinen«. Man pflegte dort mit zäher Beharrlichkeit die chassidischen Traditionen, die aus dem benachbarten Polen gekommen waren. Die Rabbiner mußten Erleuchtete sein, man verehrte sie als die neuen Gerechten, die der Herr inspiriert und mit wunderbaren Gaben ausgestattet hatte.

Dann hatten sich für Simon Baumann die Zeiten geändert. Der älteste seiner Söhne, Moses, war nach Mähren gezogen, wo es ihm gelang, eine Brennerei aufzuziehen. Der jüngste, Abraham, Annas Vater, war Kurzwarenhändler in Kalischt, einer ruhigen Stadt in Mähren mit niedrigen Häusern und Kirchen mit roten Zwiebeltürmen. In der Ferne wogten friedlich die Getreidefelder, und der kleine Handel gedieh unter dem System einer Assimilierung, die von der jungen Generation ebenso erwünscht war, wie das Reich sie zugestand.

Nicht ohne Einschränkungen: Da nur die Ältesten der Juden das Recht hatten, eine Familie zu gründen, heiratete Abraham Baumann, der jüngste Sohn des chassidischen Simon, seine Verlobte Riva im geheimen vor dem Rabbiner. Sie bekamen eine

Tochter, die nicht angemeldet wurde und die sie Anna nannten, indem sie aus dem hebräischen Namen »Hannah« die beiden »H« wegließen, um ihn zu modernisieren. Vor dem Gesetz war Anna also eine uneheliche Tochter. Ihre Mutter, von zarter Gesundheit, starb früh; und das Kind wurde von seinem Großvater Simon in Sagadora erzogen. Der alte Anhänger des Chassidismus beeilte sich, dem Vornamen seiner Enkelin die beiden »H« wieder zuzufügen.

Mit sechzehn hatte Anna sich wieder mit ihrem Vater in Kalischt zusammengetan und die beiden »H« ihres jüdischen Vornamens von neuem verloren. Die Familie Baumann war nicht ganz unvermögend; es war bekannt, daß die Juden in Mähren mit der Sicherheit ruhiger Leute lebten. Anna erinnerte sich des Schtetls, sie sprach jiddisch und konnte auch noch ein wenig Hebräisch, denn Simon Baumann als guter »alter« Jude war sehr gegen die vom Reich empfohlene Assimilierung. Aber im Gegensatz zu seinem Vater erhob Abraham Baumann mit Nachdruck Anspruch auf die Forderungen der »Haskala«, der jüdischen Aufklärungsbewegung; man sollte deutsch sprechen, den Akzent der Ostjuden ablegen, sein Wissen erweitern und das Getto verlassen. Nachdem das junge Mädchen aus Sagadora weggegangen war, hatte es den Willen des Vaters befolgt: Bildung, Lektüre und nochmals Bildung.

Franz erklärte seiner Mutter immer wieder die Entwicklung der Juden inmitten des Kaiserreichs. Vergebens. Keine Einzelheit konnte die Feindseligkeit Frau Taschniks etwas mindern. Wenn die Baumanns wenigstens noch Hofjuden gewesen wären, zu den reichen, in den Adelsstand erhobenen Familien gehört hätten! Aber Gettojuden, das war Mischpoche... Mußte man bei der Hochzeit den Großvater im schmierigen Kaftan und mit Schläfenlocken über den Ohren aushalten? Eine solche Demütigung hinnehmen?

Frau Taschnik erinnerte an die Tötung Christi, an die kleinen Kinder, denen die Juden noch im vergangenen Jahrhundert den Hals durchstochen hätten, diese Vampire. Sie beschwor die Ermordung seines Vaters, die Kugel auf den Barrikaden und das deutsche Blut, das durch seine Adern floß. Sie weinte bittere

Tränen, geriet in Wut und ging so weit, eine Ohnmacht vorzutäuschen; ihr Sohn hob sie liebevoll auf, trug sie zum Sessel und kniete vor ihr nieder. »Mein Junge, mein lieber Junge, verrate mich nicht«, stöhnte sie mit der Hand auf dem Herzen, aber sie sah sehr wohl in seinem widerspenstigen Blick, daß er nicht bereit war nachzugeben.

»Mutter«, sagte er halsstarrig, »machen Sie sich nicht unglücklich.« Das »Sie« ließ sie zittern, sie begann von neuem zu weinen, und er ging türenschlagend davon. Sie aufsuchen, sie, die Fremde. Er hatte sie schon ohne die Zustimmung der Mutter seinen Freunden vorgestellt...

Da erinnerte sie sich an ihren verstorbenen Mann, der so sanft und dickköpfig wie Franz war und immer seinen Kopf durchsetzen mußte. Von dem dahingegangenen Gustav Taschnik blieb nur ein goldgerahmtes Porträt an der Wand, auf dem der liebe Verstorbene für die Ewigkeit lächelte. Hier war der Märtyrer der 48er Revolution von vollkommener Würde mit einem schwarzen Stehkragen und einer weißen Krawatte, auf der ein Rubin glänzte, der am Barrikadenabend verschwunden war. Aber er zeigte noch immer sein glücklich-naives Lächeln, genau wie Franz heute, ein schönes Lächeln, zum Glück begabt.

An jenem Sommerabend, an dem er ihr vor dem Orchester von Johann Strauß Vater begegnet war, hatte er sie beim Walzertanzen gleichsam geehelicht; sie hatte nicht widerstehen können. Ein großer Teufel mit pechschwarzem Haar und ins Herz dringenden Augen, man hätte meinen können, ein Zigeuner... Ihre eigene Mutter, eine geborene Teinberg, hatte diesen Taschnik verdächtigt, Jude zu sein, so schwarz sei man nicht, sagte sie. Und obwohl sie nichts beweisen konnte, obwohl Taschniks Vorfahren einwandfrei aus der Steiermark stammten, hatte ihre Mutter viel geweint – genau wie sie heute.

Die Mütter hatten immer recht. Frau Taschnik hatte einen Nomaden geheiratet. Ihr verstorbener Gatte liebte es, ziellos durch die Straßen zu wandern, er kam spät nach Hause, sie lebte nicht mehr bis zu jener verfluchten Nacht, in der er ruhig gesagt hatte: »Ich will doch mal sehen, was diese Studenten machen«, und man ihn als Leichnam zurückgebracht hatte. Hatte sie überhaupt eine Ahnung, was er auf den Barrikaden getan hatte? Sie hatte aus Bequemlichkeit den Nachbarn, der Polizei geglaubt, um Unannehmlichkeiten zu vermeiden. Die offizielle Version paßte um der Zukunft des Kleinen willen gut, den sie schon unter ihrem Herzen trug. Dann war Franz groß geworden, hatte sein Examen bestanden, war heimlich den Mädchen nachgelaufen, hatte sich in jeder Hinsicht wie ein ordentlicher junger Mann betragen – bis zu dem Tag, als er plötzlich beschlossen hatte, zur Redoute zu gehen. »Ich will doch mal sehen, wie dieser Ball ist.« Wie sein Vater. Genau dieselben Worte.

Seit jener Nacht hatte Franzl sich verändert. Er hatte drei oder vier elegante Briefumschläge erhalten, er hatte angefangen, spät nach Hause zu kommen, sich viel verträumter gezeigt. Frau Taschnik hatte begonnen, nach einem heiratsfähigen jungen Mädchen in der Umgebung Ausschau zu halten, aber bevor es überhaupt zu einer Vorstellung kam, brachte er ihr eine arme Jüdin, ein uneheliches Kind!

Trotz seiner blauen Augen ähnelte Franz zu sehr seinem Vater, als daß er auf dieses Mädchen verzichtet hätte. Er würde eher weggehen und sie allein lassen.

Im Juli dieses Jahres – es war ein Jahr nach dem Redoutenball – erhob sich die Herzegowina und rief: »Nieder mit den Türken!« Der Aufstand der Serben entwickelte sich zum Krieg gegen die Osmanen.

Im August war Bosnien dran, seine Unabhängigkeit zu fordern. Andrássy nahm dringliche Verhandlungen mit den Russen auf, um sich von neuem ihrer Neutralität zu versichern. Willy triumphierte: Seine These begann sich zu bewahrheiten. Aber Minister Andrássy begnügte sich damit, die Überwachung der Grenzen zu verstärken. Es war alles nicht mehr zu verstehen.

Attila machte ihn genüßlich darauf aufmerksam, daß die Slawen von Herzegowina nicht nur »Nieder mit den Türken!« brüllten, nein, sie schrien auch: »Nieder mit den Schwabi!«, und die Schwabi waren die Deutschen, kamen sie nun aus Wien oder aus Berlin. Willy geriet in Rage.

Franz, der sich an ihre Streitereien gewöhnt hatte, stopfte ihnen den Mund, indem er laut und deutlich verkündete, daß er, Krieg oder nicht Krieg, die feste Absicht habe, Anna zu heiraten, und daß seine Mutter schon Vernunft annehmen werde. Er habe keine Lust mehr, sich das Gerede über die bosnischen oder herzegowinischen Slawen anzuhören, auch nicht über die Deutschen oder die Türken, und er habe nur den einen Wunsch, sein taufrisches Glück zu schützen. Man solle ihn mit den Balkanvölkern in Ruhe lassen.

Die beiden Freunde hatten Anna widerspruchslos akzeptiert. Vor allem Willy war von dem tiefgründigen Charme der Augen des jungen Mädchens und seinem herrlichen ostjüdischen Akzent betört. Attila war zurückhaltender; denn Anna hatte von der Politik ihre eigenen Vorstellungen und unterstützte heftig die Forderungen der unterdrückten Slawen im Norden, der Tschechen und Slowaken, wie auch jener im Süden, denen zu Hilfe zu eilen man zögerte.

»Und seit wann reden Frauen über Politik?« empörte sich Attila.

»Warte ein wenig«, protestierte Willy, »du wirst schon sehen... Nach der Hochzeit wird alles in die Reihe kommen. Anna wird uns kleine Gerichte ihres Landes kochen, gefüllten Karpfen, und in jenen abgelegenen Ecken sind die Frauen, was die Knödel angeht, unschlagbar... Sie wird sich auf die Dauer assimilieren und eine gute Österreicherin werden. Ich für mein Teil bin für die Assimilierung der Juden im Kaiserreich.«

Attila dachte darüber nicht weniger nach, aber er gab klein bei. Wenn sie alle zusammen im Prater spazierengingen, tadelte Anna häufig die ungarischen Ansprüche und griff mit sanfter Stimme die erzwungene Magyarisierung an, die Ungarn ohne Rücksicht auf die anderen Völker bis zum Äußersten vorantrieb. Und der kleine Ungar verspürte keinerlei Lust, seinen neuen Freund zu verlieren.

»Wenn sie verheiratet sind, hat sie die Hosen an, das versichere ich dir!« grummelte Attila.

❖

Frau Taschnik gab nach, wie ihre Mutter nachgegeben hatte. Den in der kaiserlichen Hauptstadt geltenden Bräuchen gemäß erhielt Anna in der Kirche eine schöne Taufbescheinigung; im Frühling des folgenden Jahres 1876 heirateten sie ohne große Zeremonie, Franz in Samtweste und mit mausgrauem Filzhut, Anna in weißseidenem Kleid und mit von den nahen Feldern gestohlenen Klematis im Haar. Willibald Strummacher war der Trauzeuge der Braut, und der von Franz war natürlich der kleine Ungar Erdos Attila. Die Familie Baumann zeigte sich nicht: Auch sie hatte ihre Feindseligkeiten, vor allem der chassidische Großvater, der wütend auf den Verrat war, wie er es nannte. Und trotz seiner offenen Einstellung weigerte sich der Vater der Braut, Abraham, zur Hochzeit seiner Tochter zu kommen, denn die Assimilation, meinte er, gehe nicht bis zu den Christen, den Gojim. Was zuviel war, war zuviel.

In diesem Jahr hatte Strauß *Cagliostro in Wien* komponiert, eine Operette voller Märsche und schneller Polkas, deren schwungvolle Melodien militärische Anklänge hatten. Nach dem Hochzeitsmahl, unter den Kirschbäumen serviert und von Frau Taschnik bereitet, tauchte ein Musiktrio auf.

Es war eine Überraschung, ein Geschenk Attilas und Willys. Das kleine Orchester spielte die Operettenmelodien und dann, um ganz in den Gefühlen aufzugehen, einen berühmten Walzer – *Wein, Weib und Gesang* – und zum Schluß, wie es die Sitte verlangte, *An der schönen blauen Donau*. Frau Taschnik wischte eine Träne weg, Franz küßte strahlend unter dem Beifall seiner beiden Freunde seine Anna.

Am Vorabend waren die Konsuln von Frankreich und Deutschland in Saloniki von moslemischen Terroristen ermordet worden; der bosnische Aufstand hatte auf Bulgarien übergegriffen; die Situation in den Balkanländern wurde kritisch. Die Staatskanzleien waren in Aufruhr; im Außenministerium, wo man finster dreinblickte, beglückwünschte man Franz im Vorbeigehen. Die Stunde war ernst; und man hoffte sehr, daß das Glück des jungen Redakteurs nicht die Stürme zu spüren bekommen werde, die Europa bedrohten. »Das Leben geht weiter, junger Mann!« sagte ihm sein Abteilungsleiter väterlich.

Mutter Taschnik zog sich in ein vielsagendes Schweigen zurück, nahm aber mit heimlicher Erleichterung hin, daß das junge Paar sich unter dem Dach des Hietzinger Hauses niederließ. Dann begann Anna, früh aufzustehen; sie kochte Kaffee – und wahrlich keinen schlechten; sie kümmerte sich um die Wäsche, und Mutter Taschnik ließ sich langsam von einer unbekannten Trägheit umgarnen. Obwohl...
Es hieß, jene Leute seien nicht sauber.
Lange Zeit hatte sie ihre Schwiegertochter im Verdacht, sich nicht zu waschen, und hantierte lärmend mit den Porzellankrügen herum, wobei sie unter schwerwiegenden Anspielungen reichlich Wasser fließen ließ: »Meine Tochter, einwandfreie Sauberkeit ist erforderlich! Wasser! Viel Wasser! Um Flecken wegzukriegen, kann man gar nicht genug machen, wissen Sie!«
Anna lachte. Wenn ihre Schwiegertochter einkaufen ging, trippelte Frau Taschnik zu den Schränken und inspizierte sorgfältig die Wäsche; aber es gab nichts zu bemängeln. Ihr Sohn schien im siebten Himmel zu sein. Er hatte ein Klavier gekauft. Sonntags machten Anna und Franz zusammen Musik, und Mutter Taschnik hatte sich angewöhnt, ihnen zu lauschen, während er über seine Geige gebeugt war und den Blick auf die Noten gerichtet hielt und sie mit vibrierendem Körper, als ob sie tanzte, ihre Hände über die Klaviertasten gleiten ließ... Schon siedete das Wasser im Topf in der Küche, und Frau Taschnik dachte an den Abendkaffee mit einem Spritzer Obers und vielleicht einem Schuß Marillenschnaps; und im Sommer saß sie unter dem Kirschbaum und schlummerte zum Klang der wunderbaren Melodien ein, wobei sie ihr Stickzeug fallen ließ. So etwas wie Glück.
Die alte Dame lehnte sich nicht mehr auf und ließ es sich gutgehen. Nach und nach gewöhnte sie sich ans Nichtstun; wenn das Wetter es erlaubte, verbrachte sie ihre Tage im Garten auf einer Liege, die ihr Sohn ihr geschenkt hatte. Im Juni stellte Anna fest, daß sie ein Kind erwartete. Franz strahlte, Frau

Taschnik war beunruhigt; sie würde sich wieder den Haushaltspflichten zuwenden müssen... Aber ihre Schwiegertochter kümmerte sich weiter um alles im Haus, und Frau Taschnik wurde zur gleichen Zeit wie ihre Schwiegertochter immer rundlicher, ohne es überhaupt zu merken. Mit wachsender Fettleibigkeit – und die Trägheit tat ein übriges – sah die ausgezeichnete Frau Taschnik ihre Vorbehalte dahinschmelzen.

7

Der Krieg in Bosnien

Das arme Landvolk schwitzet,
Bebaut mühsam sein Feld.
Umsonst! Gleich wird stibitzet
Ihm wiederum das Geld.

Kanonen sind sehr teuer,
Wir brauchen deren viel,
Besonders aber heuer,
Wo Ernst wird aus dem Spiel.

Wer weiss! Gäb's keine Fürsten,
Gäb' es auch keinen Krieg;
Aus wär' das teure Dürsten
Nach Schlachten und nach Sieg.

Elisabeth von Österreich

Der Sommer begann bedrohlich. Der Ballhausplatz hallte von düsteren Gerüchten wider; die europäische Situation besserte sich kaum. Der britische Premierminister Disraëli hatte erklärt, daß an der Kriegsbereitschaft der Völker auf dem Balkan nichts zu ändern und das Morden unvermeidlich sei.

»Es ist ein Aderlaß erforderlich!« hatte er verkündet.

Als Krönung des Ganzen hatte eine Palastrevolution in Konstantinopel stattgefunden; der Sultan Abdul Aziz war ermordet und sein Nachfolger Murad abgesetzt worden. Der neue Sultan Abdul Hamid II. hatte gerade den Thron bestiegen und begann seine Regierung mit politischen Verfolgungen. Am 2. Juli 1876 erklärte ihm der Fürst von Serbien den Krieg; jener von Montenegro folgte ihm auf dem Fuße und marschierte auf Mostar zu.

Die europäischen Staatskanzleien gaben den beiden Fürstentümern zu verstehen, daß diese nichts von ihnen zu erwarten hätten, gaben dann klein bei und eilten ihnen zu Hilfe. Minister Andrássy ließ verlauten: »Österreich kann es nicht zulassen, daß vor seinen Toren ein slawischer Südstaat entsteht, es muß Bosnien besetzen...« Willy frohlockte.

Aber Franz hatte andere Sorgen im Kopf. Mutter Taschnik war in wenigen Wochen gealtert. Ihr Schritt war schwerer geworden, sie hatte Atembeschwerden, der Arzt empfahl Ruhe. Die jungen Leute bemühten sich um die Kranke.

Franz dachte nicht mehr an die Unbekannte des Balles, von der er seiner Frau nichts erzählt hatte. Um der größeren Sicherheit willen hatte er den Fächer und die Briefe in seiner Schreibtischschublade im Ministerium versteckt. Als er diese Erinnerungen wegtrug, hatte er die feste Absicht, sich von ihnen zu befreien; er hätte sie zum Abfall oder hinter einen Busch werfen können, aber dazu konnte er sich nicht entschließen. Solche Briefe. Einen solch schönen Gegenstand.

Neun Monate nach Beginn des Krieges zwischen Serbien und Montenegro auf der einen und der Türkei auf der anderen Seite ergriffen die Russen Partei und schlossen sich der slawischen Koalition an. Nach zahllosen Versuchen gelangten sie vor die Tore Konstantinopels, das sich geschlagen gab.

Eine internationale Konferenz versammelte sich an den Ufern des Bosporus; die europäischen Mächte hatten einen Friedensplan zwischen der Hohen Pforte, Serbien und Montenegro vorbereitet. Sechs Monate später war die Konferenz fehlgeschlagen. Die europäischen Botschafter verließen die Hauptstadt des von nun an isolierten Osmanischen Reiches. Im Außenministerium redete man auf den Gängen, daß alles vorbei sei und man endgültig den »kranken Mann« werde gesund pflegen müssen.

Einen Monat vor dem Niedergang Konstantinopels gebar Anna eine Tochter, die man sehr christlich Emilie nannte und die alsbald den Spitznamen Emmi bekam. Das Kind hatte die hellen Augen seines Vaters und die schönsten Haare der Welt, lockig und schwarz. »Wie sein Großvater«, meinte Mutter Taschnik gerührt. Sie war erobert.

Aber ihre Erstickungsanfälle steigerten sich zum Emphysem; hinzu kamen schlimme rheumatische Beschwerden und beängstigendes Herzklopfen; auf den Wangen hatte sie Kupferausschlag, und sie konnte kaum noch gehen. Der Arzt war alles andere als optimistisch. Mutter Taschnik, die sich wenig beklagte, ließ sich von Sohn und Schwiegertochter verhätscheln.

Franz, der das Geräusch marschierender Stiefel haßte, erfaßte dunkel, daß Österreich-Ungarn im Osten eingreifen würde, ohne daß der Ausgang dieses Abenteuers vorauszusehen wäre. Aber seine kleine Familie war ihm wichtiger als das Schicksal Bosniens, und er kümmerte sich vor allem um sein Töchterchen und um Anna, die ihre Schwiegermutter mit vorbildlicher Hingabe pflegte.

Einige Tage nach der Taufe starb Mutter Taschnik am Herzschlag. Anna richtete selbst die Tote her, legte ein Kruzifix zwischen die steifen Finger, band das Kinn fest und überpuderte die blauen Flecken mit ihrer Quaste. »Damit sie nicht zu schmutzig aussieht«, erlaubte sie sich zu murmeln, bevor sie ihren Mann das Totenzimmer betreten ließ.

Nach dem Tod Mutter Taschniks und trotz der ernsten internationalen Lage tauchte das Ehepaar Taschnik ganz in die heimelige Welt des Eheglücks ein, und dies mit einer Leichtigkeit, die durch nichts zu trüben war, weder durch die Gerüchte im Ministerium noch durch die nur bescheidenen Mittel, die ihnen zur Verfügung standen. Nichts, bis auf das Unglück, von dem das Nachbarhaus befallen wurde, das von Johann Strauß.

Als er eines Nachts in den frühen Morgenstunden nach Hause kam, spürte der Maestro hinter seiner Tür einen hartnäckigen Widerstand; und als es ihm gelungen war, hineinzukommen, sah er zu seinen Füßen die Leiche seiner Frau. Jetty war nicht krank gewesen, niemand wußte, wie und woran sie gestorben war. Willy behauptete, sie habe plötzlich ihren Sohn eintreffen sehen, dessen Existenz sie sorgfältig vor dem armen Johann Strauß verborgen habe; vor Schreck habe das Herz versagt. Aber die Gerüchte, die Willy verbreitete...

Vom Garten aus beobachteten Franz und Anna traurig die Vorbereitungen für die Beerdigung; es war Frühlingsanfang, fast das Geburtstagsdatum der unglückseligen *Fledermaus*, die im April entstanden war. Jemand öffnete das Fenster, und sie hörten das Schluchzen des berühmten Komponisten. An der Mauer der Villa hingen schwarze Banner; der Sitte gemäß machte man das gleiche am Theater an der Wien. Johann Strauß ertrug die Villa in Hietzing nicht mehr und verschwand nach Italien.

Das war ein trauriges Ereignis, aber nicht das schlimmste. Trotz seines optimistischen Temperaments begann Franz schließlich Willys Beunruhigung wegen der Balkanstaaten zu teilen. Es war stärker als er: Franz weigerte sich, die Bedrohungen ernst zu nehmen, denen die Existenz des Kaiserreichs ausgesetzt war. Aber Johann Strauß hatte gerade eine Polka-Mazur mit dem aufbauenden Titel *Kriegers Liebchen* komponiert, und plötzlich wurde Franz sich der Gefahr bewußt.

»Du wolltest nichts davon hören! Du hattest uns untersagt, dir etwas vom Balkan zu erzählen...«, seufzte Willy. »Wir wollten dich ja nicht belästigen!«

1878 schien Europa entschlossen, die Konflikte auf dem Balkan zu regeln; dieses Mal hatte man es geschafft, wie Willy gesagt hätte, das war sicher. Nach ihrer hoffnungslosen Niederlage hatte die Türkei einen Vertrag mit Rußland geschlossen, den von San Stefano, der die Existenz eines Großbulgariens, eines riesigen slawischen Staates, festlegte. Österreich-Ungarn geriet darüber alsbald in Unmut und brachte die Idee eines internationalen Kongresses in Umlauf; Bismarck fing den Ball auf und lud die europäischen Mächte für Juni nach Berlin ein.

Man hatte es geschafft. Man wollte über ein gemeinsames Abkommen und auf der Basis neuer Garantien die Stabilität sichern, deren Europa so sehr bedurfte. Und die ganze Frage drehte sich um die Souveränität des Osmanischen Reiches, das sich hoffentlich einverstanden erklären würde, etwas für das Schicksal seiner Christen zu tun, und auch »Kapitulationen« hinnehmen würde.

Die kaiserlich-königliche Regierung Österreich-Ungarns schlug laut Minister Andrássy vor, Bulgarien bis zum Friedensschluß sechs Monate lang durch die russischen Truppen besetzen zu lassen.

»Da haben wir's!« rief Willy. »Und dann können wir Bosnien besetzen.«

»Aber man möchte meinen, daß du diesen Krieg willst«, entrüstete sich Franz. »Weißt du überhaupt, was es bedeutet, verwundet zu sein? Von Wundbrand befallene Beine oder ein paar Beine weniger, blutende, mit rauhem Leinen umwickelte Stümpfe...«

Plötzlich wurde ihm bewußt, daß er die Worte der Unbekannten von der Redoute wiederholte, und er hielt mit einemmal inne. Willy stammelte einige wirre Sätze, aus denen hervorging, daß das Schicksal Österreichs unweigerlich im Osten des Reiches entschieden würde.

»Die Ostpolitik, jeder kennt das«, schleuderte Franz ihm entgegen. »Käue nur deine diplomatische Lektion wieder! So alt wie die Welt.«

Weniger alt hingegen war die Europäische Kommission, die aus dem Berliner Kongreß hervorging, eine Institution, von der man den Frieden erhoffte.

Die Kommission faßte einen ersten Entschluß: Falls die Unruhen in Bosnien anhielten, würde sie ein Kontingent von zehntausend Mann hinschicken, um die Kämpfenden zu trennen. Dann, als besagte Kommission rein äußerlich ihre Pflicht erfüllt hatte, begann sie die Grenzen abzustecken.

Rumänien mußte den Russen Bessarabien überlassen – unter der Bedingung, daß sie die Religionsgleichheit respektierten. Österreich forderte die Unabhängigkeit Serbiens, und sie wurde gewährt. Trotz des Widerstands Italiens erwarb Serbien eine kleine strategische Kommune in Montenegro, einem Staat, der weder Recht auf eine Kriegsmarine noch auf Befestigungen hatte.

»Details«, murrte Willy. »Bleiben noch Bosnien und die Herzegowina. Warten wir's ab...«

Dieses Mal hatte er recht.

In Berlin schlug Minister Andrássy vor, daß die versammelten Mächte Österreich-Ungarn ein Mandat gewährten, um in Bosnien die Ordnung wiederherzustellen und es im Namen des Sultans zu verwalten.

Natürlich würde es sich um eine friedliche Besetzung ohne militärisches Einschreiten handeln. Der österreichische Auftrag wäre klar definiert: »Der osmanischen Regierung unter die Arme greifen, um die Rückführung der Flüchtlinge zu bewerkstelligen und die Ordnung aufrechtzuerhalten, indem Moslems und Christen gleichermaßen geschützt werden.« Die Armeen hätten strikte Anweisungen. Es handele sich um eine Art internationale Polizei, die Österreich nur einführen wolle, um den Frieden zu sichern.

Die Mobilmachung begann heimlich im Mai 1878. Einige Tage später besetzten die kaiserlichen Truppen das Donauinselchen Ada Kaleh, das man in der Diplomatensprache »den Schlüssel zur unteren Donau« nannte. Minister Andrássy äußerte seine Überzeugung, daß Rußland es bei seinen erschöpften Finanzen und den zerstreuten Militäreinheiten nicht wagen würde einzugreifen.

Der Berliner Kongreß gewährte das Mandat im Juli; Monsieur de Vogue, der französische Botschafter in Wien, schrieb an seinen Minister, daß der Kongreß Österreich gerade ein echtes Algerien beschert habe. Minister Andrássy versicherte dem Botschafter, daß Frankreich sich würdevoll verhalte, wenn es sich nicht weiter einmische, und daß es seine Rechte auf die heiligen Stätten in Jerusalem beibehalte. England hatte inzwischen Zypern besetzt, und der Ballhausplatz kam aus der Aufregung nicht mehr heraus. Im ganzen billigten die Wiener und Budapester Zeitungen den Gedanken der militärischen Intervention.

Ende Juli veröffentlichte die Presse eine Verlautbarung an die Bewohner Bosniens und der Herzegowina, die die ersten Soldaten auf die dortigen Häusermauern geklebt hatten.

> Bewohner von Bosnien und der Herzegowina!
> Begebt Euch mit Vertrauen unter den Schutz
> der glorreichen Fahnen von Österreich-Ungarn.
> Empfangt unsere Soldaten als Freunde &
> gehorchet der Obrigkeit,
> nehmt Euere Beschäftigung wieder auf,
> und Ihr sollt geschützt sein in den Früchten Euerer Arbeit.

Willy gab einen aus im Café Landtmann; wenn man ihn hörte, reichten, um in Bosnien einzumarschieren, eine Husarenkompanie und ein militärischer Tusch. Dieses Mal widersprach Attila ihm nicht: Willy begnügte sich damit, die Äußerungen zu wiederholen, die Minister Andrássy bei den Abendgesellschaften von sich gab. Aber Franz war nicht ihrer Meinung. Er sagte schreckliche Kämpfe und heftigen Widerstand voraus; im übrigen begann sich die öffentliche Meinung in Wien wie in Budapest um hundertachtzig Grad zu drehen.

Anfängliches Mitleid wich einer kritischen Vorahnung, daß es wohl nicht lange dauern würde, bis es zu einem echten Krieg käme. Das Schicksal des Kaiserreichs nahm eine entscheidende Wende.

»Aber wenn das dem Frieden dient«, murmelte Attila leise.
»Und der Ehre der kaiserlichen Fahne!« donnerte Willy. »Man muß bis zum Ende gehen!«

Anfang August drang die österreichisch-ungarische Armee, die aus sechzigtausend Soldaten bestand, in Bosnien ein. Den ersten Scharmützeln folgten ernstere Kämpfe. Bataillone der türkischen Artillerie kamen hinzu. Die Zahl der Toten des Kaiserreichs wurde geheimgehalten.

In Tusla erlitt die zwanzigste Division durch die Artillerie der »Aufständischen« eine Niederlage. Das österreichische Heer setzte Kanonen ein; unter der Sommerhitze verwesten die Leichen der toten Soldaten in wenigen Stunden. Die Bosnier hielten stand. In Wien unterstützte der Botschafter der Hohen Pforte diesen legitimen Kampf und bekräftigte, daß die zwanzigtausend Flüchtlinge, die um Wien herum untergebracht waren, niemals existiert hätten. Reine Erfindung, dazu angetan, das Osmanische Reich zu entehren. Der Ballhausplatz war besorgt. Sarajewo mußte unbedingt eingenommen werden. Aber die Heckenschützen und die türkischen Bataillone machten der österreichischen Armee zu schaffen: Sarajewo hielt sich.

Die Regierung Seiner kaiserlich-königlichen Majestät beschloß, Verstärkung zu schicken. Weitere siebzehntausend Soldaten, die meisten aus Böhmen, brachen nach Bosnien auf.

Am 20. August besetzte die österreichische Armee nach blutigen Zusammenstößen Sarajewo. Die Vergeltungsmaßnahmen waren entsetzlich.

Die Haltung der Presse war geteilt: Einerseits bewunderte sie den heldenhaften Mut der Soldaten und die Tapferkeit General Filipovics, eines harten, gestrengen Mannes – »sehr kroatisch und sehr katholisch« –, der für die besiegten Moslems kein Mitleid zeigte; andererseits mißbilligte sie die Grausamkeiten gegenüber der Zivilbevölkerung und die gewaltigen Kosten des ganzen Unternehmens. Das Kriegsministerium beschloß, unverzüglich mit dem Bau der Eisenbahnlinie bis Banja Luka zu beginnen.

Ende September war das Ende der Kampfhandlungen abzusehen. Der Krieg war vorbei, und Bosnien wurde nun im wahrsten Sinne besetzt. Die österreichischen Truppen erstellten neue Gebäude, vernichteten irgendwelchen für veraltet erklärten osmanischen Plunder – Karawansereien und öffentliche Bäder – und machten sich daran, in dem Land die Ordnung wiederherzustellen. Natürlich im Namen des Sultans.

Die äußerste Linke rief zu einer Protestversammlung auf, zu

der Anna Taschnik unbedingt gehen wollte. Franz wußte nicht mehr, was er denken sollte: Seine Freunde billigten die Besetzung vorbehaltlos, vor allem Attila. Und Willy studierte sorgfältig die Gastronomie der eroberten Region und redete lüstern von Baklavas und dem Žilavka-Wein, den man wohl bald auf den Wiener Märkten finden würde.

In den ausländischen Staatskanzleien bemerkte man, daß die Kaiserin während dieser langen Zeit mit einem ihrer Brüder in Gödöllö weilte und sich täglich den Freuden der Hetzjagd hingab. Die diplomatischen Depeschen erwähnten dieses Ereignis kommentarlos am Schluß ihrer Berichte über den bosnischen Krieg. Alles in allem ein Krieg wie jeder andere, mit seinem Anteil an verstümmelten Kindern und seinen sonstigen Bagatellen.

Im November kehrten die österreichischen Truppen, die bis zum Knie im Lehmboden gesteckt hatten, aus Sarajewo zurück; die Beamten brachen auf, um an ihre Stelle zu treten. Der Krieg war wirklich zu Ende.

Aber im Dezember tauchte, als unvermeidliche Folge der Wirren in den Balkanstaaten, eine geheimnisvolle »Gesellschaft des Todes« auf, eine Gruppierung anarchistischer Serben. Der Polizeidirektor Marx versicherte Seiner kaiserlich-königlichen Majestät allerdings, daß im Kaiserreich kein einziger Anarchist lebe.

Willy verschliß noch eine oder zwei ferne Verlobte und wurde wieder krank. Er verschwand, um sich behandeln zu lassen, kam dann abgemagert, blaß und mit einem schlimmen schwarzen Fleck wie eine merkwürdige Warze auf der Stirn zurück. Franz ließ sich nicht mehr beschwichtigen und fragte seinen Freund vorsichtig aus. Knurrend gestand Willy, daß ihn die Syphilis erwischt und er sofort Maßnahmen dagegen ergriffen habe. Die Ärzte schworen ihm, daß er völlig ausgeheilt sei.

»Ich bin ziemlich sicher, daß es die Kleine im roten Domino war«, grummelte er, »jene, die ich 75 aufgetan hab, weißt du noch? Zweifellos auch angesteckt... Aber das ist vorbei. Keine Weibsbilder mehr. Ich heirate. Übrigens glaube ich, daß wir es dieses Mal geschafft haben...«

Und er kehrte zu seinen Eheträumen zurück.

Franz war erschrocken. Die Krankheit kam von der Friedl. Er konnte sich noch soviel einreden, daß er sie entjungfert hatte und für ihn keine Gefahr bestand, er untersuchte seinen Körper genauestens – ohne Ergebnis. Aber als Johann Strauß eine neue Operette mit dem Titel *Blindekuh* herausbrachte, machte Franz sich abergläubisch weiterhin Sorgen. Diese verbundenen Augen, all diese Masken- und Verkleidungsgeschichten sagten ihm nichts.

Attila, den seine Sängerin wieder hatte sitzenlassen, suchte sich eine Neue, die nicht rothaarig war – »eine lange Bohnenstange«, sagte er – und die ihn anbetete. Aus Gewohnheit nannte man auch sie trotz ihres pechschwarzen Haars »die Rote«.

Sonntags schauten Attila und Willy in dem Hietzinger Haus vorbei, wo Anna Tafelspitz mit Apfelkompott und Kren bereitet hatte. Als Vorspeise bot sie marinierte Heringe, und was ihre Palatschinken mit Marillenmarmelade anging, war sie unschlagbar. Das Haus der Taschniks wurde zum Paradies; Anna hatte die drei Freunde dazu überredet, zusammen Kammermusik zu machen.

Willy hatte sich daran erinnert, daß er als Kind Cello spielen gelernt hatte; er hatte ein wunderbares, ganz neues Instrument gekauft, das die Woche über im Hause Taschnik blieb. Sonntags kam er in der Frühe und übte. Attila bekannte beschämt ohne weiteres, daß er vielleicht gerade noch zum Trommeln, aber ansonsten nicht als Musiker tauge. Wenigstens konnte er ein bißchen singen. Anna drückte ihm die Lieder von Schubert in die Hände, und Attila rief, niemals, niemals würde er das schaffen. Da man ihn zum Üben ermahnt hatte, tat er dies während des Frühlings im hinteren Teil des Gartens. Franz mußte nicht überredet werden.

Jeden Abend, wenn er heimkehrte, setzte sich Anna ans Klavier. Das Ehepaar durchlief, ohne müde zu werden, das riesige Repertoire all der Sonaten und Sonatinen: Beethoven, Mozart,

Schubert und sogar Schumann. Und Anna hatte die Erziehung ihres Franzl diskret verfeinert, indem sie ihn in die Konzerte führte, an denen es in Wien nicht mangelte.

Sie überzeugte schließlich sogar die anderen, die sie widerstrebend begleiteten. Willy, der häufig einschlief, erwachte beim Klang der Musik Wagners, dieses Neulings, der so viel Streit auslöste. »Da habt ihr die wahre deutsche Musik!« rief er aus. »Sie versetzt euch ins Reich der Mythen... Viel besser als Italien!«

Und da Willibald sich für Wagner begeisterte, hatte Attila aus Prinzip das Lager von Brahms gewählt, dem anderen großen Musiker, von dem er nichts verstand, der aber die schönsten *Ungarischen Tänze* komponiert hatte. Der Kampf zwischen Brahms und Wagner war erbittert; man liebte den einen oder den anderen, man mußte wählen. Franz und Anna, die Streit verabscheuten, lehnten es ab, sich zu äußern. »In Wien ist für alle Platz«, sagte Anna.

Aber als Franz erfuhr, welch große Wiener Freundschaft Johann Strauß und Johannes Brahms miteinander verband, schwenkte er in das Lage der Anti-Wagnerianer über. In der Hietzinger Villa wurden die Diskussionen immer erbitterter; die sanfte Anna sorgte wieder für Ordnung, indem sie dazu aufrief, zur sonntäglichen Hausmusik zurückzukehren.

Da er jeden Sonntag die am wenigsten schwierigen Melodien der *Winterreise* übte, gelangte der Ungar doch zu einigen Ergebnissen, auf die er ausnehmend stolz war. Anna begleitete ihn am Klavier; Attila stellte sich vorteilhaft in Pose und machte mit der Hand auf dem Herzen den unglückseligen Schubert zunichte. Aber als es dann zum Trio kam, sah die Sache anders aus.

Denn Willy überraschte seine Freunde durch die Qualität seines Spiels. Er war sogar einverstanden, o Wunder, das *Trio Opus 8* von Brahms zu spielen.

»Ein Jugendwerk, das geht gerade noch so eben«, brummte er, um nicht das Gesicht zu verlieren.

Das Cello zwischen die Beine geklemmt, entlockte Willy dem Instrument schmerzlich-zarte Töne, die man bei einem so groben Mann wie ihm nicht erwartet hätte. Als Anna ihm halblaut sagte: »Das war schön, Willibald«, richtete er einen solch leidvollen Blick auf sie, daß sie die Augen abwandte, um nicht zu weinen.

»Deinem Freund geht es nicht gut«, sagte sie wiederholt zu Franz. »Du brauchst nur seinem Instrument zu lauschen, und du wirst verstehen.«

»Kümmere dich um ihn«, sagte der gutherzige Riese. »Er braucht Zuneigung.«

Und da der Krieg zu Ende war, waren dies friedliche, sanfte Jahre.

Franz wäre vollständig glücklich gewesen, wenn seine Frau, die er über alles liebte, den Walzer gemocht hätte. Nicht daß sie ihn ablehnte; sie hörte gern zu. Aber wenn es darum ging, ihn zu tanzen, war es unmöglich. Steif und verspannt stolperte sie, und nicht einmal die breite Pranke ihres großen Mannes auf der Taille schaffte es, sie wieder in den Takt zu bringen.

An einem zärtlichen Abend fand Franz die Erklärung. Die Chassidim des Schtetl in der Bukowina, wo seine Gattin großgeworden war, waren auch solche Tänzer, die sich mit ausgebreiteten Armen bis zur Ekstase um sich selbst drehten. Sich drehen war die geheiligte Aktivität des Großvaters Simon Baumann, den sie häufig gesehen hatte, wie er sich mit unbestimmtem Blick einer Trunkenheit überließ, auf die die Frauen kein Recht hatten. Sobald Anna Walzer zu tanzen begann, empfand sie schwer ihre Waden, spürte, wie ihre Beine nachgaben. »Ich glaube, daß mein Großvater mich verhext hat«, sagte sie lachend. »Walzertanzen ist verboten, so ist es nun einmal.« In Franz kam so etwas wie Groll gegen diesen unbekannten Vorfahren auf, dann resignierte er.

Die Musik, die echte, war schon einen Walzer wert.

Emmi war ein wildes Baby gewesen, das sich nachts weigerte zu schlafen, eine kleine Teufelin, die nicht stillhielt und von allen vergöttert wurde; insbesondere von dem Ungarn, der ihr alle ihre Launen gestattete. Die schalkhafte Emmi war die ganze

Freude der beiden Freunde, vor allem Attilas, der sie häufig in den von Eseln gezogenen Wagen im Prater spazierenführte. Da es bequemer war, wurde beschlossen, daß das Kind sie »Onkel Willy« und »Onkel Attila« nannte; die beiden Männer waren noch immer nicht verheiratet.

Manchmal, wenn Anna in der Küche verschwand, zwinkerte Willy mit den Augen und erinnerte Franz an die Redoute. »Ich sage dir nicht, daß das die gute Zeit war, mein Alter«, seufzte er, »aber diese Gabriele, was war sie im Grunde für ein ungewöhnliches Geschöpf... Glaubst du, daß sie eines Tages wieder auftauchen wird?«

Franz antwortete, Gabriele habe ihm die Begegnung mit Anna erlaubt. Und daß er von der Unbekannten des Balles nichts mehr gehört habe.

Im übrigen, fügte er hinzu, war die Kaiserin unentwegt auf Reisen; in Frankreich hatte sie einen Reitunfall, es hatte nur wenig gefehlt, und man hätte ihr das lange Haar abschneiden müssen; der Kaiser war deswegen in großer Aufregung. Sie fuhr häufig nach England, wo viel über ihren englischen Reitlehrer, einen gewissen Middleton, geschwätzt wurde; sie zeigte sich mit ihm ebenso kompromittierend vertraulich wie seinerzeit mit der französischen Reitlehrerin. Um den Ungarn in Wut zu bringen, beschuldigte Willy die Kaiserin aller Sünden der Welt; der andere fiel darauf rein, und Franz war mit von der Partie. Diese Linienkämpfe, die niemanden freuten, wurden im Landtmann bei reichlich gespritztem Kaffee ausgetragen; die Ladenschwengelwitze, die dabei gerissen wurden, ärgerten den ehrenhaften Franzl mit seinem sensiblen Herzen zutiefst.

Die Kaiserin zog die Kritik der Wiener auf sich wie ein Blitzableiter den Blitz. Wenn Willy zum Angriff überging, konnte Franz nicht anders als sie verteidigen. Für den Dicken war es ein Spiel; aber für Franz blieb die Kaiserin wegen Gabriele ein Heiligtum.

Im geheimsten Winkel seines Herzens hatte er das Empfinden, sie als Person zu kennen; und wenn er von den Eskapaden der Kaiserin sprechen hörte, hätte er alles erklären können. Das Risiko war ihm zu groß: Wer würde sie für scheu und schüchtern halten, wer würde verstehen, daß sie nicht zärtlich geliebt wurde?

So zärtlich, daß man unter der Teilnahme aller Zünfte in Wien mit lautem Getöse die Silberhochzeit des kaiserlichen Paares feierte.

8

Der Festzug des Meisters Makart

> *Ihr, Habsburgs Sprossen! tretet vor*
> *Aus Eures Zeltes Schatten,*
> *Seid heute selber Dienerchor*
> *Dem Volk von Gottes Gnaden.*
>
> Elisabeth von Österreich

Die Vorbereitungen hatten im Januar 1879 begonnen; für die eigentlichen Zeremonien war der Monat April vorgesehen. Der Stadtrat hatte feierlich beschlossen, daß die Hauptstadt des Kaiserreichs all ihren Prunk entfalten würde, um dieses Ereignis mit Würde zu feiern.

Das war nur gerecht; nach einigen Skandalen hatte sich die Erinnerung an den berühmten Börsenkrach von 1873 endlich verwischt. Die Geschäfte waren wieder in Gang gekommen, der Kaiser hatte die Erregung im ganzen Reich gedämpft, die Besetzung Bosniens funktionierte schlecht und recht, und selbst die Balkanstaaten hielten sich beinahe zurück, solange man es nicht zu genau nahm.

Sankt Petersburg warf weiterhin seinen bedrohlichen Schatten, doch falls Unstimmigkeiten zwischen dem Zaren und dem Kaiser bestanden, so waren es doch keineswegs Feindseligkeiten. Der österreichisch-ungarische Kompromiß wurde erneuert. Offensichtlich fand sich nicht die ganze Welt mit der magyarischen Hegemonie ab; in Polen hatten sich die Studenten mit der Polizei geprügelt; die böhmischen und mährischen Landtage blieben geschlossen, und die Slawen fochten jeden Tag stärker die maßlosen Privilegien der Magyaren an, denen alles unterstand, die Gewaltenteilung, die Finanzen, der Einfluß der Sprache, die Schulen, kurz, es war eine anmaßende Überlegenheit.

Aber die Dinge sind, wie sie sind, und da das Kaiserreich in einem nicht zu erschütternden Gleichgewicht war, stand alles zum besten in der besten aller Welten. In einem Anfall unerwarteter Begeisterung schlossen sich die Verbände und Zünfte dem Stadtrat an und baten den berühmten Maler Makart, das Idol der Erneuerung der klasssischen Malerei, für die Silberhochzeit des Herrscherpaares einen riesigen Festzug in Renaissance-Kostümen zu organisieren.

»Offenbar trifft man auch in der Burg Vorbereitungen«, bemerkte Willibald und schlürfte seinen Slibowitz. »Es ist ganz vertraulich: eine Reihe lebender Bilder, in denen die Erzherzöge und Erzherzoginnen auftreten. Bei dem Erzherzog Karl Ludwig. Die ganze Geschichte von Österreich.«

»Und Ungarn?« Attila bäumte sich sogleich auf.

»Oh! Man wird die Wiedereroberung Budas aus den Händen der Osmanen zeigen, weißt du, es wird an alles gedacht.«

»Aber wie machst du das, daß du alles weißt, was im Palast passiert?« murrte Franz. »Eine Kammerzofe oder eine Geschirrspülerin? Sag uns ihren Namen...«

»Ich übe nur meinen Beruf aus!« antwortete Willy entrüstet. »Neulich abends kam ich am Büro des Abteilungsleiters vorbei, die Tür war offen, und...«

»Und der Herr hat nicht umhingekonnt, mitzuhören, nicht wahr?«

»Im Interesse des Reiches! Um den Hof besser kennenzulernen! Übrigens scheint die Kaiserin gedankenlos Geld für ihre Pferde auszugeben. Du verstehst.«

»Ich verstehe vor allem, daß du keine Gelegenheit versäumst, an sie zu erinnern!« rief Franz.

»Ich?« Willy war entrüstet. »Ich wiederhole nur, was geredet wird... Daß der Kaiser allein ist, daß er um vier Uhr morgens aufsteht, daß er den ganzen Tag arbeitet und daß sie niemals da ist, niemals, was willst du? Du verteidigst sie immer. Und ich weiß, warum!«

»Es ist gut«, murmelte Franz. »Fang nicht wieder damit an. Die Erzherzöge beschäftigen sich also mit Ungarn, was sagst du dazu, Attila?«

»Mir ist von vornherein der Festzug lieber«, sagte der Ungar mit angewidertem Gesicht. »Wenn man doch nur dabeisein könnte!«

»Ich bin dabei«, warf Franz beiläufig ein. »Durch den Gesangsverein. Sie brauchten einen hochgewachsenen Statisten für den Eisenbahnwagen, und niemand hatte die erforderliche Größe, da...«

»Ich bin auch dabei«, murmelte Willibald. »Ich gehe als Weinbauer; übrigens ist das nicht einmal falsch! Mein Vater hat ein Weinspalier...«

»Und ich?« rief Attila. »Ihr Wiener, ihr findet euch immer zurecht, aber den armen Ungarn übergeht man!«

»Da haben wir den Verfolgten, der sich wieder in Sicherheit bringt«, meinte Willy lachend. »Wenn du willst, nehme ich dich mit.«

»Weinbauer, zu vulgär! Niemals. Nein, nein, ich werde euch von weitem Beifall klatschen«, schloß Attila.

Am nächsten Morgen gestand er, daß er auf dem Wagen der schönen Künste sein würde. »Eine Freundin«, sagte er errötend, »die ein Modell spielen wird, oh, ganz dezent, und sie hat mich bei den Künstlern eingeführt, ich werde eine griechische Statue sein, mit einem Harnisch und einem Helm. Man tut sein möglichstes...«

Sie warteten bis Ende März, die Zeit, da die Proben beginnen würden.

In Irland ging es auf Mittag zu; seit dem Morgengrauen galoppierte die Kaiserin auf ihrem Rappen, den sie Domino nannte, weil er um die Augen herum weiß gefleckt war wie eine Karnevalsmaske, sagte sie. Der Wind stach ihr in die Augen, der Dunst nahm ihr manchmal die Sicht, aber sie ritt, sie flog, und ihr englischer Reitlehrer konnte kaum folgen.

Schließlich hörte sie ihn nicht mehr und hielt an. In der Ferne versperrte ihr eine hohe Einfriedung den Weg, direkt nach den letzten Bäumen des Waldes. Domino schlug den Kopf und beruhigte sich dann. »Ja, ganz brav«, murmelte sie und streichelte die seidige Mähne, »wir sind endlich allein, Liebling, mein zitternder...«

Ein Hase stürzte aus einem Heuhaufen hervor und hielt jäh mit erhobenen Pfoten und unruhiger Schnauze inne. Domino schnaubte. Mit drei mächtigen Sprüngen floh der Hase Richtung Horizont. Sie hielt die Hand als Schirm über die Augen und folgte ihm mit dem Blick, aber die Sonne blendete sie plötzlich. Von dem Hasen war nichts mehr zu sehen.

»Da siehst du, was ich bin«, flüsterte sie, »ein Hase. Ich komme, ich beobachte, ich habe Angst, ein Niesen, ich renne los und bin weg. Kein Hase mehr! Keine Sisi mehr... Wie schön das wäre, in der Sonne zu vergehen!«

Sie drehte sich um; der englische Reitlehrer war immer noch nicht da. Gereizt zog sie ihren Fächer unter dem Sattel hervor.

»Middleton!« rief sie. »Ich warte auf Sie, mein Lieber!«

Schließlich kam er, das Gesicht rot vor Anstrengung und mit gerunzelter Stirn, wütend.

»Sie brechen sich noch den Hals, Majestät«, sagte er in barschem Ton. »Und ihm brechen Sie das Kreuz; man wird Ihren Domino schlachten müssen!«

»Mein roter Fuchs ist nicht zufrieden«, sagte sie und lachte schallend. »Ist er vielleicht ein wenig müde?«

»Müde? Überhaupt nicht«, erwiderte Bay Middleton außer Atem. »Aber wir müßten umkehren.«

»Wirklich«, rief sie und knallte den Fächer zu. »Sehen Sie dahinten die Einfriedung?«

»Sie wollen doch wohl nicht...«, stammelte der Reitlehrer entsetzt.

Bevor er noch seinen Satz beenden konnte, hatte sie Domino schon auf Trab gebracht. Middleton schrie: »Nein!« Sie war nicht mehr da, er folgte ihr, holte sie ein. Zwei Meter von der Mauer entfernt, flog sie mit einemmal davon, er glaubte, sein Herz würde stehenbleiben, und sprang seinerseits.

Auf der anderen Seite der Einfriedung schnitt ein Mönch, der mit einem Gartenmesser bewaffnet war, friedlich die Birnbäume des Klosters zurück, als er das Schnauben der Pferde hörte. Er erblickte Beine in der Luft und sah auf die schönen frischen Lauch- und Sauerampfersetzlinge, die er am Abend säuberlich in Reih und Glied gepflanzt hatte, zwei Pferde und zwei Reiter fallen, einen alten mit rotem Backenbart und einen jungen blaßhäutigen in schwarzen Hosen, auf dem Kopf einen Zylinder wie für einen Ball und mit dunklen Lederhandschuhen. Der Blick des Gärtner-Mönchs ging zwischen dem geheimnisvollen Jüngling und den zerdrückten Lauchreihen hin und her, auf denen die Pferde herumtrampelten.

Dann nahm der junge Mann mit einemmal den Hut ab, und lange Zöpfe rollten auf seine Schultern. Er beugte sich zu dem rotbärtigen Mann und murmelte ihm etwas ins Ohr.

»Vater«, verkündete der Reitlehrer und nahm seine Jockeymütze ab, »Sie haben die Kaiserin von Österreich vor sich, die Sie bittet, ihr zu verzeihen. Sie ist aus Versehen über die Umzäunung gesprungen... Selbstverständlich wird man für die entstandenen Schäden aufkommen.«

Aufgeregt ließ der Mönch sein Messer fallen, vollführte eine ungelenke Verbeugung und rannte zum Kloster.

»Bah!« meinte sie. »Die Iren lieben mich. Sie werden sehen, sie werden uns Kaffee und Kekse anbieten.«

»Sie lieben Sie für den Geschmack meiner Landsleute nur allzusehr. Sie sind katholisch...«

»Och! Nicht sehr.«

»Genügend, um denen Revanche-Ideen in den Kopf zu setzen, wissen Sie das nicht?«

»Das freut mich. Ich liebe die Unordnung.«

»All right... Das ändert nichts daran, daß Sie sich eines Tages den Hals brechen«, brummte er.

»William, Sie gehen mir auf die Nerven. Schauen Sie, da kommt der Prior, um uns willkommen zu heißen, wie ich gesagt habe. Nun, mein roter Fuchs, war das nicht eine gute Idee? Hier amüsiere ich mich wenigstens, ich lebe. Dagegen in Wien... Wissen Sie, was die da unten machen? Sie bereiten meine Silberhochzeit vor. Und können Sie sich vorstellen, was die reden? Statt fünfundzwanzig Jahren Menage werden wir fünfundzwanzig Jahre Manege feiern!«

Sie prustete los. Von dem Reitlehrer kam ein höfliches Lachen. Dann drehte sie sich mit einem Ruck um, pflanzte sich mit frech erhobener Peitsche vor ihm auf.

»Meine Silberhochzeit... Sehen Sie mich genau an. Wirklich, Middleton, finden Sie mich so alt, daß ich das hinnehmen muß?«

❖

Die Probenzeit näherte sich. Hans Makart war ein großer Künstler; er hatte für alle Zünfte die Dokumente zusammengesucht, die Kostüme gezeichnet, und man fertigte meterweise Gaze für die Ärmel an, Samt für die Kniehosen, gestärktes Leinen für die Halskrausen der Epoche, ganz zu schweigen von den Lederschürzen für die Weinbauern und Kesselflicker, den Mützen und Federn für die Studenten, den Harnischen für die Soldaten... Nun, es war eine Arbeit, die man einhellig für gigantisch hielt.

Die Werkstätten waren im Prater eingerichtet worden. An einem Märzmorgen wurden alle Statisten zusammengerufen. Die Luft war noch ziemlich frisch, und man versuchte, so gut man konnte, sich aufzuwärmen; Schnaps ging von Hand zu Hand. Willibald von den Weinbauern erschien als erster; er war bis zu den Lackstiefeln von Kopf bis Fuß in Grün, mit einem kleinen roten Strich auf dem Leinenhemd. Seine Haare waren auf der Seite als krause Büschel zerzaust, und auf dem Rücken trug er eine Kiepe.

Franz war in einen schwarzen Panzer gezwängt, aus dem die Ärmel mit scharlachroten Schlitzen und die gelben Kniehosen ragten, und um den Hals trug er eine kleine Krause; über seiner Schulter hing eine glänzend nachgemachte Hellebarde aus Holz. Fehlte noch Attila, der fast nackt auftauchte und unter seiner Toga vor Kälte zitterte; er war mit einem antiken Kurzschwert und einem runden Schild bewaffnet. Sie starrten einander wortlos an.

»In der Kiepe fehlen die Weintrauben, man wird sie später hineintun«, nörgelte Willy schließlich und drehte den Kopf. »Ist das nicht... Na ja... Bin ich nicht zu dick?«

»Für einen Weinbauern geht das...«, sagte Attila. »Aber ich erfriere. Und wißt ihr, daß man mich ganz weiß anmalen wird? Bis zu den Haaren.«

»Die Krause juckt mich«, murmelte Franz und kratzte sich am Hals. »Ich habe meinen Hut noch nicht, er soll schwarze Federn haben. Sie haben mir die Hellebarde umgehängt, weil ich der größte bin. Was sind wir fein ausstaffiert.«

»Es wird schön werden«, bestätigte Willy. »Am Morgen allerdings in der Kälte, muß ich sagen... Aber ihr werdet sehen, in einem Monat unter der Aprilsonne werden wir umwerfend, hinreißend sein! Und dann noch die Musik.«

Franz versuchte zu lachen, aber es kam nicht von Herzen. Von allen Seiten strömten Handwerker, Soldaten, Bürger und Arkebusiers herbei, die seltsam herausgeputzt waren und von einem Fuß auf den anderen traten. Nur die Mädchen, die die Modelle auf dem Künstlerwagen spielten, stolzierten in langen makellosen Togen umher; sie knüpften auf griechische Art Bänder in ihre Haare und warfen diesen Bürgern, diesen Renaissance-Herren, die sie von weitem lustvoll beäugten, schelmische Blicke zu.

»Also gut! Da es ja sein muß...«, meinte Willibald und rückte seine Kiepe zurecht. »Ich gehe nach hinten auf meinen Karren, um mich auf mein Faß zu hocken. Du hast Glück, Attila, du bist bei den Frauenzimmern...«

»Nicht mich sehen sie an«, rief der kleine Ungar unwillig, »sondern dich natürlich, Franzl.«

»Dafür kann ich nichts«, stammelte Franz verlegen, »das ist nur, weil ich zu groß bin, das ist alles.«

»Deine Kaiserin wird nur dich sehen«, warf Willy mürrisch ein. »Wenn sie für den Festzug aus Irland zurückzukehren geruht.«

»Sie ist schon zurückgekehrt, Herr Ich-weiß-alles!« entrüstete sich Franz sogleich. »Sofort nach den Überschwemmungen in Ungarn.«

»Ah, ja? Das ist mir wohl entgangen. Dir entgeht offenbar nichts...«

»Genug!« rief Attila. »Kein Wort mehr über meine Königin!«

Das Programm der Festlichkeiten war erdrückend; am 20. April Empfang auf der Burg für die Delegationen aus dem ganzen Kaiserreich, offizielle Reden, aufrecht stehen, keine Schwäche zeigen, sich die Hand küssen lassen, Blumen in Empfang nehmen, offizielle Reden, Lächeln, Komplimente, Lächeln... Am Abend lebende Bilder im Empfangssaal des Karl-Ludwig-Palasts; Kronprinz Rudolf wird sich die Ehre geben.

Dann würde die neue Votivkirche eingeweiht werden, die zum Gedenken an das Attentat von 1853 erbaut worden war. Dem jungen Kaiser war dabei von einem Rebellendolch die Kehle durchstochen worden; er wäre fast daran gestorben. Schließlich würde man zum Höhepunkt der Ereignisse gelangen, dem sehnsüchtig erwarteten Festzug der Wiener Zünfte am 24. April. Stunden auf der offiziellen Tribüne, ohne sich bewegen zu können. Alptraum!

An jenem Tag schritt die Kaiserin zur Gedenkmesse am Arm ihres Gemahls das Schiff der Kapuzinerkirche hinauf. Als Großmutter hatte sie sich in Grau gekleidet – aber ein so silbriges Grau, mit zartrosa Perlen bestickt, daß man hätte sagen können, sie sei die »Feenkönigin«, wie ihre Bewunderer jenseits des Ärmelkanals sie nannten. Bei dem Gemurmel, mit dem ihre Erscheinung begrüßt wurde, als sie der Karosse entstieg, wußte sie, daß sie die Leute immer noch in bewunderndes Erstaunen versetzte. Als sie ihren Fuß aus der Kutsche auf den Gehsteig setzte, zitterte sie etwas bei der Erinnerung an das Diadem, das sich einst mit dem Schleier und den Diamanten verhakt hatte. Aber statt zu weinen, biß sie die Zähne zusammen und betrat stolz die Kirche, während der *Andere* sie mit unverändertem Entzücken betrachtete.

Wie seltsam er war! Während er in seinem kaiserlichen Sessel saß, rührte er sich fast nie; kaum daß er merklich das Bein ausstreckte. Manchmal streichelte er eine Seite seines Backenbarts mit einer makellos weiß behandschuhten Hand; alles an ihm entsprach völlig seinen Porträts. Wie oft hatte sie versucht, ihn aus seinem vergoldeten Rahmen heraustreten zu lassen, wie oft hatte sie echte Szenen vom Zaun gebrochen, um Wut, eine Emotion, etwas von Leidenschaft hervorzulocken... Aber nein! Er sah sie mit einem unerschütterlichen Blick an, der vage beunruhigt wirkte, nicht mehr, und ansonsten von dieser gleichbleibenden, hartnäckigen und so faden Zärtlichkeit erfüllt war.

Tödlich fad. Woran dachte er? Sie stellte sich diese Frage nicht mehr; zweifellos an nichts, wie gewöhnlich. Am Anfang, wenn es auf die ehelichen Nächte zuging und sie tausend Tode starb, hatte sie ihn glücklich gesehen; nichts als glücklich, froh zu leben. Aber war er auch manchmal zum Glück fähig, leiden sehen hatte sie ihn nie. Auch nicht die beiden Male, als sie ihn während ihrer Krankheiten verlassen hatte. Oh, sicherlich! Er hatte geklagt, offiziell, mit der einem Herrscher angemessenen Würde; zuviel Stolz oder zuviel Geduld. Ein so kontrollierter Gleichmut, daß er fast Gleichgültigkeit wurde. Und wenn sie dann wegfuhr, hatte er keine Einwände; der Trottel. Zufrieden, wenn sie zurückkam, zufrieden, wenn sie aufbrach. Immer gleichmäßig in seiner Stimmung.

Sie wandte leicht den Kopf, um ihn von der Seite anzusehen; wie von einem Magneten angezogen, warf er ihr einen schnellen angsterfüllten Blick zu; die Statue belebte sich. *Auf seine Weise liebt er mich also immer noch,* stellte sie ohne Mißfallen fest, *der arme Mann!* Um ihn zu beruhigen, legte sie ihre Hand auf die seine und flüsterte: »Nein, nichts...« Mit der Andeutung eines Seufzers nahm er sofort seine Pose wieder ein.

Sie hatte diese lange Schlacht gewonnen, die vor fünfundzwanzig Jahren durch eine einseitige Liebe auf den ersten Blick begonnen hatte. Plötzlich hatte sie eine Idee, eine dieser Ideen, wie sie Siegern in den Kopf kommen. Damit er Gesellschaft hatte, brauchte er eine zweite Frau, die sie selbst wählen, die sie schützen würde. Eine Frau, deren Freundin sie wäre, von der Art, daß niemand auf der Welt ihre Ehrenhaftigkeit anzweifeln könnte.

Sie sah sich mit einemmal als großzügige Vermittlerin, die eine ehebrecherische, vor den Augen aller bis ins kleinste organisierte Beziehung segnen würde; es überkam sie einer dieser plötzlichen Lachanfälle, bei denen sie außer sich geriet, und sie kniete jäh, den Kopf zwischen den Händen, auf ihren Betstuhl nieder, um ihre Heiterkeit zu verbergen.

Er hüstelte, wurde etwas unruhig. Sie biß sich innen in die Wangen, versank noch tiefer in eine vorgegebene Frömmigkeit – die Wiener würden sie ganz schön exaltiert finden; schließlich konnte sie sich erheben. Wunderschöne Lachtränen waren ihr die blassen Wangen hinuntergekullert; er hielt es für Rührung, küßte ihr dankbar die Hand und half ihr beim Hinsetzen.

Am 24. April regnete es den ganzen Tag; der Festzug wurde verschoben. Am 25. ließ der Regen noch nicht nach; der Stadtrat war untröstlich, verschob noch einmal. Das schlechte Wetter hielt bis zum Abend des 26. an. Am 27. endlich regnete es nicht mehr. Eine kümmerliche Sonne erschien gelegentlich. Man wollte es versuchen.

Das allgemeine Treffen war auf den 27. April vor Tagesanbruch festgelegt. Als die Nacht sich dem Ende zuneigte, inspizierten die Zimmerleute und Sattler beim Schein der Laternen, die in der Dunkelheit der Baumgruppen tanzten, die Prunkwagen. Als Franz im Prater ankam, hatte man die Wagen alle aus ihren Schuppen herausgeholt, und man sah prüfend zum schwarzen Himmel.

Bereits nach Mitternacht hatte Anna die Kostümteile herausgelegt und Franz beim Anziehen geholfen. Die Kniehosen paßten sehr gut; aber einer der roten Strümpfe hatte einen Riß. Anna kniete nieder, um ihn zu nähen, trennte den Faden mit den Zähnen, und das so nah, daß Franz glaubte, sie werde ihn beißen; sie brach in Lachen aus. Als der Panzer an die Reihe kam, riß ein Band nach dem anderen. Die einfallsreiche Anna ersetzte sie durch Seidenbänder, die sie für ihre Hüte aufbewahrte, die schönsten rosafarbenen Bänder. Damit die Halskrause nicht kratzte, hatte sie eine Art Halsband aus Satin angefertigt. Blieb noch die Samtkappe, mit schwarzen glänzenden Hahnenfedern geschmückt. Anna trat zurück, um das Ganze in Augenschein zu nehmen: Das Renaissance-Kostüm ließ die Knie sich biegen, verlängerte den Hals, streckte den Rücken. Ihr Franzl würde der schönste Hellebardenträger des ganzen Aufzugs sein.

Eigentlich wollte sie ihn begleiten; aber im Augenblick des Aufbruchs weigerte sie sich. Als Franz ärgerlich werden wollte, hängte sie sich an seinen Hals und zerdrückte die Falten seiner gestärkten Krause. Anna erwartete das zweite Kind. Er zwang sie, sich wieder hinzulegen, und eilte mit einem Freudensprung und seiner Hellebarde auf dem Rücken davon, um die erste Tram zum Prater zu erwischen. *Wenn er geboren ist, lasse ich mir einen Schnurrbart wachsen,* dachte er. *Und wir engagieren ein mährisches Kindermädchen mit schwarzen Bändern an der Haube.*

»Eine Million Menschen auf den Straßen – und allein für den Festzug zehntausend Statisten!« rief man auf allen Seiten in der kaiserlichen Loge. »Das ist ein Triumph!« – »Ja, wenn es nicht anfängt zu regnen, schauen Sie sich die Windrichtung an, das sieht nicht gut aus.« – »Aber wir werden auf jeden Fall den Beginn des Festzugs mitkriegen, und außerdem sind wir geschützt...«

Während sie auf dem großen vergoldeten Holzsessel saß, bekam die Kaiserin kaum etwas von den Unterhaltungen der offiziellen Gäste mit. Dieses unendliche Gelärme über die alten Gemäuer hinweg, diese wuselnde Menge, das war ihr Entsetzen, ihre Phobie. Der Pavillon der kaiserlichen Familie jedoch, der sich an den Triumphbogen lehnte, isolierte die vornehmen Statisten; sie thronten ganz oben auf einer roten Bühne, geschützt durch einen purpurroten Baldachin. Hinter ihr sitzend, ergriff ihr Sohn Rudolf ihren Arm, um sie vor den Ängsten zu schützen, die er bestens kannte. »Es wird alles gutgehen, Mutter; ich bin da«, murmelte er ihr ins Ohr. »Haben Sie keine Angst.« Und als er sie wirklich für etwas zu nervös befand, drückte er ihr einen verstohlenen Kuß auf den Hals. »Hör auf damit!« rief sie ungeduldig.

Dennoch wäre sie lieber mit einem Schirm unten in dem

Gewühl der Arbeiter mit ihren Mützen gewesen, endlich anonym wie jeder andere. Mehr als zwei Stunden lang würde sie den Blicken der Wiener nicht entfliehen können. Endlich saß man; die Kaiserin entfaltete ihren Fächer. Der Kaiser hatte gerade die Ehrenbezeigungen der Bevölkerung seiner Hauptstadt entgegengenommen, und schon sah man durch das große Portal der Burg den Zeremonienmeister, Hans Makart, zu Pferde auftauchen, in einem schmucklosen Samtwams, das schwarz war wie sein berühmter Bart, und dazu passenden Kniehosen. Ein seltsamer verschwiegener Mann, von der Menge bewundert, die sich hinter den Kaffeehausfenstern drängte, wenn er beim Schachspielen war.

Ein Waffenherold ritt den Trompetern voraus, an deren Instrumenten die Wappenwimpel von Wien hingen; dann kamen dreitausend Mann der Feuerwehr in mit Wappen versehenen Uniformen, aber mit modernen Schläuchen, Lanzen und Ansatzstücken der neuesten Art, jedoch mit altmodischen Helmen. Es folgten die Studenten mit Federbaretts und die Sänger, die zum Klang nostalgischer alter Märsche defilierten. Schließlich kamen die Prunkwagen.

Die Kaiserin langweilte sich etwas weniger.

Der erste Wagen mit acht grün herausgeputzten Pferden war der der Weinbauern; während sie den Heldenplatz überquerten, zapften sie den Wein aus ihren riesigen Fässern, und alle hoben beim Passieren der Tribüne das Glas zum Wohl des kaiserlichen Paares. Einige schwankten vor lauter Rührung; ein etwas zu dicker Mann verlor das Gleichgewicht und fiel nach hinten mit der Kiepe auf dem Rücken; die Baumwolltrauben kullerten auf die Erde. In der kaiserlichen Loge wurde viel gelacht.

Dann kamen die Kesselflicker, die Polsterer, die Schreiner und Zimmerleute, und alle hoben ihr Handwerkszeug, als sie an der kaiserlichen Loge vorbeizogen; sie hatten liebe, fröhliche Vollmondgesichter, schwitzten unter ihrer Verkleidung und wischten sich, sobald sie vorbei waren, mit riesigen Taschentüchern die Stirn ab. In der Loge konnte man sich kaum halten vor Begeisterung: so viel Einfallsreichtum, Spontaneität und Zuneigung. Es war rührend. Die Kaiserin fand diesen nicht enden wollenden Eifer ermüdend und öffnete ihren Fächer, um ein Gähnen zu verstecken. All dieser Renaissance-Plunder!

Als der Eisenbahn-Wagen kam, hielt die Menge den Atem an. Es war der größte und der längste; auf eine riesige Plattform bugsiert, erschien die glänzendschwarze Lokomotive, die von den Mechanikern in rot-weißen Wämsen blankpoliert worden war. Der Kontrast war so stark, daß in der kaiserlichen Loge stürmisch Beifall geklatscht wurde. In seinem Drang zum Dekorativen hatte Makart um die Räder und Achsen Girlanden von Vergißmeinnicht flechten lassen, und vorne auf der Maschine, genau dort, wo die Fahnen flatterten, hielt ein Riese von einem Hellebardenträger Wache; es war hinreißend.

Sie faltete ihren Fächer wieder zusammen und beugte sich ein wenig vor, um dieses eindrucksvolle Schauspiel zu betrachten. Der Hellebardenträger kniete nieder, hob den Kopf, zog den Hut und grüßte. Sie runzelte die Stirn: dieses Gesicht, das kannte sie. *Er?* Unmöglich. In diesem Augenblick lächelte er ihr zu.

Auf der Stelle erkannte sie den jungenhaften Blick, das dunkle gekräuselte Haar, das heitere Gesicht, den jungen Mann von der Redoute. Franzl – wie hieß er gleich? – Taschnik. Ja, Franz Taschnik. Hofredakteur im Außenministerium. Wie kam es, daß er sich als Hellebardenträger kostümiert hatte? Was machte er auf dem Eisenbahn-Wagen? Also! Noch eine Finte, um sie wiederzusehen? Es durchflutete sie heiß, sie schämte sich, sie fürchtete sich, diese jungen Leute schreckten vor nichts zurück, vielleicht würde er rufen: »Meine Liebste!«

Die Lokomotive fuhr vorüber, er drehte auf seinem Wagen den Kopf und wandte den Blick nicht mehr von ihr ab...

Sie erinnerte sich mit einemmal des schwarzen Schattens auf seiner Oberlippe, dieses Kohlenscheitstrichs, dessentwegen sie am Ballabend vor Lachen losgeprustet hatte. Da hatte er sich also wieder einmal verkleidet. Was für ein lieber Kleiner... Sie hätte ihm fast ein Zeichen gegeben, die Hand gehoben wie ein billiges Mädchen, und sie fächelte sich langsam zu, um sich daran zu hindern. Und er – dieses Mal hatte ihn seine Frau zurechtgemacht; er fand sich grotesk als Hellebardenträger, aber eine Woge von Wut und von Zärtlichkeit stieg ihm ins Gesicht. Er beschloß, seinen Blick fest auf diesem reinen Gesicht haften zu lassen, das der Fächer schon halb verbarg.

Er gab nicht nach und fixierte sie so intensiv, daß sie sich mit einem Fächerschlag seinem Blick entwand. Als sie wieder hinzusehen wagte, war die Lokomotive vorbeigefahren. Sie klappte bedauernd ihren Fächer zu. Im selben Augenblick begann es zu regnen; sie erhob sich, wollte aufbrechen.

»Bleiben Sie, ich bitte Sie, Mutter«, flehte der Kronprinz und hielt sie am Arm.

Sie machte sich los. »Nein, nein.« Sie wollte weg, war es leid, und außerdem regnete es. Geschwind schob man die Samtstühle weiter nach hinten. Rudolf hielt seine Mutter fest und zwang sie, sich wieder zu setzen. Aber was wollte er denn?

Der Wagen, der an den Portalen der Burg auftauchte, war der der Drucker. Er stellte eine majestätische Druckmaschine dar, die im Regen entlangrollte. Als der Wagen an der Loge vorbeifuhr, holte der Druckermeister – mit einer deutschen Mütze auf dem Kopf, um Gutenberg zu beschwören – unter der Druckmaschine einen dicken Band hervor, auf dem goldene Lettern glänzten:

Fünfzehn Tage auf der Donau

Rudolf beugte sich zu seiner Mutter hinunter und drückte ihr einen zärtlichen Kuß auf die Wange. Da fiel der Kaiserin schuldbewußt ein, daß ihr Sohn diesen Titel gerade veröffentlicht hatte, sein erstes Buch als Schriftsteller. Er begann ihr zu erklären, daß er sie gemeinsam mit Makart mit diesem Wagen habe überraschen wollen, er sei nur für sie, er sei überglücklich...

Sie nahm die Hand ihres Sohnes und behielt sie in den ihren. Er sprach zu schnell mit zu vielen Worten; er hatte von ihr die Nervosität geerbt. Er war ein sensibler, reizbarer Junge, den man hätte beruhigen müssen. Da sie nicht wußte, was zu tun sei, führte sie Rudolfs Hand an ihre Lippen und küßte sie. Der Kaiser warf ihr einen tadelnden Blick zu; der Kronprinz zog heftig seine Hand zurück und versteckte sie hinter dem Rücken. Die Kaiserin seufzte.

Der Platzregen war zum Dauerregen geworden. Es kam noch ein Wagen, der der Künstler, dargestellt durch ein Atelier, wo als Rembrandt verkleidete Kleckser malten; ihre Modelle setzten sich in Pose. Die Menge klatschte den in Falten drapierten Frauen Beifall, um so mehr, als sich durch den Regen die vollen Formen unter den Musselinstoffen abzeichneten; aber am Rand des Wagens verlor ein kleiner, als Gipsfigur verkleideter Statist allmählich seine weiße Hülle, die von den aus den Wolken fallenden Wassern weggewaschen wurde. In stoischer Haltung rührte er sich nicht; die helle, mit kastanienbraunem Haar bedeckte Haut kam zum Vorschein. Die Kaiserin geruhte, den Schatten eines Lächelns anzudeuten.

Um ein Uhr mittags beendeten zwei Jagdbilder den Festzug, das eine mittelalterlich, das andere modern mit hechelnden und pudelnassen Hundemeuten. Jedes Tier, auf das Jagd gemacht wurde, tauchte auf: der Hirsch, die Gemse, der Falke, das Wildschwein, der Bär. Um das Ganze abzurunden, erschien, umgeben von seinem Stab, den Malern, Architekten und Bildhauern, Hans Makart wieder auf seinem makellosen Pferd. Als die letzten Melodien des Gesangsvereins verklangen, erhob sich die Herrscherin hastig und stob endlich davon; der grollende Blick ihres Sohnes folgte ihr. Seine Mutter war ungreifbar.

Willy – wütend, weil er hintübergefallen war – beschloß, einen ganzen Monat nicht mehr zu trinken, auch um ein wenig abzunehmen; Attila, der sich erkältet hatte, hütete eine Woche lang das Bett; was Franz betraf, war er dieses Mal sicher, Gabriele erkannt zu haben.

Niemand anders auf der Welt handhabte den Fächer mit so viel Anmut und Geschick. Niemand verstand es, sich so schnell zu verbergen wie diese Frau, deren Blick er in der Öffentlichkeit ausgehalten hatte. Nichts würde ihn von dieser Überzeugung abbringen. Aber er redete nicht mit seiner Frau darüber, um nicht die Schwangerschaft zu stören, die schon sichtbar wurde. Im übrigen war es ohne Bedeutung.

9

DER WEISSE ZEHENDER VON POTSDAM

Ihr lieben Völker im weiten Reich,
So ganz im geheimen bewundre ich euch:
Da nährt ihr mit eurem Schweisse und Blut
Gutmütig diese verkommene Brut!

Elisabeth von Österreich

Das Kind wurde geboren, ein Taschnik-Sohn, den Franz Anton nannte und der sofort den Kosenamen Toni bekam; er hatte die schwarzen Augen seiner Mutter und blondes Haar wie seine katholische Großmutter. In freudigem Überschwang verkündete Franz jedem, der es hören wollte, daß sein Sohn ein echter Diplomat werden würde, selbst wenn man dazu einen Adelstitel ergattern mußte; das war schon vorgekommen. Zu diesem Punkt hatte Anna andere Vorstellungen; ihr Sohn würde Komponist oder Dirigent werden und nichts anderes. Übrigens trug die letzte Polka des Maestro wie durch Zufall den Titel *Frisch heran!*, und das Ehepaar Taschnik sah darin ein Zeichen der Ermutigung.

In jenem Jahr 1880 wurde in der Hauptstadt bekannt, daß der Kronprinz eine Prinzessin von Belgien heiraten wolle, eine kleine Stephanie von fünfzehn Jahren. Franz fiel wieder seine Unbekannte ein: Die Kaiserin war auch fünfzehn Jahre alt, als der Kaiser beschlossen hatte, sie zu heiraten.

»Ja und?« wiederholte Willy. »Das ist ein gutes Alter! Vorausgesetzt, sie ist hübsch, er kommt auf seine Kosten, und sie fabriziert uns hübsche Buben...«

Wien wiederholte diese alte Leier und redete von nichts anderem als vom Kaiser und seinem Sohn, der kaiserlichen Familie, dem Papst und der ganzen Christenheit. Der Kronprinz war der herausragende junge Mann Österreichs geworden, für seinen Vater ein würdiger Nachfolger; er nahm sich eine Frau, so gehörte es sich. Niemand nahm Anstoß daran, außer der Kaiserin, die nichts sagte.

Sie war im Begriff, von einer Jagd in Irland zurückzukehren, als sie durch ein knappes offizielles Telegramm ohne Unterschrift die Nachricht erhielt. *Der Kronprinz hat sich mit der Prinzessin Stephanie von Belgien verlobt.*
So schnell! Ohne ihr etwas zu sagen! Während sie weit weg war... Sie so plötzlich aus dem Galopp zu reißen! Es überkam sie ein solches Zittern, daß ihre Hofdame, Gräfin Marie, glaubte, ein entsetzliches Unglück sei geschehen.
»Gott sei Dank«, hatte die Gräfin gesagt, »daß es kein Unglück ist.«
»Wolle Gott, daß es keines ist«, hatte sie geantwortet, aber ihre Erregung hatte sich nicht gelegt.
Ihr kleiner Rudi, verheiratet! Aber er war doch noch ein Kind... Und als die Gräfin sie sanft darauf hinwies, daß das Kind zweiundzwanzig Jahre alt war, wandte sie gereizt den Kopf ab. Er sei noch nicht reif für die Ehe, sagte sie. »Aber wissen Sie, Marie... niemand ist jemals reif für die Ehe, niemand...«, fügte sie bitter hinzu.
Zweifellos hatte ihr Sohn zu große Ähnlichkeit mit ihr. Charmant, wie er war, galt er als der größte Verführer des Reiches, aber seine Mutter kannte den etwas ausweichenden, unsteten Blick und die von Nervosität zitternden Lider. Der furchtsame Blick eines Hasen auf der Lauer.
Er eilte von Eroberung zu Eroberung, glühte von allen Leidenschaften der Jugend – das war die Legende. Sicher, er war ein hübscher Junge mit seiner Lockenfrisur und dem Fischerbart, der, seit er ihn trug, sehr in Mode gekommen war. Er sah blendend aus in seiner Uniform: Hatte er nicht am Tag seiner Geburt der Tradition gemäß ein Infanterieregiment bekommen, dessen Oberbefehlshaber er war? Mit sechs Jahren nahm er in der Uniform eines Obersten die Parade ab; der Dolman stand ihm phantastisch. In Prag, in dessen Garnison sein Vater ihn geschickt hatte, machten ihm alle Frauen schöne Augen... Kurz, eine Mutter hätte genügend Grund, vor Stolz zu vergehen.

Nicht sie. Unter seinem Glanz hatte sie seit langem eine düstere Flamme gespürt, eine kaum verhüllte Feindseligkeit, einmal seinem Vater, einmal ihr gegenüber, je nachdem. Und dabei Regungen von heftiger Bewunderung, die so ungestüm von Haß in Liebe übergingen, daß es ihr den Atem verschlug. Diese Art, sie in die Arme zu nehmen und sie zu küssen, sie zu ersticken...

Rudolf war durch und durch radikal, ungebärdig, und er haßte Zwänge; er liebte das Kaiserreich nicht. Genausowenig wie sie. Er hatte republikanische Freunde, um die sie ihn manchmal beneidete; da er ein Mann war, war er unabhängig. Wie hatte sie dieses geheime Erbe der Freiheitsliebe, das sie zu verbergen gezwungen war, auf ihn übertragen? Sie hatte ihn als Kind nicht umhegen können; sie hatte ihn für »die Einzige« im Stich gelassen; sie hatte sich nicht um ihren Sohn gekümmert, und doch war er ihr lebendes Abbild geworden, ein Spiegel anmaßender Jugend, ein Junge, der frei war, sich allen Vergnügungen, allen Exzessen hinzugeben! Den Mädchen, den Besäufnissen, vor allem der Jagd und der Ballerei, immer wieder der Ballerei...

Was sie nämlich an der Jagd liebte, das war das Verfolgen im Galopp. Im Augenblick des Jägerrechts wandte sie den Kopf ab. Rudolf dagegen zielte auf alles, selbst auf die Dompfaffen, die er dann mannhaft verzehrte. Als er zwanzig war, hatte ihm durch eine unbeholfene Geste eine Kugel die Hand durchlöchert. Und zwei Jahre davor hatte er in Potsdam einen weißen Zehnender abgeknallt.

Wer ein weißes Tier erlegt, wird eines gewaltsamen Todes sterben, lautet das Sprichwort. Als ob er das nicht wüßte! Er hatte es absichtlich getan, dessen war sie sicher... Eines Tages hatte er ein Massaker unter den Gartenvögeln angerichtet – den Meisen, Sperlingen, Krähen, Spatzen –, er hatte noch eine Schnepfe hinzugefügt und dann das Ganze mit Aquarellfarben gemalt, nicht ohne Talent. Das war das Hochzeitsjahr seiner Schwester Gisela – ein Jahr bevor sie diesen jungen Mann traf, wie hieß er noch gleich? Franz Tasch...ner? Der Name entfiel ihr doch immer wieder. Nun, ihren jungen Mann, den einzigen, für den sie etwas empfunden hatte. Das war nicht gerecht. Nichts war gerecht.

Und außerdem liebte Rudi sie zu sehr. Ein fordernder Sohn, der ihr nichts durchgehen ließ. Der unentwegt prüfte, ob seine Mutter immer noch das Medaillon trug, in dem sie eine Kinderlocke von ihm aufbewahrte. Dieser Blick, den er ihr vor einem Jahr zugeworfen hatte, als sie aus Unachtsamkeit sein erstes Buch vergessen hatte, dieses *Fünfzehn Tage auf der Donau*, das in Wien auf dem letzten Festwagen zur Silberhochzeit feierlich präsentiert wurde... »Du liebst mich also nicht«, schien er zu sagen. »Schlechte Mutter!«

Am schlimmsten war seine entsetzliche Eifersucht auf »die Einzige«. Mit zweiundzwanzig Jahren! Und für welche Frau hatte er sich entschieden? Eine Prinzessin, die sie einmal in Brüssel umarmt hatte, einen Backfisch, der nicht einmal hübsch war. Wenn er sie nur selbst ausgewählt hätte! Aber nein! Er hatte sich dümmlich Arrangements des Reiches gefügt, den europäischen Machenschaften – und das er, der Rebell! Sie hatte von dem Plan gehört; aber nicht einen Augenblick hatte sie daran geglaubt. Ihr Sohn würde nicht die erstbeste nehmen; er hatte schon einige abgelehnt; er würde warten.

Nun ja! Der Rebell hatte nachgegeben.

Als sie nach Wien zurückkam, rief sie ihn in ihr Zimmer und fragte ihn vorsichtig, ob er über die Reife seiner Verlobten Erkundigungen eingezogen habe.

Überrascht bekräftigte Rudolf, daß sie eine ausgezeichnete Erziehung genossen habe; Graf Chotek, der mit den Verhandlungen beauftragt war, habe bestätigt, daß die Unterhaltung der Prinzessin »von einer rührenden Jugendlichkeit war und dennoch sehr geistreich«. Sie zuckte mit den Schultern. Das sei es nicht, drängte sie weiter: War die Kleine reif? Rudolf verstand nicht, zwirbelte verlegen seinen Schnurrbart, zögerte zu erraten, was seine Mutter wissen wollte, wirklich, nein, er verstehe nicht...

»Ich frage dich, ob sie schon ihre Regel hat!« rief sie.

Daran hatte er nicht gedacht. Sie zermalmte ihn mit einem

finsteren Blick. Der würdige Chotek fragte bei der belgischen Familie nach, die zögernd die peinliche Wahrheit zugab: »Die Heiratsfähigkeit der Prinzessin ist noch nicht ganz erreicht.« Man argumentierte, daß sie mit acht Jahren Typhus gehabt hatte, womit die Verspätung zu erklären sei, daß ... Aber die Kaiserin wollte nichts davon hören. Rudolf würde sie nicht vor der ersten Regel heiraten; sonst würde sie nicht ihre Zustimmung geben.

»Das würde dir Unglück bringen«, sagte sie. »Schon dieser weiße Zehnender von Potsdam ...«

»Ist Ihnen vielleicht zufällig eine Elster über den Weg gelaufen, geliebte Mutter?« antwortete er und lachte sich ins Fäustchen.

Die Kaiserin war zweifellos unausrottbar abergläubisch.

Später begriff er, daß Stephanie im gleichen Alter war wie seine Mutter zum Zeitpunkt ihrer eigenen Verlobung; das bewegte ihn sehr. In der Tat, für die belgische Prinzessin sprach nur ihre Jugend; aber in der Liebe folgte Rudolf der Mode. Ein Kind in seinem Bett war nicht gerade dazu angetan, ihm zu mißfallen. Er gab sich jedoch geschlagen; man würde weise die Regel der Prinzessin abwarten, die zu ihrer Zeit kam, ein Jahr später.

Der Prinz verbrachte das Jahr damit, den offiziell Verlobten zu spielen, mit der Begeisterung eines vor Eifer glühenden Novizen. Seine Augen strahlten, er hatte einen verliebten Gesichtsausdruck. Dann kam der Tag, als er in Belgien auf das Eintreffen seiner Mutter mit dem Zug wartete, um ihr seine Braut vorzustellen.

Die junge Stephanie, verschüchtert und ungemein herausgeputzt, sah aus wie ein als Prinzessin verkleidetes Dienstmädchen. Die Kaiserin in dunkelblauem Samt und Zobel ähnelte der idealen Verlobten, die man sich für ihren Sohn gewünscht hätte. Jeder bemerkte das, die Verlobten eingeschlossen, vor allem die Kaiserin. Als sie ausgestiegen war, hatte sich Rudi ihr mit einer solchen Leidenschaft an den Hals geworfen, daß sie erschrocken war.

Nein, er liebte Stephanie nicht. Er konnte sich nicht in ein blondes kleines Ding verlieben, das weder Wimpern noch Augenbrauen hatte, eine blöde Gans ohne Anmut. Eine Prinzessin mit einem Porzellanteint, blaß, allzu weiß ... Wie der alte Hirsch von Potsdam. Die Angst kam wieder im Galopp und verflog dann. Nun! Es würde ein Unglück werden, wie übrigens alle Ehen. Um ihren Sohn zurückzubekommen, brauchte sie nur abzuwarten, dachte sie. Alle hübschen Frauen von Wien teilten dieses Empfinden: Ihr Idealliebhaber würde ihnen nicht geraubt werden.

Aber Rudolf kümmerte sich herzlich wenig um das Beben dieser Frauen. Die Verlobung, die Parade, die Empfänge, die sentimentalen Ränke und das Schmollen seiner Mutter waren nichts als Schein. Der Kronprinz hatte ein anderes, ein geheimes und leidenschaftliches Leben.

Er hatte einen Juden aus Galizien kennengelernt, einen brillanten Journalisten, Moriz Szeps, der das *Wiener Tagblatt* ins Leben gerufen hatte. Am 14. Juli 1867 war die erste Nummer mit dem klangvollen Untertitel *Demokratisches Organ* herausgekommen. Moriz Szeps war der Schwager Clemenceaus.

Auf das *Wiener Tagblatt* war das *Neue Wiener Tagblatt* gefolgt, für das der Prinz zunächst Themen für Artikel vorgeschlagen hatte, bevor er selbst unter einem Pseudonym veröffentlichte: Julius Felix. Moriz Szeps schrieb die Texte eigenhändig ab, damit niemand die Schrift des Kronprinzen erkannte.

Er brachte dort seine Gedanken ein: die Liebe zum Fortschritt, den Haß auf die Bürokraten, den Horror vor dem Kaiserreich und dem Kaiser, die Verteidigung der Rechte der Völker und der Minoritäten, eine heftige Ablehnung Deutschlands und vor allem Bismarcks, des Eisernen Kanzlers, der mit Hilfe des Krieges die Macht des österreichischen Kaiserreiches reduziert hatte und der die Freiheiten ganz Europas bedrohte. Die nette Broschüre über die Donau diente nur dazu, den Leuten Sand in die Augen zu streuen. Allein die Freunde des Prinzen, die von der kaiserlichen Polizei streng überwacht wurden, wußten, daß sich hinter dem nonchalanten Bild eines dichtenden Kronprinzen ein Aufrührer verbarg.

Das war der andere, der politische Rudolf. Als der Prinz in Prag lebte, ohne sich in den weißgoldenen Salons des Hradschin einschließen zu lassen, dieses majestätischen, die Hügel von Mala Strana beherrschenden Schlosses, hatte er die Herzen der Tschechen erobert. Es war der Liberale, der sie im Stich gelassen sah, unterdrückt von der ungarischen Arroganz; der Fortschrittsglaube, der das Reich reformieren und sich an die Spitze einer republikanischen Föderation setzen wollte; er war ein im verborgenen leidenschaftlicher junger Mann, der für die anderen die Freiheit wollte, deren er als Kind durch eine militärische Erziehung und barbarische Lehrer beraubt worden war.

Er verzieh nichts. Weder das Wecken im Morgengrauen noch die Schußsalven neben seinem Ohr noch die Abwesenheit jener weit entfernten Mutter, die sich zunächst in eine andere Ecke der Burg ausquartiert hatte, dann in Madeira weilte, schließlich überall da, wo er nicht war. Wo befand sie sich? Auf Reisen, zu Pferde, im Zirkus, auf einem Spaziergang, unter den Händen ihrer Friseuse, beim Turnen und abends gegen neun Uhr im Bett – verschwunden. Niemals da. Und wenn es ihm zufällig einmal gelang, sie bei ihrer Toilette zu überraschen, fand er sie häufig in einer sinnlosen Aufmachung, die Zöpfe mit Seidenbändern an den Kronleuchter gebunden und sie regungslos wie eine Göttin in einem Tempel...

»Damit verschaffe ich mir Erleichterung bei meinen Migränen«, seufzte sie. »Meine Haare sind so schwer! Ich habe solche Kopfschmerzen!«

Ihr schöner Kopf. Man hätte meinen können, eine Spinne inmitten ihres Netzes.

So viele verschwendete Talente, eine solche Schönheit für nichts, unerträglicher Müßiggang, verschenkte Intelligenz, ah, manchmal hätte er sie töten mögen. Tötet man nicht aus Liebe?

Was genau die Liebe anging, er war ihr niemals begegnet, weder bei den anderen noch bei sich selbst. Seine Mutter liebte den Kaiser nicht, der seine Frau anbetete; aber das war keine richtige Liebe, da sie nicht geteilt wurde. Mit Frauen war der

Kronprinz eingedeckt – bis zum Überdruß. Er hatte eine Freundin, die er mochte. Sie war eine Prostituierte, Mizzi, von der er wußte, daß die Polizei sie gekauft hatte. Ein liebes Mädchen eigentlich, das er häufig für wohlkalkulierte Vertraulichkeiten benutzte, die andere, die er nicht erzählte, verdeckten. Stephanie hatte nichts mit Liebe zu tun; sie war ein charmantes Kind, und er erhoffte sich von ihr Ruhe und Söhne. Vorausgesetzt wenigstens, daß er nicht die Krankheit aufschnappte... Diesen Fluch, der Wien heimsuchte, Schanker und Kaposi auslöste und schließlich das Gehirn zerstörte. An die Liebe in Wien zu glauben... Was für ein schlechter Scherz!

Denn Wien selbst war nur ein riesiger wunderbarer Scherz, eine an der Syphilis faulende Stadt, die unter ihrem Seidengewand schmutzige Unterröcke verbarg. Wien war die Lügenkapitale eines zweiköpfigen Reiches mit zwei Adlern, deren von Ungeziefer verseuchte Schwingen sich über die unglücklichen Völker ausbreiteten; die Böhmen, die Mähren, die Galizier, die Leute aus der Bukowina, die Serben und die Kroaten, die Venezianer aus Trentino, dabei nicht die dem Herzen seiner Mutter so teuren Zigeuner zu vergessen; und auch die Deutschen, die eines Tages wie die anderen unruhig werden würden. Das Reich faulte vom Kopf abwärts wie ein Fisch wegen eines nach zwei Niederlagen abgestumpften Kaisers: die erste war die von Solferino 1859 gegen Italien und Frankreich, die zweite die gegen Preußen bei Königgrätz 1866; Namen, die in seiner Erinnerung tanzten, da Wien nicht aufhörte, Bälle zu geben.

Aber der Kronprinz hatte die Volksbälle gern, auf denen sich die Menschen aus den Vorstädten vergnügten. Manchmal erschien er inkognito, eine Manie, die er von seiner Mutter geerbt hatte; er hatte sie wegen wiederholter Seitensprünge im Verdacht. Hieß es nicht, daß sie in London anonym am Arm eines Engländers herumspaziert sei? Hatte sie nicht die Lust geäußert, sich verkleidet zum Mabille-Ball zu begeben? Gott allein wußte, auf welchen Wiener Bällen sie sich als Domino herumgetrieben hatte...

❖

Eines Abends am Faschingsdienstag, als die feine Gesellschaft sich wie jedes Jahr zur vornehmen Redoute begab, verschwand er auf einem kleinen, etwas plebejischen Maskenball. Er hatte sich beim Kostümieren keine große Mühe gegeben; er hatte sich mit einer Maske und einer lächerlichen Krone begnügt, die er für einen Kronprinzen amüsant fand. Der Ball fand in einem Getreidespeicher statt, der mit Girlanden geschmückt war. Er ließ sich an einem kleinen Tisch nieder, bestellte einen Schnaps und beobachtete die Tänzer.

Er zählte zehn mittelalterliche Burgfräulein, acht Bäuerinnen mit Kirschen auf den Hüten, sechs Teufel mit einem Baumwollschwanz und roten Hörnern auf ihren schwarzen Kappen, zwölf Zigeunerinnen in langen, mit Volants besetzten Röcken, die Köpfe von vergoldeten venezianischen Münzen eingerahmt, drei Prinzessinnen mit aus Silberpappe grob ausgeschnittenen Kronen und einen einzigen König – eine Art Karl der Große mit Rauschebart und einem mit Lilien bestickten blauen Mantel, eher französisch. Im ganzen waren zwei Karnevalskönige auf diesem kleinen Ball: der falsche und er, der echte.

Plötzlich blieb sein vergoldeter Blick an einer der drei Prinzessinnen hängen, einem hochgewachsenen jungen Mädchen mit rundlichem Gesicht und unglaublich blondem Haar, das fast so lang war wie das seiner Mutter. Sie hatte gerade mit dem Tanzen aufgehört. Ein weißer Pierrot, der vor ihr herumhüpfte, warf sich auf die Hände und schlug, ein Freudengeheul ausstoßend, akrobatisch ein großes Rad.

»Und hopp, meine Damen? Wollen Sie noch mehr? Hopp!« rief er und begann von neuem mit seiner Pirouette.

Die Leute liefen zusammen; der Pierrot stand wieder auf und zerzauste seine Halskrause, während er um Atem rang. Entzückt klatschte die Kleine in die Hände; der Pierrot verneigte sich elegant und mimte mit einem imaginären Hut einen Gruß.

»Wie lustig der ist!« tönte sie mit lauter Stimme.

Der Pierrot versperrte ihr mit den Händen auf den Hüften schon den Weg.

»Man kommt nicht ohne ein Pfand vorbei! He, Prinzessin, einen Kuß!«

Er hielt seine leuchtendroten Lippen hin und riß weit die Augen auf. Die Kleine versuchte zu fliehen, aber die Menge lachte spöttisch und hielt sie zurück.

»Er hat recht«, rief eine Bäuerin mit schriller Stimme. »Ein Kuß für die Prinzessin.«

»Es ist nichts Schlimmes dabei, meine Tochter«, meinte eine als Dogengattin verkleidete Matrone schulmeisterlich. »Da muß man schon mitmachen...«

»Der ist eher hübsch, dieser Pierrot«, seufzte eine Kolumbine. »Wenn sie dir den Kuß verweigert, werde ich ihn dir geben, komm schon...«

Es war sehr amüsant. Aber das Mädchen verstand auf diesem Ohr nicht. Sie schlug dem Pierrot ins Gesicht, der sich auf sie stürzte; man versuchte, sie voneinander zu trennen, er ging zu Faustschlägen über, die Sache begann, zu einer Prügelei auszuarten. Man mußte sich einmischen; nicht daß der Prinz die Kräfte eines Jahrmarktringers gehabt hätte, nein, aber er war immerhin trainiert, und außerdem war er gewohnt, Bataillone zu befehligen... Es war noch immer so, er brauchte nur seine Stimme zu erheben, und schon wich die Menge zurück. Er schnappte sich die Kleine und stieß den Pierrot zurück. Das Mädchen hatte seine Krone verloren; der Prinz gab ihm dafür die seine.

Sie hieß Friedl, sie hatte eine sehr weiße Haut, alles übrige geschah von allein und endete in dem *chambre séparée* eines sehr schicken Hotels, wo man ihn gut kannte.

Seit dem Faschingsabend war ihm bei dem Gedanken, sich zu verheiraten, ziemlich bedenklich zumute; einige Wochen später fühlte er sich etwas fiebrig. Er überlegte, ob die Ballprinzessin vielleicht die Krankheit hatte, dachte aber dann nicht mehr daran. Denn als dieser Gedanke auftauchte, rauchte er eine gute Opiumpfeife, um ihn auszulöschen.

DER GROSSE SCHWARZE

Mir armen müden Hasen,
Wie thut die Ruhe wohl!
Bis sie das Horn nicht blasen,
Rühr ich mich keinen Zoll.

Ich strecke alle Viere,
Die Zung' hängt mir heraus –
Es war'n zu grosse Thiere;
Noch juckt im Pelz die Laus.

Hier unter den Charmillen,
Wo ich mich tief verkroch,
Werd ich vielleicht erzielen
Ein bisschen Ruhe doch.

Elisabeth von Österreich

Die Hochzeitsfeierlichkeiten begannen am 6. Mai 1881 zur größten Freude der Wiener. Die Verlobten erschienen auf dem Balkon des Schlosses Schönbrunn; Stephanie wirkte linkisch und wedelte schüchtern mit der Hand. Die frühmorgendlichen Gaffer erzählten den Späterkommenden, sie hätten mit eigenen Augen die junge Prinzessin in einem leichten Morgenrock und mit einem Blumenstrauß in der Hand wie eine Nymphe unter den riesigen Arkaden entlanglaufen sehen.

»Die haben aber einen durchdringenden Blick«, bemerkte Franz pragmatisch. »Es sind bestimmt fünfhundert Meter von den Gittern bis zu den Arkaden.«

»Denkst du. Die spielen sich nur auf!« sagte Willy wütend, als hätte man ihn bei einem Fehler ertappt. »Das Protokoll würde solche Ausschweifungen nicht zulassen!«

Anna fand die Episode charmant; die kleine Emmi war freudig

erregt. Sie versprachen einander, nichts von dem Hochzeitszug zu versäumen, der am 8. Mai mit 62 Pferdegespannen Wien durchqueren würde.

Aber es regnete wie bei dem Festzug zur Silberhochzeit.

Man wartete das Ende des Schauers ab; die Wiener wurden ungeduldig. Emmi jammerte über schmerzende Knie. Attila versuchte vergeblich, ihr ein Lächeln zu entlocken, wohingegen Willy sich sagte, daß man ja vielleicht die Zeit hätte, eine Schokolade trinken zu gehen.

Dann erklang plötzlich von einem auf dem Heldenplatz errichteten Podium ein herrlicher Walzer. Franz lächelte unter seinem Schnurrbart, stellte sich auf die Zehenspitzen, und während er mit seiner Größe die Menge überragte, erblickte er seinen Lieblingskomponisten, der mit wirrem Haar, die Geige in der Hand, unter dem Platzregen sein Orchester dirigierte. Der Maestro hatte für die Gelegenheit einen Walzer komponiert, den er der Prinzessin widmete und der einen anmutigen Titel trug: *Myrthenblüten*. Mehr war nicht nötig, um die Stimmung der Wiener zu verwandeln, die in Sekundenschnelle von miesepetrig zu schwärmerisch umsprang. Da der Hochzeitszug nicht erschien, ließ der Maestro den Walzer wiederholen.

Bei Einbruch der Dunkelheit schloß ein Volksfest im Park von Schönbrunn den Tag ab. Die kleine Emmi sah am Himmel zwei riesige leuchtende Feuerwerksinitialen auftauchen: R und S. Rudolf und Stephanie.

»Wenn ich heirate, habe ich ein E inmitten der Sterne!« rief Emmi entzückt.

»Und der andere Buchstabe?« fragte der Ungar lachend.

Der nächste Tag, der 9. Mai, war der Tag des »fröhlichen Einzugs«. Den Traditionen entsprechend, die auf den Einzug der Prinzen im 16. Jahrhundert zurückgingen, der goldenen Periode der Dynastie, würde das neue Mitglied des Hauses Habsburg feierlich in Wien einziehen. Die junge Prinzessin würde am Theresianum aufbrechen und sich zur Burg begeben; es regnete noch immer. Aber als die goldene Kutsche an der evangelischen Schule vorbeifuhr, löste sich ein Medaillon mit den kaiserlichen Wappen und fiel auf den Boden.

»Kein gutes Zeichen«, murmelte Willy düsteren Blicks.

In der Augustinerkirche, wo auch der Kaiser geheiratet hatte, sprachen die jungen Leute ihr Ehegelübde. Die Presse beschrieb später ausführlich das rosa Brautkleid, die vier Meter lange Schleppe, die taubenblaue Ausstattung der Kaiserin Elisabeth und die leuchtendblaue der belgischen Königin. Aber niemand erinnerte sich an das »Ja« des Kronprinzen, das so tief und traurig war, daß es in dem Kirchenschiff kaum zu hören war.

Ein »Ja«, das alsbald von den Salven zu Ehren des jungen Paares, den Glocken der Hauptstadt, den Nationalhymnen der beiden Länder und dem Beifall der Menge übertönt wurde.

In jenem Jahr kam in den Ballhausplatz-Büros eine Depesche aus Athen an, die auf ernsthafte Schwierigkeiten in den Balkanstaaten hinwies. Seit dem unglückseligen bosnischen Krieg breitete sich das Feld der Konflikte immer weiter aus.

Normalerweise war es nicht die Aufgabe der Gestionsabteilung, Depeschen zu bearbeiten. Aber bei der Verteilung vertat man sich mit dem Aktenzeichen, und die Depesche fiel in Franz' Hände. Er war schon dabei, sie an den dafür Zuständigen weiterzuleiten, als ihn Neugierde davon abhielt.

»Dreieinhalb Seiten, o je«, hatte er Willibald geantwortet, der neugierig hinter seinem Rücken mitlas. »Wollen mal sehen, was das ist, nur dieses eine Mal. Dann geben wir sie weiter.

Herr Minister, man hat mir gerade einen Bericht aus Korfu übermittelt...«

Korfu! Dort war sie! Die Nachricht stand in den Zeitungen: Von der *Odyssee* begeistert, hatte die Kaiserin auf der Insel Korfu Station gemacht, wohin Odysseus sich geflüchtet hatte.

»... der die Lage des Reiches in den düstersten Farben malt. Aus dem Bericht geht hervor, daß das Schicksal und die Ehre der Christen den moslemischen Albanern ausgeliefert sind, die die schlimmsten Verbrechen begehen. In der Nähe von Delvinaë warf ein Christ, der von Hunden angegriffen worden war, mit Steinen nach ihnen, um sie zu vertreiben.«

»Gut!« sagte er. »Und nun? Man wird sich ja wohl nicht wegen Hunden bekriegen...«

»Warte«, warf Willibald ein. »Ich wette, doch.«

Mittlerweile ging ein moslemischer Schafhirte auf den Christen los, der einen Dolch zog und sich auf Verteidigung einstellte. Der Moslem stürzte sich nun säbelschwingend auf den Christen. Aber dem Christen gelang es, den Schlag abzuwehren, und er tötete den Moslem in einem Zweikampf und ergriff die Flucht. Die Freunde des Moslems marschierten nun auf das Dorf zu, wo der Christ wohnte, steckten sein Haus in Brand und begingen die barbarischsten Taten gegen alle Einwohner, ohne die Ehre der Frauen zu schonen.

»Und all das wegen ein paar Hunden!« rief Franz niedergeschmettert.

»Sie sind alle gleich«, bemerkte Willibald düster. »Sobald man aus dem Kaiserreich herauskommt, hat man es mit wilden Tieren zu tun. Ah! Wie gern hätte ich jetzt einen Bismarck, der uns helfen könnte, diese Bestien zu zähmen! Eine eiserne Faust, das ist es, was wir brauchen.«

»Vielleicht einen Radetzky?« unterbrach Attila bitter. »Der Herr hätte wohl gern blutige Unterdrückung, mit Hängen und Hinrichtungen ohne Gerichtsurteil, was?«

»Haltet doch mal den Mund«, unterbrach Franz. »Ich fahre fort: *Die Behörden haben einen Offizier mit zwanzig Soldaten hingeschickt, um eine Untersuchung durchzuführen. Aber kaum waren sie im Dorf angekommen, verlangten sie von den Bewohnern, daß sie ihnen Nahrungsmittel beschafften, und da sie nicht mit dem zufrieden waren, was die unglücklichen Christen ihnen anzubieten hatten, warfen sie die Ortsoberen ins Gefängnis, nachdem sie sie mitleidlos geschlagen hatten. Da begannen die Soldaten und die Einwohner sich zu prügeln, und letztere wurden gezwungen, allesamt ihr Dorf zu verlassen und in Korfu Asyl zu suchen. Noch immer lassen tagtäglich ganze Familien ihre Häuser zurück. Alle diese Emigranten befinden sich in größter Not, stecken in Lumpen und haben nicht einmal das tägliche Brot. Die Unterstützung durch die Regierung und private Mildtätigkeit reichen nicht mehr aus.*

»Solches spielt sich also an den Rändern unseres Reiches ab, Willibald«, rief er und schwenkte die Depesche. »Die Leute bringen sich gegenseitig wegen bellender Hunde um. Man verjagt sie überall!«

»Strummacher! Taschnik! Wohin haben Sie die Akte 2379 gelegt? Es eilt!« ertönte die Stimme des Abteilungsleiters.

Attila ergriff geschwind das fehlende Papier und lief in den Nebenraum. Die beiden Kumpane legten die Depesche weg, falls der Chef den Kopf hereinsteckte.

»Stell dir doch nur mal vor, als reine Hypothese, der Kaiser wäre nicht mehr da, um alle unsere Leute zusammenzuhalten«, seufzte Willibald. »Kannst du dir die Katastrophe ausmalen? Sie würden sich gegenseitig totschlagen wie auf jener kleinen Insel. Ach, apropos Kaiser, ist seine Verrückte nicht gerade auf Besuch in Korfu?«

Die verirrte Depesche kehrte in die diplomatische Abteilung zurück, aus der sie nie herausgedurft hätte; im Zimmer der Redakteure sprach man nicht mehr über Korfu.

Im Frühling erfuhr Franz aus den Zeitungen, daß die Kaiserin an der Militärparade teilnehmen würde. Impulsiv blätterte er die Seite um, die er lieber nicht gelesen hätte; seine Hände zitterten, der Kopf drehte sich ihm leicht.

»Soll denn das nie enden«, brummte er wütend.

Sechs Jahre seit dem berühmten Brief aus London, dem letzten, und immer noch dieselbe Emotion, die Kaiserin in der Öffentlichkeit, sie sehen, sie oder nicht sie, diese Lüge...

Er würde mit Anna gehen und ihr dieses Mal alles sagen, um sich das Herz zu erleichtern. Er würde ihr die schwarze Kutsche mit den kaiserlichen Wappen zeigen, würde auf die verächtliche Frau mit dem angespannten Lächeln deuten und beiläufig seufzen: »Da siehst du sie, unsere Kaiserin, sie hat mich eine Nacht lang geliebt.« Nein. Er würde auf den Wagen deuten und geheimnisvoll murmeln: »Da ist eine Frau, mit der ich eine ganze Nacht lang Walzer getanzt habe.« Das war schon besser.

»Wirklich?« würde Anna verwundert fragen. »Doch nicht die Kaiserin?«

»Doch, sie meine ich.«

Und da verwirrte sich alles. Warum hatte er bis jetzt nichts gesagt? Er könnte sich mit einer Ausflucht behelfen – »Ich habe es vergessen, es war nicht wichtig, es kommt mir jetzt gerade wieder in den Sinn, da ich sie sehe« – aber Anna hatte zuviel Intuition, sie wäre verletzt. Nein, das war keinesfalls der richtige Weg.

Was für ein Einfall auch – zu lügen. Dreieinhalb Stunden in eine ganze Nacht zu verwandeln, drei Walzer in eine Wahnsinnsliebe und einige Briefe in Leidenschaft. Er beschloß, seine Frau mit zur Parade zu nehmen. Den Rest würde er improvisieren – aber er würde über die Sache sprechen.

Als der Tag gekommen war, versammelte sich die Familie, Anna mit ihrem Kiepenhut aus grünem Samt, sehr elegant, und die kleine Emmi in einem bestickten weißen Kleid – ein Traum. Alle drei inmitten einer riesigen Menge, die gekommen war, um dem kaiserlichen Paar zu applaudieren. Dem Kaiser, dessen Augenbrauen sich über dem strengen Blick senkten, auf seinen berühmten Braunen, und ihr, der Kaiserin, kerzengerade als Amazone in schwarzem Samt, unnahbar auf ihrem Reitpferd.

»Nie würde man meinen, daß sie Großmutter ist!« murmelte eine alte Dame in leicht schockiertem Ton.

»Auch nicht, daß sie letztes Jahr ihren Sohn verheiratet hat!« fügte ihre Nachbarin hinzu. »Vielleicht sollte sie sich nicht mehr zu Pferde zeigen?«

»Offenbar heißt er Nihilist...«, flüsterte ein junger Mann aufgeregt.

»Wer denn?« entrüstete sich ein korpulenter Bürger. »Von wem sprechen Sie denn, Kleiner?«

»Aber von ihrem Pferd, von wem denn sonst? Die Kaiserin... Sie hat alles genau abgestimmt; die Stute schwarz, das Kostüm schwarz und der Name Nihilist... Schauen Sie!«

Nur ihre Krawatte war weiß und ihr Gesicht. Von weitem konnte Franz ihre Züge nicht erkennen, sah nur einen hellen verschwommenen Fleck oberhalb des Pferdes und die Masse ihrer kastanienbraunen Haare, die hier und da etwas flatterten. Ein gänzlich regungsloses Doppelbild, das Pferd perfekt dressiert, die Frau eine perfekte Reiterin; nicht eine Bewegung. Als die Parade sich dem Ende zuneigte, war das kleine Mädchen müde, sein Vater hob es auf die Schultern, der Kaiser senkte den Arm, um seine Truppen zu grüßen, und die Kaiserin ließ ihre Stute mit Seitenschritten rückwärts gehen wie im Zirkus. Es gab einigen Beifall.

»Warum haben sie geklatscht, Papa?« fragte das kleine Mädchen.

Das Pferd trabte auf der Stelle und begann dann mit einem Fuß nach dem anderen zu tanzen. Und sie, noch immer völlig aufrecht, senkte mit zärtlicher Aufmerksamkeit den Blick zu Nihilists Beinen.

»Bravo!« rief Franz hemmungslos.

Die Kaiserin suchte in der Menge, woher der Schrei gekommen war, ließ ihren Blick über all die zusammengedrängten Köpfe vor sich schweifen und erblickte in der Ferne den eines schnurrbärtigen Riesen, der über die anderen hinausragte. Franz hob sein Töchterchen über den Kopf. »Grüße unsere Kaiserin!« Das Kind winkte schüchtern mit der Hand, schon hatte sie kehrtgemacht, und das Tier trabte ruhig.

»Hat sie dich gesehen?« fragte der Vater, als er das Kind wieder herunterließ.

»Das Pferd ist weggegangen«, seufzte das Kind.

Franz nahm wieder den Arm seiner Frau, und sie gingen zu Fuß zurück, wie sie gekommen waren. »Weißt du...«, begann er; dann besann er sich anders. Wenn das Kind im Bett wäre. Später. Am Abend hatte Emmi Fieber, Anna fühlte beunruhigt ständig ihre Stirn, und Franz ließ den Gedanken fallen.

Er dachte nicht mehr daran bis zum folgenden Winter. Der erste Schnee fiel, dicht, still, echter Wiener Schnee, der unter einer hellen Sonne glänzte. Franz beschloß, auf die Jagd zu gehen.

»Nicht um die Tiere zu töten«, sagte er zu Anna, die Gewehre nicht mochte, »ich ziele zu schlecht, nur um des Spaziergangs willen...«

Er liebte es, auf den weißen Ebenen zu marschieren, wenn die Schritte sich verloren, wenn man genügend versank, um den Biß der Kälte auf der Haut zu spüren, wenn man allein war, vor allem allein mit den schwarzen Bäumen als einzigen Gefährten in dem strahlenden Licht.

Mitten auf dem ersten Feld erblickte er ihn im Gegenlicht. Eine edle, aufgerichtete, völlig regungslose Gestalt. Einen großen Hasen mit mächtigen Schenkeln, mit riesigen gespitzten Ohren.

Das Tier war in Schußweite. Franz legte das Gewehr an, nahm den Hasen ins Visier, der ein Ohr senkte, die Schnauze drehte, in die Luft schnüffelte, zitterte und sprang. In drei großartigen Sprüngen war er im Gehölz verschwunden.

Franz hätte abdrücken, ihm den Gnadenschuß geben können, er hätte die Zeit gehabt... Aber er zitterte in seinem Herzen genauso erschrocken wie der Hase, hatte genausoviel Angst wie er. Der Knall eines Schusses, wie entsetzlich...

Auch in ihr steckte ein Hasenherz. Auch sie hatte unentwegt Angst. Allein auf einem Schneefeld wollte sie die kalte Luft einatmen, frei sein, sich dort niederlassen, friedlich und schwarz, die winterlichen Gerüche wahrnehmen, und ständig hatten die Menschen sie im Visier. Dann spitzte sie wie der Hase die Ohren, spannte die muskulösen Beine an und rettete sich kraftvoll ins Gehölz.

Franz senkte die Flinte und beschloß, nicht mehr zu jagen, nicht mal mehr eine Amsel, die im Garten an seinen Kirschen pickte.

In Gödöllö ging die Königin ihrerseits auf die Jagd. Seit England hatte sie Geschmack an den Hetzjagden gefunden, und an jenem Tag, als Franz sein Gewehr auf den Hasen richtete, bereitete sie sich darauf vor, ein Wildschwein zu bezwingen. Die Jagdgesellschaft hatte sich am verabredeten Ort am Alten Teich versammelt, denn die Wildschweine suchten das Wasser.

Die Piköre hatten sich zur Berichterstattung eingefunden. Der erste wußte von einer müden alten Wildsau bei der Wolfsschanze. Die Königin hatte eine Schnute gezogen; der zweite berichtete von zwei oder drei rothaarigen Tieren, die sie kaum interessierten. Blieb der dritte, der, sich seiner Sache sicher, voller Stolz vortrat. Er war der älteste der Piköre, derjenige, der die Gesetze der Jagd und ihre Sprache am besten kannte.

»Ich habe den Wald bei der Feenquelle durchstreift, und ich glaube, einen alten Eber von ungefähr sieben Jahren im Unterholz entdeckt zu haben. Ich habe ihn an den ausgeprägten Spuren erkannt. Es ist der Große Schwarze, Eure Majestät.«

Der Große Schwarze war ihnen bei drei Jagden hintereinander entgangen. Er war so listig und gerissen, daß er nicht leicht zu packen war. Aber auf dem Schnee würde er einem nicht so ohne weiteres entwischen. Der dritte Pikör hatte genau den Platz markiert, nichts fehlte.

Der Trupp bereitete sich auf den Angriff vor; wenige Leute, Esterházy, Baltazzi, nicht ein Österreicher reiner Herkunft. Die Königin von Ungarn hielt sich ruhig auf Miss Freney abseits, einer schönen fuchsroten irischen Stute, die sie extra für die Jagd gekauft hatte. Die Hunde zogen an den Leinen, die von den Jagddienern gehalten wurden; deren besondere Aufmerksamkeit galt Haltan, Selma und Black, den bewundernswerten bayerischen Bluthunden der Königin. Alle waren bereit, die Hundemeute keuchte, man wartete auf die Königin. Als Leiterin der Jagdgesellschaft mußte sie das Signal zum Angriff geben. »Greifen wir dort an, wo das Tier ins Unterholz gegangen ist«, sagte sie mit einem Anflug von Bedauern.

Aber wie zu vermuten war, der Große Schwarze war aus seinem Unterschlupf verschwunden; die Jagd würde gefährlich und lang werden. Aber das war die Arbeit der Hunde, die unter einem tief hängenden Himmel anschlugen.

Die Königin suchte die schwer zugänglichen Wege; statt um Büsche herumzureiten, gab sie ihrer Miss Freney die Sporen, um ihrer Springleidenschaft Genüge zu tun. Der Rest der Gesellschaft konnte sich um das Viech kümmern; jeder wußte, daß die Königin zerstreut jagte. Die Hunde liefen auf die Ebene zu, die nicht ihre Sache war. Plötzlich keine Stimmen mehr; die Hunde waren verloren, auf der falschen Spur; die schwarze Bestie war entwischt.

Die Gäste hielten verblüfft an. Das war der Augenblick. Sie sah eine ziemlich hohe Hecke, setzte sich von der Jagdgesellschaft ab und galoppierte auf das Hindernis zu. Hinter der Hecke begann ein kleiner bescheidener Wald, den die Hunde gemieden hatten, ein Paradies voller mit glitzerndem Rauhreif bedeckter Zweige. Am anderen Ende des Feldes hatte der Trupp ihre Abwesenheit nicht bemerkt.

Miss Freney sprang über die Hecke; das Tier, dessen Füße tief in den Schnee eingesunken waren, zeigte Anzeichen von Ermüdung, eine kleine Pause war nötig. Die junge Frau nahm den Hut ab, schüttelte ihre Zöpfe und löste ihre Krawatte; am liebsten waren ihr bei den Jagdausflügen die gestohlenen Augenblicke, die kurzlebige Einsamkeit auf einer Lichtung. Ein heftiger Windstoß ohrfeigte sie plötzlich; im selben Augenblick erreichte sie ein wilder Gestank, Zweige brachen, Knurren war zu hören... Mit gespitzten Ohren bäumte Miss Freney sich auf.

Erst als sie sich zum Wald umwandte, sah sie am Rand der ersten Buchen in zehn Metern Entfernung den Großen Schwarzen auf der Lauer. Ein Bild des Schreckens und der Kraft. Der große Eber zitterte vor Überraschung. Den Kopf erhoben, die Schnauze im Wind, klapperte er mit den Zähnen, sabberte, schäumte; majestätisch und drohend starrte er sie mit kleinen blutunterlaufenen Augen an. Er würde zum Angriff ansetzen...

Vor allem mußte sie die Miss um jeden Preis beruhigen, indem sie die Zügel festhielt.

Ihre eigene Angst bezähmen, ohne die Bestie aus den Augen zu lassen. Beiden, dem Eber wie der Stute, die Klarheit des grauen Himmels dartun, seine Leichtigkeit, ruhig, ruhig, niemand war da, um jemanden zu töten, kein Tod... Sie wollte das Klopfen ihres Herzens ersticken; sie hörte auf zu atmen. Die Gestalt des Großen Schwarzen verschwand in einer Art Nebel, die Königin wurde beinahe ohnmächtig, ein Schwindelanfall drohte, die Miss schauderte noch immer... Die Königin schloß die Augen, öffnete sie dann mit Entschiedenheit und stellte sich dem Blick des Ungeheuers.

Sie hatte die Zeit, die Schwärze der struppigen Borsten zu unterscheiden, das gelbliche Weiß der Hauer, die heugleichen Wimpern, die sich nicht regten. Der Zauber dauerte lange: Der Große Schwarze und die Königin starrten einander ins Gesicht: *Ich werde dich nicht töten,* dachte sie intensiv, *verstehe mich, liebe mich...*

Plötzlich ertönte von weitem wieder Hundegebell, das der Wind herübertrug; der Große Schwarze setzte sich lärmend in Bewegung und trottete davon.

Sie stieß wieder zu dem Trupp, ohne ein Wort zu sagen, vor lauter Angst, gegen das stillschweigende Versprechen zu verstoßen, das sie einem einsamen Alten gegeben hatte. Die Regeln berechtigten zur Lossprechung von Tieren, wenn sie alt und tapfer waren. Der oberste Jagdherr war sie.

An diesem Tag fand man den Großen Schwarzen nicht.

Sehr viel später, mitten in der Nacht, erwachte sie schweißgebadet, doch war ihre Stirn eiskalt, und ihr Bauch wurde von dumpfen Koliken gequält. Der Schrecken war schließlich gekommen, jener Schrecken, den sie in den kleinen lebendigen Augen des Großen Schwarzen gesehen hatte.

Sie konnte keinen Schlaf finden; bei Morgengrauen setzte sie sich vor ihrer Morgentoilette an den Tisch. Ohne nachzudenken, begann sie ein Gedicht zu schreiben; seit ihrer Jugend hatte sie keines mehr geschrieben. Die Worte flossen mühelos, wie einer geheimen, lebendigen Quelle entsprungen, die nie versiegen würde. Das Gedicht beschwor nicht den Eber; eine Möwe schwebte über dem Meer und träumte, das war alles. Sie wunderte sich kaum. Ohne daß Elisabeth genau wußte, warum, war nach einer langen Abwesenheit die Poesie in ihr Leben zurückgekehrt, das Geschenk eines im Schnee des kleinen Waldes drohenden Alten.

II

EINIGE STELLVERTRETERINNEN UND ANDERE ESEL

> *Ein junger Esel lärmte gotterbärmlich,*
> *Und schrie: »Titania komm' und streichle mich!«*
> *Sein Klagen klang so namenlos erbärmlich,*
> *In's Ohr drang jeder Ruf ihr wie ein Stich,*
> *Und da er ihre Ruhe endlich störte[...]*
> *So kam's, dass sie ihn schliesslich doch erhörte[...]*
> Elisabeth von Österreich

Seit er diesen Hasen im Schnee gesehen hatte, ertrug Franz die Kritik der Wiener an ihrer Kaiserin nicht mehr. Es waren nicht länger nur schlüpfrige Zweideutigkeiten, deren Willibald mindestens eine am Tag losließ, nein, es war schlimmer. Wenn man die Kaiserin für immer in die Verzweiflung treiben wollte, hätte man es nicht besser anfangen können. Übrigens kamen die Pfeile in den Zeitungen immer von der pro-deutschen Fraktion. Man hatte sich an ihre Schönheit gewöhnt, staunte nicht mehr: Dafür verlangte man sie zu sehen, nicht um sie zu bewundern, sondern um über die Falten und das einsetzende Alter zu wachen.

Plötzlich sagte man über sie, sie habe kein Herz und sei hart wie Stein. Willy war radikal geworden; mochte es ihm aus Gewohnheit einfallen, gegen die Aufmachung der Kaiserin zu sticheln, hatte er doch aufgehört, ihr Liebhaber anzudichten. Was die Wiener ihr vorwarfen, sagte er bissig, war, daß sie nicht wie die anderen Frauen sei. Und wenn durch Zufall der Ungar gerade mal nicht da war, meinte Willy ernst, die Kaiserin sei nicht ganz klar im Kopf. Die Wiener machten sich Sorgen.

»Ich will Attila nicht kränken, aber ich bin zweifelsohne nicht der einzige, der sie sonderbar findet«, murmelte der dicke Willibald mit verständnisvoller Miene.

»Da hast du's«, rief Franz. »Ihr wollt sie fett wie eure Frauen und Mütter, nicht wahr? Gebt es auf! Sie ist dünn!«

»Beruhige dich«, seufzte Willy. »Wir glauben nur, sie sei sonderbar. Was ist das für eine Frau, die sich versteckt und nichts ißt? Zaundürr ist sie, verbringt ihre Zeit auf der Jagd und liebt nur ihre Pferde. Man gebe uns eine Herrscherin, die schließlich die Mehlspeisen bei uns zu schätzen weiß. Das hat kein Fleisch, kein Blut, das ist nicht menschlich!«

»Weißt du überhaupt, daß sie die Spitäler und Irrenanstalten besucht? Und daß sie heimlich zu den Armen geht? Erinnerst du dich, daß sie die Verwundeten gepflegt hat, die aus Solferino zurückgekommen sind? Ah! Sie würde sich bei Wohltätigkeitsbällen nicht in Diamanten zeigen!«

»Das wird behauptet«, murrte Willy, »und man besucht die Verrückten, denen man zu gleichen fürchtet... Du wirst sehen.«

An diesem Tag wären sie sich fast in die Haare geraten wie damals mit dem Ungarn. Am nächsten Morgen erschien ein Artikel mit der Überschrift *Eine seltsame Frau* voller fremdenfeindlicher Anklänge, die mit den Worten *selten, seltsam* und *fremd* spielten. Franz hatte Willy in Verdacht und beschloß, Gabriele zu rächen.

Er würde einen Artikel für den *Kikeriki* schreiben, die einzige Zeitung, wo man ungestraft Satirisches und Emotionales miteinander vermengen durfte; im übrigen war es die in den Kaffeehäusern am meisten gelesene, denn sie war auch die witzigste, die wienerischste. Aber als er sich bedächtig an seinen Tisch setzte, fiel ihm nichts Witziges, nichts Amüsantes ein. Anna saß im Sessel und las.

Humor war nicht seine Stärke; die Spitzen flossen ihm nicht aus der Feder. Er beneidete Willy um sein fürchterliches Talent, und als seine Frau nach oben ging, um sich schlafen zu legen, ließ er sich mitreißen, als wenn er ihr einen weiteren Brief schriebe. Es war ein Gedicht, dem er den Titel *Die seltsame Frau* gab und das er ohne Unterschrift zur Post brachte.

Wahrlich, die Frau ist sonderbar,
Die ohne Scheu vor der Gefahr,
Von Menschenliebe nur bewegt,
Trost in das Haus des Unglücks trägt.

Die, heiklich auf die Schönheit nicht,
Auch mit den Blatterkranken spricht,
Tränenden Blick's ans Sterb'bett eilt,
Dort bei Verlassenen weilt.
Ihr Patronessen, seht euch an,
Wie still man auch human sein kann,
Nicht bloß bei der Musik von Strauß –
Auch einsam in dem Krankenhaus.
Dort Tränen trocknen, wo der Tod
In allerlei Gestalten droht:
So edlen und humanen Sinn,
Lernt ihr von unsrer Kaiserin!

Er war nicht sehr zufrieden damit. Aber zu seiner großen Überraschung veröffentlichte der *Kikeriki* es sofort. Willy schäumte.

»Jetzt hört euch diese Flötentöne an! Die Kaiserin und der Leprakranke, was für ein Fund! Und diese Angriffe gegen die wohltätigen Damen! Ich wüßte gern, wer dieses Tier...«

»Du siehst, ich hab recht gehabt«, bemerkte Franz. »Oh! Das ist nicht wie bei der Fürstin Metternich, die ihre Barmherzigkeit mit großem Pomp in Szene setzt, Bälle und lebende Bilder arrangiert und am ersten Mai auf dem Korso herumstolziert... Die Kaiserin ist anders. Sie geht nicht zu den großen Abendgesellschaften. Menschlich, mildtätig, großzügig... So sehen wir anderen sie.«

»Wir anderen – *wer?*« fragte der andere wütend.

»Wir anderen, die kleinen Leute«, antwortete Franz. »Die Reichen lieben sie nicht.«

»Wir, die Völker des Kaiserreichs«, fügte der Ungar hinzu. »Du kannst dich noch so sehr anstrengen, Willibald, außer in Wien ist die Kaiserin die Mutter des Volkes.«

»Dann ist sie also nicht die der Deutschen«, erwiderte der Dicke.

Franz und Attila sahen einander verblüfft an. Seit einiger Zeit hielt Willibald Strummacher es mit den Anhängern Preußens, den »Borussen«, wie man in Wien spöttisch sagte. Und wenn er auch den Kaiser aussparte, so wurden seine Angriffe gegen die Kaiserin deutlich politisch.

»Eine unmögliche Familie, die Wittelsbacher«, fuhr Willy in beiläufigem Ton fort. »Schaut euch das doch einmal an! Der alte König Ludwig und seine Lola Montez, der andere König Ludwig – der letzte in seiner Linie – mit seinem Richard Wagner und der Vater unserer Kaiserin, Herzog Max, mit seiner Zither und seinen Zirkuspferden, dann sie und ihre Reitlehrerin! Alles Geistesgestörte, Nervenkranke! Ihr Sohn taugt auch nicht mehr, dieser große Verteidiger nationaler Rechte, dieser Milchjunge – wenn man ihm die Nase zusammendrückte, käme immer noch Milch heraus. Oder Eiter, das wird sich noch zeigen.«

Der Dicke nahm den Mund ganz schön voll.

Ganz am Anfang schien die Prinzenehe vollkommen gelungen. Selbst der *Berliner Börsen-Courier* bestätigte, daß die Prinzessin einen gewissen Einfluß auf ihren Gatten hatte, »dessen Temperament ruhiger und ausgeglichener wurde«. Rudolf ließ sie die Turteltauben spielen. Seine Frau nannte ihn Coco, ein weit zurückliegender Spitzname, den ihm seine Schwestern in der Kindheit angehängt hatten; der Prinz nannte seine Gattin »Coqueuse«. Man bedachte einander mit »Sehr lieber Engel«, »treuer Coco«, »Coco, der dich innig liebt«. Entzückt verglich die junge Stephanie, die ungezwungener und eleganter wurde, den Kronprinzen mit Papageno und sich selbst mit Papagena.

Sie beschloß also, ihn »anzutreiben«. Sie wußte aber nicht, in welche Richtung. Der Kaiser war von einer unerbittlichen Standkraft und sein Sohn entsetzlich rebellisch gegenüber der kaiserlichen Autorität, die er »mittelalterliches überholtes Zeug« nannte. So schnell würde der Kaiser nicht von der Bühne abtreten, und die Macht, die er ausübte, ließ seinem Sohn keinen Raum. Das beklagte er täglich.

Stephanie ließ ihn reden und suchte nach einem Einfall. Dazu blieb ihr gar keine Zeit. Einige Monate nach der Hochzeit, es war Herbst, rief ihre Schwiegermutter, die Kaiserin, sie zu sich. Die junge Frau vollführte ihre Verbeugung, küßte die kaiserliche Hand und wartete. Die Kaiserin ging auf und ab. Schließlich blieb sie in einem Rausch von Seide stehen.

»Mein liebes Kind, ich muß eine Bitte aussprechen«, säuselte sie, ohne die Zähne auseinanderzunehmen. »Von heute an werden Sie mich bei den offiziellen Anlässen vertreten. Sie haben alle Herzen erobert – widersprechen Sie nicht –, und Sie werden würdig die Aufgaben erfüllen, die eines Tages auf Sie zukommen werden. Nein, danken Sie mir nicht. Sie fangen gleich morgen an.«

Das war alles. Die schöne Hand war schon zum protokollarischen Kuß ausgestreckt.

Stephanie übernahm also alle Funktionen, die der Gemahlin des Kaisers zukamen; diese weilte ihren Gewohnheiten gemäß in Ungarn oder sonstwo. Die Kronprinzessin hatte also gefunden, was sie befriedigen konnte, und verlangte nicht mehr. Es ging nicht mehr darum, ihren Gatten »anzutreiben«; im Gegenteil.

Rudolf war erst einmal entzückt, seine Frau an seiner Seite zu haben. Dann wurde er ihre Löckchen und ihr Getue leid. Im Frühling bezog er sie in seine Vergnügungen mit ein und setzte sich in den Kopf, sie solle das Volk kennenlernen. Der Kronprinz hatte sehr einfache Gelüste.

»Wir werden uns verkleiden!« sagte er. »Ziehen Sie sich wie ein Mädchen des Mittelstandes an, ein kleines einfaches schwarzes Kleid mit weißem Kragen, eine Kamee, das genügt...«

Und er schleppte sie mit in ein Beisl auf den Hügeln. Es war eine wunderbare Luft; sie setzten sich wie selbstverständlich an einen Tisch in der Ecke. Rudolf bestellte einen Gespritzten, den man in Schoppengläsern servierte. Stephanie legte vorsichtig einen Finger auf das schmierige Holz.

»Es ist schmutzig«, sagte sie angeekelt.

»Aber schauen Sie sich um! Die Leute amüsieren sich!« erwiderte ihr Mann leicht gereizt.

Man amüsierte sich, um sich zu amüsieren. Mädchen in knallig bunten Röcken sangen aus voller Kehle; die Fiakerkutscher begannen Walzermelodien zu pfeifen; in die Hände klatschend, begleitete der Prinz sie entzückt. Ein Mädchen sprang auf den Tisch und drehte sich um sich selbst, wobei sie dem Prinzen verstohlen eindringliche Blicke zuwarf. Stephanie hustete sich die Seele aus dem Leib.

»Was schon!« meinte Rudolf. »Es ist nichts Böses dabei!«

Und er erhob sich für eine Walzerrunde mit dem Mädchen, das ihn erkannt hatte. Ein Geiger kam an ihren Tisch und spielte schmalzig die beliebten Wiener Schlager. Rudolf traten die Tränen in die Augen. Stephanie schmollte.

»Sie machen ein Gesicht...«, sagte er zu ihr, als der Geiger sich entfernte.

»Ich finde diesen Ort abscheulich«, flüsterte sie. »Dieser Gestank nach verbranntem Fett... Wie können Sie diese Gerüche nach Knoblauch und Tabak ertragen? Es verschlägt einem ja den Atem.«

»Wirklich?«, schleuderte er ihr grimmig entgegen. »Nun ja! Es ist genau das, was ich liebe.«

Sechs Monate später erklärte ihr der Prinz, daß das alte Europa am Ende seiner Zeit sei und es abwärts mit ihm gehe. Im folgenden Jahr entdeckte die Prinzessin einen Zettel, auf den er geschrieben hatte: *Als stiller Beobachter bin ich gespannt zu sehen, wie lange es dauern wird, bis ein solch altes und zähes Gebäude wie Österreich gänzlich auseinanderfallen und zugrunde gehen wird.*

Stephanie wollte unbedingt eines Tages Kaiserin werden, sie begehrte auf. Sie stritten miteinander. Rudolf verzichtete auf das Gegurre, nannte sie nicht mehr »Coqueuse«, sondern »meine liebe Stephanie«. Auf dem Schreibtisch des Kronprinzen tauchte ein Menschenschädel auf, dessen fleischloses Grinsen die Prinzessin in die Flucht trieb. Er lachte schallend und streichelte den gelben Knochen. Die Flitterwochen waren zu Ende.

Und Stephanie stellte fest, daß sie ein Kind erwartete.

Seit dem Redoutenball waren zehn Jahre vergangen. Im Haus der Familie Taschnik herrschte friedliche Stille. Es war ein Sonntag wie jeder andere gegen Frühlingsende nach dem Mittagessen. Keinerlei Unfreundlichkeiten trübten den Wiener Frieden. Gerade war die Nachricht von einem glücklichen Ereignis im Hause des Kronprinzen aus der Burg gedrungen. Dieses eine Mal würden die Freunde erst am Abend kommen. In der Küche bereitete Anna den Teig für die Krapfen vor. Die Kinder liefen draußen herum. Seit einiger Zeit hatte Anna ein Dienstmädchen engagiert, ein junges Ding, dem Willy manchmal begehrliche Blicke zuwarf.

Das war ein Fortschritt; denn als sein Sohn geboren wurde, war es Franz nicht gelungen, ein mährisches Kindermädchen einzuführen, wie er es sich erträumt hatte. Anna hatte sich dagegen gewehrt. Die Domestiken in Wien seien Sklaven, entrüstete sie sich, man hatte legal das Recht, sie zu schlagen, man behandelte sie wie Tiere, und sie hatte ihre eigenen Anschauungen, die gleichen wie eh und je. Immer anarchistischer, die Anna. Aber sie hatte selbst das Mädchen ausgewählt, das sich um Toni kümmerte und von Anna rücksichtsvoll behandelt wurde.

Zu anderen Zeiten hätte Franz sich nach den Melodien aus dem Nachbarhaus gesehnt. Der Maestro war nicht nach Hietzing zurückgekehrt. Er wohnte nun mit seiner dritten Ehefrau im Herzen Wiens, in der Igelgasse. Nach Jettys Tod hatte Strauß ein für ihn zu junges Mädchen geheiratet, und die Ehe hatte nicht gehalten. Als der Musiker sich scheiden lassen wollte, mußte er nach Budapest fahren, wo es einfacher war. Dort fand er Adele, eine junge Witwe, die er als Anwältin genommen hatte; ihr hatte er seine Scheidung zu verdanken. Dann hatte er sich in die Ungarin verliebt. Adele war Jüdin, was die Taschniks um so mehr erfreute und Franz' Zuneigung zu Johann Strauß neu belebte. Anna glaubte zu wissen, daß das neue Paar vielleicht nach Hietzing zurückkäme und die Villa bald wieder von den Walzerentwürfen am Klavier widerhallen würde.

Um so mehr, als Strauß oft seinen glühendsten Verteidiger, den großen Johannes Brahms – auch er ein blendender Pianist – einlud. Im Sommer würde es genügen, sich im Garten niederzulassen und die Ohren zu spitzen; unter den Kirschbäumen wäre man im Paradies. Wenn es so käme, hatte sich Anna geschworen, würde sie es schaffen, mit den Nachbarn in der Villa nebenan bekannt zu werden. Vorausgesetzt, sie würde wieder geöffnet. Deshalb trauerte Franz Taschnik auch nicht allzusehr den Melodien seiner Jugend nach: Sie würden wiederkommen. In der Zwischenzeit würde er sich ein Schläfchen gönnen.

Von der Unbekannten der Redoute war keine Nachricht mehr eingetroffen. Von der Kaiserin wußte man übrigens auch nicht mehr allzuviel. Ohne ersichtlichen Grund hatte sie mit einemmal die Hetzjagd und sogar das Reiten aufgegeben; Willy zufolge hatte sich ihr englischer Reitlehrer ganz einfach verheiratet, und vor Kummer darüber wollte sie nicht mehr aufs Pferd steigen. Es hieß, sie habe begonnen zu fechten; aber dies war ein Gerücht wie viele andere, dem Franz keine Bedeutung beimaß. Wenn er Zeit zum Träumen hatte, wenn die Kinder nicht da waren und Anna in der Küche werkelte, dachte Franz an den Hasen, den er vor seiner Flinte gehabt hatte, und an seine eigene Angst. Wußte man, ob ein solches Abenteuer nicht auch Gabriele widerfahren war? Reichte das nicht, um auf jegliche Jagd zu verzichten?

Was das Reiten anging, waren die Dinge komplizierter. Im Augenblick ritt Franz gut und gern; er hatte eine eigene Stute, der er nostalgisch den Namen »Redoute« gegeben hatte. Er hatte dieses Pferd mit dem weißgescheckten Fell ins Herz geschlossen und begriff nicht, wieso die Kaiserin sich plötzlich von den Pferden fernhalten konnte. Es sei denn das Alter ... Aber nein! Sie war alterslos wie auf den Photographien.

Auf dem Sofa ausgestreckt, den Kopf auf einem bestickten Kissen, war Franz gerade eingenickt, als er im Nebel des ersten Schlafs ein fernes Klingeln hörte. Die Katze lag auf dem Samt zusammengerollt und schnarchte diskret, kaum schneller als ihr Herrchen. Franz hob die Lider etwas, sein verschlafener Blick umfaßte die Tüllgardinen, die Palmen, die aus Porzellantöpfen ragten, und den Sonnenstrahl auf dem Klavier. Nichts konnte die warme Harmonie dieses sonnigen Nachmittags trüben. Nichts außer diesem hartnäckigen Klingeln.

Die Klingel schrillte, und niemand reagierte. Gähnend richtete Franz einen verärgerten Blick auf die Tür. Draußen schrillte es in den höchsten Tönen. Er setzte sich in Bewegung und suchte das Dienstmädchen, das auch schlief, mit den Ellbogen auf dem Tisch in der Küche.

»Gehst du vielleicht mal öffnen!« rief er. »Und wenn es einer dieser Liederverkäufer ist, laß ihn ja nicht ein!« Die Kleine zog ihren blauen Kittel aus und eilte zur Tür. Franz legte sich wieder hin und spitzte die Ohren: Er glaubte Frauenstimmen miteinander tuscheln zu hören und seufzte.

»Selbst am Sonntag läßt man einen nicht in Ruhe. Bestimmt Geldsammlerinnen. Daß sie bloß standhält...«

Das Mädchen kam mit aufgelöster Miene wieder.

»Da sind zwei gutgekleidete Damen, die Sie unbedingt sprechen wollen...«, begann sie. »Offenbar...«

»Ich bin nicht da«, unterbrach er sie ganz leise. »Nimm Geld aus dem Portemonnaie und gib es ihnen, damit sie uns in Ruhe lassen.«

»Ich habe daran gedacht... Das wollen sie nicht. Sie sagen, es sei persönlich«, sagte sie und hielt ihm eine Karte hin.

»Aber es steht kein Name darauf.«

Es war keine Visitenkarte, sondern ein Stück Pappe, auf dem mit der Hand geschrieben stand: *Redoute, Karneval 1874.*

»Also wirklich! Genau zehn Jahre später«, rief er und sprang auf die Füße. »Sie möchten einen Augenblick warten. Und mach die Tür zu! Wo sind meine Pantoffeln!«

Er zog seine Weste über, schnappte sich die Hausjacke, setzte die Brille auf und versuchte vergeblich, seine Haare glattzustreichen. »Dann nicht«, murmelte er. »Man überfällt Leute nicht um die Mittagszeit. Zehn Jahre. Sie muß nun sechsundvierzig sein... Und ich«, meinte er und warf einen Blick in den Spiegel mit Goldrahmen, ich bin so alt wie sie auf dem Ball... Und ich bin in Pantoffeln.«

Der Spiegel warf das Bild eines zerzausten Mannes zurück, der in aller Eile die Ecken seiner weißen Fliege zurechtzupfte. Mit einem ärgerlichen Gesichtsausdruck näherte er sich seinem Spiegelbild, benetzte die Finger mit Spucke und drückte die widerspenstigen Haare platt nach vorn, dorthin, wo der Schädel kahl zu werden begann.

Das Mädchen steckte den Kopf durch die halbgeöffnete Tür.

»Laß sie eintreten«, sagte er und rückte seine Uhrkette zurecht. »Und sag der gnädigen Frau, sie möchte mich nicht stören; ich habe eine Besprechung.«

Zwei kleine, eher rundliche Frauen traten ein, ganz in Schwarz, die Gesichter durch einen dichten Schleier verdeckt. Franz zog die Augenbrauen hoch: Keine der beiden hatte die hohe Gestalt seines gelben Dominos.

»Gabriele ist nicht bei Ihnen!« rief er unbedacht.

»Aber, Herr Taschnik«, entrüstete sich die erste Dame, »erlauben Sie uns wenigstens...«

»Entschuldigen Sie«, unterbrach er und ging auf sie zu. »Ich verstoße gegen alle Gebote des Anstands. Gnädigste...« Und er beugte sich nach vorn für einen ziemlich steifen Handkuß. Die Dame entspannte sich etwas und setzte sich. Die andere Frau, die sich nicht rührte, betrachtete Franz neugierig.

»Sie kennen meine Freundin nicht«, sagte die erste Dame. »Marie, das ist Herr Taschnik.«

»Ein ganz dem Kaiserreich ergebener Beamter, das wissen wir«, fiel die zweite Dame etwas trocken ein.

Er vollbrachte einen zweiten, noch steiferen Handkuß und bot der verschleierten Dame einen Stuhl an.

»Herr Taschnik«, begann die erste Dame, »wir sind zutiefst betrübt, Sie ohne Vorwarnung in Ihrem privaten Bereich zu stören. Allein die Wichtigkeit einer Maßnahme...«

»Wirklich, meine Damen«, unterbrach Franz verlegen, »ich wollte Sie nicht warten lassen, Sie sehen, wie ich ausschaue... Ich bitte um Nachsicht, und Sie werden diese nicht den Gebräuchen entsprechende Aufmachung entschuldigen.«

»Alles, was Sie wollen, Herr Taschnik«, antwortete sie mit einem kleinen gezwungenen Lächeln. »Allein Gründe...«

»Ich habe den Eindruck, ich kenne Ihren Akzent, Gnädigste. Während eines gewissen Maskenballs bin ich einem roten Domino begegnet, der Ihr Aussehen hatte.«

»In der Tat, Herr Taschnik. Sie werden sich sicherlich daran erinnern, daß man mich Ida nannte.«

»Sie sind es also«, murmelte er ängstlich. »Und der gelbe Domino?«

»Das ist es ja gerade«, fiel plötzlich mit ernster Stimme die zweite Dame ein. »Deswegen sind wir zu Ihnen gekommen.«

»Oh! Sagen Sie mir nicht, daß sie tot ist!« rief er aufschluchzend.

Die beiden Frauen sahen einander verwundert an, und die erste Dame hüstelte verlegen.

»Ganz und gar nicht, Herr Taschnik«, meinte sie.

»Um so besser«, seufzte er. »Das lange Schweigen und Ihre schwarzen Kleider... Einen Augenblick habe ich geglaubt... Ich bin froh.«

»Sie würde Ihre Besorgnis schätzen«, murmelte die zweite Dame. »Es geht um etwas anderes. Sie sind im Besitz von Briefen, Herr Taschnik.«

»Das stimmt«, antwortete Franz wie aus der Pistole geschossen. »Sollte ich sie zufällig zurückgeben?«

»Genau das«, sagte die erste Dame erleichtert. »Sie möchte sie wiederhaben. Mit Ihrer Erlaubnis.«

»Und wer beweist mir, daß das stimmt?«

»Aber Herr Taschnik!« rief die zweite Dame. »Wie können Sie...«

Ida drückte die Hand ihrer Gefährtin, um sie zum Schweigen zu bringen. »Ihre Skrupel ehren Sie«, sagte sie schnell. »Aber an jenem berühmten Abend, Sie werden sich bestimmt erinnern, sind wir beide zusammen gewesen, sie und ich, in großer Vertrautheit... Ich bin ihre Freundin! Haben Sie Vertrauen.«

Franz setzte sich schließlich und betrachtete verwirrt seine Hände.

»Zehn Jahre ist es her«, murmelte er. »Wer sagt mir, daß Sie sie nicht verraten wollen?«

»Oh! Herr Taschnik«, rief Ida. »Nichts liegt mir ferner als das! Sie verraten! Sie!«

»Wer, sie?« schleuderte Franz ihr entgegen, als er den Kopf

hob. »Ich weiß nicht einmal ihren Namen. Und Sie haben am Ballabend sehr erschrocken gewirkt.«

»Eine verheiratete Frau«, flehte Ida. »Sie verstehen? Haben Sie Mitleid.«

»Verheiratet, ja«, schimpfte Franz. »Genau. Ich will ihr gerne ihre Briefe zurückgeben, wenn sie selbst kommt. Wenn Sie an meiner Stelle wären, würden Sie sie nach all der Zeit zwei unbekannten Damen überlassen? Ich bin ein Ehrenmann!«

»Daran zweifelt niemand!« meinte die zweite Dame gerührt.

»Danke«, sagte Franz, indem er sich ihr zuwandte. »Wenn Sie wenigstens einen Brief, irgend etwas Geschriebenes hätten...«

Die beiden Frauen schwiegen.

»Ich verstehe, daß es so etwas nicht gibt«, bemerkte er. »In diesem Fall...« Und er erhob sich höflich.

»Sie geben nicht nach«, seufzte Ida.

»Nein«, rief er erzürnt. »Und wenn Sie zufällig wirklich von ihr geschickt wurden, sagen Sie ihr, daß mir dieses Vorgehen in höchstem Maße mißfällt. Mein Haus mißbrauchen, meinen Sonntag, unangemeldet, ohne Erklärung! Das habe ich nicht verdient.«

»Das stimmt«, antwortete lebhaft die zweite Dame. »Nur die Freundschaft, die wir ihr entgegenbringen, kann unsere Unhöflichkeit entschuldigen. Seien Sie versichert, sie hätte es nicht gebilligt...«

»Sie weiß also nichts davon!« rief Franz überrascht.

»Seien Sie still, Marie«, murmelte Ida.

»Sie weiß nichts...«, wiederholte Franz. »Da bin ich sehr froh. Nun ja, meine liebe Ida, Ihr Unternehmen ist fehlgeschlagen. Ich nehme an, daß der Ehemann nichts von dem Abenteuer weiß?«

Ida senkte den Kopf.

»Reist sie immer noch soviel?« setzte Franz ironisch hinzu.

»Ich werde nichts sagen.«

»Und ihre Pferde? Hat sie immer noch ihre braune Stute?« fuhr er fort. »Und die Sterne in ihre Zöpfe gesteckt?«

»Wieder dieser Blödsinn! Gabriele ist nicht... ist nicht...«

»Elisabeth«, vollendete Franz mit einer Verbeugung. »Sie hatten es mir an jenem Abend schon gesagt. Und ich weiß darüber immer noch nichts.«

»Wir gehen, Herr Taschnik«, sagte die zweite Dame und raffte ihre Röcke. »Ich habe genug gehört; kommen Sie, meine Liebe.«

»Und wie beim ersten Mal behandelt man mich wie einen Lakaien!« rief Franz. »Man überfällt mich, man will mich zwingen, und gesagt wird mir nichts!«

»Eines Tages werden Sie vielleicht Ihren Irrtum erkennen, Herr Taschnik«, sagte die zweite Dame ernst. »Und Sie werden jener, die Sie Gabriele nennen, Gerechtigkeit widerfahren lassen.«

»Es ist also nicht der Name. Mein gelber Domino hat zweifelsohne Geschmack am Mysteriösen. Was bedeuten schon die Gefühle eines Mannes, den man grausam verhöhnt...«

»Grausam?« rief sie und lachte. »Es hindert Sie doch nicht am Schlafen, Herr Taschnik, und Sie wirken nicht gerade wie der Tortur ausgesetzt. Dieses Haus ist nicht das eines Junggesellen, oder? Ich wette, Sie sind verheiratet.«

»Das geht Sie nun nichts an!« rief Franz.

»Sie haben recht, Herr Taschnik«, erwiderte sie trocken und drehte sich auf dem Absatz um. »Aber Sie regen sich auf.«

»Ich? Keineswegs! Ich rege mich nicht auf, sonst würde ich den Schleier lüften und endlich wissen, mit wem ich spreche!« brüllte er. »Sie kennen meinen Namen, meine Adresse, und ich habe mit schwarzen Schatten zu tun, Marie und Ida, Ida und Marie... Der Karneval ist vorbei, es ist Sommer, meine Damen!«

Ida hatte sich erhoben und sah ihn beunruhigt an. Franz, rot vor Wut, marschierte mit langen Schritten durch den Salon, stieß an die Möbel und wußte sich nicht mehr zu beherrschen.

»Beruhigen Sie sich, Herr Franz«, murmelte sie mit veränderter Stimme. »Ich wollte Sie nicht beleidigen.«

»Oh! Sie!« sagte er und hob die Hand. »Ich weiß nicht, was mich zurückhält...«

»Ich gehe«, fiel sie hastig ein. »Wir wollten... Nun ja, wir hätten gern... Verstehen Sie... Es war, um Gabriele zu schützen.«

»Und meine Ehre, Gnädigste, was machen Sie damit?«

»Sie waren so jung...«, stammelte sie. »Es wäre Ihnen ein leichtes... Ich kenne Sie so wenig.«

»Aber sie kennt mich, sie!« schleuderte ihr der junge Mann entgegen.

»Sie werden sie also nicht verraten?«

Er zuckte mit den Schultern.

»Nun... Adieu, Herr Taschnik«, sagte Ida mit winziger Stimme.

Er besänftigte sich und machte Anstalten, sie bis zur Tür des Salons zu begleiten. Die Frau mit der ernsten Stimme ging schnell wortlos hinaus; Ida zog ihren Schleier zurecht.

»Herrn Willibald geht es gut?« sagte sie plötzlich an der Türschwelle.

»Ihre Anteilnahme wird ihn rühren, Gnädigste. Es geht ihm prächtig.«

»Sie haben sich nicht sehr verändert«, sagte sie und sah ihn mit ihrer Lorgnette prüfend an. »Ich habe Sie auf den ersten Blick erkannt.«

»Oh!« murmelte er verlegen. »Ich bin doch älter geworden.«

»Ihr Haar ist noch immer gelockt«, sagte sie sanft.

»Aber ich brauche eine Brille. Erzählen Sie es ihr nicht...«

»Was das angeht, keine Gefahr«, antwortete Ida mit einem Seufzer.

»Ist sie noch immer so schön? Sagen Sie es mir«, flehte er und ergriff ihre Hand.

»Lassen Sie mich. Ja, noch immer.«

»Ich habe den Fächer aufbewahrt, wissen Sie. Es war eine wunderbare Nacht.«

Und er drückte ihre Hand gegen seine Lippen.

»Sagen Sie ihr, daß ich nichts vergessen habe«, hauchte er. »Und daß ich bis zu meinem letzten Tag warten werde.«

»Immer überstürzen Sie alles!« rief Ida, als sie draußen waren. »Konnten Sie Ihre verfluchte Zunge nicht im Zaum halten? Dieser Taschnik hat begriffen, daß wir keinen Auftrag haben, ihre Briefe zurückzuholen!«

»Aber das ändert nichts«, antwortete Gräfin Marie kühl. »Er war gar nicht bereit, die Briefe herauszugeben. Außerdem hatte ich Sie gewarnt: Dieses Vorgehen war irrsinnig unvorsichtig.«

»Glauben Sie nicht, daß die Existenz der Briefe erst recht irrsinnig ist?«

»Jetzt gehen Sie doch weiter«, sagte die Gräfin. »Er wird uns noch hören. Warten Sie, bis wir in der Kutsche sind.«

Die beiden Frauen schwiegen. Gräfin Marie verabscheute Demütigungen. Sich von einem kleinen Beamten in unangemessener Aufmachung vorführen zu lassen, ihm nicht eins draufgeben zu können, all das war unerträglich. »Da haben Sie das Ergebnis Ihrer blöden Angst!« rief sie, sobald sie im Wagen saßen. »Statt die Briefe in der Tiefe einer Schublade ruhen zu lassen, wohin dieser Herr sie bestimmt geräumt hat, rühren Sie eine alte Geschichte von vor zehn Jahren auf!«

»Man merkt genau, daß Sie nicht dabei waren an dem verfluchten Ballabend«, murmelte Ida mit veränderter Stimme. »Wenn Sie sie beide gesehen hätten... Sie waren so ineinander vertieft! Sie haben so wunderbar miteinander getanzt! Ich habe unsere Kaiserin noch nie in einer solchen Verfassung gesehen...«

»Aber die Kaiserin redet schon lange nicht mehr darüber.«

»Ich habe Ihnen schon gesagt, daß ihr im letzten Monat einige Worte dazu herausgerutscht sind«, seufzte Ida.

»Ja!« brach es aus der Gräfin heraus. »Wie schade, die Briefe nicht mehr zu haben, die man geschrieben hat! Und Sie finden, das reicht? Wenn ich daran denke, daß ich Ihnen geglaubt habe...«

»Glauben Sie, was Sie wollen, Marie. Sie haben die Briefe nicht gelesen, Sie können nicht einschätzen, welche Gefahr sie darstellen. Wir haben es nicht geschafft, aber ich hatte recht, sie holen zu wollen.«

»Ich weiß nicht, ob unsere Kaiserin noch an diese Liebesbriefe denkt, aber einer Sache bin ich sicher: Sie sind von ihnen besessen, meine Liebe...«, meinte die Gräfin ironisch.

»Ein solcher Schmutzfleck im Leben unserer Elisabeth«, flüsterte ihre Gefährtin. »Ein Flecken auf dem makellosen Gefieder eines Schwans, Marie! Denken Sie an die Zukunft! An ihr Andenken!«

»Keine Angst«, fiel die Gräfin eisigen Tons ein. »Dieser Taschnik wird friedlich sterben, ohne den Namen seiner Angebeteten von einem Abend zu kennen, und seine Kinder werden die Briefe ins Feuer werfen. Niemand wird jemals etwas erfahren.«

Was die Kaiserin anging, war sie immer noch so schön, daß niemand daran dachte, sie werde älter. Sie hatte nie den grotesken Einfall aufgegeben, der ihr während der Gedenkmesse für ihre Silberhochzeit gekommen war; aber sie hatte keine Kandidatin nach ihrem Geschmack gefunden, die die delikate Funktion einer offiziellen Mätresse des Kaisers hätte ausfüllen können. Manchmal war die Frau, auf die sie ein Auge geworfen hatte, vorzeigbar, aber eine Aristokratin, und das wollte sie auf keinen Fall. Die Spuren der Demütigungen des Hofes waren ihr geblieben, der eifrig schlimme Gerüchte über ihre Familie verbreitet hatte: Leute ohne Bedeutung, niederer Adel, eine Landstreicherin, hieß es nach der Hochzeit.

Keine Adlige. Aber wie eine passende Frau finden? Ein Dienstmädchen würde ihr auch nicht recht sein. Als der Kaiser sich 1885 etwas zu häufig zum Hoftheater begab, hatte sie eine Erleuchtung. Eine subventionierte Schauspielerin, das war die Lösung.

Sie blickte auf ein gerahmtes Photo und zog ihre vollkommenen Augenbrauen hoch. *Gewitter im Anzug*, dachte Ida. *Was bedeutete ihr das Porträt einer Schauspielerin, was hatte sie vor mit dieser banalen Schönheit, die in lieblichen Rollen auf den Bühnen Wiens Triumphe feierte?*

»Sagen Sie es mir noch einmal, Gräfin. Wie lange soll er mit ihr beim Industriellenball geredet haben?« fragte sie verträumt.

»Oh, nur einige Minuten, Hoheit«, antwortete Ida zögernd. »Nichts Skandalöses!«

»Aber trotzdem, er geht häufig ins Theater, um sie zu sehen, nicht wahr?«

»Das Burgtheater kostet die kaiserliche Schatulle eine Menge!« rief die Ungarin. »Und der Kaiser hat doch recht, das zu nutzen, oder?«

»Sie ist nicht übel«, sagte sie und zog eine Schnute. »Ein bißchen dick, aber schöne Augen. Nun ja, ziemlich vulgär. Gerade richtig. Setzen Sie sie auf die Gästeliste für das Souper. Nach dem Empfang für den Zaren.«

»Zum Souper? Mit dem Zaren?« stöhnte Ida. »Was wird Ihnen noch einfallen?«

»Ich will dieses Mädchen kennenlernen, wie nennst du sie gleich? Ah ja, ich weiß. Schratt. Katharina Schratt. Und ich will sie für dieses Souper, das ist alles!«

»Sie werden einen Skandal hervorrufen, da bin ich sicher!«

Leichtfüßig sprang sie hoch und umarmte ihre Gesellschaftsdame.

»Ich brauche sie, Ida, du wirst es irgendwann verstehen. Ich brauche eine ziemlich gewöhnliche Frau, ergeben, treu und ein bißchen dumm, die ganz von unserem Wohlwollen abhängt. Ist sie nicht ideal?«

»Was haben Sie mit ihr vor, großer Gott?« seufzte die Ungarin.

»Meine Stellvertreterin soll sie werden, Ida!« meinte sie und brach in Gelächter aus.

Das Souper fand in Gegenwart Ihrer kaiserlichen und königlichen Hoheiten statt, zu denen sich der Kronprinz gesellte. Sein beunruhigter Blick wanderte von seiner Mutter zu der Schauspielerin, der Rivalin, in die sein Vater zweifellos verliebt war. Aber die Kaiserin, vollkommen beherrscht, behandelte sie wie eine Freundin und schien, um sie für sich einzunehmen, all ihren Charme zu entfalten, der sonst nur den Ungarn vorbehalten war. Für eine linkische Komödiantin, die vor Schüchternheit verging!

Sein Vater, der Kaiser, betrachtete die beiden Frauen auch,

richtete auf seine kaiserliche Gemahlin die Augen eines geprügelten Hundes und blinzelte, als sich sein Blick mit dem der Schratt traf, die errötend den Kopf senkte. Rudolf lauerte auf einen Eklat, der nicht kam. Als die Schauspielerin am Schluß des Essens in einen vorbildlichen Hofknicks versank, richtete die Kaiserin sie wieder auf und küßte sie – scheinbar aufrichtig – liebevoll auf die Stirn.

Ihr Gesicht hatte den merkwürdig teilnahmsvollen Ausdruck einer Mutter, die ihren Sohn verheiratet. Nur war der Sohn, den sie da vergab, der Kaiser selbst.

❖

Eines Frühlingsmorgens tauchte Attila singend im Büro auf. Er war so fröhlicher Laune, daß er Willy umarmte, der eine wichtige Depesche verfaßte.

»Kinder, ich bin verliebt! Endlich!« rief er.

»Das ist kein Unglück«, seufzte Franz. »Die Rote war nicht vorzeigbar. Wann heiratest du also?«

»Das ist was für andere«, antwortete der Ungar. »Sie ist schon verheiratet, denke ich. Nein, ich bin ganz einfach verliebt wie ein junger Student. Als ich ihr Veilchen gegeben hab, hat sie mich so zärtlich angesehen ... Und morgen treffe ich mich mit ihr; jedenfalls glaube ich das ganz fest.«

»Um so besser, aber jetzt schweig«, knurrte Willy. »Ich habe zu arbeiten. Du erzählst uns von deinen Liebschaften gleich im Kaffeehaus.«

»Er ist eifersüchtig«, wisperte der Ungar, als er sich setzte. »Armer Willy!«

»Erzähl!« flüsterte Franz interessiert.

»Eine Burgschauspielerin, die schönste!«

»Die Wessely?«

»Ich habe nicht gesagt, die berühmteste ...«

»Aber wer dann?«

»Ah! Das ist mein Geheimnis.«

»Seid ihr bald fertig?« rief Willy. »Es ist unerträglich. Ich befasse mich gerade mit den Problemen der Hohen Pforte!«

»Schscht!« murmelte Franz. »Es ist ihm ernst, reden wir leiser.«

»Dräng nicht weiter, ich kann dir nichts sagen.«

»Aber du kannst es doch kaum aushalten, sprich schon.«

»Du darfst nicht...«

»Ich sage nichts, sag es mir ins Ohr.«

»Gut«, meinte Attila und beugte sich zu seinem Freund.

»Die Schratt!« rief Franz verblüfft. »Aber sie ist hinreißend!«

Willy klappte sein Pult zu und erhob sich mit einem Satz.

»Die Schratt?« Er sah so bekümmert aus, daß auch Attila aufsprang.

»Es heißt, das sei die feste Mätresse des... Nun ja, ihr versteht«, stammelte Willy. »Von dem... Von jemandem, dessen Namen man hier nicht nennen darf...«

»Das genügt!« erwiderte Franz resolut. »Du bist zu bösartig. Und außerdem hat er so viele Abenteuer.«

»Aber dieses Mal ist es anders! Er stellt sich mit ihr zur Schau, er sieht sie jeden Tag! Die Kaiserin stirbt tausend Tode. Sie ist die Offizielle, sozusagen. Nein, ich versichere dir, Attila, schlag sie dir aus dem Kopf. Zu gefährlich.«

Der unglückselige Ungar brach stöhnend über seinem Tisch zusammen. »Aber warum immer dieses Pech, dieses Mal hatte es mich wirklich gepackt, und wer ist mein Rivale? Ausgerechnet der einzige, der...«

»Sag es nicht«, fiel ihm Franz heftig ins Wort. »Im übrigen, wann willst du endlich seriös werden?«

»Und ich«, schimpfte Willy. »Er hat wenigstens seine Rotschöpfe als Reserve. Ich aber habe niemanden.«

»Du hast zuviel Glück, Franzl«, rief der kleine Attila.

»Das stimmt«, wiederholte Willy. »Eine richtige Familie, zwei Kinder – und zum Träumen deine Gabriele!«

»Oh! Sie schreibt schon lange nicht mehr«, murmelte Franz. »Ich werde nie wissen, wer die Unbekannte auf dem Ball war.«

»Wer weiß?« meinte Willy nachdenklich. »Nehmen wir einmal an – es ist nur so ein Gedanke, aber wenn es wirklich die Kaiserin war, vielleicht kommt sie zu dir zurück, jetzt da sie offiziell sitzengelassen ist?«

❖

Die Kaiserin hatte mit ihren Plänen wunderbaren Erfolg. Der Kaiser war dem Charme der schönen Schauspielerin völlig erlegen, die er mit der Regelmäßigkeit eines Ehegatten besuchte; es war perfekt. Es verging kein Tag, an dem sie nicht dem Himmel dafür dankte, ihr einen solch extravaganten Plan eingegeben zu haben. Hatte man den Kaiser an der Nase herumgeführt? Es war ohne Bedeutung. Er hatte ihre Pläne nicht durchkreuzt; er hatte sich ganz brav verliebt. Die Kaiserin hatte sich große Mühe gegeben, die Schratt zu schützen, die offiziell als »die Freundin des kaiserlichen Paares« und also auch als die ihre bezeichnet wurde.

Aber wenn sie sich bei ihrem Mann höflich nach dem Ergehen der Frau erkundigte, begnügte sie sich damit, von der »Freundin« zu sprechen. Er verstand. Auf die nunmehr rituelle Frage »Wie geht's der Freundin?« antwortete er, es gehe ihr gut oder sie sei etwas müde. Die Schratt ihrerseits verfolgte die Kaiserin mit freundschaftlichen und unterwürfigen Aufmerksamkeiten, die Arme; der Preis, den Elisabeth für den Trick zu zahlen hatte, war, die Dame von Zeit zu Zeit zu ertragen. Ein braves Mädchen im übrigen, das sie verehrte. Bereit, alles hinzunehmen, um sich den Titel der Freundin der Kaiserin zu bewahren.

Im Grunde entzückte diese der Streich an sich. Sie zog das Inkognito vor, das wußte jeder; aber vor allem war sie in List und Findigkeit vernarrt. Die vollkommenste, die schönste blieb der Redoutenball, selbst wenn er nicht lange gedauert hatte; aber man konnte jeden Augenblick die erloschene Glut wieder anfachen, das Feuer auf gut Glück wieder zum Lodern bringen.

Manchmal träumte sie davon, ohne sich dabei aufzuhalten; elf Jahre waren seit der Begegnung vergangen, was war aus ihm geworden? Hatte er sich eingerichtet, wie sie es vorausgesagt hatte, war er verheiratet? Dieser Gedanke klebte an ihr wie Marienseide am Ende des Frühlings, doch dann schob sie ihn schnell weg. Auch er war älter geworden. Nein, es war zweifelsohne tausendmal besser, nicht zu versuchen, ihn wiederzusehen, und sich die Erinnerung an ein Samenkorn der Liebe zu bewahren, das nicht zum Sprießen gekommen war. Drei schwungvolle Walzer, eine wunderbare Unterhaltung, ein Augenblick miteinander geteilten Glücks, der Ansatz von Lust, der Genuß eines vertraulichen Beisammenseins, ein Kuß... Das mußte man in der Erinnerung freudig bewahren. Das und eine wunderschöne Verkleidung.

Auf dieselbe Art war es ihr eines Tages in London gelungen, einmal ihrem Gefolge und selbst der lieben Ida zu entkommen. Ihr englischer Reitlehrer, der Rote Fuchs, hatte das Seine dazu beigetragen. Sie waren in einen Zug gestiegen, in einen anderen Waggon geflüchtet, wieder ausgestiegen, zurück in die Stadt gefahren und dort wie gute Kameraden untergehakt umhergeschlendert. Sie hatte das Spiel sogar so weit getrieben, am Ende des Ausflugs mit Middleton wieder zum Bahnhof zu fahren, um dort auf Ida zu warten. Dafür war es in Paris nicht möglich gewesen, beim Mabille-Ball den Gelben-Domino-Streich zu wiederholen. Ida hatte sich mit solcher Vehemenz entrüstet, daß sie hatte nachgeben müssen. Aber die Kaiserin hatte sie gezwungen, sich dorthin zu begeben und ihr zu berichten.

»Die Tänze sind eine Obszönität, Eure Majestät«, sagte Ida noch immer schamrot.

»Erkläre!« drängte sie. »Beschreibe!«

»Nun ja, die Mädchen reißen plötzlich alle auf einmal die Röcke hoch, heben ein schwarz bestrumpftes Bein und drehen es, ich weiß auch nicht, wie ich Ihnen das beschreiben soll, es ist unanständig.«

Indem sie sie quälte, hatte sie schließlich begriffen, daß die letzte Figur darin bestand, das Gesäß zu zeigen. Immerhin mit einer Unterhose angetan. Die Kaiserin prustete.

»Schade«, meinte sie, als sie wieder zu Atem kam. »Ein pausbäckiges Hinterteil in englischer Spitze, das hätte mir gefallen«, fügte sie hinzu, um Ida zu reizen.

Ungefähr zur gleichen Zeit war ihr ein Streich eingefallen, der sich gut ausführen ließ. Ihre Friseuse Fanny war ebensogroß wie sie; wenn es sich nicht um wichtige Zeremonien handelte, zog sie

Fanny mit eigenen Händen an und verkleidete sie. Fanny spielte die Kaiserin sehr gut, vor allem auf dem Balkon, weit weg, wenn sie mit der Hand winkte. Im Hintergrund hatte die echte Kaiserin ihren riesigen Spaß. Aber dieser Einfall hatte weiter keine Folgen, doch der letzte, der der Stellvertreterin, hatte es in sich.

Dies war ein Meisterstück, sorgfältig erdacht, um den Gatten fernzuhalten, mit einer um so beeindruckenderen Großzügigkeit, da sie selbst, die Gattin, die Mätresse segnete; zu diesem Handel war nichts zu sagen. Alles war gestellt, die eheliche Verbindung, die nicht mehr bestand, der Ehebruch, der nicht existierte. Aber sie konnte nichts ausrichten gegen eine dumpfe Eifersucht, die sie manchmal ärgerte, wenn sie ohne Grund aus dem Nichts auftauchte. Sie schrieb Gedichte darüber.

Die Männer waren unleugbar alle Esel. Nicht unbedingt bösartig, sogar liebevoll, kuschelig, weich zum Anfassen, aber Esel. Sie dachte an eine Reihe von Gedichten über ihre Lieblingsesel, das heißt alle Männer, die sie gekannt hatte, bis auf zwei.

Ihren Vetter Ludwig, den König von Bayern, und den jungen Mann von der Redoute. Als König der Rosen und der verrückten Nächte, als Meister der Musik und Herr der Schlösser hatte Ludwig mit dem Rest der Menschheit nichts gemein; er schwebte gleich einem Erzengel über der Welt. Und auch bei dem jungen Mann war ihr aufgefallen, daß er nicht wie die anderen war. Übrigens waren beiden die Mädchenwimpern gemeinsam, schwarz und dicht über hellen Augen. Jene waren keine Esel, würden es niemals sein.

Der Meister der Langohren war der Kaiser, ihr Gatte, ein starrsinniger, räudiger Esel, ein dümmliches Tier; oder je nach Tagesverfassung ein charmanter kleiner Esel mit ergrauendem Fell, das beste unter den Haustieren. Auf Grund seiner Privilegien hatte es ein Recht auf zahllose Gedichte.

Die anderen hatten dies nicht; ein einziges Gedicht würde genügen. Einem jungen Offizier, der sich in Madeira in sie verliebt hatte und der sich, Gitarre spielend, vergeblich nach ihr verzehrt hatte, widmete sie ein Gedicht, in dem er Bananen aus ihrer hohlen Hand aß.

> *Ich hielt ihn mir im Tropenland,*
> *Bekränzt ihn mit Granat;*
> *Bananen frass er aus der Hand;*
> *Doch wurd' ich ihn bald satt.*

Andrássy ließ sie eine besondere Sorgfalt zuteil werden; der Mann war es wert. Als sie noch die kleine Verlobte aus Bayern war, hatte ihr der Ungarisch-Lehrer von diesem großartigen Revoluzzer erzählt, der sich 1848 heftig geschlagen hatte und den man zum Tode verurteilt hatte. Er war nach Paris geflüchtet, man hatte statt seiner eine Stoffpuppe gehängt. Und da er sehr anziehend war, hatten ihn die Damen den »Schönen Gehängten« getauft. Der Schöne Gehängte. Das war etwas zum Träumen.

Die Kaiserin begegnete dem Schönen Gehängten später. Er war begnadigt worden und an den Hof zurückgekehrt. Seit sie eine ungarische Delegation in magyarischer Tracht mit Mieder, Schürze und Blumenschmuck auf dem Kopf empfangen hatte, sah er sie immer mit einem feurigen Blick an. Es hieß, Andrássy sei ihr Liebhaber gewesen; sie wußte das und lachte darüber. Aber durch ihre Fürsprache war der Schöne Gehängte Minister Seiner kaiserlich-königlichen Majestät geworden; ja, Andrássy verdiente eine Sonderbehandlung. Er hatte sie indessen zu sehr geliebt, als daß er nicht in die lange Reihe der Esel eingetreten wäre. Sie schenkte ihm im geheimen Verse, in denen sie seine Eselstapferkeit, seine Zähigkeit und seinen Mut rühmte.

Und wenn nun einmal ein Mann ihren Weg kreuzte, der ihr nicht gefiel, hatte er ein Anrecht auf ein Gedicht und ein Eselsporträt. Bis auf zwei Ausnahmen war die Regel einfach: Wenn man sich in sie verliebte, war man ein Esel, und wenn man ihr mißfiel, war man auch einer.

Zu dieser Zeit etwa ließ sie in einer Villa nahe Wien, die ihr Gatte ihr geschenkt hatte, ein Fresko mit Titania, der Feenkönigin, malen. Die Gestalt aus dem *Sommernachtstraum* umfing dort den Weber Bottom, der von Oberon, dem hintergangenen Ehemann, in einen Esel verwandelt worden war. Oberon tauchte nicht auf, und Bottom trug die Züge des Kaisers. Die Entwürfe waren von dem armen Makart gezeichnet worden, der nach den Anstrengungen der Silberhochzeit mit einemmal tot umgefallen war; ein unbekannter Schüler, Gustav Klimt, hatte das Werk posthum vollendet.

Manchmal kam sie mit Bottom und Oberon durcheinander. Oberon war der Kaiser, aber auch Bottom; Oberon war der junge Oberstleutnant aus Bad Ischl, aber Bottom war der Geliebte der Schratt. Es war zweifellos sehr bequem, Oberon aus dem Fresko zu verbannen. Die Schratt jedoch bekam auch ihr Fett ab: Wenn in Elisabeths Gedichten der Kaiser ein Esel war und sie die Feenkönigin, schenkte die Kaiserin dem Tier eine vulgäre Distel als Spielhafer, den er so gerne fraß, das war alles. Der Hafer aber war die Schratt.

Das Eselsspiel amüsierte sie lange Zeit. Eines Tages wollte sie die Serie fortsetzen und fand kein Modell mehr. Da fielen ihr die beiden Ausnahmen ein: Ludwig und der junge Mann vom Ball.

12

Ein gemeines Biest auf dem Mist

> *Ich seh' dich reiten, ernst und traurig,*
> *In Winternacht im tiefen Schnee;*
> *Es bläst der Wind so eisig schaurig,*
> *Mir ist so schwer zumut, so weh!*
>
> *Im dunkeln Osten, fahl verschwommen,*
> *Da dämmert jetzt ein blasser Tag,*
> *Mit Centnerlast das Herz beklommen,*
> *Trägst heimwärts du die bitt're Klag'.*
>
> Elisabeth von Österreich

Was den jungen Mann anging, so hatte er schon sein Gedicht. Sie sah ihn dort als traurigen Reiter des Nachts im Prater. Die Verse waren nicht übel; sicherlich, er war darin etwas zu romantisch, und von seiner naiven Fröhlichkeit war nichts zu spüren. Aber als sie das Gedicht geschrieben hatte, war sie in melancholischer Stimmung. Das mußte er ausbaden. Im übrigen konnte sie sich nicht daran erinnern, ihn jemals auf einem Pferd im Prater gesehen zu haben. Schade, es würde ihm gut stehen.

Sie hatte ihm nicht geschrieben seit... Seit wann eigentlich? Dem Jahr ihrer Begegnung. Als sie mit sechsunddreißig Jahren zum erstenmal Großmutter geworden war. Es war ganz einfach: kein Brief an Franzl seit elf Jahren.

So lange Zeit! Sie wußte nicht einmal mehr, wo sie die Briefe verstaut hatte; in Wien oder in Buda? Vermutlich in Gödöllö? Nun ja, es war schließlich eine alte Geschichte. Ida, die deswegen so besorgt gewesen war, sprach nicht mehr darüber. Und er war von der Bildfläche verschwunden. Zweifellos verheiratet, bestimmt mit Kindern. Trotzdem war es zu dämlich, eine solch poetische Geschichte sterben zu lassen; sie beschloß, einen letzten Brief zu schreiben. Es war etwas riskant, aber doch auch wieder nicht so, daß es einen neuen Skandal heraufbeschwören könnte. Und vorausgesetzt, er hatte noch immer dieselbe Adresse...

Das war so aufregend an der Sache: Würde sie ihn wiederfinden? Es zu versuchen reichte schon. Ihr Brief war kurz, die Worte präzise, ein wenig herb – und am Schluß ein wenig Zärtlichkeit: *Ich vergesse Sie nicht, mein lieber Junge.* Um der größeren Sicherheit willen nutzte sie einen Freund, der nach Brasilien fuhr und den Brief in Rio aufgeben würde. In jedem Fall nicht die kleinste Begegnung. Die Kaiserin ging auf die Fünfzig zu; es wäre vergeblich, sie in diesem Alter sehen zu wollen.

Von ihrem Einfall entzückt, beleckte sie etwas gerührt den Umschlag und klebte ihn zu.

Das Wesentliche an dem brasilianischen Brief war, um eine Photographie zu bitten, damit sie wußte, wie er nun elf Jahre nach dem Ball aussah, und um seine neue Adresse, die er nach München, postlagernd, schicken möchte. Dann – der Brief schwamm jedoch schon über den Ozean – fiel ihr auf, daß es lächerlich war, jemanden um seine Adresse zu bitten, an den man gerade schrieb, zu spät. Die Worte, die sie benutzt hatte, waren nicht gerade besonders geschickt gewählt: *Senden Sie mir Ihre Photographie, nicht aus alter Zeit, als Sie jung waren, sondern von heute, wie Sie jetzt aussehen.* Natürlich hatte sie höflich hinzugefügt, daß sie sich darüber freuen würde, aber es war nicht sehr schön.

Was sollte das Ganze? Er war zweifellos gealtert. Aber im stillen hatte sie ihn immer noch gleich genannt: *Mein junger Mann.* Eine große Anstrengung, und schon meinte sie, genug getan zu haben. Jetzt war es an dem alten jungen Mann, mit den Erinnerungen zurechtzukommen.

Zwei Monate später hielt Anna ihrem Mann einen langen Briefumschlag hin.

»Hast du Freunde in Brasilien? Davon hast du mir nie erzählt, Franzl...«

»In Brasilien? Niemanden.«

Von Brasilien wußte Franz Taschnik, daß es ein Kaiserreich war und von Don Pedro regiert wurde, dem zweiten seines Namens. Man pflanzte wie wild Kautschuk an und kam von dort mit Fieber heim. Man fand dort Agaven und Palmen, Gold und Wilde, und ansonsten war es ein weiteres Land in diesem üblen Amerika. Ein Land, absolut Mexiko vergleichbar, wo man einen österreichischen Erzherzog erschossen hatte, den unglücklichen Maximilian, der sich schuldig gemacht hatte, weil er die Krone angenommen, sich für den Kaiser gehalten hatte und sich von den Rebellen gefangennehmen ließ. Er war zu weit weg, als daß man ihm hätte zu Hilfe eilen können.

Das heißt also, Franz kannte dort nichts und niemanden. Zweifellos ein Irrtum, aber nein, auf dem Papier standen sein Name und die richtige Adresse, in einer Handschrift, die er alsbald identifizierte.

»Das ist... ein befreundeter Diplomat auf Auslandsposten, ich erinnere mich jetzt«, antwortete er seiner Frau.

Dieselbe Lüge, die er seiner Mutter gegenüber vorgebracht hatte – vor wie vielen Jahren? Genauf elf; er hatte alle Zeit zum Zählen gehabt. Er warf den Umschlag in eine Ecke, um keinen Verdacht zu wecken. Er würde ihn später im Ministerium lesen.

»Neugierig bist du nicht«, bemerkte die sanfte Anna. »Auch nicht in Eile. Gewöhnlich liest du deine Briefe unverzüglich.«

Als Franz aus dem Haus ging, vergaß er nicht, den Brief an sich zu nehmen, der ihm die Finger verbrannte. Er öffnete ihn in der Tram. Eine kleine Seite, krakelige, nervöse Schriftzüge, es ging ihr schlecht, oder sie war gealtert, vielleicht weitsichtig. Als er zu Ende gelesen hatte, brach er in Lachen aus. Gabriele war unverbesserlich.

Ein Photo von ihm! Um sein Alter zu prüfen! Wo sie nicht bereit gewesen war, sich zu zeigen, die Spitzbübin! Also wirklich, das war ein geschmackloser Scherz! Er faltete das Papier zusammen und steckte es in seine Tasche.

Aber als er aus der Tram ausstieg, legte er einen Schritt zu und blieb dann vor einer Parfümerie stehen, in deren Mauer ein langer, von gemalten Blumen umrahmter Spiegel eingelassen war. Er war entsetzlich kahl, er hatte Bauch angesetzt. Er hatte auch einen Schnurr- und Backenbart, schon etwas grau geworden. Zu Zeiten des Balles hatte er keinen Bart, dafür volles Kopfhaar. Ganz zu schweigen von der Nickelbrille, die er mit Absicht ausgesucht hatte, um dem anderen Franz zu ähneln, dem Schubert, dessen Sonaten er mit Anna spielte. Die Unbekannte der Redoute würde ihn nicht erkennen.

Er zögerte drei Tage lang.

Willy meinte, man müsse Folge leisten, und das schnell; da Gabriele wieder auferstand, sollte Franz sich fügen. Sonst würde er nie das Herz frei haben und sein Leben lang glauben, er habe die Kaiserin geliebt, eine alte Leier, die Willy schon früher vorgetragen hatte. Aus umgekehrten Gründen dachte Attila dasselbe. Mit dem Photo in der Hand würde die Unbekannte endlich als die Königin in Erscheinung treten und ihm ihre Hand zum Kuß hinhalten. Weder der eine noch der andere begriff das Zögern des Freundes.

Unschlüssig und ohne seiner Frau ein Wort zu sagen, akzeptierte er, bei seinem gewohnten Photographen im Atelier Ferbus in der Ottakringerstraße, wo er auch die übrigen Familienphotos anfertigen ließ, einen Termin festzulegen. Das Ferbus-Atelier hatte herrliche Bilder von Anna und Emmi gemacht, jede mit träumerischen, in die Ferne blickenden Augen im Mittelpunkt einer weißen Wolke. Franz erklärte, er wolle ein Photo von sich in Abendgarderobe, um es seiner Frau zu schenken.

Zum Gedenken hatte er einen Frack angezogen, mit einer Nelke im Knopfloch, er war sogar beim Friseur gewesen, um sich den Bart färben zu lassen. Aber das Ergebnis war entsetzlich: das Schwarz war zu tief, der steife Kragen zu weiß, die Nelke war zuviel, er sah aus wie ein Lebemann. Und die Kahlköpfigkeit war unerbittlich. Entschieden nein, er würde sein Konterfei nicht abschicken. Warum ihr die Erinnerung an einen Ball verderben? Statt dessen verfaßte er einen spitzen Antwortbrief, in dem er die ganze Wahrheit sagte.

Lieber gelber Domino, da bist Du also wieder... Ich bin aus allen Wolken gefallen, meine Liebe. Elf Jahre sind in unserem Leben vergangen; von dem Deinigen erzählst Du mir nichts. Statt dessen willst Du von mir alles wissen. Ist das gerecht? Nein. Aber weißt Du überhaupt, ob es Gerechtigkeit gibt? Nein. So läuft es bei den Nomaden oder den Mächtigen der Welt. Ich bin klein, Du verachtest mich. Hast Du mich geliebt? Vielleicht. Verstehst Du es? Ich bin mir nicht sicher.

Was habe ich von Dir gesehen? Einen düsteren Blick, helle Haut und zwei nackte Hände. Ich weiß, daß Du atemberaubend schön bist. Zweifellos hast Du Dir Deine Pracht bewahrt; zweifellos bist Du Deiner stolzen Schönheit von damals treu geblieben. Was mich angeht, ich bin ein kahlköpfiger, ehrsamer, aber glücklicher Ehemann geworden, habe eine Frau, die Dir an Größe und Gestalt ähnelt und vielleicht sogar die gleichen Haare hat wie die, die Du unter Deiner Perücke versteckt hast; ich habe ein herziges kleines Mäderl mit Augen, lebhaft wie Deine. So, jetzt weißt Du alles. Wenn Dir danach ist, kannst du nun ohne weiteres Deinen Brokatdomino ablegen und nach elf Jahren das beunruhigendste Deiner Abenteuer ans Licht bringen. Du siehst, ich habe mich nicht geändert, ich bin noch immer derselbe, einfach und vertrauensvoll. Ich weiß, daß von Dir nichts als Güte kommen wird. Antworte mir!

Ich habe nie aufgehört, an das charmante Phantom von einer Nacht zu denken, es hat meine Träume durchzogen, aber es hat nicht meine Lebenswege versperrt. Ich werde Dir dafür auf ewig dankbar sein. Ich wünsche Dir dasselbe Schicksal, und ich bin Dein Dir ganz ergebener...

Und er unterzeichnete zitternd, nicht mit Franz Taschnik, sondern mit Franzl.

Von dem Photo kein Wort. Seltsamerweise unterließ er es auch, die Existenz seines Sohnes zu erwähnen. Einfach so.

Der Brief aus München gelangte nach acht Tagen in die Hände seiner Adressatin.

Ohne Porträt. Aber man konnte ihn sich vorstellen. Er hatte also eine Glatze! Sie lachte herzlich.

Und sie? Wie sagte er? *Deiner stolzen Schönheit von damals treu...* Das »damals« war etwas grob, aber viel Stil hatte er nie gehabt. Sie hätte ja seine Weigerung so eben noch verstehen können, wenn in dem Brief nicht etwas Unerträgliches angeklungen wäre: das Glück. Man konnte also zu diesem Preis altern. Ja, er war glücklich. Er hatte eine Frau gefunden, die ihr ähnelte, und wagte es, das auch noch zu sagen!

So viel Zufriedenheit war nicht zu ertragen! Sie antwortete noch am selben Tag. Zärtlich – und da sie offiziell zur Königin der Güte ernannt worden war, ließ sie nicht locker: Sie wollte um jeden Preis dieses Photo. Sie wollte mit eigenen Augen diesen *väterlichen Kahlkopf* sehen. War das nicht über die Maßen liebenswürdig?

Aber als sie ihre Epistel beendete, beging sie einen Fehler. *Ich weiß, daß die Erinnerung an diesen Ball Dich nie verlassen hat, mein Freund; und ich verstehe, daß Du die Verletzung verbergen willst, die ich Deinem Herzen auf ewig zugefügt habe. Vielleicht wirst Du eines Tages die Gründe für meine Anonymität und dieses lange Versteckspiel verstehen, das Dich so hat leiden lassen. Ich kann nichts dafür, so ist mein Leben; und ich versichere Dir, daß ich Dich trotz der elf Jahre Schweigen niemals vergessen habe. Habe ich Dich geliebt? Möglich. Wirst Du es jemals wissen? Nein. Unmöglich. Zumindest wirst du verstehen, daß es mir versagt war, auch nur dem geringsten Gefühl freien Lauf zu lassen. Adieu, mein lieber Junge.*

Der Brief ging wieder mit viel Mühe nach Brasilien; es dauerte einige Zeit, bis sie den Boten gefunden hatte. Zur großen Verblüffung Annas kam vier Monate nach dem ersten brasilianischen Schreiben das zweite.

»Noch einer!« meinte sie einfach.

Ja, noch einer, dachte er. *Warum auch aufhören? Diese Geschichte wird niemals enden. Und was will sie diesesmal?*

Merkwürdig – ohne allzu große Erregung machte er sich daran, den kurzen wütenden Brief zu lesen. Als er zu den letzten Zeilen kam, glaubte er, sein Herz bliebe stehen. Der Ton hatte sich gewandelt, ernst, schmerzlich, der einer verletzten Frau. Bedurfte es erst des Unglücks, um zu diesem Geständnis zu gelangen...

Zweifel war nicht mehr erlaubt. Wenn sie von Anonymität sprach, hieß das, Gabriele war die Kaiserin. Er konnte noch soviel grübeln, sich sagen, daß er tausendmal umsonst solche fruchtlosen Überlegungen angestellt hatte, nichts traf zu. Er beschloß, zu einem großen Schlag auszuholen, es aus ihr herauszuzwingen; sie würde gestehen.

Eine Woche lang ließ er den zusammengefalteten Brief in seinem Gehrock stecken, seinem Herzen so nah wie möglich, das er für weise geworden hielt und das vor Jugend zitterte.

Als Krönung des Ganzen kam der Abend der Premiere einer neuen Operette von Johann Strauß, des *Zigeunerbaron;* die Handlung spielte in Ungarn. Der *Zigeunerbaron* war eine versteckte Huldigung an die dritte Gattin des berühmten Komponisten, Adele. Da die Auserwählte Ungarin war, frohlockte Attila, und da sie Jüdin war, ging es Anna ebenso. Und Willy, der entsetzt über die Scheidung und wütend über die Straußsche Entwicklung war, murrte.

Die Premiere wurde ein Erfolg. Willy war entzückt und summte beim Hinausgehen die reizende Melodie, die den Zauber Wiens rühmte. *Nach dem schönen Wien zieht mich Herz und Sinn, nach der lieblichen Stadt... Wo bei Lichterglanz und Gesang und Tanz uns in Lust, in Jubel die Nächte vergehn... Und heiß die Liebe glüht...* Franz dachte daran, wie er sechsundzwanzig Jahre alt war, und betastete seinen Abendanzug dort, wo Gabrieles Brief ruhte, genau unter der Nelke im Knopfloch. Er hatte an jenem Abend einen merkwürdig abwesenden Gesichtsausdruck. Anna hielt ihn für verträumt, fragte, ob er müde sei, und dachte schließlich, er sei verliebt, was in einem gewissen Sinn ja auch nicht ganz falsch war. Aber als sie es wagte, diese bedrückende Hypothese auszusprechen, nahm er sie so aufrichtig in die Arme, daß sie sich schämte.

Im übrigen kam ihm nicht einen Augenblick der Gedanke, er sei seiner Frau untreu. Er wollte einen Traum aufklären; das war nicht verboten, und vor allem kam seine Liebe zu der Unbekannten in nichts derjenigen gleich, die er für Anna empfand. Die eine war wahr, die andere, zu Gabriele, war erfunden. Das ganze Problem hing an dieser Frage der Wahrheit.

Das erstreckte sich bis auf sein Sehvermögen, das von Tag zu Tag nachließ. Während eines Spaziergangs mit Anna im Stadtpark sah Franz eine schwarzgekleidete Frau am Kanalufer entlanggehen, so groß, so schlank, daß er den Arm seiner Gattin losließ und zu laufen begann, um sie einzuholen. Die Dame trug einen dichten Schleier und eine Kappe, die er sicher zu erkennen glaubte, denn mit so einer war die Kaiserin auf alten Photographien abgebildet; übrigens hatte sie sie auch auf dem Kopf, als er sich am Fenster der schwarzen Kutsche gegenüber vom Demel die Nase platt gedrückt hatte. Jenen Tag nannte er seitdem den »Tag der schwarzen Kutsche«.

Er rief mit einer so machtvollen Stimme »Gabriele, Gabriele«, daß die Dame sich umdrehte. Doch als er mit dem Hut in der Hand auf sie zuging, blieb sie überrascht stehen. Er hatte sich in der Person geirrt; die Dame hieß Henriette, und es tat ihr unendlich leid, nicht Gabriele zu sein. Franz stand blöde da, denn es war wirklich die Kappe, und es war auch die sanfte, leicht säuselnde Stimme. Er hatte die Kühnheit zu fragen, ob die Gnädigste nicht zufällig zum kaiserlichen Hofstaat gehöre; die Dame in Schwarz antwortete, daß sie Friseuse und schön dumm sei, sich von einem Unbekannten ausfragen zu lassen. Er entschuldigte sich sehr und gesellte sich wieder zu Anna, der er die harmlose Geschichte von einer Freundin seiner Mutter erzählte, die er wiederzuerkennen geglaubt hätte.

Die Stimme der Dame in Schwarz war ziemlich atemlos, und Franz fiel ihr schwerer Schritt auf. Nun wiesen die Zeitungen darauf hin, daß die Kaiserin schlimmen Ischias hatte. Sie war es nicht, und sie war es doch, und wenn das nun losging, daß er ihr überall begegnete...

War dieser Punkt der Obsession erreicht, mußte dem ein für

allemal ein Ende gesetzt werden. Und da ja Gabriele die Pforten zum Geständnis geöffnet hatte, würde er sich hineinbegeben. In dem Brief, den er schrieb, gab er Wut vor; er wollte Gabriele aus ihren letzten Verschanzungen herausholen. Er war sehr zufrieden mit dem Ergebnis: Dieses Mal, ja, dieses Mal würde sie gestehen.

❖

Die Kaiserin erhielt Franz' Antwort in Wien, wo scheußliche religiöse Feiertage und unvermeidliche weltliche Pflichten sie erwarteten. Stephanie, die leidend war, konnte sie nicht vertreten, und die Friseuse wäre dafür nicht geeignet. Der Kaiser wäre da. Sie war in einer niederschmetternden Laune, und wie gewöhnlich war es Ida, die ihr den Brief hinhielt.

»Von Ihrem jungen Mann, wenn man so sagen kann«, sagte sie ohne ein Lächeln.

Idas Bemerkung ärgerte die Kaisern; sie wußte sehr wohl, zum Teufel, daß die Zeit verging. Sie entriß Ida den Brief im Gehen und schloß sich ein, um ihn zu lesen.

Normalerweise begann er immer gleich: »Lieber gelber Domino.« Aber als sie nun die ersten Worte las, hatte sie eine böse Vorahnung: *Sehr geehrter gelber oder roter Domino...*

Rot! Was bedeutete das? Hatte er vergessen? Und dann dieser Ton!

Du amüsierst Dich nach elf Jahren noch immer damit, mit mir Verstecken zu spielen! Was für ein schlechter Scherz und was für eine Geschmacklosigkeit! Eine Demaskierung nach so langer Zeit wäre ein hübscher Spaß und ein gutes Ende zu dem Faschingsdienstag 1874 gewesen, eine anonyme Korrespondenz entbehrt nach so langer Zeit des Reizes. Das alles wird ziemlich fad. Du weißt besser denn jeder andere, wie sehr die Welt von der Fadheit zerstört wird... Die Fadheit, meine Liebe, bist Du. Dein erster Brief hat mich entzückt, der letzte ärgert mich. So viel Mißtrauen... Du sagst mir immer noch nicht, wer Du bist. Na gut! Bleib auf Deiner Hut, sei's drum. Ich habe meine Würde. Adieu, meine Liebe.

Adieu? Na gut, wenn er sich dafür entschieden hat, also adieu! Sie zerriß den Brief. Er – verärgert! Ein einfacher Beamter! Ein Wiener, dem sie die Ehre einer Idylle hatte zuteil werden lassen! Für wen hielt er sich?

Auf der Stelle schrieb sie ein Gedicht von sieben Zeilen, die vernichtend sein sollten; der frühere junge Mann wurde in die Ecke mit den Eseln gesteckt, zu denen er vorher nie gehört hatte. Aber als sie es noch einmal las, hielt sie es für übertrieben. Warum ihn nun als ein gemeines Biest behandeln, warum ihn als schiech, vulgär beschreiben, wo er doch nur glatzköpfig war? Mußte sie eine unbekannte Frau angreifen, die seine?

> *Ein ganz gemeines Beast;*
> *Kahl war er auch, dazu noch schiech,*
> *Gehört nur auf den Mist.*
> *Von seiner Schmach ist alles voll,*
> *Und jedes Echo heult's*
> *Von Fels zu Fels, im Land Tirol –*
> *Und Eine ist's, die teilt's.*

Nein, dieses Liebesbriefchen würde sie nicht abschicken. Zu heftig. Aber sie warf es auch nicht weg; sie tat es zu ihrer Eselsammlung, wo es hingehörte. So bliebe, falls es zu einer Veröffentlichung käme, der Schuldige ungenannt. Sie war geräccht. Während sie das Gedicht einordnete, schwand ihre Wut.

Vor ihr lag das zerrissene Blatt Papier; sie las alle Schnipsel einzeln auf. Die Wörter kamen wieder zum Vorschein, spöttisch; während in den Balkanländern unentwegt der Krieg wütete, das Jahrhundert sich einem verheerenden Ende näherte, mußte man sich da wegen einer Bagatelle erregen?

Außerdem log er. Vor sechs Monaten hatte ihre Friseuse Fanny eine merkwürdige Begegnung im Stadtpark gehabt. An jenem Tag trug sie, schön in einen pelzgefütterten Mantel gehüllt, der ihre Rundungen verbarg, eine alte Kappe, die ihr die Kaiserin geschenkt hatte. Ein ziemlich beleibter Herr hatte sie im Laufen eingeholt und sie ganz bewegt Gabriele gerufen.

Fanny hatte aufgeschrien, vorgegeben, Henriette zu heißen, und konnte die Beharrlichkeit des Mannes nicht verstehen, der sich dann stammelnd entschuldigte.

»Ah!« hatte die Kaiserin ausgerufen. »Hatte er eine Frau bei sich?«

»Weiß ich nicht«, hatte die Friseuse geantwortet. »Es war ein großer, gutgekleideter Herr mit Bauchansatz und Brille, jedoch eine attraktive Erscheinung.«

Die Kaiserin hatte einen Augenblick gezögert, dann aber überhaupt nicht mehr daran gedacht. Dieser dickbäuchige Herr konnte nicht ihr junger Mann sein. Sie hatte den Vorfall aus dem Gedächtnis gewischt. Und nun kehrte die Erinnerung an den Riesen aus dem Stadtpark und an diesen Namen wieder, den er gerufen hatte, Gabriele. Wirklich, dieser Brief roch nach dem Ärger eines Verliebten.

»Weißt du, Ida, ich hatte diesen Jungen gern«, sagte sie am nächsten Tag besänftigt. »Ich hatte sogar ein langes schönes Gedicht zu seinen Ehren geschrieben, das ich ihm schicken wollte. Heute nacht habe ich ein anderes geschrieben, um das erste zu widerrufen. Ich werde weder das erste abschicken, das zu schön ist, noch das zweite, das zu böse ist. Ich weiß nicht, warum er so verärgert ist – schau, das hat er geschrieben. Das erste Gedicht, das beste von mir, wird Franz Taschnik nie zu Gesicht bekommen; es ist vorbei.«

»Endlich«, seufzte Ida. »Dafür haben Sie elf Jahre gebraucht. Jetzt vergessen Sie, bitte, das Ganze.«

Dann starb der Rosenkönig

> *Freiheit wollten sie mir rauben,*
> *Freiheit fand ich in den Fluten;*
> *Besser hier im Herzen erstarren*
> *Als in Kerkerhaft verbluten!*
>
> Elisabeth von Österreich

Es gelang ihr zu vergessen – bis zu Ludwigs Tod im folgenden Jahr, dem verfluchten Jahr 1886.

Schon seit langer Zeit ging das Gerücht um, der König sei verrückt. Es hieß, er schlafe am Tage und reite des Nachts, man erzählte sich von Orgien mit den Dienern in seinen Schlössern, man beschuldigte ihn, sein Königreich in den Ruin getrieben, das Geld für musikalische Marotten verschleudert und sich in Richard Wagner, seinen Helden, verliebt zu haben. Es wurde behauptet, er halte sich für eine Legende. Man warf ihm vor, die Launen des Maestro und die Schroffheiten der unerträglichen Cosima, dessen Frau, hinzunehmen, nur weil sie die Gattin eines Genies und die Tochter eines anderen, Franz Liszts, war. Man brachte vor, er habe sein gutes Aussehen verloren und sei entsetzlich dick geworden; nur einer Sache sei man sich sicher, so wurde unter dreckigem Lachen berichtet, er habe sich nicht die Syphilis zugezogen.

Kurz, Bayern hallte von vielfachen Gerüchten wider, aber die Kaiserin hatte dem keinerlei Aufmerksamkeit geschenkt. Es wurde auch über ihre Person viel geredet, und nichts davon stimmte. Und auf den Wahnsinn hatte sie ein Anrecht gehabt, auch sie, häufiger als er. Es hieß, er rede mit sich selbst... Ja und?

Es hatte sie nicht weiter beunruhigt, um so mehr, als sie ihm kaum verzeihen konnte, was er ihrer Schwester Sophie von Bayern angetan hatte. Als Vetter Ludwig beschlossen hatte, sie zu seiner Gemahlin zu machen, hatte sie dies als das höchste

Glück empfunden: Sophie war ihr junger Engel und Ludwig der Erzengel Gabriel, geradlinig wie ein Degen, sensibel wie eine Frau und von tadelloser Eleganz und unglaublicher Zärtlichkeit. Er hatte für seine Verlobte einen neuen Namen gefunden, Elsa, direkt einer Oper seines geliebten Komponisten entsprungen, dieses Wagner, der die Musiknarren in Wien auseinanderbrachte; er würde ihr Lohengrin sein.

Der Kaiserin hatte diese bezaubernde Aufmerksamkeit sehr gefallen, trotz der Einwände der Nörgler, die auf die Absurdität dieser Namen hinwiesen, da in dem Libretto der Wagnerschen Oper Lohengrin Elsa wegen eines verratenen Geheimnisses verließ; das war kein gutes Omen. Bei einem anderen hätte sie die Ohren gespitzt, und die alten abergläubischen Eingebungen wären geschwind zurückgekommen. Aber bei Ludwig war das anders. Sie und er schwebten über den Sterblichen; von Ludwig konnte nichts Böses kommen.

Die Verlobung hatte stattgefunden; etwas später jedoch hatte Ludwig sich auf merkwürdige Weise zurückgezogen. Und da er viel herumtrödelte und das Hochzeitsdatum auf merkwürdige Weise hinausschob, hatte Herzog Max seinen Verwandten aufgefordert, tätig zu werden. Da hatte Ludwig ohne Vorwarnung brutal alles rückgängig gemacht. Sophies Leben war in tausend Stücke zerbrochen wie ihre Marmorbüste, die der König von Bayern aus dem Fenster geworfen hatte. Die höchste Beleidigung, die zu verzeihen sich die Kaiserin schwergetan hatte.

Aber das war schon eine alte Geschichte; Ludwig und Sisi hatten einander wiedergesehen. Denn es war stärker als sie; er zog sie unwiderstehlich an. Sicherlich, der jugendliche Charme des Königs war etwas verblaßt; es ging nicht mehr um die gegenseitige Bewunderung der beiden legendären Wesen, die so schön waren, daß man meinte, sie seien vom Himmel gefallen, so schön, daß die Menge es kaum fassen konnte, wenn sie gemeinsam auftraten, die Kaiserin von Österreich und der König von Bayern, ein wunderbares Paar.

Ludwig hatte ein Bäuchlein bekommen; seine Zähne waren schlecht, ein Familienübel leider. Er war verträumter denn je, und sein einnehmendes Lachen hatte nun etwas Knirschendes an sich. Einmal, als sie ihn in Neuschwanstein besuchte, hatte sie »die Einzige« mitgenommen. Auf Anordnung der Mutter hielt die Kleine ein Sträußchen Jasmin in den Händen, eine der beiden Lieblingsblumen des Königs; die andere war die Rose.

Ludwig mochte Kinder nicht; er konnte sein Zurückweichen nicht verbergen und nahm die Blumen mit spitzen Fingern und einem gezwungenen Kuß. Marie Valerie hatte ihn fett und widerlich gefunden; ihre Mutter war tödlich beleidigt. Ja, Ludwig hatte sich verändert.

Aber er bewunderte sie weiter; verstand man ihn recht, hatte er nur sie geliebt, mit einer Liebe, die er inzestuös nannte, sie war seine Mitgöttin, seine Schwester, ein göttliches Wesen wie er. Ihr allein, seiner Cousine Sisi, hatte er seine Vorliebe für junge Männer gestanden.

Als der erste Schock vorbei war, hatte sie sich die Geschichte erklären können; Ludwig hatte sich nicht schuldig gemacht, als er Sophie im Stich ließ, im Gegenteil. Groteskerweise liebte Elisabeth ihn nun nur noch mehr; denn die Enthüllung erklärte auch den Grund für seine Anziehungskraft. Ludwig bedrohte sie nicht; Ludwig liebte sie um ihrer selbst willen; wenn er über die Schönheit sprach, geschah dies in aller Reinheit. Über das, was er während seiner Nächte machte, wollte sie nicht mit ihm sprechen; aber sie stellte es sich vor, das war besser. Mit heißen Wangen dachte sie an den Körper Ludwigs, wie er von muskulösen Dienern gestreichelt wurde – ein wunderbarer Schatz brennender Haut und lustvoll aufgerichteter Geschlechsteile, die sie mit einer unerklärlichen Freude erfüllten.

Und wenn der König die Kaiserin traf, überschüttete er sie mit Aufmerksamkeiten; Rosen, Gedichten, großen poetischen Ergüssen, denen sie leidenschaftlich zuhörte, ganz Ohr, um unter der Emphase das nackte Geheimnis zu erraten. Zweifellos war es das, was in den Gerüchten Wahnsinn genannt wurde; aber wenn er verrückt war, war sie auch verrückt. Zwei große Vögel, sagte er, der Adler und die Möwe.

Vom Adler hatte Ludwig die Spannweite in vollem Flug, die wilden, rauhen Schwingen, den scharfen Schnabel und den machtvollen Blick. Die Möwe mit den lebhaften schwarzen Augen war sie, wenn sie bei Sonnenuntergang über dem Ozean schwebte. Er sagte es ihr häufig, sie werde eines Tages ihr Leben weit weg auf den Meeren verbringen.

Sie hatte ihm zahlreiche Gedichte gewidmet, die er nicht kannte, bis auf eines, das sie eines Tages für ihn auf der Roseninsel hinterlegt hatte und das er erst viel später fand.

> *Du Adler, dort hoch auf den Bergen,*
> *Dir schickt die Möwe der See*
> *Einen Gruss von schäumenden Wogen*
> *Hinauf zum ewigen Schnee.*

Und dann geschah es am 10. Mai 1886, daß ihn seine Minister absetzten. Man erklärte ihn für geisteskrank und ernannte einen inkompetenten Regenten. Unvorstellbar. Illegal. Eine Ungeheuerlichkeit. Das Volk war zu Recht darüber entsetzt; aber wenn Ludwig die Unterstützung durch das Volk hatte, war das nicht der Beweis, daß er ein guter König war? Was brauchten diese Herren Minister mehr? Eine Galionsfigur ohne Seele, einen königlichen Funktionär, zu nichts anderem gut, als Pfründe zu verteilen.

Sie hatte die Nachricht während eines Aufenthalts bei ihrer Mutter in Bayern am Starnberger See erhalten. Ludwig war am anderen Ufer, mit einem Boot zu erreichen. Sie hatten sich entrüstet; aber die alte Herzogin hatte, ohne zu sehr darauf zu bestehen, daran erinnert, daß es in der Familie einen Schwachsinnigen gab. Die junge Frau hatte den Einwand hinweggefegt; oder die Wittelsbacher wären alle vom selben Schicksal bedroht!

Die alte Ludovica hatte den Kopf geschüttelt.

Einen Monat später versuchte eine Delegation von Ministern und Würdenträgern, den abgesetzten König gefangenzunehmen und in eine Anstalt einzuweisen. Seine Getreuen, Lakaien und Bauern, leisteten Widerstand; noch war nicht alles verloren. Aber am nächsten Morgen kam die Delegation wieder, mit Ärzten und der Polizei. Von da an war Vetter Ludwig in der

Festung von Berg eingeschlossen, überwacht von dem Psychiater Dr. von Gudden. Die junge Frau raste weiterhin vor Wut.

»Ich werde ihn suchen, das schwöre ich Ihnen«, rief sie. »Man braucht nur einen Kahn; er ist drei Schritt von uns entfernt, auf der anderen Seite des Wassers, und ich soll mit verschränkten Armen hierbleiben, ohne etwas zu versuchen? Man muß ihn befreien.«

Aber die Herzogin behandelte sie als Dummkopf und beschwor sie, sich nicht in die Angelegenheiten Bayerns, ihres Geburtslandes, zu mischen. Eine Kaiserin von Österreich...

»... soll sich nicht in die inneren Angelegenheiten eines fremden Königreichs mischen, ich weiß, Mutter«, fiel sie ihr ins Wort. »Aber wer hat mich zur Kaiserin gemacht, wenn nicht Sie?«

Sie machte sich daran, Pläne für seine Rettung zu schmieden. Die Schwierigkeit bestand nicht darin, den See des Nachts überqueren zu müssen, sondern an den Wachen vorbeizukommen und Dr. von Gudden zu überzeugen. Nichts Unüberwindliches, unter der Bedingung, daß das Geheimnis gewahrt blieb. Sie sprach also mit niemandem mehr darüber.

Am nächsten Morgen war sie noch mit ihren Ideen beschäftigt, als ihre älteste Tochter erschien. Sie war ganz außer sich. Ludwig hatte sich im See ertränkt. Die Mutter begann, hemmungslos zu schluchzen. Warum hatte sie gewartet? Nur zwei Tage, der 11. und 12. Juni... Zwei kleine, lächerlich kurze Tage waren zwischen der Einweisung des Königs und seinem Ertrinken vergangen. Zu spät.

Sofort dachte sie an ein Verbrechen. Man würde sagen, er habe sich umgebracht, weil man ihn für verrückt erklärt hatte. Das dachte übrigens die alte Herzogin Ludovica; er hatte sich in den See geworfen, der arme Junge. Das überraschte nicht weiter, er war immer merkwürdig gewesen.

»Ich sage Ihnen, man hat ihn umgebracht! Dieselben, die ihn im Gefängnis bewacht haben, hätten ihn auch herausbringen können! Er ist ermordet worden!«

»Aber weißt du überhaupt, daß Dr. von Gudden mit ihm ertrunken ist?« bemerkte die alte Herzogin.

Das reichte nicht aus, um ihre Tochter zu überzeugen. Eine Autopsie der beiden Leichen offenbarte Kampfspuren. Welcher von beiden hatte auf den anderen eingeschlagen? Für die Herzogin stand fest, daß der arme Ludwig unbedingt sterben wollte und seinen Arzt mit in den Tod gezogen hatte. Aber für ihre Tochter war es von Gudden, der den König ertränken wollte, und der König hatte sich gewehrt.

»Er war nicht verrückt, Mutter, ich versichere es Ihnen. Er war nur ein wenig eigenwillig. Und selbst wenn man ihn absetzen mußte, hätte man ihn doch mit mehr Behutsamkeit behandeln können, statt ihn hinter Gitter zu bringen, ich weiß nicht, vielleicht ihn für einige Zeit auf eine Insel schaffen... Ach ja, Madeira, zum Beispiel. Mir hat der Aufenthalt für einige Monate dort gutgetan. Er wäre geheilt zurückgekehrt...«

»Du solltest dich nicht mit ihm vergleichen, meine Tochter«, warf die alte Dame gereizt ein. »Halt den Mund. Es wird in den Büchern geschrieben stehen, daß der bayerische König verrückt war und sich in den Starnberger See gestürzt hat. Das ist schon zuviel für die Familie; laß es gut sein.«

Die Kaiserin verließ türenschlagend den Raum. Am Abend kam »die Einzige«, Marie Valerie, um ihr vor dem Abendgebet gute Nacht zu wünschen. Die Mutter wirkte ruhig. Mit einemmal warf sie sich zu Boden und breitete die Arme zu einem Kreuz aus, wie eine Anwärterin fürs Karmeliterinnenkloster, den Kopf von den langen rötlichen Haaren eingerahmt. Die Kleine schrie auf, flehte sie an, vergebens; sie kam nicht wieder hoch. Brüllend warf sich Marie Valerie auf den Körper ihrer Mutter, so daß die Kaiserin den Kopf drehte und in ein von Tränen begleitetes Gelächter ausbrach.

»Ich hatte solche Angst...«, meinte das Kind.

Sie küßte den Kopf ihrer Tochter und erfand eine Geschichte, um sie zu beruhigen. Die Pläne der Vorsehung waren unabwendbar; sie hatte über Ludwigs Tod nachgedacht; sie beugte sich der göttlichen Allmacht und respektierte den Willen des großen Jehova. Marie Valerie trocknete verwirrt ihre Tränen; das Wesentliche war, daß alles wieder in die Reihe kam. Das junge Mädchen war jedoch beunruhigt wegen des großen Jehova und fragte sich, warum seine Mutter ihn nicht ganz einfach Gott nannte.

»Du bist meine einzige Verbindung zum Leben«, murmelte sie. »Meine Einzige.«

Der Rosenkönig war tot. Niemand würde seinen Platz einnehmen. Denn niemand hatte die Anmut des Erzengels, der mit seinem brennenden Schwert die Welt geteilt und damit den Sterblichen den Eintritt in sein Paradies verwehrt hatte. Die einfachen Sterblichen hatten sich gerächt. Indem sie sich auf den Boden legte, huldigte sie der Erinnerung an eine Art Gott; ohne ihn verlor sie ihre eigene Göttlichkeit. Von nun an war sie absolut allein, um den Gesetzen der Menschen zu widerstehen.

Sie wollte den vom Seewasser aufgeschwemmten Leichnam nicht sehen. Aber sie schickte einen Jasminzweig, damit er ihm im Sarg aufs Herz gelegt werde. Sie konnte sich Ludwig nicht bleich, mit geschlossenen Augen und brav über dem dicken Bauch zusammengefalteten Händen vorstellen. Jedoch stellte sie sich nur allzu genau vor, wie die Würmer unter der Erde arbeiteten und dieses liebe bläuliche Fleisch zerfraßen, wobei sich die vollkommenen Fingernägel in Krallen verwandeln würden und die schönen Locken um ein Gesicht ohne Nase fielen. Auch der Jasminzweig würde verfaulen. Man würde die hoch aufragenden Schlösser schließen, und Bayern würde fügsam unter der Fuchtel von seelenlosen Ministern leben. Sie haßte Bayern und begann München zu hassen, das Ludwig nicht liebte.

Um sich mit ihm auszusöhnen, suchte die Kaiserin die Grabplatte auf und legte einen offiziellen Kranz nieder; aber das war nicht ausreichend. Der Geist Ludwigs forderte mehr; ein Soll an Leiden und Mitleiden, das sie ihm zugestand. Ein ganzes Jahr lang trug sie Trauer; und da sie keine Frau war, die sich mit dem Schein zufriedengab, war dies keine äußerliche Trauer – zunächst in Schwarz, dann in Grau, dann in Malvenfarbe, bis sie wieder zu lebensfrohen Farben zurückkehrte – nein: Es war eine unendliche Verzweiflung, das Ende der Jugend, der Beginn eines anderen Alters.

Ihr Körper kam ihr zu Hilfe, indem er ihr zusetzte; er war ein gutes Werkzeug, das aber auch Zeichen von Müdigkeit kundtat. Sie bot die Trauer mit Freuden an: Es war der Tod am Werke, übrigens schon lange.

Sie hatte wunderbare Erinnerungen an Ludwig, so entzückend wie die flüchtigen an den jungen Mann vom Ball; häufig brachte sie den Dahingegangenen und den Lebenden zusammen, Ludwig und Franz, denn sie hatte am Ballabend den falschen Vornamen Gabriele auch wegen des Vetters gewählt, als Huldigung an den Erzengel damals in der Blütezeit seiner Schönheit. Und von diesem männlichen Frühling, diesem lebendigen Wunder, wollte sie nur das Beste behalten.

An einem Sommertag – es war ihre schönste Erinnerung – hatte sie beschlossen, den See zu überqueren und Ludwig auf der Roseninsel zu besuchen. Das geschah lange vor dem Drama, sogar vor der unglückseligen Verlobung mit Sophie. Der Mohr Rustimo ruderte, sie hielt das Steuer. Unter der aufkommenden Hitze schienen die ruhigen Wasser eingeschlafen; bis auf die Kuhglocken und das Klatschen um das Boot war alles still um sie. Ludwig erwartete sie mit einer einzigen Rose; anderen Frauen schenkte er riesige Sträuße, daß er sie nicht mehr sehen konnte, wenn sie sie in den Armen hielten. Über die einzige Teerose hinweg trafen sich glücklich ihre Blicke.

Er hatte auf feierlichem Silber ein prächtiges Mahl zubereiten lassen wie für ein geheimes Hochzeitsmahl zu zweit; und da er sie liebte, machte er keinerlei Bemerkung über den geringen Appetit seiner Cousine. Mit einemmal, da es ihr freistand, nicht zu essen, schlang sie fröhlich in sich hinein. Als sie dann im Gras lagen, erzählte sie ihm von dem Redoutenball.

In Ludwigs Blick strahlte ein unbekannter Glanz; er hatte ihr eine Menge Fragen gestellt, nach der Augenfarbe, den Schultern, den Händen und der Gestalt des jungen Unbekannten. Sie erinnerte sich sehr genau daran, da – sie hatten viel darüber gelacht – sie die Ähnlichkeit zwischen dem jungen Mann und Ludwig beschrieben und auch die gleichen, langen und schwarzen Mädchenwimpern nicht ausgelassen hatte. Keinerlei Kritik, kein Vorwurf, im Gegenteil: Er hatte sie ermutigt, das Rätsel zu nähren, er hätte sogar gewünscht, daß sie es maskiert noch einmal erlebte. Die geheime Entsprechung begeisterte ihn; er suchte eine Parallele zwischen dem jungen Mann und einem mythischen Helden, beschwor Endymion – aber Franz schlief nicht auf ewig; Eros – aber Franz verbarg sich nicht, sie tat es; Ganymed vor allem – aber der Adler war er, nicht sie, kurz, kein Vergleich paßte. Daraus schloß Ludwig emphatisch, daß dieser junge Mann unvergleichlich war.

Als die Nacht hereinbrach, war es schon nach neun Uhr, und Ludwig beschloß, sie auf dem See zu begleiten. Er nahm die Ruder, sie das Steuer, und Rustimo sang. Auf dem bayerischen See klang die Gitarre Rustimos seltsam klar; die Lieder des Mohren kamen aus einer so tiefen, so zärtlichen Ferne, daß sie Tränen in die Augen trieben. Es war weder Italienisch noch Spanisch, sondern eine Sprache, die dem Portugiesischen ähnelte, so als ob man ihm mit etwas Honig die Härte genommen hätte.

Die Kaiserin hatte an die Herkunft Rustimos nie einen Gedanken verschwendet. Er war eben ein schwarzer Diener, wie sie in Europa nicht ungewöhnlich waren. Rustimos Lieder sprachen von einer düsteren nostalgischen Sonne, wobei er besonders ein Wort betonte, das sie auf einmal als *saudade* – Sehnsucht – identifizieren konnte. Also doch Portugiesisch. Und dann erzählte er in stockendem Deutsch sanft seine Geschichte.

Er kam aus Brasilien, wo er auf einer Plantage geboren war; der Sohn des Hausherrn hatte ihn mit nach Europa genommen, wo er das Glück gehabt hatte, in die Dienste der Kaiserin einzutreten. Dann begann er wieder zu singen. Ludwig verbarg nicht seine Rührung. Bei der Ankunft zog er einen Saphirring vom Finger und streifte ihn dem Finger Rustimos über. In diesem Augenblick hatte sie Ludwig wie einen Gott angebetet.

Auch Rustimo war schon tot. Der arme Mohr, der alterslos zu sein schien, war in Wirklichkeit sehr alt; er war friedlich eingeschlafen. Von der Gitarre und den brasilianischen Liedern war nichts geblieben.

Sie kam zu ihrer Mutter zurück und wandte sich wieder dem Todessee zu. Am nächsten Tag ging sie im Morgengrauen zum Ufer, zog die Schuhe aus und lief mit nackten Füßen ins Wasser hinein. Mechanisch, als treibe eine unwiderstehliche Kraft sie vorwärts, ging sie weiter, und das Kleid klebte an ihren Beinen. Sie wollte nicht sterben, aber sie meinte physisch zu spüren, daß Ludwig an ihrer Seite war und sie schweigend ermutigte.

Der Tod schien so einfach, so nahe, man brauchte sich nur treiben zu lassen, warum zögern? Kein Dr. von Gudden war da, um sie zurückzuhalten oder ihren Kopf unter Wasser zu tauchen; sie war frei. Das Kleid begann um ihre Taille zu wallen, und die Füße lösten sich leicht vom Seegrund; es war nicht unangenehm, nur etwas kalt. Als das Wasser bis an die Brust reichte, stießen ihre Füße an eine glibberige Masse, zweifellos einen Aal oder eine Alge. Sie konnte einen Schrei nicht unterdrücken; sterben war auch ersticken und sich diesen Wesen unter Wasser ausliefern... Nein!

Sie hielt sich auf Zehenspitzen, sie berührte den Grund nicht mehr, nur ihr Kopf ragte noch aus dem Wasser heraus. Sie ließ sich ruhig treiben, den Blick auf das Blau der Berge gerichtet. Die Sonne begann ihr Werk; die Luft flimmerte über den Wassern... Es hätte nicht viel gefehlt, und man hätte auf einen ungarischen Délibáb warten können. Plötzlich stieß sie einen dumpfen Schrei aus.

Aus dem See tauchte eine vage Gestalt auf, die Haare an ein bleiches bärtiges Gesicht geklebt. Sie bäumte sich auf, erstickte, streckte eine Hand aus dem Wasser, um die Vision wegzuschieben, die verschwand.

Sie schwamm keuchend zum Ufer zurück. Und als sie ins Haus kam, versicherte sie, sie habe völlig angekleidet gebadet.

Die alte Herzogin Ludovica begann trotzdem darüber nachzudenken, daß das Wittelsbacher Blut, das von ihrem wankelmütigen Gatten kam, Träger etlicher Geistesverwirrungen war. Begann die Kaiserin, ihre Tochter, nicht an Gespenster zu glauben?

Die Kaiserin wußte über die Legende der Wittelsbacher genau Bescheid; schon als kleines Mädchen hatte sie aus dem Mund der beiden Schwestern – ihrer Mutter und ihrer Tante, der Herzogin Ludovica und der Erzherzogin Sophie – böse Anspielungen auf diese Neigung zum Wahnsinn gehört, die sie alle hatten, der verstorbene König, jener, der um der Lola Montez willen seinen Thron verloren hatte, die beiden schwachsinnigen Söhne von Onkel Carl Theodor und dann ihr eigener Vater Herzog Max, jener, der auf der Spitze der Cheopspyramide die Zither spielte, in seinem eigenen Zirkus als Reitlehrer fungierte und Gedichte schrieb, die er in der Presse veröffentlichte und mit eigener Hand zensierte, indem er die Verdammung seiner revolutionären Ideen forderte; ihr Vater, der es vor allem mit den kleinen Mädchen hatte...

Und ihre Schwiegermutter, die Erzherzogin Sophie, sagte ihr später immer wieder, daß eine Kaiserin von Österreich sich niemals die Blöße geben dürfe, des Wahnsinns beschuldigt zu werden, sonst wäre die Nachfolge...

Mit der Einweisung Ludwigs wurde der Wittelsbacher Wahnsinn offiziell. Die Kaiserin von Österreich war eine Wittelsbacherin, und sie hatte ihren Vetter angebetet.

Gut so; sie würde zurückkehren und sich den Wahnsinn aus der Nähe ansehen.

Das wäre nicht das erste Mal; sie hatte schon etliche Anstalten für Geisteskranke besucht, ebenso wie sie sich um die vom Leben Benachteiligten gekümmert hatte.

Merkwürdigerweise berichtete die Wiener Presse nur von den Besuchen in den Irrenanstalten. Sie wußte sehr wohl, daß sie, indem sie den Stier bei den Hörnern packte, eine neue diffamierende Kampagne auf sich ziehen würde. Dennoch beschloß sie, in Wien die Anstalt von Brünnfeld aufzusuchen. Das war sechs Monate nach Ludwigs Tod. Sie ließ sich nicht ankündigen.

Der diensthabende Arzt lief in weißem Kittel herbei, die Kaiserin drängte ihn, schnell, kein Protokoll, sie wollte alles sehen. Aber der Anstaltschef war nicht da, er würde kommen, er war dabei, sich umzuziehen... Verlorene Liebesmüh. Der Mann tat alles, um ihr das Schlimmste zu ersparen, und versuchte, sie in die Abteilung der ruhigen Frauen zu dirigieren.

»Die werden wir uns am Schluß ansehen, Doktor«, sagte sie in einem Ton, der keinen Widerspruch duldete. Im Falle einer Aggression würde nichts die Kaiserin schützen. Der Arzt war dem Zusammenbruch nahe.

Bei den Unruhigen verlief alles glatt; diejenigen, die sich im Delirium befanden, waren nicht gefährlich. Der Arzt atmete auf. Die Kaiserin schien von der schlimmen Abteilung, der für die Wütigen, keine Ahnung zu haben; schließlich kam man zu der berühmten ruhigen Abteilung, wo keinerlei Gefahr drohte; im übrigen hatte sich die Nachricht in der Anstalt so schnell verbreitet, daß die Frauen brav stickten, während sie auf die berühmte Besucherin warteten.

Warum mußte sie unbedingt vor der Windisch stehenbleiben?

Die anderen nannten sie »das Fräulein«, wegen ihrer gehäkelten fingerlosen Handschuhe und ihrer Wohlerzogenheit. Die Windisch war weder böse noch gefährlich; sie war von der Melancholie befallen, seufzte herzzerreißend und weinte viel. Gelegentlich faselte sie von einem Verlobten, den sie verloren hatte, einem Prinzen, wie sie sagte, den der Kaiser in ein Schloß eingesperrt habe. Und als sie das Geraune um die illustre Besucherin hörte, stürzte sich die Windisch auf einen alten Hut, der sonst immer am Kopfende ihres Bettes liegenblieb. Einen Strohhut, der mit Mohnblumen aus Seide und verblichenen Kornblumen verziert war. Mit einer einzigen Handbewegung hatte sie ihr Haar hochgerafft und sich den Hut auf den Kopf gesetzt, wo sie ihn jetzt festhielt. Mit ihrem aschblonden Knoten, ihrem grünen Blick und den fingerlosen Handschuhen sah die Windisch recht eindrucksvoll aus.

Als die Kaiserin über die Schwelle getreten war, hatte die Windisch von weitem die Kappe aus schwarzem Samt gesehen und die Feder, die sich im Rhythmus des Seidenkleides wiegte. Ihre Augen waren nicht mehr von der Kopfbedeckung der Herrscherin gewichen, die sich gleitenden Schritts näherte. Wenn sie nicht stehengeblieben wäre, wäre vielleicht nichts passiert. Aber von einem unwillkürlichen Bedürfnis gedrängt und von dem Hut angezogen, hielt die Kaiserin vor der jungen Frau inne. Die Windisch war schön.

Warum hatte sie gerade diese ausgewählt? Es gab keine Antwort auf die Frage; jedenfalls stürzte sich das Fräulein auf die Kaiserin und wollte ihr die Kappe herunterreißen. Die Windisch brüllte und stieß Verwünschungen aus, die man erst nach einiger Zeit verstand. Die wirkliche Kaiserin sei sie, die Windisch, die infolge eines bösartigen Komplotts eingewiesen worden sei; die mit der Kappe aus schwarzem Samt, die andere, sei eine Hochstaplerin – es zu wagen, sich als die Kaiserin auszugeben! Man hatte die Rollen vertauscht! Man provozierte sie! Die Verrückte war die Besucherin!

Etwas blaß war die Kaiserin einfach zurückgewichen. Der Arzt redete auf die Windisch ein und forderte sie auf, ihre Gäste etwas besser zu behandeln. Denn, sagte er, eine Kaiserin brülle nicht... Durch die Vorhaltung verwirrt, beruhigte sich das Fräulein. Die Krankenwärter hatten den Blumenhut fallen lassen: Mit kindlicher Stimme forderte die Windisch ihren Hut und bedeckte wieder majestätisch ihren Kopf.

Später erklärte der Arzt, daß ein Liebeskummer...

»Nur ein Liebeskummer?« fragte die Besucherin verwundert. »Wirklich?«

Die Wagentüren standen schon offen, als sie sich anders besann.

Da seien noch die Wütigen, die sie nicht gesehen habe. Seufzend kam der Arzt ihrem Wunsch nach; die Kaiserin prüfte die Zellen und die Anschnallgurte, sah durch ein vergittertes Guckloch Kranke in Zwangsjacken, fragte nach den Duschen, den Badewannen und den Medikamentenschränken, die es nirgendwo gab; dafür bemerkte sie die Ketten an den Füßen der Unglücklichen. Das war noch nicht genug; sie wollte die Windisch noch einmal sehen, zur großen Verzweiflung des Arztes, der sie mit Nachdruck auf die Gefahr hinwies. Die Kaiserin zuckte mit den Schultern.

Das Fräulein hatte sich wieder gefangen und seinen Hut abgenommen. Mit herunterhängenden Haaren und gesenkten Augen nestelte sie an ihrem Krankenkittel herum und bedauerte ihr unsinniges Verhalten. Als sie die Dame mit der schwarzen Kappe von neuem sah, warf sie sich ihr weinend zu Füßen; die Kaiserin zog sie hoch und umarmte sie.

Diesen Augenblick wählte der Anstaltschef von Brünnfeld, um sich in Frack und mit schwarzem Zylinder endlich zu zeigen. Als er die in Tränen aufgelöste Windisch in den Armen der Kaiserin erblickte, blieb er mit offenem Mund, den Hut in der Hand, stehen.

»Sorgen Sie gut für sie«, sagte Ihre Majestät beim Weggang. »Ich verbiete Ihnen, ihr die Zwangsjacke anzulegen.«

Der Anstaltschef argumentierte, erinnerte an die Regeln, aber die Kaiserin war unerbittlich.

Die Zwangsjacke? Wegen einer vorübergehenden Krise? Die Windisch war nicht verrückt; oder man hätte sie selbst sofort hinter Gitter bringen müssen, als sie sich vor Marie Valerie auf den Boden geworfen hatte. Ja, wenn der würdige Herr Anstaltschef im Frack sie am Abend des Todes von Ludwig gesehen hätte, hätte er mit Sicherheit eine schwere Geisteskrankheit diagnostiziert.

Jene, die man für verrückt erklärte, waren vor allem Störenfriede; denn ihr war zunächst die ungewöhnliche Schönheit des Mädchens aufgefallen, sein Ausdruck eines schweigenden Lammes, als es sich ihr zu Füßen geworfen hatte. *Die Schönheit stört immer*, dachte sie, *so sehr, daß sie andere in den Wahnsinn treiben kann.*

Sie schwor sich, in Wien eine psychiatrische Klinik bauen zu lassen, die besser ausgerüstet war als dieses altmodische mangelhafte Gemäuer. Sie mußte nur den Moment abpassen, wenn der Kaiser sie wie gewöhnlich fragen würde, was sie als Geschenk haben wollte.

Inzwischen würde sich ihr Segen auf alle die von der Welt Verachteten erstrecken, jene, die deren Gesetzen nicht gehorchten, jene, die von den Eseln getrizt wurden. Als sie die Brünnfelder Anstalt verließ, dachte sie wieder an ihren jungen Mann, diesen freisinnigen, großzügigen Geist, dem sie aus Liebe zu der

Windisch alle seine Sünden erließ. Sie würde ihm das Gedicht schicken, das sie ihm gewidmet hatte, als definitives Zeichen des Verzeihens und des Abschieds.

14

Long Ago

Doch am höchsten muss ich schätzen,
Dass kein Thier vermag zu schwätzen,
Folglich auch zu lügen nicht;
Lügen thut nur, was auch spricht.

Elisabeth von Österreich

Seit dem unvorsichtigen Brief, den Franz geschrieben hatte und der ohne Antwort geblieben war, waren zwei Jahre vergangen. In den ersten Monaten wartete er ungeduldig; es war ein langer Weg von Brasilien bis Hietzing. Nach sechs Monaten verlor er alle Hoffnung. Sie würde nicht mehr antworten; nun war es an ihr, verärgert zu sein. Man konnte die Wut Gabrieles nicht ausschließen, wenn Gabriele wirklich irgendwo auf der Welt existierte; und Elisabeth... Die Verwirrung ging weiter.

Kurz, man hatte miteinander gebrochen – bis zum nächsten Mal. Denn Franz zweifelte nicht an der Fortsetzung; sie würde wieder auftauchen, und zwar dann, wenn er sie am wenigsten erwartete. Er strengte sich also an, nichts mehr von ihr zu erhoffen; es gelang ihm bestens. Er erriet jedoch, in welch tiefe Nöte sie der Tod des bayerischen Königs gestürzt hatte. Ihre Freundschaft war zu bekannt, als daß er nicht ihren Kummer hätte ahnen können. Wenn Gabriele wenigstens Elisabeth wäre. Jedenfalls dachte er von nun an unweigerlich immer an Gabriele, wenn um die Kaiserin herum ein Trauerfall eintrat. Es hätte nicht viel gefehlt, und er hätte ein Kondolenzschreiben geschickt. Aber das war schwierig. Ihre letzten Briefe waren zu bitter gewesen; um die süße Sanftmut der Anfänge wiederzufinden, mußte sich eine Gelegenheit ergeben.

Und sie kam, wenn sie auch dürftig war.

Eines schönen Morgens im Juni des Jahres nach dem Tod Ludwigs von Bayern kam der Umschlag aus Brasilien. Die

Schrift darauf war nicht die Gabrieles; innen fand er ein gedrucktes Gedicht mit einem Titel in großen Buchstaben, DAS LIED DES GELBEN DOMINO, und einem englischen Untertitel: »Long, long ago«.

❖

An dem Tag, als die Kaiserin ein neues Porträt von sich erhalten hatte, eines, an dem nichts Offizielles war, hatte sie endgültig den Beschluß gefaßt, ihrem jungen Mann das Gedicht zu schicken.

Seit den Festlichkeiten der Silberhochzeit hatte die Kaiserin nur noch selten für die Maler posiert. Den Photographen konnte man nicht entkommen; das ging ja noch, wenn zeremonielle Porträts, sorgfältig retuschiert, benötigt wurden. *Nicht mehr lange,* dachte sie jedesmal, wenn der Kopf des Hofphotographen unter das schwarze Tuch tauchte. Aber vor den Malern verschloß sie die Tür.

Sie hatte sich eine zwiespältige Erinnerung an die Sitzungen bei Winterhalter bewahrt. »Nicht bewegen, lächeln, Eure Majestät; sehen Sie mich etwas von der Seite an, nicht sehr lange, wir hören auf, wann immer Sie wollen, Eure Majestät.« Und das stimmte niemals, es wurde nicht aufgehört. Der Künstler trieb sein Spiel mit der Zeit. Das leichte Kratzen der Pinselborsten auf der Leinwand zersetzte die Stille, ein Geräusch wie von einer nagenden Maus, leise, doch präzise, hartnäckig und vorsichtig, eine Maschine, die das Leben annagt. Von der Malerei war ihr nur dieser heimtückische Laut in Erinnerung geblieben. Auf der anderen Seite entstand ein plattes Bild, das nicht sie war. Zu fleischige Lippen, ein zu gerührter Blick, eine gefällige Vagheit, ein ganz nettes, etwas blödes Lächeln, das nicht das ihre war.

Die ganze Welt bewunderte die Porträts von Winterhalter, die ihm seinen Ruf sicherten; vor allem das eine, auf dem sie in weißem Tüllkleid Modell gestanden hatte, mit einfachen Perlen um den Hals und den berühmten Glitzersternen in den Zöpfen. Winterhalter hatte davon fünf oder sechs Kopien angefertigt, die auf die verschiedenen kaiserlichen Residenzen verteilt worden waren. Aber wegen dieser Porträts war sie eine Kuriosität geworden, die man besichtigte. Sie wollte keine Maler mehr sehen. Einer der letzten, für den sie Modell gestanden hatte, hieß Georg Raab; er hatte sie in großem Dekolleté gemalt, mit Kamelien an den Ärmelrändern und einem schwarzen Band voller Sterne um den Hals, an denen viereckige Smaragde hingen, und auf der weißen Haut im Ausschnitt eine goldene, durch ein Medaillon verlängerte Kette. Die Zöpfe hatten ihren richtigen kupfernen Glanz, und der Hintergrund des Bildes war von einem dunklen Rot, fast schwarz.

Das Porträt stammte aus dem Jahre 1874, dem Jahr, in dem sie Großmutter geworden war; es war auch das Jahr des Redoutenballs. Auf dem Bild von Georg Raab konnte sich die Kaiserin recht gut leiden; kein Lächeln, ernste Miene, ein wenig traurig, das Kinn willensstark und der Blick distanziert, das glich ihr wenigstens. Danach wurde sie immer zurückhaltender.

Und dem völlig unbekannten Maler Anton Romako hatte sie fast drei Jahre zuvor, wie anderen auch, nein gesagt.

Wie hatte er es dann hingekriegt? Unerklärlich. Romako behauptete, nach Photos gearbeitet zu haben. Das Porträt war da, ohne den Maler, und diese Verrückte auf der Leinwand entsetzte sie. Langgestreckt wie bei Greco war die Frau auf düsterem Gold gemalt; die Brust war mit wirren Perlenschnüren bedeckt, die nackten Arme grell beleuchtet, der Hals hochgereckt, sehr gerade; die Hände mit unendlich langen Fingern hielten einen schwarzen geschlossenen Fächer, ein Hund hob den Kopf – einen unproportionierten Kopf, zärtlich und riesig, einer dieser Wachhunde bei den spanischen Infanten. Die Haare der Frau und das Fell des Hundes hatten dieselbe Farbe; sie trug eine steife wilde Mähne, schrecklich. In dem Ganzen steckte ein unglaublicher Wahnsinn, bereit hervorzubrechen; aber ihr Gesicht...

Das Gesicht war doch das ihre. Als ob der unbekannte Maler durch Zauber ein Spiegelbild gestohlen hätte... So sah sie ihre Augen: mißtrauisch; den Mund: fest geschlossen. Das Genie des Malers hatte nichts vergessen, nicht einmal das verrückte Lachen, das jeden Augenblick erschallen konnte und das sie am linken Grübchen neben den Lippen erahnte. Es war schrecklich und wahr, von einer Häßlichkeit, die einem den Atem verschlug. Versteinert vergaß sie Idas Anwesenheit.

»Und was denken Sie darüber, Hoheit?« fragte Ida mit einer Stimme, die nichts Gutes verhieß.

»Das bin ich nicht«, antwortete sie, ohne mit der Wimper zu zucken. »Hast du gesehen? Auf der Seite dieses Efeublatt, das an nichts emporrankt? Und diese sieben Perlenreihen, klebrig wie Aale? Wie komisch das ist!«

Das verrückte Lachen brach los wie ein Regenschauer, es entfaltete sich ohne Grund. Dieser Romako, was für eine Frechheit! Diese lächerlichen Disproportionen! Und das sollte sie sein? Die Lachsalven brandeten dahin, sie konnte nicht mehr aufhören. Ida wartete geduldig. Meist lachte die Kaiserin so, daß ihr die Tränen kamen. Dann tupfte sie sie mit einem Taschentuch ab, vor erschöpftem Wohlbehagen schnurrend und das Gesicht völlig aufgelöst.

»Wie alt ist er denn?« fragte sie endlich.

»Ein junger Mann, Hoheit«, antwortete Ida. »Offenbar trinkt er viel.«

»Was für eine Kühnheit! Schau mal, das ist ein Anarchist«, warf sie ein. »Mir ist diese Art nicht zuwider. Aber schaff diese Scheußlichkeit weg!«

Am selben Abend jedoch, als sie sich schlafen legte, dachte sie wieder an diese Seele, die ein Unbekannter so mir nichts, dir nichts erfaßt hatte. Er hatte sie durchschaut wie der andere junge Mann, der vom Ball. Sie fühlte sich nackt ausgezogen; es war nicht einmal unangenehm. Das war der Augenblick, als sie, von einem irrationalen Impuls gepackt, die Entscheidung fällte, das lange Gedicht abzuschicken. Aber um ihm ihren Zorn deutlich zu machen, würde sie eines der Exemplare wählen, die sie heimlich in der kaiserlichen Druckerei von Linotypesetzern drucken ließ, die ihr an Ort und Stelle einen heiligen Eid schworen. Sie würde nicht signieren.

Romako würde nicht bestraft werden, und Franz Taschnik erhielt, was ihm zukam. Ein anonymes Gedicht.

Eine Entscheidung, eingegeben durch das Pardon, das sie allen gewähren wollte, angefangen bei Ludwig, ihr und all den Wahnsinnigen der Welt; Franzl gehörte zu dieser Kategorie, zumindest hoffte sie es. Sie erwartete keine Antwort; im übrigen war sie entschlossen, die Postlagerung in München nicht zu befragen. Ob er antwortete oder nicht, sie wollte nichts davon wissen. Im besten Fall würde es ihn rühren; wenn nicht, würde er es zusammen mit den Briefen in den Papierkorb werfen.

Genau diese Reaktion wollte sie lieber nicht kennen, aus Angst, sie könne es mit einem Gleichgültigen, einem Blasierten zu tun haben, der sich lustig machen würde. Ja, es war beschlossen, sie würde von nun an unzugänglich bleiben. Für die Maler, die Photographen, die jungen Männer. In ihren Augen setzte das Gedicht ihrer Geschichte einen Schlußpunkt; aber wenn er es läse, hätte Franz Taschnik keinerlei Möglichkeit, den Grund für dieses letzte Aufflackern zu erraten.

Franz legte das Gedicht säuberlich auf seinen Schreibtisch und setzte die Brille auf, um DAS LIED DES GELBEN DOMINO zu lesen. Er überflog tief bewegt Verse, die er für großartig hielt; niemals war sie so weit weg gewesen. Dieses Gedicht war ein Geschenk des Himmels, dargeboten am Ende eines Abenteuers, das ohne Morgen hätte bleiben sollen und das mit den Jahren seine Ewigkeit gefunden hatte. Er las und las immer wieder von vorn ...

> *Denkst du der Nacht noch im leuchtenden Saal?*
> *Lang, lang ist's her, lang ist's her.*
> *Wo sich zwei Seelen getroffen einmal,*
> *Lang, lang ist's her, lang ist's her.*
> *Wo unsre seltsame Freundschaft begann,*
> *Lang, lang ist's her, lang ist's her.*
> *Denkst du, mein Freund, wohl noch manchmal daran?*
> *Lang, lang ist's her, lang ist's her.*
> *Denkst du der Worte, so innig vertraut,*

Lang, lang ist's her, lang ist's her.
Die wir getauscht bei der Tanzweisen Laut?
Lang, lang ist's her, lang ist's her.
Ach! nur zu rasch schwand die Zeit uns dahin,
Lang, lang ist's her, lang ist's her.
Ein Druck der Hand noch, und ich musste flieh'n,
Lang, lang ist's her, lang ist's her.
Mein Antlitz enthüllen durft' ich dir nicht,
Lang, lang ist's her, lang ist's her.
Doch dafür gab ich der Seele ihr Licht,
Lang, lang ist's her, lang ist's her.
Freund, das war mehr, das war mehr!
Lang, lang ist's her, lang ist's her.
Jahre vergingen und zogen vorbei,
Lang, lang ist's her, lang ist's her.
Doch sie vereinten nie wieder uns zwei.
Lang, lang ist's her, lang ist's her.
Forschend bei Nacht frägt die Sterne mein Blick,
Lang, lang ist's her, lang ist's her.
Auskunft noch Antwort gibt keiner zurück.
Lang, lang ist's her, lang ist's her.
Bald wähnt' ich nahe dich, bald wieder fern.
Lang, lang ist's her, lang ist's her.
Weilst du vielleicht schon auf anderem Stern?
Lang, lang ist's her, lang ist's her.
Lebst du, so gib mir ein Zeichen bei Tag,
Lang, lang ist's her, lang ist's her.
Das ich kaum hoffen, erwarten vermag,
So lang ist's her, so lang ist's her!
Lass mich warten nicht mehr,
Warten nicht mehr!

Nein, sie würde keinen einzigen Tag mehr warten!

Am Abend gab Franz vor, für eine Akte Ruhe zu brauchen, eine dunkle Geschichte mit Wasserschäden in ihrer Pariser Botschaft, dem hinreißenden Hôtel Matignon. Die Sache verlangte seine ganze Aufmerksamkeit. Für die Unbekannte – die sie gar nicht mehr war – benötigte er die Nacht. Anna brachte Kaffee und schloß leise die Tür.

Wie sollte er vorgehen? Bis auf das böse Gedicht für den *Kikeriki* hatte Franz nie Poesie verfaßt. Er holte tief Luft und machte sich an die Arbeit.

Er strich immer wieder aus, schrieb nacheinander sechs Versionen; gelegentlich öffnete Anna die Tür einen Spaltbreit und steckte den Kopf ins Zimmer; des Wartens müde, ging sie schlafen; er schrieb noch immer. Um drei Uhr morgens schwirrte ihm der Kopf von Wörtern und Lauten, und er schickte sich an zu schließen.

Er war nicht ganz zufrieden; aber er hatte es aus vollem Herzen versucht.

Ein Titel fehlte; er schrieb in Großbuchstaben AN GABRIELE, besann sich dann eines anderen und schrieb statt dessen: AN DIE UNBEKANNTE. Er würde das Ganze morgen früh noch einmal abschreiben, bevor er den Brief postlagernd nach München abschickte.

Sechs Monate später ruhte der Brief noch immer dort. Niemand hatte ihn abgeholt. Das erfuhr Franz, als er nach München fuhr, um sich zu erkundigen. Man gab ihn ihm zurück.

Er öffnete den Umschlag und zog das Gedicht heraus, das sie nicht gelesen hatte. Wie betäubt setzte er sich im Park auf eine Bank und las erneut die Verse, die ihm so schwer gefallen waren.

> *Ja, lang ist's her, ich denke dein,*
> *Und wärst du noch so weit;*
> *Du weckst in mir Erinnerung*
> *Der Jugend Rosenzeit, der Walzer eines Abends.*

Das war ein banaler, ungeschickter Anfang, entsetzlich sentimental. Der Rest taugte auch nicht viel, bis auf die letzten drei Strophen, die ihn mit einer seltsamen Zufriedenheit erfüllten.

> *Ich weiß im tiefsten Innern,*
> *Daß meine Augen dich niemals wiedersehen.*

Das Gesicht wird sich mir niemals enthüllen,
Das Bild entschwinden – niemals mehr.

Aber wenn das Abenteuer des Lebens
Uns eines Tages gegenüberstellte,
Wolle es der Himmel, daß dein Blick
sich mit einem Schatten des Bedauerns verhülle,

Ein Lächeln drübergleite
– Die Hoheit sei verbannt –,
Dein stummer Dank, er sage mir:
»Ich bin's, ich bin erkannt!«

Ob er dieses Lächeln eines Tages sehen würde? Würde er die vergessenen Lippen diese Worte formen sehen?

Und wieder setzte das Schweigen ein, noch drückender als zuvor. Und wenn er noch einmal elf Jahre warten müßte, wäre sie vielleicht schon tot. Er steckte das Gedicht wieder in den Umschlag. Er würde ihn in Wien zu den weggepackten Briefen und dem Fächer in die Kiste legen, die mit der Zeit zu rosten begann.

Franz erzählte seinen Freunden genausowenig von dem Gedicht wie von dem letzten Schreiben, das zwei Jahre ohne Antwort geblieben war. Man mußte schließlich ein Geheimnis haben, das niemand auf der Welt teilen konnte, bis auf sie und ihn, die durch eine merkwürdige Abwesenheit miteinander vereint waren. Und da er nun einmal in München war, kaufte er Anna ein schwarzes, mit Gagat besticktes Taftdirndl, dazu die passende Schürze. Davon hatte sie immer geträumt. In Wien gab es das nicht.

Er begann wieder in Ruhe zu leben wie zuvor. Manchmal wartete er verwirrt auf ein Zeichen; wenn der Briefträger kam, verspürte er einen leichten Stich im Herzen. Und dann – aber das war ihm schon zweimal passiert – gewöhnte er sich an das friedliche Nichts, und er nahm seine Gewohnheiten wieder auf.

Emmi wurde ein großes Mädchen und begann hübsch zu singen. Anna beschloß, ihr Gesangsstunden geben zu lassen. Und da sich Attila bei den Liedern von Schubert nicht gerade hervorgetan hatte, hätte man mit ihr jemanden an der Hand. Franz war darüber sehr gerührt und fand in der Stimme seiner Tochter großen Trost.

Seine Freunde entwickelten sich kaum weiter. Willy wurde immer dicker, trank enorm und erwähnte weiterhin ferne Verlobte, etwas weniger häufig, aber dennoch. Anna hatte ihn ins Herz geschlossen. Sie machte sich seinetwegen Sorgen; Willy verlor seine Zähne, manchmal zeigten sich merkwürdige rosige Flecken auf seinem Gesicht, und auf der Nase bildete sich eine komische Geschwulst, die nicht verschwinden wollte. In Franz regte sich ein Verdacht, den der Dicke energisch beiseite fegte.

»Ich sag dir doch, es ist nicht die Syphilis!« zischte er wütend. »Ich habe mich rechtzeitig in Behandlung begeben. Nein, ich muß einfach abnehmen. Morgen höre ich mit dem Trinken auf, versprochen.«

Aber Franz wußte nur allzugut, daß die Krankheit nach Jahren der Ruhe plötzlich zupackte und man nie sicher sein konnte, geheilt zu sein. Willy begann, verschwommen zu sehen, er hatte Migräneanfälle, und das Trinken erklärte nicht alles.

Und der kleine Ungar hatte sich wieder einmal in eine kleine Sängerin verknallt; aber dieses Mal, behauptete er, handelte es sich um eine echte Wiener Opernsängerin, einen Mezzosopran. Als Anna nach den Rollen dieser Dame fragte, gab Attila schließlich die Wahrheit zu. Die Auserwählte seines Herzens hatte in Wirklichkeit zwei Figuren darzustellen: in der *Zauberflöte* eine der Hofdamen der Königin der Nacht und in der *Traviata* das Dienstmädchen von Violetta Valéry. Also nichtssagend.

Aber Attila erzählte von den roten Haaren seiner neuen Eroberung mit einer solchen Begeisterung, daß seine beiden Freunde auf den Spitznamen zurückkamen, der ihnen schon zweimal gedient hatte: »die Rote«. Der Ungar wollte ihnen das übelnehmen, aber da er nun einmal auf die Roten geeicht war, schickte er sich drein wie früher. Franz sagte sich, daß man sich bald damit befassen müßte, ihn unter die Haube zu bringen. Für Willy war es schon zu spät; Gott allein wußte, was mit dem unglücklichen Wiener passieren würde.

»Wem es auch nicht gutgeht«, sagte Franz zu seiner Frau eines schönen Morgens, »das ist unser Kronprinz. Ich habe ihn neulich gesehen, als er aus seinem Zweispänner gestiegen ist, und da hat er ganz bleich ausgesehen, das Gesicht voller Pickel.«

»Ich glaube nicht, daß er in seiner Ehe glücklich ist«, erwiderte Anna, als sie ihre Kümmelwecken mit Butter bestrich. »Die Augen der Prinzessin sind hart.«

»Die Augen hart? Woher weißt du das?« entrüstete sich Franz, immer bereit, der kaiserlichen Familie zu Hilfe zu eilen.

»Von den Photographien. Sie hat was Militärisches an sich. Man möchte meinen, ein Oberst, der das Zeichen zu einer Hinrichtung gibt. Sie schaut nicht, sie schießt.«

Die Kronprinzessin war in Wien, wo man mit dem starken Geschlecht immer zarter umging, nicht beliebt. Gewöhnlich ergriff Anna die Partei der Frauen, wenn sie angegriffen wurden, schon aus Prinzip; aber in diesem Fall kannte sie kein Erbarmen. Allerdings war der Kronprinz vor allem der Freund der Juden und machte daraus kein Hehl. Dennoch war Franz nun sehr bestürzt. Um so mehr, als Attila im Büro selbst finstere Gerüchte verbreitete. Wenn das noch Willy gewesen wäre; aber nein! Der Ungar bestätigte, daß der Prinz sich nicht mehr mit ein wenig Opium begnügte; er war zu Morphium übergegangen und spritzte sich jeden Tag.

In den Augen Attilas war Prinz Rudolf immer die Hoffnung der Ungarn gewesen, genau wie seine Mutter. Er war der Freund der Liberalen; er war bereit, die Dinge anzupacken, tiefgreifende Reformen zu veranlassen, vielleicht sogar die übermäßige Macht des Adels abzubauen, der zweifellos Ungarn zu einem halb souveränen Staat gemacht hatte, sich aber weigerte, die Ländereien aufzuteilen. Jedenfalls konnte Franz Attila nicht der Boshaftigkeit zeihen; im übrigen machte er seine Äußerungen nur in Abwesenheit Willys, dessen prodeutsche Überzeugungen sich mit jedem Tag verstärkten.

Darüber hinaus wurde ständig Klatsch über Orgien des Prinzen ausgestreut; man sprach schon nicht mehr über seine Seitensprünge, nein, es war von Ausschweifungen die Rede, über die man eigentlich nichts wußte, außer daß darüber viel getratscht wurde. Schließlich gab es keinen Rauch ohne Feuer. Jedenfalls, Orgien oder nicht, man mußte sich dem Augenschein ergeben: die bleiche Hautfarbe, die Pickel, der fiebrige Blick, die Migräneanfälle, von denen häufig in den offiziellen Kommuniqués die Rede war, all dies wies auf die Krankheit hin.

»Und so hat seine Frau sie zweifellos auch«, meinte Anna, als Franz auf das Thema kam. »Sie tut mir leid. Hoffen wir, daß das Kind verschont geblieben ist.«

An einem Abend im Herbst 1888, als die Taschniks »in Familie«, das heißt mit Onkel Willy und Onkel Attila, in einem Gasthaus in Nußdorf saßen, trat plötzlich der Prinz mit einer Gruppe von Freunden ein. Als er auftauchte, wurde alles anders.

Das Gasthaus war wegen seiner Musiker berühmt, des Quartetts der Gebrüder Schrammel, vier schnurrbärtiger Männer, die wie die Götter spielten. Die Wirtschaft hallte vom Anstoßen mit Weißweingläsern und den Rufen der Kellnerinnen wider; die beiden Geigen, die Flöte und die Gitarre schafften es nur mit Mühe, die lärmenden Unterhaltungen zu übertönen. Die Hemdkragen wurden aufgerissen, man ließ sich fröhlich gehen, vor allem Willy, der schon etwas hinüber war, und selbst Attila, der trotz Annas Protests Emmi auf die Knie genommen hatte. Der kleine Toni, der erst acht Jahre alt war, betrachtete mit aufgerissenen Augen diese Erwachsenen, die sich wie Kinder benahmen. Das war einer dieser vollkommenen, gelungenen Wiener Abende, familiär, poetisch, etwas trunken, etwas verrückt, wo die Lieder von Herz zu Herz sprangen.

Aber als der junge Prinz eintrat, schwieg alles; die Geiger hoben ihre Bögen, der Flötenspieler hielt inne, der Gitarrist legte die Hände auf die Saiten seines Instruments, der Wirt eilte herbei, und die Kellnerinnen deuteten einen Knicks an. Nach dem ersten Augenblick der Stille folgte ekstatisches Gemurmel. Der Kronprinz war strahlend schön.

Einen Wolfspelzmantel nachlässig über die Schultern geworfen, auf dem Kopf eine elegante Kappe, im Mund eine Zigarre, hielt er zwei dekolletierte Damen an den Schultern, eigentlich eher Mädchen, nicht zu vulgär, recht hübsch. Um dem Schweigen und dem Gemurmel ein Ende zu bereiten, nahm er die Zigarre aus dem Mund und zog die Kappe vom Kopf, um die Gäste zu begrüßen; man klatschte Beifall.

Die vier Schrammeln begannen wieder mit Schwung die Musik zu spielen, die ihnen schon vor Jahren eingefallen war und Furore machte, etwas zwischen Walzer und Chanson, nostalgische Melodien, leicht ungarisch, vielleicht den Zigeunerweisen nah; die Gäste nahmen die Gesänge im Chor wieder auf. Vor dem Prinzen stand ein Kutscher, der Melodien und Triller zu pfeifen begann, daß man hätte meinen können, er wäre eine menschliche Nachtigall. Der Prinz lächelte ihm zu.

»Wie heißt du, mein Junge?«

»Bratfisch, Euer Hoheit zu Diensten. Ich bin der Kutscher des Hauses.«

»Nun gut, Bratfisch, von nun an wirst du der meinige sein«, sagte der Prinz.

Man klatschte noch mehr. Der Prinz rekelte sich unbekümmert auf seinem Stuhl mit einem Mädchen auf den Knien, in genau derselben Haltung wie Attila mit Emmi.

»Ich finde nicht, daß er schlecht aussieht heute abend«, flüsterte Attila, der sich über den Tisch beugte. »Er hat die schlimmen Pickel nicht mehr.«

»Aber warum der Pelz? Es ist nicht kalt«, antwortete Anna genauso leise. »Seltsam, wie verfroren er aussieht...«

»Wenn man sich dieses Zeug eingefangen hat, wird man verfroren«, murmelte Willy, der zu dem Thema alles wußte. »Es ist ja alles schön und gut, aber ich schwöre euch, daß er die Krankheit aufgeschnappt hat.«

Für Franz hatte die ganze Szene etwas Falsches an sich. Der Prinz widmete seinen Gefährtinnen keinerlei Aufmerksamkeit, und sein Blick irrte verloren herum; er hatte ein geheimnisvolles Lächeln. *Da ist ein Mann, der an etwas anderes denkt*, sagte sich Franz. Mit einemmal wußte er genau, wem Rudolf ähnelte: einem vom Blitz der Liebe Getroffenen. Wenn es stimmte, war der Gegenstand seiner Liebe offensichtlich nicht anwesend. Das war ein präziser Eindruck, jedoch so wenig untermauert, daß Franz niemandem etwas darüber sagte, außer etwas später Anna.

Der Prinz blieb nicht sehr lange; er legte häufig die Hand auf die Augen, als ob sie ihm weh täten; er hustete. Nach nicht einmal einer Stunde erhob er sich, hakte seine beiden Gefährtinnen unter und ging unter dem erneuten Beifall der Gäste winkend hinaus. Das Orchester, bei dem er seine Brieftasche hatte herumgehen lassen, grüßte ihn mit tiefer Verbeugung.

In dem Gasthaus ging alles wieder seinen normalen abendlichen Gang, etwas gedämpfter, als wenn der Prinz die Hügel mit einer geheimnisvollen Majestät überzogen hätte, die die Gäste, die Musiker und der Wirt noch eine Weile bewahren mußten.

Die Freunde diskutierten lange über die Zukunft des Prinzen; um Kaiser zu werden, mußte er warten; dafür war er zu ungeduldig und auch zu brillant; man hoffte auf politische Initiativen. Welche? Das war nicht ganz klar. Attila behauptete, daß der Prinz in Ungarn sehr aktiv sei. Er habe enge Beziehungen zu den Progressisten. In Budapest werde viel über seine Verbindungen mit den besten liberalen Geistern und bestimmte Geheimpläne zur Befreiung Ungarns von der alten kaiserlichen Vormundschaft geredet.

»Ein Komplott?« warf Franz ein.

»Das habe ich nicht gesagt!« rief der kleine Ungar. »Aber es wirkt fast so.«

»Zum Glück haben wir von Schönerer und Karl Lueger!« rief Willy schroff.

»Was?« rief Franz. »Du, Willy, du stimmst mit diesen fanatischen Antisemiten überein?«

»Mit Georg von Schönerer nicht«, erwiderte der Dicke, der schon den Rückzug antrat, vorsichtig. »Dieses Jahr ging er zu weit, das gebe ich zu. Ich billige nicht die Verwüstung der Zeitung von Moriz Szeps. Jedenfalls muß man diesen freimaurerischen Intrigen Einhalt gebieten. Aber bei Lueger ist das etwas anderes. Ein echter Demokrat, ein Nationalist. Und du kannst mir glauben, daß sie Juden als Verbündete gehabt haben. Sogar Schönerer.«

»Es ist lange her. Ein paar Verirrte! Sie haben schnell begriffen, all die Victor Adlers, die Gustav Mahlers, alle!«

»Man muß das Reich von dem kronprinzlichen Wahnsinn befreien. Vergessen Sie nicht den König von Bayern«, murmelte der Dicke mit Grabesstimme. »Der Prinz ist ein Wittelsbacher.«

Willy bekam das Kügelchen aus Brotkrumen an den Kopf, das Anna schweigend geknetet hatte; alsbald hielt er den Mund. Sie kochte. Und sie hätte viel darum gegeben, zu wissen, was sich in dem Schädel dieses jungen, etwas zu schönen Prinzen abspielte, der unglücklich in seiner Ehe war, dessen Blick unstet hin und her sprang und der sich, vom Rauschgift gezeichnet, durch die abgelegenen Beisln auf dem Land schleppte.

15

Der letzte Schlaf

> *Mein Gott, war's mir doch oftmals fast,*
> *Als bräch' den Arm von Müdigkeit*
> *Des schweren Stulpenhandschuhes Last,*
> *Der hohen Auslag' Schwierigkeit.*
>
> *...(Mit tödlicher Gewissheit sass*
> *Der Hieb, der jedem dann genug,)*
> *Ich glaube gar, ich wurde blass.*
>
> Elisabeth von Österreich

Der Prinz hatte von seinen Geheimnissen niemandem etwas erzählt, außer seiner Cousine Marie Larisch, geb. Wallersee, die er für seine Unternehmungen brauchte.

Seine Mutter, die Kaiserin, hatte für ihre Nichte eine echte Leidenschaft entwickelt, für die sie zwei Gründe angab: der erste war, daß Marie aus der Verbindung ihres Bruders mit einer Nichtadligen stammte – einer Schauspielerin –, und diese außerplanmäßige Situation, dieser schlimme Verstoß gegen das Protokoll entzückte sie; der zweite war, daß die hinreißende Marie Wallersee perfekt reiten konnte. Für eine Amazone, die keine Etikette ertrug, genügte das durchaus.

Die Kaiserin hatte einen Mann für sie gefunden, einen gewissen Grafen Larisch, den die Ehefrau überreichlich betrog und der auf Befehl von oben so viel Geschmack bewies, ins Exil zu verschwinden. Sie hatte das genutzt, um dem Kronprinzen, ihrem Cousin, Avancen zu machen. Aber er wollte nicht. Marie war eine Freundin aus der Kindheit; Rudolf hatte ihr oft versprochen, sie auf den Mund zu küssen, einen wirklich tiefen Kuß, wenn sie groß wäre. Sie war herangewachsen, sie hatte einen wunderschönen Mund, und der Prinz wollte immer noch nicht.

Der Prinz hatte kein volles Vertrauen in seine Cousine, aber sie hatte große Geldbedürfnisse; das war nützlich.

Ansonsten bereitete er sich darauf vor, nun wirklich das Thema Reformen in Angriff zu nehmen; das Kaiserreich krachte an allen Ecken und Enden. Mehr denn je war es das »Völkergefängnis«, das die Revolutionäre anprangerten. In ganz Europa stürmten die sozialistischen Parteien voran, aber auch die Nationalisten. Sein Vater sah nichts, begriff nichts und wollte nichts verstehen. Rudolf war sich sicher, daß nach dem Tod des Kaisers das Reich auseinanderbrechen würde. Aber ihm schenkte man kaum Gehör; sein Vater behandelte ihn als einen kleinen Oberst, nichts anderes.

Wenigstens hatte sich der Prinz entschlossen, sich mit seiner Mutter auszusöhnen. Zu Weihnachten hätte er kein schöneres Geschenk für sie finden können, elf handgeschriebene Gedichte von Heinrich Heine, ihrem Idol. Mutter und Sohn hatten mit dem jüdischen Dichter einiges Leid gemeinsam.

Um die Errichtung einer Statue von Heinrich Heine in Düsseldorf zu unterstützen, hatte die Kaiserin etliche eigene Gedichte veröffentlicht. Damit wollte sie zu Spenden anregen. Sie selbst hatte eine gewaltige Summe gegeben. Sogleich hatte sie der Chef der österreichischen Alldeutschen, von Schönerer, der Liebedienerei gegenüber den Juden geziehen und, da er schon einmal dabei war, auch ihren Sohn beschuldigt, ein Knecht der verhöhnten Rasse der französischen Republikaner zu sein, denn er hatte Verbindung mit dem jüdischen Journalisten Moriz Szeps, dem Herausgeber des *Neuen Wiener Tagblatts* und Schwager von Clemenceau. Das war der Gipfel.

Der schreckliche von Schönerer mit dem Spitznamen »Ritter von Rosenau« hatte einen gewissen Drumont für seine Sache gewonnen, einen Franzosen der äußersten Rechten, und die Geschichte mit der Statue war zu einer europäischen Affäre geworden. Moriz Szeps hatte die Kaiserin heftig verteidigt und sie mit einer Fee aus *Tausendundeiner Nacht* verglichen, für ihn war sie eine große edle Dame. Die Kaiserin hatte von den Freunden ihres Sohnes keine Ahnung; sie erriet nicht die Handschrift des Prinzen bei der Kampagne des *Neuen Wiener Tagblatts*. Er war darüber gleichermaßen traurig und entzückt; seiner Mutter zu Hilfe eilen, wenn man sie angriff, und dies heimlich – das war er. Als er ihr die handgeschriebenen Gedichte schenkte, dachte er, sie hätte endlich eine mütterliche Erleuchtung.

Dieses Mal würde sie ihn in ihre Arme schließen; sie würde den Groll vergessen, den sie seit seiner unglücklichen Eheschließung empfand. Da würde er sie beiseite nehmen und ihr alles gestehen.

Seine neue Liebe. Seinen Plan, sich scheiden zu lassen, den persönlichen, das Protokoll mißachtenden Brief, den er direkt an Papst Leo XIII. geschickt hatte, um die Annullierung seiner Ehe zu erbitten. Und da nun seine Mutter die Cousine Marie bei Hofe zugelassen hatte, da sie ein Faible für illegitime Liebschaften hatte, würde sie auch zu ihrem Sohn halten, dessen war er sicher. Dann wäre das Schlimmste geschafft.

Aber am Weihnachtstag, als sie die mit Seidenbändern verschnürten Papierrollen fand, begnügte sie sich damit, ihm mit spitzen Lippen zu danken. Sie war unendlich überrascht, als er wie ein Kind in Tränen ausbrach. Sie tröstete ihn, so gut sie konnte, nahm ihn in die Arme, streichelte ihn; er hatte so viel Freude in ihren Augen erwartet, daß er nun nicht mehr den Mut fand, sie um die Unterredung zu bitten, von der er träumte. Es blieb ihm nichts anderes übrig, als zu warten. Immer warten.

Das Schlimmste stand ihm noch bevor. An diesem Abend, als sie ihn einigermaßen beruhigt hatte, wandte sich seine Mutter wieder der »Einzigen« zu. Marie Valerie hatte sich gerade mit dem Erzherzog Franz Salvator verlobt. Es war an sich ein freudiges Ereignis. Für Rudolf war es ein Alptraum. Wieder einmal stahl ihm seine jüngste Schwester die mütterliche Aufmerksamkeit. Wieder einmal hatte die Kaiserin nur Augen für ihre Kedvesem. Und er? Er konnte zugrunde gehen.

Zu Weihnachten hatte der Prinz noch ein anderes Geschenk gemacht, jemand anderem. Einen Ring, auf dessen Innenseite eingraviert war: *In Liebe vereint bis in den Tod*. Jemandem, der bisher der polizeilichen Überwachung entgangen und also nicht Mizzi, seine offizielle Prostituierte, war.

Der Januar verstrich ohne Überraschungen; Rudolf bereitete sich darauf vor, seiner Mutter sein Herz zu öffnen, als ihn am Ende des Monats sein Vater in sein Arbeitszimmer rufen ließ.

Der Kaiser war brutal.

Auf seinem Tisch lagen die Polizeiberichte und die Antwort des Papstes auf das Annullierungsgesuch, die dieser empört direkt an den Kaiser geschickt hatte, ohne sie dem Sohn zukommen zu lassen. Doppelte Ohrfeige. Der Vater hatte keine Ahnung von dem, was vorging; und der Sohn hatte nicht vorausgesehen, daß der Papst dem Kaiser antworten würde.

Der Papst hatte das unverschämte Gesuch zurückgewiesen. Auf Veranlassung des Kaisers selbst hatten die Geheimdienste im Leben des Prinzen geschnüffelt und die geheime Liebe Rudolfs entdeckt. Der Widerstand Roms, der des Kaisers, der Skandal einer Scheidung bei den Habsburgern, der Bruch mit Belgien – alles stellte sich den Plänen des Kronprinzen entgegen.

»Aber es gibt noch Schlimmeres, es ist infam!« dröhnte der Kaiser und schlug mit der Faust auf die hölzerne Schreibtischplatte. Er schleuderte es seinem Sohn ins Gesicht.

Als er sich in die kleine Baronesse Vetsera verliebt hatte, ließ sich der Kronprinz auf einen echten Inzest ein.

Vor siebzehn Jahren – die Beweise waren unwiderlegbar – hatte auch ihre Mutter, die Baronin Helene Vetsera, intime Beziehungen mit dem Prinzen. Sicherlich, zur fraglichen Zeit war Rudolf ein Jüngling, fast noch ein Kind; doch war nicht auszuschließen, daß Marie in Wahrheit die Tochter des Kronprinzen war. Man war sich dessen nicht sicher, aber die Hypothese schien der Polizei zufolge höchst wahrscheinlich. Auch wenn man unterstellte, daß Mary doch das Werk Baron Vetseras war, ergab sich ein anderes Hindernis derselben Art. Die Regeln des kanonischen Rechts, die in einem riesigen, an bestimmter Stelle aufgeschlagenen Band erklärt waren, ließen es keineswegs zu, mit einer Mutter und ihrer Tochter nacheinander sexuelle Beziehungen zu pflegen, und es wurden Fälle von königlichen Ehen zitiert, die aus solchem Grund annulliert worden waren. Ein den Ausschweifungen zugetaner Prinz besudelte schon ernsthaft das kaiserliche Erbe; von einer ehebrecherischen Beziehung machte man nicht viel Aufhebens; aber ein inzestuöser Prinz konnte nicht regieren. Die Sache war klar, der Kaiser entschlossen und der Prinz vernichtet.

»Das ist nicht wahr!« brüllte der Prinz mit hochrotem Gesicht. »Märchen, die Sie erfinden, um mich leiden zu lassen! Sie haben mich immer gequält! Sagen Sie, daß dies nicht wahr ist...«

Aber er, in seinen Sessel gesunken, wandte unwillig den Kopf ab. Der Kaiser hatte dem, was er offenbart hatte, nichts hinzuzufügen. Nur war er auf der Hut: Sein Sohn brüllte so laut, daß man ihn schließlich in dem riesigen Palast, den die Lakaien durchstreiften, hören würde. Das beste war, gar nichts zu machen; im übrigen gab es nichts zu machen, außer auf das Unvermeidliche zu warten. Nicht seinem Blick begegnen. Nicht nachgeben.

Schweigen trat ein. Der Prinz war still. Mit Mühe hob der Kaiser die Augen; sein Sohn stand vor ihm, schlug die Hacken zusammen und salutierte.

»Also gut. Ich bin nicht würdig, Ihr Nachfolger zu werden, sagen Sie? Ich kenne meine Pflicht. Ich werde es so machen, daß sie nicht eine Sekunde leiden wird. Hören Sie mich?«

O ja! Er hatte gehört. Er war sich nur nicht sicher, ob er richtig verstanden hatte. Würde Rudolf mit ihr brechen und den Befehlen gehorchen oder fliehen, ins Exil gehen, verschwinden, indem er dem Kind, seiner Geliebten, einen Zettel hinterließ, einen Brief, nach dem sie einen oder zwei Tage lang weinen würde? Wenn das Glück es wollte, daß sie noch nicht schwanger war, wäre der Skandal vermieden. Und schon dachte er an die Erklärung, die er seinen Völkern für die eventuelle Abwesenheit des Kronprinzen geben müßte. Eine lange Reise? Eine diplomatische Mission ans andere Ende der Welt. Und wenn er nicht zurückkam? Er seufzte.

»Sie antworten nicht«, murmelte der Prinz. »Haben Sie jemals geantwortet? Ein solches Schweigen... Sagen wir uns doch wenigstens auf Wiedersehen, bitte...«

Mit einer müden Geste hob der Kaiser eine zitternde Hand und senkte den Blick auf seine Akten. Die Tür schlug zu; Rudolf war gegangen.

Erst dann befiel ihn die Angst. Sein Sohn würde sich umbringen und die kleine Vetsera mit ihm. Man würde sie beide, im Tod umschlungen, entdecken, und man würde schließlich das Geheimnis, das Entsetzliche erraten. Das mußte um jeden Preis vermieden werden. Die Polizei überwachte den Prinzen schon seit langem; aber das Kind?

Der Kaiser ließ seinen Polizeichef Baron Kraus rufen, um ohne jegliche Erklärung die Überwachung verstärken zu lassen. Jede Handlung Rudolfs, jede Geste sollte genauestens beobachtet werden. Und vor allem sollte er dem Gegenstand der Akte, die vor dem Kaiser auf dem Tisch lag, nicht begegnen; das war das wichtigste. Der Kaiser hatte völliges Vertrauen zu seiner Polizei; wenn Rudolf floh, würde er allein fliehen. Und die Kleine würde man mit dem Herzog von Bragance verheiraten, der sich in sie verliebt hatte und dem man von dem Abenteuer nichts sagen würde.

Aber in der Hofburg verbreitete sich das Gerücht, daß zwischen dem Kaiser und dem Kronprinzen eine heftige Auseinandersetzung stattgefunden habe, wobei der Kronprinz im Arbeitszimmer seines Vaters gebrüllt habe. Ihre politischen Unstimmigkeiten waren allgemein bekannt; so wunderte man sich kaum, der Prinz war ein Revoluzzer, der vor Ungeduld verging. Eine etwas peinliche Krise, sicherlich, aber banal.

Drei Tage. Er hatte drei Tage gebraucht, um dem Polizeinetz zu entschlüpfen. Aber am Ende war es fast geschafft. Um zum Ziel zu gelangen, hatte der Prinz seine Cousine Marie Larisch mit genügend Geld bestochen, damit sie die Entführung der Kleinen bewerkstelligen konnte.

Baronin Vetsera, die Mutter, hatte keinerlei Verdacht geschöpft und das Kind mit der schönen Freundin zu einem gefahrlosen Ausflug in eine Wiener Boutique ziehen lassen – eine bequeme Lüge. Dann hatte die Larisch die unschuldige kleine Mary über den Gang und die Geheimstiege zu ihrem Liebhaber in die Burg geführt. Dort hatte der Prinz seine Cousine um ein Tête-à-tête mit seiner Geliebten gebeten. Trotz des Zögerns der schönen Larisch, die ihre Rolle als Anstandsdame seltsam ernst nahm, hatte er es erreicht, das Kind durch eine andere Tür unter der Obhut seines Kutschers Bratfisch wieder hinauszubringen.

Eine schöne, prächtig gelungene Entführung. Der Prinz war ohne das junge Mädchen in den Salon zurückgekommen, wo die Larisch wartete; seine Cousine hatte sich aufgeregt, er hatte sie mit der Versicherung beruhigt, er werde die Kleine nach spätestens zwei oder drei Tagen zurückbringen. Er mußte die Larisch immerhin mit einem Revolver bedrohen, damit sie nachgab. Es war nicht leicht gewesen, aber er hatte sie schließlich überzeugt. Um das zu vollbringen, hatte er ihr den Mund mit dem Kuß verschlossen, den er ihr seit der Kindheit versprochen hatte. Die Cousine war dahingeschmolzen und hatte keinerlei Verdacht geschöpft.

Am Abend vor der Entführung hatte er die Nacht mit seiner offiziellen Mätresse, der Mizzi, verbracht, einem lieben Mädchen, das er gut leiden konnte. Sie hatte große Brüste, ein fleischiges Kinn und einen kühlen Blick; aber sie gestand ihm alle seine Phantasien zu, die sie am nächsten Morgen der Polizei erzählen würde, das wußte er. Und deswegen mußte man so tun als ob. *Geh zur Mizzi*, sagte er sich, *sie ist im übrigen angenehm.* Sie hatten die erforderliche Zahl von Flaschen geleert, sie hatte Zigeunerinnen kommen lassen, er hatte sich auf den Kissen gerekelt und alles mit der Passivität, die man an ihm kannte, seit er Rauschgift nahm, mit sich machen lassen.

Um drei Uhr morgens hatte er den Ort verlassen, ohne der Rührung eines letzten Kusses widerstehen zu können. Ernst hatte er auf die Stirn der erstaunten Lebedame ein Kreuz gezeichnet. Er kannte den Inhalt des Polizeiberichts schon im voraus:

Montag, 28. 1. 1889. Erzherzog Rudolf bei Mizzi bis drei Uhr morgens. Viel Champagner.

Aber er wußte nicht, ob sie das Kreuzzeichen als Abschied zu Protokoll geben würde. Und im übrigen war es ohne Bedeutung.

Das Schwierigste lag hinter ihm, aber nicht das Schlimmste. Blieb eine Nacht des Glücks, bis es vollbracht war. Er hatte sein Gespann genommen und wie üblich selbst die Zügel ergriffen, um die Polizei an der Nase herumzuführen. Mary Vetsera wartete in einem anderen Wagen außerhalb Wiens auf ihn. Es war in der Nähe eines Gasthauses, wo er pfeifend ausstieg. Der hervorragende Bratfisch hatte seinen Platz eingenommen, während der Prinz sich zu dem Kind in der Kutsche gesellte, die im Galopp Richtung Mayerling davonraste. Bis die Polizei den Kutscher identifizierte, hatte man einige Stunden gewonnen; mehr brauchten sie nicht.

Eine einzige Sache konnte alles verderben: Wenn Gräfin Larisch beschloß, der Kaiserin alles zu gestehen, und diese Himmel und Hölle in Bewegung setzte, um ihn zu finden. Eigentlich hoffte er es. Aber was sollte er ihr sagen? Denn der Prinz war sich sicher: Der Kaiser hatte es nicht gewagt, seiner Gattin etwas über den vermuteten Inzest mit Mary Vetsera zu berichten.

Und jetzt war das Kind da, vertrauensvoll und mit einem Lächeln auf den Lippen an ihn geschmiegt. Als er ihr vorgeschlagen hatte, für immer davonzufahren, hatte sie einen Freudensprung gemacht, und als er hinzugefügt hatte: »In eine andere Welt?«, war sie kaum ein wenig blaß geworden und hatte sich in seine Arme geworfen. Er hatte sie mit aller Vorsicht aufgenommen; seit er es wußte, fürchtete er, sie zu zerbrechen. Sie hatte seinen Mund gesucht, er hatte sie keusch auf den Mundwinkel geküßt. War es wahr? Daß diese so zärtliche Liebe die verbotenste der Welt war? Sollte man ihn belogen haben, um sie leichter voneinander zu trennen? Er wußte es nicht mehr. Er liebte dieses Kind wie niemanden zuvor, daran war kein Zweifel. Als er sie mit dem langen Haar und dem durchsichtigen Blick gesehen hatte, in dem riesige Pupillen leuchteten, hatte er eine unerklärliche Unruhe gespürt, eine unerwartete Vertrautheit, ein Miteinander, das aus der Tiefe der Zeitalter gekommen war. War das nicht der Inbegriff der Liebe? Sie hatte sich ihm voll überraschender Bewunderung zu Füßen geworfen. Von jeher, sagte sie, habe sie sich ihm hingegeben, schon als sie ganz klein war. »Sie ist einfach verliebt«, bemerkte die Larisch mit einem etwas komplizenhaften Lächeln. Er hatte sie nicht verführt wie die anderen, nein, sie war so natürlich zu ihm gekommen, daß er sie in seinen Armen wie ein göttliches Geschenk empfangen hatte, ein anderes, unbekanntes Selbst. Und als er sie nach drei Wochen endlich genommen hatte, war es ihm vorgekommen, als habe es ihn in einen köstlichen tödlichen Abgrund gezogen, er hatte eine schuldige Mattigkeit verspürt, die er dem Alter des Mädchens zugeschrieben hatte. Es war noch so kindlich und jungfräulich.

Alles war zugleich normal und verrückt; aber er hatte nicht geträumt. Die Polizeiberichte auf dem Tisch des Kaisers. Seine flüchtige Begegnung mit der Baronin Helene Vetsera, die ihre Brüder, die Baltazzis, blendende Jäger, bei der Kaiserin eingeführt hatten. Marys Geburt neun oder zehn Monate später; an dieser Stelle war der Bericht durchgestrichen. Und die Texte des kanonischen Rechts. Das war alles.

An jenen heißen Tag in Gödöllö erinnerte er sich lebhaft. Die Vetsera – die Mutter – hatte ihn, in der Sonne träumend, unter einem Baum gefunden. Sie hatte sich mit rauschenden Unterröcken neben ihn gesetzt und hatte ihm zu seinem guten Aussehen und seinen grünbraunen Amberaugen Komplimente gemacht, er sei schon ein richtiger kleiner Mann. Dabei drehte sich langsam ihr Sonnenschirm. Dann hatte sie ihre Sommerhandschuhe ausgezogen und zerstreut, gleichsam spielerisch, eine Hand unter die Filzweste gleiten lassen, die er wegen der Hitze aufgeknöpft hatte. Er habe eine zarte Haut, hatte sie gemurmelt und dabei anderswohin geguckt. Die Hand hatte sich kühn weiter nach unten gewagt; er hatte ihrem Blick nicht begegnen wollen, hatte sich in der warmen Feuchtigkeit des Lichts in der Tiefe des Parks liebkosen lassen. Ohne es eigentlich zu wollen, hatte er sich ausgestreckt, die Vetsera fackelte nicht lange, saß im Nu auf ihm, brachte sich behende wieder in Ordnung und streifte die Handschuhe über. Dann hatte sie ihn gefragt, ob es das erste Mal gewesen sei; er hatte nicht geantwortet. Er war noch keine dreizehn Jahre alt, und die Hofdamen amüsierten sich häufig mit diesen Spielchen, die auf die habsburgische Tradition der »hygienischen Gräfinnen« zurückgingen. Danach nannte sie ihn »Darling«, gab ihm einen Kuß auf den Mund und eilte davon, denn man durfte sie nicht zusammen sehen.

Am nächsten Morgen hatte sie ihm Kragenknöpfe oder eine Uhr geschenkt, er hatte das Ding sowieso verloren. Er konnte sich nicht mehr genau erinnern, wie die Sache ruchbar geworden war; Ida Ferenczy zweifellos. Die Gesellschaftsdame seiner Mutter begegnete der Baronin Vetsera mit unnachahmlichem Abscheu; das ging so weit, daß Ida dem jungen Prinzen eines Abends verbot, die Baronin den Salon betreten zu lassen.

Die Vetsera – diese Intrigantin – hatte sich bei der Kaiserin mit dem einzigen Ziel eingeführt, den Kronprinzen oder den Kaiser zu verführen, ganz nach Wahl. Dem jungen Mann war all der Klatsch damals völlig egal; Frauen vom Kaliber der Vetsera gab es zuhauf, und er wußte sie zu nutzen. Er hatte es getan und alsbald vergessen. Bis zu dem Tag, als Mary mit einem frischen Gesicht bei ihm erschienen war, das ihn an nichts erinnerte, anders als ihr Name, Vetsera, der ihn an ihre Mutter erinnerte, an eine geschickte, feste Hand, eine etwas weiche Brust und einen Blick, der keiner war, es sei denn, der einer Maus, verstohlen und furchtsam.

Er hätte das Ganze prüfen müssen; vielleicht waren die Polizeiberichte gefälscht... Aber nichts erklärte die Härte seines Vaters, des Kaisers, wie versessen er darauf war, ihm seine Liebe zu rauben. Und dann die grausame Erkenntnis, die ihn voll ins Herz getroffen hatte: Ja, es war wahr, ja, er zweifelte nicht daran, ja, er mußte sterben.

»Wenn meine Mutter wüßte, daß wir zusammen wegfahren, würde sie mich umbringen!« sagte das Kind plötzlich mit weit geöffneten Augen. »Sie hatte eine solche Angst, daß wir uns lieben könnten, und so ist es! Ich liebe dich!«

So ist es, dachte er besänftigt. Was war noch zu tun? Einige wirre Briefe als Erklärung schreiben, ohne etwas zu sagen; eine letzte Nacht – er würde sie nicht anrühren. Und dann würde ein klein wenig Mut genügen; vorausgesetzt, Bratfisch hatte die normale Spritze und die doppelte Dosis Morphium besorgt, wie er es erbeten hatte.

Gräfin Larisch war zur Vetsera geeilt, um ihr die Entführung zu gestehen. Die Baronin war zusammengebrochen.

»Wieso«, sagte Marie Larisch. »Er bringt sie Ihnen in zwei

Tagen zurück, niemand wird etwas erfahren, wo liegt das Drama? Das klingt etwas nach seinen Liebeshändeln, das gebe ich zu; aber Sie werden sie verheiraten, ich schwöre es Ihnen! Mit wem Sie wollen, dem Herzog von Bragance vielleicht? Gut. Rudolf wird behilflich sein.«

Aber die Baronin konnte nur schluchzend wiederholen: »Sie können es nicht verstehen, es ist schrecklich, es ist entsetzlich.« Um diesem Gejammere ein Ende zu bereiten, beschloß Marie, den Polizeichef zu benachrichtigen. Dieser, bemüht, sich an die Anweisungen des Kaisers zu halten – vor allem kein Skandal –, empfing sie mit aller Vorsicht und glaubte ihr nicht.

Die Angelegenheit war höchst lästig; seine Autorität erstreckte sich nicht auf die kaiserlichen Residenzen, er hatte keinen Sonderbefehl bekommen, er würde erst einschreiten, falls die Familie – ziemlich unwahrscheinlich – eine offizielle Vermißtenanzeige aufgeben würde. Im übrigen wurde der Kronprinz, dessen Namen man nicht mehr erwähnen durfte, am selben Abend zum Diner in der Hofburg erwartet. Anlaß war die Verlobung der Erzherzogin Marie Valerie, seiner Schwester, mit dem Erzherzog Franz Salvator, ihrem Cousin; es erschien unwahrscheinlich, daß er nicht auftauchen würde.

Marie Larisch kehrte ratlos zurück, Baronin Vetsera war verzweifelt.

In der Zwischenzeit traf in der Burg ein Telegramm des Kronprinzen ein, er sei wegen einer schweren Erkältung verhindert. Der Polizeichef, davon in Kenntnis gesetzt, geriet endlich ins Schwitzen, erfuhr, an welchem Ort der Prinz sich versteckte, und schickte einen Polizeibeamten nach Mayerling, um herauszufinden, ob das Kind auch dort war. Was man dagegen aus sicherer Quelle wußte, war, daß der Prinz Graf Hoyos und den Prinzen von Coburg eingeladen hatte. Letzterer sollte Mayerling ziemlich früh verlassen, doch der Graf über Nacht bleiben.

Niemand hatte das Kind den Palast betreten sehen, niemand hatte auch nur den Schatten einer Frau herauskommen sehen. Sie war mit Sicherheit nicht in Mayerling.

In der Hofburg begann das Verlobungsdiner in Abwesenheit des Kronprinzen. Seine Frau Stephanie las allen das Telegramm über die verflixte Erkältung vor, die ihn so plötzlich überfallen hatte. Niemand fiel darauf herein, wenigstens glaubte man es. Niemand war beunruhigt, nicht einmal seine eigene Mutter. Die Kaiserin fand ihre Schwiegertochter schrecklich, mit Vergißmeinnicht in ihr gelbes Haar geflochten, wie gewohnt eine Scheußlichkeit.

Wäre die Stunde endlich gekommen?

Hoyos hatte sich im anderen Flügel des Pavillons nach einem Abendessen schlafen gelegt, das durch eine erste Injektion etwas Heimeliges bekommen hatte, jedenfalls wirkte es so. Die Kleine war im oberen Zimmer versteckt; der Prinz hatte bei Tisch überreichlich geredet; bewußt seine Lieblingsthemen behandelt: das Übermaß des ungarischen Imperialismus, die Demütigung anderer Völker; Hoyos hegte keinerlei Argwohn. Dann war Mary ohne Schuhe und Strümpfe heruntergekommen, eine leichtfüßige Fee auf dem dicken Teppich.

Das Kind hatte nachdenklich gewirkt, aber so schön in den Armen ihres Liebhabers, so zart, daß die Melancholie wie ein leiser Atemhauch gewichen war; sie hatten getrunken. Dann hatte sie diesen guten alten Bratfisch gebeten, die Wiener Melodien zu pfeifen, die sie liebe. Als guter Fiakerkutscher war er dieser Bitte mit Brillanz nachgekommen; Mary hatte Beifall geklatscht, und er hatte sie geliebt, weil sie in einem solchen Moment geklatscht hatte. Nachdem sie sich in das Zimmer des Prinzen zurückgezogen hatten, schrieb sie mit sicherer Hand noch schnell drei oder vier Briefe und zog sich dann wortlos aus.

Jetzt lag sie ein wenig verspannt an seiner Seite und hielt mit flehendem Blick seine Hand. Er küßte ihre Augen, ihre Stirn und setzte sich seufzend auf. »Nein, kleines Mädchen, nein.«

»Ein letztes Mal«, flehte sie. »Bitte. Ohne das kann ich es nicht tun.«

Da nahm er sie in die Arme und redete ernsthaft auf sie ein. Sie würde sich ganz lieb anziehen und gehen, so einfach, ja, ohne ihn, wie ein großes Mädchen, und er würde die Nacht über in Mayerling bleiben. Er müsse allein sein. Sie runzelte die Stirn und sah ihn starr und argwöhnisch an.

»Du hast mich also nicht geliebt!«

Er ließ sie los.

»Du sagst mir nicht die Wahrheit«, sagte sie. »Da ist etwas anderes, ich fühle es wohl. Du hast mich nicht einmal geküßt.«

Er zwang sich, ihre Lippen zu küssen, ließ sich mitreißen, hätte fast nachgegeben – da stieß er sie doch zurück. »Hör mir zu! Du bist zu jung für...«

»Und du!« rief sie. »Nein, nein, das sind Lügen, aber wir haben uns entschieden, wo ist der Revolver?«

Sie war so aufgeregt, daß er sie lange wiegte. Was sollte er ihr sagen? Sie ahnte so vieles... Er versuchte, sich vorzustellen, wie es weiterginge, wenn sie überlebten; unmöglich. Von dem Augenblick an, da er Bescheid wußte, war die Hoffnung gestorben.

Und sie, ganz allein, nachdem er dahingegangen wäre? Das war eine andere Sache. Sie könnte, abgesehen von der banalen Schande, ihre Jungfräulichkeit verloren zu haben, unschuldig leben. Ja, die Kleine hatte das Leben noch vor sich, er hatte nicht das Recht, sie zu opfern. Und als er diese Gewißheit gewonnen hatte, seufzte sie und schloß die Augen. »Es ist Zeit jetzt, ich bin bereit.«

Sie sah so friedlich, so zärtlich aus... Er machte sich sanft los. »Ich komme gleich wieder, nein, ich verlasse dich nicht, schlaf...«

»Mein letzter Schlaf«, lächelte sie. »Herrlich!«

Er verpaßte sich im Bad eine zweite Injektion. Das blendende Strahlen jagte, pulsierte durch seine Adern; er erhob sich federleicht. Als er zurückkam, war sie aufgestanden, sie hatte den Revolver gefunden und, den Finger am Abzug, an ihre Schläfe gelegt...

»Nein!« rief er. »Nicht so!«

»Dann du«, meinte sie entschlossen und hielt ihm die Waffe hin.

»Gib mir das, kleines Mädchen«, murmelte er und ging vorsichtig auf sie zu. »Komm in meine Arme. Mein geliebtes Wesen, mein Schatz, ich will nicht, daß du stirbst.« Und er küßte sie auf die Haare, das war nicht kriminell, auf den zarten Hals, die nackte Schulter, was war daran schlimm?

»Du hast mir gesagt, dein Vater würde die Scheidung verbieten«, flüsterte sie. »Wir könnten nie zusammenleben. Unser einziger Ausweg sei, den Tod miteinander zu teilen und uns im Jenseits wiederzufinden. Das hast du gesagt.«

Er hob sie wie eine Feder auf, sie schlug mit geballten Fäusten auf seinen Kopf ein. »Du hast es gesagt, und jetzt bin ich bereit, du hattest es geschworen.«

»Das war ein Spiel«, schrie er. »Ein törichtes Spiel. Ich wollte sehen, wie weit du mir folgen würdest.«

»Du lügst«, wiederholte sie und preßte die Nase in seine Weste. »Ich bin kein Kind mehr, ich erahne vieles, zwischen uns steht ein Fluch, wir müssen weg, ich liebe dich zu sehr.«

»Ins Bett, kleines Mädchen, ins Bett... Sachte«, sagte er und legte sie aufs Bettuch. Hör mir zu! Ich bin doppelt so alt wie du.«

»Stimmt nicht! Ich bin siebzehn Jahre alt, uns trennen nur dreizehn Jahre.«

»Du wirst nicht wegen eines Wüstlings sterben...«

»Du – ein Wüstling! Der sanfteste aller Männer!«

»Laß mich reden...«

»Nein! Du zerstörst alles.«

»Wirst du endlich schweigen? Ich habe die Syphilis und nehme Rauschgift«, brach es hart aus ihm heraus. »Du hast das gar nicht wissen können. Schau dir hier in der Armbeuge die Einstiche an. Und ich habe dich mit Sicherheit infiziert. Sag mir jetzt nicht, daß du mich liebst. Es ist unmöglich.«

Mit weit offenen Augen starrte sie ihn an, ohne auf seine umgedrehten Arme einen Blick zu werfen.

»Wenn das stimmt, töte mich schnell«, sagte sie atemlos. »Schnell! Ich ertrage es nicht zu leben. Und außerdem fühle ich, daß du sterben wirst. Ich weiß, daß du es willst, daß es sein muß, daß man es dir vielleicht befohlen hat... Wir ähneln einander zu sehr, du und ich, erinnerst du dich, daß du mir das am ersten Tag gesagt hast?«

Er zitterte von Kopf bis Fuß, hin und her gerissen zwischen

Furcht und Freude. Sie war dem Geheimnis auf der Spur, dieses romantische Kind...
»Tu es«, flehte sie. »Jetzt. Ja?«
Entwaffnet stimmte er mit einem Lächeln zu; es entschlüpfte ihr ein Seufzer des Glücks. »Endlich...!«
»Sieh erst einmal genau hin«, sagte er bedächtig. »Ich werde den Revolver unter dem Kopfkissen verstecken, um den Knall zu dämpfen. Du wirst schlafen, du wirst nichts sehen, du wirst nichts fühlen...«
»Das haben wir schon diskutiert«, schnitt sie ihm das Wort ab. »So, ich schlafe. Ich liebe dich.«
Die kleine Hand auf dem Bettuch wie eine Alge, ihr junger Körper in das Schwarz ihres Haars gerollt, die Schenkel kräftig und fest, die Wangen milchig, die Lippen voll...
»Bitte«, murmelte sie, ohne die Augen zu öffnen, »bitte...«
Sie schlief friedlich ein.

Als er sah, daß sich Marys Brust in gleichmäßigem Atem hob und senkte, beschloß er, von einer strahlenden Begeisterung erfaßt, die Rebellion, den Skandal und das Leben zu wählen.
Der Inzest existierte nicht, das war eine Erfindung seines Vaters. Er glaubte nicht daran, er würde nie mehr daran glauben.
Er bereitete ihre Abreise vor und schrieb Abschiedsbriefe an alle. Morgen würden sie über die Grenze des Kaiserreichs fahren, um niemals zurückzukehren. Sie würden nach Frankreich gehen, wo der Freund Clemenceau ihnen helfen würde; in Paris hatte man eine neue Behandlungsmethode für die Syphilis gefunden, die Ärzte würden sie heilen, die Hoffnung käme wieder...
Er ließ sich vor seinem Sekretär nieder und begann, Briefe an die Frauen zu verfassen. Die Seine, dann seine Mutter. Er konnte nicht umhin, in die Zeilen einige geheimnisvolle Andeutungen einfließen zu lassen, er schrieb, daß er nicht mehr leben könne – eine Halbwahrheit. Es stimmte, daß er so nicht mehr leben konnte, das heißt mit ihnen. Er schrieb auch, daß er nach ihrem Tod Mary an seiner Seite haben wollte. Im selben Grab in Heiligenkreuz miteinander vereint, fern der Krypta der Habsburger.

Er wollte diese Entweihung. Er würde im Augenblick seiner Flucht aufhören, ein Habsburger zu sein. Sein Platz war nicht in der offiziellen Gruft; bei diesem Gedanken überkam ihn Übelkeit. Mit ihnen allen...
Die Briefe waren fast fertig. Er war geradezu eifersüchtig darum bemüht, sie grausam, unwiderruflich zu machen. Sein Eifer war wie ein Tod, den er allen auferlegen wollte, Verwandten, Freunden und seiner unzugänglichen Mutter. Bis zum Morgengrauen zögerte er noch, ergriff den Revolver, hielt ihn auf Mary, legte ihn wieder hin, ohne sich zur endgültigen Geste zu entschließen.

Um sechs Uhr ging er seinen Diener suchen, der beunruhigt zu ihm aufsah.
»Bereite den Wagen für acht Uhr vor, und wecke mich in einer Stunde«, sagte er und streckte sich. Dann kehrte er pfeifend in sein Zimmer zurück.
Pfeifend griff er nach einem Handspiegel, prüfte, wie es war, wenn die mit dem Revolver bewaffnete Faust auf seine Schläfe gerichtet war: eine zu komplizierte Angelegenheit. Sich umzubringen, was für ein Witz!
Nein, das Exil, das Leben, und wenn Gott es zuließ, schließlich das Glück, vielleicht Gesundheit... Es war der Augenblick gekommen, Mary zu wecken, die in ihrem Kinderschlaf seufzte.
Erst da hörte er vom Gang verstohlene Schritte und Gemurmel.

16

»Eine deutliche Verschmälerung der Hinwirkung und eine Erweiterung der Ventrikel«

Durchs offne Fenster drängt des Flieders Klage,
Als schwüler Duft noch einmal sich herbei;
Des Toten Liebling' waren seine Blüten,
Dies wollen sie mit süssem Hauch vergüten.

Der süsse Hauch, er schmiegt sich um die Leiche,
Er zieht sich durch das volle dunkle Haar;
Er küsst die Stirne, diese reine, bleiche,
Auf der noch keiner Sünde Schatten war;
Er bringt aus seinem zarten Blütenreiche,
Was er besitzt an Duft, dem Toten dar,
Der aber lächelt, lächelt sanft und selig.

Elisabeth von Österreich

An den eiskalten Tagen hielt Franz auf dem Weg zum Ballhausplatz vor dem Rathaus an und kaufte sich eine Weißwurst, die er mit Senf verspeiste, während er zum Ministerium weiterging. Die Pelzhandschuhe ausziehen, sich die Finger reiben, von der eisigen Luft die Lippen erstarren lassen, dann an dem brennenden Fleisch nagen... Eine der Freuden dieser Welt.

Es war genau an einem solch bereiften Morgen, einem dieser bläulichen Morgen, an denen man über das Eis schlittern und sich die Beine brechen konnte. Als Franz die Haustür öffnete, dachte er an seine Wurst und begann vorsichtig, in kleinen Schritten bis zur Schönbrunner Tram zu trippeln. Die anderen machten es genauso, obgleich...

Hier und da rotteten sie sich in kleinen Gruppen zusammen. Einige alte Frauen zogen ihre Taschentücher hervor und betupften sich die Augen; die Männer schüttelten mit ernstem Gesichtsausdruck den Kopf; Franz' Herz zog sich zusammen. Es ging jedoch nicht um Krieg, die Glocke läutete nicht; ein Unglücksfall? Der Kaiser? Sie? Und dieses Schweigen...

Der Kronprinz, der Erzherzog Rudolf, war plötzlich gestorben. Ein Herzschlag auf Grund eines Aneurysmas. In Mayerling, wurde gemurmelt, aber das war nicht offiziell.

Mayerling! Wo war das noch? Man wußte nicht allzugut Bescheid. Ein Schloß, das ihm gehörte, irgendwo in einem Wald in der Nähe von Wien, hieß es. Wieso war er so weit weg von seiner Familie gestorben? Ein Herzschlag in seinem Alter? Ein Desaster wie am Ende der Welt. Gebete wurden gemurmelt, unser armer Kaiser, was soll aus uns werden? Wer wird ihm nachfolgen? Ein so junger und so schöner Prinz! Sein unglücklicher Vater...

Für seine Mutter die Kaiserin kein Wort. *Sie existiert nicht*, dachte Franz. Im übrigen, war sie überhaupt in Wien? Aus welchem fernen Land schickte sie sich in Windeseile an zurückzukehren, um den Leichnam ihres Sohnes zu betrachten?

Das Gerücht bestätigte sich. Es kam von der Eisenbahngesellschaft, die in den frühen Morgenstunden einen Zug hatte anhalten müssen, um den Grafen Hoyos zusteigen zu lassen. Dieser hatte die Nachricht mitgebracht, die die Polizei noch nicht kannte. Graf Hoyos war ein Freund des Kronprinzen, und er war es, der ihn in Mayerling tot auf dem Bett, einem Herzschlag erlegen, gefunden hatte.

»Herzschlag, Herzschlag, heißt es«, brummte ein eingemummelter Bürger. »Schürzenjäger, der er war – es würde mich nicht wundern, wenn das eine Weibergeschichte wäre.«

Man hieß ihn schweigen, ob er sich denn nicht schäme – in einem solchen Augenblick?

»Bah!« antwortete er. »Sie werden's sehen.«

»Stimmt auch«, antwortete ein junger Mann, »in seinem Alter am Herzen zu sterben, das ist nicht normal.«

»Aber alle Welt weiß auch, daß er sich vollgepumpt hat!« zischte jemand, »mit Weibsbildern, Morphium, Alkohol, allem!«

»Schweigen Sie!« schleuderte ihm eine junge Frau entrüstet

entgegen. »Sie beleidigen den Kaiser, denken Sie an Prinzessin Stephanie, an ihren Schmerz!«

»Oh, die Prinzessin, jeden Abend hat er's mit einer anderen getrieben, ich habe ihn häufig in der Kutsche mit seiner Geliebten gesehen.«

»Mit welcher?« unterbrach eine Stimme.

»Mit dieser Dirne Mizzi oder mit der kleinen neuen? Und was die Prinzessin angeht, sie hat ihn nicht geliebt. Er war unglücklich.«

»Ganz abgesehen davon, daß er zum Kaiserreich andere Vorstellungen hatte als sein Vater«, flüsterte jemand, der alsbald auf dem Absatz kehrtmachte.

Franz zuckte fröstelnd mit den Schultern. Das Bild des jungen Prinzen kam ihm in den Sinn. Ein ältlicher, etwas verlotterter Jugendlicher, der sich, über die Schultern einen Wolfspelz geworfen, auf seinem Stuhl fläzte und wie ein Kind lachte. Ein Prinz, der sich in den Beisln einen antrank, der das Volk liebte, ein ehrenwerter, freiheitsliebender Mann mit verträumten goldbraunen Augen, etwas asiatisch aussehend; im Blick lag eine weiche Sehnsucht, die er von seiner Mutter geerbt hatte, etwas Idealistisches. Leidenschaft in seiner Stimme: »Wir müssen unsere Völker befreien, der Zukunft entgegengehen, Reformen einleiten, Reformen, Reformen, auf einen Ozean des Lichts zueilen«, verkündete er, als er die Elektrizitätsausstellung eröffnete – und er sollte innerhalb von zwei Minuten kläglich einem Herzschlag erlegen sein?

Als Franz das Büro betrat, sah Attila ihn niedergeschlagen an. Willibald stürzte auf ihn zu, packte ihn am Arm und flüsterte: »Sag vor allem nichts dazu, der Prinz ist nicht... Es ist nicht so, wie man sich erzählt, man weiß noch nicht so richtig, ein Schuß...«

»Was!« rief Franz.

»Halt doch den Mund«, fuhr Willibald fort. »Staatsgeheimnis. Der Minister ist in der Hofburg, die Leiche wird aus Mayerling hergebracht, vielleicht ein Jagdhüter, Eifersucht, jedenfalls ist es ein entsetzliches Drama, der Kaiser ist am Boden zerstört...«

»Und sie?« murmelte Franz.

»Wer *sie?* Die Kaiserin? Noch immer deine Obsession, was? Offenbar hat sie die Nachricht als erste erfahren, aber der Prinz hatte sich gestritten... Mit dem Kaiser... Und dann ist er wie ein Wahnsinniger davongeeilt, weißt du... Der Kopf ist zerschmettert, heißt es.«

»Mord?« hauchte Franz.

Willibald sah ihn wortlos an und vertiefte sich in seine Papiere.

»Was ist das eigentlich, Mayerling?« fragte Franz jäh.

»Liegt mitten im Wienerwald«, brummelte Willy. »Der Prinz hatte dort ein Jagdhaus, mit getrennten Appartements, eines für seine Frau, eines für sich selbst. Aber sie kam nie dorthin; also...«

»Also hat er dorthin seine Eroberungen geführt«, schloß Attila.

»Ein Attentat«, durchbrach Franz das Schweigen. »Oder...«

»Offizielle Version: Herzschlag«, knurrte Willibald zwischen den Zähnen. »Du wirst sehen, daß sich das nicht einmal zwei Tage hält.«

Franz setzte sich mit zitternden Händen vor seinen Tisch. Er hatte sich gerade daran erinnert, welch merkwürdiges deutliches Empfinden er hatte, als er am Abend, an dem der junge Prinz leicht angetrunken nach Nußdorf gekommen war, um der Schrammel-Musik zu lauschen, dessen verlorenen Blick gesehen hatte.

Das Kaiserreich hatte keinen Erben mehr. Das Reich hatte keine Hoffnung mehr. Der Kaiser war zu alt, um die Reformen einzuleiten, und sie...

Plötzlich stellte er sie sich in einem ewigen Dunkel vor, den Blick starr von Schwärze und von Tränen, die sie nie zu vergießen wüßte.

❖

»Auf, etwas schneller«, schimpfte der Oberinspektor.

»Gefühlsduselei ist hier nicht am Platze. Sie muß hergerichtet werden.«

Die nackte Leiche lag in der Küche des Pavillons in Mayerling auf einem Tisch. Die Mitglieder der offiziellen Untersuchungskommission hatten die kleine Tote identifiziert und waren davongegangen, ohne sie zu berühren. Durch den leicht geöffneten Mund war das Blut auf die bläulich werdenden Brüste und die fahle Haut geflossen. Die eine Hand hielt noch ein Taschentuch umklammert, und in der anderen steckte ein Rosenstiel ohne Blütenblätter. Der Kopf war von blutverklebtem Haar umrahmt, die Augen standen offen. Die Augäpfel ragten wie schreckliche Geschwülste hervor; mit dem Blick einer Wahnsinnigen schien die Tote das Universum anzuklagen. Der Oberinspektor wischte sich die Stirn und preßte die Zähne zusammen.

Ein Polizeibeamter beugte sich nach vorn und machte eine Geste, um nach den Lidern zu greifen und die Augen zu schließen.

»Nein!« rief der Oberinspektor. »Sie muß lebendig aussehen. Bloß das nicht! Außerdem sehen Sie doch, daß es gar nicht geht. Da, auf dem Sessel, die Unterwäsche.«

Die zögernden Polizeibeamten nahmen mit spitzen Fingern die zerknitterte Wäsche. Erst das Leibchen, dann das Korsett, das schwierigste waren die langen Unterhosen aus englischer Stickerei, die steifen Beine mußten auseinandergeschoben, das gekräuselte Flies bedeckt werden. Das Kleid konnte ohne allzu große Mühe übergezogen werden. Blieb nur noch der Mantel.

»Hier, der Überrock. Steckt sie da noch hinein. Auf geht's!«

Die Polizeibeamten hoben die Leiche auf und zerrten sie in die Vertikale. Mit linkischen Gesten hüllten sie sie in den Pelz, der Körper glitt ihnen aus den Händen, fiel.

»Sie ist schon steif«, murmelte der Älteste. »Wie soll denn das gehen?«

»Noch einmal, haltet sie gut fest. Gut. Jetzt biegen. Biegen!« sagte er mit drängender Stimme.

»Wir wollen sie immerhin nicht zerbrechen«, murmelte der andere.

»Wir müssen sie in den Zweispänner setzen«, flüsterte der andere. »Komm schon, mit mir zusammen, keine Wahl, Alter.«

Der Körper gab nach, die Knochen krachten, der Kopf fiel

nach vorne und spuckte etwas schwarzes Blut. Der Oberinspektor fluchte; das fehlte gerade noch: »Vor allem nicht loslassen!« rief er.

»Ziehen Sie ihr diesen Ring ab«, murmelte er. »Ah! Der Hut. Fast hätte ich den Hut vergessen. Halten Sie den Kopf hoch...«

Der Filzhut senkte sich auf die blutverklebten Haare. Nun aufrecht, fixierte die Tote mit ihren wahnsinnigen Augen einen unsichtbaren Himmel. Der Oberinspektor strich flüchtig das Haar glatt, zerzauste die Straußenfeder auf dem Hut und seufzte.

»Sind die Herren Stockau und Baltazzi angekommen?« fragte er. »Es ist Aufgabe der Familie... das Ding da zu begraben.«

»Schon seit einer guten Viertelstunde«, antwortete einer der Polizeibeamten. »Ich habe den Fiaker gehört.«

Der Oberinspektor ging die Tür öffnen.

»Sie können jetzt hereinkommen, meine Herren«, rief er wie im Theater. »Es ist alles fertig.«

Zwei Männer in dunklem Gehrock stürmten in die Küche. Der eine lehnte sich wie versteinert an die Wand; der andere unterdrückte mit der behandschuhten Hand sein Schluchzen. Die Polizeibeamten hoben die Leiche hoch und stellten sie vor sie, indem sie den Kopf am Nacken hochhielten.

»Den Herren der Familie«, skandierte der Oberinspektor, »obliegt es, sie zum Wagen zu bringen. Vergessen Sie nicht: Ihre Nichte ist lebendig. Le-ben-dig, verstehen Sie? Das sind die Anordnungen.«

Die Tote fiel in die Arme ihrer Onkel.

»Hier, nehmen Sie auch diesen Stock, Sie werden ihn brauchen«, fügte der Oberinspektor grob hinzu.

»Wozu?« wunderte sich der erste Polizeibeamte. »Sie wird doch sitzen.«

»Um sie aufrecht zu halten, zum Teufel! Sie werden sie anbinden. Am Rücken«, flüsterte der zweite.

Die Onkel der Toten trugen den verschandelten Körper, die Haare fegten über den Boden, der Hut rutschte herunter, die Beamten hoben ihn wieder auf, aus dem Mund tröpfelte noch ein wenig Blut auf den Schnee, das Schweigen erstickte die Tränen, die beiden Männer zitterten vor Entsetzen. Ihre Hände flatterten so stark, daß der Oberinspektor den Stock selbst auf den Rücken der Toten binden mußte.

»Steigen Sie ein, und lassen Sie sie nicht los, meine Herren«, forderte er sie auf.

Bei dem fahlen Laternenschein sah man in dem geschlossenen Fiaker nur eine zwischen zwei Männern sitzende Gestalt, ein Wesen, dessen Kopf unter dem Hut wackelte, als sei es betrunken. Der Oberinspektor trat zurück. »Nach Heiligenkreuz, schnell!« rief er mit einemmal. Der Kutscher trieb die Pferde an, und der Wagen verschwand in der Nacht.

Der Oberinspektor kehrte in den Pavillon zurück und schlug die Tür zu. Draußen verwischten die beiden Polizeibeamten mit ihren Stiefeln die Blutspuren im Schnee.

»Sauarbeit«, schnaufte der erste Beamte und nahm sein Käppi ab. »Eine Leiche biegen, so etwas habe ich noch nie gesehen.«

»Sie hat den Prinzen ermordet, das weißt du genau«, meinte der andere.

»Glaubst du das wirklich? Sie soll sich den Schädel selbst zerschossen haben? Aber red weiter! Mach schon, du Knallkopf!«

»Ob ich das glaube oder nicht, niemand wird mich nach meiner Meinung fragen, und außerdem will ich nicht zuviel verstehen. Wenn man so schlimm mit ihr umgeht, muß sie schon eine ziemliche Verbrecherin sein, das ist alles, was ich weiß.«

»Es sei denn, sie hat nichts gemacht. Oder der Prinz hat sie so zugerichtet, oder...«

Er schwieg sogleich und sah sich um, aber es bewegten sich nur die Bäume in dem eisigen Wind.

»Ist egal«, murmelte der andere. »Ich hätte zumindest gern ihren Namen gewußt.«

»Den kann ich dir sagen, Alter. Ich habe sie am Eingang zu einem Ball vorbeigehen sehen. Die kleine Vetera, Vestera... Vetsera, ich hab's.«

»Damit weiß ich nicht ihren Vornamen«, erwiderte der andere. »Armes Kind.«

»Keine Gefühlsduselei!« unterbrach ihn der andere Beamte. »Hat der Chef gesagt. Es wäre besser, zu vergessen. In Mayerling war niemand. Nur der Prinz. Herzschlag. Damit basta.«
»Denkst du«, meinte der andere.

❖

Als Anna die Nachricht hörte, weinte sie.

Mit dem Kronprinzen verschwand die Hoffnung der Liberalen; der Kaiser würde nie etwas ändern. Die Alldeutschen und der schreckliche von Schönerer hatten ihren schlimmsten Feind verloren; die Juden ihre beste Stütze. Als die kleine Emmi die Tränen ihrer Mutter sah, beschloß sie, daß auch sie an dem offiziellen Begräbnis teilnehmen würde. Wann? Niemand wußte es. Die Stadt hüllte sich in Schwarz.

Am Abend des 30. Januar erwähnte die *Neue Freie Presse* indirekt einen tödlichen Schuß. Die Zeitung wurde alsbald beschlagnahmt.

Willibald triumphierte; er hielt noch immer an seiner Geschichte vom eifersüchtigen Jagdhüter fest, der seine Ehre mit einem Gewehrschuß gerächt hatte; einige behaupteten sogar, man habe den Prinzen ohne Hände gefunden, sie seien abgehackt worden. Und wenn die Beerdigung sich verzögerte, dann weil man vergeblich die Hände des Prinzen suchte. Attila behauptete, man habe auf dem Bett die Leiche einer Frau gefunden.

»Genau! Die von dem Jagdhüter!« rief Willibald. »Da seht ihr's.«

Aber man war sich nicht sicher, was die Identität der Toten anging. Das *Neue Wiener Tagblatt* gab zu verstehen, daß im Verlauf einer Orgie Wilddiebe aus Versehen geschossen hätten. Die Ausschweifungen des Prinzen waren seit langem Gesprächsthema in den Kaffeehäusern. Bald sprach man von mehreren Frauen, Weibsbildern, und zwar kleinen Mädchen, von denen eines tot sei.

Nun triumphierte Attila. Die merkwürdigsten Gerüchte über die Cousine des Prinzen, die Gräfin Larisch, waren im Umlauf. Die Kaiserin hätte sie plötzlich vom Hof verbannt, die offizielle

Geliebte des Toten jedoch, die schöne Mizzi Caspar, war quicklebendig, und Franz fragte sich, wer die andere Frau war, die von Mayerling...

»Ich weiß es nicht«, wiederholte Attila. »Aber was ich sicher weiß, ist, daß man eine tote Frau gefunden hat. Erschossen.«

»Der Jagdhüter!« ließ Willibald nicht locker. »Logisch!«

»Und wenn er sich umgebracht hätte?« murmelte Franz.

Der Gedanke bewirkte großen Aufruhr. Der schöne Rudolf und Selbstmord? Wo er das Schicksal des Kaiserreiches in der Hand hielt, wo alle Frauen ihm schöne Augen machten und wo er ein entzückendes Kind hatte? Bringt man sich mit dreißig Jahren grundlos um?

»Es stimmt, daß er sich die Krankheit eingefangen hatte«, räumte Willibald ein.

»Davon stirbt man nicht immer gleich!« meinte Attila.

»Er war auch rauschgiftsüchtig; Opium, Morphium, das ist bekannt«, fügte Franz hinzu. »Er hatte sehr abgenommen in der letzten Zeit. Außerdem hat ihn seine Frau gehaßt.«

Von der belgischen Prinzessin wurde kaum gesprochen. Ihr affektiertes Gehabe und ihr Schmollblick brachten ihr wenig Sympathie ein, nicht einmal unter diesen schmerzlichen Umständen. Willibald glaubte zu wissen, daß die Kaiserin sie in Frage gestellt habe: die eigentlich Schuldige sei sie. Und die mürrische Stephanie habe ihren Gemahl nicht geliebt, und...

»Da habt ihr's«, sagte Franz ruhig. »Und er hat seinem Leben ein Ende gesetzt. Es sei denn...«

Am Morgen des 1. Februar behauptete Attila, der Minister telegraphiere mit dem Vatikan. Die von Franz vorgebrachte These gewann an Boden: Wenn der Vatikan eingeschaltet wurde, mußte es ernste Gründe geben, vielleicht eine Dispens...

Franz bemerkte seinerseits einen geheimnisvollen Austausch mit Paris. Daß die Verbindung des Prinzen mit Frankreich durch den Journalisten Moriz Szeps, den Schwager Georges Clemenceaus, zustande gekommen war, erwähnte Franz gegenüber seinen Freunden nicht.

Er dachte an ein Komplott, um Franz Joseph zu stürzen, geheime Machenschaften zwischen dem Prinzen und Clemenceau, von denen er hinter vorgehaltener Hand hatte reden hören. Es hieß, sie seien beide Freimaurer und hätten einen Staatsstreich vorbereitet, um der Monarchie ein Ende zu machen und eine Republik einzusetzen, deren Präsident der Prinz sein sollte. Eine so schreckliche Geschichte, daß man den jungen Mann lieber hätte verschwinden lassen, aber bei dem einfachen Gedanken, dem Urheber der Ermordung einen Namen zu geben, schauderte Franz.

Man – wer? Es gab nur zwei Lösungen: Eine Verschwörung war aufgedeckt worden, Clemenceau oder... Würde ein Vater es wagen, den Tod seines Sohnes zu veranlassen? Der Gedanke quälte ihn.

Der 31. Januar ging zu Ende, ohne daß man das Beerdigungsdatum erfahren hätte. Die Gemüter erhitzten sich. Man sprach über eine Einbalsamierung, die die Spuren des Schusses verschleiern sollte, an dem niemand mehr zweifelte. Das erste Kommuniqué, in dem vom Herzschlag gesprochen wurde, war in Vergessenheit geraten.

Am Morgen des 1. Februar vermittelte die *Wiener Zeitung* die zweite offizielle Version, nach der pathologische nervöse Erregungszustände und ein momentaner Zustand schwerer Sinnesverwirrung festgestellt worden seien. Um das Ganze zu entschärfen, erinnerte die Zeitung daran, daß Seine kaiserlich-königliche Hoheit seit einigen Monaten über Kopfschmerzen geklagt habe, die auf einen Sturz mit dem Pferd zurückzuführen seien. Der Begriff »Selbstmord« tauchte nirgendwo auf.

»Aber das wird kommen. Klar, der Wahnsinn!« rief Willibald. »Das Blut der Wittelsbacher, Franzl! Du hattest recht, es ist Selbstmord.«

Franz, der an Clemenceau oder an den Kaiser dachte, öffnete den Mund, besann sich dann aber anders.

»Man muß nicht verrückt sein, um sich fürs Sterben zu entscheiden«, flüsterte er. »Es genügt, verzweifelt zu sein.«

Am 2. Februar veröffentlichte die *Wiener Zeitung* das Ergebnis der Autopsie, die Dr. Hofmann, Hofrat und Professor für Gerichtsmedizin, Dr. Kundrat, Chef des Anatomischen Instituts, und Professor Widerhofer, der kaiserliche Leibarzt, vorgenommen hatten. Im fünften Absatz wurde angegeben, daß Seine Kaiserliche Hoheit sich oberhalb des linken Ohres einen Schuß gesetzt habe; der Tod sei augenblicklich eingetreten. Es war von einer *fingerlangen Vertiefung in den Schädelknochen* und einer *deutlichen Verschmälerung der Hirnwindungen* die Rede.

»Und von einer *Erweiterung der Ventrikel*. Was ist denn das für ein Jargon?« schimpfte Attila. »Man versteht ja überhaupt nichts.«

»Warte«, sagte Willibald. »*Ebenso viele pathologische Erscheinungsbilder, die normalerweise einen anormalen Geisteszustand begleiten*... Ah! Da ist das Schlüsselwort: *Geistesverwirrung*. Kirchliches Begräbnis am 5. Februar; alles ist gesagt.«

»Glaubst du!« erwiderte Attila. »Offenbar steht in einer Münchner Zeitung, daß eine gewisse kleine Baronesse, Mary Vetsera genannt, sich in Mayerling umgebracht hat. Genau am Todestag unseres Prinzen.«

»Ganz allein?« fuhr Franzl nachdenklich fort.

Nun wurden die Münchner Zeitung verboten, die Theater geschlossen, die Bälle verschoben. Man verhängte die Fenster mit Flor, und lange schwarze Lilienbanner versperrten die neuen Wohnhäuser auf dem Ring, der großen majestätischen Straße, die um die Hofburg herumführte. Man hatte dort eine Trauerkapelle eröffnet. Von Offizieren mit gezogenem Säbel bewacht, lag der Kronprinz unter einem riesigen Kruzifix aufgebahrt. Es war wieder Ordnung eingekehrt. Im Ministerium sprach man ausschließlich über das Protokoll. Das belgische Königspaar ausgenommen, hatte der Kaiser die Anwesenheit von Königen und Fürsten abgelehnt, selbst die von Wilhelm II.

»Das hätte dem Prinzen gefallen«, bemerkte Attila. »Ihm, der Deutschland verabscheute!«

»Aber das ist kein normales Begräbnis«, erwiderte Willibald. »Ohne die Monarchen!«

»Es ist auch kein normaler Tod«, schloß Franz.

Sie wollten sich vor der Leiche des Prinzen versammeln, aber die Menge war so dicht, daß sie zwei Stunden warten mußten; sie gaben auf. Der Tag des Begräbnisses kam.

Kurz vor zwölf Uhr führte Franz seine Frau und seine Tochter vor den Seiteneingang der Kapuzinerkirche. Anna wäre lieber auf den majestätischeren Heldenplatz gegangen, aber Franz ließ sich nicht umstimmen. »Zum Andenken an meine Mutter«, murmelte er. »Dort und nirgendwo anders.«

So würde er sie unter Trauerschleiern wiedersehen. Schwarz maskiert wie auf dem Ball. Er zweifelte nicht mehr daran, daß sie es war; wie wäre sonst sein ihr allein geltendes Mitleid zu verstehen, die Teilnahme an dem Kummer, der sein Herz zerriß? Und als beim ersten Glockenschlag vom Stephansdom seine Tränen zu rinnen begannen, fing auch seine Tochter Emmi, gleichsam angesteckt, mit der Nase im Sacktuch an zu schluchzen.

Dann klagte die Kleine über Hunger. Der Trauerzug war für sechzehn Uhr vorgesehen. Franz lief los, um sich seine geliebten Weißwürste zu kaufen, und brachte Glühwein mit; die Verkäufer hatten reichlich zu tun. Mit Backen, die rot vor Kälte waren, verschlang Emmi genußvoll ihre Wurst.

Bei Sonnenuntergang setzte das Glockenspiel ein. Endlos hallte Wien von den Sterbeglocken wider. Bald würden die großen weißen, mit schwarzen Federn herausgeputzten Lipizzaner auftauchen. Und Elisabeth würde am Arm des Kaisers langsam hinter dem Katafalk herschreiten.

Auf dem samtenen Betstuhl kniete die Kaiserin und starrte auf den gekreuzigten Christus oberhalb des goldenen Altars in der kaiserlichen Kapelle der Hofburg. Neben ihrer Mutter weinte »die Einzige« hemmungslos. Etwas weiter weg murmelte die schreckliche Stephanie. Ohne eine einzige Träne.

Genau in diesem Augenblick verließ die Leiche ihres Sohnes den Heldenplatz; der Katafalk der Habsburger bewegte sich langsam auf den Neuen Markt zu. Sie hätte jeden Schritt der Pferde auf jedem Pflasterstein beschreiben können, sie spürte jede auch noch so kleine Erschütterung im Sarg. Drei Schritte dahinter ging, allein und mit bloßem Kopf, Franz Joseph, der sie gebeten hatte, fernzubleiben, und begleitete seinen Sohn in seine kaiserliche Einsamkeit.

Was bedeuteten ihr all die herausgeputzten Fuhrwerke? Durch die Wiener Straßen zu laufen, ihren Schmerz zur Schau zu stellen, die langen obligaten Schleier festzuhalten, sich als in Tränen aufgelöste Mutter aufrecht zu halten? Sie hatte sich nicht aufgelehnt. Beten konnte sie nicht. Die fromme Marie Valerie betete für zwei, das war's. Beten, nein. Atmen, sich die Seele frei machen – unmöglich. Weinen, ach, das hatte sie jäh ein für allemal getan.

Nicht sogleich. Als die Tür sich öffnete, hatte sie die Schultern nach vorn gezogen, sie hatte es nicht gern, wenn man sie störte. Nein, sie hatte nichts geahnt. Sie, die so viel Sinn für Aberglauben hatte, die sich für hellsichtig hielt! Sie, vor der die Zigeunerinnen die Waffen streckten, sie hatte kein Zeichen erkannt, nichts hatte sie in Alarm versetzt. An jenem Morgen hatte sie gerade ihre Griechischstunde. Wußte sie überhaupt, wo ihr Sohn sich aufhielt? Irgendwo in den Armen einer Frau, auf zerwühlten Bettüchern ausgestreckt. Nein, sie war nicht beunruhigt gewesen.

Erst als sie den Kopf drehte, hatte sie in dem Blick des Grafen Hoyos eine unbeschreibliche Panik gesehen. Sie hatte die Stirn gerunzelt, zunächst an den Kaiser gedacht – ein Unglücksfall, ein Attentat –, aber Hoyos hatte zwei zitternde Schritte gemacht, sie hatte sich kerzengerade aufgerichtet, und der Griechischlehrer wurde fahl und erhob sich. Bevor Hoyos den Mund öffnen konnte, hatte sie begriffen.

Den Kaiser benachrichtigen. Das war ihr erster, ihr einziger Gedanke. War das überhaupt noch ein Gedanke? Kaum. Sie war in alle Richtungen hin und her gelaufen, drückte eine Hand auf ihr Herz, das seltsam unempfindlich war, als hätte eine leichte Verletzung es betäubt. Sie würde mit Franz Joseph sprechen, das war eine Pflicht. In kurz angebundenem Ton hatte sie sich zunächst versichert, daß die Schratt in Idas Suite auf ihren kaiserlichen Geliebten wartete wie jeden Tag; erst dann hatte sie darum gebeten, den Kaiser zu holen. Ohne Argwohn trat er elastisch ein.

Er hatte sie mit seinem blauen Blick, dem Blick eines sanften Esels, und der Andeutung eines schnell erstorbenen Lächelns etwas von unten herauf angesehen. Sie stützte sich auf den hohen Drücker der Tür und brauchte eine unendlich lange Zeit, um sie zu schließen. Sie hatte ihn in ihre Arme genommen, er schien kaum überrascht. Sie hatten fast nichts gesagt. »Mein Sohn«, murmelte er, »mein armer Sohn.« Und es gelang ihr nicht zu weinen. Leere.

Dann hatte sie ihn sanft bis zu den Gemächern Idas gedrängt, wo Kathy Schratt, die man entsprechend benachrichtigt hatte, die kaiserlichen Tränen empfing. Mit schwerem Schritt war sie in ihr Zimmer zurückgekehrt; da hatte man ihr mit aller Behutsamkeit eröffnet, daß ihr Sohn in Mayerling nicht allein war. Der Arzt schwor, er habe oben am Bett ein Glas gefunden, das Strychnin enthalten hatte. Offensichtlich hatte ein Mädchen es verabreicht. Sie hatte es ohne Nachdenken geglaubt.

Bei der Erinnerung an das, was dann kam, schwindelte ihr.

Als die Lipizzaner stehenblieben, bliesen sie eine warme Wolke aus. Von da, wo er stand, unweit der Stufen, sah Franz fast nichts: den Rücken eines Lakaien in schwarzer Livree, der eine riesige Kerze hielt, die schwarzen Ebenholzgirlanden, die in den Rand des Katafalks der Habsburger geschnitzt waren, und, wenn er die Augen hob, auf den Köpfen der Pferde die dunklen Federbüsche, die sich gegen den Himmel neben den verschneiten Dächern abzeichneten. Man mußte warten. Der Sarg mit einem metallenen Kreuz wurde aus der Trauerkutsche gezogen; Offiziere trugen ihn gemessenen Schritts. Ihre Majestäten würden folgen.

Franz verdrehte den Hals und erblickte den alten Kaiser mit bloßem Kopf, eine von Schmerz gebeugte, unter dichten Trauerschleiern unsichtbare Frau an seinem Arm. Die Prinzessinnen waren nicht da. Hinter den beiden stieg der König von Belgien langsam die vier Stufen der Kapuzinerkirche hinauf. Gemurmel durchlief die Menge – »Unsere arme Kaiserin« –, eine klagende Menschenmasse vor der Frau in Schwarz, verkümmert, gealtert, dicker geworden...

Franz erkannte sie nicht.

Plötzlich drehte sich ein Lakai um und flüsterte gepreßt: »Das ist nicht die Kaiserin, das ist die Königin von Belgien.«

»Die Königin von Belgien«, hallte es in rhythmischem Gemurmel wider. »Aber wo ist die Kaiserin?«

»Von Schmerz zermalmt, sie betet bestimmt.«

»Arme Frau!«

»Ihre Tochter ist bei ihr, da sie auch nicht hier ist.«

»Und die anderen?«

»Welche anderen? Nicht einmal der Kaiser von Deutschland ist gekommen.«

»Wundert mich nicht.«

»Genug!« meinte schließlich jemand. »Ruhe!«

Franz holte tief Atem. Er hatte sie nicht erkannt, und das war nur zu natürlich, da sie es nicht war. Anna drückte seinen Arm. »Möge der Himmel uns eine solche Prüfung ersparen, mein Franzl«, hauchte sie und betrachtete Emmi.

Nun traten die Erzherzöge ein. Die massiven Eisenportale wurden geschlossen. Die Totenmesse begann.

Dann, die Kaiserin konnte es nicht vergessen, hatte diese Frau sich den Eintritt erzwungen.

Diese Vetsera, die Mutter, sie, die sich schon in Gödöllö in Rudolfs Arme geworfen hatte. Auf den Knien rang die Baronin die Hände, ihr Gesicht glänzte obszön vor Tränen, und sie flehte, man möge ihr die Tochter zurückgeben. Es sei nun mal geschehen, der Prinz habe Mary entführt, sagte sie, aber wenn sie zurückkäme, könnte man sie verheiraten, sie würde diskret sein – und so sprudelten die Worte aus dem geschminkten Mund.

Die Baronin wußte noch nichts.

Von Mitleid überwältigt, hatte sie diese Frau zu ihren Füßen betrachtet und an den Ellenbogen hochgezogen. Zum zweitenmal hatte sie ihr Amt als Botin ausgeübt und die Katastrophe kundgetan. »Seien Sie mutig, Gnädigste, Ihre Tochter ist tot«, hatte sie gemurmelt. Die Vetsera war heulend zusammengebrochen: »Mein schönes Kind, mein Liebling!« Und sie, kerzengerade, hatte diese unanständige Haltlosigkeit nicht ertragen können.

»Aber wissen Sie, Baronin, daß auch Rudolf tot ist?«

Die Vetsera hatte jäh innegehalten, mit einer Hand auf dem Mund blickte sie starr. Dann hatte sie gestöhnt: »Das hat sie nicht getan, nein! Das hat sie nicht getan ...«

Die Baronin hielt also ihre Tochter dieses Verbrechens für fähig! Die Kaiserin hätte sie am liebsten getötet, diese Dirne mit weichem Fleisch, dieses Federbett von Schmerz, ohne Respekt, ohne Scham ... Die beiden Vetseras, diese Geißeln! Die Mutter hatte mit dem Prinzen geschlafen, die Tochter hatte ihn vergiftet, das war zuviel! Was für ein Gesindel!

»Und jetzt merken Sie sich«, hatte sie mitleidlos eingeworfen, »daß Rudolf an Herzschlag gestorben ist!«

Die Vetsera hatte sich rückwärts gehend zurückgezogen, wobei sie zusammenhangloses Zeug redete, in dem sich Entsetzen mit Angst mischte. Die Kaiserin war allein geblieben, und plötzlich, als sie an den weißen Zehnender von Potsdam dachte, hatte sie ein Glas auf dem Tisch zwischen den Fingern zerbrochen.

Am nächsten Morgen erfuhr sie, daß ein Doppelschuß dem Leben des Kronprinzen und der Baronesse Mary Vetsera ein Ende gesetzt hatte. Der Prinz hatte das Mädchen mit einem ersten Schuß getötet und sich selbst dann mit Hilfe eines Spiegels, um besser die Richtung zu lenken, einen in die Schläfe verpaßt; der Kopf war zertrümmert.

Ihr Sohn war ein Mörder, aber sie glaubte nichts davon. Dann hatte man ihr den Brief gegeben: *Für meine Mutter.* Er hatte ihn, direkt bevor er starb, geschrieben. Er fühlte sich seiner Funktion nicht mehr würdig; er wollte, daß man ihn neben der Kleinen in Heiligenkreuz begrabe. Weit weg von den Habsburgern.

Sie hatte vage gelächelt. Das war typisch für ihn, er war ihr Sohn, sie würde es ebenso machen, wenn zufällig ein junger Engel ihren Weg kreuzte. Also, Rudolf hatte sie getötet und sich dann eine Kugel in den Kopf geschossen. Glauben konnte sie es immer noch nicht.

Sie hatte ihn noch nicht gesehen. Den Brief zwischen spitzen Fingern, hatte sie gedacht, der Kaiser allein sei schuld. Diese schreckliche Szene zwischen Vater und Sohn vor acht Tagen, einen Monat nach Weihnachten – man hatte ihr schließlich davon erzählt: Der Sohn sei blaß vor Wut herausgestürzt, und der Vater sei dieses eine Mal in Wut geraten, eine Wut, die keinen Ausgleich zuließ. Weder der eine noch der andere wollte etwas sagen. Rudolf wäre fähig gewesen, nach Ungarn zu fliehen, um sich dort an Stelle seines Vaters krönen zu lassen, seine Freunde waren bereit... So flüsterte man heute miteinander in den Gängen. Erst heute, als es zu spät war. Und wenn... Der schreckliche Gedanke verließ sie nicht mehr.

Der Kaiser hatte die Leiche seines Sohnes vor ihr sehen wollen. Um die Mittagszeit hatte sie ihrerseits das Trauerzimmer betreten. Rudolf trug eine weiße Binde um die Stirn, aber das unversehrte Gesicht lächelte sie an. Mit einem Lächeln, das sie nicht kannte, strahlend, heiter, unveränderlich. Ihr Herz hatte sich entkrampft, sie hatte ihre Lippen auf den eiskalten Mund gedrückt und keine Angst mehr gehabt.

So war es eben! Ihr Sohn war tot, er hatte sich umgebracht. Als freier Mann. Aber eine große Kälte hatte sich ihrer bemächtigt. Ein Korsett aus Eis. Marie Valerie, mit ihrem Verlobten an ihrer Seite, begann zu schluchzen. Dann ging ihre Mutter ans Fußende des Bettes, stand lange da und strich das gespannte Laken glatt. Ohne eine Träne.

Die Tränen waren plötzlich hervorgeströmt, als sie am Abend beim Essen Erzsi, Rudolfs Tochter, erblickte. So klein... Das Eis schmolz mit einemmal wie bei Tauwetter im Frühling; das Schluchzen hörte eine Stunde lang nicht auf. Dann ging das kleine Mädchen schlafen, und sie kehrte in ihr Zimmer zurück. Im Spiegel erfaßte ihr Blick das Bild einer alten Frau mit verquollenen Augen. Das war Gerechtigkeit.

Von diesem Augenblick an hatte sich das Eis ihrer wieder bemächtigt – und die Gewissensbisse.

❖

Drei Tage später schenkte niemand mehr der These vom Selbstmord auch nur den geringsten Glauben. Die Legitimisten waren unter sich zerstritten, verteidigten den Kaiser, der nichts mit dem Wahnsinn seines Sohnes zu tun hatte, die Briefe, die Rudolf vor dem fatalen Schuß an seine Mutter, seine Gattin und seine Freunde geschrieben hatte, dienten ihnen als Argument.

»Ja und?« wurde ihnen geantwortet. »Haben Sie diese Briefe gelesen? Einer Ihrer Freunde hat Ihnen gesagt, daß ... Das reicht nicht. Wenn der Hof von Selbstmord spricht, heißt das, daß es sich um etwas anderes handelt. Unweigerlich.«

Man wußte wenig über das tote Mädchen in Mayerling, eine Debütantin, die in den Gesellschaftsnachrichten erwähnt wurde, aber so jung war, daß man kaum eine Vorstellung von dem Glanz ihrer Augen, ihrem makellosen Teint und der belastenden abenteuerlichen Vergangenheit ihrer Mutter hatte, einer Vertrauten der Kaiserin, eher von der üblen Sorte. Das junge Mädchen mußte ein feuriges Temperament gehabt haben, um sich im Alter von siebzehn Jahren und nach einer Bekanntschaft von erst drei Wochen dem prinzlichen Geliebten so hinzugeben.

Nur drei Tage, das hörte man überall. Und eifersüchtig wie eine Tigerin. Das Gerücht hatte sich verbreitet, daß der Prinz, bevor er im Morgengrauen nach Mayerling aufgebrochen sei, die Nacht mit Mizzi verbracht habe. Die Kleine hätte Verdacht geschöpft und in einem Anfall von Wut den unglücklichen Rudolf mit dem Rasiermesser entmannt. Andere übernahmen ihre Verteidigung: Sie sei nämlich schwanger gewesen.

»Ach, kommen Sie! Doch nicht nach wenigen Tagen!«

»Doch, doch, schwanger, eine unerträgliche Bedrohung, man hat sie ausgemerzt.«

»Und er?«

»Ach, er, nun ja, ihn auch.«

Die Polizei tat alles, damit die Presse stillhielt. Am Ballhausplatz wurde der Befehl ausgegeben, mit aller Macht jede Behauptung zu dementieren, die nicht dem offiziellen Kommuniqué entsprach.

»Töricht«, meinte Attila. »Möchte man an der Lüge festhalten, weil damit nicht anders umzugehen wäre?«

»Auch, und diese Gerüchte!« entrüstete sich Willibald. »Wieder diese verdammten Juden!«

Und da Franz sich mit einem Ruck aufgerichtet hatte, fügte Willy eilig hinzu: »Ich meine damit natürlich nicht Anna, Franzl. Anna, das ist etwas anderes, und außerdem ist sie vor allem deine Frau.«

Franz setzte sich wieder, Willibald umarmte ihn, und ein drückendes Schweigen stellte sich ein. »Jedenfalls«, schloß Attila, »sind das die Anordnungen!«

In den Kaffeehäusern begann man sich für die Cousine des Prinzen, die Larisch, zu interessieren, eine merkwürdige Person. Wenn man den Besserinformierten Glauben schenken wollte, so diente sie zwischen Rudolf und der Kleinen als Vermittlerin – gegen Geld natürlich, das der Prinz ihr gegeben hatte. Und wie hatte man zulassen können, daß sich diese nichtswürdige Intrigantin, die Tochter einer einfachen Schauspielerin, Zugang zum Hof verschaffte? Sicherlich, ihr Vater stammte aus Bayern – kleiner Adel und übrigens ein Bruder der Kaiserin. Er hatte sich wahnsinnig in eine Schauspielerin verliebt, die er um jeden Preis hatte heiraten wollen. Morganatische Ehe – puh! Unbedeutende Leute. Nun, wer hatte sich dann in die Marie Wallersee vernarrt, wer sie mit dem Grafen Larisch verheiratet, wer verbrachte den größten Teil seiner Zeit mit ihr? Wer hatte der Baronin Vetsera, der Mutter, erlaubt, an den Jagdausflügen in Gödöllö teilzunehmen? Wer schließlich hatte dem reinen Blut der Habsburger, dieses Rassegeschlechts, ein morbides Blut des Wahnsinns, das der Wittelsbacher, beigemischt?

Sie. Alles kam von ihr und war auf sie zurückzuführen. Oh! Niemand ging so weit, die Kaiserin in Frage zu stellen; aber schließlich hatte diese Frau ja auch ihren Verstand nie ganz beisammen. Warum hatte sie übrigens nicht an der Fürbitte für die Verstorbenen teilgenommen, hm? »Daß sie nervös ist, da mache ich noch mit«, murmelte Franz leise. »Aber verrückt! Da geht ihr zu weit. Erinnerst du dich, Willibald...«

»Immer noch die alte Geschichte«, spottete Willibald. »Er verteidigt seinen gelben Domino. Das ist ja alles schön und gut; zweifellos hatte jene nichts Verrücktes an sich; Beweis dafür, daß sie nicht die Kaiserin war, Schwachkopf!«

Willibald tat sich schwer mit dem Altern, er wurde kurzatmig. Er war Junggeselle geblieben; Attila hatte ihn in den üblen Vierteln herumstreichen sehen. Sonntags ging er fromm zur Messe. Er wandte sich den Alldeutschen zu, die Slawen gingen ihm auf die Nerven, Serbien brachte ihn in Wut, und beim Anblick der galizischen Juden mit ihren Kaftanen und ihren weichen Hüten konnte ihm übel werden.

»In einer zivilisierten Stadt«, sagte er wieder einmal, »einer modernen Stadt, diese zerlumpten Kerle mit ihren über die Ohren fallenden Locken! Nun ja, der Kaiser hat seinen Nachfolger gewählt; mit seinem Bruder Karl Ludwig besteht keine Gefahr des Liberalismus... Um so mehr, als er von zarter Gesundheit ist, er wird schnell sterben! Von seinem Sohn, dem Erzherzog Franz Ferdinand, wird das Reich wenigstens mit eiserner Faust geführt werden! Die müssen dann sehen, wo sie bleiben, die mit ihren Schläfenlocken!«

Eines Tages werde ich ihm mit seinem grünen Filzhut das Maul stopfen, dachte Franz mit unterdrückter Wut.

Am folgenden Sonntag, als Willy die Zusammenkunft für die Kammermusik festlegen wollte, gab Franz vor, daß Anna sich nicht wohl fühlte. Willibald ließ sich nicht täuschen und begriff, daß der Bruch vollzogen war.

Dann erfuhr man aus sicherer Quelle, daß die Kaiserin eindeutig den Verstand verloren hatte. Sie dämmerte tagsüber vor sich hin;

sie schwieg hartnäckig; schlimmer noch, sie wiegte ein Kopfkissen an ihrem Bauch und nannte es »Rudolf«. Dabei schwor sie, daß er wiedergeboren werden würde. Der Kaiser hatte die berühmtesten Psychiater Europas an ihr Bett gerufen, die sich alle für machtlos erklärten: das Blut der Wittelsbacher. Sie hatten eine vollständige Isolierung empfohlen; man würde die Kaiserin nie wiedersehen.

Man bedauerte den Kaiser, man beglückwünschte ihn, daß er an seiner Seite eine aufrichtige Freundin hatte, diese Schratt, die ihn in ihrer Villa in Schönbrunn tröstete. Er überhäufte sie mit Schmuck? Das war das wenigste, arme Frau.

Niemand wußte, was mit dem Leichnam der Mary Vetsera geschehen war. Vielleicht das Massengrab.

17

DER VERNÜNFTIG DENKENDE WAHNSINN

Selten ist die wahre Weisheit,
Selt'ner noch Verrücktheit wahre,
Ja, vielleicht ist sie nichts And'res,
Als die Weisheit langer Jahre.

Elisabeth von Österreich

Am Abend nach der dritten schlaflosen Nacht kam die Kaiserin endlich zu einem Entschluß. Wie einstmals rief sie Ida, rang ihr das Versprechen ab, das Geheimnis zu wahren, und nahm einen Umhang, um sich zu verbergen. Einen schwarzen.

»Sie werden es doch nicht wagen, ganz allein...«, jammerte Ida wie einstmals.

Ohne zu antworten, streckte sie die Arme aus, ließ sie durch die Ärmelschlitze des Umhangs gleiten, den Ida ihr hinhielt, ergriff einen langen Trauerschleier und legte ihn sich übers Gesicht. Wie einstmals übernahm es Ida, einen anonymen Fiaker zu rufen, und wieder wählten sie den Geheimweg, der durch die verborgene Tür aus der Hofburg herausführte.

Aber als Ida mit einsteigen wollte, stieß sie sie sanft zurück.

»Allein. Ich will es.«

Und dieses Mal gab Ida klein bei. Die Kaiserin sank für die wenigen Meter, die den Palast von dem geheimen Treffpunkt trennten, in den Fiaker.

Es war dunkel in der Kapuzinerkirche, in die kaum Licht von den Straßenlaternen fiel. Als sie an die geschlossene Tür pochte, hallte das Klopfen bis in das tiefste Innere der Krypta wider. Das Guckloch wurde geöffnet, mit verschlafenem Blick starrte der Pater sie gähnend an. »Ist geschlossen, arme Frau, kein Besuch...« Er wollte wieder zusperren, als sie mit einemmal ihren Umhang öffnete.

Verstört erkannte er sie, ohne zu begreifen. »Eure Majestät!

Um diese Stunde. Ohne den Kaiser!« Aber da ihm nichts anderes übrigblieb, öffnete er schließlich.

Es dauerte lange, bis der Prior kam; nur er hatte den Schlüssel zur kaiserlichen Gruft. Die Situation war schwerwiegend genug, um die Wachsamkeit zu verdoppeln; die Kaiserin zeigte Anzeichen der Verwirrung, die Angelegenheit wurde politisch, und man konnte nie wissen. Das Blut der Wittelsbacher war selbstmörderisch – Ludwig der Bayer, der Kronprinz und jetzt diese unglückliche Mutter mitten in der Nacht... Behutsam wollte er sie davon abbringen, sich der grausamen Prüfung zu stellen. Sie solle doch wenigstens die Helligkeit des Tages abwarten. Ja?

Nein. Dann würde er mit ihr hinuntergehen, das war beschlossen. Ja?

Auch nicht. Sie wollte allein sein. Nein, sie hatte keine Angst.

»Ich bin die Kaiserin«, murmelte sie mit müder Stimme. »Bitte lassen Sie mich meinen Sohn sehen.«

Die kleine Tür knirschte nicht. Seit zwanzig Jahren war sie nicht an diesen schrecklichen Ort hinuntergestiegen, seit dem Tod ihrer Schwiegermutter, der Erzherzogin Sophie, Gott allein weiß, wohin man sie gelegt hatte, irgendwo zwischen die Ansammlung von Särgen. Der Prior hatte ihr zwei Fackeln gegeben, damit sie etwas sehen konnte. Sie hatte sie in die Halterungen an der Mauer gesteckt. Der gute Pater hatte sie gewarnt: Die Flammen konnten ihr Kleid im Nu in Brand setzen. Sie würde unten eine matte Laterne finden, die sie jetzt in der Hand hielt. Sie schritt die Reihe der Särge ab.

Rudolf lag ganz hinten, hinter Marie-Louise, der Gemahlin Napoleons, auf der rechten Seite. Ihre kleine Tochter lag in einem der Miniatursärge, in denen die Habsburg-Kinder ruhten. Elisabeth zitterte nicht. Der Geruch der schon verwelkten Blumen leitete sie. Er war da, er erwartete sie.

Sie stellte die Laterne auf den Boden, legte ihren Umhang ab, kniete nieder und berührte den Sarkophag. »Du bist hier, mein Sohn«, murmelte sie, »ich weiß es. Ich muß endlich mit dir sprechen. Weißt du, ich glaube nicht an den Tod; du auch nicht, nicht wahr? Du hast ihn ja gewählt...« Mit einemmal hörte das Gemurmel auf. Man konnte nicht mit den Toten reden.

»Nein!« rief sie und stieß mit der Stirn gegen die Bronze. »Das ist lächerlich. So weit wird es nicht mit mir kommen!«

»Du bist zärtlich mit mir gewesen, du hast mich geliebt, nein, sag noch nichts! Warte ein wenig! Ich war keine gute Mutter für dich! Oh! Es war nicht meine Schuld, man hat uns getrennt, um dich zu schützen, ich habe lange gewartet. Du warst schon groß, als ich diesen Kampf endlich gewonnen hatte. Ein zu großer Junge, als daß du dich noch in den Armen hättest wiegen lassen... Zu eifersüchtig auf deine jüngste Schwester. Nein...«

Sie schwieg. Es war zu schwierig; ihre Stimme klang falsch. Sie wollte weglaufen, schwankte und klammerte sich an den Rand des Sarkophags.

»... Ich werde durchhalten. Mach deinem Vater keine Vorwürfe, er ist alt geboren; ein armer Mann...«

»Nein! So ganz allein mit meinem toten Sohn zu reden!« rief sie. »Wenn ich nicht sicher wäre, daß du dich zeigen wirst, meinst du, daß ich dann vor deinem Sarg solche Geständnisse machen würde? Also! Ich habe geschworen, stark zu sein. Noch etwas, ein Letztes. Du hast mit ihr über den Tod hinaus zusammensein wollen, dein Vater hat es nicht erlaubt. Und ich habe nichts tun können. Verzeiht ihr mir beide von dort oben, wo ihr seid?«

Sie wartete. Nichts. Sie lachte kurz auf. »Ich bin dumm. Du kannst ja schließlich nicht mehr antworten wie vorher. Nein, was ich erwarte, ist ein Zeichen, ein Atemhauch, irgend etwas wird kommen, mein Sohn, ich weiß es, zeig mir, daß du mich hörst!«

Sie schlug leise mit der Faust gegen die Bronze. »Die Kälte kommt wieder, Rudi, verlaß mich nicht. Gerade habe ich etwas Süßes auf meinen Lippen gespürt, das warst du... Ah!« Sie stöhnte.

Aus einem verwelkten Kranz hatte sich ein Blatt gelöst und schwebte auf ihre Knie. »Bist du es, mein Rudi? Erscheine jetzt! Nein, ich bin verrückt. Weißt du, was Wien sagt? Das Blut der

Wittelsbacher. Sie werden uns nie aus ihren Klauen lassen. Na gut! Wenn ich verrückt bin, will ich dich auch sehen. Ist es nicht so, daß die Wahnsinnigen die Toten aus ihren Gräbern auferstehen lassen können? Unter geistig Verwirrten, mein Rudi, sind wir in der Lage, miteinander zu reden, komm!«

Sie hielt die Hände ausgestreckt wie der Gekreuzigte und hob den Blick zum Plafond der Gruft, auf den die flackernde Flamme der Laterne einen tanzenden Schatten warf. Ein unerwarteter Luftzug ließ die Flamme zucken. Eine erstickende Hitzewelle überfiel Elisabeth, und sie öffnete ihre Bluse, als ob sie einem Säugling ihre Brust bieten wollte. »Jetzt ist mir nicht mehr kalt«, seufzte sie. »Dank dir, mein Sohn. Aber es ist nicht genug. Zeig dich.«

Der Luftzug legte sich, das Blatt fiel zu Boden, die Flamme zuckte nicht mehr. Regungslos wartete Elisabeth.

Die Stille in der Gruft wurde übermächtig; mit einemmal sah Elisabeth die lange Reihe der Särge, die Grabsteine an den Wänden und die Tafeln mit den eingravierten Namen der Habsburger. Sie spürte, wie das Eis sie wieder umhüllte, schloß ihre Bluse und zog ihren Umhang zusammen. »Die Kälte kehrt zurück, Rudi«, murmelte sie.

»Ich weiß nicht, warum ich mit dir rede. Ich habe gedacht – ich denke immer noch, daß du mich hörst. Ich habe dir so viel zu sagen... Es heißt, ich hülle mich in Schweigen, dabei rede ich mit dir Tag und Nacht, ich träume von dir. Es heißt, ich sei der Melancholie verfallen, aber du weißt, worunter wir beide leiden. Du hast den besseren Teil, mein Sohn; mich liebt niemand. Und jetzt warte ich auf die Stunde und den Tag, den Augenblick, wenn wir wieder zusammenkommen werden. Bald, mein Liebling. Du wirst mir in dem Licht die Arme entgegenstrecken... Aber wenn es nichts gibt? Nichts?«

Nichts, schienen die Sargreihen zu höhnen. Nichts, lächelte der bekränzte Totenkopf am Eingang der Gruft. Nichts, hallte das Echo der Tür wider, die hinter ihr zuschlug.

Der Prior lauerte ihr ängstlich auf. »Wünschen Eure Majestät, daß ich sie zum Palast zurückbringe?«

»Nein!« rief sie.

Als sie in ihr Zimmer kam, wo Ida sie erwartete, warf sie ihren langen zerknüllten Schleier aufs Bett.

»Was haben Sie gemacht?« fragte Ida leise.

»Nichts. Ich wollte in der Gruft mit meinem toten Sohn in Verbindung treten. Er hat nicht geantwortet. Es ist nichts darinnen, Ida«, antwortete sie.

Als sie am Morgen erwachte, durchflutete sie mit einemmal ein neues Glück; so strahlend, daß sie nicht wagte, die Augen zu öffnen. Dann zerstob der glückverheißende Nebel, und der Schmerz kehrte zurück, heftig – er traf sie in der Mitte des Körpers: im Bauch, bevorzugte Stätte für irdische Fäulnis. Sie wußte nicht mehr, was ihr weh tat. Ihr verwirrtes Bewußtsein weigerte sich, den vertrauten Schmerz zu erkennen, bis zu diesem Augenblick, jeden Tag grausamer, wenn ihr der Name Rudi wieder einfiel – und mit ihm das Unglück: Rudi war tot.

Es war ihr nie gelungen, wieder einzuschlafen. Sie erhob sich mit einem Satz und ging, die Hände auf die Ohren gepreßt, um die Stille nicht mehr zu hören, im Zimmer hin und her. Immer bevor der Tag anbricht, wenn die Menschen schlafen, wachen die gequälten Seelen; um die Kaiserin herum war niemand. Sie versuchte, an ihren Gedichten zu arbeiten, aber die Hand sackte ihr kraftlos herunter; schreiben wäre ein Sakrileg gewesen, leben noch mehr. Um der Hofburg zu entkommen, war sie nach Schönbrunn geflohen, wo nichts vorbereitet war, um dem Wiener Winter zu trotzen. Sie versuchte, sich allein anzuziehen, sie ging in den Park hinunter, stapfte durch den Schnee und kam kaum voran. Sie rieb den Schnee auf die Stirn, erblickte Füchse und ängstliche Hasen, aber all das war zu lebendig, zu lebhaft, verabscheuenswert. Sie wollte wieder sterben. Und dann brach der Tag an, schrecklich, sie kehrte zurück und warf sich aufs Bett.

So fanden sie ihre Kammerzofen: angekleidet, zu einer Kugel zusammengerollt, stumm, mit starren Augen, regungslos. Nach einiger Zeit, die unendlich schien, ließ sie sich umkleiden, wieder in Schwarz. Sie hatte untersagt, daß man ihr irgendeine andere

Farbe zeigte; sie hatte den Befehl gegeben, ihre Kleider zu verteilen. Vergeblich schlug man ihr vor, ihr Training wiederaufzunehmen: keine Turngeräte, keine Gymnastik mehr, sie lehnte die Massagen, die langen Gesundheitsmärsche ab. Gelegentlich trank sie in der Mitte des Tages eine Fleischbrühe.

Marie Valerie stellte fest, daß ihr Vater dagegen zu seiner Arbeit zurückgekehrt war; vielleicht war seine Haltung etwas gebeugter, aber er klagte nicht. Ihre Mutter jedoch! Nicht ein Wort, nicht eine Träne; ein erdrückendes Schweigen. Eine unbeschreibliche Drohung, die auf ihrer eigenen Zukunft lastete.

Wien hatte seine Launen der Vergangenheit wiederentdeckt, Wien war hartnäckig: Die Kaiserin war wahnsinnig geworden. Was übrigens nichts Neues war: Hatte sie nicht überall, wohin sie gefahren war, die Irrenanstalten besucht? Merkwürdige Leidenschaft, die nichts und niemand ihr aufzwang. Natürlich, wurde gemurmelt, gleich und gleich gesellt sich gern. Man hätte auch sagen können, daß sie sich den Ort anschauen wollte, wo sie ihre Tage beenden würde! Auch diese Art, sich zu verstecken, sie konnte sich nicht mehr zeigen, das Gelächter, verstehen Sie. Ganz zu schweigen von den Pferden! Diese Schindmähren, die den Staatssäckel leersaugen, so in die Viecher vernarrt zu sein! Unser armer Kaiser...

»Schau, heute steht's in der französischen Presse«, stellte Willibald im Mai fest. »Sieh mal, in *Le Matin*. Vernünftig denkender Wahnsinn.«

»Was ist denn das überhaupt?« schimpfte der kleine Ungar. »Vernünftig denkender Wahnsinn? Eine Erfindung der französischen Psychiater, die alles zu wissen glauben. Wenn man vernünftig denkt, ist man nicht wahnsinnig!«

»Aber im April stand es schon im *Berliner Tageblatt*«, widersprach Willy dickköpfig. »Du wirst mir ja wohl nicht sagen wollen, daß das auch nur die Franzosen sind!«

»Nein, aber ich möchte dir sagen, daß du ein schlechter Patriot

bist«, rief Attila verärgert. »Die Österreicher lieben die Königin von Ungarn nicht. Bei uns, verstehst du, ist sie nicht wahnsinnig!«
»Dann nehmt sie doch! Wir wären sie los!« brüllte Willy.

Franz mischte sich nicht mehr ein, sagte nichts und litt schweigend. Er stellte sie sich daniederliegend vor, von Stummheit überwältigt, wie jede Mutter nach einem entsetzlichen Trauerfall. Diese verwirrte Frau, von der Willibald sprach, war nicht sie; weder Gabriele noch Elisabeth, weder die eine noch die andere – und auch nicht beide zusammen. Und da Attila und Willy mit ihren Sticheleien fortfuhren, befahl er ihnen zu schweigen.

Jeden Samstag fragte Willy wegen einer Zusammenkunft für ihr musikalisches Trio nach. Jedesmal wich Franz aus.

Ohne etwas zu wissen, hatte Anna verstanden, daß sie der Grund für das Zerwürfnis zwischen dem dicken Willy und ihrem Mann war; da sie klug war, hatte sie keine Fragen gestellt. Um ihren Mann über den Bruch mit seinem Freund hinwegzutrösten, hatte sich Anna an Schuberts *Valses sentimentales* – opus 50 gesetzt. Sie spielte sie bis zur Vollkommenheit. Franz hörte es voll Bewunderung mit fachmännischem Ohr, aber es war zu gescheit, zu schön, ein wenig traurig, ohne die mitreißende Fröhlichkeit und das Feuer des großen Johann Strauß. Selbst als sie Schuberts Walzer spielte, liebte Anna den Tanz nicht.

Emmi versuchte sich manchmal daran, einfache Melodien zu singen, von Pergolesi oder Gluck, Geschichten von verlassenen Schäfern, die vor Liebe zu untreuen Schäferinnen vergingen; sie würde einmal eine schöne Mezzosopranstimme haben. Ihr Vater hörte ihr voller Freude zu, trauerte jedoch oft den aufwühlenden Klängen von Willys Cello nach.

Am Abend ging Emmi in ihr Zimmer hinauf, und die Eltern kehrten zu ihrem geliebten Beethoven zurück. Die beiden kannten ihn so gut, daß sie ihn manchmal zu schnell spielten. Vor allem Franz eilte im Takt voran, wenn seine Violine seine Gedanken beflügelte, wenn er an die verletzte Unbekannte dachte, so nahe, so fern von ihm.

❖

Die Kaiserin träumte oft – schnell vergessene Träume voll unerwarteter Freuden, die bei Morgengrauen Schuldgefühle in ihr hinterließen. So stark, daß sie fast erleichtert war, als sie eines Morgens aus einem Alptraum erwachte.

Sie hatte die Nacht in dem Leichenwagen der Habsburger verbracht, wo auf einer mit dunklem Leder überzogenen Bank ein kleines Kind im Sterben lag. Neben ihr machte ein schwarzgekleideter Arzt Bemerkungen über den Todeskampf; es sei verloren, es sei nur noch eine Frage der Ewigkeit, und sie wartete machtlos mit verzweifelter Aufmerksamkeit auf das Ende.

Es kam brutal. Das Kind riß den Mund plötzlich auf, daß sie einen durch den Todeskampf verursachten Streifen rötlichen Schleims erblickte, einen feuchten lebendigen Tunnel zwischen geschürzten Lippen, aus dem der letzte Atemzug strömte. Schnell legte der Arzt die Hand auf den armen Mund, und alles verschwand. Erst später wurde ihr bewußt, daß in dem Mund die Zähne fehlten.

Sie lief zum Spiegel und betrachtete die ihren: An manchen Stellen sah man fortgeschrittene Karies, sie hatte ein geschwärztes Lächeln. Es gab keinen Weg des Entkommens. Wie konnte sie noch leben? Noch lange? Der verrückte Maler Anton Romako war vor kurzem, viel zu jung, in Wien gestorben, den Zeitungen zufolge »unter mysteriösen Umständen«. Der Mann, der ihr ihr Spiegelbild gestohlen hatte, war bestraft worden. Aber sie? Wer würde sie bestrafen – und wann?

Marie Valerie sah sie mit aufgelöstem Haar und in Tränen schwimmenden Augen in ihr Zimmer kommen. Sie warf sich ihrer Tochter an den Hals und drückte sie, daß sie fast erstickte. »Der große Jehova ist mitleidlos!« rief sie wütend. »Ich möchte mich gerne aufmachen, diese Erde verlassen, aber ich kann nicht. Ich werde es nicht tun, und ich werde darüber wahnsinnig! Wahnsinnig, hörst du mich!«

Genau das fürchtete die verständige Marie Valerie, die den großen Jehova immer noch nicht kannte. Wenn man einen lieben Gott hatte, der seinen eigenen Sohn geopfert hatte, warum die schreckliche Gottheit in einer frevelhaften Religion suchen? »Opfern Sie Ihre Schmerzen Jesus, Mutter«, meinte sie fromm, aber ihre aufgewühlte Mutter verweigerte die Hilfe der wahren Religion. Wenn sie sich doch nur dazu entschließen könnte, etwas deutscher und weniger atheistisch zu sein.

❖

»Schau Franzl, sie ist in Wiesbaden gesehen worden«, bemerkte Willibald. »Es steht in der *Wiener Zeitung*. Aber sie war verschleiert. Ihr Gesicht nicht zu erkennen.«

»Dann laß sie doch in Frieden!« schimpfte Attila. »Eine Trauer tragende Frau ist immer verschleiert.«

»Nicht die Kaiserin«, warf Willy ein. »Sie schuldet ihre Schmerzen ihrem Volk.«

Als er den Artikel des Wiesbadner Korrespondenten las, erfuhr Franz, daß sie bald nach Wien zurückkehren würde; man erhoffte es lebhaft mit der Begründung, sie möge sich zeigen, um die Gerüchte über ihre Gesundheit zu widerlegen. Franz wappnete sich.

Als der Tilbury auf dem Heldenplatz erschien, wartete schweigend eine kleine Menge. Sie saß auf den Kissen, hatte den Kopf mit einem dichten schwarzen Musselin bedeckt und hielt ihren Fächer aus weißem Leder in der Hand, faltete ihn gewohnheitsmäßig auseinander, um ihr unsichtbares Gesicht zu verbergen. Als sie das mitleidvolle Gemurmel vernahm, in das sich einige feindselige Rufe mischten, drückte sie sich noch weiter nach hinten auf ihre Bank.

Verstört erkannte Franzl sie an der lebhaften Fächerbewegung. Als er zu Hause in Hietzing ankam, standen ihm die Tränen in den Augen.

»Die Leute haben kein Herz«, sagte er und küßte Anna auf die Stirn. »Ich habe unsere Kaiserin gesehen, sie ist nur eine Frau, die leidet, und da halten sie sie für verrückt.«

»Wer sagt dir, daß sie es nicht ist, Franzl?« erwiderte Anna ernst. »Wenn eines von unseren Kleinen sterben sollte, würde ich bestimmt den Verstand verlieren; siehst du, ich sehe darin gar nichts Schlimmes.«

❖

An dem Tag, als sie in Wien ausging, von der Hofburg in den Prater, leuchteten die Kastanienbäume weiß; und aus den Büschen lugten die ersten Weißdornblüten. Hinter dem dichten Schleier konnte sie das zarte Detail der aufspringenden Knospen nicht wirklich erkennen; allein das Weiß überflutete sie, unerträglich in seiner Schönheit. Die Farbe des verdammten Tiers, leuchtend von Hoffnung und Verzeihung.

Als sie in die Hofburg zurückkam, trat sie lebhaften Schritts bei ihrer Tochter ein und umarmte sie ruhig: »Wie hatte Rudolf auf den Frühling verzichten können?« sagte sie in verträumtem Ton.

Die Erzherzogin spürte, wie sich der Druck in ihrer Brust löste. Ihre Mutter hatte also den Frühling wiedergefunden! Sie lief auf sie zu und umfing sie zärtlich.

»Und du, wie kannst du dich verheiraten wollen?« fuhr ihre Mutter mit ihrer sanftesten Stimme fort. »Ich wurde mit fünfzehn verkauft, ich habe mich nie befreien können. Weißt du das, meine Tochter?«

Marie Valerie wich feindselig zurück. »Mutter, ich bin verliebt! Ich liebe meinen Verlobten. Lassen Sie mich in Ruhe!«

Der bittere Mund deutete ein Lächeln an, öffnete sich, um zu antworten. Dann stieß die Kaiserin ihre Tochter heftig zurück und warf sich, die Arme zum Kreuz ausgebreitet, in ihrer ganzen Länge auf den Boden. »Und ich liebe nur den großen Jehova! Hier im Staub will ich ihn anbeten!« schrie sie, während die Erzherzogin an ihre Seite stürzte.

»Mutter, Mutter«, schluchzte das junge Mädchen, »stehen Sie auf, ich bitte Sie, tun Sie das nicht, ich kann nicht mehr, Sie werden nichts ändern, nicht so leiden, Mutter...«

Aber sie blieb mit der Stirn am Boden wortlos liegen, lauschte dem Schluchzen der »Einzigen«, die den Preis ihrer Liebe zahlte. »Bitte«, murmelte die erschöpfte Erzherzogin.

Da erhob sich ihre Mutter und streichelte die tränennassen Wangen: »Es ist besser, wenn ich sterbe; zumindest könnte dein Vater die Dame Schratt heiraten. Ich bin ein Hindernis zwischen ihnen, verstehst du, Kedvesem. Ich bin zu alt zum Kämpfen; meine Flügel sind versengt.«

Und mit seidig knisternden Gewändern verließ sie das Zimmer. Das junge Mädchen rannte verzweifelt durch die riesigen Gänge bis zum Arbeitszimmer ihres Vaters. Sie trat ein, ohne anzuklopfen, setzte sich mit verkrampften Händen in eine Ecke und senkte den Kopf. Und ohne innezuhalten, warf er seiner jüngsten Tochter einen Blick zu, verwirrt und besorgt zugleich, und fuhr fort, Papiere zu unterzeichnen. Sie beobachtete, wie er die Feder in das Tintenfaß tauchte, wie die Hand die gleichmäßige Unterschrift zeichnete, sein Blick blieb auf die Papiere geheftet, er war die Beständigkeit und die Festigkeit, das Ewige und der Felsen, der Eckstein des Kaiserreichs und der Garant seiner Familie. Die Erzherzogin beruhigte sich allmählich.

Als er fertig war, fragte er sie, ob sie sich nicht zu sehr gelangweilt habe.

»*Zum ersten Jahrestag des Hinscheidens des Kronprinzen begeben sich Ihre Majestäten...*«, las Willibald laut vor.

»Schon ein Jahr!« warf Franz ein. »Ich kann es kaum glauben.«

»Wohin gehen Ihre Kaiserlichen Majestäten?« fragte der kleine Ungar mit einem gereizten Unterton. »Zur Messe in den Dom?«

»Keineswegs. Nach Mayerling, zu dem Ort, wo sich der Kronprinz eine Kugel in den Kopf gejagt hat. Offenbar bauen sie dort eine Kapelle. Und der Altar soll an der Stelle des Bettes stehen...«

»Oh!« Attila war schockiert. »Dort, wo sie sich geliebt haben! Wie kannst du das billigen, Willibald?«

»Aber man muß wiedergutmachen«, murmelte der dicke Mann. »Nicht wahr, das Gebet am Ort des Verbrechens...«

»Ich erinnere mich an den Tag, da ich es erfahren habe«,

murmelte Franz, »es war ein hinreißender Morgen, ich habe zur Tram gehen wollen und... Nun ja! Es ist schon eine alte Geschichte.«

»Und wenn wir unsere musikalischen Abende wiederaufnehmen würden?« meinte Attila. »Da nun ein Jahr vergangen ist. Meint ihr nicht, daß es Zeit ist, Frieden zu schließen?«

Willibald blickte ängstlich auf den großen Franz, der die Arme ausbreitete. Willy warf sich gerührt hinein. »Niemals mehr, hörst du, niemals mehr werde ich antisemitischen Unsinn von mir geben...«

»Ist ja gut, ist ja gut«, murmelte Franz liebevoll. »Du solltest lieber heiraten, mein Dicker; das ist alles, was du brauchst, um deine Launen loszuwerden. Ich hoffe, dein Cello ist nicht eingerostet?«

»Das bestimmt nicht!« rief Willy. »Inzwischen habe ich auch das Zitherspielen gelernt. Ich werde es euch zeigen.«

Sag mal, Alterchen, da du schon dabei bist, dir einiges vorzunehmen, sag kein dummes Zeug mehr gegen meine Königin«, zischte der kleine Ungar voller Ironie.

»Gemacht!« rief Willibald und rieb sich die Hände. »All das...«

»All das ist schön und gut«, riefen Franzl und Attila im Chor. »Und wollen wir im Landtmann einen Kaffee trinken?«

Sie war vorher nie in Mayerling gewesen. Allein die Vorstellung von dieser Zeremonie verstörte sie. Sie hatte die ganze Nacht kein Auge zugetan; aber nachdem der Tag angebrochen war, und obwohl sie zuvor hatte verlauten lassen, daß sie noch zu mitgenommen sei, um sich zu dem alten Jagdhaus zu begeben, fällte sie plötzlich eine Entscheidung. Die Kaiserin würde den Kaiser zur Gedenkmesse begleiten.

Die Felder und Wälder waren wie im vorhergehenden Jahr schneebedeckt. Eine friedliche, stille Landschaft, bis auf das helle Läuten der Klosterglocke, das sich in den Wolken verlor. Der Kaiser betrachtete die entlaubten Bäume, ohne ein Wort zu sagen; manchmal wandte er sich ihr routiniert liebevoll zu, doch sie drückte sich noch mehr in ihre Bank und verschränkte die Arme aus Angst, er könne ihre Hand nehmen. Er allein hatte entschieden, das verfluchte Jagdhaus in ein Kloster umzuwandeln, wo die Nonnen bis in alle Ewigkeit zum Gedenken Rudolfs Gebete sprechen würden. Er allein hatte die Stelle für den Altar ausgesucht, wo niemand mehr auf den Gedanken kommen würde, dort habe das Bett der Liebenden gestanden. Sie hoffte noch auf eine Erscheinung.

Aber da war nur ein Altar in einer Kirche, und das Meßgewand des Priesters, der Weihrauch und die Meßdiener beherrschten den Raum.

Vergeblich versuchte sie, sich die Umarmungen vorzustellen, den Hauch der letzten Küsse, den ersten Schuß in den Kopf der kleinen Entschlafenen, dann den zweiten. Zwischen ihrem Sohn und ihr stiegen die gemurmelten Laute heiliger Worte auf, dazu bestimmt, den Knall des Revolvers zu übertönen. Sie fühlte nichts, litt nicht; und als sie die Kapelle verlassen hatte, atmete sie mit vollen Lungen die beißende Luft ein. Das Leben kehrte zurück.

In Budapest starb der alte Freund und letzte Verehrer der Kaiserin, Gyula Andrássy, an Krebs. Auch das gehörte zum Leben.

»Nun ist Andrássy tot«, seufzte der Ungar und faltete die Zeitung zusammen. »Er war ein großer Mann.«

»Ich kenne jemanden, der darüber wohl sehr traurig ist«, sagte Willibald in einem eher leutseligen Ton.

Franz wollte der Schlacht zuvorkommen.

»Kannst du dich denn nicht zurückhalten, du?« Er ging wütend auf ihn los. »Du mit deinem Schandmaul!«

»Was habe ich denn Schlimmes gesagt? Nur daß sie traurig sei!« erwiderte Willy. »Immerhin wußte jeder von ihrer Freundschaft!«

»Weiter nichts?« Franz packte ihn drohend am Kragen.

»Wenn du mich weiter bedrängst«, stammelte der Dicke und rang um Atem, »werde ich noch sagen, daß sie vielleicht ein wenig nacheinander geschmachtet haben... Aber das ist nichts Neues! Ich seh darin nichts Schlimmes! Schließlich hat sich der Kaiser eine Geliebte genommen...«

»Ja, aber das reicht jetzt auch«, meinte der Ungar und packte ihn am Arm. »Sonst keine Musik mehr!«

»Gut, gut.« Der dicke Willy gab nach und machte sich los. »Ich habe begriffen. Das ist ja alles schön und gut, aber man wird mich nicht daran hindern, daß ich denke, was ich will. Man weiß, was man weiß!«

»Denk's im stillen und arbeite!« rief Franz wütend. »Auch ich habe Andrássy sehr geachtet, und doch bin ich kein Ungar...«

»*Deutschland über alles*«, murmelte Willy zwischen den Zähnen. »Die Pest soll euch Liberale holen.«

Die Trauerzeit war nun vorüber; Marie Valeries Hochzeit rückte näher. Das junge Mädchen hatte sich bis ins letzte genau an die offiziellen Vorschriften gehalten, aber da die Frist nun vergangen war, traf sie mit fröhlicher Fiebrigkeit ihre Vorbereitungen.

Wie kann sie nur? dachte ihre Mutter mit Wut im Herzen. Achtzehn Monate, endlose Nächte ohne Schlaf und voller schlimmer Träume, und ihre Tochter, diese Braut, war von den Vorbereitungen für eine widerwärtige Zeremonie besessen... Sicherlich, es war beschlossen worden, daß die Hochzeit in Bad Ischl gehalten werden würde, *en famille* und ohne Prunk. Aber Bad Ischl war schon zuviel. Wo wäre es besser? Nirgendwo. Überhaupt keine Hochzeit. Das aber war zuviel verlangt.

Also stürzte sie sich, da sie nun einmal gezwungen war, in die Raserei von Flitterkram und Tand, damit ihre Lieblingstochter wenigstens den Preis der mütterlichen Liebe zu spüren bekam, bevor sie sie verließ. Drei Wochen, zwanzig unglückselige kurze Tage, um so zu tun, als bliebe sie... Nichts war zu schön für die junge Erzherzogin.

Die Kaiserin wachte eifersüchtig über die Aussteuer, prüfte sorgfältig jedes Stück, legte ein Hemd beiseite, dessen Stickereien nicht nach ihrem Geschmack waren, fügte Kleidungsstücke hinzu, die Marie Valerie für unnütz hielt, und Schmuck im Überfluß. Und jedesmal, wenn sie die Hände in den Spitzen vergrub, dachte sie an Rudi, dessen einbalsamierte Leiche im hinteren Teil der habsburgischen Gruft lag. Angesichts der Bänder drehte sich der Mutter der Magen um, der diamantene Schmuck verbrannte ihr die Finger, aber von einem anhaltenden Fieber erfaßt, häufte sie immer noch mehr an.

Verzweifelt suchte sie nach etwas, womit sie ihr Kind überraschen konnte. Wie ein Bräutigam ließ sie ihr jeden Tag Blumen ins Zimmer bringen; Marie Valerie seufzte, von Mitleid und Gewissensbissen verzehrt. Was würde am Tag der Zeremonie geschehen? Würde diese verzehrende Liebe ihre Beute loslassen? Und wie würde ihre Mutter die Prüfung des Abschieds ertragen?

Eines Abends, als das junge Mädchen sich zum Schlafen zurückzog, hörte es unter seinen Fenstern den städtischen Gesangsverein. Sie öffnete eines und beugte sich hinaus; der Leiter der Gruppe nahm feierlich sein Käppi ab und hob den Stab; die Musiker senkten ihre Instrumente und begannen im Chor zu singen:

> *O fraget nicht nach morgen,*
> *Das Heut' ist ja so schön!*
> *Verstreut ins Thal die Sorgen,*
> *Lasst sie vom Wind verweh'n!*

Es war eines der Gedichte ihrer Mutter aus der Zeit, als sich ihr Verstand noch nicht getrübt hatte. Aus der Zeit, als sie das Leben noch ein wenig lieben konnte. Marie Valerie verbarg ihr Gesicht in den Händen. Sie hörte einen Schritt hinter sich und drehte sich um. Es war die Kaiserin, die sie mit Tränen in den Augen in die Arme schloß.

»Ich will mich bei dir bedanken, mein Kind, für alles, was du getan hast«, murmelte sie in ihr Haar.

Sie brachte es sogar fertig, sie anzulächeln. Marie Valerie weinte vor Erleichterung. Es war der vorletzte Abend, und die Kaiserin verhielt sich endlich, wie eine Mutter sich verhalten sollte: würdig.

❖

Im April 1890 hatte Franz beschlossen, einige Ferientage zu nehmen, und zwar in Bad Ischl, in Erinnerung an die glücklichen Augenblicke, die er dort mit seiner Mutter verbracht hatte. Anna hatte sich etwas gesträubt; die kleine Kurstadt galt als brillant und mondän und war wegen der Anwesenheit der kaiserlichen Familie im Sommer überfüllt. Und mit der Hochzeit in diesem Jahr würde es noch schlimmer werden. Anna hätte Venedig vorgezogen oder die italienischen Seen, von denen sie beide träumten. Aber Franz schien nicht bereit nachzugeben.

Da hatte Anna die Idee zu einem Handel: Sie würde den Aufenthalt in Bad Ischl hinnehmen, wenn Franz ihr die Erlaubnis gäbe, am 1. Mai mit den Arbeitern im Prater zu demonstrieren. Dies hatte die neue Sozialdemokratische Partei organisiert, für die sie sich sehr interessierte. Zunächst war Franz etwas schockiert, aber schließlich ließ er sich überzeugen; er plante sogar, sie zu begleiten – »aus Gründen der Sicherheit, mein Liebling« –, aber die kaiserliche Regierung untersagte ihren Beamten, an der politischen Demonstration teilzunehmen.

Nach der mondänen Tradition war der 1. Mai in Wien Korso-Tag; gerade im Prater fuhren die mit Frühlingsblumen geschmückten Kutschen vorbei, und der am schönsten geschmückte Wagen wurde mit einem Preis ausgezeichnet. Der 1. Mai 1890 wäre also zweigeteilt: auf der einen Seite der Korso für die Reichen, auf der anderen die Demonstration für die Arbeiter; rüde Konkurrenz. Franz ließ Anna mit Bedauern allein ziehen.

Ohne Franz etwas zu sagen, hatte sie die Entwicklung der Wiener Sozialisten leidenschaftlich verfolgt. Lange Zeit waren sie zwischen Marxisten, Lassalle-Anhängern und Anarchisten gespalten gewesen, doch schließlich hatten sie sich unter der Führung desselben Victor Adler vereint, der einst bei den Trupps von Schönerers fehlgeleitet worden war. Der erneute Zusammenschluß der verschiedenen sozialistischen Tendenzen war mit dem Drama von Mayerling zeitlich zusammengefallen; seit zwei Jahren nun war er akzeptiert. Die Sozialdemokraten waren in der Lage, ein Gegengewicht zu der riesigen Masse der Christlich-Sozialen von Karl Lueger zu bilden, die in den Augen Annas die schlimmste Bedrohung darstellten. Die Konfrontation von Arbeiterdemonstration und Korso war nicht ohne Risiko; Provokationen von seiten der äußersten Rechten waren nicht auszuschließen.

Aber alles verlief gut. Es gab keinerlei Störung. Anna mischte sich unter die fröhliche ruhige Menge der Arbeiter im Sonntagsstaat und sammelte Flugblätter und Informationsheftchen; dann warf sie einen Blick auf den Korso auf der anderen Seite des Praters.

Und da Franzl ihr dieses Zugeständnis gemacht hatte, war es nur gerecht, daß sie in Bad Ischl weilte. Vielleicht würden sie mit ein wenig Glück etwas von der rührenden Hochzeit mitbekommen, die einfach sein sollte und sehr bewegend werden konnte.

Aber am Tag der Zeremonie war die Kaiserin totenblaß und stumm wie nie zuvor, ihre geweiteten Augen drückten einen unbeschreiblichen Schmerz aus. Die junge Braut hatte keine Möglichkeit, sich um ihre Mutter zu kümmern; Elisabeth war verstummt, ihr Fächer ruhte geschlossen wie ein abgestorbener Flügel auf ihren Knien. Mutter und Tochter trafen sich erst am Abend wieder, als die junge Frau sich umziehen wollte, um mit Franz Salvator wegzufahren. Ihre Mutter entkleidete sie mit beherrschter Gewalt, doch dabei schluchzte sie, und ihre Tränen waren dieses Mal so heiß, daß die Angst Marie Valerie das Herz durchbohrte. Als der Augenblick des Abschieds kam, vertraute die junge Frau ihre Mutter dem Onkel Carl Theodor an, der auf sie aufzupassen versprach.

❖

In dem dichten Gedränge an den Ufern der Ischl befanden sich auch Franz, seine Frau und die Kinder.

Anna war nicht enttäuscht. Sie klatschte der lächelnden Braut aufrichtig Beifall und fand, daß der Kaiser gut aussah; es hieß, er habe sich von Mayerling erholt. Aber sie erschrak über die Kaiserin, die sich dieses Mal ohne Schleier zeigte. »Ist sie immer so?« flüsterte sie ihrem hochgewachsenen Mann ins Ohr. »Wie bleich sie ist! Sie kann wohl kaum sprechen. Sag, Franz.«

Franz runzelte die Stirn, ohne zu antworten, und strich sich mechanisch über den kahlen Kopf. Es mißfiel ihm, seine Frau über die Kaiserin reden zu hören. Nein, sie war nicht immer so gewesen; früher war sie unter der Maske und den schwarzen Spitzen errötet; ja, jetzt war die Kaiserin leichenfahl, er dachte, er müsse ihr noch einmal schreiben, er war nachlässig gewesen... Es hätte nicht wenig gefehlt, und er hätte sie beim Verlassen der Kirche angehalten, indem er ihr die Hand auf den Arm gelegt hätte; er hätte »Gabriele« gemurmelt, und es wäre wieder Glanz in ihre Augen gekommen, das Leben wäre zurückgekehrt... Die Polizei hätte ihn sofort festgenommen.

Wer weiß? Vielleicht hätte sie ihn auch verständnislos mit leerem Blick angestarrt.

Die Kaiserin sah weder Franz noch seine Frau noch die Kinder. Sie sah nichts und niemanden; vor ihren Augen verschwamm alles in einem Nebel, in dem das Gesicht ihrer undankbaren Tochter verschwand. Sie wiederholte sich jeden Tag das Gedicht, das sie vor dem Mayerling-Drama geschrieben hatte, nachdem Marie Valerie ihre Liebe zu ihrem Vetter Franz Salvator gestanden hatte.

Verliebt, verliebt! und folglich dumm; verliebt, kleines Dummerchen, die Liebe gibt es nicht, sie macht uns speien, sie vergeht, nichts als dummes Zeug, und dieses lang währende Speien, das sie kaum zurückhalten konnte...

Sie hatte beschlossen, mit einem schlecht gewarteten Schiff auf Kreuzfahrt zu gehen; Marie Valerie hatte sie im Verdacht, davon nicht zurückkehren zu wollen. Aber Elisabeth preßte die Lippen zusammen, hielt ihre Tränen zurück und umarmte ihre Lieblingstochter fast kalt, um sie nicht auf der Stelle zu erdrücken. Der Sommerabend senkte sich herab, das Licht war zu sanft, der Fluß zu Füßen der kaiserlichen Villa zu vollkommen, und der mit Vergißmeinnicht und zu rosigen Azaleen geschmückte Wagen der Vermählten hielt vor der Freitreppe an. Ihre Tochter stieg hinein, eine Augenweide; das Herz der Mutter dagegen war erloschen. Als der Kutscher mit der Peitsche knallte, winkte die Familie liebevoll; die Kaiserin jedoch verschränkte die Arme. Als die Schaulustigen sich längst zurückgezogen hatten, betrachtete sie noch immer die Spuren, die die Räder in dem feinen Sand hinterlassen hatten und die sich nach und nach verwischen würden.

Dritter Teil

Eine ruhige Vollmondnacht

18

DIE MÖWE IST NICHT FÜR EIN SCHWALBENNEST GESCHAFFEN

Ich schrie deinen Namen hinaus in die Flut,
Doch die Fluten brachten ihn wieder,
Ich schrieb deinen Namen hinein in den Sand,
Da drückten die Muscheln ihn nieder.

Elisabeth von Österreich

Am nächsten Morgen brach die Kaiserin nach Dover auf, wo sie von der *Chazalie* erwartet wurde, die alsbald die Anker lichtete. Mit dem Schirm in der Hand betrachtete sie die beruhigende Linie eines nebligen Horizonts, als der ersehnte Sturm aufzog. Der Kapitän bat sie inständig, unter Deck zu gehen, sie jedoch weigerte sich. Ihre erschreckte Hofdame erblickte gewaltige Brecher, die auf die Brücke donnerten; die Kaiserin würde mitgerissen werden...

Gräfin Marie Festetics begann zu kreischen; der Kapitän forderte sie gereizt auf zu verschwinden. Das letzte Bild, das die Gräfin von der Kaiserin sah, bevor sie sich in der Kabine vergrub, war das einer Frau, deren nasses Kleid im Seewind flatterte und die wie eine Rasende lachte.

Gräfin Marie hatte unmäßige Angst und hörte ihr letztes Stündlein schlagen. Das ihrer Herrin und das ihre. Sie war nicht länger die Hofdame: sie war wie ein Blatt im Wind.

Der Kapitän behielt die Nerven. Nachdem sich die erste Überraschung gelegt hatte, gehorchte er den Befehlen, die die Kaiserin ihm entgegenschrie. Sie mußte schreien, um den Wind zu übertönen. Aber sie konnte sich nicht dagegen wehren, daß der Kapitän sie mit dicken Seilen an den Mast band. Als sie ihn bat, sich zu entfernen, gehorchte er und stellte sich hinter sie ans Heck. Es ging nur darum, daß sie ihn nicht sah. Und daß sie endlich frei war, sich dem Sturm auszuliefern.

Wenn der große Jehova sich darauf einließe, ihren Wünschen zu entsprechen, würden die Wogen die Bande wegreißen, die sie am Leben hielten. Sie empfing die Sturzbäche wie eine verdiente Strafe, öffnete den Mund, um das Salzwasser zu schmecken. Die donnernden Brecher lockerten schließlich ihre verspannten Muskeln, und sie ließ sich gehen. *Wie Odysseus,* dachte sie, *wo sind die Sirenen?*

Die Sirenen erschienen nicht; der Gesang mitten im Sturm kam von den brüllenden Matrosen, die vollauf damit beschäftigt waren, das alte, heruntergekommene Schiff in der Gewalt zu behalten. Da die Angriffe auf sie einstürmten, entspannte sich Elisabeth so sehr, daß sie plötzlich ein absurder Gedanke überkam: *Das ist weitaus besser als meine Massagen.*

Das Lächerliche an der Situation wurde ihr überdeutlich bewußt. Eine armselige Frau im Seidenkleid, das an ihrem Körper klebte, ein alterndes Weib in Schwarz, das an einen Schiffsmast gebunden war, um sich vom Sturm massieren zu lassen – ja, das war sie, nichts anderes. Der große Jehova scherte sich nicht um große Gefühle; ein Wahnsinnslachen schüttelte sie. Seit dem Tod Rudolfs war es verschwunden, ein unbezwingbares entfesseltes Lachen, das ihrem Willen nicht unterlag.

Später, als der Kutter in den Hafen eingelaufen war, band der Kapitän sie los; sie wischte sich die Tränen, in die sich das Salz des Gelächters und das des Seewassers mischten, von den Wangen. Gräfin Marie kam mit einem Bademantel zum Abtrocknen zu ihr hinauf auf die Brücke. In diesem Moment sah sie in dem Blick der Hofdame ein unausweichliches Mißverständnis. Wie könnte sie ihr Wahnsinnslachen erklären? In den Augen aller war sie zur Trauer verurteilt.

Jedoch genau in dem Augenblick, als der große Jehova sich in einen göttlichen Masseur verwandelt hatte, war ihre Freude am Leben zurückgekehrt. Aber sie wußte, daß sie darüber nichts sagen durfte.

Die Monate vergingen langsam; und wenn die Morgenröte beim Erwachen wie immer die vorübergehende Euphorie mit sich brachte, Zeichen des drohenden Schmerzes, hatte sie keine

Furcht mehr vor den Leiden des Tages. Besser noch, sie hatte wieder mit ihren Griechischstunden begonnen.

Das Medaillon mit der eingerollten Haarlocke klopfte beharrlich an ihr Herz; doch Rudolf machte ihr zur Zeit keinen Kummer mehr. Hin und wieder streichelte sie das glänzende Metall, öffnete das Gehäuse und drückte einen Kuß auf das, was von ihrem Sohn übriggeblieben war. Um der größeren Sicherheit willen hatte sie an ein Armband einige Glücksbringer gehängt, die dem Auftauchen von Geistern entgegenwirken sollten. Dem Anhänger mit dem Bildnis der Jungfrau Maria, der noch aus ihrer fernen Kindheit stammte, hatte sie eine in Kairo gekaufte Hand von Fatma hinzugefügt; byzantinische Münzen, in Konstantinopel entdeckt; ein Emblem, das die Sonne darstellte, und einen winzigen Totenkopf, den sie auf Rudis Schreibtisch neben einem echten Totenschädel gefunden hatte, den er als überzeugter Freimaurer jeden Tag betrachtete. Diese Fetische gaben ihr Ruhe; dank ihrer war sie unverwundbar geworden.

Der Vollständigkeit halber hatte sie ein zweites Medaillon aufgestöbert, das, auf einer winzigen Rolle fein gedruckt, den 91. Psalm enthielt. Der große Jehova war auch Herr der Vögel, der unter seinen göttlichen Fittichen die Möwen vor dem verfluchten Netz des Vogelstellers schützte, *daß du nicht erschrekken müssest vor dem Grauen der Nacht, vor den Pfeilen, die des Tages fliegen, vor der Pestilenz, die im Finstern schleicht, vor der Seuche, die im Mittage verderbt.*

Die *Chazalie,* die über den Atlantik schaukelte, erreichte die Küsten Portugals, bewegte sich weiter bis Gibraltar und dann nach Tanger; der große Jehova verzichtete auf die Stürme, schickte dafür in Lissabon die Cholera. Wieder zitterte Elisabeth vor Angst und Entzücken zugleich. Die Vorstellung, der Gefahr gegenüberzutreten, war unwiderstehlich; aber es wurde der Kaiserin nicht erlaubt, an Land zu gehen. Bei den folgenden Rastplätzen rächte sie sich.

Sie mußte mit diesem unbezähmbaren Körper zu einem Ende kommen und ihm die Ermattung der Auserwählten auferlegen. Da die Pferde ihre Wirkung auf Elisabeth verloren hatten, geradezu aus ihrem Leben verschwunden waren, beschloß sie, tüchtig zu marschieren.

So hatte sie es bei Krisen immer gehalten; um sich zu rechtfertigen, beschwor sie die Erinnerung an lange Spaziergänge mit ihrem Vater Herzog Max während ihrer Kindheit in Bayern. Nichts war verachtenswerter als das Spazierengehen der Hofdamen: drei Schrittchen am Saum einer Wiese, wo man sich weich fallen ließ, bevor die Muskeln überhaupt ihre Arbeit hatten aufnehmen können – nein! Nein, Gehen war etwas anderes; schnell den Körper nach vorn schieben, die Beine beugen, ausschreiten, schnell, das Drehen der Hüfte oberhalb der Schenkel spüren, die Knie strecken und beugen, den Fuß kaum absetzen, so schnell, daß der Abstand zwischen den Schritten nichtig wird, die Sehnen hart werden, Schmerz entstehen lassen, die Zähne zusammenbeißen, weitermachen, das erdrückende Korsett um die Nieren hinnehmen, das klopfende Herz zwingen, nicht nachzugeben, schnell, bis der glückliche Moment auftaucht, da die Ekstase den Geist durchströmt, zuallererst den Geist; da war der Kopf leicht und der Körper fühllos, und Elisabeth glaubte auf den Wassern einer endlich besiegten Welt zu gleiten; sie überließ sich der Trunkenheit eines Vogelflugs.

Sie war so gut trainiert, daß sie jeden Tag mehr Zeit brauchte, um die gewünschte Befreiung zu erlangen; zuweilen wollte die Müdigkeit sich nicht einstellen. Hinter ihr her trottete mühsam die arme Marie Festetics, deren friedliches Hirn jegliches Ungestüm ablehnte. Nach zwei Stunden keuchte die Gräfin; in der dritten zog sie die Füße nach, und in der vierten starb sie tausend Tode. Eines Tages war sie nach der achten Stunde Marschierens zusammengebrochen. Am nächsten Tag marschierte die Kaiserin zehn Stunden lang.

Der Arzt untersuchte die Hofdame und verschrieb Kompressen für die mitgenommenen Gliedmaßen. Am übernächsten Tag – das war in Tanger – geruhte Ihre Majestät nach sieben Stunden ununterbrochenen Marschierens Marie zu fragen, ob sie noch ein wenig könne. Die Gräfin erfüllte ihre Pflicht; es gab eine achte Stunde.

In ihren Wolken schwebend, bemerkte die Kaiserin die Leiden der gewöhnlichen Sterblichen kaum. Wenn sie endlich ihren weißen Sonnenschirm zusammenfaltete, sah sie die Blässe ihrer Gefolgsdame; sie gab Gewissensbisse vor, war aber im geheimen verärgert. Der zu Rate gezogene Arzt bestätigte, daß die Hofdame nicht mehr lange durchhalten würde; das machte Elisabeth nicht weniger gereizt.

Die Gräfin, die täglich Tagebuch führte, begann, diese Frau abzulehnen, die, statt sich der Würde einer niederdrückenden Trauer zu überlassen, sich wie eine beflügelte Gottheit emporschwang. Häufig fand Gräfin Marie, wenn sie der besorgten Ida Ferenczi schrieb, die zu erschöpft war, um ihr Idol auf seiner Rundreise zu begleiten, harte Worte über den Egoismus ihrer kaiserlichen Herrin; Ida aber begriff, daß ihre Schöne, wenn sie gewissermaßen im Galopp floh, keine Stute mehr brauchte, um zu sich selbst zu finden.

Die *Chazalie* fuhr ins Mittelmeer, wo der große Jehova sie in der Dünung erwartete. Gräfin Marie stöhnte noch heftiger, und Elisabeth, die mit allen Fasern ihres Körpers das Leben zurückströmen spürte, teilte sich ihre Zeit zwischen dem Marschieren und dem Meer. Auf der Brücke der *Chazalie* spielten die jungen Matrosen der Mannschaft Mundharmonika; einer von ihnen hatte einen spitzbübischen Blick und kannte die Melodien der *Traviata* und sogar Elisabeths Lieblingsarie: *Ah! gran Dio! Morir si giovine,* die sie immer entzückte. Oft betrachtete sie, hinter ihrem Schirm verborgen, voller Neid die jungen Männer in der Freizeit. Mit einem roten Taschentuch um den Hals und nackten Armen lagen sie auf den Tauen. Die Beine locker, die Hände hinter dem Nacken verschränkt, so lauschten sie dem Matrosen, wenn er die *Traviata* spielte. Und auf dem Arm des jungen Mannes bewegte sich, unterhalb der Schulter tätowiert, ein Anker im leichten Rhythmus seiner Muskeln.

Warum hatte der große Jehova sie im Körper einer Frau auf die Welt kommen lassen? Warum hatte sie nicht das Recht, ihre muskulösen Arme zu entblößen? Dieser junge Matrose mit der Mundharmonika war sie, er war ihr Sehnen, ihre Seele, die ein böser Geist in eine Rolle eingekerkert hatte, die nicht für sie geschrieben war. Im nächsten Hafen würde sie sich einen Anker auf die Schulter tätowieren lassen; schon stellte sie sich die entrüsteten Aufschreie der Gräfin Marie vor, die tugendhaft in der rauchigen Höhle eines etwas zwielichtigen Tätowierers sitzen würde, die es in allen Häfen der Welt gab. Elisabeth würde sich der Tugend nicht beugen. Auf der kaiserlichen Schulter wäre der Anker ihr intimes Schandmal, das Zeichen ihrer Auflehnung, eine geheime Freiheit. *Ich werde nur mit mir selbst verankert sein, mit mir allein,* dachte sie voll Jubel, während der kleine Matrose die Mundharmonika fallen ließ und in der Sonne einschlief.

Ihre Gedanken belebten sich, aber ihre Zunge blieb gelähmt. Wenn sie den Mund öffnete, fielen harte Worte des Unglücks und der Enttäuschung; andere hatte sie nicht mehr. Tausendmal hatte sie versucht, zu ihren Gedichten zurückzukehren, aber ein entsetzliches Gewicht lähmte ihren Arm und hinderte sie am Schreiben. Und doch erkannte sie alles, sah alles: das Glück der Abende, die Lichter, die bei Einbruch der Nacht aufleuchteten, den Duft der Zypressen und die eingehüllten Frauengestalten in den Straßen von Tanger; sie hatte sogar die wilden Gerüche der Ebenen und der Ziegen wiedergefunden; aber wie bei der von einem bösen Schicksal verzauberten Prinzessin, die gern Perlen aus ihren Worten geformt hätte, entfuhren ihren immer zusammengepreßten Lippen, ohne daß sie es merkte, Kröten.

Also ließ sie alles mit sich geschehen; und da man sie in diese Rolle preßte, nahm sie die ewige Trauer um Rudolf hin. War sie echt oder falsch? Wer hätte das beurteilen können? Ihre Freuden hatte sie niemals teilen können; von nun an mußte sie sie noch sicherer verbergen. Die kleinen täglichen Freuden waren dahin. So wie der tätowierte Anker auf ihrer Schulter ein Geheimnis war, das nicht enthüllt werden durfte. Vor allem nicht der Lieblingstochter, die sich alsbald darauf einstellen und ihrem kaiserlichen Vater mitteilen würde: »Es geht der Mutter gut.« »Nun ja, um so besser«, würde er erleichtert antworten... Erledigt. Lieber das Geheimnis und Freuden, die hinter der äußeren Fassade lagen. Den Schmerz um den Tod ihres Sohnes verbarg Elisabeth hinter dem Fächer vor der Welt; sie hatte nur einen Sonnenschirm und einen langen ewigen Schleier hinzugefügt, den sie gelegentlich zu heben bereit sein würde, aus Gleichgültigkeit, wie sie meinte.

Ihr war, als überschreite sie ein schreckliches Tabu, wenn sie wieder anfinge zu schreiben, und als müsse ihr Sohn dafür büßen. Wieso? Nicht zu erklären. Schreiben hätte sie für immer voneinander getrennt. Aber waren sie nicht schon getrennt? Nein, nicht im Innersten ihres Herzens. Am meisten fürchtete sie, den Hauch des heimlichen Glücks zu verlieren, das ihr toter Sohn ihr gnädig vermittelt hatte und das sie jeden Tag genoß. Schreiben war nicht mehr möglich; er hätte es übelgenommen.

Um sich zu vergewissern, hatte sie ihr bevorzugtes Orakel zu Rate gezogen: das Weiß eines auf einem Teller zerbrochenen Eis. Aus den Gebilden des durchsichtigen Glibbers erriet sie die Antwort; eine alte Zigeunerin hatte ihr einst in Gödöllö die Technik beigebracht. Das war wirkungsvoller als Kaffeesatz, sagte die Alte, der sei zu unzuverlässig. An einem Morgen hatte das Eiweiß eine unförmige Hand mit abgeschnittenen Fingern gezeigt. Das war ein erster Hinweis. Am nächsten Tag hatte das Ei eine andere Figur geliefert – die eines Stiletts. Dieses Mal war es klar: Das Stilett war die Feder. Die Finger durften nicht mehr schreiben.

Sie nahm also all ihre Gedichte, fast tausend Seiten, darunter die *Winterlieder* und die *Nordseelieder* und auch die gesamte Esel-Sammlung. Sie kaufte fünf oder sechs Kassetten mit soliden, einbruchsicheren Schlössern. Bevor sie ihre Verse verschloß, blieb ihr noch eine letzte Anstrengung des Schreibens. In Prosa.

Dafür mußte sie den geeigneten Ort finden. Kein Haus war angemessen. Die Schiffe schaukelten. Also ein Zug. Sie hatte sich einen besonders eingerichteten Waggon bauen lassen, mit einem Schlafzimmer, einem Salon, Toiletten, kurz, allen Einrichtungen, um sauber zu bleiben und sich waschen zu können. Im Zug konnte sie schreiben.

Warum? Der Zug fuhr durch Europa zu einem unbekannten Ziel, in einen ewigen Winter, in ein Nirgendwo ohne Menschheit. Er ächzte, er rumpelte, er brummte wie eine lebendige Muschel, die ihr inneres Fleisch transportierte und beim Halt auf den Bahnsteig spuckte. Er wetterte, er schnurrte. Ja, der Zug war gut. Als das einmal beschlossen war, flog die Feder wie von selbst dahin. Dieser letzte Brief wandte sich nicht an die Lebenden, auch nicht an die Toten. Nein, Elisabeth schrieb an das Kind, das später geboren werden würde, und sie nannte es einfach: *Liebe Zukunfts-Seele.*

Der Empfänger in der Zukunft, der Vermächtnisnehmer der Originalgedichte wurde angewiesen: *Vom Jahre 1890 in 60 Jahren sollen sie veröffentlicht werden zum Besten politisch Verurteilter u. deren hilfebedürftiger Angehöriger. Denn in 60 Jahren so wenig wie heute werden Glück u. Frieden, das heisst Freiheit, auf unserem kleinen Sterne heimisch sein.*

Aus Aberglauben fügte sie zwei Zeilen über einen anderen, noch unsichtbaren Stern hinzu, den man bestimmt eines Tages entdecken würde, wenn die Menschen die Möglichkeit gefunden hätten, dorthin zu gelangen. Sie hatte gut gerechnet; sechzig Jahre später wäre 1950. In jener Epoche wäre das Kaiserreich vielleicht Vergangenheit; sie erinnerte sich an die Voraussagen Rudolfs, die er in seinen Abschiedsbriefen selbst formuliert hatte. Die Züge würden immer quer durch Europa zu unbekannten Zielen rollen; sie würden von neuem ihre lebendige Fracht auf die Bahnsteige in einen ewigen Winter entladen. Von der Nationalität des Kindes, das ohne Zweifel in den dreißiger Jahren geboren werden sollte, hatte Elisabeth keine Vorstellung.

Mit etwas Glück würde es ungarisch und jüdisch sein; es könnte Gyula, Thomas oder vielleicht István heißen. Es würde in Budapest geboren werden, dazu auserwählt, die Kassette zu öffnen, denn es würde der größte Dichter des zwanzigsten Jahrhunderts werden, ein neuer Heine.

Wieder aus Aberglauben unterzeichnete sie nicht mit ihrem Namen Elisabeth. »Gabriele« hatte schon ihre Dienste getan; aber da sie viel über die Esel geschrieben hatte, kam ihr der Gedanke, zur Feenkönigin zurückzukehren, als Erinnerung an ihre verblaßte Schönheit und den Traum von einer Nacht, dem sie gefolgt war. Sie unterzeichnete also mit Titania, und unten aufs Blatt schrieb sie noch eine Zeile: *Geschrieben im Hochsommer 1890 u. zwar im eilig dahinsausenden Extrazug.*

Danach ordnete sie die Gedichte genauestens in verschiedenen Päckchen, die sie selbst einwickelte, fest verschnürte und in mehrere Kassetten einschloß. Dann vertraute sie ganz im geheimen Ida die erste Kassette mit einem handgeschriebenen Brief an: Nach ihrem Tode – vorausgesetzt, Elisabeth sterbe vor ihrer lieben Freundin – würde Ida im Waschraum einen Stempel mit einer eingravierten Möwe finden. Diesen sollte sie auf die Kassette drücken, bevor sie sie an Carl Theodor, den Bruder der Kaiserin, schickte, und dieser wiederum würde sie an den Präsidenten der Schweizerischen Eidgenossenschaft senden.

Ganz im geheimen schrieb sie einen Brief an den Prinzen von Liechtenstein, einen guten Jagdgefährten und glänzenden Reiter; er erhielt den gleichen Auftrag. Sie deponierte die zweite Kassette und den Brief in einer Schublade, die im hinteren Teil eines harmlosen Sekretärs in ihren Gemächern in der Hofburg verborgen war. Um der äußersten Sicherheit willen gingen die übrigen Kassetten, immer geheim, an Freunde, deren Namen sie nicht preisgab.

Keiner der Gedichteverwahrer wußte von der Existenz der anderen. Aber der letzte Empfänger wäre immer derselbe: der Präsident der Schweizerischen Eidgenossenschaft. Er allein durfte die Kassetten zu gegebener Zeit öffnen.

In der Schweiz wußte man Geheimnisse zu wahren und je nach Willen der Besucher öffentlich zu machen. In der Schweiz erwartete sie also ihr zukünftiges Schicksal.

Als es nach neun Monaten des Umherirrens an der Zeit war, nach Wien zurückzukehren, war die Kaiserin sogar einverstanden, sich der Öffentlichkeit zu zeigen. Vertrauensvoll glaubte sie an ihren eigenen Gleichmut. Was bedeuteten ihr schon, dachte sie, diese widerwärtigen Blicke? Mit Hilfe des Marschierens hatte sie die Welt der Menschen verlassen und sich ins Reich der Götter begeben. Während sie sich für die Veranstaltung ankleidete, war sie merkwürdig gelassen; man reichte ihr das schwarze Seidenkleid mit dem Jabot aus dazu passender Spitze, man flocht das Haar zu einer dreifachen Krone, man zeigte ihr das Kästchen, in dem auf blauem Velours die Schmuckstücke ruhten. Sie legte sie an, ohne sie zu sehen. Plötzlich hob sie die Hand und lächelte.

»Keines ist passend«, meinte sie, »bringen Sie sie alle weg.«

Sie nahm nicht einmal eine Kamee an, auf die sie nach zwei Trauerjahren ein Recht hatte; sie hätte sich sogar malvenfarben und weiß kleiden können. Dann betrat sie den Saal mit diesem unnachahmlichen Gang, den sie nicht ändern konnte.

Bei dem geflüsterten Erschauern, das sich im Saal verbreitete, begriff sie, daß sich nichts geändert hatte. Man war nicht mehr feindselig, man bedauerte sie, und das war noch schlimmer; sie preßte die Zähne zusammen und blieb aufrecht stehen, ohne sich zu rühren. Die Hofdamen begannen zu weinen, und um sie nicht zu sehen, betrachtete sie den Stuck oberhalb der Türverkleidungen, schaute über die zahllosen Köpfe hinweg. Die Menge verschwand in einem dünnen Nebel, durch den Gemurmel waberte; aufrecht auf ihrer Tribüne, entzog sie sich. Sie wußte von nun an: Um weiterzuleben, genügte es, die Blicke nicht mehr zur Kenntnis zu nehmen.

Seit dem Tag ihrer Verlobung in Bad Ischl war es immer so gewesen: Tausende von Blicken, Tausende von Bedrohungen. Zur Schau gestellt, wurde sie sterblich, Fleisch, menschlicher Fäulnis ausgesetzt, wie Rudolf im Hintergrund der Gruft, Haut, für Bewunderung durchlässig, Körper, dem Haß, dem Neid geweiht. Allein könnte sie leben. Aber war sie jemals allein gewesen?

Wenn sie in die Welt der Menschen hinabsteigen, dachte sie, *verkleiden sich die Götter. Ich habe es ein einziges Mal getan, auf jenem Ball in der Redoute. In den Augen dieses jungen Mannes war ich nur ich. Ich war niemand mehr, eine Frau, seine Isolde! Aber hier... Ihr Eigentum. Ihre Kaiserin. Ihre Sache! Nie wieder! Ich werde verschwinden.*

Sie blieb acht Tage, brach nach Schloß Lichtenegg zur »Einzigen« auf und wollte sich nicht länger aufhalten. Mit Aufmerksamkeiten überschüttet und umgeben von Glück, hatte sie

Angst: mal davor zu stören, mal davor, einfach glücklich zu sein und sich auf Dauer einzurichten.

»Wie meine Schwiegermutter, die Erzherzogin!« rief sie. »Nein, nein, ich fahre. Für ein Schwalbennest ist die Möwe nicht geschaffen. Habt keine Sorge.«

Von neuem fühlte sie sich den Vögeln mit den spitzen Schnäbeln ähnlich, deren scharfe Schreie um ihr Boot herum schrillten. Wunderbar geeignet, um über dem Wasser zu schweben, sich dann auf der Schaumkrone niederzulassen und nach den Essensresten zu schnappen, die im Kielwasser schwammen. So würde auch sie von Ozean zu Ozean fliegen und köstliche Brosamen des Lebens einsammeln. Bei dem Gedanken, von neuem aufzubrechen und wieder zu marschieren, hatte Gräfin Marie schlapp gemacht; man ernannte eine neue Hofdame, die der Arzt ordnungsgemäß untersucht hatte, ein robustes Mädchen von fünfundzwanzig Jahren, die die Kaiserin nicht so leicht unterkriegen konnte. Die alte *Chazalie* wurde gegen die robustere *Miramar* ausgetauscht, kurz, man begann sich für eine gewisse Dauer auszurüsten.

Und da ihr Griechischlehrer alles andere als zuvorkommend war, stellte man ihr einen anderen vor, einen gewissen Christomanos. Als sie den Salon betrat, wo er auf sie wartete, glaubte sie, er sitze noch, aber nein, er war einfach sehr klein. Als er sich vornüberbeugte, um ihr die Hand zu küssen, sah sie, daß er einen Buckel hatte. Diese Deformation erfüllte sie sofort mit Freude; unter Krüppeln verstand man sich.

Sie nahm ihn mit auf einen Spaziergang durch den Park um ihre Villa; sie bemühte sich, ging langsam und entfaltete für ihn einen Charme, den sie verloren glaubte. Der kleine Bucklige betrachtete sie mit einer solch verträumten Bewunderung, daß sie gerührt war. Er war nicht ganz ein Mann und sie nicht mehr ganz eine Frau. Der Spaziergang dauerte drei Stunden und endete mit einer Anstellung. Der geblendete junge Constantin Christomanos wurde in die Hofburg eingeführt und hinten im Fräuleingang im leopoldinischen Flügel untergebracht.

Wie andere verliebte er sich wahnsinnig; sie war anfangs davon sehr bewegt. Wenn er neben ihr herhinkte, ermutigte sie ihn im geheimen: »Komm schon, Kleiner, zwing dich, auf!«, ein bißchen, wie sie es mit ihren Pferden oder Hunden machte; der Grieche erinnerte sie an den armen Rustimo, der die Lakeien so erschreckte, weil er schwarz wie der Teufel war. Schwarz, bucklig, krummbeinig, wunderbar! Sofern man nicht die Eroberungshaltung der Männer, ihre unerträgliche Sicherheit und diese schreckliche Art hatte, die Kaiserin mit den Augen von Siegern zu betrachten. Im übrigen war der griechische Zwerg alles andere als dumm, er drückte sich gewandt aus, und an einem guten Tag war er sogar ein Dichter; sie hatte ihn im Verdacht, Tagebuch zu führen. Sie täuschte sich nicht.

Manchmal hatte sie Mühe, den Eifer des Buckligen zu zügeln; er hörte gar nicht mehr auf. Aber das tat er, um länger mit ihr zusammenzusein; und da das Leben ihn schon genügend gebeutelt hatte, verschonte sie ihn mit ihrer Gereiztheit.

Gewöhnlich kam der Bucklige zur gleichen Zeit wie die Friseuse; die Kaiserin hatte ihn darüber informiert, es war zwischen ihnen eine Abmachung und, um es klar zu sagen, eine Anordnung. Während man sie frisierte, vertrieb sie sich die Zeit damit, Griechisch zu lernen; er setzte sich neben sie und wies sie vorsichtig auf jeden Fehler hin. Während sie dahinplauderte, beobachtete sie ihn im Spiegel: verwirrt durch diese miteinander geteilte Intimität, wurde der Bucklige zum Voyeur. Seine verstohlenen Blicke, seine hastig niedergeschlagenen Augen, wenn sie mit einer Kopfbewegung die schwere Masse ihrer Locken auf ihr elfenbeinfarbiges Leinenjäckchen schüttelte! Sein Erröten, wenn die Friseuse vorsichtig weiße Haare ausriß. Armer Constantin! Er faltete die Hände, nahm einen mitfühlenden Ausdruck an, kleiner, inmitten eines Harems verlorener Mann – wie der Große Weiße Eunuch von der Hohen Pforte...

Warum kam er zu spät? Er war nicht gekommen, während man sie frisierte. An jenem Morgen empfing sie offiziell zwei oder drei entfernte, etwas linkische Cousinen, herausgeputzte Erzherzoginnen, die sie nicht beleidigen wollte, im Grunde liebe Mädchen; um ihnen eine Freude zu machen, doch ohne auf ihr ewiges Schwarz zu verzichten, hatte sie ein Kleid gewählt, das mit langen, am Saum gekräuselten Federn geschmückt war. Die vogelgleiche Verwandtschaft zwischen ihr und ihrem Kleid hatte sie in gute Laune versetzt. Die Cousinen kamen nicht. Plötzlich beschloß sie, ihre Gymnastik zu machen. Im Säulengang erwarteten sie die Turnringe; sie ergriff sie, zog sich hoch, drehte sich dann, den Kopf nach unten.

Federn und Kleid stülpten sich zu einer Blütenkrone um, aus der die weißbestrumpften Beine mit gestreckten Füßen herausragten. Von dem Seidendurcheinander blind, spürte sie Blut durch ihren Schädel strömen und zählte bis dreißig, die erforderliche Zeit für diese Übung, als sie einen Schritt hörte, dann ein Seufzen. Wer erlaubte sich ...?

Im Nu waren die Ringe herumgedreht, Rock und Unterröcke kamen wieder herab, die Federn kehrten brav an ihren Platz zurück. Am Boden stand mit offenem Mund der kleine Bucklige und riß die Augen auf. Sie sprang behende herunter, dann sah sie ihm direkt ins Gesicht.

»Wie die Gemsen springen, hat mein Vater gesagt, mein kleiner Constantin. Ich verlange gänzliche Diskretion, Sie haben mich an den Ringen nicht gesehen, Herr Christomanos. So, jetzt fassen Sie sich wieder; und lesen wir, bitte, die *Odyssee*.«

Aber er regte sich nicht, war versteinert. »Kommen Sie!« wiederholte sie und stampfte mit dem Fuß auf. »Soviel ich weiß, sterben Sie nicht davon! Weniger Tugendhaftigkeit, bitte, und mehr Pünktlichkeit.« Hochrot im Gesicht setzte sich der Bucklige in Bewegung.

Am Abend desselben Tages erfuhr sie von der treuen Ida, daß der Bucklige überschwenglich von der Kaiserin an den Ringen erzählte; er habe sie zwischen Himmel und Erde hängen sehen, eine Art Erscheinung »zwischen Schlange und Vogel«. Der Bucklige war geschwätzig, und die Schlange mißfiel ihr. *Es hätte nicht wenig gefehlt, und er hätte den umgestülpten Rock hinzugefügt,* dachte sie. *Wenn das so weitergeht, trenne ich mich von ihm.*

Dann zögerte sie, sagte sich, daß er vielleicht schreibe, und beschloß, ihn mit auf Reisen zu nehmen. Als Modell für einen lyrischen Zwerg zu dienen, der für die Mythologie schwärmte und von der Liebe durchdrungen war, das konnte nicht schlecht sein. Manchmal sagte sie sich, daß sie von den Habsburgern nur den spanischen Sinn für Clowns und Hunde geerbt hatte. Sie schüttete sich heimlich aus vor Lachen und schätzte ihr kleines griechisches Monstrum nur noch mehr.

Die Geschichte der Kaiserin an den Ringen war der erste Vorfall.

In immer kürzeren Abständen folgten die nächsten. Auf dem Schiff hatte der Bucklige Sicherheit gewonnen und Spaß am Befehlen. Er ging auf die Nerven.

»Man beklagt sich über Sie, lieber Constantin«, sagte die Kaiserin sanft zu ihm, um ihn nicht zu kränken. »Halten Sie sich ruhig, sonst...«

Er protestierte dagegen, daß man sie trennen wollte...

Sie trennen? Sie errötete heftig, er warf sich ihr zu Füßen, schwor alles, was sie wollte, nein, man wollte ihn von ihr entfernen, es sei nichts als Eifersucht... Sie drehte ihm den Rücken zu. Am selben Abend gab sie extreme Müdigkeit vor, und während er zu Abend aß, lief sie in die Kabine des kleinen Buckligen. Christomanos' Tagebuch lag offen auf dem Tisch.

Sie stützte sich auf, um das Griechisch besser entziffern zu können, und folgte den Worten mit dem Zeigefinger. *Sie geht weniger, als daß sie sich vorwärts schiebt – man könnte eher sagen, sie gleitet – den Oberkörper auf den schmalen Hüften leicht nach hinten gebogen, sich sanft wiegend. An die Bewegungen eines Schwanenhalses erinnert dieses ihr Gleiten.*

»Nicht schlecht«, murmelte sie. »Vielleicht ein wenig zu präzise, sehen wir mal, was danach kommt...«

... Wie ein langstieliger Iriskelch, der im Winde pendelt, schreitet sie über den Erdboden, und ihre Schritte sind nur eine fortgesetzte, immer neu ansetzende Ruhepause.

»Dieser Kleine begreift gut, außer daß man nie eine Iris im Wind hat pendeln sehen«, fuhr sie fort. *Ihre Linien fließen dann in einer Folge von unhörbaren Tonfällen, die den Rhythmus ihrer sichtbaren Existenz bedeuten. O die unsagbaren Melodien, die ich Tauber daraus ahnte...*

Leicht irritiert, auch gerührt, schloß sie das Heft und kehrte in ihre Kabine zurück, um sich hinzulegen. Dieser intensive Liebesgesang verwirrte sie. Auf diese Weise sprudelten aus einem solch häßlichen Körper so viele Wahnsinnswörter!

An jenem Abend schlief sie, von der Erinnerung an die feurigen Seiten gewiegt, nur schwer ein; sie stellte sich den Zwerg vor, wie er sich streichelte und dabei ihren Namen wiederholte, den Kopf fiebrig von Worten, die Hand obszön. Als sie Christomanos wiedersah, prüfte sie ihn lange; in dem Blick ihres Lehrers leuchtete die triumphierende Flamme desjenigen, der sich für den Sieger hält.

Nun ja! Niemand würde sie bekommen, nicht einmal im Traum.

»Wenn der Frühling zu Ende geht, fahren Sie nach Athen zurück«, sagte sie zu ihm, »wenn wir Korfu verlassen haben werden, in zwei Monaten.«

Er war völlig verstört, klimperte mit den Lidern, streckte flehentlich eine Hand aus... »Nein«, sagte sie sanft. »Aber Sie können Ihr Buch veröffentlichen, wenn ich tot bin.«

Am nächsten Tag – es war der Tag vor Pfingsten – fuhr die *Miramar* an der albanischen Küste entlang und näherte sich der Insel Korfu. Von weitem erkannte man die Korkeichen, wie sie sich düster kräuselten, die pfeilgleichen Zypressen, die wie Zinnsoldaten aufragten, und die tausend Jahre alten Olivenhaine – wie leichter Schaum auf den Hügeln. Regungslos wachte die Kaiserin am Bug des Schiffes unter ihrem weißen Sonnenschirm. Neben ihr geriet der Bucklige, auf die Rampe gestützt, in Ekstase.

»Dort also das antike Land der Phäaken! Die verzauberte Insel, wo der schiffbrüchige Held, der listige Odysseus, strandete, dort die Ufer, wo in der Morgenröte...«

»Nausikaa, das wissen wir«, schnitt ihm die Kaiserin gereizt das Wort ab. »Ich kenne diesen Ort seit mehr als dreißig Jahren, Constantin; ersparen Sie mir Ihre Belehrungen.«

»Aber der blinde Dichter, Eure Majestät, der große Homer! Und die junge Phäakin, die mit ihrem Mantel den nackten Körper des verbannten Kriegers bedeckte! Diese wunderbare Szene!«

»Sie werden sie gleich an der Mauer meiner Villa sehen«, rief sie und drohte ihm mit ihrem Schirm. »Und jetzt schweigen Sie. Sonst gehen Sie nicht an Land.«

Gedemütigt schwieg der kleine Grieche. Die *Miramar* begann mit den Anlegemanövern. Etwas weiter weg warteten auf der Mole offizielle Vertreter und eine Blaskapelle in schwarz-roter Uniform.

»Dieser Augenblick ist mir zuwider«, zischte die Kaiserin zwischen den Zähnen.

»Es ist der Jahrestag der Angliederung der Insel an Griechenland, Eure Majestät«, hauchte der Bucklige bewegt. »Schon achtzehn Jahre...«

»Ich habe diese Insel unter den Engländern gekannt, Constantin«, fiel sie ihm ins Wort und wandte ihm den Rücken zu. »Sie nicht! Sie kommen das erste Mal hierher, nicht wahr? Ich habe Sie schon gebeten zu schweigen.«

Die Brücke wurde angelegt; die Matrosen nahmen Habachtstellung ein, die Kapelle stimmte die kaiserliche Hymne an, und der österreichische Konsul übernahm mit dem Hut in der Hand die Pflicht, zum Klang der Pfeifen hinaufzusteigen, während der zweite Schiffsoffizier feierlich verkündete: »Der Konsul kommt an Bord!«

Handkuß des Konsuls, Handkuß der Autoritäten der Stadt. Delegation junger Mädchen in Korfukostümen und mit Blumen seitlich im Haar, den Kopf mit weißer Spitze bedeckt. Syring- und Rosensträußchen. Griechische Nationalhymne. Rede des Bürgermeisters. Orpheumständchen *An der schönen blauen Donau*, Version für Querpfeifen und Blechinstrumente. Die Fahnen flatterten, die Mittagssonne brannte, die Blasinstrumente glänzten, die Musiker schwitzten unter der Hitze, die Kaiserin stand aufrecht unter ihrem Schirm, ohne zu lächeln, und der Konsul zog heimlich seine Taschenuhr heraus; die Zeremonie wollte nicht enden. Blieben noch der Ehrenwein und die Geschenke des Landes, die junge Männer in mit Goldlitzen besetzten Samtwesten darboten. Nach einer Stunde verabschiedete sich die Kaiserin schließlich unter den Jubelrufen einer begeisterten Menge.

»Uff!« rief die Kaiserin und nahm in der blumengeschmückten Kutsche Platz. »Ich habe wirklich geglaubt, es würde nie ein Ende nehmen.«

»Eine solche Ehre für diese kleine Insel, Eure Majestät«, stammelte der österreichische Konsul verwirrt. »Ihre Gegenwart... Die Villa... So viele Schönheiten vereint...«

Sie hörte schon nicht mehr hin. Die Kutsche rollte am Meer entlang, bis sie den steilen Pfad zwischen alten Olivenbäumen und rankenden Geranien hinauffuhr.

Zum ersten Mal hatte sie diese Olivenbäume in der Zeit ihres Ehekriegs gesehen. Auf dem Rückweg aus Madeira hatte sie in Korfu in einem großen Haus am Meer Station gemacht und sich geschworen, sich von dort nicht mehr wegzubewegen. Der Kaiser war zu ihr gestoßen; in Korfu hatte er kapituliert, und in Korfu hatte sie ihm ihre Bedingungen dafür diktiert, den Platz an seiner Seite wiedereinzunehmen. Vollständige Unabhängigkeit, Bestimmung über ihre Zeit ohne Überwachung, Autonomie bei der Erziehung der kaiserlichen Kinder, Befreiung von den Zeremonien, Wahl der Hofdamen. Sie war vierundzwanzig Jahre alt gewesen und hatte sich geschworen, auf die Insel ihrer Freiheit zurückzukehren.

Es mußten zwanzig weitere Jahre vergehen, bis ihr dies gelang. In der Zwischenzeit hatte die Insel den Abzug der Engländer erlebt, der letzten Besatzer; der Kaiser hatte Professor Alexander von Warsberg, den Diplomaten und Hellenisten, zum Konsul von Österreich in Korfu ernannt. Vor der Kaiserin war er zunächst auf der Hut gewesen. Oh! Der Mann war von vollkommener Höflichkeit, aber es war eine offizielle, distanzierte, leicht verächtliche Höflichkeit. Eine Kaiserin konnte nur den Freuden der Welt zugetan sein; sie hatte eine leise, abweisende Stimme, kurz, der Konsul hatte für die Frauen nichts übrig. Dann hatte er doch den Charme der Zauberin entdeckt, die ihn ohne weiteres für sich einzunehmen verstand.

Seit dem zweiten Besuch in Korfu war der Konsul ihr erlegen. Wie konnte man einer Kaiserin widerstehen, die Homer im Original las und die, um sich am Grab von Achilles zu sammeln, nicht gezögert hatte, sich zu Trojas Ruinen im entfernten Kleinasien zu begeben, auf den Boden des Osmanischen Reiches? Ihre Scheu war hinreißend, ihre säuselnde Stimme tönte wie eine Melodie... Abweisend? Welch ein Irrtum! Die Kaiserin war außergewöhnlich. Intelligent wie ein Mann.

Beim dritten Besuch hatte der Professor alles auf eine Karte gesetzt und für den Bau eines homerischen Palastes gekämpft. Eine Villa, die ganz den Beschreibungen entsprechen sollte, die der blinde Dichter hinterlassen hatte. Sie hatte eingewilligt und ein altes verfallenes Haus auf den Anhöhen gekauft, die die Stadt beherrschen. Warsberg hatte sich mit Inbrunst in die Arbeit gestürzt, und der Bau hatte nur fünf Jahre gedauert. Die Kaiserin hatte ein Gedicht zu Ehren der Ruine geschrieben, die in einen Palast zu verwandeln die Feenkönigin beschlossen hatte. Er würde das Königreich der Mythen und des antiken Griechenland werden – und sie die geheime Herrscherin; niemand anders hätte Zugang dazu. Ein Gebiet voller Bäume und Vögel und Marmorstatuen.

Jedes Jahr kam die Kaiserin und prüfte die Arbeiten, die der Konsul voller Leidenschaft leitete. In seinen Augen konnte die Villa nur einen Namen tragen: den des ersten Herrschers von Korfu, des Königs der Phäaken, Alkinoos; mit einem charmanten Lächeln verkündete die Kaiserin, daß sie einen anderen gewählt habe. Die Villa würde »Achilleion« heißen, in Erinnerung an Achilles, den sie besonders verehrte.

»Schnellfüßig war er und stark und trotzig und hat alle Könige und Traditionen verachtet... Er ist ein stolzer Schatten! Er hat die Königin der Amazonen besiegt... Ich liebe ihn!« sagte sie zu dem verstörten Konsul von Österreich.

Das war die einzige Enttäuschung, die sie Professor Warsberg antat, und das war auch ihre letzte Begegnung; denn Alexander starb vor der Vollendung seines Meisterwerks.

Wie viele Male waren sie zusammen in der Kutsche den schmalen Pfad unter den Olivenbäumen hinaufgefahren? Er zeigte ihr den blühenden Ginster, stellte ihr die rosenfarbenen Lorbeerbäume vor, wies auf einen Mispelstrauch voller Früchte oder die ersten Zitronen oder einen Feigenbaum hin, richtete ihre Aufmerksamkeit auf die Bauern, die die Oliven in großen Tüchern sammelten, zitierte Homer, indem er das Violett des Meeres beschwor... Warsberg kannte alles, die alten Steine, die Vegetation, die Ruinen, die Klöster und die von Efeu umrankten Säulen... Warsberg war unersetzbar.

Dieses ironische Lächeln unter dem schmalen Schnurrbart, dieses Haar, rot wie das des Engländers Middleton, diese nonchalante Art, seine Hand in die Tasche zu stecken, der hoch aufgeschossene Alexander, von einer vollkommenen Eleganz, gut aussehend und ein Träumer, der teure Warsberg...

Die Villa tauchte blendend weiß durch das blaue Blattwerk auf. Die Kaiserin hielt vor dem offenen Gittertor inne. Auf der höchsten Terrasse streckten ihr vier junge Bronzeschönheiten die Arme entgegen, und zwei marmorne Zentauren hielten Wache, um sie willkommen zu heißen. Ein freudiges Zittern erfaßte sie, und sie begann wie eine schwarze Bergziege zum Garten hinaufzuklettern.

Der neue Konsul von Österreich schickte sich an, ihr zu folgen, als Gräfin Sztáray, die Hofdame Ihrer kaiserlichen Majestät, ihn am Arm zurückhielt. Die Kaiserin wollte allein sein. Die Diener luden ohne jeglichen Lärm das Gepäck ab. Constantin Christomanos faltete die Hände und sank in die Knie. Die Villa war vollkommen.

Als schließlich niemand mehr vor dem Säulengang war, stieg der Bucklige die Treppe hinauf, die zu den hängenden Gärten führte, kam auf die erste Terrasse und erstarrte.

Die Kaiserin streichelte eine nach der anderen die marmornen Musen, die vor den Säulen mit rotem Schaft standen, und nannte jede bei ihrem Namen. »Und du, meine schöne Terpsichore, wie geht es dir? Immer noch Blumen im Haar? Ah! Hier ist unsere gestrenge Melpomene. Und meine liebe Sappho, meine zehnte Muse, die du verstandest, deinem Leben ein Ende zu machen, die du mit Algen im Haar im Meer starbst, meine Lieblingsmuse...«

Die zarte schwarze Gestalt schien über den Boden zu schweben, ging von Statue zu Statue, hielt bei einer steinernen Falte inne, berührte ein Kinn, strich über eine Schulter... Sie glitt weiter zu dem Teich mit den Seerosen, begrüßte anmutig Satyr, der den Dionysosknaben trug, beugte sich über den Bronzedelphin und lief mit angehobenen Röcken zu der zweiten, tiefer liegenden Terrasse.

Der Bucklige folgte ihr geräuschlos. Am Fuße des Hügels dem Meer gegenüber befand sich unter den Palmen die große Statue des sterbenden Achill, von dem Christomanos nur den muskulösen Rücken, das rundliche Hinterteil und die steinernen Locken unter dem leuchtendweißen Federbuschhelm sah. Regungslos sammelte sich die Kaiserin vor ihrem Helden, eine Hand lag auf dem Marmorpfeil, der ihm den Fuß durchbohrte. Von weitem erblickte der kleine Grieche die geflochtene Zopfkrone, die faltige Stirn, das düstere, ernste Gesicht der Kaiserin.

Zwitschernd flog eine Schwalbe durch die Luft. Die Kaiserin hob den Kopf, lächelte und winkte. »Ich bin zurückgekommen«, rief sie. »Ich werde mir eure Nester unter den Säulen ansehen. Ich bin da!«

Constantin machte einen Schritt zuviel und trat auf einen trockenen Zweig, der knackte. Die Kaiserin fuhr hoch, runzelte die Stirn und entdeckte ihn.

»Sie sind es!« rief sie in ärgerlichem Ton. »Ich mag es nicht, daß man mir nachspioniert, Constantin!«

»Ich habe die Herrlichkeit des Ortes bewundert, Eure Majestät«, erwiderte der Bucklige mit flehentlicher Stimme. »Seiner Eigentümerin so würdig...«

»Nicht wahr«, kam es beiläufig.

»Und von einer solchen Wahrheit. Antik!«

»Wie seine Eigentümerin?« schleuderte sie ihm entgegen. »Kommen Sie! Ich verzeihe Ihnen. Aber machen Sie das nicht noch einmal!«

Am nächsten Tag durfte er sie auf ihrem Spaziergang bei Sonnenuntergang begleiten. Sie prüfte die Schwalbennester unter den blauen Voluten der Säulen, ging bei den Rosenstöcken und den Agaven vorbei und blieb vor einer kleinen Byronstatue stehen.

»Hätte ich die Wahl zu einem anderen Leben gehabt, wäre ich

gerne Byron gewesen«, seufzte sie. »Für die Unabhängigkeit eines Landes zu kämpfen, bei der Geburt einer jungen Nation in Europa zu helfen, in Missolunghi die Waffen zu ergreifen, wenn man ein Dichter ist und nichts von einem Soldaten hat! Und schließlich jung zu sterben...«

»Wie Achilles im Todeskampf...«, murmelte der Bucklige unterwürfig. »Eure Majestät liebt die siegreichen Helden nicht.«

»Das stimmt, ich liebe nur die leidenden Geschöpfe!« rief sie, und als sie plötzlich an das Gebrechen ihres Gefährten dachte, blieb sie jäh stehen.

»Achill, Byron, Sappho... So viele zerbrochene Schicksale... Diese Welt der schweigenden Statuen...«

»Es fehlt eine, lieber Constantin«, sagte sie mit einem kurzen Seufzer. »Ich erwarte das Denkmal des Kronprinzen. In zwei oder drei Wochen werden wir endlich wieder vereint sein.«

Sie beschleunigte den Schritt, um die Tränen zu verbergen, die ihr in die Augen stiegen. Warum diese Vertraulichkeit, warum sich so hinreißen lassen?

»Sehen Sie diesen blühenden Rizinus dort unten«, rief sie mit gezwungener Fröhlichkeit. »Sind diese roten Büschel nicht wunderbar?«

»Man muß wie Sie gelitten haben, um das Leben so sehr zu lieben...«, sagte der kleine Grieche kühn und trat so nah an sie heran, daß er sie hätte berühren können.

Sie entfernte sich und öffnete ihren weißen Schirm.

»Sie begreifen zuviel, Constantin«, murmelte sie. »Ich habe Sie schon gewarnt...«

»Möge Eure Majestät mir verzeihen... Aber ich erliege der Schönheit wie *Sie*. Nur Sie allein können etwas so Zauberhaftes schaffen.«

Und ich – ich träume von einem kleinen Fischerhaus mit rosigweißen Rundbögen, einer Weinlaube und einem winzigen Orangenhain, dachte sie. *Wird er endlich den Mund halten? Er verleidet mir noch meine Villa!*

Die Tage verstrichen ruhig. Wenn der Morgen dämmerte, beobachtete die Kaiserin, wie hinter den albanischen Bergen die Sonne aufging. Das war der beste Augenblick des Tages, wenn die Vögel erwachten und die ersten Schwalben flogen. Von den Lichtstrahlen des Tages liebkost, schienen die Statuen ihrerseits zu erwachen, und die Kaiserin ging im weißen Morgenrock von einer zur anderen. Dann löste sich die Villa aus ihrer Erstarrung, die Menschen aus ihrem Schlaf, und die Kaiserin kleidete sich in Schwarz.

Das Mittagessen spielte sich in dem großen Eßzimmer unter dem Blick der Gipsengelchen ab, die auf den zartfarbenen Wänden angebracht waren. Die Kaiserin begnügte sich mit Ziegenmilch, Tomaten, Oliven und ertrug es nicht, wenn eine Mahlzeit länger als eine Viertelstunde dauerte. Der Nachmittag begann mit der Griechischstunde. Später, wenn der Tag sich neigte, ging sie mit ihrem Lehrer in den Gärten der Villa unter Zypressen spazieren, an denen üppige Winden hochkletterten.

Constantin Christomanos hatte nicht gelernt zu schweigen und versuchte immer noch, seine Herrscherin zurückzuerobern, und zwar mit exaltierten, scharfsinnigen Anmerkungen, die ihr auf die Nerven gingen. Um ihn zu entmutigen, nahm sie ihre langen Märsche durch die Landschaft wieder auf. Mit einem goldenen Becher ausgerüstet, schöpfte sie Wasser aus den Quellen, lief den Ziegen auf den Hügeln hinterher, pflückte Skabiosen und Mohn und geruhte manchmal, aber nur selten, sich auf dem Farnkraut niederzulassen.

Er folgte ihr und verausgabte sich.

Sie schämte sich und begann, um ihn zu trösten, ihm eine Shakespeare-Übersetzung vorzulesen. Es hieß, der Dichter habe im *Sturm* die Insel Korfu dem König Prospero zugeschrieben. Aber als Elisabeth zu der Figur des finsteren Caliban kam, fühlte sich der Bucklige angesprochen und wurde wahnsinnig vor Schmerz.

Die Mißverständnisse häuften sich. Er liebte sie jeden Tag mehr, und jeden Tag verletzte sie ihn ein wenig mehr, ohne es zu bemerken.

Dann kam das Denkmal des Kronprinzen in einem Karren,

der von Ochsen gezogen wurde. Man hievte es bis zur ersten Terrasse hoch, löste die Holzkiste, wischte den weißen Stein ab, und die Kaiserin blieb allein.

Auf dem Schaft einer zerbrochenen Säule hockend, wachte ein Engel mit übergroßen Flügeln über einen Rudolf in einem Medaillon. Die Inschrift lateinisch: *Rudolfus, Coronae Princeps*. Es war ganz er, mit seinem leicht gesenkten Blick voller Ironie, todtraurig. Sie legte eine Hand auf die steinerne Stirn, berührte den kalten Schnurrbart und sah zu dem beherrschenden Engel auf. Er wachte nicht über ihren toten Sohn, er triumphierte, er zermalmte ihn. Die Augen voller Tränen, floh sie im Laufschritt und beschloß, das Datum ihrer Abreise vorzuverlegen.

Alles wurde ihr unerträglich, die Statuen, die zu gegenwärtig waren und ihr nicht antworteten, die zu sanften Morgendämmerungen, die zu vollkommenen Zypressen, die zu leuchtenden Blumen, die zu weiße Villa, die zu geschäftig nach Nahrung für ihre Jungen suchenden Schwalben... Und dieser kleine verliebte Bucklige!

Er blieb nur noch einen Monat. Seit das Denkmal ihres Sohnes aufgestellt worden war, weinte die Kaiserin fast jeden Tag.

Der Bucklige hatte seinen Hochmut verloren, ging niemandem mehr auf die Nerven und folgte ihr überallhin wie ein Hund, dessen Herrchen sich auf eine Abreise vorbereitet. Je mehr er sich erniedrigte, um so grausamer war sie. Wenn er die ätherischen Nymphen beschwor, mit denen er sie gern verglich, sprach sie über die harten Hände ihrer Masseuse und über die Wülste, die sie schließlich an den Handflächen hatte. Entsetzt errötete er.

»Was glauben Sie denn?« schleuderte sie ihm in spöttischem Ton entgegen. »Daß ich keine Haut habe? Glauben Sie, daß ich während der Massagen kaiserliche Gefühle habe?«

Am nächsten Tag hatte er sich den Sternbildern und der Haarpracht von Berenike zugewandt... »Lieder! Hören Sie mit Ihren Träumereien auf, Constantin!« Und sie putzte ihn ohne Unterlaß herunter.

Bald begnügte er sich damit, ihr zuzuhören. Sie ertränkte ihn mit Sätzen, mästete ihn mit Worten. *Man muß seine Memoiren anreichern,* dacht sie, aber manchmal fand sie Spaß am Spiel, ließ sich gehen und bedauerte ihre Aufrichtigkeit. Dann konnte sie nach einem ihrer üblichen Sinneswandel die Vertrauensperson nicht mehr ausstehen, die sie sich gewählt hatte.

»Ein Spinner!« sagte sie jedem, der es hören wollte. »Ein Träumer, nicht von dieser Welt! Absurd!«

Etwas später, als er eines Tages besonders schweigsam gewesen war, erklärte sie, daß der Bucklige sie mit seiner Philosophie krank mache. So laut, daß sie fürchtete, ihn beleidigt zu haben, falls er es zufällig gehört hatte.

Aber der arme Grieche schien nichts dergleichen zu fühlen. Wenn er in sein Zimmer zurückkehrte, schluchzte er jedoch hemmungslos in Erinnerung an die Bosheiten des Tages. In den Gängen stießen sich die Dienerinnen mit dem Ellenbogen an, wenn sie ihn erblickten. Als er sich eines Nachts in der Dunkelheit in die Gegend der Küchen verirrte, wurde er Zeuge eines Einakters, den die Dienerschaft im Hof vorführte.

Mit einem Kissen auf dem Rücken, um den Buckel vorzutäuschen, kniete der kleinste Diener vor einer älteren Frau auf den Knien und ahmte ihn nach, indem er Griechisch mit einem weiblichen Akzent stammelte; mit einem Schirm auf der Schulter und einem Fächer in der Hand mimte die Köchin die Kaiserin und ließ ihn seinen Kopf unter ihre Röcke stecken.

Der unglückliche Bucklige rannte davon, und jeden Abend, wenn er sich ausgeschluchzt hatte, stürzte er sich wütend auf sein Tagebuch.

Je reiner die Worte wären, um so mehr würde die Unreine leiden. Er wollte sie erhaben, so wie er sie kennengelernt hatte. Er vergaß die schwarzen Zähne, die gegerbte Haut, die braunen Flecken auf ihren Handrücken, die bläulichen Adern, er glättete die bösen Falten, die die Erinnerung an die Geliebte beschmutzten, und stellte sie auf ein Podest.

Sie ist wie Aphrodite! ging es ihm durch den Kopf. *Und ich bin der schreckliche Hephaistos, der Bucklige, der eifersüchtige Zwerg, ihr Mann... Ich werde sie in meine Netze ziehen, damit rechnet sie nicht...*

Er ging so weit, sich vorzustellen, daß sie wie die Göttin aus dem verstreuten Samen eines verletzten Gottes hervorgegangen sei; milchig und blutend tauchte sie aus den Wassern auf, nur um ihn zu quälen, und ging dann gleichmütig, den Schirm im Rücken, als Herrscherin über die Pracht von dannen. Er schrieb das auf. Dann strich er alles wieder aus. Wenn er das veröffentlichte, würde das Buch von der Polizei beschlagnahmt werden. Er ließ die letzten Worte stehen.

Es kam der Tag, den er im geheimen »unseren Abschied« nannte. Er wartete vor der Bronzestatue einer Juno am Fuß der großen pompejischen Treppe auf die Kaiserin. Anmutiger denn je schwebte sie langsam die Stufen herab, hielt auf halbem Weg inne, so als ob sie sich zum letzten Mal der Betrachtung ihres unglücklichen Vasallen ergeben wollte. Armer Constantin.

Mit ihrer säuselnden Stimme bedachte sie ihn mit einem Satz, den er im Gedächtnis behalten konnte: »Seien Sie gesegnet und glücklich.« Und sie schenkte ihm eine goldene Nadel mit einem großen Diamant-E, die er auf seiner Krawatte tragen würde. Er glaubte Trauer aus den kaiserlichen Worten herauszuhören, erfand einen schmerzlichen Blick und brach nach Patras auf, von da nach Athen.

Erleichtert sah sie ihn davonhinken; die Sonne von Korfu zeichnete über den Schritten des jungen Mannes einen mitleidlos buckligen Schatten. Sie empfand Gewissensbisse und dachte, sie müßte dem anderen vielleicht schreiben, jenem von der Redoute. Aber es war zu spät... Worüber beklagte sich der kleine Griechischlehrer? Drei volle Jahre hatte er sie ganz für sich allein gehabt.

Als sie nach Monaten der Abwesenheit nach Wien zurückkehrte, fand man einen anderen Lehrer; er trug Spitzen, wiegte sich in den Hüften und parfümierte sich. Sie ertrug ihn einige Tage, trauerte ihrem kleinen Buckligen nach und schickte den eleganten Schnösel unter dem Vorwand weg, daß sie Parfum verabscheute.

❖

Aber Wien hatte sie vergessen. Wien waren die Reisen der Flüchtigen und ihre Griechischlehrer einerlei. Über die Kaiserin redete man gar nicht mehr, höchstens über den Umweg eines Satzes zu den offiziellen Zeremonien. »Heute hat Seine Majestät in Abwesenheit der Kaiserin wie jedes Jahr die Fronleichnamsprozession angeführt.« Sie verschwand aus den Unterhaltungen der drei Freunde; Franz las weiterhin die Zeitungen und versuchte, jede auch noch so geringe Nachricht vom Hofe zu erspähen, aber er fand dort nur das Echo der Taten und Gesten des Kaisers.

Eines Abends 1894 machte Seine Majestät sechsunddreißig Jahren kaiserlichen Schmollens ein Ende und beschloß, dem alten Revolutionär Johann Strauß die Ehre zu erweisen.

Das war ein beträchtliches Ereignis. Der Maestro feierte den fünfzigsten Gedenktag der Herausforderung, mit der er eines Nachts im Kasino Dommayer seinen Vater gestellt hatte; für Franz eine Jugenderinnerung. *Der Zigeunerbaron* zog feierlich in die Wiener Staatsoper ein: Johann Strauß erlebte endlich, wie sich ihm das Allerheiligste der Theaterwelt öffnete. Und als der Vorhang sich hob, erblickte das verwirrte Publikum den Kaiser höchstpersönlich. Am Schluß der Aufführung sprach Seine Majestät einige leutselige Worte, versicherte, daß er dieses Mal keinerlei Lust gehabt habe, vorzeitig hinauszugehen, und beglückwünschte Johann Strauß zu seiner schönen Oper. Der Maestro konnte sich kaum halten vor Freude. Der Kaiser hatte »Oper« gesagt. Die Presse gab es weiter.

»Aber er hat keine Ahnung!« wunderte sich Franz. »Kann er nicht einmal eine Operette von einer Oper unterscheiden?«

»Oh! Man muß begreifen, welchen Einfluß diese gute Schratt hat«, bemerkte Willy ernst. »Unsere Kaiserin würde nicht an solche musikalischen Freundlichkeiten denken.«

Das war also aus dem gelben Domino des Redoutenballs geworden: Wiener Plänkeleien, Bosheiten aus dem Mund Willibald Strummachers. Franz hatte so viel davon gehört, daß er nicht einmal mehr mit den Schultern zuckte. War er von nun an der einzige, der sich ihrer erinnerte? Die Unbekannte war nach einer kaum wahrnehmbaren Abwesenheit zu einer Formel geworden, die ebenso banal war wie die Voraussagen von Regen oder Sonne:

In Abwesenheit der Kaiserin...

Bis auf die Rechte, die Christlich-Sozialen und Willy wäre niemand darauf gekommen, sich deswegen zu entrüsten. In Abwesenheit der Kaiserin tastete das Reich nach Möglichkeiten, ein schwieriges Gleichgewicht zwischen den Slawen und den Ungarn zu bewahren, die Elisabeth auch verlassen hatte. In Abwesenheit der Kaiserin schlug sich der Kaiser mit dem beunruhigenden Vorrücken der Alldeutschen und dem der Partei der »Jungtschechen« – der Unbeugsamen – herum. Diese Partei war weniger bequem als die der »Alten Tschechen«, mit denen man immer einen Kompromiß hatte schließen können. In Abwesenheit der Kaiserin beauftragte der Kaiser seine Regierung, eine Reform des Wahlrechts auszuarbeiten, nach der das allgemeine Wahlrecht eingeführt werden sollte. In Abwesenheit der Kaiserin, die ihre Villa in Korfu leid war, wurde auf den Bergen des Balkans, die von der grünen Insel nicht weit entfernt waren, die Glut eines Brandes entfacht.

In Abwesenheit der Unbekannten im gelben Domino drehte der Planet sich weiter.

19

Die Tausendjahrfeier Ungarns

Einst jagt' ich rastlos hin auf dieser Erde,
Eng ward mir selbst der weite Pusztasand.
Elisabeth von Österreich

»Los, wir müssen uns beeilen«, brummte Franz, als er oben auf der Plattform stand und den letzten Koffer hochhievte. »Emmi, bitte, trödle nicht so herum!«

Das junge Mädchen ließ sich Zeit. Ohne Eile zog sie die Bänder ihres Strohhuts fest und betrachtete ihr Spiegelbild im Eisenbahnfenster. Hinter ihr wartete Attila mit dem Korb in der Hand, daß sie endlich geruhte, in den Waggon zu steigen.

»Emmi, ich glaube, es ist Zeit«, murmelte er befangen. »Dein Vater ist schon ganz ungeduldig. Bring ihn doch nicht in Rage!«

»Wie finden Sie meine blauen Bänder, Onkel Attila?« meinte sie und schenkte ihm ihr anmutigstes Lächeln. »Dieses eine Mal kann die Familie warten...«

»Seid ihr mal fertig, ihr beiden?« donnerte Franz, als er das Fenster herunterließ. »Alles wartet nur noch auf euch! Der Zug fährt in zehn Minuten!«

Emmi drehte ihm den Rücken zu und streckte die Zunge heraus; nur Attila sah es. Er unterdrückte ein Lächeln. Plötzlich erblickte sie einen Hausierer, der in einen schwarzen Kaftan gekleidet war und auf dem Bahnsteig seine Waren verkaufte. Der Mann holte aus einem Kasten, den er sich um den Hals gehängt hatte, Veilchen aus Seide, drei Kirschen und Bänder in leuchtenden Farben hervor und legte sie lose auf die flache Hand.

Emmis Augen leuchteten.

»Also das Blau paßt nicht«, stieß sie leise hervor. »Onkel Attila, kaufen Sie mir die roten Bänder da und auch die Kirschen... Schnell!«

Attila schielte zum Zugfenster, Franz guckte anderswohin,

der Ungar griff in seine Weste, holte einen Schein hervor und steckte ihn dem Verkäufer in die Hand. »Geben Sie mir alles, schnell«, murmelte er. »Und behalten Sie das Wechselgeld.«

»Was denn noch?« rief Franz aus seinem Fenster. »Was ist denn das für ein Firlefanz! Sie hat dich eingewickelt, Attila! Etwas mehr Autorität!«

»Nun ist's genug, Kleine«, flüsterte der Ungar und schob sie, eine Hand fest auf ihrer Hüfte, die Stufen hinauf.

»Onkel Attila! Sie tun mir weh!« rief sie und brach in Lachen aus.

Als Anna sie in das Abteil kommen sah, runzelte sie die Stirn. Die Augen ihrer Tochter leuchteten zu sehr. Mit lebhafter Geste nahm Emmi ihren Hut mit den blauen Bändern ab, der auf ihrer Kräuselmähne nicht mehr hielt. Sie schüttelte ihren schwarzen Lockenkopf und klimperte mit den Lidern; entzückt betrachtete ihre Mutter die sanft gerundeten, klaren Wangen und die Grübchen, die sich beim Lächeln bildeten. Niemand war hübscher als ihre kleine Emmi; aber auch niemand war verletzlicher.

Attila hielt ihr mit verlegener Miene den Korb hin; als sie sich auf die Bank setzte, zog sie über weißen Stiefelchen den Rock hoch: »Uff! Ist das warm hier!« Dann knuffte sie ihren Bruder auf der Bank.

Der Junge war in ein Buch vertieft und protestierte halbherzig. Toni war gerade sechzehn Jahre alt geworden; er wuchs zu einem großen, recht scheuen jungen Mann heran, den das sprühende Temperament seiner Schwester eher schweigsam werden ließ. Er war fleißig und verträumt, auch geheimnistuerisch; sehr häufig zog er sich in sein Zimmer zurück, wo er Gedichte zu schreiben vorgab. Nur Anna nahm ihn ernst. Bis auf die Haarfarbe hatte Toni keinerlei Ähnlichkeit mit seinem Vater; die Leidenschaft für das Lesen und der stets nachdenkliche Gesichtsausdruck, der ihm eigen war, selbst wenn er seine geliebten Heringe verspeiste, all dies hatte er von seinem Vorfahren, dem Großvater Simon, dem Chassiden aus Sadagora. Anna hätte ihren Sohn gern mit den traditionellen langen Locken der polnischen Juden gesehen, obwohl er blond war, etwas vorstehende, graue Augen und einen äußerst vergeistigten Blick hatte. Wenn er abends zu lange aufblieb, ging Anna hinauf und redete ihm zu: »Auf ins Bett, mein kleiner Rabbiner...«

Wie üblich rempelte seine Schwester ihn also an... Um Verzeihung heischend, drückte Emmi einen dicken Kuß auf die noch bartlose Wange ihres Bruders, der sie sich diskret abwischte. Dann widmete Emmi sich wieder ihrem Seidensträußchen, umwickelte Veilchen und Kirschen mit einer dicken roten Schleife, die sie geschickt aufbauschte. Die Stiefelchen und der Unterrock waren hübsch sichtbar geblieben. Scheu und befangen setzte Attila sich hin, den Blick auf die Füße des jungen Mädchens gerichtet.

»Zieh deinen Rock runter«, sagte Anna in sachlichem Ton. »Du bist kein kleines Mädchen mehr.«

»Ach übrigens, Anna, wenn du erlaubst, mir wäre lieber, sie würde aufhören, mich ›Onkel‹ zu nennen«, murmelte Attila. »Als sie klein war, war das charmant, aber jetzt... Ich bin immerhin nicht so alt! Mit vierzig Jahren!«

Attilas kleine Ansprache traf auf Schweigen. Franz zündete seine Pfeife an und sah seinen Freund sauertöpfisch an. Toni, der einen Krapfen aß, ließ ihn auf den Boden rollen und sorgte zum Glück für Ablenkung; ein kurzer Pfiff auf dem Bahnsteig, und der Zug setzte sich langsam in Bewegung. Die Fahrt würde genau vier Stunden und vierzig Minuten dauern.

»Die Lokomotive ist direkt aus der Fabrik in Ungarn gekommen«, ließ Attila pedantisch verlauten. Vor zwei Monaten hatten sie beschlossen, nach Budapest zu den Feierlichkeiten des tausendjährigen Bestehens von Ungarn zu fahren. 1896 war ein großes schönes Jahr; im Kaiserreich verlief alles bestens, vor allem in Ungarn, und man begann das Drama von Mayerling zu vergessen.

Seit langem schon rühmte Attila gegenüber seinen Freunden den Charme der Stadt, die Würde von Buda auf den Hügeln, die Breite des Flusses, seine Windungen und die Lebendigkeit von Pest, das ständig sein Bild änderte. Wien erstarrte daneben. Und wenn man die fiebrige Atmosphäre der Belle Époque, als die

Ringstraße gebaut wurde, wiederfinden wollte, mußte man sich nach Pest begeben, vor allem bei einem solchen Anlaß. Früher wäre die Reise ein endloses Epos geworden, aber mit dem Zug gab es keine Entschuldigungen mehr! Man konnte sie an einem Tag machen. Attila hatte bei seiner alten Mutter zwei Zimmer vorbereiten lassen, eines für die Kinder, eines für seine Freunde; er hatte einen minutiösen Zeitplan ausgearbeitet, kurz, es ließ sich alles bestens an – und noch dazu war es ein schöner Frühling.

Anna, die ein wenig zu altern begann, hatte sich schließlich einverstanden erklärt, Attila zuliebe. Franz dagegen hatte nicht einen Augenblick gezögert; in Wien zu leben, ohne Ungarn zu kennen! Sie hatten es kaum geschafft, gelegentlich auf die andere Seite der Leitha zu kommen, nicht sehr weit, um am Fertö-See zu picknicken und bis zu dem immensen gelben Schloß der Esterházy vorzustoßen. Aber das genügte nicht. Franz hatte vor allem zu der Reise gedrängt, weil er diese berühmte Erscheinung sehen wollte, von der Attila behauptete, man könne sie nicht erklären, diesen rätselhaften Délibáb, aber das war mehr im Osten, zum Orient hin, in den weiten Steppenebenen mit den Wildpferden.

Und Emmi, die gerade ihren zwanzigsten Geburtstag gefeiert hatte, war sowieso von Reiselust erfaßt. Auch deswegen machte sich ihre Mutter Sorgen. Zudem balzte Attila seit einiger Zeit mit so viel Aufmerksamkeiten und so viel Eifer um die Kleine herum, daß man blind wie Franzl sein mußte, um nichts zu begreifen. Onkel Attila hatte sich in Emmi verliebt. Anna fragte sich sogar, ob dieser Ausflug nicht arrangiert worden war, um ihre Tochter der alten Frau Erdos vorzustellen und dann mir nichts, dir nichts um ihre Hand anzuhalten.

Und Attila hatte Emmi auf seine Knie hopsen lassen. Sie, das Dummchen, das nichts anderes konnte als singen! Ein Kind, das nichts von der Liebe wußte und gleich ja sagen würde, ohne richtig zu begreifen, nur um eine Dame zu werden. Anna setzte ihre Brille auf und holte aus ihrer Handtasche das Buch, das sie gerade zu lesen begonnen hatte. Toni war eingenickt, und Emmi drückte sich die Nase an der Scheibe platt und sah die Vorstädte vorbeisausen.

»Es ist doch schade, daß Willibald sich nicht hat losmachen können«, erklärte Franz nachdenklich. »Glaubst du, daß seine Mutter wirklich krank ist?«

»Bestimmt nicht«, antwortete Attila. »Hast du gesehen, wie aufgesetzt er gewirkt hat? Er hat gelogen.«

»Ihr irrt euch, er hat nicht gelogen«, sagte Anna und nahm ihre Brille ab. »Es geht ihr sehr schlecht. Ich habe sie gesehen.«

»Wie das? Du hast mir nichts gesagt!« entrüstete sich Franz.

»Er hat es nicht gewollt«, erwiderte Anna leise. »Habt ihr gewußt, daß er umgezogen ist? Er wohnt jetzt in zwei bescheidenen Zimmern in einem elenden Hinterhof; er schämt sich...«

»Der Trottel!« rief der Ungar. »Und das Erbe, nach dem Tod seines Vaters...«

»Geschichten«, sagte Anna. »Er hat nichts bekommen.«

»Und seine reiche Verlobte aus Tirol, die letzte Verflossene?« fragte Franz. »Sie existiert wohl genausowenig wie die anderen, wette ich...«

»Das weiß ich nicht«, meinte Anna und schlug die Augen nieder. »Immerhin hat er mich zu seiner Mutter gebracht, die nicht mehr laufen kann. Gelähmt. Ohne ihn...«

Die beiden Freunde schwiegen einen Augenblick.

»Wie auch immer«, antwortete Franz. »Wenn er weniger stolz wäre, hätten wir die Sache unter uns regeln können.«

»Glaub das nicht!« antwortete der Ungar. »Die Tausendjahrfeier ist ihm zuwider; du weißt sehr wohl, daß er vor allem alldeutsch ist... Außerdem ist er zu dick, er kommt außer Atem, er wäre schnell ermüdet, also! Bedaure nichts; er verabscheut die Ungarn im Grunde. Er und ich, wir hätten uns gestritten. Und du auch.«

»Solange er nicht zu den Christlichsozialen stößt...«, erwiderte Franz.

»Ist schon geschehen, Franzl«, murmelte der Ungar. »Du bedeutest ihm zu viel, als daß er es dir sagen würde, aber ich habe ihn neulich abend mit Studenten gesehen, weißt du, solch heroischen Kerlen mit Schmiß, als sie von einer Versammlung mit diesem Lueger-Schwein gekommen sind.«

»Schon wieder!« rief Franz. »Unmöglich! Willy hat mir tausendmal geschworen, kein Antisemit mehr zu sein!«

»Das heißt, daß er dich belügt, Franzl«, meinte Attila ernst. Er hat gerufen: ›Juden, raus!‹ Wie die anderen. Mich hat er nicht gesehen. Er ist verloren. Und dann die Anziehungskraft der Jugend... Lueger ist geschickt; er redet von Erneuerung, Veränderung, Volksbewegung, er spielt den Großzügigen, du kennst doch Willy! Der ist so naiv. Er fällt nicht darauf rein, er plumpst hinein wie ein schwerer Sack. Und mit dem Sozialen, da geht er diesem Giftzwerg von Lueger auf den Leim, Reinigung Österreichs, Fäulnis durch fremdes Blut, Nibelungen, Wotan und...«

»Ich werde mit ihm reden«, antwortete Franz heftig. »Und du auch Anna, hörst du? Er vergöttert dich. Du bringst ihn zur Vernunft.«

Anna antwortete nicht.

Vor drei Tagen hatte Willy sie angefleht, seine Mutter zu besuchen; er war beunruhigt wegen des Arztes – »Ein jüdischer Arzt, Anna, verzeih mir, aber er ist ziemlich jung, er sagt mir nichts, so von oben herab, so arrogant« – kurz, Willy hatte kein Vertrauen.

Sie hatte ihn durch die düsteren Straßen begleitet, wo die kleinen Prostituierten in den Türeingängen ihre Brüste entblößten. Sie riefen Willy bei seinem Vornamen – sie kannten ihn alle. Mit schuldbewußter Miene hatte Willibald Anna im Laufschritt mitgezerrt. Auch die Hausmeisterin redete ihn vertraut an, eine Frau eines gewissen Alters, mit prallem Mieder, eine Frau Grentz oder Frentz, eine unverbesserliche Schwätzerin mit vor Neugierde blitzenden Augen.

In der vierten Etage eines verfallenen Hauses lag Willys Mutter in einem Sessel und hatte Mühe zu atmen. Fettleibig schnappte sie ständig nach Luft wie früher Mutter Taschnik. Anna hielt ihr lange die Hände, küßte sie – was hätte sie sonst tun können. Sie flößte ihr den Sirup gegen das Emphysem ein, die alte Dame fiel in Schlaf, und Anna schlich auf Zehenspitzen hinaus. Und dann geschah das Verblüffende: Im Nachbarzimmer sank der dicke Willy vor ihr auf die Knie, umschlang ihre vom Rock bedeckten Knie und stammelte in Schluchzen untergehende Sätze: »Dich allein, Anna, ich liebe dich seit dem ersten Tag, rette mich, es gibt nur dich, ich bin so allein...«

So erbärmlich, daß sie ihm den Kopf streichelte, statt sich zu empören. »Komm schon, Willy, beruhige dich...« Schließlich stand er schniefend auf und küßte sie auf die Handgelenke. »Sag vor allem nichts Franzl... Ich... Nun ja, ich bin etwas außer mir. Wenn Franz nicht gewesen wäre... Mit dir wäre mein Leben anders verlaufen... Verstehst du, danach«, fügte er mit einem Blick auf das Zimmer hinzu, in dem seine Mutter schlief, »werde ich mich verheiraten, bestimmt, aber im Augenblick...«

Er hatte Anna nichts von seiner Verlobten in Tirol gesagt. Die ewige Verlobte... Das waren die Prostituierten seiner Straße. Willy zur Vernunft bringen? Er begriff nichts, er war einfach unglücklich. Willibald war für Anna der *Schnorrer*, diese vertraute Person aus dem jiddischen Universum des Dorfes ihres Großvaters. Ein Seiltänzer, eine wandernde Zeitung, ein einsamer Schmarotzer, der den Clown spielte, um etwas Zuneigung zu bekommen. Hätte Willy allerdings Annas Gedanken zu seiner Person gekannt, dann hätte er sich aufgebäumt: er, ein jüdischer *Schnorrer*? Er, der lupenreine Diamant des reinen Deutschland? Er wäre erstickt vor Wut und dann...

Willy zur Vernunft bringen? Er war viel zu wienerisch. Sentimental wie eine Katze, unaufrichtig und stolz, egoistisch und verzweifelt. Im übrigen sagte im selben Augenblick Attila etwa das gleiche zu Franz: »Man wird ihn zur Vernunft bringen, und er wird trotzdem gehen. Wenn ich dir doch sage, daß er verloren ist.«

»Zum Glück hält sich der Kaiser gut«, seufzte Franz. »Solange er sein Veto gegen diesen schrecklichen Demagogen aufrechthält...«

»Ganz zu schweigen davon, daß Lueger im Parlament gerade eine Brandrede gegen uns alle gehalten hat!« meinte der Ungar. »Die jüdischen Magyaren bringen Fäulnis in sein Österreich, ich hab's wohl gehört, ich bin nicht taub. Wenn er uns auslöschen könnte, würde er es machen.«

»*Wen* uns? Die Juden, die Ungarn, die Slawen? Es sind zu viele; er ist verrückt. Er wird nie Bürgermeister von Wien werden.«

»Der schöne Karl ist ein zu guter Redner, er ist sehr beliebt«, ließ Attila verlauten. »Ich wette mit dir, daß er schließlich doch gewinnen wird. Lueger wird Bürgermeister von Wien.«

»Du scherzt. Die Habsburger – auf den Liberalismus verzichten? Ihr eigenes Reich gefährden, indem sie den Preußen in die Hand spielen? Die Unterstützung durch die Juden preisgeben? Den Aufstand der Slawen heraufbeschwören? Nein, da ist keine Gefahr. Wir haben einen guten Kaiser.«

»Wenn er sein Veto durchhält, Franzl«, murmelte Anna, ohne den Kopf zu heben.

»Und wenn ihr über etwas anderes reden würdet?« rief Emmi. »Politik, immer die Politik... Das langweilt mich. Onkel Attila, erzählen Sie mir lieber von den Budapester Kaffeehäusern. Bitte.«

»Nun ja...«, begann der Ungar sogleich. Er beschrieb den Charme der Tavernen in dem Christine-Viertel, die Pfirsiche, den Heurigen unter den Bäumen in später Nacht. »*Die marmorne Verlobte* ist am beliebtesten.«

»Aber das sind Lokale wie bei uns«, protestierte Emmi. »Ich rede von den Kaffeehäusern, Onkel Attila!«

»Das ist dann zweifellos das *Gerbeaud*.«

»Und die Hotels?«

»Hinreißend! Jene, die man für die Tausendjahrfeier gebaut hat, haben sogar Elektrizität, die anderen hat man abgerissen, zu alt...«

»Und die Bäder?«

»Ah! Da gibt es verschiedene. Jene von Taban sind zum Beispiel schlecht besucht.«

»Ah ja, und *Die blaue Katze*, Onkel Attila?«

»Emmi«, schimpfte Onkel Attila. »Willst du wohl schweigen!«

»Bah! Wer hat mir denn versichert, den Prinzen von Wales dort gesehen zu haben? Doch Sie?«

Der Ungar war wieder einmal rot geworden, er ging zu den Köstlichkeiten der Vaci-Straße über, mit der nichts zu vergleichen war, beschrieb die Eleganz der Damen, ihre Ausstrahlung – und die Pariser Boutiquen, aber echte! Nicht wie in Wien.

Nun war es an Franz, gegen die Scheibe gelehnt zu träumen. Der Zug fuhr durch eine Landschaft voller Ebenen und schwarzer Teiche und scheuchte gackernde Gänsescharen auf. Und während der gute Onkel Attila mit Emmi schwatzte, ging es Franz durch den Kopf, daß er mit etwas Glück die Kaiserin in Budapest sehen würde.

Seit der Hochzeit der Erzherzogin Marie Valerie, dem Tag, an dem sie blaß wie eine Hostie war, hatte er sie nicht mehr gesehen. Sechs Jahre war es schon her. Sechs Jahre, in denen sie fast verschwunden war. Zunächst hatten die Zeitungsreporter noch versucht, ihr zu folgen – die Kaiserin sei soeben in San Sebastián eingetroffen, sie sei in Lissabon, in Gibraltar, in Oran, in Algier ... Sie habe Station in Ajaccio gemacht, nein, jetzt sei sie in Neapel, sie habe sich für einige Wochen nach Korfu zurückgezogen, sie fahre wieder weg, offenbar wolle sie nach Amerika aufbrechen, aber das habe der Kaiser abgelehnt.

Nach einigen Monaten hatte Franz beschlossen, für die Rundfahrten der Verschwundenen eine ganze Karte zu opfern: Auf einer Doppelseite in seinem Atlas hatte er nach und nach die Städte mit Rot umrandet und sogar versucht, in Blau die Fahrt des Schiffes nachzuzeichnen, dessen Namen er kannte: die *Chazalie*, wenn es nicht die *Miramar* war. Auf der *Chazalie* hatte sie einen englischen Namen angenommen – Mrs. Nicholson, warum auch immer –, aber auf der *Miramar* ließ sie sich Gräfin Hohenembs nennen; eines Tages wird sie unter dem Namen Mme. Bourbon auftauchen, wer weiß? Oder Valide Sultan, um zu provozieren?

Im ersten Jahr hatte er gezählt: Sie hatte einen Monat in Ungarn verbracht, in Wien eine Woche. Die Presse hatte ausgiebig darüber berichtet, wie sie in großer Trauer am Hof erschienen war, ein so bewegendes Schauspiel, daß die Frauen geweint hatten, zweifellos etwas zu sehr, denn die Kaiserin ließ sich nicht mehr sehen. Im zweiten Jahr hatte die Presse die Lust verloren. Gelegentlich wurde auf Kuren in Karlsbad oder in Genf hingewiesen. Sie hatte sich ziemlich lange in Gödöllö aufgehalten – das war so nahe bei Wien, daß man beruhigt war – wann war das? Im vorigen Jahr? Oder im Jahr davor?

Er wußte es nicht mehr, er kam durcheinander, sie war von neuem aufgebrochen, nach Kairo, nach Athen, Gott weiß wohin... Der Atlas blieb verschlossen. Niemand sprach mehr über den Wittelsbacher Wahnsinn; es war nicht mehr nötig, man hatte verstanden. Und wenn die Kaiserin durch die Welt jagte, war das ein weiterer Beweis, wenn es dessen überhaupt bedurfte. Sobald ein Habsburger geboren wurde, nahm sie einen Tag lang die Pose der Großmutter ein und verschwand dann wieder, wie sie gekommen war. »In Abwesenheit der Kaiserin«: Der Kaiser blieb allein. Ein einziges Mal noch neckte Willy: »Also, und die schöne Gabriele?« »Bah!« seufzte Franz. Das war alles.

Aber jedes Jahr schickte er zum Andenken an den Redoutenball zwei handgeschriebene Briefe. Den einen postlagernd in München an Gabriele mit einem unbeholfen gezeichneten Herz, das eine Träne aus violetter Tinte vergoß; den anderen, eine einfache Visitenkarte, in die Hofburg, mit dem Ausdruck seiner größten Hochachtung an »Ihre Kaiserlich-Königliche Majestät, die Kaiserin Elisabeth...«

Die zwölf Briefe waren unbeantwortet geblieben. Vielleicht fuhr Gabriele nicht mehr nach München; was die Kaiserin anging, erreichte ihre Post sie einfach nicht, das war alles. Häufig ergriff er ihre Partei: Elisabeth oder Gabriele, Ungarin oder Kaiserin, Verliebte oder Lügnerin oder beides, er würde es niemals wissen. Aber wenn der Himmel etwas zu blau war, wenn der warme Föhnwind die Straßen Wiens in Fieber versetzte, kam der wunderbare Dämon zurück, der herrliche Walzertakt und ein Ausdruck von Jugend, der ihm geblieben war.

In sechs Jahren hatte er noch mehr Haare verloren; aber seit der Photogeschichte hatte er wirklich auf sich aufgepaßt. Er fuhr Rad, manchmal nahm er sich die Zeit, von Hietzing bis zum Ballhausplatz zu laufen, zwei volle Stunden, und außerdem ging er noch auf die Felder zum Jagen – jedenfalls tat er so. Wenn nun sie und er sich von Angesicht zu Angesicht gegenüber sähen, war er zumindest vorzeigbar. Obwohl Anna ihn darum bat, lehnte er es ab, seinen Backenbart zu rasieren. Wer wußte schon, was passieren konnte?

Er sah sich schon bei der Kaiserin. Mit ihrer unnachahmlichen Anmut hielt sie ihm die Hand hin und rief sanft: »Herr Taschnik! Sie, endlich!« Oder besser noch: »Franzl, mein lieber Junge...«

Die Lokomotive pfiff, Franz fuhr zusammen. »Ich bin lächerlich«, murmelte er.

»Lächerlich?« meinte Attila. »Wovon redest du?«

»Nichts«, brummte Franz. »Ich dachte an Willibald.«

Seit dem Herbst war die Kaiserin nicht in ihr geliebtes Ungarn zurückgekehrt. Sie hatte einige Tage in Gödöllö verbracht, gerade so viel Zeit, um die Blätter fallen zu sehen und die fast leeren Ställe zu besuchen.

Die Vollblutpferde waren verkauft worden; nur noch die alten Tiere ohne Wert waren da, die sie aus Treue behielt. Verschwunden der goldene Fuchs Red Rose, die Irin Sarah, die gute Jägerin Miss Freney – und der rötliche Fuchs Büszke... Nihilist starb während ihres Aufenthalts, und sie ergriff alsbald die Flucht. Mit ihrer neuen Hofdame, Gräfin Sztáray, nach Karlsbad, dann nach Korfu. Überall begegnete sie nur Geistern, der Reitlehrerin Élise mit ihren kräftigen Händen und dem entschlossenen Mund, Sarah mit ihrem zitternden Rücken, dem armen Rustimo und selbst dem so indiskreten kleinen Buckligen... Und die Lebenden lebten zu lange.

Bei dem Gedanken, daß sie Schritt für Schritt den Krönungsweg noch einmal gehen mußte, wurde ihr übel. Man würde sicherlich auf der offiziellen Strecke den Fluß überqueren, von Buda nach Pest fahren, vom Hügel in die lärmende Ebene hinabsteigen; man würde – es war noch nicht amtlich – die Krone der

Könige von Ungarn aus der Matthias-Kirche zum neuen Parlament tragen, dessen gotischer Turm noch nicht vollendet war. Aber vom Schloß zur Kirche würde sich nichts ändern. Nichts? Doch. Sie und die Ungarn vielleicht.

Die Menge, die ihr zujubeln würde, wäre nicht mehr die von vor neunundzwanzig Jahren, die Jungen aus der Zeit wären alt geworden, sie auch, und niemand wußte, ob die »Kinder« noch den Enthusiasmus jener glücklichen Tage hätten. Andrássy wäre nicht mehr da, um sie mit seinem Blick zu ermutigen; in Budapest kannte sie niemanden mehr, Pest war übrigens von einer scheußlichen Modernität, mit riesigen Gebäuden und Karyatiden, man konnte sagen, genau wie in Wien. Vielleicht hätte die Donau ihre Erhabenheit bewahrt. Und dann müßte die Kaiserin wieder stehen und lächeln – nein!

Nein, das konnte sie nicht mehr. Nicht einmal in Budapest. Man erwartete von ihr, daß sie ihre ewige Trauer beendete, nun ja! Sie würde das Schwarz beibehalten, es war ihre zweite Haut geworden. Man wollte sie ansehen, man wünschte sie zu bedauern – sie würde ihnen nicht das Geschenk ihrer Tränen machen. Aber um ihnen zu zeigen, daß sie sie immer noch liebte, hatte sie ein über und über mit Gagat besticktes enganliegendes Kleid mit Stehkragen und Puffärmeln der neuesten Mode gewählt – ein Traum in Schwarz ohne Zugeständnis. Selbst ihr Fächer war dieses Mal schwarz.

Als die Zöpfe zu einer Krone geflochten waren, strich sie die Ponyfransen herunter, die die vier, fünf tiefen, parallel verlaufenden Falten verdeckten. Dann zupfte sie die großen Ärmel ihres Kleides bauschig, neigte den Kopf zur Seite und fand sich ganz annehmbar; nun ja, die Haut war schon sehr mitgenommen, vor allem um die Augen herum. Sie ergriff den Fächer, er war ganz einfach, aus Taft und mit einem Monogramm auf dem Ebenholzgriff versehen... Unvermittelt fiel ihr der Redoutenball ein.

Bis auf das Monogramm glich der Fächer, den sie am Ausgang des Musiksaals verloren hatte, diesem genau. Seit sie den Buckligen verstoßen hatte, hatte sie nicht mehr an ihren jungen Mann gedacht und dies nicht einmal bemerkt. Eine Hitzewelle überkam sie; das Alter quälte sie. Bei diesen Hitzeanfällen war die Niederlage unvermeidlich.

Sie lief, um die Fenster zu öffnen, und erblickte die Menge, die sie erwartete. Sie brauchte Wasser, schnell, Wasser. »Sirup?« fragten die Lakaien eilfertig. »Nein!« schrie sie.

Das war ihr Leben: Sie wollte Wasser, man fügte Zucker hinzu. Zu süß die Existenz. Und dieses Gewimmel draußen auf dem Platz. Es war Zeit. Man mußte sich der Prüfung stellen.

Als sie hinten in der Kutsche Platz nahm, verspannte sie sich; der Kaiser hatte ihre Hand umfaßt, jene, die den Fächer hielt, als wollte er sie daran hindern, sich zu verbergen. Sie atmete tief durch, nahm sich vor, es nicht an gutem Willen fehlen zu lassen, und versuchte, sich zu entspannen. Die Pferde setzten sich in Bewegung, die ersten Schreie ertönten: »Eljen Erzsébet!«

Wie damals. Der Drang der Tränen wurde so heftig, daß sie sie nicht mehr zurückhalten konnte, sie machte ihre Hand frei, der Fächer öffnete sich, Elisabeth existierte nicht mehr. Der Kaiser stieß einen Seufzer aus und tätschelte ihr liebevoll die Schulter. Vor ihm, vor ihm allein, konnte sie die Tränen nicht verbergen. Hinter dem Fächer hörte sie kaum, wie die Rufe lauter wurden und die Freude sich in ein enttäuschtes Gemurmel verwandelte. Was die Wiener anging, konnte Elisabeth es verstehen, aber blieb sie auch für die Ungarn unzugänglich? Das war zuviel. Sie sollte sich zeigen.

Unmöglich, dachte sie verstört, *ich würde es ja gerne tun, aber ich kann nicht mehr.* Immer wieder setzte sie zu dem Versuch an, den Fächer zu senken, immer wieder weigerte sich ihre gelähmte Hand, ihr zu gehorchen. Die Menschen aus der Menge riefen noch immer, vermischt waren die Vivats für den König, die Klagerufe für die Königin, vermischt waren Stolz und Mitleid, Ruhm und Trauer. Oh! sie waren noch immer so sensibel, ihre Ungarn. Sie dachte an den Délibáb in den Steppen, an die schwebenden Wunder in der vibrierenden Luft, an die Schwäne, an die Gänse auf dem warmen Gras...

Los, bei der Biegung dort unten vor der Kirche klappe ich

diesen Fächer zusammen, dachte sie, *schon drei Falten, ich schaffe es...* Aber nein! Die Pferde waren schon eingebogen.

Sie kämpfte nicht mehr. Maskiert betrat sie das Kirchenschiff, ließ sich maskiert unter dem königlichen Baldachin nieder, nahm maskiert die Ehrenbezeugungen der Würdenträger entgegen und fügte sich schließlich. Der Fächer war verzaubert und Ungarn enttäuscht.

❖

Anna bedauerte sie betrübt; Emmi fand sie wunderbar; Toni langweilte sich entsetzlich; Attila war drauf und dran, sie zu kritisieren, aber Franz hielt ihn davon ab.

Mutter Erdos wohnte hinter dem Schloß in einem veralteten Gebäude, dessen kaiserlich gelber Putz für den Anlaß erneuert worden war. Verwirrt entschuldigte sich Attila wegen des verrosteten Brunnens im Hof, des Unkrauts, der hinfälligen Betten – im übrigen würde man bald umziehen in ein modernes Wohnhaus auf der anderen Seite der Stadt, im Universitätsviertel.

Die alte Frau begrüßte die Familie stehend, auf ihren Stock gestützt; wie eine Königin faßte sie Emmi am Kinn, um sie aus der Nähe zu prüfen – »wirklich charmant« – und umarmte sie mir nichts, dir nichts. Für Anna war das verdächtig; Attila wirbelte etwas zu sehr umher. »Die Verbeugung, Emmi«, murmelte Anna und zwang sie, sich zu verneigen.

Am selben Abend bestand der Ungar darauf, sie auf die Hügel von Buda zu führen, und von oben, von der Fischerbastei, konnten sie die angestrahlten Gebäude sehen. Anna und Emmi, die sich über die Festungsmauern beugten, glichen einander wie zwei Cousinen; auf einer Bank etwas weiter weg saß Toni in seine Gedanken vertieft. Attila nahm Franz beiseite und sprach das erste Mal davon, Emmi heiraten zu wollen.

Im übrigen, gab Attila zu bedenken, habe die Kleine ja schon ja gesagt.

Wutentbrannt erinnerte sich Franz an die Prüfung durch die alte Gräfin, an Annas Zurückhaltung, an die Exaltiertheit der

Tochter und ihre Unbotmäßigkeit. Er widersetzte sich, beschwor den Altersunterschied.

»Vierundzwanzig Jahre? Eine Lappalie, wenn man liebt«, antwortete Attila und warf sich in die Brust.

»Emmi bekommt natürlich eine Mitgift, aber man sollte nicht hoffen...«

»Für wen hältst du mich?« murmelte Attila verärgert.

Alter hin oder her, er, Attila, habe eine reiche Vergangenheit, die »Roten«. Emmi sei noch sehr jung, sehr unschuldig...

»Meinst du?« warf der Ungar nebenbei ein.

»Nun ja! Sie will singen, das muß man schon einsehen.«

»Die letzte Rothaarige war auch Sängerin«, meinte Attila. »Ich habe an alles gedacht.«

»Gib mir Zeit«, schloß Franz. »Anna...«

»Gerade in diesem Augenblick und unter deinen Augen vertraut sich Emmi ihrer Mutter an«, schnitt ihm der Ungar das Wort ab. »Schöner Tepp.«

»Das ist ein Komplott«, rief Franz wütend.

»Ja, aber ein liebevolles«, antwortete Attila. »Wen gäbe es Besseres als mich, unsere liebe Emilie unter die Fittiche zu nehmen. Ich habe sie auf die Welt kommen sehen. Ich werde mehr als ein Ehemann sein – ein zweiter Vater! Im übrigen, Franz, unter uns, du hast gar keine Wahl. Emmi weiß, was sie will; schließlich ist sie deine Tochter, dickköpfig wie du... Hast du früher nicht deiner Mutter Widerstand geleistet?«

Franz drängte nicht weiter. Anna und Emmi kamen zärtlich umschlungen zurück. Toni gesellte sich zu ihnen und versicherte, daß er schon vor Monaten alles erraten habe.

Als Franz und Anna zu Bett gegangen waren, redeten sie noch lange miteinander. Denn sie zweifelten nicht an der Ernsthaftigkeit Attilas, sie waren sich nur ihrer Tochter nicht sicher.

»Weißt du, sie ist viel größer als er«, warf Franz ein. »Um mindestens einen Kopf.«

»Wenn sie sich in Hietzing niederließen«, meinte Anna, »könnte ich ein Auge auf sie haben... Unsere Emmi ist etwas leichtfertig.«

»Und du glaubst, sie haben... Nun ja, ich weiß nicht, wie ich sagen soll...«, wagte Franz scheu.

»Die Zeiten haben sich geändert, Franzl«, antwortete Anna. »Zu diesem Thema hat sie mir nichts anvertrauen wollen.«

Und plötzlich brach sie in Tränen aus, gab vor, daß es ihr Fehler sei, ihre fortschrittlichen Ideen, Emmi sei zu frei aufgewachsen, und jetzt... Anna hörte nicht mehr auf zu schluchzen. Franz konnte sie noch so sehr in den Arm nehmen, sie küssen, sie wiegen, nichts half; sie rang um Atem und wurde ohnmächtig. Damit sie wieder zu sich kam, mußte er sie ohrfeigen.

»Das Leben geht dahin, Franzl«, sagte sie wieder. »Emmi wird sich verlieren. Schau dir Willy an, er zerstört sich selbst, die Zukunft sieht schlimm aus, Franzl, und du, du erkennst nichts! Selbst die Kaiserin, diese hinter ihrem Fächer versteckte schwarze Statue, bringt Unglück! Du natürlich mit deiner Walzermentalität...«

»Du übertreibst alles«, seufzte Franz. »Du vergißt, daß wir Toni haben...«

»Auch er wird gehen!«

»Attila wird Emmi glücklich machen...«

»Wenn sie bei ihm bleibt!« rief Anna.

»Und was die Kaiserin angeht, laß sie doch in Frieden, die arme Frau.«

»Unglücksrabe«, bemerkte Anna hart. »Sie macht mir Angst.«

Diesmal wurde Franz wütend. Er kehrte ihr den Rücken zu und vergrub den Kopf im Kopfkissen. »Meinetwegen Walzermentalität, trotzdem muß geschlafen werden.«

Anna saß mit verstörtem Blick auf dem Federbett und starrte lange auf das Muster aus Licht und Schatten, das die Straßenlaternen durch die Fensterläden warfen. Von Zeit zu Zeit murmelte Franz im Halbschlaf: »Leg dich doch hin, Anna, morgen sieht man klarer«, dann ein einfaches: »Komm doch!« Schließlich begann er zu schnarchen, und sie suchte verzweifelt in der Dunkelheit des Zimmers die Zukunft.

Sie hatten beschlossen, auf einem Raddampfer nach Wien zurückzukehren. Es dauerte zwei Tage, um den Fluß hinaufzufahren. Langsam ging es an der Margereten-Insel vorbei; sie zogen an den romantischen Ufern entlang, wo sich Weinberge und Gemüsegärten aneinanderreihten, dazwischen kleine Holzhäuser, kurz, es war hinreißend – und billiger als die Eisenbahn.

Anna machte es sich mit ihrem Buch auf der Brücke bequem; neben ihr schrieb Toni ungestüm in ein kleines Heft. Franz las seine Zeitung; die Verlobten turtelten miteinander, vor allem Emmi, die den armen Attila dazu zwang, Händchen mit ihr zu halten und sie schließlich um die Taille zu fassen, als sei sie eine gewöhnliche Bäuerin.

Der Ungar war erst schockiert, dann entzückt; diese Jugend brachte sein Blut in Wallung.

»Die Regeln des Anstands, Onkel Attila? Aber das ist mir einerlei!« rief sie lachend.

»Wann hörst du endlich auf, mich deinen Onkel zu nennen!« seufzte er errötend. »Ich bin dein Verlobter, fast dein Ehemann!«

»Das hat etwas Liebes, ein Onkel«, sagte sie und wurde wieder ernst. »Und außerdem habe ich Sie immer nur so gekannt. Nein, nein, Ehemann oder nicht, du wirst mein Onkel Attila bleiben.«

Und er, der nicht aus seinen Gewohnheiten herauskonnte, lachte verlegen unter den Augen seiner Freunde.

»Hörst du's, Anna?« murmelte Franz. »Sie wird ihn an der Nase herumführen. Aber wo hat sie solches Gehabe gelernt? Die Hand um die Taille in der Öffentlichkeit! Anna! Du hörst mir nicht zu! In was für ein Zeug bist du denn wieder versunken?«

»*Der Judenstaat*«, sagte Anna, ohne die Augen zu heben. »Von Theodor Herzl. Ist vor kurzem erschienen, du erinnerst dich.«

»Herzl?« fragte Franzl mit zweifelnder Miene. »Ich weiß nicht mehr so recht... Er war Zeitungskorrespondent in Paris, nicht wahr? Den meinst du doch?«

»Er sagt, daß jeder Jude in sich den Traum eines Judenstaates trägt«, antwortete Anna und nahm die Brille ab. »Daß es genügend Gettojuden, Geldjuden, falsche und echte Juden gibt und daß sie alle eines Tages eine richtige Nation bilden werden. Siehst du, Franzl, dahinter steckt schon eine Idee.«

»Leeres Geschwätz!« warf Franz ein. »Warum nicht einen slowakischen Staat? Oder einen tschechischen? Ah! Fast hätte ich den Staat der Bukowina vergessen, meine Liebe...«

»Und das wäre das Ende des österreichischen Kaiserreiches, Franzl«, seufzte sie, »ich weiß. Genau das. Aber dieser komische Mann sagt auch, daß man mit dem Traum beginnen muß. Das ist nicht gefährlich. Da es sich um Traum und Ideal handelt. Hast du nicht einen Traum, der dir ganz allein gehört, ganz geheim, und den du nie erzählt hast, nicht einmal mir?«

»Oh!« brummte Franz, »vielleicht, aber doch harmlos... Hingegen der Traum von einem Staat! Dieser Herzl hat den Verstand verloren. Ich verstehe! Er war während dieses Prozesses da, in Paris, während dieser schrecklichen Affäre, dieses Justizirrtums mit diesem Oberstleutnant da, ich habe den Namen auf der Zunge, wie heißt er doch gleich?«

»Dreyfus«, sagte Anna, »er war nur Hauptmann. Er ist im Zuchthaus.«

»Also! In Paris Dreyfus verurteilt, Lueger in Wien gewählt, das hat ihn verrückt gemacht, deinen Herzl«, fuhr Franz herrisch dazwischen. »Man wird die Antisemiten nicht mit Träumen schlagen! Ernsthaftigkeit, Entschlossenheit sind vonnöten...«

»Und ein guter Kaiser«, seufzte Anna. »Aber mit seinen Nachfolgern hat er kein Glück. Sein Bruder Karl Ludwig ist tot, und dessen Sohn, der neue Erbe des Reiches, gefällt mir nicht. Der Erzherzog Franz Ferdinand sieht mir ganz nach einem Unruhestifter aus. Er wird uns nicht vor der äußersten Rechten und den Christlich-Sozialen retten! Vielleicht müssen wir hier eines Tages weg, wer weiß?«

»Du machst dir zu viele Sorgen«, murmelte Franz und nahm ihre Hand. »Immer mußt du dich mit trüben Gedanken herumschlagen.«

»Es stimmt, daß dieser Herzl auch Flugzeuge voraussagt, die ganz allein funktionieren sollen«, fuhr sie fort, ohne auf ihn zu hören. »Es heißt, er habe den Rabbinern und den Parteien Anlaß zur Unzufriedenheit gegeben; offenbar führt er sich inzwischen unglaublich auf, fast wie ein Messias... Weißt du das? Man nennt ihn auch den König der Juden! Er ist ein Erleuchteter...«

»Ein König, na so was«, brummte Franz. »Jude um Jude, mir war Heine immer lieber. Er hat wenigstens für die Revolution gekämpft. Jedenfalls gefällt Herzl den Damen! Denn wenn ich mich recht erinnere, sieht er gut aus, der Kerl, oder nicht?«

»Und wenn sie eines Tages alle entscheiden sollten, uns auszulöschen?« murmelte Anna mit starrem Blick.

»Komm schon, Mama«, fuhr Toni dazwischen, der bisher kein Wort gesagt hatte. »Solche Schrecken passen nicht mehr in unsere Zeit. Soll doch die Jugend die alte Welt ändern und der Bohrhammer der Vernunft die Geschichte aufrütteln.«

Toni hatte etwas für Schwulst übrig; sein Vater warf ihm einen vernichtenden Blick zu.

Franzl zuckte mit den Schultern und vertiefte sich in seine Zeitung. Dort wurde in allen Einzelheiten die letzte offizielle Tausendjahrfeier in der Matthias-Kirche mit allen Würdenträgern und Magnaten des Kaiserreichs beschrieben. Die Königin hatte sich ohne Schleier gezeigt, doch so traurig ausgesehen, daß der Journalist sie mit einer Marmorstatue verglich, wie es auch Anna in Bad Ischl getan hatte.

Als dann die Vivat-Rufe unter den Gewölben widerhallten, erwachte die Statue zum Leben, Farbe kam in ihre Wangen, sie erhob sich mit Anmut und bewegte ihre berühmte Taille, sie verneigte sich lebhaft, und ihre Augen waren voller Stolz. Die Rufe verstärkten sich, und sie setzte sich plötzlich wieder, vielmehr ließ sie sich fallen, als ob der verborgene Gott, der ihre Gesten dirigierte, plötzlich entschieden hätte, daß es nun zu Ende sei, daß sie zu dem Zustand eines Automaten zurückkehren müßte, aus dem sie sich für einen Augenblick befreit hatte. Die Blässe war wieder da, der Kopf senkte sich, die Hände waren erstarrt. In seinem letzten Satz gab ihr der Journalist einen neuen lateinischen Namen: Mater dolorosa.

Was keineswegs zu ihr paßte, schoß es Franz durch den Kopf.

Er faltete die Zeitung zusammen und zündete sich eine Zigarre an, deren Rauch sich mit den Schwaden aus den Fabriken der Budapester Vororte vermischte. Er gab die Hoffnung nicht auf, sie eines Tages wiederzusehen. Eigentlich hatte Anna mit diesem verrückten Herzl und dessen Phantasien von einem Judenstaat nicht unrecht: Der Traum bestand fort, unschuldig. Ohne Gefahr.

20

DAS GEBISS

Jener alten grauen Katze,
Räudig und mit gelbem Zahn,
Scharfen Krallen in der Tatze,
Sieht man gleich ihr Welschtum an.

Elisabeth von Österreich

Seit Emmis und Attilas Hochzeit waren aus dem Hietzinger Haus das Lachen und die Lieder verschwunden. Sicherlich, Toni war noch da; aber er wuchs schnell heran, und die Spuren der Kinder wichen allzu schnell aus dem Leben der Taschniks.

Toni wurde ein sehr ernsthafter Junge, und zur großen Enttäuschung seiner Mutter zeigte er keinerlei Neigung zur Musik; die Diplomatie interessierte ihn ebensowenig, er wollte Schriftsteller werden. Mit achtzehn hatte er schon Gedichte geschrieben, von denen eines in einer Zeitschrift mit geringer Auflage veröffentlicht worden war. Aber es war ein Anfang. Im übrigen arbeitete er hart, um seine Examina zu bestehen, und seine Eltern waren sehr zufrieden mit ihm, bis auf sein mangelndes Interesse an Musik und Diplomatie.

Bei den Taschniks wurde kaum noch Musik gemacht. Die sonntäglichen Zusammenkünfte hatten den politischen Schrullen Willys nicht widerstanden, trotz aller Bemühungen Annas, die ihr Klavierspiel noch nicht aufgegeben hatte; aber Franz begann die Noten weniger genau zu studieren und schwor jeden Tag, daß er sich eine neue Brille zulegen wolle. Das Duo verlor an Qualität. Und als ob das nicht genügt hätte, starb der gute alte Brahms, eine so vertraute Gestalt in Wien; er starb, wie er gelebt hatte – mit einem Glas Rheinwein in der Hand. Alle wurden älter.

Anna zeigte sich jeden Tag darüber betrübt; Franz nahm die Dinge wie gewöhnlich mit philosophischer Gelassenheit. An manchen Abenden fand er es alles andere als ärgerlich, mit seiner Frau allein zu sein; aber wenn er vor ihr den Zauber der wiedergefundenen Freiheit rühmte, die Tonis Weggang unweigerlich mit sich bringen würde, las er eine Art Panik in Annas Augen.

Auf die Nervenkrise in Budapest war keine weitere gefolgt; dennoch hatte er sie bei ihrer Rückkehr gezwungen, einen Arzt der Familie zu konsultieren, den hervorragenden Dr. Bronstein, der auf Nervosität, Müdigkeit – vielleicht wegen Emmis Hochzeit – und auf die üblichen Frauenprobleme in diesem Alter hinwies. Er hatte lange ihren Schädel abgetastet.

Anna äußerte dem Arzt gegenüber nichts von ihren Sorgen. Zum Kummer über den Weggang Emmis kamen entsetzliche Ängste, über die sie mit ihrem Mann nicht zu sprechen wagte. Sie waren so heftig, sie trugen sie so weit weg von Wien, daß sie sich selbst nach einem unmöglichen Exil sehnte. Denn der alte Kaiser Franz Joseph hatte gerade dem Volkswillen nachgegeben; der schöne Karl, der entsetzliche Lueger, war Bürgermeister von Wien geworden.

Dr. Bronstein verschrieb Baldrian und empfahl Zerstreuung; Anna sagte nichts mehr.

Sie sagte auch nichts über das nervöse Schluchzen Willibalds, dessen Mutter schließlich ohne Schmerzen im Schlaf gestorben war. Willy weinte endlos und zog sich dann in sich selbst zurück. Anna nahm den alten Verwaisten in Schutz und setzte sich lange für ihn ein.

Ohne bei der Kammermusik nachzugeben, war ihr Mann schließlich mit einer begrenzten Versöhnung einverstanden. Sie würden nicht mehr sonntags zusammen spielen, aber sie würden sich wie früher sehen. Franz beschloß, jede politische Diskussion zu vermeiden; Willy nahm es dankbar hin. Im übrigen hatte ihn der Tod seiner Mutter offenbar beruhigt oder vielmehr gebrochen.

Um sie aufzuheitern, führte Franz seine Frau Anna und seinen Freund Willy zum Riesenrad, das man dem Wurstelprater hinzugefügt hatte, diesem Jahrmarktteil des großen Parks. Mit seinen vierundfünfzig Metern Durchmesser war dies das achte

Weltwunder. Als sie das erste Mal in die Kabinen stiegen, wurde Anna oben auf der Spitze schwindlig. Seitdem brauchte sie das Rad nur zu sehen, und ihr wurde übel. Franz hatte einen anderen Einfall: Bei schönem Wetter gingen sie alle auf den Hügel in Bellevue in einen Heurigen. Die Luft war klar, etwas frisch, die Bäume rauschten, und der Kakao war dort nicht schlechter als anderswo.

An einem solchen Tag, es war ein Sonntag, hatten sie sich an einem kleinen, grün gestrichenen Tisch niedergelassen, und alle waren in bester Stimmung. Das Mittagessen war einfach und göttlich, Schinken, eingelegte Cornichons, etwas Salat und ein perlender Gespritzter, der den Geist befreite und nicht beschwerte. Sie schwatzten über frivole Themen und umgingen wohlweislich alles Strittige. Um das Problem Lueger zu vermeiden, wetterte Willy gegen eine neue avantgardistische Bewegung, die gerade eine Zeitschrift mit dem anspruchsvollen lateinischen Titel *Ver Sacrum*, Heiliger Frühling, herausgegeben hatte. Franz hatte noch nie etwas davon gehört.

»Aber doch, Franzl, du weißt schon, das sind die Freunde von Toni«, sagte Anna und zog ihn am Ärmel. »Er erzählt mir häufig davon...«

Franz hatte nichts bemerkt. Toni war zu klug, als daß er seinen Vater mit avantgardistischen Zeitungen verstören würde. Und Willy, der vor Verblüffung ganz runde Augen hatte, nahm seine Moralpredigten wieder auf.

»Ich beglückwünsche euch beide nicht. Toni mit diesen subversiven Elementen zusammen zu lassen! Es wäre besser, ihn in einem Studentencorps einzuschreiben, Arminia oder Teutonia, jedenfalls irgend etwas eher Seriöses!«

»Um ihn mit einem Schmiß und einem scheußlichen Filzkäppi auf dem Kopf heimkehren zu sehen? Damit er bei den Treffen mit dir ›Tod den Juden‹ brüllen kann?« Anna war sofort aufgebraust. »Kommt nicht in Frage!«

Wenn Anna die Stimme erhob, war das etwas so Seltenes, daß Willy sofort die Schultern einzog. Er nahm ihre Hand und küßte sie.

»Verzeihung, meine Liebe«, brummelte er verwirrt. »Aber warum das Heilige mit dem Frühling vermengen? Und was ist mit dem Namen, den diese Schwachköpfe erfunden haben, die ›Sezession‹? Wovon wollen sie eine Sezession? Von uns vielleicht?«

Natürlich verteidigte Anna die jungen Leute. Eines wollten sie nicht mehr, das Althergebrachte, die Ordnung, die alte Welt, eben nicht das allzu Gewohnte. Das jugendliche Aufbegehren erwies sich anderswo als erfolgreich. In Frankreich sprach man von »Art Nouveau«; in Wien vom »Jugendstil«. Nein, Anna fand sie interessant; und sie würde sogar Toni um die Zeitschrift bitten.

»Das kannst du nicht tun, Anna!« ereiferte sich Willy. »Das ist obszön. Auf das Titelbild haben sie eine nackte Frau gezeichnet, ganz mager, mit Hüften... Spitzen Hüften... Bizarren! Also scheußlichen Hüften. Entsetzlich!«

Anna erinnerte sich ironisch an die nackten Hinterteile des verstorbenen Makart; Willy protestierte: Makart sei ein Heiliger gewesen, ein Genie, man könne sie nicht miteinander vergleichen.

Dann fragte Anna Willibald, wo er die Zeitschrift ausfindig gemacht habe. Der dicke Mann lief rot an, stammelte, verstrickte sich in wirren Andeutungen, wobei schließlich herauskam, daß junge Leute eines Abends bei einer politischen Versammlung den *Ver Sacrum* verbrannt und dabei *Deutschland über alles* gesungen hätten... Dann war er mit einemmal verstummt.

Willy hatte etwas zuviel getrunken, geriet außer Atem und bestellte sich gerade einen Slibowitz. Schlechtes Zeichen. Franz spürte, daß die Diskussion bösartig zu werden drohte.

»Ihr werdet uns nicht den Frühling verderben«, meinte er. »Seht euch lieber die Bäume an; in einer Woche wird man Kirschen pflücken können, wette ich. Wir kommen wieder her: Wenn wir den Weg hinuntergehen, werden wir ein paar abschütteln können, ohne daß man uns sieht. Willy! Anna! Ich rede mit euch!«

Aber es war zu spät. In Annas Augen blitzte Angst auf; Willy hatte in einem Zug seinen Slibowitz getrunken, und auf seiner

Haut zeigten sich rosafarbene Flecken. Er schwieg wütend. Anna ebenfalls. Franz zündete sich die Pfeife an und beschloß, anderswohin zu gucken. In dem Augenblick sah er sie, mitten im Sonnenschein.

❖

Zweifellos war sie schon seit einiger Zeit da; er hatte sie nicht eintreten sehen. Unter einem dichten Schleier den Kopf hoch erhoben, den Hals auf unvergleichliche Weise gestreckt: Es war unzweifelhaft sie, inkognito.

Die Kaiserin saß am letzten Tisch, weit entfernt von der Tischplatte, ganz in Schwarz; die behandschuhten Hände ruhten auf dem Fächer. Wie es sich gehörte, war sie nicht allein. Neben ihr rührte eine Hofdame vorsichtig mit einem Löffel in der wolkigen Creme einer Tasse Milchkaffee, um dieses köstliche Gebräu nicht zu verderben. Die Kaiserin trank nichts; vor ihr ein Glas Wasser, das sie nicht anrührte. Ihre Gefährtin beugte sich zu ihr hinüber, flüsterte ihr ein paar Worte ins Ohr und verschwand.

Sie war allein; ein Seufzer der Erleichterung ließ den undurchsichtigen Musselin erzittern.

Die Welt um Franz herum hatte sich plötzlich aufgelöst; das Gebrabbel der sonntäglichen Kunden zerschmolz zu einem Gemurmel wie in der Kirche, die Gestalten verschwammen, das Licht verblaßte. Sie allein zeichnete sich mit einer erschreckenden Klarheit ab, als ob ein Maler beschlossen hätte, den Rest seiner Leinwand mit einem Riesenpinsel zu grundieren, um die Umrisse der Frau genauer herauszuarbeiten zu können: die spitze Feder der Kappe, den zitternden Schleier, die flachen Hände, den Stehkragen, den langen Rock, die glänzenden Schnürstiefel, den aufgerichteten Oberkörper, den gesenkten, unsichtbar zur Schau gestellten Kopf, eine unbewegliche, vollkommene Schwärze. Plötzlich belebte sich die Statue. Franz hielt den Atem an.

Schnell hob sie den Schleier, warf ihn schwungvoll nach hinten, ohne sich zu verstecken, ruhig. Ruhig hob sie das Kinn, schloß die Augen und bot ihr Gesicht der Hitze des Tages dar. Instinktiv wich Franz zurück, als ob sie nackt gewesen wäre; ihre Haut war nicht mehr hell, sondern gebräunt, faltig, gegerbt, und am Stirnansatz waren die Haare grau geworden. Die zusammengepreßten Lippen zeichneten eine merkwürdige Grimasse, die sich in ein krampfhaftes Grinsen des Leidens verwandelte.

Immer noch ruhig, senkte sie den Kopf, zog einen Handschuh aus, öffnete den Mund, führte vorsichtig die Finger hinein und zog ein Gebiß heraus, das sie an den Rand des Tisches legte; dann nahm sie das Glas und schüttete Wasser über das Gebilde, alles mit selbstverständlicher Anmut. Es war blitzschnell getan: das Gebiß gewaschen, wieder eingesetzt; mit einem Taschentuch, das aus dem Handschuh aufgetaucht war, wischte sie die feuchten Spuren auf dem Kinn ab, sie hob den Kopf und war endlich bereit, sich die Welt um sie herum anzusehen.

Der erste Blick, dem sie begegnete, war der eines noch jungen, ziemlich kahlen Mannes mit einem Bauchansatz; er starrte sie intensiv an. Er war nicht allein; neben ihm seine Frau, den Kopf gesenkt; sie drehte nachdenklich am Ende einer goldenen Kette, und der andere Gast, ein Freund zweifellos, stützte sich auf den Tisch und knetete Brötchenkrumen. Die Kaiserin wollte gerade den Kopf wegdrehen, als der Riese flehend die Hand hob, als ob er sie um etwas bitten wollte: »Geh nicht!« Die Kraft der blauen Flamme seiner Augen war so naiv, daß sie die Stirn runzelte und ihn erkannte.

Das war er also geworden, das hatte er nicht zeigen wollen: ein gesetzter Bürger, ein dickbäuchiger alter junger Mann mit Glatze. Nur der Blick hatte sich nicht geändert. Neugierig nahm sie die Lodenjacke wahr, den grauen Besatz, die pflaumenblaue Brokatweste, die sich über dem Bauch spannte, den gestärkten Kragen und die dicke modische Fliege aus dunkler Seide; als sie zum Gesicht zurückkehrte, wurde sie gewahr, daß der Riese lächelte und dabei wie ein Jüngling errötete.

Die Hand war noch erhoben, wie ein stummer Anruf; langsam legte er einen Finger auf die Lippen, riß die Augen auf… »Still!« schien er zu sagen. »Ja, ich bin es, du hast dich nicht getäuscht, ich habe dich auch erkannt, ich werde dich nicht verraten, so haben wir uns endlich wiedergefunden, mach keinen Lärm!«

Sie konnte sich von diesem lächelnden Blick nicht lösen. Alles an ihm verströmte Güte. Dieses helle Feuer, das ihr entgegenschlug, bedrohte sie nicht, nein, es wärmte sie; in das Blau seiner Augen vertieft, ließ sie ihn nicht mehr los. Plötzlich stieß ihn die Frau neben ihm am Ellenbogen, ihre Lippen bewegten sich, sie sprach halblaut auf ihn ein, sie schien beunruhigt, nervös. Da er nicht antwortete, schüttelte die Frau ihn wie einen Schläfer, der gerade wach wurde, sie rief ihn: »Franzl!«

Er seufzte tief, wandte dann den Kopf ab, es war zu Ende. Bevor sie den Schleier herabließ, hatte sie gerade noch die Zeit zu sehen, wie der neugierige, mit Eifersucht gemischte Blick der Frau auf ihr ruhte.

Als der dichte Musselin sie wieder verdeckte, erinnerte sie sich an ihr Gebiß; ihr Herz klopfte, und die Röte stieg ihr ins Gesicht; sie begriff, daß das Schlimmste passiert war. Er hatte gesehen, wie sie Wasser über das Gebiß schüttete; der Anblick der Finger, die in den Mund wanderten, und der falschen Zähne hatte ihm nicht entgehen können. Zögernd klopfte die Erinnerung an die Tür der Träume, das Ballgewimmel, das Sich-Mitreißen-Lassen beim Walzer, die Wärme der großen Hände um ihre Taille, die Kälte des Himmels, die eisigen Sterne, das entflammte Herz, ein von den geschlossenen Lippen gestohlener Kuß und die Jugend einer Nacht, einer einzigen Nacht. Das ganze Glück eines einzigen Balles in ihrem Leben – durch ein Gebiß verdorben.

Niedergeschmettert krümmte sie sich. Das Übel war nicht wiedergutzumachen. Sie hörte ihn mit einer Stimme sprechen, die sich auch nicht wirklich verändert hatte: ein wenig langsam, ziemlich ernst, eine Stimme, rund wie er selbst, die versuchte, die andere Stimme zu beruhigen, die der Frau, die zart, sanft und drängend war, eine Gattinnen-Stimme. Sie selbst war zu weit weg, als daß sie die Worte hätte verstehen können; aber sie verstand genau den Singsang, zärtlich und tief, genügend, um die Harmonie zu erfassen, von der sie ausgeschlossen war.

Gräfin Sztáray, ihre letzte Hofdame, ließ sich Zeit mit dem Zurückkommen; die bittere Süße der verflogenen Verzauberung war noch einen Augenblick spürbar. Sie konnte durch den Schleier die Andeutung eines klaren, fröhlichen Blicks, einen Streifen Himmel, eine Spur von Blau sehen; die Luft blieb leicht, gleichsam durchsichtig. Aber nicht für sie, die den trokkenen Stoff des unerbittlichen Musselins einatmete; mal wurde er vom Windzug angehoben, mal brutal auf ihre Lippen gepreßt, zum Ersticken.

Es bestand nur eine vergängliche Freiheit fort, die an den Blick eines gealterten jungen Mannes gebunden war, ohne daß das Alter das Geheimnis zwischen ihnen geändert hätte. Er war nicht allein. Das war unerträglich. Sie erhob sich mit einem Ruck, zog die Schultern zurück und ging, während sie den Fächer mit einem kurzen Klirren auseinanderfaltete; er würde ihn am Geräusch erkennen.

Anna fragte sich, was für eine Art Traum ihren Mann verfolge, daß er nicht einmal hörte, wie sie ihn fragte, was er da eigentlich mit solcher Aufmerksamkeit betrachte. Es sei denn, es hätte ihn ein brutaler Fieberanfall erwischt, bei dem Südwind wußte man nie; vielleicht auch zuviel vom perlenden Weißwein; oder das Schmollen von Willy setzte ihm zu.

Sie hatte die Frau in Schwarz am Ecktisch bemerkt, aber das war nur eine alte elegante Dame, eine von diesen nicht in die Zeit passenden Aristokratinnen, wie es sie in Wien zuhauf gab und die manchmal, wenn schönes Wetter war, in die Heurigen kamen, um Volksgerüche zu schnuppern. Was Anna sich dagegen überhaupt nicht erklären konnte, war die ungewöhnliche Geste, mit der dieser Schleier plötzlich und blitzschnell heruntergezogen wurde; das quälte sie nicht weiter. Zweifellos ein grausamer Trauerfall; übrigens schloß Franzl sich dieser Überlegung an.

Er belog seine Frau mühelos. Er hatte seinen gelben Domino wiedergesehen. Sie hatte nicht geleugnet, dieses Mal hatte sie ja gesagt, sie hatte in aller Stille die Worte seines Gedichtes ausgesprochen: »Ich bin es! Ich habe dich wiedererkannt!«

Sie war sehr gealtert; und ohne es zu merken, hatte sie gelächelt.

Für einen Augenblick dachte er an das furchtbare Gebiß. Das Bild war unangenehm. Er versuchte, es zu verscheuchen, was ihm nicht gelang; er sah von neuem die prosaischen Gesten, die zum Mund erhobene Hand... Er wischte sich die Stirn.

Schließlich hatte er inzwischen einen Bauch, und sie trug ein Gebiß.

Eine Amsel begann zu singen. Nichts war in Wien hübscher als die Amseln, die sich nicht versteckten, sondern gut sichtbar auf den Spitzen der Zweige saßen und ihre Stimmen erhoben, als wollten sie dem Frühling ihre Triller ins Gesicht schmettern. Diese Amsel war wie die anderen: lebhaft, entzückend, spöttisch und durch und durch schwarz. Respektlos selbst gegenüber dem Leben – wie sie mit ihrem Gebiß.

Der Zufall, das Schweigen und dieser flüchtige Frühling hatten sie noch fester vereint als die Briefe und die Erinnerungen. Es kümmerte ihn nicht mehr, ob die alte Dame die Kaiserin oder Gabriele war. Denn da er nun sicher war, sie wiedergefunden zu haben, da er endlich ihr stummes Geständnis erhalten hatte, versöhnte er sich mit seiner Unbekannten. Er war glücklich.

Der Kaiser zögerte.

Er hatte wieder einen Brief bekommen, in dem die Kaiserin ihn darum bat, zu ihr an die Côte d'Azur zu kommen. Sie richtete häufig solche Ansinnen an ihn, obgleich sie genau wußte, daß ihn offizielle Verpflichtungen festhielten. Es war ein Spiel: Sie schrieb zärtliche Briefe, beklagte sich über ihre Trennung, weigerte sich aber, in Wien wieder mit ihm zusammenzukommen; nein, was sie wollte, war, daß er die Hauptstadt verließ. Und daß er zu ihr käme, wie ein Ehemann in die Ferien geht, vor allem inkognito.

Sie hatte sich mit dem Alter sehr verändert. Sie war nicht

länger eine Amazone; sie marschierte langsamer nach Ischiasanfällen, die sie häufig ans Bett fesselten. Ihre Selbstmordgedanken hatten sich mit den Reisen nach und nach gemildert. Sie war zweifellos ungebärdig geblieben und liebte die seltenen Tage nicht, die sie in Wien verbrachte, drei- oder viermal im Jahr, mehr nicht. Aber der Kaiser sagte sich schließlich, daß sie vielleicht ein glückliches Alter miteinander verbringen könnten, durch eine endlose Trauer aneinandergekettet, die sie eher vereint denn getrennt hatte. Jetzt, da sie weiser geworden war, wäre es möglich, daß sie einfach eine elegante Großmutter würde, ein wenig traurig, aber von erlesener Wehmut.

Nachdem er hundertmal das Für und Wider gegeneinander abgewogen hatte, stimmte er zu, sie am Cap Martin zu treffen. Beide gingen im öffentlichen Park bei Sonnenuntergang spazieren; er trug einen bürgerlichen Gehrock und eine Melone, sie ihr ewiges schwarzes Gewand und ihren weißen Schirm.

»Was für ein altes Paar wir nun sind«, platzte sie eines Abends heraus.

»Das ist doch gar nicht so schlecht«, antwortete er hoffnungsfroh. »Wenigstens sind wir nicht getrennt, wohingegen andere...«

Sie schwieg. Er hatte Angst vor dem, was kommen würde.
»Und was wird aus der Freundin?« warf sie zerstreut ein.

Die Freundin war die Schratt, die sie ihm in die Arme getrieben hatte. Er hatte sich nicht an diesen Satz gewöhnen können. Aber er hatte keine Wahl, er mußte antworten.

»Es geht ihr gut, danke. Sie ist in der letzten Zeit etwas dicker geworden, so daß sie angefangen hat mit der Diät...«

»Ha!« unterbrach sie ihn, »sie wird also niemals aufhören, mich nachzuahmen! Nun ja, das ist deine Sache.«

»Sie hat mich mit tausenderlei Dingen für dich beauftragt, Sisi«, murmelte er demütig. »Sie ist nicht bösartig, weißt du...«

»Oh! Sie ist es nicht einmal genügend«, schloß sie und beschleunigte den Schritt. »Fängt sie nicht auch allmählich an, etwas zu altern?«

Er ging brummelnd und müden Schritts weiter; der Moment

für das ruhige Alter, von dem er träumte, war noch nicht gekommen. Sie sah ihn aus dem Augenwinkel an und bemerkte mit neuer Zärtlichkeit seine Ticks. Jetzt, da sie ein bestimmtes Alter erreicht hatten, konnten sie vielleicht auf eine stille Freundschaft, ein gegenseitiges Verzeihen und ein zur Ruhe gekommenes Leben hoffen. In absehbarer Zeit.

Ein Jahr später, 1898, sahen sich der Kaiser und seine Gattin in Bad Ischl wieder; das war ein beträchtlicher Fortschritt. Sie reiste nicht mehr so weit fort; ihre Briefe hatten sich im Ton verändert. Sie schrieb ihm Nichtigkeiten von unglaublicher Sanftheit, die ihn auf eine echte Versöhnung hoffen ließen. Hatten sie sich nur gestritten? Niemand wußte es.

Sie hatte auf ihrer beider Leben einen gefährlich-zauberhaften Sand geworfen und sie in eine feindselige Erstarrung getaucht, aus der sie langsam und erschöpft erwachten. Die lange Verzauberung ging dem Ende entgegen; vielleicht würde sie nun eine aufrichtige Zuneigung zu ihm entwickeln. Ja, vielleicht.

Der Tag neigte sich; die Sonne ging hinter den Bergen unter. Ein weiterer Tag, an dem es ihm nicht gelungen war, sich mit ihr ernsthaft zu unterhalten. Dieses Mal mußte er Klarheit schaffen und ihr die Antwort entreißen. Morgen würde sie nach München aufbrechen und dann noch weiterreisen. Würde sie zu den letzten Zeremonien des kaiserlichen Jubiläums im Juli kommen? Konnte sie sich mit Anstand weigern, seine fünfzig Jahre währende Herrschaft zu feiern? Den Kaiser bei einem so wichtigen Fest im Stich lasssen? Unmöglich.

Unmöglich? In Wirklichkeit hatte der alte Mann seine Zweifel. Sie hatte die erdrückenden Zeremonien für das tausendjährige Bestehen Ungarns in Budapest hingenommen, aber das war nur wegen Ungarn; das Jubiläum würde sich in Wien abspielen. Unmöglich? Sie sah ihn nur noch zwei- oder dreimal im Jahr, zwischen zwei Aufenthalten, so als wollte sie geruhen, einem frierenden Vogel, den sie seit bald zwanzig Jahren zurückgelassen hatte, einige Krumen ihrer Zeit zu schenken. Sie war in der Tat eine unmögliche Frau. Und der Kaiser quälte sich bei dem bloßen Gedanken, das Thema anzuschneiden.

Nicht am Morgen; sie nahm ihre kalten Bäder, sie wurde frisiert, oder sie machte bis mittags einen Marsch. Sie blieb oft lange fort. Späte Abende waren ausgeschlossen: sie ging früh schlafen. Aber konnte er ihr nicht einen Spaziergang zu zweit direkt vor dem Abendessen bei Sonnenuntergang vorschlagen? Im vergangenen Jahr an der Côte d'Azur war ihm das zwei oder drei Male gelungen.

Der Kaiser erwartete also seine Frau auf der Freitreppe. Als sie herauskam, um frische Luft zu schöpfen, mit einem hin und her schwingenden Fächer am Arm und den Schirm in der Faust, blieb sie stehen; er hatte sein ernstes Oberstleutnant-Gesicht aufgesetzt. Er würde noch Stunden brauchen, um seine Gedanken zu präzisieren...

»Kommen Sie schon!« sagte sie seufzend. »Ich sehe, Sie haben mir etwas zu sagen...«

Er war der einzige auf der Welt, der seinen Schritt dem Rhythmus der Kaiserin anpassen konnte. Die Hände hinter dem Rücken, den Kopf gesenkt, ging er mit seinem berühmten elastischen Schritt, lebhaft wie ein junger Mann, ohne sie zu überholen. Mit ihr mußte man wie mit einer dressierten Stute marschieren, das heißt eher traben. Aber jetzt ging sie langsam wie eine alte beschwerte Frau. Er schwieg.

»Sagst du's mir endlich?« fragte sie und drehte dabei den Schirm.

»Es ist wegen der letzten Zeremonien für mein Jubiläum«, begann er sanft. »Du warst am 24. Juni nicht da, zur Aufführung der Wiener Kinder und zu der der Schönbrunner Jäger...«

Die Kaiserin seufzte, ohne zu antworten.

»Siebzigtausend Kinder auf der Ringstraße zu den Klängen des *Radetzkymarsches* und viertausend Jäger! Am 26. Juli«, flehte er, »werden es die Radler sein...«

»Nein«, fiel sie ihm ins Wort. »Kommt nicht in Frage.«

Er drängte nicht.

Am nächsten Morgen ritt er in aller Frühe aus, um seine Wut abzukühlen. Als er zurückkam, wartete sie ihrerseits auf ihn und ließ den Schirm unter der Sommersonne wirbeln.

»Du darfst mir nicht böse sein«, sagte sie. »Es geht über meine Kraft, du weißt es doch.«

Er nahm sie am Arm und zog sie mit. Gewöhnlich leistete sie immer ein wenig Widerstand, hob jäh den Ellenbogen und fand sich schließlich ab. Aber dieses Mal ließ sie sich gefügig führen; er schöpfte Hoffnung.

Was erhoffte er? Er wußte es nicht; sie war unberechenbar. Sie gingen schweigend um das Bergmassiv herum, kehrten zur Villa zurück, brachen erneut zu den Rosensträuchern auf, und das alles, ohne ein Wort zu sagen. Bei der ersten Runde hielt er sie fest, bei der zweiten verspannte sie sich schon weniger, und bei der dritten stützte sie sich schließlich auf seinen Arm.

»Ich sehne mich nach dem Tod, mein Kleiner«, murmelte sie. »Ich fürchte ihn nicht. Seit... Du weißt schon. Ich leide zu sehr.«

»Nun, nun«, stammelte er. »Wir werden ein offizielles medizinisches Bulletin veröffentlichen, und niemand wird etwas sagen. Deine schwache Gesundheit, deine Schlaflosigkeit...«

»Die Anämie!« rief sie. »Du vergißt die Anämie und die Nervenentzündungen.«

»Na, siehst du«, sagte er einfach.

Und er brachte sie zur Freitreppe zurück. Auf der ersten Stufe wandte sie sich mit der abrupten Bewegung des jungen Mädchens um, das noch immer ein Teil von ihr war.

»Du bist zu großzügig, mein Liebster. Und ich bin manchmal schlecht«, meinte sie und reichte ihm die Hand. »Komm! Auch ich habe mit dir zu reden.«

Sie ließen sich in dem leeren Wohnzimmer nieder; sie hatte seine Hand nicht losgelassen, die er vorsichtig drückte. Sie betrachtete ihn, als hätte sie ihn nie gesehen, mit einem aufmerksamen, neugierigen Blick, nahm den weißen Backenbart, die Falten um seine Augen und seinen kahlen Schädel wahr. »Mein Gott«, seufzte sie, »warum so viel Unglück...«

»Aber nein, du bist nicht schlecht, und ich bin nicht verärgert«, so nahm er das Gespräch wieder auf. »Es ist einfach, daß du morgen fortfährst, und du wirst mir fehlen.«

Sie stieß einen Seufzer aus und zog ihre Hand zurück. Nichts zwang sie in der Tat zu dieser Abreise, nichts, außer diesem Gefühl der Öde, die er wie einen Fluch mit sich schleppte.

»Ich liebe dich immer dann am meisten, wenn ich fortgehe«, sagte sie mit einem Lächeln. »Und wenn ich weit weg bin, denke ich an dich mit unendlicher Zärtlichkeit. Du bist mein kleiner Lieblingsesel, Liebster...«

Er wandte den Kopf ab; er war an so liebevolle Worte von ihr nicht gewöhnt, und er wollte nicht, daß sie sah, wie seine Augen feucht wurden. Er holte sein Taschentuch hervor und schneuzte sich feierlich.

»Mein lieber Gatte«, begann sie von neuem in einem Ton, der keinen Widerspruch zuließ, »ich weiß, was ich mir zum Geburtstag wünsche. Ich will eine ganz neue psychiatrische Klinik, Wiens würdig. Mit moderner Ausrüstung für die Geisteskranken.«

Niedergeschmettert dachte er an den Wahnsinn seines bayerischen Vetters; er senkte den Kopf und spreizte mit fatalistischer Geste die Hände.

»Es ist nicht, was du denkst«, warf sie eilig ein. »Unter deiner Herrschaft hat man den Turm der Wahnsinnigen in Wien geschlossen, dieses schreckliche mittelalterliche Gebäude, erinnerst du dich? Und erinnerst du dich auch an meinen Besuch in der Anstalt von Brünnfeld nach Ludwigs Tod? An jenem Tag habe ich alles genau gesehen. Die veraltete Ausrüstung, die Ketten für die Insassen, die längst überholten Behandlungsmethoden, das Entsetzen... Weißt du noch? Eine arme Verrückte war auf mich losgegangen; sie hielt sich für die Kaiserin. Man muß die Sache anpacken, das ist alles. Sag ja...«

Er nickte schweigend. Sie fächelte sich langsam zu, als wollte sie ihm Zeit lassen, zu Atem zu kommen.

»Nichts anderes?« fragte er mit schwacher Stimme. »Willst du ein neues Schmuckstück?«

»Sie wissen sehr gut, daß ich seit Rudis Tod keinen Schmuck mehr trage«, antwortete sie etwas kurz angebunden. »Außerdem haben Sie mich mit Schmuck überhäuft. Nein, nichts.«

Die kaiserliche Stirn verdüsterte sich. Die Schratt nahm gerne die Schmuckstücke an; aber die Schratt war nur eine Frau, während Sisi...

»Vielleicht noch etwas«, murmelte sie nachdenklich. »Ja. Erheben Sie einen meiner Schützlinge in den Adelsstand. Ein sehr verdienstvoller Mann, Beamter im Außenministerium; er müßte der Leiter der Abteilung sein, glaube ich. Dieses Mal ist es kein Ungar. Ich schreibe Ihnen den Namen auf.«

Während sie kritzelte, fragte er sich, woher dieser Einfall kam.

»Versuchen Sie nicht herauszufinden, woher ich ihn kenne«, sagte sie und wedelte mit dem Papier. »Das ist mein Geheimnis. Sind Sie einverstanden?«

Als ob er ihr jemals etwas verweigert hätte.

Sie küßte ihn auf die Stirn und fuhr ihm leicht über den Schädel. »Der Tag mag kommen, mein Kleiner, wo ich vielleicht nicht wiederkehre...«, murmelte sie ihm ins Ohr. Er zitterte, wollte sich umdrehen. »Scht...«, fügte sie hinzu und legte ihm beide Hände auf die Augen, »bewegen Sie sich, bitte, nicht. Ich werde ganz brav in der Krypta auf Sie warten, wo keine Gefahr mehr besteht, daß ich Sie verlasse, mein Liebling. Im übrigen wissen Sie ganz genau, daß ich Sie auf meine Weise immer geliebt habe.«

Und plötzlich ließ sie ihn, tief aufseufzend, los.

»Jetzt werde ich meine Vorbereitungen für morgen beenden«, sagte sie. »Bis gleich.«

So war es immer gewesen. Sie verweigerte alles, er gewährte alles. Ihr Haar war grau, die Haut faltig, die Beine schmerzten, aber ihr Blick hatte die rebellische Flamme ihrer ersten Begegnung in Bad Ischl bewahrt, und wenn er wollte, konnte er immer noch ihre schmale Taille mit seinen großen kaiserlichen Händen umfassen. Sie würde an dem Aufmarsch der Radler zum Regierungsjubiläum des Kaisers nicht teilnehmen; sie würde ihre psychiatrische Klinik bekommen, und ihr Schützling würde geadelt werden. Er warf einen Blick auf das Blatt Papier und las einen unbekannten Namen: »Taschnik, Franz.«

Ah! gran Dio! Morir sì giovine

Nach einem letzten langen Blick
Auf dich geliebtes Meer!
Dann lebe wohl, so schwer's auch fällt,
Gott geb', auf Wiederkehr!

Zum Abschiedsgrusse wählt' ich mir
Die stille Mondesnacht –
Du liegst vor mir – ein schimmernd Bild
In deiner Silberpracht.

Wenn morgen übers Dünenland
Der Sonne Strahl dich streift,
Bin ich mit raschem Flügelschlag
Schon weit von hier geschweift.

Umkreisen wird dich, wie zuvor,
Der Möwen weisse Schar;
Dass unter ihnen eine fehlt,
Wirst du es wohl gewahr?

Elisabeth von Österreich

Die Kaiserin und ihre Hofdame kamen von der Villa Rothschild in Pregny am Genfer See zurück, wohin die Baronin sie eingeladen hatte.

Normalerweise verabscheute Ihre Majestät Anstandsbesuche und lehnte die vornehmsten Einladungen ab; hatte sie es nicht gewagt, die der Königin Victoria auszuschlagen? Aber die Rothschilds zählten zu den besten Verbündeten des Reiches. Wie Heinrich Heine huldigten sie der heiligen Religion des großen Jehova; Baronin Julie war sehr mit einer der Schwestern der Kaiserin verbunden. Im übrigen galt ihr Besitz als über die

Maßen schön, und in den neu gebauten Gewächshäusern wuchsen zu jeder Jahreszeit die seltensten Früchte und Blumen. Entgegen allen Erwartungen hatte die Kaiserin zugesagt. Der Besuch war auf den 9. September 1898 festgelegt, und auf der Spitze der Schieferdächer wurde die kaiserliche Fahne gehißt.

Als sie die riesige Halle und die Flucht der Wohnzimmer auf der linken Seite erblickte, hatte die Kaiserin ihren Schritt verlangsamt. Noch ein Palast, noch mehr Gold und Samt... Kaum daß sie einen Blick auf die meisterlichen Gemälde, die Goyas, die Zeichnungen von Fragonard, das Porträt der Dubarry und den Gewölbezwickel von Benvenuto Cellini warf; vor den Canovas blieb sie einen Augenblick stehen, aber nur ihre Hofdame, die Gräfin Sztáray, geriet in Ekstase. Die Kaiserin wollte die Bäder im See und die Gewächshäuser hinter dem riesigen Gemüsegarten sehen. Ihren Wünschen wurde Genüge getan. Ihre Majestät war blendender Laune, dem strahlenden Herbsttag gleich, der kein Ende nehmen wollte. Die Baronin schenkte ihr einen Strauß orangefarbener Rosen und die letzten Pfirsiche aus ihrem Obsthain. Ihre Majestät bedankte sich sehr. Schließlich wollte sie in ihr Hotel zurückkehren, das Beau Rivage in Genf auf der anderen Seite des Sees. Wie die gemeinen Sterblichen nahm sie das Schiff.

Schon fünf Uhr. Für die beiden Damen war das spät, und die Überfahrt wurde lang. Es war einer dieser Septembertage, an denen die Sonne weich schien, nicht so aggressiv wie im vorzeitigen Frühling, weniger glühend als im Sommer. Sie hatten eine Bank abseits der anderen Passagiere gefunden. Die Hofdame hielt den Rosenstrauß der Baronin Julie und roch gelegentlich daran. Die Kaiserin saß etwas nachlässig auf der Bank und ließ ihre bloße Hand über der Reling schweben, als ob sie das Wasser berühren wollte.

»Wie schön die Blumen waren«, murmelte sie, »noch nie habe ich so viele Orchideen gesehen. Vor allem die großen, wie heißen sie doch gleich? Diejenigen mit einer knallroten Zunge wie eine Wiege, ich erinnere mich nicht mehr, Schuh, Pantoffel... Sztáray! Sie hören mir nicht zu.«

»Wie bitte, Eure Majestät?« antwortete die Gräfin eilfertig. »Ich habe nicht verstanden. Sie haben so leise gesprochen.«

»Ich habe Sie nach dem Namen dieser braunroten Orchidee gefragt«, sagte sie, die Worte absetzend. »Der Schuh...?«

»Frauenschuh, Eure Majestät. Eine wunderschöne Spezies.«

»Genau!« rief sie fröhlich. »Hinreißend auch die Zedern und die Felsen. Ich bin widerstrebend an diesen Ort gefahren, ich habe gedacht, ich würde mich langweilen, Sie wissen es, meine Liebe, ich habe es Ihnen hundertmal gesagt, und dann, nein! Ein Wunder. Eine liebenswürdige reizvolle Frau, ein Traumgarten, ein herrliches Mittagessen...«

»Eure Majestät haben sogar zweimal vom Sorbet genommen«, bemerkte die Gräfin. »Und von der Hühnerbrust. Der Kaiser wird sich freuen, wenn er die Speisekarte bekommt, die Sie mitgenommen haben, denn...«

»Er wird davon nichts erfahren. Ich beabsichtige nicht, sie ihm zu schicken. Im übrigen habe ich mehr so getan, aus Höflichkeit. Was erzählen Sie da? Nein, ich habe nicht gegessen.«

Gräfin Sztáray unterdrückte ein Lächeln. Um nichts in der Welt hätte die Kaiserin die Sache zugegeben. Denn wenn sie zufällig von den Regeln, die sie selbst festgelegt hatte, abwich und einen Keks kaute, an einem Pfirsich lutschte oder wie ein Eichhörnchen an Nüssen knabberte, mußte dieser Ausbruch geheim bleiben. *Aber eigentlich*, dachte die Gräfin, *hat sie sich während des Essens in der Villa Rothschild nicht einfach ernährt, sondern unter dem verblüfften Blick der Baronin geschlungen.* Man hatte ihr eine Frau ohne Appetit angekündigt, und nun hatte sie die Diener durch ein heimliches Zeichen immer wieder zu dem leeren Teller Ihrer Majestät geschickt. Eine Verhungerte.

Nicht daß dies nicht manchmal wie ein unvorhergesehener Anfall über sie kam; aber das war dann mehr eine Überrumpelung in der Vorratskammer, wo sie mit unschuldiger Miene hereinwirbelte, so daß man sie nicht eigentlich essen sah. Wenn sie dann verschwunden war, fehlten in der Kompottschale ein paar gefüllte Datteln oder das Baiser auf der Torte. Einfach stibitzt. Dieses Mal jedoch war alles anders.

Ihrer Gewohnheit gemäß hatte sie sich auf die Stuhlkante gesetzt, als wollte sie gleich wieder davonfliegen; und dann, statt ihren Handschuh auf den Teller zu legen, ließ sie sich gern bedienen und stürzte sich geradezu auf die Gerichte. Sie trank sogar ein Glas Champagner, und ihre Augen begannen zu leuchten. Um die Königin ebenso wie die Kaiserin zu ehren, hatte Baronin Rothschild ungarische Weine servieren lassen: Bikavér und Tokajer. Auch die Gräfin hatte nicht widerstanden; sie fühlte sich schwer, hätte sich am liebsten schlafen gelegt, hier, auf einer Schiffsbank, mit dem Kopf in der Sonne...

»Wie fängt man es an, daß man Hungers stirbt?« ertönte die säuselnde Stimme neben ihr. »Wie lange dauert es? Wissen Sie das?«

»Was für eine seltsame Frage! Eure Majestät, darüber weiß ich nichts.« Die Gräfin schreckte verdutzt hoch. »Ich glaube, in drei Tagen...«

»Sie haben keine Ahnung. Der menschliche Körper widersteht länger. Es dauert mindestens zehn Tage, mehr noch, wenn man trinkt, das weiß ich. Ich geh kein großes Risiko ein, wenn ich wenig esse; und die Ärzte sind alle Esel. Im Gegenteil, Sztáray, ich schütze mich! Ich verlängere... Ich kämpfe gegen die Ordnung der Natur – und gegen Gott.«

»Eure Majestät glauben nicht, was Sie sagen. Gegen Gott kämpfen, Eure Majestät, wer würde es wagen?«

»Man müßte unerschütterlichen Glaubens sein, um nicht zu kämpfen, Gräfin«, erwiderte sie ernst. »Ich habe keinen Glauben mehr, wenn ich ihn je gehabt habe. Und verstehen Sie, ich werde Sie in Erstaunen versetzen, Sztáray, ich habe Angst vorm Tod. Ja, ich.«

»Sie!« rief die Gräfin. »Unmöglich. Eure Majestät suchen ihn doch.«

»So wird häufig gesagt«, murmelte sie, »und ich habe es selbst aufrichtig geglaubt. Ich habe zweifellos sterben wollen, mir hat nur der Mut gefehlt... Sie sehen ja, ich bin quicklebendig. Und es ist heute ein so schöner Tag, daß ich mich ganz anders fühle. Wenn nur der Kaiser da wäre! Müßte ich auf der Stelle sterben... Ja, ich hätte bestimmt Angst. Sie fürchten den Tod nicht, oder?«

»Nein«, antwortete die Hofdame bestimmt. »Das ist nur ein Zwischenstadium.«

»Aber wie kommt man durch dieses Zwischenstadium? Erstickt man? Wohin geht der letzte Atemzug? Was macht der Geist, nachdem das Herz aufgehört hat zu schlagen? Bei den Toten sehen wir nur ein friedliches Gesicht. Aber wie ist es kurz davor? Die Sache ist nicht so klar...«

»Nein«, fuhr die Gräfin fort. »Nach dem Zwischenstadium kommen Seligkeit und Friede.«

»Was wissen Sie schon davon? Niemand ist zurückgekommen und hat davon erzählt«, warf sie ein. »Ich weiß es; ich habe es versucht. Selbst Rudi in der Krypta hat mir nicht geantwortet.«

Niemals zuvor hatte die Kaiserin ihren Sohn so friedlich und fröhlich erwähnt. Die Worte wurden gefährlich. Die Kaiserin schwieg und betrachtete die Weinberge an den Hängen.

»Gleich werden wir ein paar Obstgelees kaufen, Sztáray«, meinte sie nachdenklich.

Am Abend hatten sich die Kaiserin und ihre Hofdame, wie vereinbart, in eine Konfiserie begeben und in einem Anfall von Kauffieber den halben Laden ausgeräumt. Sie fand die Früchtegelees nicht, die sie wünschte, sie mußten einen anderen Laden aufsuchen, auch ihn plündern, und noch einen und noch einen. Es dauerte eine Stunde. Dann kehrten sie, die Arme voller Päckchen, schnellen Schritts zurück, wobei immer wieder ein Päckchen herunterfiel. Auf dem Weg zum Hotel wollte die Kaiserin die Pfirsiche der Baronin essen, und so setzten sich die beiden Damen auf einen Platz; zu ihren Füßen drängten sich hüpfende Tauben.

Es war die Zeit, zu der die Vögel vor Einbruch der Dämmerung am Himmel kreisen. Die Möwen jagten Insekten, die Sperlinge schossen wie Pfeile dahin, und ein Stieglitz setzte sich pfeifend genau neben sie auf einen Zweig. Plötzlich hob sich ein Rabe schwerfällig in die Luft und berührte mit seinem schwarzen Flügel die kaiserliche Wange. Sie ließ mit einem erstickten Schrei den Pfirsich fallen.

»Schlechtes Omen, Sztáray... Es heißt, wenn ein Rabe vorbeifliegt, sagt er uns immer ein Unglück voraus...«
Die Gräfin antwortete nicht. Der Aberglaube der Kaiserin hatte sich mit dem Alter verstärkt. Eine schwarze Möwe auf dem Meer, eine Elster, die einem über den Weg lief, ein Pfau in einem Park, eine Leiter an einer Straßenecke – und jetzt ein Rabe!
»Ich weiß genau, daß Sie mir nicht glauben, Sztáray«, murmelte die sanfte Stimme. »Sie haben unrecht...« Es war an der Zeit, den Platz mit den Vögeln zu verlassen und eiligst ins Beau Rivage zurückzukehren. Am nächsten Morgen würden sie wieder mit dem Dampfer den See überqueren und sich in einem anderen Hotel in Territet einquartieren. Um sieben Uhr hatte sich die Kaiserin in ihre Suite zurückgezogen und Weintrauben und Wasser bestellt.

Über dem See ging die Sonne in einem perfekten leuchtenden Schauspiel unter; die Kaiserin sah eine riesige glühende Kugel, die erst rot, dann blaß wurde und sich schließlich mit einem Taubengrau überzog. Jetzt war sie verschwunden, es blieb nur der weitreichende blutrote Schein, der auf den kurzen Wellen schimmerte. Der Mond trieb schon die Nacht voran wie ein Reiter sein Pferd.
Sie stützte sich auf die Balkonbrüstung und zerbiß die ersten Weintrauben, ließ genüßlich die Schalen platzen. Die Dämmerung setzte ein. Eine unerklärliche Freude überkam sie, sie holte sich einen Stuhl, öffnete irgendeine Schachtel – Kirschen, mit Kirschwasser gefüllt – und setzte sich ans offene Fenster.
Sie sah den Mond; nur wenige Sterne glänzten; es war zu früh. Heimlich hoffte sie, daß ein übermächtiger Stern das Glitzern der toten Planeten ausschalten würde; das blaue, helle, undurchdringliche Licht derjenigen, die die Seide der Vorhänge verbrannten. Warum? Sie hätte es nicht zu sagen gewußt. Die Hoffnung, endlos hinweggetragen zu werden, um die Schönheit des Tages zu verlängern. Nur der strahlende Vollmond war gefügig, rein wie der Schlaf, der sich über der Stadt ausbreitete und die Menschen wieder in die glückliche Unbewußtheit schlafender Kindheit tauchte.

Sie gähnte, reckte sich und sagte sich, sie müsse schlafen gehen, und doch konnte sie sich nicht vom Stuhl erheben, so sehr hielt sie der Zauber der Nacht über dem See gefangen. Der Vollmond hatte das Wasser erreicht und untersagte ihr den Schlaf. Sie widerstand diesem Mond, zog sich im Handumdrehen aus, wobei sie dem Fenster den Rücken zukehrte, um der Versuchung zu entgehen. »Ins Bett«, murmelte sie wie ein Kind. Aber das Bett liebte sie nicht an jenem Abend.

Als sie die Augen schloß, fing ein Mann an zu singen. Zweifellos ein Italiener, der auf der Gitarre klimperte und weiche absurde Worte in die Luft schmetterte: »*Mio amore, mia vita, son qui...*« Unten wurde applaudiert, die Stimmen wurden lauter, so wie jene es machen, die nicht schlafen und das Schweigen der anderen nutzen, um laut zu reden. Zuerst war sie bezaubert, dann irritiert. Sie wälzte sich von einer Seite zur anderen, vergeblich. Der Sänger hörte gar nicht mehr auf; junge Mädchenstimmen fielen ein, die ewige Geschichte zwischen Frauen und Männern begann von neuem – trotz des Mondes oder gerade seinetwegen.

Allein war das Gestirn ohne seine Sterne, allein wie Elisabeth inmitten ihrer zerknitterten Bettlaken. Beide waren durch den Straßenlärm gestört, durch dieses Weibsstück dort unten, das nicht schlafen gehen wollte. Sollte sie die Fensterläden schließen? Nie. Das war das Schicksal der Königinnen, mitten in der Nacht fern von Männern zu strahlen und auf ewig das ungeheure Durcheinander ihrer Vergnügungen zu ertragen.

Um zwei Uhr, beim Klang einer Melodie aus *La Traviata*, übermannte sie der Schlaf. Und während eine seltsame Sopranstimme auf der Straße von dem Schmerz, so jung zu sterben – *Gran Dio! Morir sì giovine* – sang wie der Matrose auf der *Chazalie*, glitt die Kaiserin in die dunklen Wasser der Nacht hinüber.

Plötzlich richtete sie sich auf. Ein Mondstrahl hatte das Bett erreicht und es so hell beleuchtet, daß sie davon wach geworden war. Der Himmel war türkisfarben, man konnte an die Morgendämmerung denken, aber es war erst drei Uhr. Irgend etwas war geschehen, was nicht normal war. Ein unerbittliches Mysterium drang in das Zimmer wie der vorwärtsschreitende Tod. Plötzlich begriff sie das Seltsame des Augenblicks: Die Stimmen waren verstummt. Die Welt auch. Endlich schlief man überall, auf der Straße wurde nicht mehr gesprochen. Ein majestätisches Schweigen breitete sich aus, ein zärtlicher Gefährte, ein wenig beängstigend, ein wenig unbestimmt. Unerwartet kehrte die Freude zurück.

Elisabeth ließ sie nicht entfliehen und blieb so bis zur Morgenröte mit offenen Augen liegen – zwischen einem zögernden Schlaf und einer freudigen Wachheit, von dem neuen Glück überrascht. Sie hörte, wie die Stadt erwachte, hörte die ersten Schritte auf dem Kopfsteinpflaster, ein Husten, schließlich die ersten Kirchenglocken, und endlich versank sie bei Tagesanbruch in Schlaf.

Um sieben Uhr wartete Gräfin Sztáray wie gewöhnlich auf sie; noch nie hatte die Kaiserin sich so viel Zeit gelassen. Beunruhigt öffnete die Hofdame um acht Uhr die Tür einen Spaltbreit; aber die Kaiserin schlief so fest, daß sie nichts hörte. Um neun Uhr sah die Gräfin, wie ein Tablett mit Brötchen und Kaffee vorbeigetragen wurde.

Um elf Uhr erschien die Kaiserin strahlend. Ohne Schleier, nur mit einer einfachen Kappe bedeckt, der Gang jugendlich.

»Kommen Sie, Sztáray, es ist Zeit«, meinte sie. »Die Nacht war so schön, daß ich nicht schlafen konnte. Bevor wir den Dampfer nehmen, kaufen wir noch einige Musikstücke für die Kinder und auch für den Kaiser, den armen Schatz.«

In dem Geschäft Baecker hörte sie voll Entzücken ein automatisches Klavier Melodien aus *Carmen* und *Tannhäuser* spielen. Leider spielte das Instrument nicht *La Traviata*. Zum Trost wählte die Kaiserin in aller Eile vierundzwanzig Partituren, darunter auch eine Melodie aus *La Traviata,* aber aus dem ersten Akt. Dann sah sie auf ihre Uhr: Sie mußten sich beeilen, um noch den Dampfer zu erreichen.

»Liefern Sie alles ins Hotel Beau Rivage«, rief sie. »Geben Sie es dem Portier... Wir brechen in einer Stunde auf.«

Das Licht auf dem See war so intensiv, daß sie die Hand vor die Augen hielt. Man erriet den Dampfer am Ende des grauen Holzstegs in hundert Meter Entfernung. Das Gepäck wurde gerade verladen. Sie sah auf die Uhr, die an der Goldkette hing.

»Beeilen Sie sich, Gräfin, wir werden noch das Schiff verpassen!« sagte sie zu ihrer Gefährtin. »In der Schweiz ist man immer pünktlich. Wir müssen laufen.«

»Aber die Glocke hat noch nicht geläutet, Eure Majestät«, antwortete Gräfin Sztáray.

»Ich erinnere Sie daran, daß ich inkognito hier bin und daß ich in der Öffentlichkeit Gräfin Hohenembs heiße. Gehen wir, Sztáray!«

Sie raffte ihre schwarzen Röcke und lief mit Riesenschritten los. Die Dampferglocke begann wütend zu läuten. Schon deutete ein weißer Rauch auf das bevorstehende Ablegen hin. Die Gräfin holte sie seufzend ein: wie immer hatte die Kaiserin recht.

»Mein Fächer!« murmelte sie plötzlich und blieb stehen. »Ich habe ihn im Hotel vergessen.«

»Was meinen Eure Majestät?« erwiderte die Gräfin außer Atem.

»Nichts«, schimpfte die Kaiserin und nahm ihren Wahnsinnslauf wieder auf.

Sie waren nicht die einzigen, die liefen, um das Schiff zu erreichen. Eine Familienmutter trieb ihre kleine Schar an wie eine Hüterin ihre Gänse, indem sie die Mädchen im Sonntagsstaat schalt; ein junger Mann mit Strohhut schwang einen Stock mit Amethyst-Knauf und machte den Seeleuten auf dem Dampfer ein Zeichen. Und Schaulustige betrachteten amüsiert die kleine elegante Menge.

»Wenn die sich schon einmal anstrengen, können sie auch mal in einen kurzen Trab verfallen«, brummelte ein Arbeiter mit Schirmmütze und stieß seinem Nachbarn auf der Bank mit dem Ellenbogen in die Seite. »Findest du nicht, Kamerad?«

Der Mann erhob sich wortlos und begann nun seinerseits zu laufen.

»Na, so was! Der nimmt auch das Schiff?« murmelte der Arbeiter. »Der hätte sich auch etwas eher entscheiden können.«

Die beiden Frauen, die den Kopf gesenkt hielten, hatten den Mann nicht gesehen, der vorwärts stürmte und ihnen den Weg abschnitt, bestimmt ein Italiener – mit seiner schwarzen Drillichjacke und dem roten Halstuch.

»Der wird sie anrempeln, dieser ungehobelte Kerl!« rief der Arbeiter und erhob sich. »Achtung!«

Zu spät. Der Mann hatte die Dame in Schwarz brutal umgeworfen. Ihre Gefährtin stieß einen durchdringenden Schrei aus. Die Schaulustigen liefen herbei, andere verfolgten den Rüpel, der davongerast war.

Sie war rücklings zu Boden gefallen. Die Gräfin versuchte ungeschickt, sie aufzurichten, aufgeregt, wie sie war, schaffte sie es nicht. Der Arbeiter stürzte los und schob die Neugierigen mit autoritärer Geste beiseite.

»Das geht schon, beste Dame, sorgen Sie sich nicht«, meinte er und faßte die Kaiserin unter die Achseln. »Hau ruck!«

»Geben Sie acht!« rief von weitem der Portier und begann zu laufen. »Warten Sie ab, ich komme!«

»Fassen Sie sie nicht so grob an«, wiederholte er. »Sie zerreißen ihr noch das Kleid, so, ganz vorsichtig.« Und er zog seine weißen Handschuhe an, bevor er sie an den Ellenbogen packte.

»Gräfin Hohenembs, wollen Sie sich einen Augenblick hinlegen?« fragte er respektvoll. »Ich werde dem Kapitän Bescheid sagen.«

Sie schwankte im Stehen, ihr Gesicht war etwas blaß, das war alles. Sie führte schnell die Hand an den Kopf, tastete nach den ergrauenden Zöpfen unter ihrem Hut und sah den Portier, den Arbeiter, die aufmerksamen Gaffer und all die Augen an, die sie besorgt anstarrten.

»Ich danke Ihnen, mein Herr«, sagte sie unter Anstrengung. »Und auch Ihnen, meine Freunde. Ich danke Ihnen. Merci. I thank you very much indeed. Meine Haare haben mich geschützt... Dieser Mann, was für eine Beleidigung!«

»Ihnen fehlt nichts, Gnädigste? Hat er Ihnen weh getan?« fragte ihre Gefährtin besorgt.

»Ein ungehobelter Kerl«, meinte eine Passantin entrüstet. »Hirnlos!«

»Man wird ihn festnehmen«, versicherte ein dickleibiger Herr. »Ich habe einen Polizisten gesehen, der schneller lief als er.«

»Der Dampfer!« rief die Dame in Schwarz, als sie wieder zu Atem kam. »Ist er noch nicht weg?«

»Sie haben alles gesehen, sie warten«, rief ein Junge. »Ich komme gerade daher.«

Sie ordnete schnell ihre Strähnen und verzog leicht das Gesicht.

»Was wollte dieser entsetzliche Mensch?«

»Ein gewissenloser Strolch, Eure... Gnädigste«, sagte Gräfin Sztáray.

»Vielleicht wollte er meine Uhr stehlen. Er hat mir einen Faustschlag versetzt«, stöhnte sie und führte ihre Hand zur Brust. »Ich bin wie betäubt.«

»Der wilde...«, murmelte die Gräfin. »Ihnen so etwas anzutun! Ihnen!«

»Sie müssen sich hinsetzen«, sagte eine Stimme.

»Nein«, antwortete Elisabeth scheu. »Ich habe keine Zeit. Wirklich.«

Dann drängte sie ruhig die Menge beiseite und schoß zur Verblüffung des Arbeiters, der seine Mütze abnahm und sich am Kopf kratzte, wie ein Pfeil davon.

»Merkwürdige Frau. Wie die nun davonstürmt. Meiner Treu, diese Alte hat den Teufel im Leib!«

Sie rannte, und der See glitzerte so stark, daß sie kaum den Dampfer sah, wo sich vage Gestalten bewegten und Hände Zeichen machten; mal war das Schiff da und wartete auf sie, mal verschwand es, in zitternde Weiße versunken. Sie rannte so schnell, daß ihr fast der Atem versagte, und das Schiff entfernte sich vom Ufer; sie wollte rufen, ohne ihre Stimme zu finden, und da lag es wieder vor ihr, aber schwarz, massiv, düster. Sie rannte, und in ihrem Hirn läuteten die Glocken in voller Lautstärke wie an einem Sonntag. *Ohrensausen*, dachte sie, *ich muß mit meinem Arzt darüber reden*. Sie spürte ein Stechen im Herzen und drückte ihre Brust, ohne ihren Lauf zu verlangsamen. *Ich altere mit Macht,* dachte sie, *aber ich werde dieses Schiff erreichen.* Von neuem wurde ihr schwarz vor den Augen, Nebel umhüllte sie, der sich alsbald verzog.

Sie spürte die Bewegung ihrer Beine nicht mehr, nur die ordentliche Mechanik ihres getreuen alten Körpers, den dumpfen Aufprall der Füße auf dem Boden, das Klopfen ihres Herzens, das sich ein wenig ängstigte. »Nur zu«, murmelte sie, »wir sind da.« Sie rannte, und das Haar wog plötzlich schwer auf ihrem Kopf, zog sie nach hinten, und sie führte mechanisch die Hand zum Mund; das Schiff war in ihrer Reichweite, Gräfin Sztáray faßte sie um die Taille, der Kapitän beugte sich über sie. Er trug eine schwarze Mütze auf dem Kopf, die die Schwärze von Tinte hatte, und davon wurde sie plötzlich verschlungen.

»Sie ist ohnmächtig geworden!« rief die nebelhafte Stimme einer Frau neben ihr. »Zu Hilfe, Wasser!«

Sie hörte das wirre Tohuwabohu an Bord des Schiffes, die Befehle des Kapitäns, die Ausrufe der Passagiere, sie wollte sie beruhigen, lächeln, aber das Gewicht ihres Haars drückte auf ihren versperrten Mund, ihre geschlossenen Augen. *Es ist nichts,* dachte sie, *ein einfacher Schwindelanfall.* Die Glocken läuteten in voller Lautstärke, und sie ließ sich glücklich gehen. Hände packten sie rücksichtslos, legten sie auf ein komisches Stoffbett, Stimmen über ihr gaben kurze Befehle: »Achtung, zusammen, eins, zwei, hopp, so jetzt, wir haben's gleich, heben Sie die Bahre hoch, sachte, sachte...«

»Ich kann Ihnen nicht sagen, wer sie ist, Kapitän, Staatsgeheimnis«, stöhnte Gräfin Sztáray. »Aber seien Sie sehr vorsichtig, ich flehe Sie an...«

Auf ihren Wangen spürte sie die frische Brise und den unmerklichen Schlick- und Vogelduft, der ihr von jeher als Seegeruch vertraut war. Und sie erkannte sogar den Schrei der vorbeifliegenden Möwen, der sie lächeln ließ. Das leichte Schlingern des Schiffes weckte sie. Sie hob mühsam die Augenlider; bedeutete diese blendende Helligkeit Tag oder Nacht? War dieses unbestimmte Leuchten, das ihr Herz qualvoll zusammenpreßte, die

Sonne? Eine über sie gebeugte Frau strich ihr mit einem nassen Taschentuch über die Stirn, öffnete ihr die Lippen und schob einen harten Würfel hinein, sie erkannte den Geschmack von Zucker und den scharfen Geruch von Pfefferminzlikör und machte die Augen weit auf.

»Sie kommt zu sich«, meinte eine rauhe Stimme. »Das ist mir auch lieber so.«

Wer war diese Frau mit dem verschwommenen Gesicht? Elisabeth runzelte die Stirn und gab sich alle Mühe, diese Frau zu fixieren... Gräfin Sztáray, ihr klarer Blick, ihr Flüstern auf ungarisch... Der Genfer See. Der Dampfer! Sie hatte es trotz allem geschafft. Sie richtete sich auf, kaute langsam den Zucker, wollte sagen, daß es ihr gutging, zog die Lippen auseinander, und es entfuhren ihr Wörter, über die sie keine Gewalt mehr hatte.

»Was ist mit mir geschehen?« fragte sie leise.

Aber als sie die Züge des Kapitäns und den Schiffsanker auf seiner schwarzen Schirmmütze zu unterscheiden begann, begann ihr Herz wie wild zu klopfen. So fröhlich, daß sie sich wieder lebendig werden spürte. Die Möwen begrüßten sie mit ihrem scharfen Flug und stießen ihre heiseren Schreie aus, und die Wolken waren so duftig, daß ein unendliches, sie ganz erfüllendes Lächeln über sie kam. Nichts war schöner als diese weißen Vögel an einem ruhigen, klaren Himmel. *Endlich,* dachte sie, *habe ich das Glück gefunden. Wartet auf mich...*

»Mein Gott«, brüllte eine schluchzende Stimme. »Sie sackt wieder weg.«

»In meine Kabine«, ertönte die Stimme des Kapitäns, »schnell! Sie werden eine Liege finden und auch Riechsalz. Es ist alles nicht so schlimm. Ich kann nicht mehr warten. Ich stelle die Maschinen an.«

Ein gleichmäßiges Schaukeln, schwere Schritte auf der Brücke, Gemurmel, während sie getragen wurde, die Leute zweifellos, die Leute um sie herum, sie konnte sie nicht sehen, sie beugten sich bestimmt... Sich aufrichten. Sie hätte stehen müssen, grüßen, lächeln. Sie wollte die Hand heben, schaffte es nicht... Man wollte ihr den Himmel wegnehmen, in der Dunkelheit eines geschlossenen Zimmers würde sie ersticken, und das Herz, dieses Herz, das zwischen ihren Rippen immer dicker wurde...

»Ich werde ihr das Mieder öffnen, könnten Sie hinausgehen, meine Herren?« murmelte die weibliche Stimme.

Die Tür wird leise geschlossen. Zwei flinke Hände schieben den Umhang beiseite, knöpfen das Mieder auf, lösen das Hemd... Dieser Schrei!

»Die Kaiserin! Man hat sie ermordet!« schreit Gräfin Sztáray und stürzt wie eine Wahnsinnige davon.

Sie hört alles und versteht nichts. Ermordet? Welche Kaiserin? Ein Attentat? Aber auf wen? Ist auch nicht wichtig... Es ist immer noch Zeit, die Umstände aus den Zeitungen zu erfahren. Sie ist allein. Ruhig, sie atmet in kurzen Stößen, um dieses rebellische Herz zu zähmen, das nicht aufhört, dicker und dicker zu werden. Mit geschlossenen Augen überläßt sie sich dem Schaukeln des Dampfers, dem Dröhnen der Maschinen, dem Leben, das sie umfängt und hochhebt, so einfach. Schlaf mitten am Tag.

»Schauen Sie! Da...«, schluchzt die Gräfin. »Auf dem Hemd. Der Blutfleck. Das war dieser Mann im Drillich, der sie vorhin angerempelt hat!«

»Ein ganz kleines Loch! Kaum stecknadelgroß!« sagt die gute Stimme des Kapitäns phlegmatisch. »Einfache Schramme. Man würde meinen, der Biß einer Zecke.«

»Aber wenn ich Ihnen doch sage, daß dies die Kaiserin von Österreich ist!« stöhnt die Gräfin außer sich.

»Dann muß ich umkehren«, sagt der Kapitän verdrossen.

»Nein!« fleht die Gräfin. »Beschleunigen Sie! Ans andere Ufer, zur Baronin Rothschild, dort finden wir Hilfe!«

»Kommt nicht in Frage.« Der Kapitän schneidet ihr das Wort ab. »Sie versichern mir, daß diese Dame die österreichische Kaiserin ist, ich kehre nach Genf zurück, das ist meine Pflicht.«

Ein Blutfleck? Ohne Verletzung? Sie verstehen nichts von diesem plötzlichen Glück, diese Trottel, sie kann es nicht erklären, wie schade das doch ist! Ist man denn ermordet worden, wenn man wie eine glückliche Möwe am Himmel schwebt? Warum berührt man ihre Brust an der Stelle, wo das Herz drückt? Warum trägt man sie wieder, wohin bringt man sie? Warum diese Tränen, dieses Gemurmel, diese Angst, die ihr auf die Nerven fällt? Niemand hat sie ermordet. Vielleicht ist es die Sonne oder das Licht über dem See, alles ist in Ordnung...

»Vorsichtig... vorsichtig...«, ruft der Kapitän. »Bringen Sie sie in ihr Zimmer ins Hotel.«

»Einen Arzt!« schreit die Gräfin den verwirrten Portier an. »Man hat die Kaiserin ermordet!«

Schon wieder! Laß sie doch machen! Sie werden schon merken, daß gar nichts ist. Viel zu viele Hände auf ihrem Körper, zu viele Gesten. Wird man sie endlich in Frieden lassen? Ein Schatten fällt auf ihr Gesicht, ein Fächer, der ihr das Blau der Wolken stiehlt, wer wagt es? Ihr Himmel ist verschwunden. Sie ist im Hotel Beau Rivage angekommen, sie erkennt die Geräusche, die Schritte auf dem Marmor, ein dumpfes angenehmes Gemurmel, den zarten Geruch, der von den Seidenvorhängen ausgeht, den von Seife, von Wachs, den diskreten Duft der Rosen der Baronin Julie, sie nimmt alles wahr. *Wenn ich meinen Fächer hätte, wäre alles im Nu vorbei*, denkt sie. *Keine Kaiserin mehr, keine Ermordung mehr.* Wenn sie die Augen öffnet – sie braucht sich nur dazu zu entscheiden –, wird sie die Gräfin wegen ihres Irrtums schelten...

»Lassen Sie mich machen«, murmelt eine unbekannte Stimme. »Das ist mein Beruf. Drehen Sie sich alle um, ich muß sie untersuchen.«

Wer umfaßt ihr Handgelenk? Wer erlaubt sich, ihr das Hemd zu öffnen? Was für ein Stachel gräbt sich plötzlich in ihre Brust? Man müßte sich verteidigen, die Hände hochwerfen, schreien... Entschlossen dreht sie den Kopf nach rechts und nach links, nein, sie will nicht, nein...

»O Gott«, ertönt die Stimme. »Ich habe gerade die Wunde

untersucht. Der Stich ging direkt ins Herz. Eine sehr spitze, scharfe Klinge. Nichts mehr zu machen. Der Kaiser muß benachrichtigt werden.«

»Aber sie ist nicht tot«, sagt die Gräfin weinend.

»Noch nicht, Madame. Bereiten Sie ihn auf das Schlimmste vor. Ins Telegramm schreiben Sie: ›Ihre Majestät die Kaiserin schwer verwundet.‹ Holen Sie den Priester, schnell!«

Nein, denkt sie und rollt sachte den Kopf hin und her, *nein, Sie irren sich, nur diese entsetzliche Müdigkeit, etwas Schlaf, und es ist alles gut, lassen Sie mich alle, ich will schlafen, allein, regungslos, mit meinem Fächer, geben Sie ihn mir, zwischen die Finger, alles wird gut...*

»*Deus, Pater misericordiarum, qui per mortem et resurrectionem Filii...*« flüstert der Priester im Meßgewand, an allen Gliedern zitternd.

»Sie röchelt schon«, murmelt die Stimme des Arztes.

»*Et ego te absolvo a peccatis tuis in nomine patris et filii et spiritus sancti.*«

Sie sind unangemeldet gekommen, sie weiß nicht, woher, und im übrigen sehen sie sich gar nicht ähnlich. Nur ihre Blicke sind die gleichen, aber sie sind leuchtend, strahlend geworden, so fröhlich, daß sie ihnen die Arme entgegenstrecken, sie begrüßen möchte, und ihrem Mund entweicht ein unbekanntes Keuchen, ein wenig rauh, das Gurren einer aufgeregten Taube. Sie rufen ihr lautlos zu. »Komm, folge uns, beschreite diesen dunklen Gang, der ins Helle führt, hab keine Angst, wir stützen dich«, sagen sie, »wie die Möwen um deine geliebten Schiffe.« Sie erkennt die Stimmen gut. »Dein Platz ist endlich bei uns«, sagen sie. »Meine Tochter«, murmelt der eine; »meine Mutter«, sagt der andere, »meine Schwester, meine Cousine«, sagt der letzte, der zärtlichste, und auch die anderen sind weiche, lächelnde, wunderbare Erscheinungen – warum widerstehen? Sie haben recht, sie muß aufbrechen; sie geht mit offenen Augen, langsam löst sie sich aus dem auf dem Bett ausgestreckten trägen Körper mit bleichen Lippen... Mit offenen Augen erblickt sie das Loch der Klinge in ihrer Haut, ihrem Fleisch, ihrem nicht wahrnehmbaren Herzen. Plötzlich weiß sie, wer sie ermordet hat, möge er gesegnet sein, sie dankt ihm, mit offenen Augen ist sie frei, sie schwebt...

Der Arzt nimmt ein Operationsmesser und schneidet in eine Ader in der Armbeuge, an der zarten Stelle, wo es schon bläulich wird. Er wartet etwas, schüttelt den Kopf und seufzt. Der Priester bekreuzigt sich hastig und fällt auf die Knie.

»Kein Blutstropfen mehr«, murmelt der Arzt und schlägt mit professioneller Geste die Augen nieder.

»Nein!« schreit die Gräfin und bricht am Fuße des Bettes zusammen.

»Wir müssen dem Kaiser ein weiteres Telegramm schicken«, flüstert der Arzt und erhebt sich. »Ihre Majestät die Kaiserin soeben verschieden.«

Stille breitet sich im Zimmer aus; im Gang nimmt der Hoteldirektor den Hut ab. Das Gerücht erreicht das Völkchen der Zimmermädchen und Etagenkellner, wandert weiter die Stiege hinunter auf die Straße, wo es vor der Menge explodiert, die sich, man weiß nicht wieso, versammelt hat. Kaiserin Elisabeth ist tot, ermordet. Offenbar hat die Polizei den Mörder verhaftet, einen Anarchisten mit spöttischem Blick, der sich mit nach hinten geschobener Mütze selbst gestellt und der Welt sein Glück, es geschafft zu haben, ins Gesicht gebrüllt hat. Offenbar hat er aufs Herz gezielt und freut sich, dieser Luigi Soundso, weil er ein gekröntes Haupt beseitigt hat. Offenbar hat dieser Kerl gesagt...

»Wie heißt er?«

»Lucheni. Luigi Lucheni.«

»Ah, ja, genau. Es heißt, er habe es gewagt zu sagen, daß ein Anarchist auf eine Kaiserin losgeht, nicht auf eine Wäscherin...«

»Und daß das bei uns in Genf passieren muß!«

»Unser friedlicher See...«

»Der Ruf des Hotels Beau Rivage! Entsetzlich...«

»Und was machen Sie mit ihr?« fragt ein Mädchen auf dem Bürgersteig.

Mit ihr? Man hat ihr pietätvoll das durchlöcherte Oberteil ausgezogen und sie auf ihr Bett gelegt; auf einem Stuhl lag ein anderes schwarzes Oberteil bereit; man hat ihr wohl auf der Brust die Hände gefaltet und den Rosenstrauß der Baronin dazwischen gesteckt. Und die Gräfin wird wohl mit dem Kopf auf dem Matratzenrand lange gebetet haben.

»Ist man denn überhaupt sicher, daß sie tot ist? Man hat sie laufen sehen, eine sterbende Frau läuft nicht.«

»Sicher. Die Hofdame hat es so laut geschrien.«

»Weiß es der Kaiser?«

»Der Konsul! Da ist der österreichische Konsul.«

Er ist nicht allein. Drei Ärzte begleiten ihn. Vorsichtig berührt der Konsul die Schulter der Gräfin, die verständnislos den Kopf hebt. Man gibt ihr zu verstehen, sie möchte hinausgehen. Der Hoteldirektor wurde angewiesen, die sich im Gang drängende Dienerschaft zu vertreiben und die Etage zu sperren; die Polizei nimmt Aufstellung. Die Gräfin wird in einen Salon im Parterre geführt. Als niemand mehr im Zimmer ist, ziehen die Gerichtsmediziner ihre Gehröcke aus, krempeln die Ärmel auf, nehmen den Rosenstrauß weg, falten die Hände der Toten auseinander, knöpfen ihr die Kleidung auf und beginnen mit der grausigen Metzelei, während die Passanten zusammenstehen und warten, ohne zu wissen, auf was. Sie reden, um die Zeit totzuschlagen.

Links auf der runzligen Brust ein winziger Einstich, etwas geronnenes Blut. Der Chefarzt gibt kurze Befehle, erst einmal die Todesanzeichen aufschreiben: Blutkreislauf zusammengebrochen, Pupillen starr und geweitet, Fußspitzen nach außen gekehrt, die Klinge vier Zentimeter unter der Brustwarze eingedrungen. Glieder weder gebrochen noch verrenkt, ein Bluterguß auf dem Unterarm, noch einer auf der linken Hüfte – wohl vom Sturz. Und was ist das für ein schwarzer Abdruck auf der Schulter? »Man möchte meinen, eine Tätowierung«, murmelt der zweite Assistent. »Reden Sie kein dummes Zeug!« brummelt der Chefarzt, der den schwarzen Fleck reibt, vergeblich. Die Zeichnung wird nur noch deutlicher: ein Schiffsanker. »Können Sie sich das vorstellen«, seufzt der Chefarzt, »eine Kaiserin mit einer Tätowierung auf der Schulter. Diese Leute sind schon erstaunlich.« Dann macht er ein Zeichen, und der erste Assistent holt aus dem Instrumentenkasten ein Skalpell heraus. »Öffnung des Unterbauchs wie gewöhnlich, dann gehen wir zum Thorax über«, sagt der Chefarzt. Einen Augenblick Schweigen. Dann schlitzt das Skalpell den Bauch auf, vom Brustbein zum Schambein. »Achtung! Gehen Sie nicht zu weit!« ruft der Chefarzt. »Der Konsul hat uns strenge Anweisungen gegeben. Die Herzen derer von Österreich bleiben nicht in dem Körper, zu dem sie gehören, sie werden in einer Urne eingeschlossen, das ist der Ritus der Habsburger, machen Sie vor allem nichts am Herzen kaputt, hat der Konsul befohlen.« Und indem der Chefarzt die Stimme senkte, erwähnte er auch die Eingeweide für die Krypta des Stephansdoms.

Draußen ergeht sich die Menge in Mitleid.
»Arme Frau!«
»Sie lief, um das Schiff zu erreichen! Ganz einfach angezogen.«
»In ihrem Alter! Eine Kaiserin läuft nicht!«
»Aber sie ist so gut gelaufen«, murmelt das Mädchen. »Ich hätte das nicht gekonnt...«

»Reichen Sie mir die Zange, damit ich den Thorax öffnen kann«, sagt der Chefarzt, der mit dem Skalpell die Haut aufschlitzt und zurückzieht, dann die Muskeln brutal durchtrennt und auseinanderschiebt. »Nicht so heftig!« ruft der zweite Assistent. »Sie werden den Körper beschädigen...« »Lassen Sie mich meine Arbeit machen«, brummt der Chefarzt, der am Brustbein entlang einen Knorpel nach dem anderen aufschneidet. »Und jetzt den Brustkorb«, verkündet er. »Reichen Sie mir den Hammer und den Meißel.« Und er bearbeitet beide Seiten mit kleinen Schlägen, um die Rippen wegzubrechen. »Ah!« ruft der erste Assistent. »Sie haben es geschafft. Ich habe gehört, wie die Rippen nachgegeben haben.« »Ja«, murmelt der Chefarzt. »Wir müssen auf die Knochensplitter achten und die Haut wieder über die Knochen ziehen. Tupfer, bitte. Abwischen. Ich werde den vorderen Teil des Brustkorbs jetzt entfernen.«

Vor dem Hotel stehen immer noch Leute.
»Wenn das Hotel nicht so ein angeberisches Kommuniqué in der Presse veröffentlicht hätte, um auf ihre Anwesenheit hinzuweisen! Sie war inkognito bei uns!«
»Die Eigentümer sind die Schuldigen! Wie konnte dieser Luigi, wie heißt er gleich?«
»Lucheni!«
»Genau. Woran hat er sie erkannt?«
»An ihrem Fächer aus schwarzem Leder...«
»Sie hatte ihn nicht«, ruft das Mädchen auf dem Bürgersteig. »Ich war da. Sie lief ohne ihren Fächer.«

Der Thorax ist geöffnet. Die Haut ist sauber über den Rippen heruntergeklappt; man sieht die Lungen, die Luftröhre, die Halsschlagadern. »Tupfer, bitte. Saubermachen«, befiehlt der Chefarzt und taucht die Hand hinein. Da ist das blutentleerte Herz, endlich aus seinem Gefängnis befreit. Der Arzt diktiert die Schlußfolgerungen: »Die Klinge hat keine Ader durchstoßen, sie ist so dünn zwischen den Rippen eingedrungen, daß man die Verletzung kaum sieht, und da auf der offen daliegenden Herzkammer ist das Loch, durch das sich das Blut langsam verflüchtigt hat. Das Instrument ist fünfundachtzig Millimeter eingedrungen und hat dabei auch die linke Lunge durchstoßen. Sie hat nicht gelitten. Sie hat nichts gefühlt.«

Auf dem Bürgersteig wird es lauter.
»Es ist eine Verschwörung, es waren mehrere!«
»Wer hat Ihnen das gesagt?«
»Die Polizei!«
»Und die letzte Ölung? Hat man einen Priester gerufen?«
»Als man sie auf der Bahre hergebracht hat, war sie schon tot.«
»Das stimmt nicht!« rief das Mädchen. »Sie lächelte, sie hat den Kopf von einer Seite zur anderen gerollt, sie lebte noch.«

»Gut«, sagt der Chefarzt, »die Nekropsie haben wir geschafft, alles klar. Nichts hinzuzufügen.« »Der Stoß war wirklich perfekt«, meint der erste Assistent. »Jetzt das Einbalsamieren«, fordert der Chefarzt auf, und er atmet tief Luft ein, denn der laue Geruch holt ihn wie gewöhnlich ein, während der zweite Assistent die Kanüle für die Injektion herausnimmt. »Kommen Sie, mein junger Kollege, Sie sind dran«, befiehlt der Chefarzt dem ersten Assistenten. »Erst die Halsschlagadern durchschneiden... Nein! Unter der Gabelung. So.« Und der zweite Assistent schnappt nach Luft, ohne sie zu finden, und atmet mit geschlossenen Augen ganz langsam aus und ein. »Was machen Sie denn«, ruft der Chefarzt. »Halten Sie Maulaffen feil? Nehmen Sie die Konservierungsflüssigkeit«, schreit er, »gießen Sie sie in die Kanüle, und die Kanüle wird in die aufgeschnittene Halsschlagader geschoben. Und was das Herz angeht«, fügt der Chefarzt hinzu, »muß man es trocken tupfen. Tupfer.« Der zweite Assistent reicht ihm die Gazestreifen. Bald ruht das gesäuberte Herz wie ein kleiner monströser Körper in der offenen Brust. »Jetzt bleibt uns nur noch, wieder zuzumachen«, stellt der Chefarzt fest und biegt die Rippen an ihren Platz, dann die Hautlappen. »Und das soll die schönste Frau der Welt gewesen sein, sehen Sie sich das aufgedunsene Gesicht an«, fügt er hinzu. »Wieso!« entrüstet sich der zweite Assistent, »Sie wissen doch, daß in zwei Minuten alles Aufgedunsene verschwunden sein wird!« »Bah!« meint der Chefarzt. »Warum das Werk des Todes leugnen? Auf, nähen Sie mir das alles wieder zusammen«, befiehlt er dem zweiten und jüngsten Assistenten, der seufzt, bevor er die Nadel und den Hanffaden nimmt. Er macht den ersten Stich ganz unten am Schambein.

Die Menge wartet noch immer vor dem Hotel.
   »Der Kaiser wird kommen, ganz bestimmt.«
   »Weiß er es denn schon? Eine Stunde danach?«
   »Mit dem Telegraph... muß er Bescheid wissen!«
   »Eine solche Liebe!«
   »Oh! Das ist nicht so sicher...«

»Aber verstehen Sie denn nicht, daß sie tot ist! Halten Sie doch den Mund!« brüllt das Mädchen.

»Aufpassen, nehmen Sie die Haut von unten«, rät der Chefarzt, der sich ein Taschentuch in den Mund stopft. Der zweite Assistent ist fast bei der Taille angelangt, macht mit engen Stichen weiter bis zur Brust, er zittert etwas, nimmt sich zusammen. »Auf, schnell«, meint der Chefarzt, der zum Fenster eilt und nicht wagt, es zu öffnen. »O Gott, wir haben den Teppich befleckt!« ruft der erste Assistent. »Ist nicht zu ändern, das müssen sie halt reinigen.« »Sie sollten mir lieber helfen, sie wieder anzuziehen«, brummt der Chefarzt. »Einen Augenblick«, protestiert der zweite Assistent, »noch ein Stich, so.« »Schnell säubern, und ziehen wir ihr ein schwarzes Oberteil an, Sie finden es auf dem Stuhl«, befiehlt der Chefarzt. »Also, die Arme sind ja ganz schön muskulös, ziehen Sie das Schößchen weiter runter, damit man die Stiche nicht sieht, ja, bestens. Machen Sie die Knöpfe zu...« Der erste Assistent kämpft mit den Knöpfen, seine Hände zögern, er verheddert sich und flucht: »Guter Gott! Wie schaffen es unsere Frauen nur, sich anzuziehen!« »Jetzt den Rock, die Strümpfe, die Schuhe«, ruft der Chefarzt aus einiger Entfernung. »Diese Taille«, meint der zweite Assistent, »unglaublich, was für ein wunderbarer Körper...«

Durch die geschlossenen Fenster dringen Schreie.
»Tod den Anarchisten, diesen Kanaillen!«
»Tod dem Lucheni!«
Das Mädchen sagt nichts mehr. Sie beobachtet die Schatten, die hinter den bestickten Vorhängen agieren.

»Vielleicht sollte man ein Bettuch auf das Gummi legen«, murmelt der erste Assistent. »Sie haben recht«, räumt der Chefarzt ein, »heben wir sie zusammen hoch, arme Frau...« »Aha! Immerhin!« ruft der zweite Assistent. »Aber ich bin doch nicht aus Holz, mein lieber Kollege«, brummt der Chefarzt, »was denken Sie sich? Wenn Sie einmal so viele Nekropsien wie ich gemacht haben, gewöhnen Sie sich daran! Sie sind zu emotional...« »Das ist jetzt bestimmt nicht der rechte Augenblick, meine Herren«, regt sich der erste Assistent auf. »Wir sind fertig...« »Nein!« ruft der zweite Assistent, »wir müssen noch den Musselin über sie breiten, ich mach das schon.« Und er zieht den Stoff eifrig über den Körper, bedeckt ihn von der Stirn bis zu den Füßen in den feinen Lederschuhen.

Auf der Straße herrscht ein Gedränge.
 »Lassen Sie die Leute durch! Gehen Sie auseinander!«
 »Lassen Sie mich eintreten, ich bin Photograph...«
 »Kommt nicht in Frage. Gehen Sie weiter!«
 »Aber die Presse! Lassen Sie mich meine Arbeit machen!«
 »Ich habe meine Befehle, gehen Sie!«
 »Aasgeier!« sagt wieder das Mädchen.

Die Ärzte haben ihre Gehröcke wieder angezogen und stehen am Fußende des Bettes. Auf dem Nachttisch liegen einige Gegenstände. Ein Ehering an einer Goldkette, eine Uhr, die in einen winzigen Steigbügel eingefaßt ist, ein Totenkopf, der an einem Armband hängt, ein Sonnenzeichen, eine Hand von Fatma, eine Medaille mit der Jungfrau Maria, Münzen aus Byzanz, ein offenes Medaillon, das eine Haarsträhne enthält, ein anderes, ganz geschlossen. Und der Lederfächer. Einen Augenblick spielt der Chefarzt mit dem Fächer und betrachtet die Armbandanhänger der Toten. Dann gesellt er sich zu seinen Kollegen, die sich vor dem kaiserlichen Leichnam sammeln.
 Der Chefarzt ist endlich gegangen.
 Jetzt sind sie nur noch zu zweit. Sie räumen die schmutzigen Utensilien in eine Eisenkiste. Sie heben den Musselin und wischen die Blutflecken von Händen und Hals. Sie öffnen das Fenster, und der leichte Wind vom See streichelt ihnen über die Stirn. Sie knien am Bett nieder; der Kamm der kleinen Nase hat sich schon majestätisch gestrafft, der Mund sich entspannt, er lächelt. »Die Falten verschwinden auch schon«, flüstert der zweite Assistent.
 »So ist es üblich. Das wissen Sie doch«, sagt der erste Assistent.
 »Achtung! Eine Hummel!« ruft der zweite Assistent und steht auf. »Eine Hummel!«

»Bah!« sagt der erste. »Lassen Sie sie zufrieden, und rufen wir den Photographen.«

Aber bevor sie den Raum verlassen, kehrt der jüngste noch einmal zurück, hebt den Musselin, verschränkt die Finger der Toten und legt den Blumenstrauß darauf.

22

Die Gnade des Mörders

In dem Lande der Verräter,
Wo der Tiber klassisch fliesst,
Wo den ewig blauen Äther
Träumrisch die Cypresse grüsst,

An des Mittelmeers Gestaden
... lauert man,
Uns zu zwicken in die Waden,
Geht der Krieg mit Russland an.

Elisabeth von Österreich

Das Pferd ging im Schritt und hob von Zeit zu Zeit das Maul in Richtung der grünsten Blätter. Franz fühlte sich glücklich. Die Sonne warf die verschleierten Strahlen des Wiener Herbstes auf den Prater, gelb lagen sie auf den Bäumen, ein leichter Geruch von verbranntem Holz gab einen Vorgeschmack winterlicher Freuden, alles war in Ordnung. Plötzlich sah Franz den Kastanienbaum und zog an den Zügeln. Eine cremefarbene Blütentraube hing unter dem Blattwerk. Das Pferd scheute etwas.

»Nicht möglich«, murmelte Franz verblüfft, »die blühen doch tatsächlich erneut! Im September!«

Dann zog er sich in seinen Steigbügeln hoch und riß die Blüte mit einem Ruck ab. Gekräuselte Blütenblätter, ausgebreitete Kelchblätter, nichts fehlte. Das war eine Überraschung. Ein Wunder...

Auf gut Glück warf Franz wie üblich seinen Blick auf den Reitweg: Da die Kastanienbäume von neuem blühten, würde sie vielleicht auch erscheinen? Auf ihrem Hengst? In ihrem Wagen?

Aber nichts. In der Ferne trabte ein Reiter; nicht eine einzige Kutsche, nicht eine Reiterin. Franz stieß einen Seufzer aus und empfand die Verpflichtung, in den Stall zurückzukehren.

Auf dem Weg fiel ihm ein Menschengedränge um einen Zeitungsverkäufer auf, der mit schriller Stimme etwas schrie, ein ganz junger Kerl, der noch im Stimmbruch war. Franz spitzte die Ohren und hörte etwas von »ermordet«. *Gut*, dachte er zerstreut, *die Anarchisten haben wieder zugeschlagen. Bestimmt in Rußland, wie gewöhnlich*. Die Stallburschen empfingen ihn ruhig und begannen, sein Pferd abzureiben. »Bis morgen, Herr Taschnik«, sagte der älteste. »Es wird wieder so schön werden wie heute. Servus!«

Trotzdem, wenn er beim nächsten brüllenden Zeitungsverkäufer vorbeikäme, würde er die Zeitung kaufen. Mal sehen.

Er mußte nicht bezahlen, um zu verstehen; die dumpfen Schreie, einige schnell wieder unterdrückte Schluchzer von Frauen, der entsetzte Ausruf: »Unsere Kaiserin! Unsere Kaiserin!« Er begann wie ein Verrückter zu laufen, riß, während er in seiner Tasche wühlte, die Zeitung an sich und faltete sie auseinander. Auf der ersten Seite, schwarz umrandet, in dicken Buchstaben, die Schlagzeile:

Kaiserin Elisabeth ermordet

Er ließ sich auf eine Bank fallen. Die gotischen Buchstaben krallten sich an das matte Papier: ermordet, Elisabeth, Kaiserin. Gabriele. »Also«, stieß er hervor und atmete tief ein, »also...« Mit zitternden Händen legte er die Zeitung hin und suchte seine Brille. Er hatte sie nicht bei sich. Und schon wußte er, daß es kein Entkommen gab: der Gedanke war da. Er würde sie nie mehr wiedersehen. Gabriele. Absurd, unabwendbar, der Gedanke hielt ihn völlig gefangen – niemals mehr.

»Komm schon, Franz«, rief er wütend. »Lächerlich! Mal sehen, wer...«

Er schluckte mühsam, konnte es nicht mehr aushalten und hielt die Zeitung in Armeslänge von sich, um besser zu sehen. Genf, eine so ruhige Stadt, sie ist gelaufen, um das Schiff zu erreichen. Das war typisch für sie. Ein junger italienischer Anarchist hatte sie mit einem Stoß erdolcht, Franz ballte die Fäuste, tot, ohne zu leiden, tot... Er merkte nicht, daß er weinte.

Als er nach Hause kam, warf sich Anna ihm an den Hals. Sie wußte es schon. Sie hatte vor dem Medaillon mit der Kaiserin zu Pferde ehrfürchtig eine Kerze angezündet und drei große feuerrote Dahlien hingestellt.

»Sie wird in einer Woche hierher zurückkommen«, murmelte sie ihm ins Ohr. »Gehen wir hin, Franzl?«

Er sagte nichts, ging die Stiege hinauf, schloß sich in seinem Arbeitszimmer ein und faltete die Zeitung auseinander. Von einer Krankenschwester bewacht, auf einem Kinderbett ausgestreckt, mit durchsichtiger Gaze bedeckt, bot Elisabeth ihm ihr letztes Gesicht. Die Augen geschlossen und ruhig lächelnd, schien sie ihm liebevoll zu sagen: Ich bin es, erkennst du mich? Aber du wirst nichts wissen, niemals, Franzl...

Er nahm die Lupe, betrachtete alles genau, die gesteppte Satindecke, das schmerzerfüllte Profil der Hofdame, die Kordeln, mit denen die Vorhänge zusammengehalten wurden, den weißen Krug in der Porzellanschüssel, das Kruzifix in den gefalteten Händen, das Kreuz auf der Armbinde der Krankenschwester. Er konnte nicht aufhören, jede Einzelheit in sich aufzunehmen, meinte zu sehen, wie der auf der Brust gekreuzte Arm sich leicht bewegte, weinte, als er den flachen Leichnam in der Vergrößerung betrachtete, erriet die Einschnitte unter dem Stoff, weinte erneut und schlief schließlich ein, mit dem Gesicht auf dem Zeitungsphoto Elisabeths – oder Gabrieles.

Das war eine andere Menschenmenge als die an großen Festtagen. Auf den Bürgersteigen drängten sich die Alten; aber alle anderen gingen ihrer Beschäftigung nach, eilten vorüber und spähten unbestimmt zum Horizont der leeren Straßen. Beherrscht von dem schweren Glockengedröhn des Stephansdoms, läuteten alle Totenglocken Wiens. Franzl war mit seiner Frau am Arm frühzeitig gekommen. Auch Attila war da, aber ohne Emmi, die sich im Haus ihrer Schwiegermutter in Budapest aufhielt, um Ungarn kennenzulernen, wie sie sagte. Sie hatten früh aufstehen müssen, damit sie einen Platz vor dem Eingang der Kapuzinerkirche fanden. Franz hatte sich ans Ende der vier Stufen so nahe wie möglich an den Eingang gestellt, dort, wo die

Mönche hinter dem Portal warteten. Von dort, wo er stand, würde er den Trauerzug nicht ankommen sehen, aber er würde ihn wenigstens von weitem hören. Von Zeit zu Zeit stieß Anna ihn an und sagte leise: »Es ist soweit, Franzl, ich höre die Pferde«, aber es waren die der Ehrengarde. »Es ist gut, sei still«, seufzte er, und er dachte an den strahlenden Tag, an dem er die Kaiserin gesehen hatte, dieses kleine Mädchen, das weinte, als es aus einer goldenen Kutsche stieg.

Die Delegationen schritten eine nach der anderen mit ernster Miene vorbei, wie es sich bei der Trauer der Mächtigen gehört. Die Ungarn traten in barscher Haltung ein und kamen wütend wieder heraus. Zwei oder drei adlige Magyaren in großer Aufmachung schimpften wütend auf ungarisch und ließen anmaßend ihre an den Schultern befestigten Umhänge wirbeln. Ein elegant gekleideter Herr flüsterte etwas in bedeutungsvollem Ton. Ihm zufolge stand auf dem Sarg geschrieben: *Elisabeth, Kaiserin von Österreich*. Die Ungarn hatten offiziell protestiert. Attila hatte es im übrigen nicht versäumt zu betonen, wie anstößig diese Bezeichnung sei.

»Warum?« fragte Anna naiv.

»Und warum nicht auch Königin von Ungarn?« hatte der Herr geschimpft, »alles für Ungarn, sie hat nur sie geliebt, das wissen Sie doch, Graf Andrássy war ihr Liebhaber, alte Geschichte...«

»Etwas Respekt!« hatte Franz gereizt gemurmelt.

Zum Glück war Attila mit dem Zubinden seiner Schnürsenkel beschäftigt und hatte nichts gehört.

»Aber was machen Sie mit Böhmen?« protestierte der Herr. »Hätte sie sich denn nicht dafür entscheiden können, auch unsere Königin zu sein?«

»Ah! Sie sind Tscheche, ich verstehe«, erwiderte Franz. »Lassen Sie sie doch in Frieden, sie ist nicht mehr als eine Tote.«

»Sicherlich, sie ist tot«, knurrte der Herr, »das ist aber kein Grund, ihre Völker zu demütigen. Selbst in ihrem Sarg begegnet sie uns mit Verachtung.«

»Halten Sie den Mund!« rief Franz mit erhobener Stimme.

»Ihr Österreicher, ihr kümmert euch um die Völker um euch

herum, was?« fuhr der Herr mit ekelhaft süßlicher Stimme fort.
»Werden Sie endlich den Mund halten?« brüllte Franz nun rückhaltlos.

Die Menge begann zu schimpfen, was für ein Flegel dieser Typ, etwas mehr Haltung, still!... Attila fing an sich aufzuregen; Franz hatte sich mit einem Ruck umgedreht und den Protestierenden einen verächtlichen Blick zugeworfen. Anna zog ihn ängstlich am Ärmel und murmelte: »Franzl, dieser Herr ist Tscheche, und du weißt genau, daß die Tschechen ihr egal waren.« Er hatte sich zu spät daran erinnert, daß sie ja auch aus Mähren stammte. Das Reich krepierte unter den Streitigkeiten zwischen den Slawen und den Ungarn; eines Tages würde es daran ersticken...
Der gutgekleidete Herr entfernte sich, und es herrschte wieder Ordnung. Man hörte nur das Summen der Menge.
»Mir tun die Füße weh«, hauchte Anna, »wie lange das dauert!« Franz riet ihr, sich die Beine zu reiben. *Dieses entsetzliche Totengeläute*, dachte er, *wie alt war sie, als sie heiratete? Fünfzehn, sechzehn Jahre? Die Stufen schauen fast gleich aus, kaum abgenutzt, der Stein altert besser als die Menschen.* Er strich mit der Hand über seinen kahlen Kopf, was Gabriele noch so zum Lachen gebracht hatte. War es Gabriele unter dem schwarzen Katafalk der Habsburger? Würde sie ihm ein letztes Zeichen geben?
Seine Frau stieß einen leichten Schrei aus: »Dieses Mal bin ich sicher, hör mal, die Lipizzaner, die Lipizzaner...« Er wollte sie schon anfahren, aber sie hatte recht.
Man hörte nur noch das Getrappel der Pferde und den gedämpften Schritt der Menschen im Trauerzug. Es ging ein tiefes Seufzen durch die Menge, als man die gebeugte Gestalt des alten Kaisers sah, seinen beruhigenden weißen Schnurrbart, seinen unverändert weisen Blick voll angemessener Trauer, angemessen wie die schwarzen Schleier, die die Damen der kaiserlichen Familie umwehten. Neben dem Herrscher schritten feierlich die Erzherzoginnen, die Hoheiten und dahinter zweiundachtzig Staatsoberhäupter aus ganz Europa. Franzl sah nichts; aber er

hörte die Klage der Wiener Bevölkerung: »Unser armer Kaiser...«, während die Pferde sich näherten. Die schwarzen Federbüsche auf ihren Köpfen waren alsbald zu sehen.

Anna erhob sich mit gerecktem Hals auf die Zehenspitzen, drehte den Kopf und sackte schwerfällig zurück. »Man sieht nichts«, meinte sie verärgert. »Warte doch«, schalt Franz und rempelte sie leicht an, »du wirst noch früh genug sehen.« Der Katafalk bewegte sich um die Ecke, kam vor der Kapuzinerkirche zum Stillstand, die Pferde schnaubten, alles blieb stehen.

Der kaiserliche Hofmarschall klopfte langsam an das Holz des geschlossenen Portals. In einem wirren Durcheinander hörte Franz, wie die gedämpfte Stimme des Kapuzinerpaters im Innern der Kirche die erste Frage herunterleierte: »Wer ist da?«

Mechanisch murmelte Franz ganz leise die rituelle Antwort, die der Hofmarschall in alle Himmelsrichtungen rief.

»Öffnen Sie das Portal, ich bin Ihre kaiserliche Majestät, Königin von Ungarn...« Und warum nicht er, der Kaiser, wann ist er dran? Warum sie, noch so jung, so schön? Und der Kapuziner hatte schon der Sitte gemäß geantwortet: »Ich kenne dich nicht. Geh weiter!« Er war kaum zu hören. »Noch zwei Fragen«, flüsterte seine Frau, »und es ist soweit, sie geht hinein.«

Hör doch auf! dachte er ärgerlich, während der Hofmarschall zum zweiten Mal feierlich an das Portal klopfte und zum zweiten Mal sagte: »Öffnen Sie das Portal, ich bin die Kaiserin, Königin von Ungarn, ich bitte um Einlaß.« Franz regte sich bei der zweiten Frage auf; man hätte andere Adelstitel hinzufügen können, Herzogin von Ober- und Niederschlesien, Gräfin von Bregenz, Herzogin von Auschwitz und Ragusa, man gab sich keinerlei Mühe, der Ritus wurde ohne Herz und ohne Seele ausgeführt, man liebte die Kaiserin nicht mehr. Der Kapuziner hatte die rituelle Antwort heruntergespult: »Ich kenne dich nicht, gehe weiter«, und schon hatte sich der Hofmarschall beeilt, noch schneller dreimal zu klopfen, es waren die letzten drei Schläge – für immer. Franz' Herz hörte auf zu schlagen. Attila begann zu schluchzen.

Zum letzten Mal stellte der Kapuziner die Frage: »Wer ist da?« Franz murmelte halblaut die Antwort wie ein Gebet. »Ich bin Elisabeth, eine arme Sünderin, ich bitte demütig um die göttliche Gnade.« Das Portal öffnete sich langsam, die Flügeltür knirschte, der Kapuziner erschien, die Menge seufzte auf, die Kaiserin war zur Prüfung der Toten zugelassen. Die Lakaien holten den Sarg hervor, langsam wurde der geschnitzte Kasten an ihm vorübergetragen, langsam die Stufen hinaufgetragen, mechanischen Schritts folgte der alte Kaiser... Fast hätte Franz geschrien, so viele Jahre zogen in aller Stille vorüber. Langsam verschwanden die schwarzen Schleier der Frauen in der offenen Tür, der Rest gehörte den Habsburgern, es war vorbei. Attila wischte sich die Tränen ab und schneuzte sich geräuschvoll.

Kein Zeichen. Elisabeth hatte nicht geruht, ihre Anwesenheit kundzutun. Nicht ein Hauch auf Franz' Nacken, kein Schauer auf seiner Haut, nichts. Vielleicht war sie doch nicht Gabriele?
»Ich kann nicht mehr«, murmelte Anna. »Gehen wir heim«.

Das Photo des Mörders erschien in den Wiener Zeitungen. Von zwei Schweizer Polizeibeamten festgehalten, lächelte er mit schönen Zähnen unter seinem blonden Schnurrbart wie ein Frischvermählter, der von seiner Hochzeitsfeier zurückkommt; auf dem Hinterkopf trug er einen weichen Hut. Die zu weiten Hosen und das erbärmliche Trikot sagten genügend über das Elend dieses Mannes; im übrigen wußte man bald fast alles über diesen Luigi Lucheni. Ein armer Schlucker, von einer unbekannten Mutter auf der Straße geboren, einer Italienerin, die ihn wie einen Welpen in Paris geworfen und dann im Stich gelassen hatte. Sein wirres Leben hatte ihn in die Dienste des Prinzen von Aragon geführt, der mit seiner Arbeit gar nicht unzufrieden war, aber ihn aufgeregt, ein wenig merkwürdig fand; er pflegte einen schlechten Umgang, und dann hatte ihn die Dreyfus-Affäre in die Anarchistenbewegung getrieben.

Die Kaiserin hatte er nie umbringen wollen. Seine Pläne galten einem anderen Herrscher, auf den er wartete und der nicht gekommen war; da ihm nichts Besseres zur Verfügung stand, hatte er sich an dem Tag, an dem das Hotel Beau Rivage aus Eitelkeit dem Ruhm nicht widerstehen konnte und die Presse von ihrer illustren Anwesenheit informiert hatte, auf die falsche Gräfin Hohenembs gestürzt.

Die Waffe des Verbrechens ähnelte Luigi Lucheni; eine Feile, die messerscharf wie sein Haß gewetzt und auf ein schlechtes Stück Holz gesetzt war; ein zusammengestückeltes Werkzeug wie sein zusammengestückeltes Leben. Franz wäre es lieber gewesen, wenn er die Biographie des Mörders nicht entdeckt hätte; denn je mehr er las, um so mehr erkannte er, ohne daß er es sich eingestehen wollte, eine glühende Flamme der Revolte des jungen Italieners. Sicherlich, der anarchistische Arbeiter hatte vorgehabt, den Prinzen von Orléans niederzustrecken, der im letzten Augenblick seine Reise in die Schweiz abgesagt hatte; sicherlich, er hatte durch bloßen Zufall das erste gekrönte Haupt, das nach Genf kam, ermordet, und das war die Kaiserin. Aber zwischen Italien und Österreich herrschte zu viel Groll, und das unglückselige Kommuniqué des Hotels Beau Rivage hatte Lucheni offenbar wie ein Schlag getroffen. Elisabeth von Österreich... Zweifellos war die Vergangenheit der Halbinsel Italien nicht ohne Bedeutung in dieser Affäre.

Einige Tage nach dem Attentat erschien in den Zeitungen ein gemeinsamer Brief, der von Wiener Frauen und jungen Mädchen unterzeichnet war. Sie beschrieben, welche Torturen sie sich für den Mörder erträumten: Sie würden ihn auf eine Fleischbank legen, ihm Arme und Beine abhacken, und um seine Qualen zu mildern, denn schließlich hatten sie ein gutes Herz, würden sie die Wunden mit Essig und Salz auswaschen. Von ihren Nachbarinnen verdammt und ohne darüber mit Franz zu reden, hatte Anna sich geweigert, die Bittschrift zu unterzeichnen.

Luigi Lucheni schrieb aus dem Gefängnis zahllose Briefe. Der alte Chefredakteur der neapolitanischen Zeitung *Don Marzio*, der wegen seiner fortschrittlichen Neigungen bekannt war, bekam vom Mörder ein Handschreiben. *Wenn die herrschende Klasse nicht versucht, ihre Gier zu unterdrücken, dem Volk das Blut auszusaugen, wird niemand unter den Königen, Präsiden-*

ten, Ministern und all denjenigen, die ihren Nächsten zu unterjochen suchen, meinen gerechten Anschlägen entgehen. Der Tag ist nicht fern, da die echten Menschenfreunde alle ehrenhaften Grundsätze von heute auslöschen werden. Ein einziger wird dann genügen: Wer nicht arbeitet, hat kein Recht auf Essen. Er unterschrieb mit *Ihr ergebener Luigi Lucheni, überzeugter Anarchist.*

Dann schrieb er an den Präsidenten der Schweizerischen Eidgenossenschaft und forderte, nach den Gesetzen des Kantons Luzern verurteilt zu werden, wo die Todesstrafe galt. Diesen Brief unterschrieb er mit: *Lucheni, sehr gefährlicher Anarchist.*

Schließlich schrieb er acht Tage nach dem Drama der Prinzessin von Aragon, seiner früheren Arbeitgeberin, daß er ein ungebärdiges Herz habe und mit Freuden die Stufen seiner vielgeliebten Guillotine erklimme und keinerlei Hilfe bedürfe. Er verglich sich mit Hauptmann Dreyfus, wetterte gegen die Ungerechtigkeit der Welt und freute sich, seine Pflicht als wahrer Kommunist getan zu haben.

»Ist dir das aufgefallen? Der Mörder ist ein glänzender Reiter gewesen, wie die Kaiserin«, bemerkte Anna nebenbei. »Er war sogar Kunstreiter. Ein junger Mann von sechsundzwanzig Jahren, was für ein Jammer!«

»Sechsundzwanzig!« rief Franz bewegt. »So alt wie ich, als ich...«

»Als du mich vor dem kleinen galizischen Orchester angesprochen hast, mein Franz, genau... Ich habe gerade daran gedacht«, murmelte Anna zärtlich lächelnd.

»Ich auch«, log Franz tapfer.

»Ganz gleich«, fuhr Anna nachdenklich fort, »man würde fast meinen, sie ähnelten sich, die Kaiserin und er.«

»Wie kannst du so etwas sagen!« rief Franz ärgerlich. »Du weißt nicht, von wem du redest! Die Kaiserin und Lucheni? Du hast nicht ihre Schüchternheit, ihre Zurückhaltung gekannt, sie ist scheu gewesen, wie ein junges Mädchen und...«

»Man möchte meinen, du bist bei ihr aus und ein gegangen, mein armer Franzl... Du träumst. Eines Tages wirst du mir sagen, warum du ihr eine solche Bewunderung entgegengebracht hast. Und keine Lügen, bitte!«

Es hätte nicht wenig gefehlt, und er hätte ihr endlich das Geheimnis entdeckt, das er so lange für sich behalten hatte. Aber da die Unbekannte tot war, beschloß er, sie nicht zu verraten.

In der Schublade seines Schreibtisches fand er die alte Kassette, in die er den Fächer und die Briefe verstaut hatte; er fügte ehrfürchtig die Photographie der Kaiserin auf ihrem Totenbett in Genf hinzu – und aus einem geheimnisvollen ketzerischen Drang heraus auch diejenige des Mörders mit dem seligen Lächeln.

Franz war sich dessen sicher: Mit Gabriele war das Unterpfand seines eigenen Glücks verloren. Sie hatte reisen können, abwesend sein, schweigen, nicht antworten, aber sie lebte, und dieses ferne Leben schützte die kleine Welt der Taschniks. Jetzt, da sie in der Krypta verschwunden war, würde der Zauber aufhören zu wirken.

Eine Woche nach dem Begräbnis der Kaiserin schrieb Emmi ihren Eltern in einem Brief, daß ein großes Hotel in Budapest sie als Sängerin engagiert habe, für ein gutes Honorar; sie werde am späten Nachmittag singen und am Abend heimkehren, um sich um ihren Gatten zu kümmern; sie zählte auf ihre Eltern, um Onkel Attila zu überzeugen. Der Ungar begriff wohl oder übel, daß er in sein Land zurückkehren und einen Posten in der magyarischen Gestion finden mußte; Franz übernahm es, so gut er konnte, ihn zu trösten, und erinnerte ihn daran, daß er ihn gewarnt hatte: Emmi wollte um jeden Preis singen...

Aber Anna gefiel das alles überhaupt nicht; Emmi würde ihrem Mann nicht treu sein, sie ahnte es. In der Nacht hatte sie wieder einen Erstickungsanfall, am nächsten Tag hatte sie keine Stimme mehr und hustete sich die Seele aus dem Leib. Der alte Dr. Bronstein schüttelte den Kopf, bestätigte, daß es in Wien viele solcher Fälle gebe, daß der Föhn Atembeschwerden hervorrufe und daß die Damen häufig unter solch unabwendbaren Übeln litten. Trotzdem empfahl er, ohne viel Aufhebens davon zu machen, daß man dieses Mal einen Psychiater zu Rate ziehe. Annas Krankheit begann seine Kompetenz zu überschreiten. Franz dankte ihm höflich und beschloß, nichts dergleichen zu tun. Statt dessen holte er die Noten heraus, die seit einigen Jahren zu nichts mehr gedient hatten, ließ das Klavier stimmen und nahm wieder seine Geige. Anna nahm ohne Begeisterung ihre Tonleiterübungen wieder auf.

Trotz allem hoffte Franz auf ein glückliches Alter. Wenn Emmi erst einmal ein Kind von Attila hätte, würde sie schon zur Ruhe kommen, davon war ihr Vater überzeugt. Anna würde am Ende ihr Gleichgewicht wiederfinden, wenn sie über die schwierige Hürde gekommen wäre, die vor Frauen in diesem Alter lag. Toni würde zweifellos ein großer Dichter werden...

Und dann blieb noch Wien, die Unvergleichliche. Die Walzer des Maestro blieben, der tapfer alterte und noch immer komponierte; auf den Hügeln würde man weiterhin zu den Melodien des Schrammel-Orchesters Wein trinken, der Prater würde der schönste Park der Welt bleiben, die Kastanienbäume würden im Frühjahr blühen, erst die weißen, dann die rosafarbenen, und die lieblichen Mädchen würden von neuem in Lachen ausbrechen, wobei sie ihre Halbstiefel zeigten. Nichts konnte dem Charme der wunderbaren Stadt etwas anhaben, in der Franz geboren war, in der er gelebt hatte, in der er der Unbekannten des Balles und dann seiner Frau Anna begegnet war. Ja, Wien würde eine glückliche Stadt bleiben.

Und als guter Wiener war Franzl vor allem für das Glück begabt.

❖

Einen Monat später wurde Lucheni in der Schweiz verurteilt; er lächelte noch immer. Als er gefragt wurde, ob er seine Tat bedaure, wies er das weit von sich. Würde er es noch einmal machen, wenn er die Gelegenheit hätte? Ganz ohne Zweifel. Die Verteidigung begnügte sich mit einem einzigen Argument, das niemanden rührte: »Wenn die Kaiserin überlebt hätte«, sagte der Anwalt, »hätte sie um Gnade für den Mörder gebeten.«

Gnade für ihren Mörder! Für einen Königsmörder! Einen Anarchisten, der keinerlei Reue zeigte! Mit diesen Terroristen, diesen Leuten, die weder Gott noch ein anderes Leitbild kannten, müsse man kurzen Prozeß machen, rief der Generalstaatsanwalt. Ein Mann, der auf eine wehrlose Frau eingestochen habe...

Der Anwalt der Verteidigung war nicht zu erschüttern: Das Verbrechen sei unentschuldbar, aber das Opfer habe ein großzügiges Herz besessen, so großzügig, daß es – er komme noch einmal darauf zurück – um Gnade für den verlorenen Sohn gebeten hätte...

Das war nicht die Ansicht der vierzig Genfer Geschworenen, die Lucheni zur Höchststrafe verurteilten: lebenslänglich. Als der Vorsitzende das Urteil verlas, begann Lucheni zu brüllen:

Es lebe die Anarchie! Tod den Aristokraten!

»Gerechtigkeit ist ihm widerfahren, alles ist in Ordnung«, sagte Anna, als sie die Zeitung las. »Ich bin doch erleichtert, daß es in Genf keine Todesstrafe gibt«, fügte sie jedoch hinzu. »Armer Lucheni!«

Franz dachte vor allem an Gabriele und begann zu hoffen, daß er sich von Anfang bis zum Ende geirrt hatte.

Im übrigen hatten die Taschniks andere Sorgen. Attila hatte gerade einen Brief aus Budapest gesandt. Emmi komme immer später nach Hause, oft angesäuselt; sie kümmere sich nicht um das Haus, die alte Frau Erdos sei sehr verärgert, kurz, Attila bat seine Freunde, seine Schwiegereltern um Hilfe und flehte sie an, auf ihre Tochter einzuwirken, sie möge das Singen aufgeben.

Was hatten sie doch für eine hübsche Hochzeit gehabt! Ein Jahr nach der Tausendjahrfeier für Ungarn hatten die Taschniks Emmi und Attila mit großem Pomp in Wien verheiratet. Der kleine Ungar war überglücklich; in ihrem langen weißen Satinkleid, Perlen und weiße Rosen im Haar, glich Emmi endlich einer traditionellen Braut. Sie lachte viel, trank Champagner und sang zum Nachtisch. Erst drei Jahre, und die Ehe war stark angeschlagen.

Franz schrieb seiner Tochter einen Brief voller Ermahnungen, forderte, daß sie ihren Vertrag beende, machte sie darauf aufmerksam, daß ihre Mutter unter ihren Verirrungen leide, deutete an, daß ihr vielleicht ein Kind guttun würde... Attila antwortete, daß Emmi ihre Singerei fortsetze, Gott sei's geklagt, und daß sie alles andere als zur Ruhe komme. Und da ihre unwürdige Tochter nicht einmal geruht hatte, ihrem Vater selbst zu antworten, weinte Anna jeden Tag. Dem guten alten Willy gelang es nicht mehr, sie aufzuheitern; er schaffte es nicht einmal, sie zu verärgern. Freund Willibald war übrigens viel weniger komisch und hegte düstere Gedanken.

Er ging nicht mehr zu den antisemitischen Treffen und hatte sich von Anna überzeugen lassen, daß dies nicht mehr seinem Alter entspreche, ganz einfach. Er sei Gewalttätigkeiten leid, er wolle Ruhe, Musik, und vor allem wollte er seine Freunde nicht verlieren. Er habe aus Zuneigung nachgegeben, behauptete er; aber Anna spürte sehr wohl, daß ein anderer Grund mitspielte, den sie nicht erriet.

Von seiner Verlobten im Dorf war nicht mehr die Rede; Franz war aufgefallen, daß Willy immer später ins Ministerium kam. Aufgedunsen und mitgenommen, gab er vor, vom Zahnarzt zu kommen; er jammerte über seine Zähne, die er einen nach dem anderen verlor. Er hatte entsetzliche Migräneanfälle und einen Herpes, der ihm die rechte Gesichtshälfte verunstaltete. Franz war nun sicher, daß Willys Krankheit fortschritt. Er wagte es nicht, sich seiner Frau zu erklären, die die Wahrheit nicht sehen wollte. So ließ er ihr lieber ihre Illusionen.

Eines Tages verschwand Willibald Strummacher aus dem Ministerium.

Als Franz nach einigen Stunden beunruhigt war, da er noch immer nicht kam, lief er zu seinem Freund und fand ihn mit einem Revolver in der Hand auf dem Bett ausgestreckt. Er hatte sich eine Kugel ins Herz geschossen und Anna einen Brief hinterlassen, in dem er die Leiden der Syphilis beschrieb, die ihn seit fast zwanzig Jahren verzehrt habe.

All die Verlobten waren reine Erfindung; er hatte dieses Märchen aus Trotz und aus Freundschaft erfunden, um seine Freunde nicht zu beunruhigen. Er bat um Verzeihung wegen all der Torheiten, die er hatte begehen können, bat vor allem Anna, der er alles, was er besaß, vermachte, das Bauernhaus, die Ländereien und die kleine Wohnung in Wien. Franz hinterließ er, wie er sagte, die Erinnerung an einen besonderen Ball, wo sie zusammen glücklich gewesen waren. Franz würde verstehen. Das sei alles gut und schön gewesen, schrieb er, aber zum Schluß bat er darum, Frau Ida zu benachrichtigen.

Der Wächter

*Mich fand das Morgengrauen
Stets an dem Arbeitstisch;
Gewissenhaft zu schauen
Pflegt ich nach jedem Wisch.*

Elisabeth von Österreich

Die Kaiserin war seit mehr als einem Jahr tot. Eine Woche nach dem Begräbnis war auf kaiserliche Anweisungen ein Elisabeth-Orden für »Verdienste von Frauen in verschiedenen Berufen« gegründet worden. Einige Tage später waren Pater Lachenal, Vikar der Gemeinde Notre-Dame de Genève, sowie die Doktoren Mayor Albert, Reverdin Auguste und Mégevand Auguste, Gerichtsmediziner, wegen ihrer Verdienste beim Hinscheiden der Herrscherin mit dem Franz-Joseph-Orden ausgezeichnet worden.

Ihr Mörder war verurteilt. Er war ein vorbildlicher Gefangener.

Am Tag nach dem Jahrestag des Attentats stand der alte Herr wie jeden Morgen um halb vier Uhr auf. Manchmal hätte er sich gern auf seinem Eisenbett noch etwas ausgestreckt, aber das war nicht erlaubt. Ein Kaiser hat seine Pflichten gegenüber seinen Untertanen; er setzte sich also vor die Akten an seinen Tisch.

Ihm gegenüber hatte er sein Lieblingsporträt von ihr aufhängen lassen, das der Maler Winterhalter vor dreißig Jahren gefertigt hatte. Zur selben Zeit hatte der Maler die berühmten Bilder gemalt, auf denen die Kaiserin, in weißen Tüll gekleidet, ein üppiges Perlenkollier an einem schwarzen Samtband um den Hals geknüpft, die Zöpfe mit Diamantsternen geschmückt, Modell stand. Das andere Porträt war viel einfacher; von hinten beleuchtet, war sie in ein Nachtjäckchen und in den Pelz ihrer Haare gehüllt. Das offizielle Porträt war mehrmals kopiert worden, aber das andere war einzigartig wie sie selbst. Auf beiden Bildern hatte sie dasselbe angedeutete Lächeln und denselben etwas traurigen Blick.

Seit sie den Tod gefunden hatte, den sie so ersehnte, hatte der alte Kaiser endlich Frieden erlangt. Solange sie lebte, hatte er nie aufgehört zu zittern. Von Anfang an, besser, vom ersten Tag an, als er nicht sicher war, daß sie seinen Heiratsantrag annehmen würde. Ja, er hatte sofort gewußt, daß sie versuchen würde, ihm zu entkommen, und sie hatte es ohne Unterlaß getan. Er hatte vor allem Angst gehabt, vor der Tuberkulose, dem Reitunfall, dem Ertrinken, den Stürmen, den Diäten, den Gewaltmärschen, dem Selbstmord, allem, ohne jegliche Erholungspause. Es war ihm sogar gelegentlich eingefallen zu hoffen, daß sie sich endlich einen Liebhaber nehmen, daß sie eine Ehebrecherin werden würde, nur ein bißchen, wie er, ganz normal ... Ein Liebhaber wäre sicherlich ein wunderbarer Stimmungsmacher für Sisi gewesen ...

Aber nein! Dafür hatte sie die Liebe der Männer nicht genügend geliebt. Er hatte vergeblich gewartet; weder Andrássy noch Middleton noch ein anderer hatte sie erobert. Eine Zeitlang hatte er die Polizeiberichte überwacht, die sich mit einem geheimnisvollen jungen Mann befaßten, den sie auf einem Ball in Wien getroffen hatte; er hatte angeordnet, sie vor allem nicht zu beunruhigen. Die Idylle hatte vier Monate gedauert, die Zeit für einige Briefe, deren Existenz er kannte, die aber nach den Aussagen des Innenministers keinerlei Folgen hatten. Der junge Mann, ein guter Beamter, dessen Namen der Kaiser vergessen hatte, war untadelig; er hatte sich mit einer Jüdin aus Mähren verheiratet und von ihr zwei Kinder bekommen. Der letzte Brief fiel etwa mit dem Tod ihres Vetters Ludwig zusammen, und das Ganze war keiner besonderen Aufmerksamkeit wert. Dennoch schickte der kleine Beamte weiterhin jedes Jahr zwei Briefe an die Kaiserin, einen nach München, postlagernd auf den Namen Gabriele, der von der bayerischen Polizei an den österreichischen Innenminister weitergegeben wurde; den anderen in die Hofburg. Der Innenminister hatte sie dem Kaiser angeboten, und dieser hatte nicht nein gesagt.

Er hatte sie gelesen, keine Besonderheiten.

Sie war also äußerst treu gewesen, zumindest formal. Denn die grundlegende Untreue, deren sie sich ihm gegenüber schuldig gemacht hatte, war auch vom ersten Tag an da, er wußte es. Aber warum hatte er dann nicht die Verlobte akzeptiert, die ihm seine Mutter ausgesucht hatte, diese majestätische Helene, um deretwillen er nach Bad Ischl gereist war? Sie hätte zweifellos besser der Rolle der Kaiserin entsprochen. Der alte Mann konnte es sich immer noch nicht erklären, warum er sich im letzten Augenblick den mütterlichen Abmachungen entzogen, Helene von Bayern verschmäht und sich heftig in ihre junge Schwester verliebt hatte, die niemandem aufgefallen war – außer ihm.

Eigentlich hatte er es nie wirklich begriffen. Zu steif war das junge Mädchen Helene, zu kalt, die Arme spröde und die Haut weißlich; schon beim ersten Hinsehen war ihm die andere aufgefallen, der Wildfang, der heimlich lachte, die nachlässig Frisierte, deren ungebärdige Locken die Haarnadeln abwiesen, eine schlecht erzogene kleine Füchsin, die so schön nach Wald roch. Ein Anfall von Wahnsinn hatte ihn gezwungen, die jüngere statt der älteren zu wählen; er hatte nicht einen Augenblick nachgedacht, sie sollte es sein, das war alles. Vielleicht war es auch die Feindseligkeit seiner Mutter. Vielleicht die frische Brise der Jugend, vielleicht nichts oder vielleicht einfach die Liebe. Denn wenn es die Liebe gab, hatte er diese Frau geliebt, auch gegen ihren Willen.

Vom ersten Tag an. Er hatte sich geschworen, sie zu zähmen. Zuerst mit Schmuckstücken, mit denen sie nicht viel anzufangen wußte. Dann dachte er an etwas Lebendiges; das wurde der rosafarbene Papagei, eine gute Idee, die einzige gute vielleicht. Er hatte wie ein Verrückter von jener Nacht geträumt, in der er sie endlich in seine Arme nehmen würde; und da hatte der Schrecken begonnen. Verspannter Körper, unterdrückte Tränen, schmerzverzerrtes Gesicht und dieser kleine verärgerte Seufzer, den sie immer nach der Liebe von sich gab... Trotz ihrer vier Kinder hatte sie ihm niemals gehört. Kein Aufschrei der Lust, keine etwas zärtlichere Geste, kein Stöhnen vor Vergnügen.

Das Wunder war, daß nichts Schlimmeres passiert war, das

Wunder war dieses Porträt vor ihm und ein Leben, das sie doch irgendwie miteinander geteilt hatten. Mit dem Alter war er es schließlich leid geworden, und als sie ihm die Kathy Schratt als Ersatz anbot, hatte er mitgemacht. Die Schratt war etwas anstrengend mit ihren Ansprüchen, aber sie war sanft und zärtlich, und sie tat wenigstens so, als liebte sie ihn. Es war vielleicht nicht immer vorgegeben. Er zahlte mit Schmuck einen hohen Preis für diese offizielle Liaison; was andere Eroberungen anging, hatten sie in seinem Gedächtnis keine Spuren hinterlassen. Denn in seinem Gedächtnis blieb die Erinnerung an das schreckliche Jahr. Ein schwarzes Loch in der Schläfe.

Warum hatte er an jenem Tag seine Polizei angewiesen, um jeden Preis eine Akte über die kleine Vetsera zu finden? Aus Rache, aus Wut gegen diesen Ränke schmiedenden Sohn und seine grausamen Pamphlete; das letzte, das er auf deutsch in Paris ein Jahr vor Mayerling unter dem Namen Julius Felix veröffentlicht hatte, war von einer Härte ohnegleichen. In Paris! Der alte Mann erinnerte sich noch, er hatte die Handschrift Clemenceaus und die seines Schwagers Moriz Szeps erraten, alles Freimaurer, eine antiklerikale Sippschaft. Zweifellos hatten diese beiden da zu diesem Plan, sich scheiden zu lassen, geraten, von einer unglaublichen Vulgarität... Wenn man zu einem göttlichen Geschlecht gehört, wenn man von Karl V. abstammt, wenn man zugleich in den Genuß der Salbung des Herrn wie der Segnungen des Volkes kommt, wie kann man es wagen? Rudolf hatte eine republikanische Seele; die Scheidung war der Beweis. Und gestorben war er wie ein Schneider. Scheidung, Selbstmord: Heimsuchungen eines republikanischen Geistes.

Die Polizei hatte ihr Werk vollbracht und die beste Waffe gegen den Kronprinzen entdeckt. In der Tat hätte nichts ihn sicherer töten können; aber das hatte der Kaiser nicht vorausgesehen.

Nach dem Drama hatte er gefragt, ob die Akte geprüft worden war. Die Polizei hatte gezögert, genügend, um zu verstehen zu geben, daß nichts wirklich sicher sei. Zweifellos hatte die Mutter, Baronin Vetsera, dem jungen Prinzen Avancen gemacht, vielleicht hatte sie damit sogar Erfolg gehabt, aber im übrigen war man auf Hypothesen angewiesen. Konnte die kleine Mary das Resultat einer flüchtigen Paarung im Schatten des Parks von Gödöllö sein? Der Innenminister gestand, daß man die Daten vielleicht ein wenig verschoben hätte.

Der alte Mann hatte eine von Entsetzen geprägte Erleichterung empfunden und sich schnellstens der Hypothese vom Wahnsinn der Wittelsbacher zugewandt, um die Verzweiflungstat zu erklären. Die Zeichen geistiger Verwirrung fehlten nicht in der Familie, angefangen bei Sisi, die nach einer neuen Theorie französischen Ursprungs Züge neurotischer Störungen aufweise. Andere Leute in Wien, nonkonformistische Grünschnäbel, begannen auch bei jeder Gelegenheit von der weiblichen Hysterie zu reden, aber für ihn war das kein Unterschied, die Mediziner redeten immer dummes Zeug. Niemand war besser in der Lage als er zu wissen, daß seine Frau einfach ein wenig gestört war. Hätte er sie ohne das ebensosehr geliebt?

Häufig sagte man ihm, die Kaiserin sei keine gute Mutter gewesen. Das war ungerecht. Die Etikette hatte ihr drei Kinder gestohlen, von denen zwei gestorben waren, die kleine Sophie in Buda und der Sohn. Und das vierte hatte Sisi mit einer so schrecklichen Liebe überfüttert, daß das arme Kind fast daran zugrunde gegangen wäre.

Der Tag, an dem »die Einzige« sich zum erstenmal zu ihm geflüchtet hatte, war dem alten Kaiser nur zu gut in Erinnerung geblieben; sie war zwölf Jahre alt und hatte ihn um Erlaubnis gebeten, mit ihm deutsch zu sprechen. Ihre Mutter forderte ein einwandfreies Ungarisch von ihr. Bei dieser Gelegenheit hatte er den Ausbruch des Mädchens vorausgeahnt; sie war gerettet. Im übrigen hatte sie sich ganz brav in ihren Cousin verliebt. Ihre Mutter hatte der Heirat kein Hindernis in den Weg gelegt, und trotz einiger Zusammenstöße in der letzten Minute hatte Marie Valerie den Mann geehelicht, den sie liebte. Sie hatte ihren Platz gefunden; nun, nicht ganz. Auch sie hatte sich gegen den Prunk des Kaiserreiches gesträubt, auch sie hatte eine

Neigung zum republikanischen Pessimismus, als hätte sie die Seele ihres toten Bruders geerbt; nach dem Hinscheiden ihrer Mutter wußte Gott allein, wohin sie diese Verirrungen führen würden. Aber Gott würde schon darüber wachen, wie immer.

Trotz allem war der alte Herr nicht unzufrieden. Es war ihm gelungen, seine Frau zu schützen, nun ja, nicht bis zum Schluß. Sie hatte das Leben als Aufständische geführt, als eine Rebellin gegen den Hof, gegen die Hofburg, gegen Wien und den Kaiser, ohne jemals wirklich etwas von der ständigen Überwachung zu ahnen, die ihr zugute gekommen war. Er hatte fast alles hingenommen, bis auf eine Reise nach Tasmanien; oft hatte er sie ganz offiziell gegen die Welt, die Wiener eingeschlossen, verteidigt. Er hatte bestätigt, daß sie ihm als wunderbare Gattin zur Seite stand und daß er ohne sie nicht regieren könne. Dieser letzte Punkt allein war keine Lüge; ohne sie wäre er ruhiger gewesen, er hätte weniger Sorgen gehabt, aber er hätte weder die Furcht noch die Aufregung kennengelernt – noch die feste Hoffnung, daß sie eines Tages verzeihen würde.

Was verzeihen? Er hatte sich immer schuldig gefühlt. Schon vor dieser schnell geheilten Infektion, die ihm eine Eintags-Gräfin vermacht und die bei ihm kaum Spuren hinterlassen hatte, bei seiner Frau jedoch um so mehr. Aber Sisi hatte sich dazu nie geäußert, nein, der Mund war wie zugenäht. Nie war diesem Mund etwas über ihre Intimität entschlüpft. Er dachte oft an das Märchen, das er eines Tages in einem Buch mit asiatischen Legenden entdeckt hatte und in dem eine in ihren Mann verliebte Prinzessin Opfer einer Verzauberung geworden war. Solange er nicht da war, betet sie ihn an; aber sobald er sich ihr näherte, war sie nicht mehr bei Sinnen. Der Unglückliche konnte nur einen leblosen Körper umschlingen. Was verzeihen? Die Liebe auf den ersten Blick? Das war die einzige Erklärung.

Er war Kaiser, er hatte sie entführt, er war sich dessen nicht einmal bewußt gewesen. Sie hatte ihr Leben damit verbracht, es ihm deutlich zu machen.

Was blieb zugunsten des Glücks? Der erste Blick in Bad Ischl, die Naivität des jungfräulichen Kindes, ihre verrückten Lachsalven, ihr entzückter Blick auf den rosafarbenen Papagei. Die letzte Begegnung in Bad Ischl und dieser durch das Alter besänftigte Spaziergang; die Reife war so spät gekommen. Und die Nacht in Buda nach der Krönung, als er im Dunkeln eingetreten war und sie ihn um ein letztes Kind gebeten hatte. Dieses eine Mal hatte sie ihm von sich aus die Arme geöffnet.

Was den Rest anging, die täglichen Schwierigkeiten, die Wortgefechte, die Spitzen und Wutausbrüche, vertraute der alte Mann seiner wunderbaren Fähigkeit des Vergessens an. Sisi war keine einfache Ehefrau gewesen; aber er hatte sich nie mit ihr gelangweilt. Jetzt würde er keine Angst mehr bei der Vorstellung haben, jemand käme und teilte ihm die brutalen Einzelheiten ihres Hinscheidens mit, denn es war ja schon geschehen. Das so gefürchtete Telegramm hatte er mit einem grausamen Gefühl der Erleichterung und der Gewissensbisse in den Händen gehalten, es war vollbracht, man hatte sie getötet wie vorausgesehen; er hatte kaum geweint; weniger als beim Tod seines Sohnes. Mit ihr verschwand die Unordnung aus seinem Leben; er würde mit Muße die wuchernde Haarpracht betrachten können, in der sich sein Schicksal als Kaiser verstrickt hatte, auf dem Porträt vor ihm, für immer regungslos.

Das erste Papier, das er aus der Mappe herauszog, war ihm aus Ungarn geschickt worden; es war eine Schwarzweiß-Lithographie, die zu Ehren der verstorbenen Königin veröffentlicht worden war. Ein frommes Bild, auf dem der Künstler den Schmerz der Ungarn darstellte. Ein Magyar in großer Aufmachung war am Fuße eines Grabes zusammengebrochen und beweinte seine Erzsébet, deren Seele lächelnd über Ungarn schwebte. Seltsamerweise hatte der Künstler die Königin in einer überladenen Korsage dargestellt und sie mit zwei riesigen Flügeln ausgestattet, ein Engel im Ballkleid und ohne Beine. Am Himmel schwebte die Krone der ungarischen Könige, auf die die Königin allerdings kein Anrecht hatte. Die Krone gehörte ihm, dem König! Und siehe da, bis in ihren Tod und darüber hinaus bemächtigte sie sich Ungarns ...

Auf das Grab hatte der Künstler Abbildungen zweier Gegenstände plaziert: ihres Fächers und ihrer Handschuhe. Dies vor allem rührte das Herz. Um so mehr, als die Treue der Ungarn die Säule des Kaiserreichs blieb, dessen neue Risse von dem alten Mann jeden Tag wahrgenommen wurden.

Die deutsche Macht drohte; die Völker fanden zu ihren alten revolutionären Dämonen zurück. Überall wandte man sich gegen die kaiserliche Vormundschaft. Im vorhergehenden Jahr hatte der Landtag, als er beschloß, den Beamten in Böhmen neben der deutschen Sprache auch die tschechische Sprache aufzuzwingen, bei den Deutschen Unmut erzeugt. Man hatte sich in der Kammer geprügelt, Krüge an den Kopf geworfen, und Schönerers Truppen hatten im Nu den Vorsitz eingenommen... Der designierte Thronfolger, Erzherzog Franz Ferdinand, hatte keinen guten Charakter und haßte die Ungarn. Wie lange noch würde der Kaiser diese Anreden aufrechterhalten können, die ihn mit Stolz erfüllten? *An Meine Völker!* Wie lange noch würde er seinen offiziellen Titel widerhallen hören? Allergnädigster Kaiser, König und Herr. Vor einundfünfzig Jahren hatte er nach einer Revolution den kaiserlichen Thron bestiegen; eine Revolution konnte ihn verjagen, es wäre nicht das erste Mal...

Hatte Rudolf recht damit, das Ende des österreichischen Kaiserreiches zu erhoffen? Vielleicht würde wirklich die Republik kommen... Und der fünfzigste Jahrestag seiner Herrschaft war schon gefeiert worden!

Vorausgesetzt wenigstens, daß er nie mehr eine Kriegserklärung unterzeichnen müßte, fühlte sich der alte Kaiser dem Anspruch gewachsen, diese aufbrechende Welt auf seinen Schultern zu tragen, diese gewaltige Masse möglicher Nationen – wie einer dieser Atlanten aus abgewetztem Stein, deren muskulöse Arme das Schloß Belvedere stützten und denen weder Schnee noch Wind etwas anhaben konnten. Man mußte einfach durchhalten.

Seufzend ordnete der alte Mann die Lithographie ein und begann, sich mit der Akte über den Nachlaß seiner Frau zu beschäftigen, die man ihm schließlich nach langen Prüfungen überlassen hatte.

Sie hatte für alles vorgesorgt. Ihr Vermögen ging an ihre Kinder, wobei das Kind aus Ungarn, »die Einzige«, bevorzugt wurde. Von ihren Schmuckstücken war nur noch eine schwarze Perlentiara übrig, von der sie behauptete, sie bringe Unglück. Alles schien in Ordnung. Mit einemmal erinnerte sich der alte Herr des letzten Gesprächs.

Sie hatte zwei Bitten ausgesprochen. Der ersten entsann er sich in aller Klarheit: Sie wünschte sich zu ihrem Geburtstag eine modern ausgestattete Klinik für Geisteskranke, die auf einem der Wiener Hügel erbaut werden sollte. Er mußte schnell entsprechende Anweisungen geben. Bei der zweiten zögerte der alte Mann etwas: Worum hatte sie noch ersucht? Es handelte sich darum, einen verdienstvollen Beamten zu adeln, dessen Namen er sich irgendwo notiert hatte. Wo war also der Name von Sisis Schützling hingekommen? Und woher kannte sie ihn überhaupt?

Er brauchte einige Minuten, um das Heft und die Seite zu finden, wo er den Namen des Unbekannten eingetragen hatte: Taschnik, Franz, Sektionsleiter in der Gestionsabteilung des Außenministeriums. Taschnik, Franz... Das hatte er schon irgendwo gelesen, in einem Polizeibericht über die Kaiserin. War er in Madeira in ihrem Gefolge? Nein, da gab es nur junge Militärleute. Konnte er sie auf einem Schiff begleitet haben? Aber in welcher Funktion? Ein Mann, der eindeutig kein Diplomat war und sich nie im Ausland aufhielt?

Plötzlich fiel es ihm ein: Taschnik, Franz, das war dieser junge Mann vom Ball, jener, dem sie viermal geschrieben hatte und der sie jedes Jahr mit Briefen bombardierte, die sie nie erhalten hatte. Für so viel enttäuschte Beständigkeit verdiente Franz Taschnik wirklich einen Barontitel; der Kaiser bereitete für die Protokollabteilung eine Notiz vor, die er mit der Befriedigung, seine Pflicht getan zu haben, unterzeichnete.

Im Grunde hatte er über sie immer fast alles gewußt. Mit einer Ausnahme, ihre Gedichte. Am Tag nach dem Attentat hatte er in einer Geheimschublade ein dunkles Lederkästchen gefunden; es enthielt einen Brief an den Prinzen von Liechtenstein und genaue Anleitungen zur posthumen Veröffentlichung der Gedichte. Er hatte sich nicht darum bemüht, mehr darüber zu erfahren; er hatte das Ganze Prinz Rudolf anvertraut. Er kannte die Anzahl der Gedichte der Kaiserin nicht, auch nicht ihren Entschluß, was sie damit für die Zukunft geplant hatte. Aber vielleicht sollte man klugerweise die Dinge lassen, wie sie waren: Gott allein weiß, was man darin entdecken würde. Und da sie ihr Leben lang Ränke geschmiedet hatte, denen man leicht auf die Spur kam, würde er ihr diese für sich lassen – für immer. Wenn er erst tot wäre, würde er sie in der Krypta der Kapuzinerkirche wiederfinden, und sie hätten eine Ewigkeit vor sich, um dieses letzte Geheimnis zu lüften.

Ihre letzten Worte klangen ihm noch in den Ohren: »Ich werde ganz brav in der Krypta auf Sie warten, wo keine Gefahr mehr besteht, daß ich Sie verlasse.« Er hatte nicht geträumt, sie hatte »mein Liebling« hinzugefügt. Aber da er nicht an Geister glaubte, brauchte er sie nicht da unten zu besuchen, wo sie und ihr Sohn in zwei großen Särgen ruhten, die rechts und links von einem leeren und erhöhten Platz standen, demjenigen für Kaiser Franz Joseph, den ersten seines Namens. Auf den dritten Sarg würde man noch etwas warten müssen.

Das Jüngste Gericht

> *In Ostnordost da türmte*
> *Die schwarze Wolkenwand,*
> *Von Westen aber stürmte*
> *Ein roter Feuerbrand.*
>
> *Wie Schwefel schien der Süden,*
> *Denn dort im fahlen Licht*
> *Urplötzlich Blitze glühten*
> *Als naht das Endgericht.*
>
> *Ich hört den Eichbaum krachen*
> *Bis in sein tiefstes Mark,*
> *Als würde er zerschlagen*
> *Zu seinem eignen Sarg.*
>
> Elisabeth von Österreich

In jenem Jahr bekämpften Deutsche und Tschechen einander heftig in Böhmen, und die Polen und Ruthenen machten es nicht anders. Erzherzog Franz Ferdinand, designierter Thronfolger, verstand sich nicht mit seinem Onkel, der ihm zum Vorwurf machte, eine einfache Gräfin heiraten zu wollen; der Kaiser hatte sich dem widersetzt. Es war nicht alles perfekt im Reich, aber die Geschäfte gingen gut. Porträts des alten Kaisers zierten alle österreichischen Häuser, ob auf Porzellantellern oder auf den Fächern der Damen.

Johann Strauß, nun ein Greis, blieb der unvergleichliche Zauberer eines wie nie zuvor blühenden Wiens. Ein Jahr vor dem Tod der Kaiserin hatte er noch den hinreißenden Walzer *An der Elbe* komponiert. Strauß glich dem Reich, gegen das er auf den Barrikaden seiner Jugend so sehr gekämpft hatte: zerbrechlich wie es und wie es unverwüstlich.

Und dann dirigierte er am Pfingstmontag 1899 *Die Fledermaus* mit solchem Ungestüm, daß er entsetzlich schwitzte und sich eine Lungenentzündung zuzog. Als am 3. Juni Eduard Kremser ein Walzerkonzert vor dem Rathaus dirigierte, trat ein Bote zu ihm und flüsterte ihm etwas ins Ohr. Kremser senkte seinen Taktstock, hielt inne, gab seinem ersten Violinisten ein Zeichen, die Musiker wechselten die Noten, und das Orchester begann, mit ungewöhnlicher Langsamkeit *An der Schönen Blauen Donau* zu spielen. Die Zuhörer verstanden, daß Johann Strauß tot war. Wien hüllte sich sofort in Trauer.

Im Jahre 1900 ehelichte der Erzherzog Gräfin Sophie Chotek unter der Bedingung, daß sie nicht als ein Mitglied der kaiserlichen Familie angesehen und ihre Kinder aus der Erbfolge ausgeschlossen würden. Am 28. Juni verlas der Kaiser in der Öffentlichkeit die Verzichtserklärung Franz Ferdinands, dessen offensichtliche Wut nichts Gutes verhieß.

Der Kaiser hatte nicht wenige Sorgen. In jenem Jahr forderte Kathy Schratt vom Direktor des Burgtheaters Rollen, die zu ihrer prallen Reife nicht mehr paßten. Der Kaiser weigerte sich einzuschreiten, und da die Kaiserin nicht mehr da war, um sie miteinander zu versöhnen, kündigte die Schauspielerin beim Theater und brach mit dem Kaiser, der sehr darunter litt. Es dauerte ein ganzes Jahr, bis der Vogel zustimmte, ins Nest zurückzukehren.

Wie vorausgesehen, hatte Emmi Taschnik, verehelichte Erdos, das Singen nicht aufgegeben. Sie schloß mit einem großen Hotel an der Donau einen Vertrag für Walzerliederabende und begann, extravagante Kleider zu tragen. Ihre Eltern konnten das nur beurteilen, wenn sie in Wien weilte – dreimal im Jahr. »Hüte einer Kokotte!« entrüstete sich ihre Mutter hilflos.

Attila beklagte sich nicht mehr, alterte aber sehr.

1903 gründeten serbische Generalstabsoffiziere den Geheimbund »Die schwarze Hand«, dessen Ziel es war, die Balkanländer durch die Beseitigung lästiger Herrscher zu säubern. Der

König von Serbien, Alexander Obrenović, schuldig der Lehnsübertragung gegenüber dem österreichisch-ungarischen Reich, wurde mit seiner Familie ermordet. Sein Nachfolger, Peter Karadjordjević, erklärte sich zum Fürsprecher von Großserbien.

Im Herbst begegnete der Kaiser bei einem Jagdausflug Zar Nikolaus II. Das war ein Vorwand, um die Unruhen in Mazedonien zu besprechen, wo es immer wieder zu Aufständen von Christen kam, die zu dem Krieg in Bosnien geführt hatten. Etwa zur gleichen Zeit hielt der Kaiser es für nötig, eine Erklärung abzugeben, bei der er feierlich wieder die Einheit der kaiserlich-königlichen Armee bekräftigte. Die Ungarn schlugen einen kühneren Ton an, die Österreicher stimmten zu.

Die Kroaten, Untertanen des Kaiserreichs, strebten eine Union mit den Serben an und wollten heraus aus der österreichischen Vormundschaft. Auf den Druck der Ungarn hin schloß der Kaiser Serbien aus den Zollgrenzen aus. Belgrad begann 1905 eine hemmungslose Propaganda in Bosnien-Herzegowina.

Die ersten auf einem allgemeinen Wahlrecht fußenden Wahlen von 1907 sahen den Triumph der beiden großen Volksparteien, der Christlich-Sozialen von Lueger und der Sozialdemokraten. Alles war für die Konfrontation bereitet. Die Tschechen unterteilten sich in sechs Parteien, die Polen in fünf; sie konnten nicht schlichten. In jenem Jahr schlossen Rußland, England und Frankreich eine Allianz gegen das österreichisch-ungarische Reich.

Attila Erdos' Mutter verschied, ohne zu leiden. Sie hinterließ ihm ein kleines Vermögen, über das Emmi sich gierig hermachte.

1908 starb Prinz Rudolf von Liechtenstein, dem der Kaiser die Kassette hatte zukommen lassen, in der die Gedichte der Kaiserin ruhten. Im Einklang mit den Anweisungen der Toten hatte der Herzog mit eigenen Händen den Schlüssel in die Wasser der Donau geworfen. Das Erbe fiel der Familie Liechtenstein zu, die sich nun fragte, was sie damit machen sollte.

Im selben Jahr beschloß der Sultan, Wahlen in seinem Reich zu organisieren, zu dem Bosnien juristisch immer noch gehörte. Und wenn man in Bosnien wählte, würde Österreich das Gebiet verlieren, das es seit dem Beschluß der Europäischen Kommission von 1878 »im Namen des Sultans« noch immer besetzt hielt.

In jenem Jahr feierte Wien mit Pomp das zweite Jubiläum seines Kaisers, den sechzigsten Jahrestag seiner Herrschaft. 82 000 Kinder nahmen an dem Festzug teil; Vertreter der Nationalitäten zogen vorüber wie einst die Zünfte bei der Silberhochzeit, alle waren sie da, mit Ausnahme der Tschechen. Diese Gelegenheit nahm Außenminister Graf Aerenthal wahr, um abrupt die Annexion Bosniens zu beschließen.

Serbien löste eine internationale Krise aus, die 1909 zu seinen Ungunsten endete. Bosnien wurde als dem österreichisch-ungarischen Reich zugehörig erklärt. Am selben Tag wurde das Kind von Emmi und Attila Erdos geboren, eine kleine Fanny, die sie eine Zeitlang miteinander versöhnte und die für ihre Großeltern, Franz und Anna, ein Trost war.

Das Familienoberhaupt von Liechtenstein entschied schließlich, die Kassette der Kaiserin dem Zivilgericht von Brünn in Mähren anzuvertrauen.

1910 erhängte sich Luigi Lucheni in seiner Zelle mit seinem Gürtel nach einem Streit mit einem betrunkenen Gefängniswärter.

Trotz einer erheblichen Abkühlung begab sich der Kaiser 1911 in seine neue bosnische Provinz und zog feierlich an der Seite des Generals Marian von Varesanin, Staatschef des kaiserlichen Bosnien, in einem von vier weißen Pferden gezogenen offenen Wagen in Sarajewo ein. »Die schwarze Hand« hatte geplant, den Kaiser zu beseitigen, es war ihr aber nicht gelungen.

Emmi Erdos verließ ihren Mann trotz der kleinen Fanny wegen eines talentlosen Baritons und zog mit ihm singend durch die Budapester Kabaretts. Um ihre Familie nicht zu kompromittieren, nahm sie einen Bühnennamen an und hieß von nun an Emilie Taschy.

Nach einigen Monaten starb Attila vor Kummer; die kleine Fanny wurde von den Großeltern mütterlicherseits aufgenommen, die mit ihrer Tochter Emmi nichts mehr zu tun haben wollten.

Im selben Jahr brach ein Krieg zwischen der Türkei und Italien aus. Im folgenden Jahr, 1912, entstand unter der Führung Rußlands der Balkanbund, der Serbien, Bulgarien, Griechenland und Montenegro miteinander in einer Allianz vereinte. Er sollte sie davor schützen, daß irgendeine Macht einen Teil des osmanischen Gebietes an sich riß. Nur Österreich-Ungarn kam dafür in Frage. Und selbst wenn nur ein Jahr danach, 1913, das Bündnis aufflog und Bulgarien von den Serben, den Rumänen, den Griechen und den Türken angegriffen wurde, wich der Kaiser in den Balkanländern Schritt für Schritt zurück.

Diese Tatsache entging dem Erzherzog Franz Ferdinand nicht, einem gewalttätigen Mann voller Haß, der die Jagd liebte wie der verstorbene Kronprinz, der die Ungarn, die Serben, den Balkan haßte, die Kroaten unterstützte und um jeden Preis die Bündniskarte verändern wollte, durch eine Vereinigung der drei Monarchien von Mitteleuropa: Deutschland, Rußland und Österreich-Ungarn. Der Erzherzog und Thronfolger beschloß, selbst an den großen Manövern in Bosnien teilzunehmen, und hielt seinerseits am 28. Juni 1914 feierlichen Einzug in Sarajewo. Von Belgrad aus brachte »Die schwarze Hand« junge bosnische Serben auf, die entschlossen waren, für die Sache ihr Leben zu opfern.

Es war genau der Gedenktag der Niederlage auf dem Amselfeld bei Kossovo, die das serbische Gedächtnis prägte. An jenem Tag waren die Serben von den Türken besiegt worden, und seit 1389 bedeutete dieses Datum gleichermaßen Trauer, Aufbegehren und Blutrache.

Die Gewehrschüsse der »schwarzen Hand« streckten den Erzherzog und seine Frau Sophie in Sarajewo nieder. Gavrilo Princip, ein entschlossener Serbe, hatte aus kurzer Entfernung geschossen und akkurat gezielt.

Der alte Kaiser, der den Verstorbenen doch verabscheute, erklärte in einer langen Ansprache »An Meine Völker«, daß die Ehre der Doppelmonarchie eine Wiedergutmachung verlange, mit Waffengewalt wenn nötig. So brach der Krieg zwischen dem Kaiserreich und Serbien aus.

Das europäische Bündnisgefüge war erschüttert. Auf der

einen Seite vereinte die Tripelentente England, Frankreich und Rußland, auf der anderen schaffte der Dreibund das gleiche zwischen Deutschland, Österreich-Ungarn und Italien. Die Kriegserklärungen folgten. Toni Taschnik, ein vielversprechender junger Poet, war unter dem Einfluß der großen Bertha von Suttner ein glühender Pazifist geworden. Die Freifrau und Romanschriftstellerin war lange vorher durch ihren bewegenden Roman *Die Waffen nieder!* berühmt geworden. Sechzehn Jahre später, 1905, erhielt sie den Friedens-Nobelpreis. Der junge Mann ließ sich leidenschaftlich davon anregen.

Mit Hilfe seines Vaters und zur Freude seiner Mutter schaffte er es, sich bis 1915 ins Archiv versetzen zu lassen. Dann brach er zur Front in der Ukraine auf. Sechs Monate später erhielten die Eheleute Taschnik die Nachricht vom Tod ihres Sohnes; er war auf dem Feld der Ehre irgendwo zwischen Czernowitz und Ternopol, nicht weit von Sadagora, dem Dorf seiner jüdischen Vorfahren, gestorben. Anna stürzte in tiefe Melancholie.

Der alte Kaiser starb in der Mitte des Weltkrieges, am 21. November 1916; am 30. November war er mit der Kaiserin, seiner Gattin, und dem Kronprinzen, seinem Sohn, in dem mittleren Sarg der Krypta der Kapuzinerkirche wieder vereint.

Der Erzherzog Karl, Großneffe des Kaisers Franz Joseph, folgte ihm unter dem Namen Karl I. auf den Thron und bemühte sich vergeblich, sein Land aus dem Konflikt herauszuziehen, indem er versuchte, einen Separatfrieden mit den Mächten der Tripelentente zu schließen.

Als der Erste Weltkrieg zu Ende ging, waren ihm mehr als zwanzig Millionen Menschen in Europa zum Opfer gefallen. Im Oktober 1918 brach innerhalb von vier Tagen das Kaiserreich endgültig auseinander.

Am 28. Oktober wurde die Tschechoslowakische Republik ausgerufen; am 29. schlossen sich die slawischen Gebiete im Süden mit dem Königreich Serbien zusammen; am 30. übernahm die Nationalversammlung von Deutsch-Österreich, die sich aus den deutschen Mitgliedern des Parlaments zusammensetzte, die Verfassung, die Karl Renner, ein glühender Sozialdemokrat, ausgearbeitet hatte. Deutschland und Österreich wollte er auf der Grundlage des Sozialismus miteinander vereinigen. Am 31. spalteten sich die galizischen Ukrainer ihrerseits ab. Am 3. November unterzeichnete Österreich den Waffenstillstand mit den Mächten der Tripelentente.

Am 11. November, als der Waffenstillstand dem Krieg zwischen Frankreich und Deutschland ein Ende machte, zog sich Kaiser Karl I. von den Staatsgeschäften zurück. Am nächsten Tag verkündete die Nationalversammlung die Erste Österreichische Republik. Im Artikel 1 wurde erklärt, daß Deutsch-Österreich eine demokratische Republik sei, und der Artikel 2 wies noch präziser darauf hin, daß Deutsch-Österreich ein Bestandteil der Deutschen Republik sei.

Im September 1919 wurde das Reich der Habsburger durch den Vertrag von Saint-Germain-en-Laye, den der neue republikanische Regierungschef Karl Renner unterzeichnete, zerstückelt wie ein halbes Jahrhundert zuvor die Reste des Osmanischen Reiches. Die Sezession hatte den Sieg davongetragen. Die Tschechoslowakei, Ungarn, Italien, Serbien, Rumänien und Polen teilten sich nun Gebiete zu, die einst unter der Vormundschaft des doppelköpfigen Adlers miteinander vereint waren und die ihnen von Rechts wegen nach dem Nationalitätenprinzip zukamen.

Am Ende der Zeremonie, in der der Vertrag unterzeichnet wurde, erinnerte sich Ministerpräsident Georges Clemenceau, ein glühender Feind der Monarchie und des österreichischen Klerikalismus und Verbündeter des verstorbenen Kronprinzen, an die Nacht im Dezember 1886, als er während einer Familienmahlzeit unter dem Dach seines Schwagers Moriz Szeps eine Nachricht von Rudolf erhalten hatte. Er war zu ihm geeilt, und sie hatten bis zum Morgengrauen miteinander gesprochen. In Erinnerung an den leidenschaftlichen jungen Mann, mit dem er die Welt neu gestaltet hatte, rächte er sich endlich an dem Reich, als er brutal auf eine unlösbare Frage antwortete: »Was ist Österreich heute?«

»Österreich?« rief Clemenceau. »Das ist, was übrig ist.«

❖

Bei den ersten Wahlen der neuen Republik bildeten sich wieder die beiden großen Blöcke, die einander schon seit dem Ende des Jahrhunderts gegenüberstanden. Im Februar 1919 wollten die Christlich-Soziale Partei und die Sozialdemokraten unter der Führung Karl Renners eine Regierungskoalition bilden.

Es herrschte entsetzliches Elend; es fehlten Milch, Kohle, man versagte sich alles, verkaufte Schmuck und Silber. Als Ersatz für Fleisch erfand man ein Puder auf der Basis von Birkenrinde, das man mit gekochtem Mais mischte, da es auch keine Kartoffeln gab. Eine Epidemie der spanischen Grippe, die in ganz Europa wütete, raffte in einem verzweifelten Wien Tausende dahin.

In jener Zeit organisierte sich das, was von Österreich übriggeblieben war. Wien wurde ein unabhängiger Bundesstaat, wo im Mai desselben Jahres die Sozialdemokraten die absolute Mehrheit erhielten. Sie arbeiteten ein gewaltiges Programm für soziale Gesetzgebung und Arbeitersiedlungen aus. So entstand das riesige Gebäude Karl-Marx-Hof, einzigartig in Europa. Der Anatomieprofessor Julius Tandler begann sich mit Sozialhilfe und dem Gesundheitswesen zu befassen, dem *Wiener System*. Das »Rote Wien« schuldete es sich, dem siegreichen Europa den Glanz der österreichischen Sozialdemokratie und den Triumph des Sozialismus zu zeigen.

1920 stimmte die Nationalversammlung für die neue Verfassung der Bundesrepublik Österreich, aus der gemäß dem Vertrag von Saint-Germain der Begriff »deutsch« gestrichen war. Im selben Jahr brach die Koalition zusammen, und die Sozialdemokraten, die nur noch das »Rote Wien« hielten, gingen in Opposition zu der Bundesregierung, die nun von der Christlich-Sozialen Partei geführt war.

Bald bauten die beiden Parteien bewaffnete Bürgerwehren auf. Die Sozialdemokraten hatten den Schutzbund, die Christlich-Sozialen die Heimwehr. Die einen wie die anderen paradierten, jede in ihrer Uniform, durch die Straßen.

1922 trat das *Wiener System* des Dr. Tandler in Kraft. Es wurden Beratungsstellen für schwangere Frauen und Familienmütter mit Säuglingen eingerichtet; man kümmerte sich aktiv um die Geschlechts- und die Tuberkulosekranken.

1924 wurde der Schilling die neue Währung. Abgestützt durch eine riesige Geldaufnahme beim Völkerbund, war der Schilling der Notwendigkeit unterworfen, für ein Gleichgewicht im Haushalt zu sorgen. Die schon gewaltige Arbeitslosigkeit stieg noch weiter. Mitglieder der beiden großen Parteien begannen auf der Straße miteinander zu streiten.

1927 wurden ein zehnjähriges Kind und ein Kriegsinvalide im Verlauf eines Krawalls zwischen dem Schutzbund und einer Gruppe alter Kämpfer der Rechten erschossen. Drei der Beteiligten kamen vor Gericht und wurden freigesprochen. Am 15. Juli gingen die Arbeiter spontan zu Tausenden auf die Straße. Die Demonstration uferte aus; der Justizpalast, ein Polizeikommissariat und das Haus der Zeitung der Christlich-Sozialen, der *Reichspost,* wurden in Brand gesteckt. Die Feuerwehr wollte eingreifen, vergeblich. Die Polizei setzte Gewehre ein: 89 Tote und 1000 Verwundete. Die Heimwehr machte den Generalstreik zunichte, den die Sozialdemokraten für ganz Österreich ausgerufen hatten.

Die Ereignisse hatten das junge Mädchen Fanny Erdos, die Enkelin von Franz und Anna Taschnik, erschüttert, und sie begann, die Sozialhelferinnen bei ihren Hausbesuchen zu begleiten. Sie entdeckte die Welt der Armen in Wien, die ihre Großeltern allmählich vergessen hatten. Dann begeisterte sie sich für die Kindergärten, die man in der Stadt eingerichtet hatte.

Nach der Unterdrückung der Wiener Arbeiter unterstützten die Braunhemden, die faschistische Miliz Benito Mussolinis, die Mitglieder der Heimwehr. Man nannte sie die Heimwehren.

Anna Taschnik hatte sich noch immer nicht von der tiefen Krise der Melancholie erholt, in der sie seit mehr als zehn Jahren gefangen war. Als sie in den Zeitungen las, daß man auf die Menge geschossen hatte und Blut geflossen war, verlor sich Anna in langen, etwas wirren prophetischen Reden, die mit angsterfüllten Schreien endeten.

1928 begannen die Ärzte erstmals von Geistesgestörtheit und Einweisung in eine Klinik zu reden; Franz lehnte strikt ab. Seine

Enkelin Fanny schloß sich 1929 im Alter von zwanzig Jahren der Sozialdemokratischen Partei an.

1931 unterstützten die deutschen nationalsozialistischen Miliztruppen ihrerseits die Heimwehren. Mit der Arbeitslosigkeit wurde es immer schlimmer, und die Nazis gewannen in Österreich an Terrain.

Herr Zlatin, Testamentsvollstrecker des verstorbenen Rudolf von Liechtenstein, veröffentlichte eine Artikelserie im *Neuen Wiener Tagblatt* zu den Gedichten der Kaiserin und der Kassette, die dem Gericht der Stadt Brünn, die ihren tschechischen Namen Brno wieder angenommen hatte, übergeben worden waren. Darin sei, schwor er, der Abschiedsbrief des Kronprinzen an seine Mutter vom Vorabend des Dramas in Mayerling enthalten. Trotz der schweren Zeit verursachte die Geschichte viel Lärm in Wien.

1932 erhielten die österreichischen Nazis bei den Wahlen fünfzehn Sitze. Der Landwirtschaftsminister Engelbert Dollfuß von der Christlich-Sozialen Partei wurde mit einer einzigen Stimme Mehrheit im Parlament zum Bundeskanzler ernannt.

Am 30. Januar 1933 wurde Adolf Hitler in Deutschland Reichskanzler.

1934 hatten die Sozialdemokraten in Österreich die Hauptstadt als ihre Bastion behauptet. Der neue Kanzler betrachtete sie als die gefährlichste Opposition des Landes. Dollfuß versuchte sie überall mit polizeilichen Schikanen zu zermürben. Als am 12. Februar die Polizei den Sitz der Sozialdemokratischen Partei in Linz durchsuchte, schossen Mitglieder des Schutzbundes auf die Polizisten. Der Bürgerkrieg war ausgebrochen.

Als Anna Taschnik von dem neuen Reichskanzler hörte, verfiel sie in wirre Reden mit einer Neigung zur Gewalttätigkeit, die sie geradezu gefährlich machte. Gebrochenen Herzens beschloß Franz schließlich, sie in die auf den Hügeln Wiens neu erbaute psychiatrische Klinik einweisen zu lassen, den Steinhof. Das

Hietzinger Haus war für Großvater und Enkelin zu groß geworden; Franz fügte sich darein, das Haus seiner Kindheit zu verkaufen, ebenso die Wohnung, die er von Willibald Strummacher geerbt hatte. Die beiden Taschniks zogen ins Zentrum der Hauptstadt, in eine Wohnung in der Bankgasse.

Zu Beginn des Jahrhunderts hatte Franz Taschnik auf Anweisung des Kaisers einen Adelstitel erhalten und hieß seitdem Baron Taschnik von Kreinberg. Aber seit es die österreichische Republik gab, waren alle Adelstitel verboten worden.

Als der Bürgerkrieg ausbrach, war er sechsundachtzig Jahre alt.

Epilog

Wien, Februar 1934

»Corti«, murmelte der alte Mann und rückte seine Brille zurecht, »den Namen kenne ich nicht. *Graf Egon Caesar Corti, Georg Siglgasse 8, Wien*... Versteh ich nicht. Wer könnte ein altes Wrack wie mich kennenlernen wollen?«

Mit mechanischer Geste strich er sich über den kahlen Schädel, las noch einmal die Visitenkarte und richtete sich mühsam in seinem alten Sessel auf. Die Anstrengung war zu groß; er begann zu husten, pfeifend, ununterdrückbar. Seine zitternden Hände zogen die Decke wieder über die Knie und fanden ein Taschentuch, mit dem er sich nervös die Mundwinkel abwischte.

»Er sagt, um hierherzukommen, habe er Linz durchquert. Dort werde gekämpft, am Bahnhof, auf den Straßen, überall, und seine Angelegenheit sei dringend. Sie müssen ihm antworten!« rief die Haushälterin grob.

»In Linz wird gekämpft?« wunderte er sich. »Erneut Aufruhr? Geht das denn nie zu Ende?«

»Also, empfangen Sie ihn, ja oder nein?« ereiferte sich die Haushälterin lautstark.

»Brüllen Sie nicht so«, brummte er. »Ich bin nicht taub. Hat er gesagt, was er will? Die Wohnung ist nicht zu verkaufen.«

»Er sagte, es sei persönlich! Persönlich!«

»Helfen Sie mir beim Aufstehen!« sagte der Greis gereizt. »Und lassen Sie ihn kommen!«

Als Graf Corti über die Schwelle trat, machte er eine Bewegung, als wollte er zurückweichen.

Das Zimmer roch muffig und nach Medizin, ein Geruch nach Jod und Kampfer. Im Kamin, der zu rauchen begann, flackerte ein Holzscheit, Holz, das noch feucht war. Vor einem Krankensessel mit zerknitterten Kopfkissen stand ein sehr alter Mann und starrte ihn erstaunt an, mit Augen, die zweifellos blau gewesen waren, die das Alter jedoch mit einem undurchsichtigen Schleier überzogen hatte, abgenutztem Porzellan vergleichbar. Er trug einen veralteten Gehrock aus schwarzem Tuch, eine geblümte Weste und einen aus der Mode gekommenen Binder aus weißer Seide, der mit einer Kameenadel festgesteckt war. Ein großer würdiger Greis, gebeugt, mit durchsichtiger Haut, tadellos altmodisch gekleidet. Graf Corti fühlte sich elend, und mit dem Hut in der Hand verbeugte er sich respektvoll.

»Herr Baron«, begann er verhalten, »ich bin Ihnen sehr dankbar, daß Sie mich empfangen. Vor allem in diesen unruhigen Zeiten.«

»Meine Haushälterin hat mir das gesagt. Nehmen Sie sich einen Stuhl, ich bitte Sie, Herr Graf«, antwortete der Greis äußerst leutselig. »Ich fühle mich sehr geehrt.«

Und nachdem er stehend gewartet hatte, bis sein Besucher sich auf einen vergoldeten Stuhl gesetzt hatte, ließ er sich langsam in seinen Sessel fallen und zog die grauwollene Decke wieder über die Knie. Seine Finger begannen zu zittern.

»Entschuldigen Sie diesen etwas überfallartigen Besuch, Herr Baron«, begann Graf Corti. »Das Thema, das mich zu Ihnen führt, ist zu einzigartig, als daß ich es wagen würde, Ihnen zu schreiben. Die Angelegenheit betrifft Sie, Herr Baron. Eine Privatsache.«

Der alte Mann sah ihn noch immer mit einem neugierigen, etwas unbestimmten Blick und einer Art verwirrt beunruhigtem Halblächeln an.

»Darf ich mich vorstellen«, begann der Besucher. »Ich bin Graf Corti, und ich bin dabei, eine Biographie über die Kaiserin Elisabeth zu Ende zu schreiben.«

»Eine... was?« fragte der alte Mann und legte seine Hand um die Ohrmuschel. »Ich habe Sie nicht gut verstanden.«

»Eine Biographie, Herr Baron«, rief Graf Corti. »Über die Kaiserin.«

»Wer redet denn noch vom Kaiserreich«, seufzte der alte Mann. »Jene Zeiten sind vergessen. In Linz wird gekämpft, sagen Sie. Morgen wird Wien brennen. Diese jungen Wüteriche von der äußersten Rechten werden auf die Roten losgehen, die

Heimwehren gegen den Schutzbund oder umgekehrt, und Sie erinnern an die Kaiserin... Welche Kaiserin?«

»E-li-sa-beth!« rief Corti. »Kaiserin Elisabeth.«

Ein blauer Blitz durchschoß den Blick des Greises, der eine Hand mit verkrümmten Fingern hob.

»Sie ist tot, und ich tauge zu kaum mehr«, murmelte er. »Aber sie ist jung gestorben, das hat sie gut gemacht. Ich habe meinen Vater nicht gekannt, der vor den Barrikaden von achtundvierzig umkam; ich habe Solferino, Königgrätz gesehen, ich habe den Krieg in Bosnien mitbekommen, der zu dem anderen, dem Weltkrieg führte, ich habe das Ende unseres Reiches gesehen, immer wieder sehe ich Blut in den Wiener Vororten fließen, und jetzt sehe ich diese verfluchten Preußen, diese Haudegen, die mit ihren heidnischen Sprüchen und Rattengesichtern hereinwogen! Wie nennen sie sich noch?«

»Nazis«, rief Corti, die Silben absetzend. »Nationalsozialisten. Sie sind bedrohlich, aber der Kanzler Dollfuß widersteht ihnen, Herr Baron.«

»Ah! Dieser Bauernlümmel, halten Sie was von dem? Alles dieselben. Nationalsozialisten, die Christlich-Sozialen, die Alldeutschen, was auch immer«, brummte der alte Herr. »Gesocks...«

»Aber Sie haben das Glück gehabt, der Kaiserin zu begegnen«, rief Corti und öffnete seine Aktentasche.

»Ich?« murmelte der alte Mann und wischte sich mit einer mechanischen Bewegung die Lippen ab. »Wo haben Sie das denn her, Graf?«

»Sie sind doch Baron Franz Taschnik von Kreinberg?«

Der alte Mann neigte leicht den Kopf und kniff mißtrauisch die Augen zusammen.

»Sagen Sie lieber Taschnik«, murmelte er. »Die Titel sind verboten, das wissen Sie genausogut wie ich...«

»Oh, wir sind unter uns, Herr Baron!« rief Graf Corti. »Kommen wir zur Sache, wenn Sie erlauben. Sie waren eines Abends bei einem Maskenball, der im Saal der Musikgesellschaft stattfand«, rief er. »1874.«

»Vielleicht... Ich erinnere mich nicht mehr«, murmelte der

alte Mann ausweichend. »Ich war dort irgendwann einmal, als ich jung war, ja, in der Tat, zwei- oder dreimal...«

»In jenem Jahr«, fuhr Corti mit erhobener Stimme fort, »haben Sie den Ball mit einem gelben Domino verbracht.«

»Mit? Ich hab's nicht richtig verstanden«, sagte der alte Mann, dessen Augen sich weiteten.

»Einem gelben Domino! Gelb, Herr Baron, wie...«, meinte der Graf, und sein Blick suchte nach einem Beispiel in dem Zimmer. »Gelb wie die Wände in Schönbrunn! Kaiserliches Gelb.«

Das Gesicht des alten Mannes verschloß sich; langsam hob er die große Hand und bedeckte schweigend die Augen. Graf Corti wagte nicht mehr zu atmen.

»Herr Baron...«, fragte er angstvoll, »soll ich jemanden rufen?«

»Würden Sie die Tür schließen, Herr Graf«, fiel der Greis mit erstaunlich kräftiger Stimme ein. »Und auch das Fenster öffnen; meine Haushälterin hat es mir untersagt, aber ich ersticke.«

Graf Corti gehorchte eilfertig; das Hupen der Autos drang ins Zimmer. Der Greis machte es sich in seinem Sessel bequem und wandte seufzend den Kopf zur Straßenseite hin.

»Der gelbe Domino«, sagte er und sah Corti direkt in die Augen. »Kommen Sie in ihrem Auftrag? Lebt sie noch?«

»Aber... Herr Baron, das ist unmöglich«, murmelte Graf Corti.

»Was sagen Sie?« fragte der Alte. »Ich bin etwas taub, und bei diesen neuen Geräuschen von den Automobilen, den Telephonen und dem Rundfunk versteht man nichts mehr.«

»Ich habe gesagt, daß... Ich habe gesagt, daß ich wirklich in ihrem Auftrag komme!« rief Corti.

»Ah!« rief der Greis mit einem kindlichen Lächeln. »Haben Sie einen Brief für mich?«

»Gott sei's geklagt, Herr Baron, sie ist tot!« rief Corti. »Überlegen Sie, sie ginge auf die hundert zu!«

»Ach ja, ach ja«, murmelte der alte Mann. »Da ich ja sechsundachtzig bin. Aber was wollen Sie mir sagen? Wenn sie nicht mehr lebt...«

»Hören Sie«, rief Corti. »Ihr Domino war die Kaiserin.«

»Ich glaubte es auch, Herr Graf«, meinte er und unterdrückte einen Seufzer. »Mit der Zeit habe ich schließlich begriffen, daß ich mich getäuscht habe.«

»Nein, Herr Baron!« rief Corti und zog Papiere hervor. »Ich habe die Beweise hier. Gräfin Ferenczi, ihre Vorleserin, war mit auf dem Ball, als roter Domino...«

»Stimmt wohl, rot, ja«, murmelte der alte Mann. »Frieda.«

»Ida!« rief Corti. »Ida Ferenczi! Sie hat in ihren Memoiren alles erzählt«, sagte er und klopfte mit der Hand auf die Papiere. »Ihre ganze Geschichte.«

Der Greis begann zu husten. Zwischen zwei Anfällen streckte er die Hand nach einem Fläschchen aus, ergriff es zitternd und trank gierig daraus.

»Meine Geschichte«, meinte er und wischte sich den Mund mit seinem gefalteten Taschentuch ab. »Sie war also doch wahr.«

»Ja!« rief Corti. »Sie haben mit Kaiserin Elisabeth die Nacht verbracht.«

»Zeigen Sie«, erwiderte der alte Mann mit erstickter Stimme.

Corti öffnete das Manuskript und zog drei Blätter heraus, die er dem alten Mann reichte.

»Hier«, rief er und deutete mit dem Finger. »Da sehen Sie Ihren Namen... Und den Bericht vom Ball. Und die Geschichte von den Briefen, die Sie erhalten haben. Alles ist da. Soll ich Licht anmachen? Sie würden besser sehen.«

Es war die Stunde des feierlichen Gottesdienstes zum Jahrestag der Krönung Seiner Heiligkeit Papst Pius XI. im Stephansdom. Im Chor hatten die Regierungsvertreter, das diplomatische Corps und der kleine Kanzler Dollfuß Platz genommen. Er war so klein, daß seine Anhänger ihn liebevoll »Millimetternich« nannten.

Die Tumulte hatten Krems erreicht, und in Graz und Linz wurde gekämpft. Es herrschte Krieg. Überall hatte man die

Waffen aus den Kellern geholt, und jeder wartete auf den großen Zusammenstoß in der Hauptstadt. Jetzt sollte Wien drankommen. Die Sozialdemokraten hatten noch kein Lebenszeichen von sich gegeben. Die Geistlichen hielten zur Musik der päpstlichen Hymne im Dom Einzug. Weihrauchfässer wurden geschwenkt. Der Wiener Himmel war an diesem Tag so düster, daß man neben den Kerzen für elektrisches Licht gesorgt hatte.

Kardinal Innitzer, Prälat der Stadt, begann mit der Lesung des Evangeliums, als die Lichter zu flackern anfingen und wie durch einen Windzug erloschen. Im Kirchenschiff hörte man das Gemurmel der Menge; der kleine Kanzler erschauerte. Das Licht ging wieder an; man atmete auf, es war nur eine Panne. Aber es verdunkelte sich ein zweites Mal und erlosch.

Es war keine Panne, es war das Signal zum Generalstreik. Die Gläubigen strömten, einander anrempelnd, hinaus. In den Reihen der Würdenträger sah man den Minikanzler an, für den die Dunkelheit eine Warnung war.

Dollfuß wankte nicht. Mit gefalteten Händen in eine geheuchelte Andacht versunken, dachte er an die entsetzliche Kanone, die er in Reserve hielt, eine unschlagbare Waffe, die den linken Flügel seiner Gegner schon stutzen würde. Er dachte an die vierzigtausend Polizeibeamten, die er gegen die Arbeitermassen loslassen würde, und an die Heimwehren, die er antreiben würde, endlich das große Massaker an den Sozialdemokraten zu vollenden. Es war die Gelegenheit, mit dem roten Gesindel Schluß zu machen. Es wäre dann immer noch Zeit, den Heimwehren und jenseits der Grenze ihren Verbündeten, Hitlers Nazis, zu Leibe zu rücken. Kardinal Innitzer beschleunigte den Verlauf der Messe, leierte immer schneller sein Latein herunter, beschimpfte die Meßdiener und brachte den Gottesdienst im Eiltempo hinter sich.

Auf dem Altar hatten die uralten Kerzen standgehalten.

In der Wohnung in der Bankgasse nahm der alte Mann langsam eine Lupe von dem Medikamententisch und hob die Papiere an seine Augen. Graf Corti hatte den Kronleuchter angeschaltet, aber der alte Mann hatte sich aus Gewohnheit in die Nähe seiner Kerze gerückt.

Er begann zu lesen, wobei er unablässig Worte murmelte, die Corti nicht verstand. Sein Kopf ging ruckartig von links nach rechts, und Corti sah auf der Stirn des alten Mannes eine klopfende blaue Ader. Von Zeit zu Zeit senkte er die Lupe und wischte sich fiebrig den Mund ab; seine Augen waren voller Tränen.

Der Graf wich etwas zurück, um ihn seiner Lektüre zu überlassen, und bemerkte, daß der alte Mann fror.

»Soll ich das Fenster schließen, Herr Baron?« rief er. »In Ihrem Zustand...«

»Nein«, grummelte der Alte, die Nase auf dem Papier.

Die Sekunden vergingen; auf dem Mahagonibuffet schlug eine Uhr mit hellem Klang elf. Graf Corti ging durchs Zimmer, fuhr diskret mit dem Finger über das gewachste Mahagoni, sah sich das Porträt des Kaisers im Jagdkostüm mit Tirolerhut an und vertiefte sich in die Betrachtung der Photographien auf dem Stutzflügel. Ein junger Mann in Uniform aus dem Ersten Weltkrieg, eine Dame mit großem Blumenhut und ein Mädchen im Volantkleid mit langen dunklen Locken. Hinter den drei Personen fiel dem erstaunten Grafen das Photo einer jungen Frau im Abendkleid auf, die Arme am Körper herabhängend; die Schultern waren nackt, über den Satin fiel ein langer Musselin bis zu den Silberschuhen; in goldenen Lettern stand ein Name darunter: *Emilie Taschy*. Über das Photo verlief ein roter Strich, als wenn man das Bild hätte bestrafen wollen.

Das Licht des Kronleuchters wurde plötzlich schwächer und verlosch ganz. Corti blieb beunruhigt stehen. Dann kam die Elektrizität wieder, und der Graf erblickte blinzelnd an der Wand ein Medaillon, ein kleines Bild der Kaiserin zu Pferde, das an einem schwarzen staubigen Samtband hing. Der Greis las noch immer und schüttelte bei jeder Zeile den Kopf.

»Sind Sie nun überzeugt?« fragte Corti befangen.

»Ich bin noch nicht fertig«, murmelte der Alte. »Ah! Sie spricht nicht von dem Fächer.«

»Dem Fächer?« fragte Corti verwundert.

»Das sind meine Geheimnisse«, schleuderte ihm der Greis fast unhöflich entgegen. »Sie erwähnt auch nicht den Kuß.«

»Den Kuß!« meinte Corti verblüfft. »Hätten Sie die Kaiserin geküßt?«

»... Aber das schreiben Sie nicht, Herr Graf, nicht wahr?« meinte der Alte mit besorgtem Blick. »Das gehört mir. Mir allein.«

»Nein«, rief Corti. »Ich bin gekommen, damit Sie mir die Briefe anvertrauen.«

»Die Briefe!« entfuhr es dem Greis. »Aber dazu habe ich kein Recht. All die Jahre habe ich sie aufbewahrt, ohne zu wissen, wer Gabriele war, ich habe sie versteckt, sogar vor meiner Frau, Herr Graf...! Und jetzt, wo ich es weiß, wollen Sie...«

Wieder hustete er bis fast zum Ersticken und vergrub sich in sein Taschentuch.

»Sehen Sie, Herr Graf«, sagte er und kam wieder zu Atem. »Ich stehe an der Schwelle des Todes. Nein, protestieren Sie nicht... Ich spüre es. Ich werde sie nicht vor dem Antritt zu der großen Reise verraten. Rechnen Sie nicht...«

»Sie werden nichts verraten, Herr Baron«, rief Corti. »Die Erinnerungen der Ferenczi sagen alles.«

»Das ist unwürdig«, murmelte der Greis.

»Die Kaiserin ist eine Legende, Herr Baron, ein Mythos! Wenn Sie die Briefe zurückhalten, bringen Sie sie ein wenig um die Wahrheit. Es sei denn, sie hätte etwas Skandalöses geschrieben...«

»Bestimmt nicht!« rief der Alte und richtete den Oberkörper auf. »Ich werde sie Ihnen zeigen. Nur zeigen! Helfen Sie mir bitte, mich zu erheben. Ich bin nicht allzu kräftig.«

Der Graf eilte herbei und griff dem alten Mann unter die Arme. Als er stand, erfaßte ihn ein Schwindel, und er schwankte. Der Graf machte eine Geste, um ihn wieder hinzusetzen, aber der Alte packte ihn am Arm und klammerte sich mit all seinen schwachen Kräften fest.

»Ich muß bis dort hinten zu dem Sekretär gehen«, keuchte er, als handle es sich um das Ende der Welt.

»Stützen Sie sich auf mich«, sagte Corti, und die Fingernägel des Greises gruben sich in den Stoff seiner Weste.

Schritt für Schritt gelangten sie zu dem kleinen Möbelstück mit Schubladen. Zittrig löste der alte Mann von seinem Hals eine Kette, an der ein Schlüssel hing.

»Öffnen Sie«, sagte er und hielt ihm den Schlüssel hin. »Die zweite Schublade links, in einem eisernen Kästchen, mit Blumen drauf.«

Ohne ihn loszulassen, öffnete Corti die Schublade und fand ein bemaltes Kästchen, von Rost zerfressen, die Rosen drauf hatten ihre Blätter verloren.

»Sie haben es«, sagte der alte Mann. »Bringen Sie mich zu meinem Sessel zurück.«

Der alte Mann ließ sich schwerfällig nieder, und sein Kopf sackte nach unten. Corti öffnete das Kästchen; Briefe und Gedichte warteten, sorgfältig mit gelber Seide verschnürt.

»Das ist es«, murmelte er und las mit wachsender Erregung. »Da oben, das Datum, ihre Schrift, die sie später verstellt. Phantastisch!«

»Sehen Sie sich die Umschläge an«, keuchte der alte Mann. »London, Brasilien, München... Wie hat sie das gemacht?«

»Gräfin Ferenczi erklärt es ein wenig«, rief Corti. »Zunächst durch die Vermittlung ihrer Schwester, der Königin beider Sizilien!«

»Donnerwetter!« pfiff der Greis mit einem kleinen Lächeln. »Eine Königin, um Briefe an mich auf den Weg zu bringen! Bin ich denn so interessant?«

»Ja«, rief Corti bewegt. »Lassen Sie mich sie abschreiben, bitte!«

Die Kopfbewegung des alten Mannes war ein klares und störrisches Nein.

»Im Namen der Geschichte!« flehte Corti.

»Oh!« seufzte der Greis. »Wenn man bedenkt, was sie aus uns macht...«

»Dann im Namen des Kaiserreichs!« rief Corti ihm überschwenglich zu.

»Das Kaiserreich«, meinte der Greis, dessen Augen plötzlich aufleuchteten. »Für das Kaiserreich gern. Sehen Sie, ich bin Legitimist. Setzen Sie sich an den Sekretär, Herr Graf.«

»Sofort«, erwiderte Corti eilfertig.

»Ich weiß nicht, ob es die Aufregung ist oder... Ich habe das Gefühl, ich habe mich erkältet«, murmelte der alte Mann und zog die Decke wieder hoch. »Können Sie das Fenster schließen? Mir ist eiskalt.«

»Soll ich ein Holzscheit nachlegen?« rief Corti und sah in die Glut.

»Keines mehr da, Herr Graf«, antwortete der Greis. »Wir durchleben harte Zeiten.«

Corti stieß einen Seufzer aus, schloß das Fenster, setzte sich dann vor den Sekretär und holte Papier hervor, um die Briefe abzuschreiben.

Plötzlich erlosch der Kronleuchter.

»Das passiert manchmal«, meinte der alte Mann. »Nehmen Sie meine Kerze. Ich habe das Halbdunkel gern, es läßt einen träumen, verstehen Sie.« So saß der Graf vor der flackernden Flamme und begann seine Aufgabe als Kopist.

»Wissen Sie, Herr Graf, ich habe niemals wieder mit ihr gesprochen«, meinte der Greis. »Ich ging häufig in den Prater, und manchmal habe ich sie dort, eine Amazone, auf ihrer Stute erblickt. Daraufhin habe ich ihr zu Ehren reiten gelernt, und wissen Sie, wie die Dinge so passieren, als ich zu Pferde kam, saß sie in einer Kutsche... Nun ja, ich habe alles versucht, um sie zu überraschen. Einmal habe ich mir fast die Nase an der Tür ihrer Kutsche platt gedrückt... Aber sie...«

Corti wandte höflich den Kopf.

»Und dann?« rief er.

»Und dann hat sie so getan, als sähe sie mich nicht, ganz einfach«, fuhr der Alte mit harschem Lachen fort. »Meine Frau – sie ist schon seit einem Jahr in der Klinik –, meine Frau hat nie irgend etwas geahnt! An dem Tag, als sie gekommen sind...«

»Wer?« schrie Corti von weitem.

»Na sie doch, die beiden Frauen... Ida und die andere... Ich habe ihren Vornamen vergessen.«

»Marie Festetics?« meinte der Graf. »Die Gesellschaftsdame der Kaiserin?«

»Marie, vielleicht, ja... Nun ja, sie waren ganz in Schwarz. Meine Frau war in der Küche; unsere Kinder machten einen Spaziergang. Denn ich hatte einen Sohn, Herr Graf. Er wollte Dichter werden und veröffentlichte einiges in den Zeitschriften; er hätte bestimmt Erfolg gehabt. Er ist auf dem Feld der Ehre gefallen, an der Ostfront 1916«, sagte der Alte mit heiserer Stimme.

»Mein ganzes Beileid, Herr Baron«, rief Corti und wandte den Kopf. »Das ist eine schreckliche Begebenheit.«

»Auf dem Klavier steht seine Photographie«, fuhr der alte Mann fort. »Es ist das Klavier meiner Frau, ich habe Geige gespielt. Aber ich habe sie vor gar nicht langer Zeit einem kleinen Jungen geschenkt, der besser spielte als ich, dem Sohn des Nachbarn von unten. Elie Steiner heißt er, sehr begabt. Verstehen Sie, ich habe nur noch meine Enkelin... Und die Geige paßt nicht zu Frauen. Das arme Kind hat keine Zeit für Musik. Sie kümmert sich um Kindergärten, sie möchte Erzieherin oder Psychiaterin werden... Psychiaterin! Sie werden sie vielleicht sehen, sie muß bald kommen. Sie bedeutet mir alles. Ihre Mutter ist Sängerin in Budapest geworden, na ja, was man so unter Sängerin versteht. Ihr Vater war einer meiner ältesten Freunde, er ist tot. Die Kleine lebt hier mit mir, sie ist mein Sonnenschein...«

»Verzeihen Sie, Herr Baron, da ist ein Wort, das ich nicht entziffern kann... Könnten Sie vielleicht?« rief Corti und kam mit dem Brief in der Hand näher.

»Wo?« erwiderte der alte Mann und nahm seine Lupe. »Ah! Ich sehe: ... *wie Katzen*. Einstmals kannte ich diese Briefe auswendig. Eine Katze, Herr Graf. Das sieht ihr ziemlich ähnlich, nicht wahr? Sie war so geschmeidig, und die Krallen!«

»Ich weiß nicht«, murmelte Corti und kehrte zum Sekretär zurück.

»... Ich würde, zum Beispiel, gerne wissen, ob sie das auch war, diese verschleierte Dame im Stadtpark«, sagte der alte Mann. »Groß, aber so kurzatmig, und der Gang! Man hätte meinen können, ihr hätten die Beine weh getan. Wissen Sie das?«

In seine Arbeit vertieft, antwortete Corti nicht.

»Es war... Ich weiß das Jahr nicht mehr«, fuhr der Alte mit dumpfer Stimme fort. »Mein Sohn war noch klein, wir waren glücklich, und als sie meine Frau an meiner Seite erblickte, ist sie geflohen! Nun ja... Es hat sich alles so geändert. Die Wagen haben Motoren, die Frauen haben ihre Haare abgeschnitten, ihre Röcke bis zum Knie hinaufgezogen, und wir werden von einem Kanzler Dollfuß regiert! Das ist das Ende Österreichs, Herr Graf. *Finis Austriae!* Ich möchte, daß meine Enkelin das Land nach meinem Tod verläßt; man lebt hier nicht mehr gut. Aber sie ist Sozialdemokratin, können Sie sich das vorstellen? In meiner Familie eine Sozialistin! Eine Rote bei den Taschniks! Meine arme Frau weiß davon nichts. Übrigens, ich selbst in meiner Jugend... Aber ich war eher liberal, nicht sozialistisch! Wohingegen meine unglückliche Anna – denn sie heißt Anna, Herr Graf –, na ja, sie hatte auch politische Neigungen, die... Also die Vorstellungen meiner Gattin sind nicht mehr zeitgemäß. Es ist traurig, aber meine Frau ist in einer Irrenanstalt, im Steinhof.«

»Wußten Sie, daß die Kaiserin den Kaiser darum gebeten hat?« rief Corti und drehte sich um.

»Ich verstehe Sie nicht, Herr Graf. Worum hat sie gebeten? Ich erzähle Ihnen von meiner Frau, die verrückt ist!« antwortete der alte Mann mit einem Anflug von Ungeduld.

»Genau das, Herr Baron«, antwortete Corti. »Elisabeth wünschte sich zu einem ihrer Geburtstage eine moderne, bestausgestattete psychiatrische Klinik. Der Kaiser hat sie, glaube ich, 1905 in Auftrag gegeben. Otto Wagner hat die Pläne ausgearbeitet und für den Bau gesorgt; so ist der Steinhof entstanden, sehen Sie.«

»Das wußte ich nicht... Man hat es mir niemals erzählt. Meine Frau lebt also an einem Ort, der auf Wunsch von... Das ist zuviel! Oh! Meine Anna ist nicht bösartig, verstehen Sie. Aber manchmal ein wenig erregt. Nach dem Tod ihres Sohnes ging es los, daß sie den Verstand verlor. Jetzt sieht sie in ihren Träumen überall Verschwörungen, Uniformen und schwarze Männer, meint, eine Sklavin in Ägypten zu sein, und redet nur wirres Zeug. Wahnsinn!«

»Was ist denn das?« rief Corti plötzlich. »Man möchte meinen, ein Gedicht.«

»Mit englischen Worten? *Long, long ago?*« erwiderte der Alte lebhaft. »Das war das letzte Lebenszeichen, das ich von Gabriele erhalten habe. Ein sehr schönes Gedicht. Ich hatte auch wie gewöhnlich geantwortet, postlagernd München... Aber niemand hat mein Gedicht jemals abgeholt, wo ich mir doch solche Mühe gegeben habe. Aber das ihre, Herr Graf, so wunderschön! Ich glaube, ich kann es noch auswendig. *Denkst du der Nacht noch im leuchtenden Saal? Lang, lang ist's her, lang ist's her...* Und es endete mit ein paar hinreißenden Zeilen, schauen Sie: *Laß mich warten nicht mehr, Warten nicht mehr!*«

»Nun, ja! Sie wartet nicht mehr, und Sie auch nicht, Herr Baron«, meinte Corti und kam zu ihm zurück.

»Ich? O doch, Herr Graf, ich warte. Sie sehen doch, auf wen ich warte. Den Freund, der mich erlöst«, seufzte der Alte mit einer Geste der Ohnmacht.

Hinter der Tür wurden zwei Frauenstimmen laut; Corti wandte den Kopf.

»Meine Enkelin«, sagte der Greis mit Befriedigung. »Wenn es um sie geht, höre ich alles.«

Die Tür wurde mit einem Ruck geöffnet. Ein junges Mädchen trat ein. Es trug eine rote Baskenmütze und eine einfache Bluse mit Strickjacke über einem kniekurzen Rock, ein junges Mädchen mit hellem Teint, ganz außer Atem.

»Komm, meine Fanny, komm näher«, rief der Greis mit einem Lächeln.

»Opa, es sollen entsetzliche Dinge passieren...«, sagte sie aufgeregt. »Die Heimwehren... Die Nazis...«

»Laß das doch ruhen, ich bitte dich«, befahl der alte Herr Taschnik in einem Ton, der keinen Widerspruch zuließ. »Darf ich dir Graf Corti vorstellen. Er schreibt über meine Kaiserin eine Biographie.«

Das junge Mädchen zog seine dunklen Augenbrauen hoch, vollführte einen schnellen Knicks und sah seinen Großvater fragend an.

»Er interessiert sich für die Briefe, von denen ich dir erzählt habe«, und seine Augen leuchteten auf. »Für die vom Redoutenball.«

»Wieder diese alte Geschichte!« rief sie. »Opa, du bist wirklich zu romantisch... Mein Großvater ist an jenem Abend bei einem Ball einem geheimnisvollen gelben Domino namens Gabriele begegnet und...«

»Ich weiß«, unterbrach Corti. »Genau das.«

»Genau was?« warf Fanny ein. »Sie werden mir doch wohl jetzt nicht sagen, daß dies...«

»Genau, mein Fräulein«, fuhr Corti mit einer Verbeugung fort.

Sie zögerte, nahm seinen Arm und zog ihn zum Fenster.

»Kommen Sie hierher«, murmelte sie schnell. »Näher... Sprechen wir leise. Ich möchte ihm nicht die Freude verderben, aber es besteht die Gefahr, daß in Wien der Kampf losgeht. Das müssen Sie wissen. Es wird ein Staatsstreich vorbereitet, ich weiß es von meinen Freunden... Ich wollte es ihm sagen, aber ich habe es aufgegeben. Wenn Sie hinausgehen, geben Sie acht!«

Der Graf machte eine zustimmende Kopfbewegung.

»Also Opa soll mit der Kaiserin geflirtet haben!« rief sie mit munterer Stimme.

Und sie trat hinter den Sessel, legte die Arme um den Hals des Greises und küßte ihn auf seine Glatze.

»Da sehen Sie meinen Großvater, diesen Verführer«, murmelte sie ihm zärtlich ins Ohr. »Du hast sie bestimmt geküßt. Gestehe!«

Er ließ es geschehen, wobei er mit verschleierten Augen vor Vergnügen gluckste, glücklich.

»Ich bin stolz auf dich«, flüsterte sie. »Die Kaiserin! Sag mal, was hatte sie für eine Haut? Hat sie gut geküßt?«

»Mein Fräulein!« rief der Graf entrüstet.

»Hör mal auf«, murmelte der Greis, »du kitzelst mich. Nimm diese schreckliche Mütze ab, damit man deine Haare sehen kann.«

Mit lebhafter Geste riß sie sich die Mütze vom Kopf, und die kastanienbraunen Locken rieselten endlos hervor. Mit ihrem rosigen Teint und ihren braunen lachenden Augen war sie so schön, daß sich Corti eines Ausrufs der Überraschung nicht enthalten konnte.

»Sehen Sie, Herr Graf, ich habe es durchgesetzt, daß sie sich nicht die Haare abschneiden läßt... Finden Sie nicht, daß meine Fanny doch etwas der Kaiserin ähnelt? Das ist mein Sieg. Nach meinem Tod kann sie machen, was sie will.«

»Wirst du wohl den Mund halten, Opa!« rief sie zornig. »Du wirst nicht sterben!«

»Ihr Großvater autorisiert mich, die Briefe zu veröffentlichen, Fräulein Fanny«, platzte Corti dazwischen. »Ich hoffe, Sie haben nichts dagegen.«

»Es sind seine Briefe, Herr Graf«, warf sie ein. »Und er weiß, was er tut.«

»Sicherlich«, antwortete Graf Corti eilfertig. »Es liegt mir fern zu denken... Im übrigen werde ich mich jetzt verabschieden.«

»Wir müssen jetzt auch meine Großmutter besuchen«, meinte sie.

»Im Steinhof?« murmelte der Graf.

»Ah!« meinte sie. »Er hat es Ihnen gesagt.«

»Und Sie durchqueren Wien?« fragte er besorgt.

Sie machte eine fatalistische Geste und bedeutete ihm zu schweigen.

»Herr Baron«, rief Corti und näherte sich dem alten Mann, »ich werde Ihnen vor der Veröffentlichung eine Kopie meines Manuskripts schicken. Und ich möchte Sie bitten, wiederkommen zu dürfen, damit ich noch mehr von Ihnen hören kann.«

»Wenn Gott mich am Leben läßt«, erwiderte der Greis.

»Sie finden meine Telephonnummer auf der Karte, A 16-1-41«, rief der Graf. »Ich bin Ihnen wirklich sehr verbunden. Dank Ihnen wird die Kaiserin eines Tages zu neuem Leben erwachen...«

»Aber Sie werden nichts von dem Kuß erzählen, Herr Graf«, wiederholte der alte Mann und richtete sich auf. »Das verbiete ich Ihnen.«

Corti verbeugte sich förmlich.

»Auch nichts von meiner Großmutter«, fügte das junge Mädchen hinzu und hielt ihm die Tür auf.

»Servus, Graf«, murmelte der alte Mann, während er ihn hinausgehen sah.

Fanny betrachtete ihren Großvater argwöhnisch; seine Wangen glühten, und er hustete in sich hinein.

»Du hast ziemlich glänzende Augen, Opa«, meinte das junge Mädchen. »Du hast dich doch hoffentlich nicht erkältet?«

»Gib mir die Eisenkassette. Ich will die Briefe wieder hineintun. Ah! Und in der unteren Schublade... Da ist etwas, das ich sehen möchte.«

Das junge Mädchen wühlte in dem Sekretär und nahm einen Fächer heraus, dessen verschlissene Taftseide zu Staub zerfiel.

»Dieses scheußliche Ding? Aber es ist ganz kaputt!« rief sie und hielt es ihm hin.

»Ich möchte mich jetzt ausruhen, nur einen Augenblick«, murmelte der Greis und ergriff den Fächer. »In einer Viertelstunde können wir aufbrechen. Was hast du vorhin über die Bürgerwehren gesagt?«

»Nichts, Opa, Wiener Klatsch«, antwortete sie und schlug die Tür zu.

Der Greis drehte den Kopf weg und streichelte die Taftfetzen.

»Mein Aschenbrödelschuh«, murmelte er. »Ich habe dir ja gesagt, ich würde dich wiederfinden, Gabriele... Du siehst, ich habe dem Grafen nichts davon gesagt. Den Fächer habe ich für uns beide aufbewahrt. Wir brauchen doch ein letztes gemeinsames Geheimnis, nicht wahr?«

»Vorsichtig, Opa«, sagte das junge Mädchen und verlangsamte den Schritt. »Es ist schwierig, den Hügel hinaufzusteigen, nimm dir Zeit.«

Der alte Mann, mit einem flaschengrünen Überrock angetan, keuchte, der Kragen stand ab und entblößte den mageren Hals. Der Schnee war geschmolzen, und das gelbe Gras lugte durch die letzten Eisplacken; von den Tannen fielen große Eistropfen, und durch die nackten Zweige der Ahornbäume sah man von fern die grüne Kuppel der hohen byzantinischen Kirche aus Marmor und vergilbtem Gold, den ganzen Stolz von Steinhof. Wenige schwarze Schatten huschten hier und da vorbei, Kranke, die man wegen der fahlen Sonne und des klaren Himmels hinausgelassen hatte.

»Oma wird sich freuen, weißt du«, murmelte Fanny und zog ihn ein wenig auf die matschige Treppe hinauf.

»Wenn sie mich erkennt«, erwiderte der alte Mann und blieb stehen. »Es ist das letzte Mal, Fanny, ich kann nicht mehr... Ich komme nicht mehr wieder.«

»Aber ja doch«, sagte sie mit einem Händedruck auf seinen Arm. Das tut dir gut. Du mußt laufen. Nie gehst du hinaus. Du brauchst frische Luft. Hier kann man atmen.«

Und sie ließ ihn los, um sich anmutig mit ausgebreiteten Armen und geschlossenen Augen zu drehen.

»Siehst du denn nicht, daß ich sterbe?« knurrte der Alte zwischen den Zähnen.

»Es ist nicht mehr weit«, rief sie und hielt ihm die Arme hin. »Komm!«

Er schleppte sich langsam auf die nächste Stufe, ihm schwindelte erneut, und er lehnte sich gegen einen Baumstamm. Sie ging zu ihm.

»Opa? Antworte mir«, flüsterte sie ängstlich. »Deine Schwindelanfälle?«

Er nickte und atmete tief durch. Sein Gesicht war rot angelaufen.

»Du schaffst es schon... Stütz dich auf mich! Übrigens sind wir beim Gebäude von Oma angekommen, schau, da ist es, nur noch einige Meter.«

»Da...«, stammelte der alte Mann und blinzelte mit den Augen. »Zu weit weg.«

»Du schaffst es schon«, wiederholte sie und zog ihn Schritt für Schritt mit.

Das Gebäude mit den vergitterten Veranden war warm und sauber. Die Geräusche waren gedämpft. Ein Arzt in weißem Kittel und mit grauem Schnurrbart warnte das junge Mädchen, daß die Kranke nicht einen ihrer besten Tage habe. Man solle nicht zu lange bleiben. Und außerdem war es gerade Essenszeit. Später würde man es mit einem eiskalten Bad versuchen. Der alte Mann hatte sich auf einen Stuhl fallen lassen, der Kopf hing schwer, er schien eingedöst.

»Opa!« flüsterte ihm das junge Mädchen ins Ohr. »Sie ist bereit. Aber es geht ihr nicht besonders, sei geduldig.«

»Ihr Geist irrt halt umher«, erwiderte der alte Mann und erhob sich mühsam. »Wo ist mein Taschentuch?«

Die Arme mit weißen Lederriemen an die Bettstangen gebunden und die Haare unter einer Haube gebändigt, betrachtete Anna sie verschlagen.

»Ihr kommt zum Karneval«, sagte sie triumphierend. »Mich hat man auch verkleidet. Oh! Ich erkenne euch. Du, du bist mein Franzl! Und du«, sagte sie zu dem jungen Mädchen, »du bist... du bist... Ich weiß nicht mehr, wer du bist.«

Der alte Mann setzte sich ans Fußende, legte die Hände auf die Stangen und sah Anna wortlos an.

»Ich wollte zum Ball gehen«, murmelte sie vertraulich, »um jemanden Bestimmten zu ermorden, wißt ihr, einen dieser schwarzen Männer. Ihr Anführer wird kommen, ich weiß es. Und ich hatte ein Messer gestohlen, aber man hat mich geschnappt.«

Sie wandte den Kopf ab und biß sich auf die Lippen.

»Kleine, tu es an meiner Stelle, töte ihn!« rief sie. »Er wird die Welt zerstören. Dieser Pharao ist schlimmer als alle anderen. Er wird uns niedermetzeln, und wir kommen aus Ägypten nicht heraus! Man hat es mir gesagt!«

»Wer denn, Anna?« murmelte der alte Mann mit zittriger Stimme. »Wer dieses Mal?«

»Wer?« fragte sie mit mißtrauischem Blick. »Komm näher, ich sag's dir ins Ohr. Komm näher! Du siehst doch, daß ich eine Gefangene bin...«

Seufzend kam er nahe an sie heran und beugte den Kopf.
»Es ist ein Geheimnis«, flüsterte sie. »Siehst du da die Grünpflanze am Fenster. Daher kommen sie. Sie sehen nach nichts aus. Durch die Wurzeln kommen sie, ja. Sie sind listig. Sie warten, bis es Nacht wird, und sie warnen mich. Vorher – aber Herr Richter, Sie wissen es besser als ich – kamen sie durch die Rohre, sie haben mir Eier auf den Stuhl gelegt. Eier! Als wäre ich eine Henne! Aber als ich sie ausbrüten sollte, wurde es ernst. Also habe ich gebrütet. Eier des Zorns, haben sie gesagt. Geht ja noch mit dem Zorn...«
»Sie ist ganz woanders«, murmelte das junge Mädchen.
»Jedesmal bei Vollmond.«
»Die da«, schimpfte die Wahnsinnige, »sie glaubt mir nicht, sie ist zu jung. Aber du, Franzl, hör mir gut zu«, fuhr sie fort und senkte die Stimme. »Diese schwarzen Ägypter mit ihren Kreuzen und Stiefeln haben ein Komplott geschmiedet gegen... Ich weiß es nicht mehr, ich habe den Namen vergessen... Doch, Herzl, jetzt weiß ich. Der König der Juden, König Theodor. Sie werden in die Burg eindringen und ihn in den Nil werfen. Dann werden sie seine Leute töten, und...«
»Wir dürfen sie nicht ermüden. Gehen wir.«
»Nein«, meinte der alte Mann und legte seine Hände um die Ohrmuschel.
»Die Alten in den Anstalten, die Schwachen und selbst die Verrückten kommen dahin«, fuhr sie mit einem Blick auf die Grünpflanze fort. »Und die Juden. Wir alle. Ohne Ausnahme. Wir müssen uns beeilen, um über das Rote Meer zu kommen... Ah! Das ist mir was Rechtes! Gott sei Dank bin ich gewarnt...«
»Der Arzt war streng, Opa, wir müssen gehen«, drängte das junge Mädchen. »Sonst wird sie gewalttätig, komm schon, steh auf!«
»Gut!« erwiderte der alte Mann resigniert und näherte sich dem Kopfende des Bettes. »Laß mich dir einen Kuß geben.«
»Schließ vor allem die Tür gut ab«, sagte Anna mit beißender Stimme. »Doppelt.«
Dann hielt sie gehorsam ihre Wange hin.

❖

Der Generalstreik hatte das Signal zum Aufruhr gegeben. Die Heimwehren waren auf die Sozialdemokraten losgegangen, die sich mit der Waffe in der Hand wehrten. Die Februarkämpfe dauerten acht Tage. Die Mitglieder des Schutzbundes gaben die Waffen nicht aus der Hand, und die Bürgerwehren der äußersten Rechten gelangten nicht zum Ziel. Der Kanzler beschloß, seine Kanone aufzufahren. Eine Woche lang lief dieses kleine, bestens funktionierende Artilleriegeschütz, das Kanzler Dollfuß bereitgehalten hatte, auf das Symbol des »Roten Wien« Sturm, den Karl-Marx-Hof, die große Arbeiterstadt, die große Beute der Schlacht.

Die letzte rote Fahne fiel am 15. Februar im Süden Wiens, in Laarerberg, einem dieser Vororte, wo seit jeher die Aufstände schwelten. Man zählte bei den Sozialdemokraten tausend Tote und ebenso viele Verletzte, ein nie dagewesenes Massaker. Die Sozialdemokratische Partei wurde verboten, die Schutzbund-Mitglieder zur Flucht gezwungen; jene, die blieben, wurden verhaftet. Trotz Interventionen aus dem Ausland und Warnungen von allen Prälaten Österreichs wurden acht Anführer gehängt, darunter ein Schwerverletzter; und die Totenmesse im Dom für hundertachtundzwanzig siegreiche Polizisten, die für das Vaterland gestorben waren, wurde zu den Klängen des Trauermarsches der *Eroica* von Beethoven prunkvoll gefeiert. Es spielten die Wiener Philharmoniker.

Da er nun die Opposition der Linken los war, widmete sich Kanzler Dollfuß ganz seinem Widerstand gegen die Nazis, deren Attentate nicht mehr zu zählen waren. Die österreichische Nationalsozialistische Partei war verboten, aber die Zusammenstöße an den Grenzen häuften sich, und die Nazipropaganda verbreitete sich als Gerücht aus Berlin, wo man Dollfuß schon für verloren hielt.

Wie? Das wußte man nicht. Wann? Seit Juni wußte man, daß der Staatsstreich drohte.

Aber wann dann, am Ende von allem? Von heute auf morgen? Warum? Um Österreich ans Dritte Reich anzuschließen. Und der kleine Kanzler ließ noch weitere zwei oder drei Sozialisten zum Tode verurteilen, bloß um die rote Gefahr zu bekämpfen und die nationale Unabhängigkeit zu verteidigen.

So verstärkte er seine freundschaftlichen Beziehungen zu Mussolini und brach nach Riccione auf, wohin ihm seine Gattin Aldwyne schon vorausgeeilt war. Offenbar war der Duce sehr in sie verliebt. Benito Mussolini erging sich in Haßtiraden gegen Kanzler Hitler, aber in Berlin lief das Gerücht, daß der Führer im Gegenteil mit seinem italienischen Kollegen in bestem Einvernehmen sei und daß er den »Millimetternich« oder »Taschenkanzler« habe fallenlassen. Die Gerüchte blühten, und Dollfuß hatte seine Opposition der extremen Rechten noch immer nicht niedergezwungen. So kam ein Tag, an dem der kleine Kanzler, der Auseinandersetzungen müde, sich darein ergab, das Verbot der Nationalsozialistischen Partei aufzuheben und ihr einen Platz in der Regierung zu verschaffen. Alles, nur nicht den Anschluß. Alles, selbst die österreichischen Nazis.

Am 25. Juli, als der alte Herr Taschnik sich ein weiteres Mal bereit machte, langsam am Arm seiner Enkelin den Steinhof-Hügel zu erklimmen, versammelte der österreichische Kanzler seinen Ministerrat.

Das Blattwerk war so dicht geworden, daß man von unten die byzantinische Kirche nicht mehr sah. Glühende Sonne begann das Gras der Wiesen zu verbrennen, und die Kühe hatten sich auf die Seite gelegt. Die Ärzte in weißen Kitteln ergingen sich fröhlich unter den Baumgruppen, und die Familien der Kranken nutzten die Besuchsstunden, um bis zum Bauernhaus zu spazieren, wo man Schweine und Hühner züchtete.

Das junge Mädchen stützte seinen Großvater, der von Tag zu Tag schwerfälliger wurde. Er hatte sogar nach einem Stock verlangt, er, der so etwas nur benutzt hatte, um den eleganten Herrn zu spielen.

»Halten wir an, Fanny, du gehst zu schnell«, keuchte er und stützte sich auf den Stockknauf. »Ich geh nicht mehr weiter.«

»Komm bis zur Bank, Opa«, erwiderte sie sogleich. »Ruh dich aus.«

Er ließ sich mit einem leichten Stöhnen fallen und öffnete seinen Kragenknopf. »Ein schöner Sommer«, murmelte er. »Hier vergißt man alles übrige.«

»Ich kann nicht vergessen«, meinte das junge Mädchen düster. »Dieses Bündnis mit Mussolini. Dieser Faschist von Dollfuß.«

»Gesindel«, erwiderte der alte Mann. »Es ist ein Wunder, daß du im Februar nicht geschnappt worden bist, Kleine. Meine arme Anna... Weißt du, vielleicht ist sie gar nicht so verrückt. Das Kaiserreich muß wieder her. Diese Leute sind zu vulgär.«

»Deine alten Spinnereien«, sagte sie gerührt. »Erzähl mir lieber, was du diesem Corti gestern abend erzählt hast. Er kommt häufig, erzähl's mir!«

»Der Graf«, murmelte der Alte mit einem Unterton von Respekt, »wollte absolut diese Briefe ungekürzt veröffentlichen. Und ich, ich wollte das nicht.«

»Aber Opa, beim ersten Mal hast du ja gesagt«, rief sie. »Ich war dabei.«

»Aber einige Zeilen enthalten Dinge...«, murmelte der Greis verlegen. »Nun ja, Worte, die ich nicht veröffentlicht sehen möchte, das ist alles.«

»Zärtlichkeiten?« fragte sie amüsiert. »Ich kann mir diese Frau nicht verliebt vorstellen.«

»Es ist dir freigestellt zu glauben, was du willst«, wandte der Greis verärgert ein und klopfte mit dem Stock auf den Boden. »Er hat nachgegeben. Und ich habe einige Passagen gestrichen.«

»Zeigst du sie mir, sag? Bisher hast du sie eifersüchtig verschlossen. Bitte, Opa«, bat sie und küßte ihm die Hand. »Für mich...«

»Mal sehen«, antwortete er und betrachtete durch die Zweige den Himmel. »Ich würde gern hier bleiben, weißt du, auf diesem Hügel am Fuße jener schmucklosen Kirche. Hier fühle ich mich wohl.«

»Du bist nicht genügend verrückt, um hier zu bleiben«, erwiderte sie lachend. »Können wir weitergehen? Es ist Zeit. Schon halb zwölf.«

»Es ist das letzte Mal, daß ich sie besuchen komme«, murmelte der Alte. »Diesen jungen Ahorn«, fügte er hinzu, »werde ich in diesem Herbst nicht sehen, wenn er rot sein wird.«

»Das sagst du jeden Monat, Opa«, meinte sie und zog ihn am Arm.

Genau um halb zwölf bemerkte der Bundeskanzler die Abwesenheit des Ministers Fey, der erst mittags kam und ihm etwas ins Ohr sagte.

Dollfuß schwieg. Lange Zeit. Dann hob er die Sitzung ohne Erklärungen auf und entließ fast alle seine Minister. Minister Fey, einem Komplizen der Nazis, waren Gewissensbisse gekommen. Gerade hatte er Dollfuß gewarnt, daß sich ein Kommando von hundertfünfzig Männern in einem Turnsaal der Siebensterngasse bereit mache. Nazis, die sich als Bundessoldaten verkleiden und den Sitz der Regierung stürmen wollten. Dollfuß gab den Befehl, die Polizei auszusenden und die Putschisten aufzuhalten.

Zur selben Stunde war das Rundfunkgebäude in der Johanngasse schon von den falschen Bundessoldaten besetzt. In der Schule nebenan geriet der Lehrer in Panik und schickte die Kinder auf die Straße. »Kehrt heim! Schnell! Trödelt nicht!«

Verwirrt spürten die Jungen, daß dies kein gewöhnlicher Tag war; die meisten gehorchten folgsam, aber nicht alle. Der kleine Elie Steiner stand allein auf dem Bürgersteig und sah nach der Uhrzeit; er aß jeden Tag hastig mit seinen Eltern im Sacher. Bis dahin war es noch etwas Zeit. Eine ganze Stunde, um seine Neugierde zu befriedigen und unbeobachtet durch die Straßen zu streifen. Elie ging in den ersten Bezirk, das Zentrum von Wien.

Der alte Taschnik hatte gerade das Zimmer seiner Frau betreten.

Anna saß auf ihrem Bett und sah ihn von ferne mit stumpfsinnigem Gesichtsausdruck an. Sie schien ihn nicht zu erkennen.

»Sie ist wieder angebunden«, seufzte der alte Mann mit einem Unterton der Auflehnung.

»Der Arzt sagt, daß die Krisen immer häufiger kommen, Opa«, flüsterte das junge Mädchen. »Sie haben keine Erklärung dafür. Vielleicht die Hitze...«

»Die Kälte, die Hitze, der Föhn, immer etwas«, schimpfte er. »Das wird nie enden.«

Sie näherten sich ihr, und ein strahlendes Lächeln überzog das Gesicht der alten Frau, ihre Augen leuchteten.

»Du bist es, Franzl«, murmelte sie. »Und auch du, meine kleine Fanny...«

Der Greis und das junge Mädchen wechselten einen Blick.

»Sie haben mich wieder festgebunden...«, sagte sie betrübt. »Sie behaupten, daß ich letzte Nacht nicht vernünftig gewesen bin. Ihr seht jedoch, wie brav ich bin. Franzl, sag ihnen, sie sollen mich in Ruhe lassen.«

»Du bist krank, Oma, die Ärzte kümmern sich um dich, es ist alles zu deinem Besten«, unterbrach Fanny und strich ihr über die Stirn.

»Ärzte«, sagte sie, kurz auflachend. »Das sagt man mir nicht da oben«, fügte sie mit einem Blick zur Decke hinzu.

»Sie sind wiedergekommen, nicht wahr?« fragte der alte Mann.

»Opa«, entrüstete Fanny sich wütend. »Du solltest nicht.«

»Laß mich«, sagte er ärgerlich. »Ich weiß, wie ich mit ihr umzugehen habe. Haben sie denn letzte Nacht wieder mit dir geredet?«

»Sie haben mir gesagt, daß es heute abend sein soll«, flüsterte die Wahnsinnige mit geheimnisvoller Miene. »Und daß endlich die Wahrheit herauskäme. Sie haben mir gesagt, daß du ihnen entwischen würdest, ich weiß nicht wie, und ich habe mich sehr gefreut. Sie sind ganz einfach durchs Fenster gekommen. Sie sagen, sie hätten sich beeilt, mich zu warnen. Und weißt du«, fügte sie hinzu und lächelte sanft, »man wird wissen, daß ich recht gehabt habe.«

»Immer diese Geister, die seit Jahren mit ihr reden«, seufzte Fanny in ihrer Ecke.

»Ich habe dich gehört, Fanny«, rief sie. »Es ist nur, daß ich ein sehr gutes Gehör habe. Geister? Warte bis heute abend, dann wirst du sehen.«

Der alte Mann ging mit Tränen in den Augen zu ihrem Bett.

»Anna...«, meinte er und strich ihr über die Stirn. »Ich glaube, ich kann nicht wiederkommen.«

»Du mußt wegfahren, das haben sie mir gesagt«, erwiderte sie traurig. »Gott weiß, wozu diese Ungeheuer fähig sind. Du mußt so weit weggehen wie nur möglich.«

»Das werde ich tun, mein Liebling. Ich wollte dir etwas sagen... Auch ich habe ein Geheimnis«, seufzte er und wischte sich den Mund ab. »Etwas, was ich vor dir verborgen habe.«

»Ah!« meinte sie, und ihre Miene verdüsterte sich. »Du bist von der Polizei.«

»Aber nein«, seufzte er. »Ich habe mit unserer Kaiserin korrespondiert und es dir nie gesagt. Sie hat mir lange Briefe geschickt...«

»Die Kaiserin!« rief sie. »Um Österreich zu retten? Bestimmt. Ich hoffe, du hast sie auch gewarnt. Die Kaiserin kann alles.«

»Zweifellos«, murmelte der alte Mann. »Anna... Erinnerst du dich an das kleine Orchester auf der Straße? Ich habe dich sehr geliebt.«

Sie blinzelte mit den Augen.

»Sicherlich«, sagte sie nach einigem Schweigen. »An jenem Morgen war es sehr kalt; ich hatte meinen blauen Mantel an und meinen Persianermuff. Wir hatten kein Glück. Es ist dieser Krieg. Und jetzt der andere, der beginnen wird. Was willst du, Franzl... Es ist nicht einfach.«

»Mach sie los«, sagte der Greis zu dem jungen Mädchen.

»Das ist verboten, Opa«, antwortete sie und sprang auf. »Sie ist vielleicht gefährlich...«

»Mach deine Großmutter los«, befahl er in einem Ton, der keinen Widerspruch zuließ.

Um 12 Uhr 50, als alle Gefahr gebannt zu sein schien, betraten die Soldaten, die die Wache ablösen sollten, den Hof der Staatskanzlei. Vier Lastwagen folgten ihnen; sie waren mit seltsamen Soldaten in unvollständigen Uniformen vollgestopft. Nazis. Und unter ihnen ein Koloß, ein Sudetendeutscher namens Planetta.

Sie brauchten zwanzig Minuten, um diese Stätte in ihre Gewalt zu bekommen. In dem Rundfunkgebäude hatte das andere Kommando einen Chauffeur und zwei Wachen niedergeschlagen und den Ansager gezwungen, das musikalische Programm zu unterbrechen und öffentlich den Rücktritt der Regierung Dollfuß zu verkünden. Im Nachbarstudio sah ein Schauspieler die Pistolen in den Fäusten der Putschisten und begann zu brüllen. Ein Kugelhagel brachte ihn zum Schweigen.

Im Hof der Burg stiegen die Nazis aus den Lastwagen und drangen in die Gebäude. Der kleine Kanzler beschloß, durch die Gänge zu entfliehen. Ein alter Portier, der die Staatskanzlei wie seine Westentasche kannte, führte ihn. Aber der Alte konnte nicht so schnell laufen, und Dollfuß wußte nichts von den Geheimtüren. Und als er im sogenannten »Eckzimmer« ankam, strömten die Nazis in den Raum. Die Tür wurde verschlossen.

Planetta schoß ihm zwei Kugeln in den Rücken, eine dritte in den Hals. Als der Kanzler zu Boden fiel, schlug der Kopf mit einem solchen Knall auf, daß selbst die Nazis erschrocken waren.

Er begann, um Hilfe zu rufen, er war noch nicht tot. Er wollte nicht sterben, lag in seiner Blutlache und weigerte sich zu krepieren. Die Nazis betrachteten ihn wie gelähmt und wichen zurück.

Um dreizehn Uhr war der junge Elie Steiner immer noch nicht im Sacher angekommen; er fing an zu rennen, kam bei der Konditorei Demel vorbei, und selbst wenn er keine Zeit hatte, um die Torten in den Auslagen zu betrachten, blieb er stehen; seine Mutter stürzte aufgeregt heraus. Sie packte ihn am Arm: »Was machst du da um alles in der Welt! Du mußt nach Hause laufen. Dein Vater ist nicht in der Staatskanzlei, ich habe in seinem Büro angerufen, es geht niemand mehr ans Telephon. Schnell!«

»Aber meine Geigenstunde?« wollte der kleine Elie wissen.

»Als wenn das ein Tag zum Geigen wäre!« erwiderte seine Mutter und begann zu rennen.

Elie begriff nichts von den wirren Worten seiner Mutter, außer daß es ein ernster Moment war und daß man nicht diskutieren durfte.

❖

Vorsichtig löste das junge Mädchen die Knoten der Gurtbänder, und die Verrückte rieb sich die Handgelenke. Der alte Mann umschloß die beiden Hände mit den seinen.

»Warum läßt du mich hier, Franzl?« stöhnte sie. »Ich habe doch nichts Böses getan... Kann ich was dafür, wenn sie mit mir reden? Ich muß ja wohl zuhören. Gott würde mir nicht verzeihen.«

»Gott verzeiht dir alles«, murmelte er und küßte ihr die Finger.

»Ich weiß, wie ich mit Gott umzugehen habe«, meinte sie und zog ihre Hände zurück. »Man muß tanzen.«

Anna stand, den Kopf zur Schulter geneigt, sie drehte sich mit ausgebreiteten Armen um sich selbst und trällerte mit geschlossenen Augen ein jiddisches Liedchen. Selbst mit Stoffhaube, selbst mit Krankenhausjacke hatte sie sich die Anmut des jungen Mädchens bewahrt, dem er an einem Wintertag vor einem kleinen galizischen Orchester begegnet war. Franz konnte ein Lächeln nicht unterdrücken, das aber schnell erstarb. Man konnte sie nicht lange losgebunden lassen.

»Hör jetzt auf, Anna, mein Liebling«, murmelte er. »So ist es gut. Ich muß dir jetzt auf Wiedersehen sagen.«

»Aber du kommst doch wieder? Du kommst jeden Mittwoch im Monat. Du siehst, ich weiß es. Ich bin ganz vernünftig.«

»Wiederkommen?« seufzte der alte Mann. »Da bin ich nicht sicher. Da ich auf Reisen gehe.«

»Du hast mir nicht gesagt, wo du hinfährst«, rief sie in spitzem Ton.

»Sehr weit«, erwiderte er.

»Nicht in die Ukraine!« schrie sie. »Nicht in diesen schrecklichen Schnee. Der Krieg! Das fängt wieder an. Fahr nicht dorthin! Nicht mit den Zügen!«

Sie hatte sich hoch aufgerichtet, verstört, nicht wiederzuerkennen, die Hände nach vorne gestreckt, sie klammerte sich an seine Jacke, und der alte Mann wollte sie zurückhalten... Mit entsetzlichem Getöse fiel er zu Boden, der Kopf schlug auf. Bleich stürzte sich das junge Mädchen auf die Klingel.

Die Tür wurde geöffnet, zwei Krankenwärter eilten herbei, umgürteten Anna und banden sie fest. Sie hatte sich kaum gewehrt. Dann hoben sie den alten Herrn auf und setzten ihn in einen Sessel neben dem Fenster. Die Augen geschlossen, das Gesicht wachsbleich, ließ er den Kopf nach hinten fallen und rang um Atem.

Dollfuß begann zu stöhnen und verlor das Bewußtsein.

Zwei oder drei Nazis kamen die Stiege hinunter und flüsterten den Wachen zu, die dort standen: »Der Kanzler ist verletzt...« Dann geschah gar nichts. Ungläubig begriffen die Wachen nichts.

»Wollen Sie sich überzeugen?« schlug ein Nazi vor.

»Ist es schlimm?« fragte schließlich ein Wachmann, bevor er die Stiege hinaufging.

Alles erschien so tragisch und doch so friedlich.

Einen Augenblick später kam die Wache fassungslos wieder herunter und wollte einen Arzt suchen, es war keiner da. Er bat wenigstens um ein Tuch für einen Druckverband, um das Blut zu stillen, das unablässig strömte. »Ich habe das hier«, rief ein Nazi und holte einen Lappen aus seiner Tasche, »aber ich weiß nicht, wie man damit einen Druckverband macht.« »Das ist egal«, antwortete die Wache, »ich komm schon zurecht«, und stieg wieder hinauf.

Er verteilte Befehle an die Nazis, die wort- und regungslos vor dem Körper des Kanzlers standen. Die Mörder gehorchten und packten gehorsam den Sterbenden unter den Achseln und an den Fußgelenken, eins, zwei, hoben ihn vorsichtig hoch und legten ihn auf ein scharlachrotes Sofa. Die Wache betupfte die Stirn des Kanzlers mit Eau de Cologne und versuchte, das Blut zu stillen, das auf der roten Seide feuchte Flecken hinterließ. Schließlich sprach die Wache gefaßt ein paar kurze Worte zu den versteinerten Nazis; plötzlich öffnete Dollfuß die Augen und sagte: »Wie geht es den Ministern?«

»Gut«, antwortete die Wache ruhig.

»Ich möchte sie sehen«, murmelte der Kanzler.

Die Krankenwärter verschnauften. Die alte Dame war energisch. In einer Ecke des Zimmers schluchzte Fanny.

»Nichts gebrochen, Herr Taschnik?« fragte der erste Krankenwärter.

»Sie hat sich ja wohl nicht selbst losgebunden«, rief der zweite. »Wer hat das gemacht?«

»Ich«, erwiderte der alte Mann.

»Darüber müssen wir mit dem Doktor reden«, brummte der Krankenwärter. »Er wird Ihnen Vorhaltungen machen. Man hat Sie gewarnt, daß es ihr nicht allzu gut geht.«

»Mein letzter Besuch«, flüsterte der alte Mann mit schmerzverzerrtem Gesicht. »Es wird nicht wieder vorkommen.«

»Komm, Opa«, sagte Fanny und wischte sich die Tränen ab. »Gib ihr einen Kuß!«

Anna lag da, zeigte keinerlei Regung, ihr Blick war hart. Franz ging feierlich, aber an allen Gliedern zitternd auf das Bett zu und drückte einen Kuß auf die Stoffhaube.

»Adieu, Anna«, flüsterte er ihr ins Ohr.

»Die schwarzen Männer«, flüsterte sie geheimnisvoll, »mit zwei kleinen Silberblitzen auf den Ärmeln. Und Dolchen in den Stiefeln. Paß gut auf dich auf, mein Franzl...«

Der Name des Kommandoführers der Nazis lautete Holzweber. Er war natürlich kein Offizier, aber da er befördert worden war, hatte er sich selbst vom Unteroffizier zum Hauptmann gemacht. Als er erfuhr, daß der Kanzler nach seinen Ministern rief, stürmte er die Treppe hinauf und betrat das Eckzimmer. Drei Meter vor dem scharlachroten Sofa blieb er stehen, schlug die Hacken zusammen, bevor er sich verbeugte, gemäß der weit zurückreichenden Tradition der Armee der österreichischen Republik, die noch von dem alten Kaiser übernommen worden war. Denn da der Zwerg noch am Leben war, war er immer noch Kanzler, und die Ordnung ging über alles.

Respektvoll fragte »Hauptmann« Holzweber den Mann, den er gerade hatte niederknallen lassen, nach seinen Wünschen.

Seine Minister sehen.

Der Mann antwortete, daß sie nicht da seien; aber vielleicht könne er ja Minister Fey ausfindig machen. »Ich will einen Arzt«, sagte Dollfuß schwach. Keine Antwort. »Dann einen Priester.« Man redete nicht mit ihm. »Ich spüre nichts mehr«, sagte er zu den Wachen und den Nazis, die um ihn herumstanden, »ich bin gelähmt«, dann schwieg er. »Wie gut ihr für mich seid, meine Kinder«, sagte er erneut, dann sackte sein Kopf wieder weg. Nein, er war noch nicht tot. Immer noch nicht.

Man fand seine Minister nicht, aber man brachte ihm Fey, der damit beauftragt war, ihm die Ernennung seines Nachfolgers zu entringen. Nazi.

Fey kniete vor dem roten Sofa nieder, der Kanzler öffnete vage die Augen...

»Guten Abend, Fey, wie geht's?«

»Ganz gut!« stammelte Fey.

»Und die anderen Minister?« fragte der kleine Kanzler.

»Mach dir um sie keine Sorgen«, antwortete Fey, »sie sind bei guter Gesundheit und in Sicherheit.«

»Ich nicht«, murmelte Kanzler Dollfuß und schloß die Augen. »Siehst du, ich werde sterben. Ich bitte dich um zwei Dinge. Sag Benito Mussolini, er möge sich um meine Frau und meine Kinder kümmern.«

»Ich verspreche es«, antwortete Fey verlegen.

»Das andere. Mein Nachfolger soll Schuschnigg sein, kein anderer.«

Fey zuckte nicht mit der Wimper; der von Hitler designierte Nachfolger war nicht Kurt Schuschnigg. Fey gab keinen Ton von sich, sah aber die Putschisten stirnrunzelnd an, keine Widerrede. Eine Wache verschwand.

Da wachten die Nazis auf. Zogen die Pistolen, richteten sie auf den Sterbenden. Forderten Fey auf, egal wen ernennen zu lassen, aber nicht Schuschnigg. Der Kanzler deutete mit dem Kopf ein Nein an, er gab nicht nach, nein, Fey sprach ihm ins Ohr: »Komm schon, Engelbert, gib nach, es ist zu spät, die Dinge sind gelaufen...«

Aber nein.

Der Sterbende weigerte sich.

»Ich habe Durst«, äußerte er sich noch einmal.

Und auch »kein Blut mehr, kein Blut mehr...« Er erstickte. Er hatte gerade noch die Zeit, vier Wörter auszusprechen: »Meine Frau, meine Kinder«, und er begann zu röcheln, ein schrilles Schnarchen, schrecklich, bis ihm schließlich das Blut aus der Nase spritzte.

Auf dem Platz waren die Wiener, angezogen von dem Gerücht über das Attentat, zusammengeströmt. Sie kannten schon die Wahl des Sterbenden. Die Polizei umzingelte das Gebäude.

Die Menge! Die Polizei! *Der Anschlag ist fehlgelaufen*, sagte sich Fey, ohne weiter nachzudenken.

Draußen ertönten Schreie: »Mörder, Strolche, Bande von Saukerlen!« Ein blasser Fey zeigte sich schwankend auf dem Balkon; hinter ihn trat der so höfliche falsche Hauptmann. Die Menge brüllte. Fey sagte irgend etwas, um Zeit zu gewinnen. »Die Putschisten haben verloren, sie fordern freien Abzug!« rief er in die Menge. »Was soll ich ihnen antworten?«

»Ja, wenn alle leben!« rief die Menge.

»Unter der Bedingung, daß sie niemanden umgebracht haben!«

»Alle leben...«, erwiderte Fey zögernd. Unklare Wahrheit: Denn es stimmte, daß zur Stunde auf dem scharlachroten Sofa im Eckzimmer der Minikanzler, dem Blut aus den Nasenlöchern schoß, noch nicht seinen letzten Atemzug getan hatte.

Fast eine Minute später hätte Minister Fey gelogen. Minister

Fey kannte die unmittelbare Zukunft; er wußte, daß Dollfuß gleich tot sein würde. Der Anschlag der Nazis ging in dem allgemeinen Durcheinander und der Verwirrung unter.

Eine Minute mehr, und der Staatsstreich hätte gelingen können. Eine Minute, die Reichskanzler Hitler ungeduldig in seiner Loge in Bayreuth erwartete. Eine Minute zuviel; der sterbende Dollfuß hatte seinen Nachfolger bestimmt, und der nächste österreichische Kanzler wäre kein Nazi. Fey würde sich feige entziehen, die Menge würde ihn gewähren lassen. Hitler hatte dieses Mal die Partie verloren. Der Anschluß würde nicht stattfinden; Österreich würde nicht deutsch werden, und alles mußte von vorn anfangen. Das nächste Mal würde man sorgfältiger vorbereitet an die Sache herangehen. In absehbarer Zeit.

Es war fast sechzehn Uhr. Der kleine Kanzler hatte gerade, ohne nachzugeben, seine Seele ausgehaucht.

Von seinem Kopfkissen aus betrachtete der alte Mann die Sonne, deren goldenes Licht fahler zu werden begann. Am Kopfende des Betts zählte Fanny sorgfältig die Tropfen, die sie in ein Glas fallen ließ.

»Diese wunderschöne Wiener Abenddämmerung«, seufzte er. »Diese roten Dächer.«

»Du warst sehr mutig, Opa. Arme Großmutter!«

»Diese nicht enden wollenden Tage in der schönen Jahreszeit!« fuhr er fort, ohne hinzuhören. »Es ist fast, als weigere sich die Sonne, schlafenzugehen. *Goldne Wünsche! Seifenblasen! Sie zerrinnen wie mein Leben...*«

»Du wirst schön dein Baldrian nehmen und schlafen«, drängte Fanny sanft. »Du bist sehr müde.«

»Sie ist nicht so verrückt, wie man behauptet«, murmelte der alte Mann. »Oder ich bin es auch. Wenn ich tot bin, Fanny, geh weg aus Wien!«

»Trink«, befahl sie und reichte ihm das Glas. »Versuche, nicht zu atmen, damit du den Geschmack nicht merkst, er ist nicht gut.«

»Du hast nie Heine geliebt«, grummelte er zwischen zwei

Schlucken. *Goldne Wünsche! Seifenblasen!* Ich verabscheue dieses Gebräu.«

»Aber du hast es doch schon ausgetrunken, sehr gut«, meinte sie und schüttelte ihm die Kissen auf.

»... Find mir doch den alten Fächer. Ich habe ihn im Wohnzimmer liegenlassen.«

Als sie ihm den Rücken zugekehrt hatte, verzog er sein Gesicht vor Schmerz und legte sich die Hand auf die Brust.

»Ich frage mich wirklich, warum du so an diesem Ding hängst!« rief sie schimpfend und kam mit dem Fächer zurück.

»Ich sag dir doch, ich bin ein verrückter Greis«, murmelte er und wischte sich fahrig den Mund ab. »Mach das Fenster auf, damit ich meine geliebte Stadt sehe.«

»Du wirst dich erkälten!«

»Ist schon geschehen«, flüsterte er und faltete zitternd den Fächer auseinander.

»Eine nach der anderen, Anna und Gabriele«, murmelte er und beugte sich nach vorn, um auf die Straße zu sehen. »Erst Anna. Jetzt zu dir, Gabriele: Adieu.«

Von draußen stiegen die Abendgeräusche hoch, das Dröhnen der Motoren, das Geklingel der Trambahnen, der dumpfe Lärm der Großstadt, das ruhige Vibrieren eines schönen Sommers, die vertrauten Schreie der Zeitungsverkäufer... Der alte Mann drückte sich mit gefalteten Händen den Fächer aufs Herz.

Jäh runzelte Fanny die Stirn. Überall wurden lärmend in den Geschäften die eisernen Rolläden heruntergelassen.

»Es ist jedoch noch nicht Zeit...«, sagte sie und lief zum Fenster.

»Kanzler Dollfuß ist ermordet! Nazi-Attentat gegen den Kanzler! Österreich in Trauer! Mord am Führer des Staates!« schrien die Zeitungsverkäufer, und die Menge drängte sich um sie.

»Opa!« brüllte sie, ohne sich umzuwenden. »Der Kanzler! Sie haben ihn umgebracht! Die Nazis! Es waren die Nazis!«

Der Fächer glitt mit einem schleifenden Geräusch vom Bett. Der alte Mann hatte die Hände geöffnet; bei einem letzten Sich-Aufbäumen hatten seine Fingernägel den abgenutzten Taft noch mehr zerrissen. Mit hängendem Unterkiefer fixierte er mit toten Augen das Fenster, das das Tosen der in Wut entbrannten Stadt hereinließ.

❖

Als die Toilette des Toten beendet war, hob die Haushälterin den staubigen Fächer vom Boden auf und hielt es für das beste, ihn dem Feuer anheimzugeben.

In Bayreuth während einer Opernaufführung glaubte Hitler in seiner Loge, er habe gewonnen; er frohlockte. Als er begriffen hatte, daß alles ein Fehlschlag war, konnte er nur rufen: »Das ist eine Katastrophe! Ein neues Sarajewo!« Dieses Argument diente ihm noch vier Jahre lang: Während er sich die Kriegsangst zunutze machte, gelang es Hitler, die europäischen Mächte zu überzeugen, daß eine neue Stabilität in Europa hergestellt und die deutsch-österreichische Frage friedlich geregelt werden mußte.

Die Biographie des Grafen Corti erschien im selben Jahr, 1934, unter einem ebenso harmlosen wie rätselhaften Titel *Elisabeth, die seltsame Frau*. Die Historiker der Akademie der Wissenschaften bestritten die Authentizität einiger darin veröffentlichter Gedichte, auch bezweifelten sie, daß er ein persönliches Notizbuch der Kaiserin in den Händen hielt, das ihre Tochter Marie Valerie gefunden hatte. Alle Welt in Wien wußte, daß die Gedichte der Kaiserin in der Kassette Liechtenstein beim Zivilgericht in Brno ruhten; und Graf Corti galt nicht als seriös.

Fanny blieb allein in der Wohnung in der Bankgasse; ihre Großmutter Anna lebte noch fünf Jahre, verlosch dann wie eine Kerze, indem sie nach Franzl rief, der sie verlassen habe, wie sie behauptete. Sie hatte weiterhin die mysteriösen Gestalten gehört, die das eisige Universum eines ewigen Winters in Europa beschrieben, und vor allem die Züge; darauf kam sie immer zurück.

Das alte Österreich schwankte unter den groben Ausfällen der Nazis; Fanny wollte Wien verlassen und in die Schweiz gehen, als nach zwei Monaten täglicher Demonstrationen, herausgebrüllter Schlagworte und minutiöser Vorbereitungen der Herrscher des Dritten Reiches unter dem Beifall einer begeisterten Menge – viele waren auf Befehl mit Bussen gekommen – seinen Einzug im Herzen der Stadt auf dem Heldenplatz vor der Hofburg hielt.

Am nächsten Tag zwangen die Nazis die Wiener Juden, die Bürgersteige zu reinigen; davon zeugt noch heute ein Denkmal zu ihren Ehren, der Albertina gegenüber. Der Reichskanzler ließ in Wien ein Denkmal zu Ehren Planettas aufstellen und gab einem Platz in der Stadt seinen Namen; der alte Minister Fey beging Selbstmord. Wien bedeckte sich gänzlich mit langen roten Fahnen, die auf weißem Untergrund ein schwarzes Hakenkreuz aufwiesen. Die Deportationen begannen.

Fanny gelang es, in die Vereinigten Staaten zu fliehen, wo sie in den fünfziger Jahren Sonderschullehrerin für Autisten wurde.

Emilie Taschy wurde in einem Nachtklub in Budapest verhaftet, wo sie während der ersten Razzien jeden Abend sang; trotz aller Nachforschungen gelang es Fanny nicht, herauszufinden, wo und wann ihre Mutter verschwunden war. In Theresienstadt hatten Überlebende sie singen hören; aber im September 1943 verschwand Emmi, zweifellos mit dem Konvoi der fünftausend Deportierten Richtung Auschwitz.

Den Kassetten der Kaiserin Elisabeth war ein bewegtes Schicksal bestimmt. Die, die der Fürst von Liechtenstein dem Brünner Zivilgericht anvertraut hatte, ging nach Prag und kehrte später in die mährische Stadt zurück. 1949 beauftragte die Akademie der Wissenschaften in Wien sieben ihrer Mitglieder, die feierliche Öffnung vorzubereiten. Im Januar 1950 war der schicksalhafte Augenblick endlich gekommen; man brauchte Visa für die Tschechoslowakei auf der anderen Seite des Eisernen Vorhangs. Die Tschechen weigerten sich, den berühmten Gegenstand auszuliefern; die Kassette ging nach Prag, von wo aus sie endlich 1953 in die Hände der Akademie der Wissenschaften in Wien gelangte. Das war nicht ihre letzte Reise.

Vor sieben Zeugen wurde sie geöffnet. Man fand den Brief

und den Adressaten: den Präsidenten der Schweizerischen Eidgenossenschaft. Aber 1951 hatte schon Präsident Etter durch die Vermittlung von Ludwig, dem Sohn von Carl Theodor, die Kassette erhalten, die Ida Ferenczi anvertraut worden war. Die Akademie der Wissenschaften in Wien hatte keine Ahnung davon.

Präsident Etter beauftragte den Bundesrat, der sich gegen die Veröffentlichung der Gedichte entschied, um den Ruf der in Genf ermordeten Kaiserin zu wahren. Die Gedichte seien anfechtbar, würden ihrem Andenken schaden. Man mußte bis 1977 warten, als endlich Präsident Furgler sein Einverständnis erklärte, sie der deutschen Historikerin Brigitte Hamann anzuvertrauen. Sie veröffentlichte daraus zunächst 1981 einige Auszüge in einer neuen Biographie über Elisabeth und sorgte dann 1984 für eine vollständige Ausgabe.

Aber als Elisabeths letzte Verfügungen zur Sprache kamen, stieß man auf ein unvorhergesehenes Hindernis. Es war ihr Wunsch, daß die Einnahmen aus ihrem poetischen Werk den Nachkommen der politisch verfolgten Ungarn zukamen.

Niemand wußte, wem die Autorenrechte zu überlassen seien. Denn Ungarn, das Vaterland ihres Herzens, lag noch in der anderen Welt, derjenigen, die durch die Konferenz von Jalta abgetrennt war.

Der Schweizerische Bundesrat beschloß dann, die Autorenrechte der Elisabeth von Österreich dem UNO-Hochkommissariat für Flüchtlinge zu überlassen, einer Einrichtung, die der Vielzahl der Massaker dieses Jahrhunderts angemessen ist. So kann man heute den dicken Gedichtband in der Akademie der Wissenschaften auf der dritten Etage im Hinterhof eines Hauses einer kleinen Straße in Wien, der Währingerstraße, kaufen.

Im Herbst 1992 stahl ein Tscheche, der durch den Tod seiner Frau wahnsinnig geworden war, auf dem Friedhof von Heiligenkreuz Mary Vetseras Sarg und versuchte, ihn für elende zwanzigtausend Schillinge wieder zu verkaufen. Die Polizei fand die sterblichen Überreste und übergab sie dem gerichtsmedizinischen Institut. Die Rechtsinhaber widersetzten sich jeder weiteren Untersuchung, und Mary Vetseras Skelett kam nach Heiligenkreuz zurück. Man erfuhr jedoch durch die Presse, daß die Experten während des kurzen Aufenthalts der Toten in dem Institut eine merkwürdige Entdeckung gemacht hatten. Statt von Revolverkugeln zeigte Marys Schädel Spuren von einer Kreuzhacke. Nach bestimmten ungeprüften Gerüchten hätten sich zwischen 1945 und 1955 sowjetische Besatzungstruppen in Wien des Schädels des jungen Mädchens bemächtigt – der von der Kugel des Kronprinzen durchlöchert worden war – und ihn durch den einer Unbekannten ersetzt. Dann verstummten die Gerüchte, und man sprach nicht mehr darüber.

Die Eltern des kleinen Elie schickten ihn Anfang 1939 nach Frankreich und versprachen, später zu ihm zu stoßen, denn schließlich war in Wien immer noch Zeit, einen Ausweg zu finden. Das Kind verbrachte den ganzen Krieg versteckt auf einem Bauernhof des Landes; als er mit fünfzehn in seine Geburtsstadt zurückkehrte, fand er nichts und niemanden mehr. Sein Vater war unter geheimnisvollen Umständen gestorben; seine Mutter war wie Emilie Erdos, geb. Taschnik, verhaftet und nach Theresienstadt deportiert worden. Genausowenig wie Fanny kannte er das genaue Datum ihres Verschwindens.

Und da ihn in Wien nichts mehr hielt und er zu sehr unter den Erinnerungen litt, ließ er sich in Frankreich nieder, wurde Musiker im Orchester der Pariser Oper. Dadurch wurden ihm Tourneen ins Ausland ermöglicht, und er trat als Solist in einigen Kurstädten auf. Kurz vor seiner Pensionierung gelangte er an einen Vertrag mit dem Kasino von Baden in der Nähe von Wien. An freien Tagen stieg er manchmal zu der Wohnung seiner Kindheit hoch und blieb auf dem Treppenabsatz stehen; zu klingeln wagte er nicht. Manchmal wiederum nahm er auf der Terrasse des Cafés Sacher Platz, wo er mir eines Abends als letzter Zeuge einer dem Untergang geweihten Gedächtnisinsel seine Geschichte erzählte und auch von dem Tag, als der Lehrer ihn auf die Straße geschickt hatte. In genau der Stunde, in der die Nazis Kanzler Dollfuß umbrachten und in der Franz Taschnik zum letzten Mal den Hügel von Steinhof erklomm.

In dieser Stunde stellte Graf Corti sein Manuskript für die

Biographie über die Kaiserin Elisabeth endgültig zusammen, nachdem er zu den zahlreichen unveröffentlichten Dokumenten die Briefe Gabrieles und ein Gedicht hinzugefügt hatte.

Wien, 1992–1994

Nachbemerkung

Die Anregung zu diesem Roman geht auf eine authentische Episode im Leben der österreichischen Kaiserin Elisabeth zurück.

Der junge Mann, dem sie auf dem Redoutenball 1874 begegnet ist, hieß in Wirklichkeit Friedrich Pacher von Theinburg. Bevor er 1934 starb, übergab er Graf Corti Elisabeths Briefe und das Gedicht *Long, long ago*. Graf Corti veröffentlichte ebenfalls einige der Briefe, die Friedrich Pacher an die Kaiserin gesandt hatte, nämlich die beiden letzten und das Gedicht, das ohne Antwort geblieben war. Den Bericht über ihre lange Korrespondenz wie auch den echten Text der Briefe findet man in den drei großen Biographien über Elisabeth von Österreich: der klassischsten von Graf Corti, die 1934 bei Styria veröffentlicht wurde, der kritischsten von Brigitte Hamann, erschienen 1981 im Amalthea-Verlag und 1989 bei Piper, und schließlich der überzeugendsten von Nicole Avril, erschienen 1995 bei Droemer Knaur.

Mit Ausnahme der Begegnung mit dem schwarzen Eber sind die Lebensfakten der Elisabeth von Österreich alle beurkundet, sei es in den Memoiren, sei es in den Archiven; ich habe allerdings zahlreiche nicht beweisbare Gerüchte mit hineingearbeitet, darunter das der Syphilis des Kaisers Franz Joseph, an deren Vorhandensein hohe Wiener Persönlichkeiten noch heute festhalten.

Dagegen sind Franz Taschnik, seine Familie und seine Freunde alle erfunden.

Die jedem Kapitel vorangestellten Verse sind Auszüge aus den Gedichten Elisabeths, mit Ausnahme eines Gedichts von Heine zu Beginn des Kapitels *Anna oder die Musik*. Sie sind in Kaiserin Elisabeth, *Das poetische Tagebuch,* herausgegeben von Brigitte Hamann, Verlag der Österreichischen Akademie der Wissenschaften, Wien 1984, zu finden.

Der Bericht über die Ereignisse des Bosnien-Krieges von 1878 stützt sich auf die unveröffentlichten Dokumente der französischen Botschaft in Wien, wo die Originale seit 1815 aufbewahrt werden. Das gleiche gilt für die Depesche aus Korfu, die vollständig wiedergegeben ist, und für die zahllosen Gerüchte um das Drama von Mayerling. Der damalige französische Botschafter Pierre Decrais glaubte nicht an die offizielle These vom Selbstmord des Kronprinzen, die er dann schließlich doch widerwillig hingenommen hat.

Meine ganze Hochachtung gebührt den unschätzbaren und wohlwollenden Anregungen meines Freundes Axel Corti, der 1993 verstarb, als er gerade in Wien den *Radetzkymarsch* nach dem Roman von Joseph Roth zu Ende drehte.

Der große ungarische Filmemacher István Szabó, dem dieses Buch gewidmet ist, hat mich alles über Ungarn gelehrt – und besonders den Sinn des Wortes Délibáb.

Zu besonderem Dank verpflichtet bin ich Jean-Paul Phelippeau, Reitlehrer bei der *Garde républicaine;* dem Botschafter Matsch vom österreichischen Außenministerium; Anton Prohaska, dem österreichischen Botschafter bei der Unesco; dem Botschafter Gustav Ortner, dem österreichischen Protokollchef; Helmut Zilk, Bürgermeister von Wien; Thomas Schäfer-Elmayer, Leiter der Tanzschule Elmayer in Wien; Arthur Paecht, dem Abgeordneten aus dem Var; François Nicoullaud, dem französischen Botschafter in Budapest und seiner Gemahlin Christiane; Jean-Jacques Brochier; François und Irène Frain; Thomas Erdos; Hugues Gall; Alain Sortais und Thierry Burckard; Françoise Verny, Jean-Christophe Brochier und Jean-Étienne Cohen-Séat; all meinen Wiener Freunden, insbesondere Friedl Tisseau und natürlich A. L.

Inhalt

Prolog 9

Erster Teil *Die Redoute*
Der gelbe Domino 25
Eröffnung der Jagd 79
Gabrieles Briefe 109
Die Hohe Schule 133
Die verpaßten Rendezvous 158

Zweiter Teil *Der Hase und der Eber*
Anna oder Die Musik 175
Der Krieg in Bosnien 187
Der Festzug des Meisters Makart 201
Der weiße Zehnender von Potsdam 216
Der Große Schwarze 226
Einige Stellvertreterinnen und andere Esel 237
Ein gemeines Biest auf dem Mist 261
Dann starb der Rosenkönig 272
Long Ago 287
Der letzte Schlaf 301
»Eine deutliche Verschmälerung der Hinwirkung und eine Erweiterung der Ventrikel« 317
Der vernünftig denkende Wahnsinn 338

Dritter Teil *Eine ruhige Vollmondnacht*
Die Möwe ist nicht für ein Schwalbennest geschaffen 359
Die Tausendjahrfeier Ungarns 386
Das Gebiß 406

Ah! Grand Dio! Morir sì giovine   421
Die Gnade des Mörders   445
Der Wächter   459
Das Jüngste Gericht   469

EPILOG   480

Nachbemerkung   518

SERIE PIPER

Stephanie Cowell

Die Ballade des Falken
Roman aus der Shakespeare-Zeit.
Aus dem Englischen von
Carina von Enzenberg. 544 Seiten.
SP 2384

Geboren in Canterbury im ausgehenden 16. Jahrhundert, hat der begabte, ungestüme Nicholas Cooke bereits mit 13 Jahren harte Schicksalsschläge erlebt: Er mußte zusehen, wie sein Vater als Dieb gehenkt wurde und wie seine über alles geliebte Mutter früh starb.

Im übersprudelnden London, inmitten von geschäftstüchtigen Kaufleuten, feuerspeienden Gauklern und dem Wagengerassel des fahrenden Volkes, versucht Nick sein Glück als Schaupieler. Der charismatische Dichter Kit Morley, der Gefallen an dem aufgeweckten Knaben gefunden hat, ebnet ihm dazu den Weg. Er verschafft ihm einen Platz in der Theatertruppe des John Heminges, dessen schöne, sanfte Frau Rebecca Nick bald in Verwirrung stürzt... Und ein weiterer passionierter Theatermann wird Nicks Freund und Förderer: Will Shagspere. Gemeinsam errichten sie an den Ufern der Themse das Globe Theatre, das später Weltberühmtheit erlangen würde. Aber Nicks unruhiger Geist treibt ihn weiter: Als sein erster Sohn von der Pest dahingerafft wird, besinnt er sich auf seinen Jugendtraum und vertieft sich ins Studium der Medizin und Theologie... Glanz und Elend des Elisabethanischen Englands werden in diesem opulenten historischen Roman lebendig. Das spätmittelalterliche London mit seinen winkeligen Gassen und imposanten gotischen Bauten, in dem Hungersnot und Pest ebenso herrschen wie die mitreißende Aufbruchstimmung zu Beginn der Neuzeit, bildet den Hintergrund für das Schicksal des jungen Nick. Er ist ein echter Held der Renaissance: von unstillbarem Wissensdurst und festem Glauben an die Kraft des Geistes, muß er doch immer wieder an seine Grenzen stoßen.

»Cowell hat ideales Urlaubsfutter geschrieben, ein großes Stück lehrreicher Unterhaltungsliteratur, das Englands größte Ära mit allen Licht- und Schattenseiten als faszinierenden Bilderbogen aufblättert.«
Welt am Sonntag

Hilde Lermann

Die Braut des Märchenkönigs Sophie von Wittelsbach
Biographischer Roman.
265 Seiten. SP 2436

Sophie von Wittelsbach, Schwester von Kaiserin Sisi, Verlobte Ludwigs II. von Bayern – ein Stoff, aus dem die Träume sind: Die anrührende Lebensgeschichte einer außergewöhnlichen Frau, deren Leben von ihrer unerfüllten Liebe zu Bayerns »Märchenkönig« bestimmt war.

Ein Leben wie ein Roman – das Leben der Sophie von Wittelsbach, Schwester der österreichischen Kaiserin Sisi, Verlobte des Märchenkönigs Ludwig II. von Bayern. Schon als Zwölfjährige sachwärmt sie für ihren zwei Jahre älteren Vetter, der auch für sie große Sympathie empfindet. Unter dem Druck von Sophies Mutter Ludovika verlobt sich Ludwig mit ihr, doch spürt er, innerlich zutiefst ambivalent, wie übereilt dieser Schritt war. Er läßt die Hochzeit platzen. Für Sophie bricht eine Welt zusammen. Ihr Leben muß aber weitergehen. Sie wird Herzogin von Orléans-Alençon, zieht nach Frankreich, erlebt eine wilde Amour fou mit einem jungen Arzt, flieht mit ihm nach Österreich, wird in eine Irrenanstalt gesperrt. Nach langer Behandlung darf sie zurück nach Paris, engagiert sich für wohltätige Zwecke und kommt schließlich 1897 bei einem Großbrand während einer Veranstaltung ums Leben.

»Man spürt noch in den Nebenhistörchen und Seitenbemerkungen, wie tief die Autorin in Geschichte und Geschichten der Zeit eingedrungen ist, um dann einen derart lockeren und atmosphärisch dichten Schmöker schreiben zu können. Ein ausgezeichnet recherchierter Roman voll Farbe, Witz und Phantasie.«
Bayerischer Rundfunk

SERIE PIPER

SERIE PIPER

Biographien

Thea Leitner
Habsburgs verkaufte Töchter
272 Seiten mit 16 Abbildungen. SP 1827

Thea Leitner bringt in ihrem Bestseller eine unbekannte Seite der europäischen Geschichte zur Sprache, nämlich die Biographien Habsburger Prinzessinnen, die schon im Kindesalter der Politik verschrieben wurden. Ihre Wünsche und Gefühle hatten keinen Platz. Obwohl von Kindesbeinen an über sie verfügt wurde, waren sie als erwachsene Frauen keineswegs passive Opfer ihrer Herkunft. Im Gegenteil, unter ihnen gab es eine Reihe brillanter Politikerinnen, teils klüger und geschickter als die Herren des Hauses Habsburg.

Habsburgs vergessene Kinder
288 Seiten mit 34 Abbildungen. SP 1865

Thea Leitner verfolgte die Spuren von Nachkommen des Erzhauses, die von der Geschichtsschreibung bislang kaum beachtet wurden. Dabei stieß sie auf Menschen »mit ihren Ängsten und Leidenschaften und Verstrickungen, ihren heroischen Höhepunkten und ihren abgrundtiefen Nöten«.

Skandal bei Hof
Frauenschicksale an europäischen Königshöfen. 320 Seiten. SP 2009

Vor dem Hintergrund europäischer Politik eröffnen diese erschütternden Tragödien ein Gesellschaftsbild, das die Skandale heutiger gekrönter Häupter als harmlose Geschichten erscheinen läßt.

Fürstin, Dame, Armes Weib
Ungewöhnliche Frauen im Wien der Jahrhundertwende. 352 Seiten mit 38 Abbildungen. SP 1864

Die sechs hier porträtierten Frauen aus dem Wien der Jahrhundertwende stammen aus höchst unterschiedlichen sozialen Kreisen. Kennzeichnend für sie ist jedoch die Tatsache, daß jede dieser Frauen das ihr vorgezeichnete Lebensmuster modifizierte oder sogar sprengte – auch um den Preis der Gefährdung der eigenen Person.

Biographien

Brigitte Hamann
Elisabeth
Kaiserin wider Willen. 660 Seiten mit 57 Fotos. SP 990

Das übliche süße Sisi-Klischee wird man in diesem Buch vergeblich suchen: Elisabeth, Kaiserin von Österreich, Königin von Ungarn, war eine der gebildetsten und interessantesten Frauen ihrer Zeit; eine Königin, die sich von den Vorurteilen ihres Standes zu befreien vermochte. Häufig entfloh sie der verhaßten Wiener »Kerkerburg«, weil sie nicht bereit war, sich von den Menschen »immer anglotzen« zu lassen. Statt dessen war sie monatelang auf Reisen, lernte Sprachen und trieb – im Rittersal der Hofburg! – Sport. Schon vor dem Attentat war sie eine legendäre Figur geworden.

Meine liebe, gute Freundin!
Die Briefe Kaiser Franz Josephs an Katharina Schratt aus dem Besitz der Österreichischen Nationalbibliothek. Herausgegeben und kommentiert von Brigitte Hamann. 560 Seiten mit zahlreichen Abbildungen. SP 2228

Rudolf
Kronprinz und Rebell. 534 Seiten mit 35 Abbildungen. SP 800

»... ein Buch, das keineswegs nur historisch interessierte Leser fesseln kann, sondern auch eine reiche Fundgrube für psychologisch Interessierte bedeutet, weil Rudolfs späteres unglückliches Schicksal hier ganz klar und eindeutig aus den katastrophalen äußeren Umständen seiner Kindheit und Erziehung erklärt wird.«

Wochenpresse, Wien

Kronprinz Rudolf »Majestät, ich warne Sie...«
Geheime und private Schriften. Herausgegeben von Brigitte Hamann. 448 Seiten. SP 824

Diese Schriften geben einen aufschlußreichen Einblick hinter die Kulissen der k.u.k. Monarchie.

»Hier kommt der Kronprinz unmittelbar zu Wort... Es spricht ein erschütternd wirkender Zeuge für eine sich ausweglos abzeichnende Lage, die der sensible Prinz offenbar schon sehr früh erkannt hatte und nicht ändern konnte.«

Die Presse, Wien